TERRA NOSTRA
OS MESTRES E A INICIAÇÃO

VITOR MANUEL ADRIÃO

TERRA NOSTRA
OS MESTRES E A INICIAÇÃO

© 2013, Madras Editora Ltda.

Editor:
Wagner Veneziani Costa

Produção e Capa:
Equipe Técnica Madras

Revisão:
Jane Pessoa
Tatiana B. Malheiro

Dados Internacionais de Catalogação na Publicação (CIP)
(Câmara Brasileira do Livro, SP, Brasil)

Adrião, Vitor Manuel
Terra nostra : os mestres e a iniciação / Vitor Manuel Adrião. – São Paulo : Madras, 2013.
Título original: The origin of god
Bibliografia
ISBN 978-85-370-0886-7

1. Ocultismo 2. Teosofia I. Título.

13-12286   CDD-299.934

Índices para catálogo sistemático:
1. Teosofia e ocultismo 299.934

É proibida a reprodução total ou parcial desta obra, de qualquer forma ou por qualquer meio eletrônico, mecânico, inclusive por meio de processos xerográficos, incluindo ainda o uso da internet, sem a permissão expressa da Madras Editora, na pessoa de seu editor (Lei nº 9.610, de 19.2.98).

Todos os direitos desta edição reservados pela

MADRAS EDITORA LTDA.
Rua Paulo Gonçalves, 88 Santana
CEP: 02403-020 – São Paulo/SP
Caixa Postal: 12183 – CEP: 02013-970
Tel.: (11) 2281-5555 – Fax: (11) 2959-3090
www.madras.com.br

Índice

INTRODUÇÃO 9

CAPÍTULO I
A COSMOGÊNESE (Criação do Universo) 16

CAPÍTULO II
A ANTROPOGÊNESE (Criação do Homem) 25

CAPÍTULO III
EVOLUÇÕES E PERVERSÕES ATÔMICAS
(A "Química Oculta") 37

CAPÍTULO IV
CABALA MUSICAL 56

CAPÍTULO V
VIDA ELEMENTAL ("Espíritos da Natureza") 77

CAPÍTULO VI
VIDA SUB-HUMANA (Evolução do Mineral ao Animal) 83

CAPÍTULO VII
A VIDA APÓS A VIDA 96
INTROITO 96
MORTE 97
RESSURREIÇÃO 102
ENCARNAÇÃO 111

CAPÍTULO VIII
O TÚMULO DE EL RIKE (JHS)..115

CAPÍTULO IX
REENCARNAÇÃO E KARMA..128

CAPÍTULO X
O CAMINHO DA VERDADEIRA INICIAÇÃO..............................138

CAPÍTULO XI
DA VIDA-ENERGIA À VIDA-CONSCIÊNCIA
OU A VIDA INTEGRAL...158

CAPÍTULO XII
AUXILIARES ESPIRITUAIS..169

CAPÍTULO XIII
O DILEMA PSÍQUICO...185

CAPÍTULO XIV
DE GOHOS A THEOS..213

CAPÍTULO XV
A CRISE "NEOESPIRITUALISTA"..233

CAPÍTULO XVI
ALUCINAÇÃO *INVERSUS* CONSCIÊNCIA (O nocivo
nos efeitos ocultos das drogas)..247

CAPÍTULO XVII
O SEXO À LUZ DOS SEUS ARCANOS......................................259

CAPÍTULO XVIII
A MISSÃO DOS SETE RAIOS DE LUZ OU O "NOVO
PRAMANTHA A LUZIR"...282

CAPÍTULO XIX
PATANJALI E A "LUZ DO OCIDENTE".....................................297

CAPÍTULO XX
ENSINAMENTOS SECRETOS DE J.H.S.
(Revelação e Irrevelação)..316

CAPÍTULO XXI
ORDEM E RITO DE MELKITSEDEK 343
Melkitsedek e Preste João 343
Melkitsedek e seus Mistérios 346
Melkitsedek e o Santo Graal 353
A "Porta Santa" da Sé Patriarcal de Lisboa 357
O Rito Teúrgico de Melkitsedek 359

CAPÍTULO XXII
CYNTHIA SEMPER FIDELIS (Ex Occidens Lux!) 368

CAPÍTULO XXIII
A EVIDÊNCIA DOS MUNDOS SUBTERRÂNEOS COMO
PROVA REAL DE NÓS MESMOS 401

CAPÍTULO XXIV
SINAIS DE SHAMBALLAH! 413

CAPÍTULO XXV
A CHAVE DE PUSHKARA (Entrada para os Reinos
Internos do nosso Ser) 431

CAPÍTULO XXVI
TOMAR – SINTRA – SAGRES (O "Theotrim" Geográfico
Português) 442

CAPÍTULO XXVII
OS DESCOBRIMENTOS PORTUGUESES COMO
PRECURSORES DO QUINTO IMPÉRIO 461

CAPÍTULO XXVIII
A SINARQUIA 476

CAPÍTULO XXIX
ENCRUZILHADA DO MOMENTO ATUAL: EL RIKE OU *HERR*
HITLER? 488

CAPÍTULO XXX
SCALAE COELI ("Escada do Céu") 513

CAPÍTULO XXXI
O MISTÉRIO DA MERKABAH 538

CAPÍTULO XXXII
O MILAGRE DA ROSA NA CRUZ 554

CAPÍTULO XXXIII
FLOR-DE-LIS *VERSUS* REALEZA DE DEUS 572

CAPÍTULO XXXIV
O VISCONDE DE FIGANIÈRE 583
O Ramo Teosófico "Figanière" 583
Vida e obra do Visconde de Figanière Estudos Esotérico 585

CAPÍTULO XXXV
O "CASO CLÍNICO" DE FERNANDO PESSOA 597

Introdução

Sintra, Portugal, 28 de setembro de 2007

Perde-se na noite dos tempos a existência da Doutrina Esotérica, a mesma Tradição Primordial ou Sabedoria Iniciática das Idades. Conheciam-na todos os povos da Antiguidade, detinham-na os preclaros membros representativos da espiritualidade desses mesmos povos, como o demonstra a universalidade dos seus símbolos gravados em caracteres indeléveis nos respectivos templos, santuários e colégios que sobreviveram à inclemência do tempo e à vicissitude do homem até o presente; sejam intactos, sejam apenas ruínas, ainda assim podendo se confirmar no que sobrou tanto na Ásia como na África, na Europa, na América ou na Oceânia. E quem houver penetrado nas profundezas dessa Ciência Sagrada lerá sempre as mesmas verdades, tanto nos pagodes lavrados nas entranhas das rochas na Índia como nos muros de Palenque ou nos murais de Luxor; igualmente nos restos ciclópicos patentes em toda a região mediterrânea e nos colossos da Ilha de Páscoa; assim também no continente americano, desde o Alasca à Terra do Fogo, da mesma maneira que na Europa, mormente na Península Ibérica, tudo revelando às mentes atônitas dos antropólogos e historiadores profanos a existência de raças e continentes detentores de uma Ciência Sagrada de que hoje sobeja a memória e a saudade no comum das gentes.

Os brahmanes e yoguis da Índia, os hierofantes do Egito, os profetas de Israel, os essênios, gnósticos e cristãos primitivos, os druidas da Céltida e ainda todos os filósofos e pensadores da Antiguidade clássica possuíram as suas doutrinas esotéricas, ou antes, adaptaram ao seu *modus vivendi*, à sua mentalidade conforme a época, a mesmíssima Sabedoria Iniciática das Idades ou Ciclos da Vida Universal.

O *Livro dos Mortos* do Antigo Egito contém a Doutrina Esotérica deste; a Filosofia Yogui, o Esoterismo Hindu; o Sufismo, a Sabedoria Árabe; a Cabala, a Tradição Hebraica... e assim por diante. Pela tradição oral e depois escrita, ainda assim velada pela metáfora e pela parábola, a Doutrina Esotérica chegou aos nossos dias, embora com lacunas e erros causados pelas vicissitudes do homem *profano* ou do que está "fora do Templo", dos seus Mistérios Sagrados, e assim, em um precoce exercício psicomental, tendo se aventurado na fantasia que redunda em falsas interpretações, esquecendo ou ignorando a sentença capital de Jesus: "é por debaixo da letra que mata que se deve descobrir o Espírito que vivifica".

Helena Petrovna Blavatsky dizia que "os ensinamentos da Doutrina Arcaica, por sua vez, têm uma Origem Divina que se perde na noite dos tempos. E 'Origem Divina' não significa uma revelação feita por um Deus antropomórfico, no cimo de uma montanha cercado de raios e trovões, mas, segundo o compreendemos, *uma linguagem e um sistema de ciência* comunicados à Humanidade primitiva por outra muito mais adiantada (física, moral e mentalmente) que parecia *divina* aos olhos daquela".

Diz a Tradição que no começo não havia necessidade de *Mistérios Iniciáticos*. O Conhecimento (*Vidya*) era propriedade de todos e predominou, universalmente, durante a já longínqua Idade de Ouro ou *Satya-Yuga*. Porque, segundo o *Comentário Esotérico*, "os homens não haviam ainda praticado o mal naqueles dias de felicidade e pureza, por serem justamente de natureza mais divina que terrena. Porém, ao se multiplicarem rapidamente, múltiplas também foram as idiossincrasias do corpo e da mente. E o Espírito encarnado manifestou debilidade. Nas mentes menos cultivadas e sãs, enraizaram-se certos exageros contrários à Natureza e às consequentes superstições. Dos desejos e paixões, até então desconhecidos, nasceu o egoísmo, pelo qual os homens abusaram do seu poder e conhecimento até que, finalmente, foi preciso limitar o número dos *conhecedores*. Assim, teve lugar a *Iniciação e seus Mistérios*".

Após isso, informa o Professor Henrique José de Souza, "cada povo adotou um sistema religioso de acordo com a sua capacidade intelectual e as suas necessidades espirituais. Porém, como os Sábios prescindissem do culto antropomórfico e das formas simples, restringiram a muito poucos o verdadeiro Conhecimento ou Sabedoria Iniciática (Muitos serão os chamados e poucos os escolhidos...). A necessidade de encobrir a Verdade (de onde o termo "Ísis Velada"), para resguardá-la de possíveis profanações, fez-se sentir, cada vez mais, em cada geração, e assim se converteu em *Mistério*.

Então, ele foi adotado entre todos os povos e países, procurando-se, ao mesmo tempo, evitar discussões a respeito, permitindo, no entanto, que nas massas profanas (os 'impúberes psíquicos') fossem introduzidas crenças religiosas *exotéricas* (públicas, populares, desveladas) inofensivas, adaptadas, no começo, às inteligências vulgares – como 'róseos contos infantis' –, sem receio de que a fé popular prejudicasse as filosóficas e transcendentais verdades *esotéricas* (privadas, reservadas, veladas) ensinadas nos Colégios Iniciáticos, mesmo porque *não devem cair no domínio público* (de onde o *margaritas ante porcus* proferido por Jesus, o Cristo, ou seja 'não atireis pérolas aos porcos', isto é, aos *profanos*), até as observações lógicas e científicas dos fenômenos naturais (tidos como "milagres" pelos ignorantes) que conduzem o homem ao conhecimento das Verdades Eternas, destinadas a aproximá-lo do umbral da contemplação livre de prejuízos, por isso mesmo capaz de distinguir melhor as coisas, não com os olhos físicos, mas sim com os espirituais."

As palavras de Henrique José de Souza são corroboradas por estas outras de Helena Blavatsky: "O Teósofo não crê em milagres divinos nem diabólicos, nem em bruxos, nem em profetas (falsos), nem em augúrios (fantasistas), mas tão somente em Adeptos (Iniciados verdadeiros), capazes de realizar fatos de caráter fenomênico (pelo conhecimento exato das Leis da Natureza física e espiritual, estados interligados) a quem julgarem por palavras e atos" (isto é, aos que se fizerem dignos de tamanha honra...). Essa é a razão por que, para os não Iniciados nos referidos Mistérios, tais fenômenos não são mais do que "extravagâncias e fantasias", ou então, para os que com eles jamais se preocuparam, "fatos estranhos". Não se deverá, pois, em princípio, negar seja que efeito for sem o conhecimento exato da sua causa, ou seja, sem investigação própria.

A hodierna Ciência acadêmica ou a oficializada pelo poder político vigente, tudo quanto julga como seu – do mesmo modo que as religiões, filosofias, línguas, seja o que for –, já pertenceu, antes de se vulgarizar e adulterar completamente, à *Teosofia*. É assim que onde esta começa, a Ciência oficial acaba, ou então se integra nela e vem dar a público o testemunho da sua veracidade. Resta não esquecer que a Astronomia de hoje foi a Astrologia de outrora; a Química, a Alquimia; a Medicina, a Magia Teúrgica, etc.

Em resumo, se em grego tal *Sabedoria Divina* tem o nome de *Teosofia* (de *Theosophia*, ou seja, *Theos*, "Deus", e *Sophia*, "Sabedoria"), no sânscrito ela possui muitos outros, chamem-se *Sanatana-Dharma*, *Gupta-Vidya*, *Brahma-Vidya*, respectivamente, Sabedoria da Lei, Ciência Secreta, Sabedoria Divina, ou, ainda, Iluminação, Conhecimento, etc. O mesmo termo *Gnose* não quer dizer outra coisa senão Conhecimento Perfeito. De onde *Gnósticos*, Iluminados, Sábios, etc.

Teósofos ou neoplatônicos, ecléticos ou harmonistas eram chamados os filósofos alexandrinos que, como Amônio Sacas, quiseram deduzir pela *Gnose* o estudo comparado das religiões e as normas científicas de conduta moral individual e coletiva. Apesar do mesmo Amônio Sacas não se ter fixado em alguma religião concreta, os seus sucessores, embora de campos opostos, como Porfírio (o Mosaísmo), Jâmblico (a Teurgia egípcia), Proclo (o Ocidentalismo), Plotino (a Gnose cristã), etc., foram chamados *Filaleteos* ou "Amantes da Verdade", sem véu religioso. "Ecléticos ou sincretistas", por seu espírito de crítica, ausente de censura e tornada a maior tribuna do aperfeiçoamento humano; "harmonistas", por buscarem a Suprema Síntese filosófica; "analogistas", por aplicarem a chave hermética de "o que está em baixo é como o que está em cima"; e, finalmente, *Teósofos*, por buscarem transformar o ordinário em distinto, o profano em Iniciado, o espesso em sutil, enfim, por seguirem a Suprema Ciência da *Superação* destinada a fazer do Homem um Super-Homem, um Titã, um verdadeiro *Iluminado*.

Por falar nisso, será bom informar que os termos *Budha* e *Cristo* destacam a condição interior possuída pelos raros Seres dessa elevadíssima craveira espiritual a que podem chegar todos os homens ("Sois deuses e disso vos tendes esquecido..."), e por isso mesmo representam a mesma categoria ou estado de Consciência Iluminada, porquanto *Budha* provém do *Bodhi* sânscrito, significando *Sábio, Iluminado*, etc., do mesmo modo que do *Bod* tibetano, com o mesmíssimo significado, como prova ao Tibete se lhe chamar de *Bod-Yul* ou "País do Conhecimento, da Sabedoria Perfeita". Quanto ao termo *Cristo*, provém do *Krestus* grego, que quer dizer *Ungido, Iluminado*.

Só o desconhecimento dessa mesma Sabedoria Divina pode levar os prosélitos das várias religiões existentes a se degladiarem mútua e estupidamente, como se a sua fosse mais perfeita e sábia que as outras, como se todas elas não fossem já pálidos reflexos no espelho embaciado do mundo, deformando a imagem original dessa mesma Sabedoria Eterna, e como se os seus pseudofundadores, Avataras ou Messias não proviessem de uma Fonte comum a todos Eles: o Deus Eterno Único e Verdadeiro, seja também chamado de Segundo Logos ou Segundo Trono, como a *Semente* ou "Bijam dos Avataras".

Essa é a razão suficiente para todo o estudante de Teurgia e Teosofia, mesmo que não professe religião alguma, respeitar todas elas e as suas opiniões, nelas reconhecendo a Divindade Única sob os mais diversos nomes conforme as teologias locais: Brahma, Zeus, Deus, Allah, etc.

Professando o maior sentido da palavra *religião*, do latim *religio*, que quer dizer "tornar a ligar ou religar", o Teúrgico, como "Obreiro da Divindade" (em si), e o Teósofo, como "Sábio de Deus", procuram, sobretudo, essa mesma *religação* com seu Princípio Divino pela transformação da sua vida-energia em vida-consciência e, assim, paulatinamente, vão assumindo a condição de um Adepto Perfeito, o Mestre Real ou Super-Homem. Servindo a Deus através do Homem, o seu único "dogma", como Livre-Pensador, é precisamente o da Fraternidade Universal da Humanidade, sem distinção de crença, sexo, casta, cor, etc., sendo que o seu Único e Supremo Mestre é o Eu Interior ou Divino, o Espírito, cuja Voz é a da Consciência emancipada.

Ao longo dos últimos trinta e alguns anos que tenho consagrado à Sabedoria Tradicional das Idades, nas várias partes do Mundo aonde a Lei Maior me tem conduzido, com destaque privilegiado para Portugal, meu rincão natal, e para o Brasil, meu rincão adotivo, não ignorando o Egito e a Índia, que sempre me acolheram bem, vim juntando as intervenções públicas e privadas que realizei, pelo verbo e pela escrita, no campo distinto e sagrado da Teosofia Luso-Brasileira, procurando sempre realçar ou distinguir a Missão da Raça Lusa e, consequentemente, da Brasílica, sua "irmã gêmea", à luz dessa mesma "mãe de todos os saberes": a *Teosofia* como pragmática e sua prática como *Teurgia*, em conformidade à marcha dos Ciclos de Evolução Universal por que se rege a Vida Humana.

Obviamente que se torna impossível publicar todos os textos dessas minhas intervenções, sendo alguns milhares, uns por serem estritamente privados ou reservados, outros por estarem descontextualizados do que aqui se pretende, e outros, ainda, simplesmente por se terem perdido ao longo dos anos, não sabendo eu do seu paradeiro.

Ainda assim juntei um volume de 35 cartas teosóficas que atualizei e ordenei para configurarem este livro, em uma abordagem a vários milhares de temas interligados, pertinentes ao entendimento mais aprofundado da Tradição Iniciática das Idades, realçando, não será demais repetir, o papel determinante da Raça Luso-Ameríndia no Futuro imediato do Mundo.

Para a mesma composição contei ainda com a colaboração preciosa de um condiscípulo português, Paulo Andrade, a quem encomendei os valiosos estudos que escreveu por mim nos momentos em que a minha indisponibilidade literária era total, por completa ocupação com outros afazeres não menos práticos e espirituais.

Ao longo das páginas seguintes desfilarão as explicações iniciáticas das causas ocultas de muitos efeitos visíveis nas mais diversas áreas da Vida Humana, como a visão teosófica da Criação do Universo e do Homem; a Química Oculta; a Evolução das Vagas de Vida sub-humanas (minerais, vegetais, animais); o significado da Reencarnação e do Karma; o efeito letal das drogas à luz da Alma; o Animismo e a vida extrafísica; os Auxiliares Espirituais ou Invisíveis; o Caminho do Discipulado e do Adeptado, etc.

Desfilarão também diversos personagens insignes, como o Professor Henrique José de Souza, o dr. Mário Roso de Luna, o Visconde de Figanière ou, ainda, Fernando Pessoa, e as relações aprofundadas de todos eles com a Tradição Iniciática das Idades, tomando por assento geográfico Portugal, assim tornado *axismundi*, acrescendo aos efeitos declarados da História as causas escondidas da Vida.

Assim, igualmente, fala-se, e muito, em textos inéditos da Missão de Portugal, do sentido primacial de Sintra, Serra Sagrada, e das suas relações profundas com o Mundo Subterrâneo de Agharta, Pátria Galaaz do Preste João como o mesmíssimo Rei do Mundo, ou seja, *Melkitsedek* ou *Chakravarti*, tanto vale. Falando disso, não deixa de se abordar a controvérsia dos chamados "discos voadores", dando a lume informações nunca dadas antes, e viaja-se desde a Mongólia Interior do Traixu-Lama até Trás-os-Montes, em Portugal, berçário da Soberana Ordem de Mariz.

Cogita-se do Santo Graal, pensa-se e faz-se a demanda subindo a Escada do Céu, como aquela mesma do sonho profético de Jacob. Aos poucos, degrau a degrau, vai se tornando a Utopia de ontem na Realidade insofismável de hoje e amanhã, transformando a Anarquia em Sinarquia, instalando nos seus lugares devidos a Autoridade Sacerdotal e o Poder Real, para que a Harmonia ou Concórdia Universal reine finalmente no seio da Humanidade. Esta é a pretensão assistindo a este livro e ao seu autor: o de contribuir, por ínfimo que seja, para a solução final do magno problema desde sempre afligindo o Homem – o da conquista da *Felicidade Humana*.

Vitor Manuel Adrião

Capítulo I
A Cosmogênese
(Criação do Universo)

Sintra, 1980

"No princípio era o Verbo, e o Verbo estava com Deus, e o Verbo era Deus. Este estava com Deus, no princípio. Por Ele foram feitas todas as coisas; e nada do que foi feito, foi feito sem Ele. Nele estava a Vida, e a Vida era a Luz dos homens, e a Luz brilha nas Trevas, mas as Trevas não a prenderam." – *Evangelho de São João, Prólogo, 1:5.*

O Verbo é a Divindade manifestada como Logos Solar; as Trevas, a Substância Absoluta de onde o mesmo fez brotar a Manifestação cíclica que tomou forma como Sistema Solar; por Ele ou Nele este Universo sistêmico foi formado por meio dos seus Sete Filhos Autogerados em seu Seio, os Luzeiros, *Dhyan-Choans* ou Logos Planetários – Sete para um Oitavo, o Gerador.

A Substância Absoluta, "Trevas Primordiais", os hindus chamam de *Svabhâvat*; os judeus, de *Ain-Soph;* e os gnósticos, de *Ab-Soo*. À "Luz Vital", de *Prana* e *Alento de Vida*; ao "desprendimento da Luz das Trevas", de *Manvantara* ou *Manifestação Universal*; ao "Verbo que é Deus", de *Maha-Vishnu* ou *Cristo Universal* em sua Segunda Hipóstase Amor-Sabedoria – o Amor acalentador dos elementos e a Sabedoria iluminadora das consciências.

Saído da Substância Absoluta o Oitavo Logos toma Vida como *Prana* e toma Luz como *Fohat* ou Eletricidade Cósmica, o dínamo fundamental da dinamização e agregação dos elementos ou átomos primordiais recém-diferenciados ou saídos da Substância Informe.

Por sua vez, do Seio iluminado desse Oitavo Logos assim elevado a *Logoi* como Espírito Universal, irromperam Sete Consciências que paulatinamente tomaram forma e as quais constituem os Corpos do Logos Solar, os Sete Mundos deste Universo, do mais sutil ao mais espesso, servindo-se de *Fohat* como dinamizador dos elementos que foram se agregando cada vez com maior intensidade até "densificar" essa Energia Primordial que, como Luz, se tornou o Fogo Criador, agregador dos elementos da Matéria ou *Prakriti,* saída do Espírito ou *Purusha*, ou seja, o Eletromagnetismo Cósmico possuído do nome tradicional *Kundalini.*

Cada uma das Sete Consciências promanadas da Oitava Maior constitui uma Veste do Eterno. Os hindus as chamam de *Dhyan--Choans*, os judeus, de *Sete Espíritos Diante do Trono*; os cristãos, de *Sete Arcanjos* – os quais são representados no candelabro de sete tramos inflamados ou a *menorah* –; e os teúrgicos e teósofos, de *Logos Planetários* ou *Luzeiros*. Possuem os seus nomes tradicionais associados aos planetas dos sete dias da semana, de domingo a sábado: Mikael (Sol), Gabriel (Lua), Samael (Marte), Rafael (Mercúrio), Sakiel (Júpiter), Anael (Vênus), Kassiel (Saturno).

As "Sete Vestes do Eterno" correspondem a sete estados vibratórios distintos, do mais sutil ao mais denso, assumidos pelas respectivas Consciências Cósmicas que por eles tomam forma. De maneira que tais estados são chamados de *Planos* ou *Esferas*. "Planos" por serem localizações onde a Alma evoluinte se fixa temporariamente de acordo com a sua afinidade ao meio cósmico circundante (um ser emocional fixa-se no Plano das Emoções, tal como um ser mental fixa-se no Plano dos Pensamentos). "Esferas" por esses estados energéticos distenderem-se esfericamente até dado ponto, preenchendo tudo com a sua tônica afim, graduada em sete tonalidades distintas, as quais se chamam Subesferas ou Subplanos.

Consequentemente, há Sete Planos cada qual com Sete Sub-planos, o que perfaz um total de 49 Planos, do mais material ao mais espiritual, compondo o Esquema de Evolução Universal. O Jacob bíblico vislumbrou-o em um sonho profético como uma infinda "Escada ligando a Terra ao Céu", o que deu vazão ao conceito dos "Sete Céus" do Cristianismo, mas que já o Hinduísmo e o Budismo possuíam como as "Sete Lokas" ou "Mundos".

Os seus nomes tradicionais são:

Português	Sânscrito
1º) Mundo Espiritual	Nirvânico ou Átmico
2º) Mundo Intuicional	Búdhico
3º) Mundo Causal ou Mental Superior	Manas Arrupa
4º) Mundo Mental Inferior ou Intelectivo	Manas Rupa
5º) Mundo Emocional, Psíquico ou Astral	Kamásico ou Kama-Rupa
6º) Mundo Etérico ou Vital	Linga-Sharira
7º) Mundo Físico ou Denso	Stula-Sharira

Cada um desses Mundos recebe o impacto vivificador de um Raio Planetário emitido pelo respectivo Luzeiro, o que lhe confere tonalidade e vibração distintas dos demais. Mesmo assim, graças ao Raio Único ou Solitário de *Fohat* emitido pelo Eterno, depois diferenciando-se nas diversas correntes eletromagnéticas e unindo os Sete Mundos entre si, essa Luz Primordial ilumina a todos eles que, por sua natureza cada vez mais bioplástica por maior rarefação, interpenetram-se a ponto de parecerem uma só Esfera ultraluminosa trepidante, plena de vibração, motivo para Pitágoras celebrá-la como "Música das Esferas" e para os Iluminados hindus a consignarem *Shiva-Natarashi*, isto é, a "Dança do Espírito Santo" como o Terceiro Aspecto ou Hipóstase do Logos Único no ato universal de agregar os elementos atômicos para originar o Mundo das Formas em que todos evoluímos.

Essa é a razão dos clarividentes menos aptos vislumbrarem o Mundo sutil como uma só Esfera, mas que os mais aptos verificam tratar-se não de uma, mas de várias desdobradas a partir da Física densa e assim, apesar de interpenetradas, a Etérica sobressaindo da Física, a Astral, da Etérica e a Mental, da Astral. Os clarividentes bem desenvolvidos também apercebem que cada um desses Mundos possui a sua nota musical ou tom vibratório, a sua cor específica resultante do Raio Planetário, e a sua forma geométrica atômica dada pela órbita dos respectivos átomos.

Ao tipo de vibração específica de cada átomo primordial a Tradição chama *tan-mâtra*, e à sua vibração ondulatória ou móvel, de *tatva*. Cada um desses *tatvas* é animado pelo Raio Planetário de um *Ishvara* ou Logos, que lhe imprime a sua tônica. Por sua vez, o tipo de vibração específica (*tân-mâtra*) do átomo, podendo ser mais rápida, compassada ou lenta, é impressa pelas respectivas "qualidades sutis da matéria" chamadas *gunas*, que são: *Satva* (centrífuga), *Rajas* (rítmica, equilibrante) e *Tamas* (centrípeta). Essas "qualidades sutis" assistem às Três Hipóstases do Logos Único, da mais densa à mais sutil, como, da Terceira à Primeira Hipóstase ou Aspecto, sendo o Segundo o Mundo Intermediário que une ou desune, como Alma Universal, o Mundo Inferior da Matéria e o Mundo Superior do Espírito.

É assim que se obtém o número cabalístico do próprio Eterno: *137*. Que é dizer, o Deus Único se triparte em Três Aspectos e manifesta-se através de Sete estados de Consciência.

A soma e extração do valor 137 dá 2, algarismo germinal do Pai-Mãe Cósmico manifestado como *Fohat* e *Kundalini*, para que do atrito de ambos nasça o Filho, o Universo físico, o Mundo das Formas. Ele que, amparado ou alentado pelos Progenitores, sendo o Terceiro Aspecto, acaba figurando como Segundo, por ficar permeio ao Pai e à Mãe Cósmicos, como se pode observar na iconologia tradicional das várias Trindades (Brahma – Vishnu – Shiva; Osíris – Hórus – Ísis; Kether – Chokmah – Binah; Pai – Filho – Espírito Santo, etc.).

O esquema seguinte confere uma compreensão exata do grande Plano Físico Cósmico (*Prakriti*) cujos sete subplanos – para nós, mortais, sendo grandes Planos, mas para os Deuses, os Excelsos *Ishvaras*, e muito mais para o Logos Solar, tão só subplanos – são os mesmos desde o Espiritual ao Físico:

PAI (*SATVA*)
MÃE (*RAJAS*)   =   TRÊS EM UM, O UNO-TRINO, O ABSOLUTO
FILHO (*TAMAS*)
| |
MUNDO ESPIRITUAL = SAKIEL – JÚPITER – ADI-TATVA (ATÔMICO)
MUNDO INTUICIONAL = RAFAEL – MERCÚRIO – ANUPADAKA-TATVA (SUBATÔMICO)
MUNDO MENTAL SUPERIOR – ANAEL – VÊNUS – AKASHA-TATVA (ÉTER)
MUNDO MENTAL INFERIOR – KASSIEL – SATURNO – VAYU-TATVA (AR)
MUNDO EMOCIONAL – SAMAEL – MARTE – TEJAS-TATVA (FOGO)
MUNDO VITAL – GABRIEL – LUA – APAS-TATVA (ÁGUA)
MUNDO FÍSICO – MIKAEL – SOL – PRITIVI-TATVA (TERRA)

Pois bem, para que um Logos Planetário se transforme em um Logos Solar, tem de encarnar ou manifestar-se sete vezes através de um Sistema de Evolução Universal, também chamado de Esquema

Planetário, acompanhando-o nessa marcha avante todas as Vagas de Vida evoluindo em seu seio. A Tradição Iniciática informa que o nosso Logos Planetário já encarnou três vezes e que agora estamos no quarto Sistema de Evolução Universal. Esse Sistema comporta sete Cadeias Planetárias, cada uma com uma duração tão longa que parece uma eternidade, a ponto dos hindus lhes chamarem "Dias de Brahma" que são os mesmos "Sete Dias da Criação", assinalados logo no começo da Bíblia. A mesma Tradição Iniciática das Idades informa que estamos no quarto Dia ou Cadeia, nesta onde tudo e todos paulatinamente vão realizando a marcha triunfal da Evolução.

Por seu turno, cada Cadeia ou processo de encadeamento de um Logos Planetário ao Mundo das Formas em que se manifesta – para o comum dos mortais, como Deus Absoluto – compõe-se de sete Globos que, girando sobre si mesmos, perfazem sete Voltas ou Rondas que são, afinal das contas, o dínamo, a alavanca charneira interior do movimento evolucional da Cadeia. Estamos na quarta Ronda da atual quarta Cadeia do presente quarto Sistema de Evolução Universal. Em cada Ronda manifestam-se sete tipos de Consciência caracterizando sete Raças-Mães distintas, cada qual com as suas sete sub-raças, ramos, tribos, etc., as quais também se manifestam gradualmente. Hoje estamos na quinta Raça-Mãe em sua quinta sub-raça.

No final de sete Sistemas de Evolução Universal nos quais o Logos Planetário se desenvolve, acompanhado da sua Criação, gera-se um oitavo Sistema ou Universo, ou seja, nasce um Sistema Solar das experiências realizadas ao longo dos sete Sistemas Planetários, indo Ele ocupar o centro do mesmo, tomando a forma de Astro-Rei ou Sol Central.

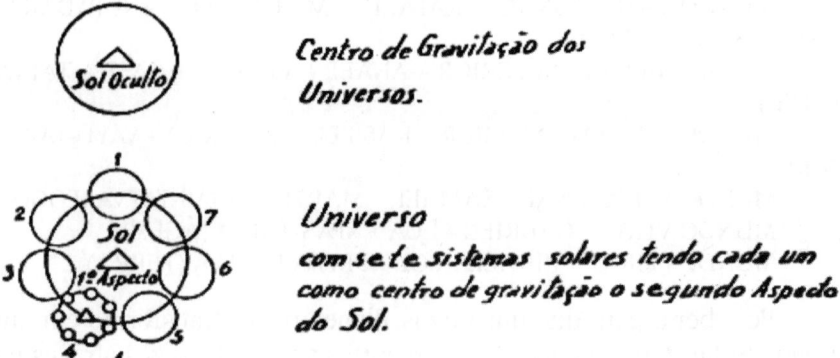

Centro de Gravitação dos Universos.

Universo com sete sistemas solares tendo cada um como centro de gravitação o segundo Aspecto do Sol.

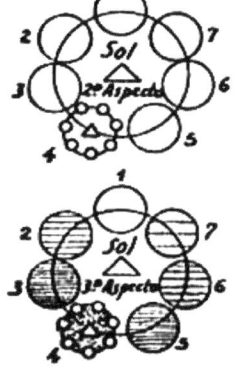

Esquema da Evolução do Universo

Por ordem, temos:
- Um Sistema Solar nasce de sete Sistemas de Evolução Planetária;
- Um Sistema de Evolução Planetária é composto de sete Cadeias Planetárias;
- Uma Cadeia Planetária compõe-se de sete Globos perfazendo sete Rondas;
- Uma Ronda engloba sete Raças-Raízes ou Mães;
- Uma Raça-Raiz é o total de sete Sub-Raças;
- Uma Sub-Raça é o todo de Sete Ramos Raciais, constituindo-se em oitavo Ramo Síntese.

Na ordem cósmica atual, a Evolução do nosso Universo está nas seguintes posições:
- O Sistema Solar está na sua segunda Encarnação ou Manifestação sistêmica;
- O Sistema de Evolução Planetária está na sua quarta Manifestação;
- A Evolução dentro do quarto Sistema ocupa a quarta Cadeia;
- A Evolução na quarta Cadeia está no quarto Globo em sua quarta Ronda;
- A Evolução na quarta Ronda já passou a metade e está na quinta Raça-Raiz;
- A Evolução na quinta Raça-Raiz está se fazendo na quinta Sub-Raça.

Com o término do terceiro Sistema de Evolução iniciou-se o atual quarto Sistema na sua primeira Cadeia, passando as Vagas de Vida triunfantes da sua evolução ulterior para a posterior, nessa mesma Cadcia que veio chamar-se *de Saturno*, para a Evolução se processar no espaço ocupado atualmente por esse planeta. Terminada a *Cadeia de Saturno*, a Evolução prosseguiu depois nas proximidades do *Sol*, e chamou-se *Cadeia Solar*. Cumprida esta, veio a *Cadeia Lunar*, cujo desenvolvimento se fez no espaço ocupado pelo atual satélite da Terra, tornando-se planeta morto quando a Evolução reapareceu na presente *quarta Cadeia Terrestre*, onde o nosso Globo e os sete Tipos de Vida ou Hierarquias se desenvolvem sob o impulso de *Marte*. Para que o quarto Sistema de Evolução fique completo faltam ainda realizar-se três Cadeias, as de *Vênus*, *Mercúrio* e *Júpiter*, respectivamente ocupando os espaços desses planetas, também eles, como todos, desenrolando-se na marcha avante.

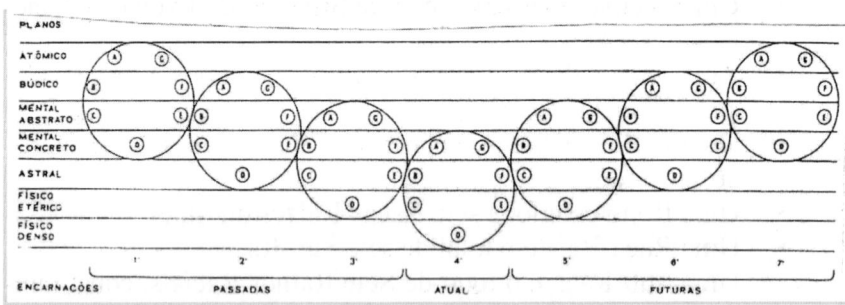

As sete Cadeias do quarto Sistema de Evolução Planetária

As sete Vagas de Vida que se transferiram do Sistema de Evolução anterior para a primeira Cadeia do Sistema atual, por ordem de entrada, foram as seguintes:

1ª) Humana ou *Jiva*
2ª) Animal
3ª) Vegetal
4ª) Mineral
5ª) Elemental Aquoso
6ª) Elemental Fogoso
7ª) Elemental Aéreo

Tendo de dirigi-las três Hierarquias Espirituais, portadoras dos seguintes nomes tradicionais:

1ª) *Assuras* ou Arqueus
2ª) *Agnisvattas* ou Arcanjos
3ª) *Barishads* ou Anjos

Por sua vez dirigidas por outras tantas Hierarquias Criadoras, como:

1ª) Leões de Fogo ou Tronos
2ª) Olhos e Ouvidos Alerta ou Querubins
3ª) Virgens da Vida ou Serafins

Acima de todas, o próprio LOGOS ETERNO, Deus Pai-Mãe, Fonte de toda a Vida e Consciência, meta última a alcançar por todas as vidas e consciências em evolução no Mundo das Formas.

Da primeira Cadeia de Saturno à quarta Cadeia Terrestre, a atual, a Evolução ou Iniciação verdadeira das vidas e consciências manifestadas, processou-se da seguinte maneira:

1ª Cadeia	⇨	2ª Cadeia	⇨	3ª Cadeia	⇨	4ª Cadeia
Mineral	⇨	Vegetal	⇨	Animal	⇨	Humano
Vegetal	⇨	Animal	⇨	Humano	⇨	Anjo
Animal	⇨	Humano	⇨	Anjo	⇨	Arcanjo
Humano	⇨	Anjo	⇨	Arcanjo	⇨	Arqueu

Assim, nas três Cadeias Planetárias que faltam cumprir-se, a Evolução deve prosseguir na mesma sequência:

5ª Cadeia	⇨	6ª Cadeia	⇨	7ª Cadeia
Anjo	⇨	Arcanjo	⇨	Arqueu
Arcanjo	⇨	Arqueu	⇨	Serafim
Arqueu	⇨	Serafim	⇨	Querubim
Serafim	⇨	Querubim	⇨	Trono
Querubim	⇨	Trono	⇨	Logos
Trono	⇨	Logos	⇨	Absoluto

Se o *Jiva*, o Homem atual, começou a sua evolução no Reino Mineral no longínquo *Manvantara* saturnino até se tornar o que hoje é, então a sua meta presente é alcançar o estado de *Barishad*, de Anjo, o que equivale ao Andrógino Alado da futura Cadeia de Vênus, a da Exaltação da Divindade.

Antero de Quental, no seu poema "Evolução", deixou muito bem e significativamente descrito o percurso da Mônada Humana pelos vários Reinos Naturais até ser o que hoje é, e aspirar a ter asas e voar como um Anjo no mar etéreo de uma nova Eternidade:

> Fui rocha em tempo, e fui no mundo antigo,
> Tronco ou ramo na incógnita floresta...
> Onda, espumei, quebrando-me na aresta
> Do granito, antiquíssimo inimigo.
>
> Rugi, fera talvez, buscando abrigo,
> Na caverna que ensombra urzes e giesta;
> Ou, monstro primitivo, ergui a testa
> No limioso paul, glauco pascigo...
>
> Hoje sou homem, e na sombra enorme
> Vejo, a meus pés, a escada multiforme,
> Que desce em espirais na imensidade...
>
> Interrogo o infinito e às vezes choro...
> Mas, estendo as mãos no vácuo,
> Adoro e aspiro unicamente à liberdade.

OBRAS CONSULTADAS

Henrique José de Souza. *Livro das Cadeias – A,* Acervo Privado, 1953.

____. *Livro das Cadeias – B*, Acervo Privado, 1954.

____. Cosmogénese. Revista *Dhâranâ*, Ano LIII, nº 3, Série Transformação, 3º e 4º trimestre de 1978.

Helena P. Blavatsky. *A Doutrina Secreta*, Volume I – Cosmogénese. São Paulo: Editora Pensamento.

Roberto Lucíola. Cosmogénese. Caderno Fiat Lux, nº1, São Lourenço, Minas Gerais, dez. 1994.

Sebastião Vieira Vidal. *Série Astaroth*. Edição Sociedade Teosófica Brasileiras.

Comunidade Teúrgica Portuguesa, apostilas reservadas do *Grau Yama*.

Capítulo II
A Antropogênese
(Criação do Homem)

Sintra, 1980

Dissemos anteriormente que a Evolução Planetária estagia atualmente na quarta Cadeia Terrestre em sua quarta Ronda, na qual a Mônada Humana transcorre na quinta Raça-Mãe em sua quinta Sub raça.

Pois bem, quando a Mônada, Centelha ou Essência Divina penetrou o Reino Humano no início desta Cadeia Planetária, ela já trazia consigo os princípios Mental, Emocional, Vital e Físico necessários para manifestar-se no Mundo Terreno, mas em semente, potente e não patente. Assim, na primeira Ronda de Saturno da Cadeia Terrestre, os *Assuras* (Arqueus) ativaram o átomo-semente mental do *Jiva* (Homem); na segunda Ronda Solar, os *Agnisvattas* (Arcanjos) ativaram o átomo-semente emocional; na terceira Ronda Lunar, os *Barishads* (Anjos) operaram sobre o átomo-semente ou permanente vital. A partir desse átomo-semente vital ou etérico, foram originados os elementos químicos restantes da chamada "Tabela Periódica", os quais, por intervenção dessas três Hierarquias Criadoras juntas, deram origem ao corpo físico do Homem na quarta Ronda atual.

As Rondas recapitulam uma "oitava abaixo" o que foi feito uma "oitava acima", ou seja, durante as Cadeias. É assim que, na Cadeia de Saturno, o Homem recebe o átomo-semente mental que será ativado na Ronda de Saturno da Terra. O mesmo processo antropogenético acontece em relação à essência emocional, da segunda Cadeia Solar à segunda Ronda Terrestre, e com o princípio vital na terceira Cadeia Lunar "repetida" na terceira Ronda da Terra.

De maneira que, quando começou a primeira das sete Raças-Mães da atual quarta Ronda da Terra, o Homem já possuía os germens de todos os princípios necessários à sua manifestação visível e tangível. Assim, restava-lhe só manifestá-los paulatinamente, o que foi constituir o "tônus" vital ou característica básica da consciência desenvolvida em cada Raça-Raiz, pelo que se tem na continuação da findada terceira Ronda Lunar da Terra, cuja densidade não passava do Plano Etérico:

1ª Raça-Mãe Polar ou Adâmica. Tendo aparecido na área geográfica que é hoje o Polo Norte, recapitulou a primeira Cadeia e a primeira Ronda. Desenvolveu os dois éteres superiores do Corpo Vital. Intervieram os *Barishads* ou "Filhos da Vida" junto ao *Jiva*.

2ª Raça-Mãe Hiperbórea ou Hiperboreana. Aparecendo na zona em que se inscreve atualmente o Polo Sul, recapitulou a segunda Cadeia e a segunda Ronda. Desenvolveu os dois éteres inferiores do Corpo Vital. Intervieram os *Barishads* ou Anjos junto ao *Jiva* ou "Vida-Energia" encadeada, portadora do princípio de Consciência.

3ª Raça-Mãe Lemuriana. Fazendo a sua aparição no que é hoje a África, recapitulou a terceira Cadeia e a terceira Ronda e tomou a forma grosseira do Corpo Físico. Intervieram os *Agnisvattas*, Arcanjos ou "Senhores da Chama", junto ao Homem. Esse é o período da aparição real do Homem físico, tal como o concebe a Antropogênese e a Antropologia.

4ª Raça-Mãe Atlante. Raça Equilibrante ou entre as três passadas e as três futuras, portanto, sob a égide astrológica da Balança. Surgiu na Ásia e é nela que se inicia verdadeiramente o trabalho antropogenético da quarta Ronda Terrestre, desenvolvendo o princípio Emocional ligado ao Mental Inferior (Psicomental ou *Kama-Manas*) e intervindo nesse processo do desenrolar da consciência imediata a Hierarquia Criadora dos Assuras, Arqueus ou "Senhores do Mental".

5ª Raça-Mãe Ária ou Ariana. Fez a sua aparição no Norte da Índia, transferiu-se para a Ásia Menor, teve o seu desenvolvimento na Europa e vem tendo a sua apoteose final no *Finis Occidis*, isto é, em Portugal. É nesta Raça que estamos atualmente a caminho acelerado do seu desfecho. A meta geral do Homem é desenvolver o seu Mental Superior, no que intervêm juntas as três Hierarquias anteriores e mais o escol da Humanidade no que tem de espiritual Perfeição Humana, ou seja, os Preclaros Adeptos da Grande Loja Branca, constituída na Terra durante a terceira Raça Lemuriana por intervenção dos "Senhores da Chama", no que foram auxiliados também pelos Excelsos Assuras. De maneira que na Raça atual lança-se já ao terreno do Futuro as sementes benditas da formação da quinta Ronda, da quinta Cadeia e, até mesmo, do quinto Sistema de Evolução.

6ª Raça-Mãe Bimânica (*Budhi+Manas*), Raça Crística ou Raça Dourada. Estando programada para aparecer na América do Norte, todavia, por desaires dos dirigentes desse povo desobedecendo à Lei de Deus em não deflagrar mais engenhos nucleares e acabar de vez com o seu despotismo imperialista, dentre outros fatores dramáticos do mesmo gênero, o lugar da sua aparição foi transferido em 1954 para a América do Sul, mais propriamente para o Norte e Centro do Brasil. Na sexta Sub-Raça Ariana, que já está acontecendo através da Semente Inca-Tupi reservada no escrínio do Monte Ararat na região do Roncador (Estado de Mato Grosso, Brasil), projeta-se a sexta Ronda da quinta Cadeia, e até a sexta Cadeia e o sexto Sistema de Evolução. Nessa Raça-Mãe o Homem terá o domínio pleno do Intuicional (*Budhi*) e por ele iluminará plenamente o Mental (*Manas*). As Hierarquias Virgens da Vida (Serafins, "Senhores do Amor") e Olhos e Ouvidos Alerta (Querubins, "Senhores da Sabedoria") colaborarão no despertar da semente do Corpo Intuicional humano.

7ª Raça-Mãe Atabimânica (*Atma+Budhi+Manas*), Raça Monádica ou Raça Purpurada, por causa do tom da epiderme, que de branca empalidece para dourada e esvai-se no tom púrpura, cor de "sol posto". Os Leões de Fogo (Tronos, "Senhores do Poder") ajudarão o Homem a desenvolver a semente do seu Atmã, Nirvânico ou Espírito, que junto à Intuição e à Mente perfaz a Tríade Superior ou Mônada Divina como sendo o Homem Verdadeiro. A Tradição informa que essa Raça fará a sua aparição no Centro e Sul do Brasil, graças ao Trabalho Espiritual e Humano da sétima Sub-Raça Ariana que já está tendo a sua eclosão no escrínio do Monte Moreb na região de São Lourenço (Estado de Minas Gerais, Brasil), e nela se projeta a sétima Ronda da quinta Cadeia, e até mesmo se lança ao terreno abstrato do Futuro a Semente Monádica da sétima Cadeia e do sétimo Sistema de Evolução.

Na Obra Antropogenética das sete Raças-Mães da atual quarta Ronda Terrestre, observa-se a estruturação gradual dos sete corpos ou veículos de expressão da consciência cada vez mais ampla e sutil do Homem, no qual hoje há um quaternário inferior formado e um ternário superior formando-se, como 7/7 da Perfeição Suprema de que 4/7 já estão formados, faltando os 3/7 restantes que, quando são realizados, transformam o Homem em um Super-Homem, Adepto Perfeito, *Jivatmã* ou *Mahatma*, "Grande Espírito", por ter transformado integralmente a sua Vida-Energia (*Jiva*) em Vida-Consciência (*Jivatmã*), esta unida àquela, mas dirigindo-a. A isso se chama *Metástase Avatárica*.

Um Ser Vivente dessa natureza é o que constitui o Preclaro Membro da Excelsa Loja Branca, o Paradigma da Perfeição Humana indicando o caminho à seguir à restante Humanidade. Com isso, quero dizer que entre os homens comuns já existem "Vasos de Eleição" que, apesar de estarem fisicamente na quarta Ronda, todavia pertencem espiritualmente às Rondas e Cadeias futuras, tal o seu avanço extraordinário no Caminho Real da Evolução. De maneira que o Homem Integral, completo, é constituído de 7/7. Todavia, como foi dito, até o momento só é consciente de 4/7 e inconsciente de 3/7. Esses sete princípios ou expressões da Vida, da Energia e da Consciência humana são:

3/7 Vida-Consciência	⎧ ESPÍRITO	⎫ MÔNADA
Tríade Superior	⎨ INTUIÇÃO (ESPÍRITO)	⎬ Natureza Divina do Homem ou
Individualidade	⎩ MENTAL SUPERIOR	⎭ *PURUSHA*
4/7 Vida-Energia	⎧ MENTAL INFERIOR	⎫
	⎨ EMOCIONAL (ALMA)	⎬ Natureza Terrena do
Quaternário Inferior	⎪ ETÉRICO	⎪ Homem ou *PRAKRITI*
Personalidade	⎩ DENSO (CORPO)	⎭

O Quaternário Anímico não deixa de corresponder-se com os três Reinos Sub-Humanos que têm a sua correspondência na natureza do próprio Homem, desde o Mineral da primeira Ronda até o Hominal da quarta Ronda. Daí, segundo a Tradição Iniciática, ele "dever matar a besta em si", isto é, dominar, transformar e elevar a sua natureza inferior à superior, e a superior abarcar por inteiro a inferior. Chama-se a isso, repito, *Metástase Avatárica*.

MENTAL .... HOMEM
EMOCIONAL..ANIMAL...............
ETÉRICO............................VEGETAL ....
DENSO .... MINERAL...

Quando o Homem adquiriu o intelecto, o mental concreto ou inferior, a sua natureza divina interiorizou-se, e a sua natureza terrena exteriorizou-se. Houve, pode dizer-se, um desligamento dentro do Homem, isto é, a sua natureza divina desligou-se da natureza terrena. Portanto, a meta suprema da *Magnus Opus* ou Opera Magna, como *Teurgia*, é *religar* (de onde os termos *religião* e *yoga*, com o mesmo significado: "tornar a ligar ou 'religar' como 'união' ao Divino") os 3/7 aos 4/7, ou seja, realizar o Homem Integral.

Segundo António Castaño Ferreira, em uma sua aula teosófica ministrada na cidade de São Paulo, em 26 outubro de 1956, a kaballah hebraica considera que o Homem é animado por três Essências espirituais com os nomes respectivos de *Nephesh* (Corpo), *Huac* (Alma) e *Neshamah* (Espírito), sendo o conjunto deles chamado *Tzelem* (Trindade). Esses são os três veículos por onde se manifesta o Tríplice Aspecto de Deus (*Caijah* ou *Haihah*), que mesmo sendo sete, apenas três se fixam no Homem.

As propriedades mental, emocional e física, de que o Homem se reveste para poder manifestar-se no Mundo das Formas, são retiradas desses espaços ambientais a partir do átomo-semente da mesma natureza, que depois irá multiplicar-se em um número infindo de átomos subsidiários, os quais comporão os respectivos corpos mental, emocional e físico. O ponto de concentração e irradiação do átomo-semente constitui-se de um vórtice energético que, no nível imediato, se revela como *glândula*, a contraparte física desse "vórtice vital" ou *chakra*, termo sânscrito significando precisamente "roda", o que os místicos e ocultistas orientais e ocidentais assinalaram simbolicamente como "lótus", "rosas" ou "selos" sagrados.

De maneira que, por exemplo, a veste astral, emocional ou psíquica do Homem é uma parcela da matéria astral do Logos Planetário da Terra que a comunica pelo *chakra* emissor dessa natureza ao afim humano, com o auxílio imprescindível das Hierarquias Criadoras. Por isso se diz que "o Homem foi feito à imagem e semelhança de Deus".

Com o Perfeito Equilíbrio dos três atributos fundamentais da Mônada Divina (que é a soma da Tríade Superior expressa como Poder da Vontade, Amor-Sabedoria e Atividade Inteligente) e as consequências da sua manifestação através dos pensamentos, sentimentos e atos, o Homem torna-se verdadeiramente transformador da Vida-Energia em Vida-Consciência, de *JIVA* em JIVATMÃ, realizando assim, permanentemente, a Alquimia Suprema, a transformação da Pedra Cúbica (da Personalidade) em Pedra Filosofal (da Individualidade). Essa é a razão de o Professor Henrique José de Souza ter proferido: "Vontade, Inteligência e Amor. Para a Teosofia, a harmonia desses três princípios é a base da Evolução".

Da união de dois dos três princípios fundamentais da Matéria (*Mater-Rhea* ou *Mãe-Terra*), as *gunas* (literalmente, "cordas", o que faz o "cordame" ou encadeamento entre si das "qualidades sutis da Matéria"), isto é, de *Satva* (energia centrífuga, amarela) com *Rajas* (energia rítmica, azul) surge *FOHAT* (verde), que é o Fogo Frio Celeste como Eletricidade Cósmica; da união de *Satva* com *Tamas* (energia centrípeta, vermelha) surge *KUNDALINI* (vermelha), que é o Fogo Quente Terrestre como Eletromagnetismo Cósmico subjacente a todas as manifestações ou fenômenos telúricos do nosso Globo. Esses dois Fogos Primordiais – Luz e Chama – unem-se para dar origem a toda a Criação, transformando-se em sete "hálitos vitais" ou "forças sutis da Natureza" (*tatvas*), que no Logos Planetário estão em relação direta com os seus sete *chakras*, cujas respectivas "glândulas" são determinados Montes Santos no centro dos seus respectivos Sistemas Geográficos, os quais a Mônada Humana vai paulatinamente transpondo através do tradicionalmente chamado ITINERÁRIO DE YÓ ou IÓ, a mesma Mônada peregrina rumo ao oitavo Sistema, já hoje assinalado em São Lourenço de Minas Gerais do Sul. Processo antropogenético idêntico, da relação dos *tatvas* com os *chakras*, acontece no Homem, visto o que "está em baixo ser como o que está em cima". Senão, observe-se:

Pritivi-Tatva (Elemento Terra) – Está ligado ao Chakra Raiz e à veste Física, a quem ele transmite animação. Resulta de uma combinação de *Satva* com *Tamas*, e daí a sua cor alaranjada. É o Sol no Solo do Corpo Humano.

Apas-Tatva (Elemento Água) – Age na veste Vital ou Etérica, vitalizando-a, e por ela, dá ao corpo Físico a capacidade de perceber através dos sentidos. Está ligado ao Chakra Esplênico sendo uma combinação de *Rajas* com *Tamas*, de onde resulta a sua cor violeta, tônica afim à Lua.

Tejas-Tatva (Elemento Fogo) – De cor vermelha *Tamas*, anima a veste Emocional, Psíquica ou Astral e está ligado ao Chakra Umbilical, sob a influência de Marte.

Vayu-Tatva (Elemento Ar) – Combinação de *Satva* e *Rajas*, é de cor verde própria ao seu planeta afim, Saturno, ligando-se ao Chakra Cardíaco e à veste Mental Concreta, que faculta a capacidade de raciocínio. Pelo Cardíaco ainda promanam os mais belos sentimentos de Amor por via do seu "pêndulo" místico chamado, tradicionalmente, *Vibhuti*.

Akasha-Tatva (Elemento Éter) – De cor azul índigo (*Rajas*). Liga-se ao Chakra Laríngeo e à veste Mental Abstrata, tudo sob o auspício de Vênus.

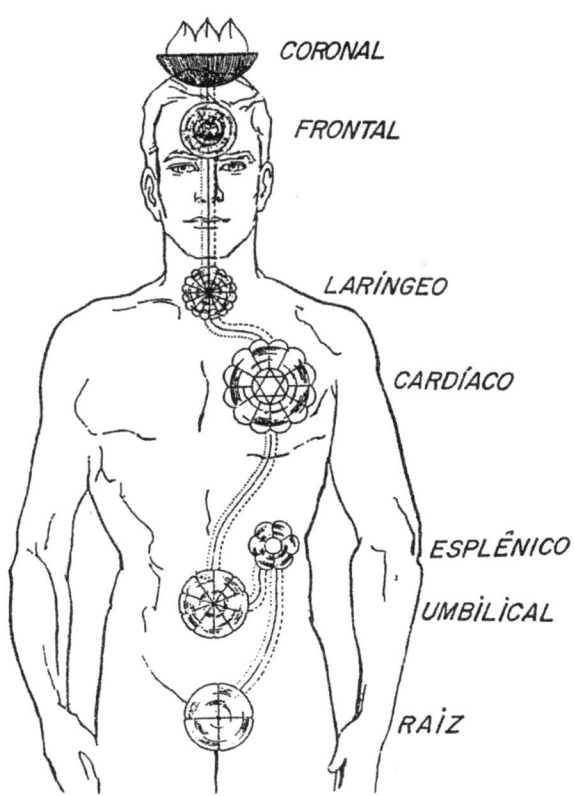

Os sete Chakras do Homem

Anupadaka-Tatva (Elemento Subatômico) – Liga-se ao Chakra Frontal e à veste Intuicional. É de cor amarelo ouro (*Satva*), "tônus" que lhe é impresso pelo Raio Planetário afim, Mercúrio.

Adi-Tatva (Elemento Atômico) – É o equilíbrio entre *Fohat* e *Kundalini*. É a união de *Satva*, *Rajas* e *Tamas*, o que resulta na cor púrpura de Júpiter. Está ligado ao Chakra Coronário e à veste Espiritual.

Sendo os corpos do Homem as expressões limitadas dos Planos de Evolução Universal, também eles se interpenetram e não que estejam "encavalitados" uns nos outros, ainda que quem medita, por vezes, para uma melhor visualização, sobreponha uns sobre os outros. Essa sobreposição é o desdobramento de uma Esfera única irradiando os tons do Arco-Íris até chegar ao branco como síntese de todas as cores, e quando imanifestada, apresenta o negro como ausência das mesmas cores.

Já vimos de que matéria é constituído o chamado *corpo Astral*, designação dada por Paracelso por ele apresentar forma colorida semelhante à estrela brilhante, sendo o veículo dos sentimentos, emoções e sensações. Por ser aquele em que a Humanidade comum ainda vibra conscienciamente com maior intensidade, trataremos agora dessa mesma matéria astral.

A natureza da matéria astral é idêntica à da matéria física, só que de estrutura atômica mais sutil. Quero dizer com isso que a matéria do Plano Astral do nosso Universo é descontínua, ou seja, é constituída de pequeníssimas partículas, muito mais sutis que a mais elementar partícula do Plano Físico, e separadas umas das outras por espaços maiores ou menores de acordo com o estado particular de vibração da respectiva matéria, repartida em sete escalões apresentados em uma correspondência harmônica com os sete estados da matéria.

Tal como a matéria mental interpenetra a matéria astral, esta interpenetra a matéria física. É fácil de se compreender essa interpenetração. Sabe-se que a matéria do Plano Físico é constituída de moléculas e estas, de átomos. A Ciência Teosófica sempre afirmou a descontinuidade e a estrutura atômica da matéria física, a despeito da Ciência Acadêmica chamar para si a glória dessa "descoberta". Contudo, ainda em nossos dias, a teoria espiritualista não concorda inteiramente com a teoria materialista a respeito da estrutura da Matéria, porque enquanto esta última estuda somente o seu aspecto bruto, objetivo, tangível e visível exclusivamente pelos cinco sentidos ordinários, a Ciência Teosófica nunca afasta a ideia do átomo físico ser *animado* por um aspecto particular da Vida Universal, que é a causa da sua própria evolução através dos grandes Ciclos Cósmicos. Em termos dialéticos, poder-se-á afirmar que Matéria e Espírito são polaridades de uma só coisa: a Substância Absoluta. Por isso, Helena Blavatsky afirmou que "nenhum antigo filósofo, nem mesmo os cabalistas judeus, jamais separou o Espírito da Matéria ou a Matéria do Espírito" (in: *A Doutrina Secreta*, vol. III, cap. X). Esse mesmo conceito foi perfilhado pelos antigos atomistas laicos, sendo os mais conhecidos o hindu Kânada, os gregos Leucipo, Demócrito e Epicuro e o romano Lucrécio.

A Ciência Acadêmica define a Matéria como tudo que tenha extensão e seja impenetrável. Como, porém, a Matéria de que cogita essa mesma Ciência é exclusivamente a dos Subplanos mais densos do Mundo Físico, então a afirmação de que a Matéria é penetrável não contraria, propriamente, aquela definição. O átomo da Ciência moderna é um verdadeiro sistema solar em miniatura, constituído de um "sol" central e de "planetas" e "satélites" que giram em torno dele. Isso quer dizer que o átomo, em vez de compacto, possui entre essas partículas espaços completamente vazios de matéria (do Plano Físico), os quais são preenchidos de matéria mais sutil (astral e mental). Dentro do átomo, a distância relativa entre as partículas que o constituem corresponde, com muita aproximação, à distância dos planetas do nosso Sistema Solar em relação ao volume dos mesmos; em outros termos, um átomo, apesar de ser tão minúsculo a ponto de nenhum aparelho permitir ainda ao olho humano vê-lo com clareza absoluta, compreende muito mais espaço vazio do que partículas propriamente de matéria física. Esses enormes espaços vazios da matéria física acontecem porque os átomos que constituem as moléculas dos corpos não se justapõem, antes mantêm entre si, em geral, maiores distâncias do que o tamanho dos próprios átomos. Por sua vez, as moléculas também não se justapõem e guardam entre si distâncias relativamente grandes. Observa-se assim que mesmo em uma barra do mais duro aço, dando a impressão de ser absolutamente compacta em virtude dos nossos sentidos limitados ao visível e tangível, há muito mais espaços vazios do que partículas materiais. E é entre esses espaços vazios de matéria física que os átomos astrais podem infiltrar-se com toda a liberdade, por serem muitíssimas vezes menores ou mais sutis.

Repetindo: a matéria astral interpenetra a matéria física. Cada átomo físico flutua em um oceano de matéria astral. Essa concepção fundamental deve ficar perfeitamente clara no espírito de todos, pois sem ela não será possível compreender um grande número de fenômenos ocultos.

Esse princípio de interpenetração mostra-nos que os diferentes Planos da Natureza não são separados no espaço, mas sim que existem em torno e dentro de nós, de maneira que para percebê-los e estudá-los não é necessário locomoção física: basta despertar ou apurar em nós os sentidos por meio dos quais eles possam ser percebidos. De onde a conclusão importante de que *os Planos da Natureza são estados de Consciência*.

Sabe-se que o corpo físico de todos os seres existentes na face da Terra constitui-se das substâncias físicas que não lhes pertence e sim à própria Terra de onde provêm, pois ele desenvolve-se e é mantido pela assimilação das substâncias que, em última análise, saem da Terra. O mesmo se dá com o corpo astral – o conjunto de toda a matéria astral que integra os corpos dos seres que habitam o nosso planeta forma, juntamente com a matéria astral difusa, o corpo astral da Terra. O conjunto dos corpos astrais dos planetas do nosso Sistema constitui o corpo astral do Logos Solar. Eis aqui a razão do velho conceito panteísta.

Cada um dos sete tipos de matéria astral que constitui os Subplanos do Plano Astral, pode ser encarado como formando um todo, um veículo próprio como se fosse o corpo astral de uma das sete Entidades Cósmicas ou Logos Planetários do Sistema a que pertencemos. Sendo assim, conclui-se que sete Logos Planetários constituem um Logos Solar, como síntese suprema de todos eles.

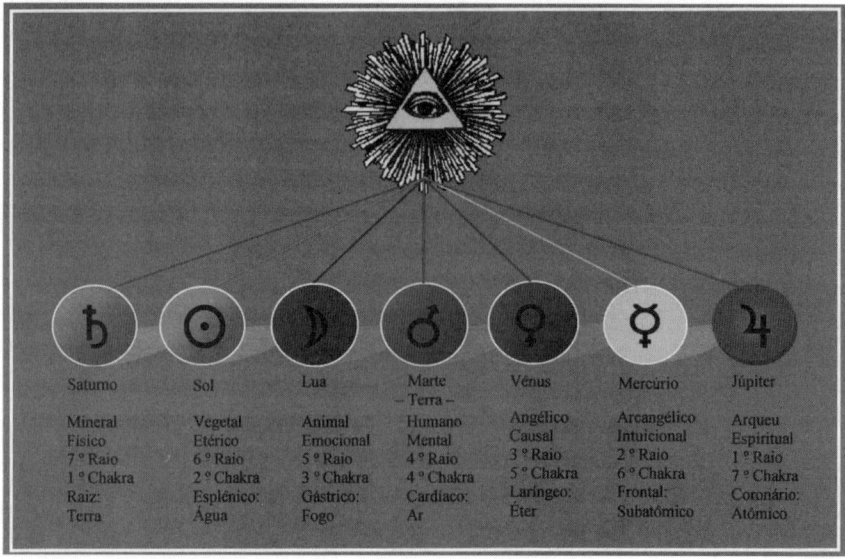

Resulta dessa observação que o mais insignificante movimento, a mais leve modificação, seja de que natureza for, dessas Entidades é instantaneamente refletido, de um modo ou de outro, na matéria do tipo correspondente. Tais mudanças têm lugar periodicamente e são análogas aos movimentos fisiológicos de um organismo vivo, tais como a inspiração e a expiração, as batidas do coração ou ritmos cardíacos, etc., porque, na verdade, o Universo é um Grande Ser Vivo. Os cabalistas judeus chamam-no *Adam-Kadmon*, o "Homem Celeste".

Os movimentos relativos dos planetas físicos fornecem-nos as chaves das influências provenientes dessas mudanças psíquicas sobre o homem, como parte, e sobre a Humanidade, como todo. Eis a Astrologia vista por outro ângulo. Cada uma dessas mudanças deve afetar o homem proporcionalmente à quantidade de matéria em jogo que se ache no seu corpo astral. Desse modo, o mesmo tipo de mudanças no Cosmos afeta de maneira diferente os homens, como, por exemplo, quando observam diferentemente uma mesma obra de arte; outros, a impavidez ou a excitação nervosa diante de certos acontecimentos; em outros, ainda, o desinteresse ou o desejo instintivo, etc.

É essa proporção que determina em cada homem, animal, planta e mineral certas características fundamentais que nunca mudam e a que a Ciência Iniciática chama a sua "nota fundamental", o seu Planeta ou Raio.

Observados os princípios fundamentais da mecanogênese do Universo e do Homem, resta desfechar esta presente. Ante o Tudo no Todo e o Todo no Tudo, desfecho com dois significativos trechos de louvor ao Altíssimo respigados da *Kether-Malkuth* do rabino ibérico, o "Avicebrão latino" do século XII, Salomão Ben Gabirol:

VIII

Tu és o Altíssimo.
Os olhares enternecidos da inteligência elevam-se para Ti,
admirados de mal Te enxergarem,
nem Te poderem conhecer completamente.

XLII

Tu és Deus.
Nos altos Céus e embaixo na Terra, não há outro.
Que as palavras de minha boca e os pensamentos de meu coração
Te sejam agradáveis, Adonai, meu Protetor e meu Redentor.

OBRAS CONSULTADAS

Henrique José de Souza. "Antropogénese". Revista *Dhâranâ*, Ano LIII, Série Transformação, n.º 3, 3.º e 4.º trimestre de 1978.

Helena P. Blavatsky, *A Doutrina Secreta*, Volume III – Antropogénese. São Paulo: Editora Pensamento.

Roberto Lucíola, "Sistemas Planetários" Caderno *Fiat Lux* nº 3, Jun. 1995, São Lourenço, Minas Gerais, Brasil.

António Castaño Ferreira, *Série Astro-Mental*. Acervo da Sociedade Teosófica Brasileira.

Comunidade Teúrgica Portuguesa, apostilas reservadas do *Grau Karuna*.

Capítulo III
Evoluções e Perversões Atômicas
(A "Química Oculta")

Sintra, 24 de fevereiro de 1999

Ó Vida Oculta, vibrando em cada Átomo!
Que cada um compreenda que é Um contigo!
Do Mantra de União e Irradiação

À medida que a Humanidade adentra o Novo Milênio, novas descobertas científicas vêm a lume acompanhando a marcha da sua própria evolução mental. Novas ideias, novos saberes, novas descobertas... serão? Em certa medida, são. Em outra, não! Porque, como dizia o inspirado, "não existe nada de novo debaixo do Sol"...

Seja como for, as conquistas alcançadas ultimamente pela Ciência Acadêmica, pouco a pouco despindo-se dos velhos preconceitos arreigados à didática "oficial", interessam muito de perto aos estudos da Ciência Oculta, sua *Mãe*, sim, atendendo à origem da *Sociedade Real de Estudos de Londres*, matriz universal da Academia contemporânea, derivada direta do *Colégio dos Invisíveis*... Rosacruzes e outros Hermetistas de nomeada dos meados do século XVII (1662), a que pertenciam, entre outros, Robert Boyle, Thomas Vaughan e Francis Bacon, este o inspirador secreto ou anônimo de William Shakespeare, tal qual o português Gil Vicente ante os *Fiéis do Amor*, remanescentes da linha medieval dos Trovadores e Jograis, "Cavaleiros Andantes" de uma nova Fé abertamente Mariana sob o patronímico do Espírito Santo.

Hoje, esse despir os preconceitos acadêmicos e complexos intelectuais é por já se clarear o horizonte dos mais transcendentes problemas, graças à perseverança dos que tomaram sobre os seus ombros o pesado encargo de orientar, sobre um largo estuário de incertezas, a caravela da Verdade.

Até o momento, a Ciência Acadêmica, caracterizada pela inconstância das suas afirmações, entrega ao cientista a oportunidade, felizmente grata para o mundo, de reformar as investigações e conclusões dos seus antecessores. Assim, nada mais se tem feito além de contradizer, substituir, retificar, revolucionar...

É bem verdade que a Ciência não pode abranger tão cedo, em um plano estritamente restringido às dúvidas e querelas do intelecto em detrimento da *intuição*, todos os aspectos da *realidade una e única*; mas, dentro da relatividade das coisas aparentes, não hesito em asseverar existir uma *Ciência* mais ampla, apesar de *Oculta*, vigente na face da Terra, compreendendo todas as especulações científicas que vêm se sistematizando nos últimos séculos.

Os *Teúrgicos* e *Teósofos* conhecem-na: é a *Gupta-Vidya*, *Brahma-Vidya*, *Sanatana-Dharma* ou a mesmíssima *Sabedoria Iniciática das Idades*, a *Tradição Primordial* que os seus *Iniciados* de todos os tempos têm velado e resguardado da vã e profana curiosidade dos homens vulgares.

Contudo, ao interesse da Ciência Oculta pela Ciência Acadêmica destes últimos tempos, poder-se-ia muito bem chamar *congratulação*, isso porque nada de novo o verdadeiro Ocultismo percebe nas letras de forma dos notáveis compêndios e relatórios, até agora aparecidos, que não tenha sido objeto de cogitação nas Eras mais recuadas da longa História da Humanidade.

Assim é com a *Física* e a *Química*. Estas já eram estudadas e aplicadas há mais de 5 mil anos nos Colégios da primitiva *Ariavartha*, a Índia, tendo sido o primeiro *Vyassa*, da linhagem de 28 personagens com o mesmo nome, o criador da *Alquimia* (*Shiva-Prakriti*, em sânscrito, *Al-Châmea*, em copta, *Allah-Chêmia*, "Química Divina", em árabe). Sobre isso, escreveu o Preclaro Adepto que se oculta no pseudônimo *Fra Diávolo*, no capítulo III dos seus *Mosaicos de Tradição Antiga*, referindo-se a essas duas correntes experimentalistas da Ciência moderna, mas já dominadas pelos antigos sábios hindus:

Física – Enunciaram o conceito do Universo como um todo harmônico sujeito a leis determináveis pela observação e experiência. Fundaram a Hidrostática e descobriram o seu famoso princípio, erroneamente atribuído a Arquimedes. Os Físicos dos Pagodes calcularam a velocidade da luz e descobriram as leis da reflexão.

A julgar pelos trabalhos de Surya-Sidhenta, conheceram e calcularam a potência expansiva do vapor da água.

Química – Conheceram a composição da água e enunciaram a lei dos volumes, que na Europa há muito pouco tempo se conhece. Sabiam preparar os ácidos sulfúrico, nítrico e clorídrico; os óxidos de cobre, ferro, chumbo, estanho e zinco; os sulfures de ferro, cobre, mercúrio, antimônio e arsênico; os sulfatos de zinco e de ferro; os carbonatos de ferro, chumbo e sódio; o nitrato de prata e a pólvora.

Por isso disse "nada de novo haver debaixo do Sol", mas antes a retomada moderna da Ciência dos primitivos *Rishis* ou "Reis Divinos", esses mesmos e primordiais Guias da Humanidade.

Assim, acompanhando a marcha da Evolução também o Pensamento Humano sofre mudanças notáveis, acelerando o desenvolvimento da religião e da ciência, apesar de nem sempre no bom sentido, em razão da ausência de *caráter* superior e da carência de *cultura* verdadeira, ou seja, há ainda inexistência de *consciência integral*.

De maneira que, infelizmente, as "novas" descobertas raramente são acompanhadas da devida moral e, consequentemente, cai-se na imoralidade científica, acabando por transformar os laboratórios em fornalhas experimentais de autêntica magia negra aplicada aos seres vivos, especialmente às criaturas humanas.

Exemplo notório disso tem-se no caso da *clonagem*, pomo de tanta controvérsia nos meios científicos e religiosos. E, se gera controvérsia, é porque "o mundo (não) está (inteiramente) infestado de demônios", como dizia Carl Sagan (os parênteses são meus), mas também de santos, que contrabalançam com aqueles.

A *clonagem* de seres humanos colocou uma dupla interrogação nos meios espiritualistas: se se pode reproduzir um homem a partir do DNA de outro homem, então, afinal, onde cabe a *Lei do Karma e da Reencarnação*? Afinal, onde está a Onipotência de Deus se o Homem se mostra tanto ou mais poderoso que Ele? Consequentemente, onde cabem Deus, Reencarnação e Karma se o intelecto humano desmente tudo isso e a ciência experimental prova, vez por todas, que Deus, Reencarnação e Karma simplesmente... não existem?

O assunto incomoda-me muito pouco, mesmo nada, partindo do princípio de que se clona um corpo mas não uma alma. Todavia, há quem se sinta bastante incomodado com ele e por isso, desde já, é a tais "incomodados" que endereço este estudo, não sem antes avançar o silogismo seguinte: "Quando se discute o irreal e o inexistente, ele toma forma e faz-se real e existente", portanto, "todo o nada vazio físico é preenchido por algo mais sutil", logo, *o nada não existe*, tal qual *inexiste a imobilidade absoluta*!

Agora e antes de tudo o mais, deve-se observar a estrutura oculta do *átomo*, não só o *físico* mas também o *astral* e o *mental*, pelo que passarei a tratar de *Química Oculta*, contribuindo aos poucos para o desvelo dos Mistérios do Universo e do Homem aos coevos da hodierna ciência experimental.

O próprio Fernando Pessoa abordou o assunto em um texto seu, sem data, reproduzido por Yvette Kace Centeno em *Fernando Pessoa – O Amor, A Morte, A Iniciação* (Editora A Regra do Jogo, Lisboa, 1985), no qual diz:

"A química oculta, ou alquimia, difere da química vulgar ou normal, apenas quanto à teoria da constituição da matéria; os processos da operação não diferem exteriormente, nem os aparelhos que se empregam. É o sentido com que os aparelhos se empregam e com os quais as operações são feitas que estabelece a diferença entre a química e a alquimia.

A matéria do mundo físico é constituída de três modos, todos eles simultaneamente reais: só dois desses modos interessam a um nível conceitual diferente, e não é atingível por operações, aparelhos ou processos que nem sequer se parecem com os que se empregam em qualquer coisa que se chame 'química' ou 'física', 'ocultas' ou não.

A matéria é na verdade, e como creem o físico e o químico normais, constituída por um sistema de forças em equilíbrio instável, formando corpos dinâmicos a que se pode chamar 'átomos'. Porque isto é real, e a matéria, considerada fisicamente, é na verdade assim constituída, são possíveis as experiências e os resultados dos homens de ciência, pelo que a matéria é manipulável por meios materiais, por processos apenas físicos ou químicos, e para fins tangíveis e imediatamente reais.

Mas, ao mesmo tempo, os elementos que compõem a matéria têm um outro sentido: existem não só como matéria, mas também como símbolo. Cada elemento simboliza determinada linha de força supermaterial e pode, portanto, ser realizada sobre ele uma operação, ou ação, que o atinja e o altere. E feita essa operação, o efeito produzido excede transcendentalmente o efeito material que fica visível, sensível, mensurável no vaso ou aparelho em que a experiência se realizou. É esta a operação alquímica. E isto no seu aspecto externo, porque, na sua realidade íntima, é mais alguma coisa do que isto."

A Ciência Acadêmica define a *Matéria* como tudo que tenha extensão e seja impenetrável. Como, porém, a Matéria de que cogita essa mesma Ciência é exclusivamente a dos subplanos mais densos do Mundo Físico (cada Plano, já se sabe, divide-se em sete subplanos), a Ciência Iniciática contrapõe que a Matéria é penetrável, axioma elevado ao princípio já postulado no século XVIII por Lavoisier – "A matéria penetra (ou preenche) a Matéria". Para o insigne teósofo António Castaño Ferreira, o *átomo* da Ciência moderna é um verdadeiro sistema solar em miniatura, constituído de um 'sol' (*próton*), de "planetas" (*elétron*) e de "satélites" (*nêutron*) girando em torno desse mesmo "sol". Isso quer dizer que o átomo em vez de compacto possui entre essas partículas espaços completamente vazios de matéria (do Plano Físico). Dentro do átomo a distância relativa entre as partículas que o constituem corresponde, com muita aproximação, à distância dos planetas do nosso Sistema Solar em relação ao volume dos mesmos; em outros termos, um átomo, apesar de ser tão minúsculo a ponto de nenhum aparelho permitir ainda ao olho humano vê-lo, compreende muito mais espaço vazio do que as partículas propriamente de matéria física.

Não bastando esses enormes espaços vazios dentro da matéria física, há os ainda maiores, porque os átomos que constituem as moléculas dos corpos não se justapõem, mas mantêm entre si, em geral, distâncias maiores que o tamanho dos próprios átomos. Também as moléculas não se justapõem, pois guardam entre si distâncias relativamente grandes. Vê-se assim que mesmo em uma barra do mais duro aço, dando a sensação de ser absolutamente compacta, em virtude da imperfeição dos sentidos humanos, há muito mais espaços vazios do que partículas materiais. E é entre esses espaços vazios da matéria física que os *átomos astrais* podem se infiltrar com toda a liberdade, por serem muitíssimas vezes menores ou mais sutis. Por sua vez, entre os espaços vazios da matéria astral infiltram-se os *átomos mentais*, por serem muitíssimo menores ou muitíssimo mais sutis.

Em resumo, a matéria mental interpenetra a astral e esta, a física. Cada átomo físico flutua em um oceano de matéria astral, tal como cada átomo astral flutua em um oceano de matéria mental. Esse princípio de *interpenetração* demonstra que os diferentes Planos da Natureza não estão separados no espaço, mas que existem em torno e dentro de nós.

De onde a conclusão importante de que *os Planos da Natureza são estados de Vida e Consciência*.

Quanto mais sutil é um átomo, mais veloz se torna o seu movimento até atingir a forma *espiraloide* com que os clarividentes o veem, ou seja, passando do nível *horizontal* (físico ou químico, relacionado com *comprimento* e com *tamas*, a "energia centrípeta") ao *ovoide* (etéreo-astral em relação com a *largura* e com as *rajas*, a "energia rítmica") e, finalmente, ao *vertical*, em relação ao mental (e igualmente com a *altura* e *satva*, a "energia centrífuga"), até que atinja o estado *flogístico* ou *causal* do Mental Superior. Espero que com essa pequena revelação findem de vez as dessincronias entre os físicos experimentalistas e os físicos ocultistas, ou melhor, os alquimistas clarividentes.

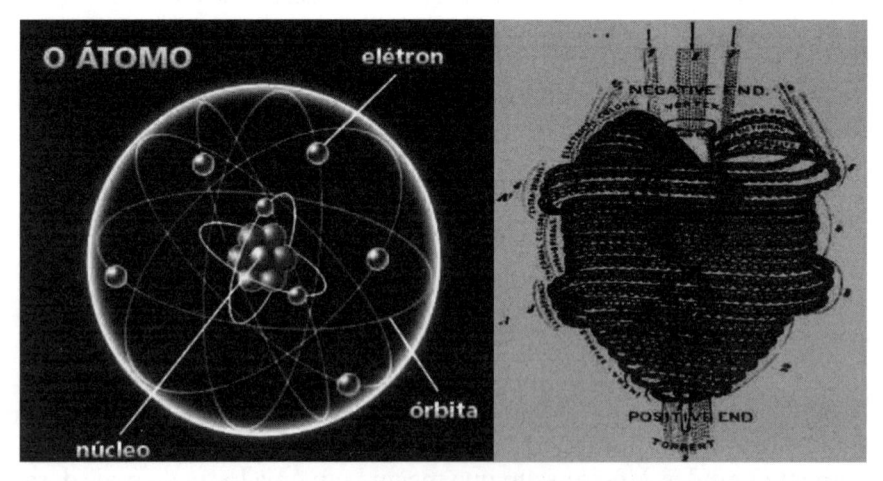

O átomo nas suas formas clássica e oculta

Revelação tão pequena, ou grande (o respeitável leitor que julgue), como a da *patologia kármica* da dita doença das "vacas loucas" (com sintomatologia igual àqueles humanos praticantes de antropofagia e do sexo entre familiares chegados), iniciada na Inglaterra e propagada em toda a Europa. Durante o império britânico na Índia, os ingleses altivos em sua cultura e potência, digo, prepotência, escarneceram e desprezaram os usos e costumes tradicionais hindus, nomeadamente a dieta vegetariana destes e o seu culto à *vaca*, esquecendo ou ignorando que tal respeito é a expressão exotérica do culto esotérico a *Vâch*, o *Verbo* Divino encarnado na Terra, de quem a *vaca* ou *Bhumi* (expressiva da própria *Terra* nutridora) é símbolo zoomórfico. Para rebaixar ainda mais esse povo oprimido, os ingleses passaram a ser grandes consumidores de bifes de vacas (recolhendo daí a alcunha de *beefes*) e a alimentar estas, em uma clara demonstração antinatural, porque canibalesca, com produtos animais. Resultado: a Alma-Grupo dessa espécie ensandeceu precisamente no país gerador da causa mórbida, a Inglaterra. Poder-se-á chamar à doença das "vacas loucas" de vingança kármica de *Vâch*, o *Verbo* Divino conspurcado.

Mas, volvamos à questão da estrutura oculta do átomo. Para o Professor Henrique José de Souza, a par da força centrípeta mantenedora da forma coesa do átomo físico, há outras emanadas do *Logos Único* ou de um dos seus Três Aspectos (Vontade, Sabedoria, Atividade), as quais circulam como *espiras* que o compõem. As *sete séries de espiras do átomo* correspondem aos *sete estados de consciência* por que a Mônada Humana tem de passar, logo, às *sete Rondas* em que se reparte toda a Vida da nossa *Cadeia Planetária*, por conseguinte, do nosso Globo ou Mãe *Bhumi*, a Terra.

A Lei de Evolução exige que, em cada Ronda ou em cada Período de Vida do Globo, uma dessas séries de *espiras* (ou seja, sete espiras x sete subplanos = 49 níveis do Plano Físico Cósmico, também chamado *Prakriti*, a "Matéria Cósmica", organizado desde o Espiritual ao Físico denso) se abra e dê passagem a uma força, permitindo que os organismos ou entidades, de que os átomos são partes componentes, despertem para determinados estados de consciência, galguem mais um degrau na escala evolucional.

Além das *sete séries de espiras* destinadas a fazer passar pelo átomo-semente os sete *Raios* ou Emanações sutis do Logos Único do nosso Globo, ou seja, as sete *Manifestações* da *Vida Una*, o átomo dispõe ainda de *dez canais* (3+7) a que os ocultistas chamam *espirulas* (para outros, *espirilas*), dando passagem à Tríplice Energia Cósmica de *Prana*, *Fohat*, *Kundalini* (correlacionada às naturezas ou "qualidade sutis da matéria" (*Gunas*), respectivamente, *Satva*, *Rajas*, *Tamas*), e aos sete *Tatvas* ou "forças imponderáveis" da Natureza, tendo cada uma por mundo ou espaço peculiar um dos sete Planos em que se reparte o Sistema de Evolução Universal. Em outras palavras mais acadêmicas, as três primeiras dão passagem às diversas correntes elétricas e as outras sete, às forças naturais relativamente conhecidas das ciências Química e Física.

Ainda acerca do que sejam, em Química Oculta, *espiras* e *espirulas*, começo por dizer que da Substância Única (*Svabhâvat*) do Logos Cósmico ou Supremo (*Mahaparabrahman* ou *Mahaparaishwara*) projetado como Logos Solar (*Parabrahman* ou *Paraishwara*), essa projeção ou manifestação faz-se como *Raio Cósmico* ou Energia Elétrica Primordial (*Fohat*), a qual vai "cavar" no *Koilon* ou Espaço Cósmico os "buracos" ou "bolhas" que são as verdadeiras unidades dos Sistemas Solares. Seguidamente essas "bolhas", assim preenchidas com a Substância do Logos Único e a Consciência do Logos Solar, são alinhadas em formações espiraloides. Quando se deu o processo de formação dos átomos físicos já as *espiras* do átomo-semente etérico existiam, tendo ele as enrolado em três séries paralelas, correspondentes às matérias etérica, astral e mental inferior.

Esses três enrolamentos são processados e carregados com os três tipos de Energias características da Tríplice Natureza do Logos Solar: *Prana* (Energia Vital) – *Fohat* (Energia Eléctrica) – *Kundalini* (Energia Eletromagnética), pelo que "fluem nesses três turbilhões correntes de diferentes eletricidades", segundo o teósofo Leadbeater.

Depois das sete séries de *espiras* ou "incorporações" (para cada série de *espiras*, sete *espirulas*) da Tríplice Natureza do Logos Solar nos sete *Logos Planetários*, estes torcem sete enrolamentos paralelos para completar o átomo-semente ou primordial etérico que, com os três primordiais, correspondem às dez *espirulas* (simbolizadas pelas dez *sephirots* ou "emanações" da divina Árvore da Vida (*Otz Chaim*) da Cabala hebraica, esta também ligada à Tabela Periódica da Química e ao sistema vital DNA), portadoras da Energia de *Brahman* ou *Ishwara*, o Logos Planetário. Cada um desses enrolamentos secundários, quando afetado por luz e som, emite uma cor do espectro solar e um dos sete sons da escala natural, e com eles a influência especial do seu Logos Planetário, o *Dhyan-Choan Superior*, assim demonstrando que o Tudo e o Todo são essencialmente *Um*.

Uma vez edificado, o átomo apresenta no Plano Químico Etérico contornos espiraloides cujos enrolamentos da esquerda para a direita indicam um átomo positivo (macho), e da direita para a esquerda, um átomo negativo (fêmea). É preciso não esquecer que o átomo não é substância, mas o produto da *Substância Universal*. As "bolhas" em seus enrolamentos são as linhas de forças pelas quais discorrem as Energias do Logos.

Construído o átomo físico dos dois tipos, o positivo e o negativo (a predominância da quantidade de um ou de outro no organismo físico conduz à distinção dos sexos masculino e feminino, e, quando em "pé de igualdade" ou equilibrados em valor e potência, originam o estado *Andrógino* que caracteriza o *Adepto Real*, ou seja, a posse integral das duas qualidades masculina e feminina, como Mente e Amor Universal, elevadas a uma "terceira coisa": a Substância Infinita, característica da Vontade Divina. Por outro lado, no comum das gentes, quando os átomos positivos e negativos se confundem e atrofiam no homem ou na mulher, passam a gerar *patologias kármicas* de índole *medianímica* e, ou então, de *indefinição sexual*, por desafinidade com o seu próprio sexo e também por motivos kármicos oriundos de reencarnações anteriores), começa então no último subplano do Plano Etérico (*quarto Éter Químico*, o *Apana*) a construção multivariada dos elementos químicos segundo a *Tabela* ou *Lei Periódica*, por estar de acordo com os Ciclos universais que regem a Vida física ou química, onde a "Rosa" é a quintessência de todos os elementos e a "Cruz", a manifestação periódica dos mesmos.

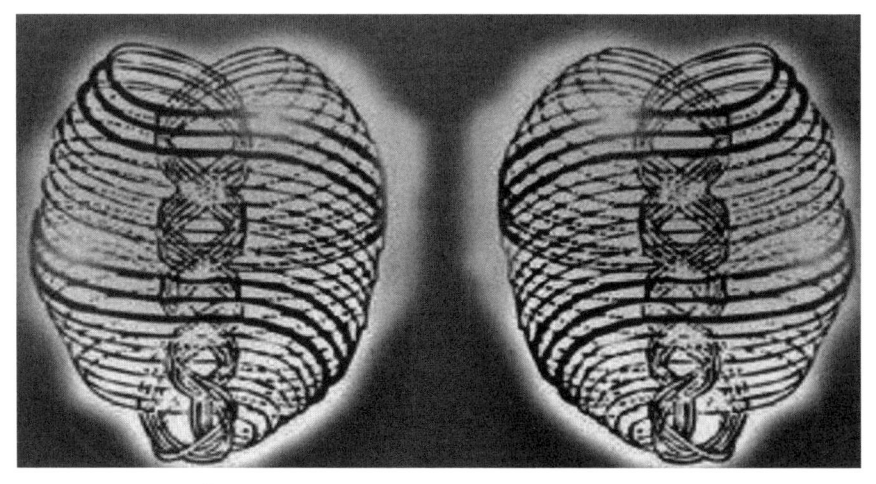

Átomos positivo e negativo (macho e fêmea)

Foi assim que, durante a primeira Ronda Saturnina da atual quarta Cadeia Terrestre, o primeiro grupo de espiras dos átomos físicos entrou em atividade, sob a influência da Vida Monádica, dando passagem às correntes *prânicas* ("sopro de vida") que agem na parte mais densa do *corpo físico*. Originou-se dessa ação o veículo mais grosseiro do Homem.

Na segunda Ronda Solar da mesma Cadeia, entrou em função o segundo grupo de espiras dos átomos etéricos, dando passagem às forças biovitais que iriam agir na constituição do *duplo-etérico*, sede dos "centros vitais" ou *chakras* (de natureza eletromagnética), tendo a sua exteriorização física no *sistema glandular* do Homem.

Durante essas duas Rondas, nada existia ainda no Mundo das Formas que se pudesse qualificar de *sensação*. Esta só apareceu quando, no decorrer da terceira Ronda Lunar, o terceiro grupo de espiras dos átomos astrais se abriu para dar passagem às correntes *prânicas* correspondentes à energia *kâmica*, isto é, dos desejos, e para ligar o corpo físico às sensações do *corpo astral* por intermédio dos respectivos *chakras* astrais.

Estamos na atual quarta Ronda do quarto Globo Terrestre, ou seja, sob a influência psicomental (*kama-manásica*) de Marte, e o quarto grupo de espiras dos átomos mentais abre-se paulatinamente para dar passagem ao *prana manásico* que, circulando livremente, concorre para a construção do *corpo mental inferior* e, consequentemente, do *cérebro*, destinado a servir de veículo do pensamento humano.

A esse grau evolutivo chegou a Humanidade. Possui motricidade (*física*), vitalidade (*etérica*), sensação (*astral*) e pensamento (*mental*). Falta-lhe despertar ou desenvolver as três séries de espiras que hão de proporcionar os três estados nocionais mais elevados que constituem a Consciência da Mônada: o quinto grupo de espiras mentais superiores ou *Causais* que deverá acontecer na quinta Ronda Venusiana da Terra; o sexto grupo de espiras *Búdhicas* ou intuicionais, a suceder na sexta Ronda Mercuriana da Terra; e, finalmente, o sétimo grupo de espiras *Átmicas* ou espirituais, o que se dará na sétima Ronda de Júpiter (ocultando Vulcano) com que se encerrará a presente quarta Cadeia Terrestre. Logo, falta ao Homem comum despertar a consciência Mental Superior, Intuicional e Espiritual. Só os Adeptos Reais, os verdadeiros *Mahatmas*, graças aos seus próprios esforços desenvolvidos ao longo dos milênios, possuem ativos esses grupos de espiras, em um verdadeiro "saque ao Futuro", os quais constituem as *brumas ocultas* da criatura humana. Por isso Eles são Seres Representativos do futuro da Mônada Humana.

Sobre o que seja a *Mônada*, assim a definiu o Professor Henrique José de Souza: "Mônada, do grego 'um, unitário'. Uma Mônada é um Centro de Consciência; Centelha na Chama, ela participa das qualidades do Todo, onde é parte integrante, onisciente, onipotente no seu próprio Plano. A Mônada é limitada nos seus meios de ação pelos veículos de que se serve para agir nos Mundos inferiores. Ela é o grande EU (o *Purusha*), o Espírito no Homem. Ela ganha pouco a pouco o Eu-Consciência graças à evolução da Matéria que se adapta progressivamente aos fins do Espírito, o qual não faz senão desenvolver as responsabilidades ilimitadas que nela vivem por toda a eternidade".

Adianta ainda o Professor Henrique: "O perene êxodo de IO, a Mônada peregrina, retrata em seu mágico sentido a marcha espiritual da Humanidade, ou a das mesmas Mônadas, *Unidades* ou *divinas Centelhas do Todo* ou Consciência Total. Mônadas que emigram, peregrinando de corpo em corpo, de vida em vida, através das raças e continentes, pela senda infinita e tortuosa dos tempos, peregrinação já na grande Grécia simbolizada nas corridas olímpicas dos atletas, que passavam de mão em mão um facho ignescente. A pista era o Templo, mas como Templo-Mor Iniciático é a nossa própria Terra; as etapas, os séculos ou mesmo os ciclos raciais, caracterizando-se, cada um deles, por determinado estado de consciência dentre os sete a serem desenvolvidos plenamente pela Humanidade; os atletas, as gerações; o facho, o progresso espiritual da Mônada, a Fagulha Imperecível que procura tornar-se Chama, isto é, a expansão das possibilidades máximas da nossa Mente até a fusão da Mente Infinita do Homem na Infinita do Universo, fusão que exprime a posse integral do Mundo das Causas Supremas, ou a posse da Percepção Direta, que é o fatigo da evolução espiritual do Homem sobre a Terra: o *Adeptado*".

Essa é a marcha natural da evolução dos átomos, da qual depende a evolução da Humanidade e demais Reinos da Natureza, logo, da Vida do próprio Globo Terrestre. Se se observar um átomo em seu percurso através dos diversos elementos que compõem o Universo, constatar-se-á com que precisão e "inteligência" ele atrai outros átomos, adquirindo nova forma e aumentando o seu peso e, de certa maneira, a sua *experiência*, conforme a assertiva sobre a causa da própria Evolução: *a transformação da Vida-Energia* (*Jiva*) *em Vida-Consciência* (Jivatmã).

Descendo o átomo ao elemento mais denso, a forma parece incapaz de mantê-lo cativo (de onde a inconstância de todas as coisas visíveis e tangíveis), e começa por desintegrar-se. Inicia, então, a sua viagem ascensional (tal como os planetas depois de alcançarem o afélio). Graças a essa desintegração torna-se cada vez mais ligeiro, funcionando com os diversos elementos dos respectivos Planos Mental Superior, Intuicional e Espiritual, em sua evolução para cima.

Terminada a sua viagem de ascensão, o átomo volve à sua Fonte ou Origem: o *Raio Cósmico*, o puro *Fohat* como Eletricidade Cósmica, mas, segundo parece, um pouco diferente do que era quando emergiu pela primeira vez. Só o final da história é aparentemente desigual ao seu começo: iniciou possuindo a *vida*, aglomerou *experiência* e desfechou com *consciência*. O *próton*, por meio da sua força de afinidade, é atraído por um *elétron* e os dois se fazem um... *nêutron*, isto é, ficam em estado *neutro* ou de *perfeito equilíbrio*, tal como no final da evolução do Homem, do ponto de vista sexual: o seu retorno ao *Androginismo* inicial, porém, com a experiência total da Cadeia.

Assim, a forma desaparece e a energia se manifesta. A precisão e inteligência desenvolvidas em semelhante trajetória acusam uma consciência que se há de enriquecer, totalmente, com a *experiência*.

É lógico ainda supor que a energia resultante seja mais vitalizada, do mesmo modo que a Fonte, para onde ela volve, se enriqueça com a *experiência* da viagem ou peregrinação do átomo. A sua história é igual à do Universo. Pode-se descobrir nela analogias com o próprio percurso da Mônada ao estabelecer as suas relações com o Ego e deste com a Personalidade.

No átomo está escrita a genealogia do próprio Logos (visto cada homem ser célula Dele mesmo), das Estrelas e das poderosas Hierarquias, em cujos corpos se acha a base de uma célula *dual* ou *duplamente* centralizada, o que lembra o Mistério do *Pai-Mãe* Cósmico das escrituras sagradas – o Logos Eterno como Origem e Criador de toda a Vida, de toda a Criação e de todas as criaturas.

Ele, como *Raio Cósmico*, *Fohat* – "a Inteligência Ígnea, ativa, base de todos os Fogos internos dos Sistema Solar", segundo as Estâncias do *Dhyani Mikael* – é a prodigiosa Força lançando o *próton* através do Espaço ou Éter que, acrescido da Força "Feminina" atrativa, *Kundalini*, desdobra-se no *elétron*, indo, unidos, formar o *átomo* que iniciará a sua demanda de maior *experiência* através do Espaço, cuja resultante é a *consciência*.

O *próton* como "protocidade" ou *Prana* (pois que é carregado da Energia Primordial do primeiro Aspecto ou Hipóstase do Logos Único) é arremessado ao palco da Manifestação Universal pela ação de *Fohat*, caracterizando o segundo Aspecto do Logos, como "eletricidade" ou *elétron*. Os dois juntos ("Pai-Mãe") dão origem ao Filho Neutro ou o que fica entre ambos, isto é, no seu "satélite" *nêutron*, como "eletromagnetismo" característico de *Kundalini*, levando isso à constituição das três energias básicas (*Gunas*, em sânscrito, "cordas", no sentido de "cordame" encadeador de maneira a produzir formas) da Natureza material: *Satva* (centrífuga – prótron), *Rajas* (rítmica ou equilibrante – elétron), *Tamas* (centrípeta – nêutron), o que vale por *Brahma – Vishnu – Shiva*, *Pai – Filho – Espírito Santo*, ou as três Parcas mitológicas: *Clothos – Lachesis – Atropos*.

É assim que a presença da Trindade Divina está inclusive registrada nos três compostos básicos à manutenção da Vida-Energia (*Jiva*) na Terra, como sejam:

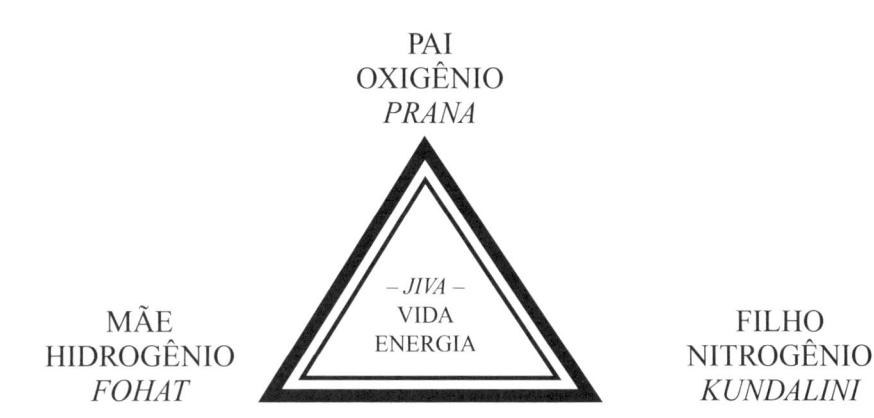

```
                    PAI
                 OXIGÊNIO
                  PRANA

                    △
                 – JIVA –
    MÃE           VIDA           FILHO
 HIDROGÊNIO      ENERGIA       NITROGÊNIO
   FOHAT                        KUNDALINI
```

Com as três *Gunas* se relacionam ainda os três "Ares ou Espíritos" alquímicos, resultando em uma Quintessência ou *Azoto*, que é o Éter ou *Akasha* Universal como palco cênico da evolução do átomo. Esses três "Espíritos" são dispostos pelo Professor Henrique José de Souza da seguinte maneira: *Mercúrio* = Espírito; *Enxofre* = Alma; *Sal* = Corpo. Não pode deixar de ser justa e perfeita a definição dada pelo Insigne Mestre, mas, mesmo assim, deve-se saber apercebê-la além da *maya* ou "véu ilusório" de que se reveste: o *Enxofre*, tendo a ver com o Fogo Interno da Terra, passivo ou lunar, não deixa de refletir o Fogo Externo do Sistema, ativo ou solar, logo, o Espírito. O *Mercúrio*, interpondo-se à Terra e ao Sol, como *Vau* ou Intermediário, reflete assim a Alma, enquanto o "*Sal* da Terra" assenta no Corpo (cujo organismo é mais de 70% líquido, tal como o Globo) ainda ligado etérico e emocionalmente às vibrações fantásticas, fantasmagóricas e logo funestas, por pertencerem ao Passado ("águas passadas não movem moinhos", é comum dizer-se) da Cadeia Lunar. Dizia o Cristo: "Se não fordes como o Sal da Terra, não vos salvareis". Quer dizer: se não nos tornarmos cristalinos como o Sal da Terra, se não domesticarmos a nossa "anima", o nosso "animal" (o "burrinho", como lhe chamava São Francisco de Assis), enfim, se não alinharmos com justeza e perfeição a nossa Personalidade à Individualidade, demandando a *Metástase Avatárica*, jamais conseguiremos romper de vez com as influências perniciosas do Passado, seja ele qual for, humano ou cósmico, tanto vale, por estarem interligados... "O que está em cima é como o que está embaixo".

Após o *Azougue* (Mercúrio) ser lavado ou impregnado pelo *Sulphur* (Enxofre), os seus vapores úmidos tornam-se lágrimas cristalinas de *Nitro* (Sal) e, aquecido pelo *Azougue*, é a via certa para se obter um bom ouro físico, expressão do Ouro Filosófico. Resta muita prudência em não ser intoxicado, envenenado pela fumaça, que é física e psicomental, que a Grande Obra impõe como defesa de si mesma. Mas esse ouro não surge como tal, e sim como Pedra Púrpura. Com a Pedra quintessenciada é que se pode avançar para a fábrica do Ouro Filosófico, e... mais não digo.

De maneira que o *Raio Cósmico* é a *Fonte de Energia* para todo o Sistema. Ele é uma Usina geradora de "Luz e Fogo", tanto valendo por *Fohat* e *Kundalini*, no final de contas, *duas Energias* acabando por fundir-se *em uma só*: *Prana*, "o Alento Vital inundando o Oceano do *Akasha* ou Éter", matriz da "Luz e Fogo" que, ao tocarem-se, estabelecem a "Força", a Energia geradora, ou seja, emitem o *Fiat Lux* da Criação.

Nunca é demais comparar o termo grego *átomo* com o *Atmã* espiritual, cujo verdadeiro sentido é: *Hálito de Vida*, *Eu Supremo* e tantos outros designativos semelhantes, exprimindo sempre a mesma coisa. Do mesmo modo, esses dois termos lembram ainda o germânico *atmen*, significando "respirar", etc., para provar que todas as línguas procedem de uma só, por meio de uma sucessão evolucional, segundo exige a própria Lei.

Mais ainda: de acordo com a Lei da Evolução, o nêutron físico será futuramente um elétron físico; o elétron físico será um próton físico; o próton físico será um nêutron astral e assim por diante, até se fundirem na *Unidade* do *Raio Cósmico* emitido da *Substância Única*, tal como os planetas evoluindo paulatinamente rumo ao Sol Central, Espiritual, as suas órbitas de distância dele vão encurtando até finalmente mergulharem nele (dando fim à Cadeia, à "encarnação" do Logos Planetário, e, em uma escala similar maior, acontecendo o mesmo aos Sistemas Planetários em relação ao Logos Solar, e aos Sistemas Solares em relação ao Logos Central). Pois bem, essa evolução paulatina dos planetas registra-se na escala septenária musical e cromática da *Harmonia das Esferas* como estados, ainda, de consciência, que a Mônada é obrigada a percorrer até alcançar o máximo da sua evolução: a *Unidade Substancial*, o *Incognoscível* ou *Ain-Soph* de onde tudo e todos promanam.

Toda essa Atividade Universal era ensinada nos Mistérios Iniciáticos de outrora. O Hinduísmo ensina que qualquer manifestação atômica é uma "Dança de Shiva" (*Shiva-Natarashi*), e o mesmo conceito era ministrado nos Mistérios de Elêusis. Uma das tarefas dos Iniciados gregos nesses Mistérios era a de decifrar o significado do conteúdo da "cesta sagrada" (isto é, do Universo) que aguardava os "brinquedos" de Dionísio, o Menino-Deus (o Segundo Logos). Diz a tradição mitológica que eram os dados, o pião, a bola e o espelho.

Conforme o teósofo Jinarajadasa, a decifração desses mesmos "brinquedos" é a seguinte: os *dados* eram os "cinco sólidos platônicos" (os cinco elementos manifestados: éter, ar, fogo, água, terra), que dão os eixos dos elementos químicos e cristais; o *pião* era o modelo do "átomo físico último", aquele *manásico* ou mental como base da Obra material do Supremo Arquiteto, o Logos Criador em seu Terceiro Aspecto; a *bola* figurava a Terra; e o *espelho* era o símbolo dos sete Planos em que se reparte a Vida Universal e em que se reflete o que o Logos Único modela no Alto ou Divino, desde o Plano Monádico. Eram esses os significados esotéricos dos "brinquedos" do Menino-Deus Dionísio, o Segundo Logos – a Vida-Consciência Universal.

Não há, pois, uma só partícula do nosso corpo que não possa responder às vibrações destinadas a afetar determinados órgãos sensíveis, como os ouvidos, os olhos, o nariz, etc. Virtualmente, todos os átomos do corpo físico podem desenvolver as suas *espiras* e *espirulas* para uma plena percepção dos sentidos, como sucede com os átomos dos corpos astral e mental – todos eles capazes de ouvir, ver, sentir e pensar –, o que dispensa esses corpos de possuírem órgãos especiais para cada sentido.

Os homens, porém, dispondo do livre-arbítrio em grau mais elevado que os seres dos Reinos Sub-humanos, tanto podem retardar como acelerar a marcha da sua evolução, ou seja, não permitindo a abertura dessas espiras ou, então, antecipando o funcionamento das mesmas, que só muito mais tarde deveriam entrar em atividade. Essa atividade prematura das espiras de quinta, sexta e sétima séries pode ser provocada pela prática de certos exercícios mentais e físicos ministrados em verdadeiros Colégios Iniciáticos, e *sempre* sob a direção de Instrutores idôneos e competentes. Foi assim que se originaram os Preclaros Adeptos da Excelsa Fraternidade Branca.

Se, pelo contrário ou ao inverso do ritmo normal das leis da Natureza, alguém pretender de maneira inteiramente despreparada, sem apoio algum e logo por "conta própria", ativar essas espiras pelo despertar de *Kundalini* (cujo padrão vibratório é inicialmente 44 graus no corpo humano), arrisca-se às consequências mais trágicas por sua completa despreparação psicomental e orgânica. Até mesmo essa doença epidérmica chamada vulgarmente de "zona" tem a sua origem em perturbações anômalas no Chakra Raiz, onde reside *Kundalini* em latência, e, muito curiosamente, a medicina alopática que é a mesma "oficial" dá a essa doença de pele o mais que significativo nome de "fogo sagrado". Resta-lhe saber por quê...

E é assim que chego ao tema principal deste estudo: a *clonagem*, que consiste em compor a molécula de informação genética, a chamada DNA, insuflando-a artificialmente em uma criatura viva de espécie igual (ou não) àquela a que ela tenha pertencido, o que é de periculosidade extrema ante a Lei da Evolução Natural das Espécies.

Fazer a clonagem do DNA de um vegetal no de um animal é acelerar precocemente o processo evolutivo daquele e destruir o deste, por misturar consciências distintas, cuja informação da evolução já alcançada contém-se na mesma molécula genética. Em resumo, o vegetal corrompe-se no animal e este adoece, ensandece e morre. Nisso, sim, o cientista torna-se demônio ao querer usurpar o lugar do Criador, usando de artificialismos e não dos poderes da Natureza.

As Almas-Grupais Vegetal e Animal evoluem *naturalmente*, pelo que todo o *artificialismo* redunda inexoravelmente em involução e destruição, como aconteceu com as *vivissecções* nos dias finais da Atlântida decadente. Usar dessa falsidade usurária é postular da Loja Negra, a qual influencia, secretamente, o mental concreto de não poucos cientistas de hoje, e raríssimos percebendo essa influência perniciosa, mesmo funesta de lesa-Evolução.

Fazer a clonagem do DNA de um vegetal no de um vegetal, ou de um animal no de um animal, também não deixa de surtir efeitos nocivos por estar provocando imaturamente a transformação das espécies dos respectivos Reinos, como se estivesse "colhendo fruta verde fora da época da respectiva colheita". Ainda assim esta é a clonagem menos nociva (apesar de reprovável ante a marcha da Natureza, que se pretende alterar), em virtude de cingir-se as respectivas Almas-Grupais.

Quanto à transferência do DNA de um animal para o de um homem, o resultado final só poderá ser a destruição completa deste em nível físico e psicomental, por insuflação no duplo-etérico de energias primárias completamente incompatíveis com a sua evolução, alterando os *glóbulos de vitalidade* e, com isso, provocando fisicamente alterações dantescas que levam à morte e mesmo a uma separação precoce da Tríade Superior do Quaternário Inferior. Acontecendo isso, só poderá ser em pessoas com débitos pesadíssimos (caso dos magos negros, transformados de carrascos em vítimas), a quem o *Karma* (Lei de Causa e Efeito) tenha levado à condição de cobaias de verdugos implacáveis (estes, quiçá, outrora no papel de supliciados, que os arrojarão para fora da "Corrente Evolucional" desta Ronda e, não raro, até da Cadeia... Com isso, Deus não deixa de "escrever direito por linhas retorcidas".

Transferir o DNA (essa "molécula de informação genética" espalha-se por todo o corpo, principalmente na coluna vertebral, e é a expressão física do *átomo-semente* Causal ou Mental Superior, onde reside o arquétipo da evolução passada, presente e futura da criatura humana, já que nos Reinos abaixo dela o DNA pertence a um *átomo-semente* Grupal, com sede no Corpo Causal do *Deva Regente* [*Lipika*] desse mesmo Grupo) de um humano para o de um humano, de maneira a clonar vários tipos iguais, é o mesmo que criar *Frankensteins*, robóticos monstros genéticos, destituídos de inteligência, emoção e ação próprias e naturais, enfim, caricaturas de humanos por serem humanoides.

Tudo isso por carência de encausamento do quinto Princípio Mental Superior ou Causal, este que torna o Homem uma Individualidade, apesar de comparticipante de uma Colectividade autoconsciente (a Onda *Jiva*, Humana, originada por *Purusha* – o Espírito Universal). Essa é, ainda, uma porta fictícia criada artificialmente para proveito da reencarnação consciente dos magos negros, tentando assim escapar (como se fosse possível) do vergel implacável da Lei do Karma e espalhar o caos na Humanidade. Todavia, as suas antigas vítimas são agora os seus carrascos; ademais, não acredito que essa *porta proibida* seja algum dia aberta indiscriminadamente aos olhos de todos, mal de vez ficaria o mundo se tal acontecesse: *a Grande Loja Branca jamais o permitirá*! É Ela mesma quem o diz: "*Cerre-se para todo o sempre a porta da morada do Mal!*".

A clonagem é uma possibilidade da Natureza, e é positiva se estiver em conformidade com as Leis desta, como acontece com as Linhas de Adeptos: ao longo da sua evolução natural a Mônada Única reparte-se ou "clona-se" em sete Mônadas como parcelas suas (*tulkus*), surgindo daí as ditas Linhas dos sete Moryas, dos sete São Germanos, etc., promanada da Única que em seu estado elevado possui Consciência de "Caprino" ou *Kumara*, o que "está no Alto" – no Plano *Anupadaka* ou Monádico. Mas tudo isso em conformidade com a evolução do Ser, como Substância Onipotente, Consciência Onisciente e Vida Onipresente (*Om-Tat-Sat*), galgando os degraus da Escada Evolucional um a um, e não tentando saltar por cima de todos eles de uma só vez, com risco imediato de cair... na oitava Esfera da Morte.

O Mestre Koot Hoomi Lal Sing refere-se a tudo isso em uma carta sua, datada de outubro de 1882, antecipando assim as "descobertas" feitas agora:

"A Vida enquanto Vida não é somente transformável em outros aspectos ou fases da Força penetrando tudo, mas também pode ser verdadeiramente infundida em um homem artificial. Frankenstein não é um mito senão na medida em que é o herói de um conto místico; na Natureza, é uma possibilidade. E os físicos e médicos da última sub-raça da sexta Raça inocularão a Vida e reviverão os cadáveres como hoje se inocula as bexigas e outras doenças ainda mais desagradáveis. O Espírito, a Vida e a Matéria não são princípios naturais existindo independentes um dos outros, mas os efeitos de combinações produzidos no Espaço pelo Movimento eterno."

Enfim, a clonagem como ora se apresenta é uma caricatura trágica da *ciência kármica* dos "gêmeos siameses", os quais, por amor ou ódio intensos na reencarnação anterior, aparecem unidos nesta pela colagem dos dois cordões umbilicais, forma física do "cordão prateado ou lunar" que é aquele que liga o Corpo à Alma; e é também uma caricatura funesta da misteriosa *ciência dhármica* das "Almas Gêmeas" (*Deva-Pis*) ou "Gêmeos Espirituais". Portanto, está destinada a perecer para tornar-se mais madura e verdadeiramente científica, conformada à verdadeira Ciência da Excelsa Fraternidade Branca.

Sim, porque a verdadeira Ciência é aquela da Mente e do Coração unidos, para que reine a Concórdia e a Harmonia pelo justo entendimento e vivência da Moral Universal.

OBRAS CONSULTADAS

Henrique José de Souza. "Exteriorização da Motricidade". Revista Dhâranâ, nº 85, 1935.

_____. "A Energia Atômica". Revista *Dhâranâ*, nº 86, 1935.

_____. "A evolução dos átomos. Revista *Dhâranâ*, ano LIII, Série Transformação, nº 3, 1º e 2º trimestre de 1978.

_____. "Antropogénese". Revista *Dhâranâ*, Ano LIII, Série Transformação, nº 4, 3º e 4º trimestre de 1978.

Caio Miranda. *A Libertação pelo Yoga*. Rio de Janeiro: Livraria Freitas Bastos S.A., 1963.

Annie Besant; C. W. Leadbeater. *Química Oculta*. Barcelona: Biblioteca Orientalista y Editorial Teosófica, 1920.

C. Jinarajadasa. *Fundamentos de Teosofia*. São Paulo: Editora Pensamento, s/d.

Capítulo IV
Cabala Musical

Sintra, 1985

> *"Nos números, nos sons e nas cores estão
> contidos todos os Mistérios da Vida."*
> Henrique José de Souza

Com título igual ao deste capítulo, o Professor Henrique José de Souza escreveu um artigo magistral em 1936, que veio a ser publicado na revista *Dhâranâ*, órgão oficial da Sociedade Teosófica Brasileira. Consequentemente, muito do que aqui irei expor deve-se exclusivamente aos ensinamentos teosóficos desse mesmo e insigne Mestre, que viriam a servir de inspiração para posteriores desenvolvimentos de preclaros teúrgicos e teósofos ligados à Arte Musical.

A *Música* possui a sua origem no *Segundo Logos*, o *Cristo Universal*, espraiando-se como *Harmonia das Esferas*, que é mantida e promanada por três excelsas Hierarquias Criadoras: *Leões de Fogo* (Tronos – Vontade), *Olhos e Ouvidos Alerta* (Querubins – Sabedoria) e *Virgens da Vida* (Serafins – Amor), as quais operam sobre a Tríade Superior do Homem através da nota SOL ao ESPÍRITO, da nota MI à ALMA e da nota DÓ ao CORPO, afinizando-se perfeitamente com as exigências musicais da HARMONIA, MELODIA e RITMO, algo assim como se dissesse que, afinados por um só e mesmo diapasão de VERDADE, BELEZA e BONDADE, faz vibrar as "três cordas da nossa lira", que tanto valem por *SATVA* (amarelo) para o Espírito, *RAJAS* (azul) para a Alma e *TAMAS* (vermelho) para o Corpo, ou, segundo o ocidentalismo, PAI, FILHO e ESPÍRITO SANTO, enquanto, segundo o orientalismo, BRAHMA (o Criador ou Construtor),

VISHNU (o Conservador ou Equilibrante) e SHIVA (o Destruidor ou Transformador).

"A Música – já dizia o grande Beethoven, citado por Mateus H. Barroso em seu livro *A Nona Sinfonia* – é uma Revelação muito mais sublime do que toda a Sabedoria ou Filosofia. Ela é a única introdução incorpórea no Mundo Superior do Saber, esse Mundo que rodeia o Homem, cujo significado interior não se percebe por conceitos reais; a parte formal daquela é simplesmente o veículo necessário que revela, por meio dos nossos sentidos, a vida espiritual.

Pelo *Som*, o Logos Solar, deu-se a Manifestação Universal, materializou-se como Natureza Universal. Por isso, João de Patmos abriu o seu Evangelho com as palavras célebres: "No princípio era o Verbo, e o Verbo se fez Carne…", cabendo a cada Plano da Natureza uma nota musical que é o tom da divindade arcangélica ou *Dhyan-Choan* que o dirige. A propósito, diz Laurentus no seu livro *Ocultismo e Teosofia*:

"A Teosofia ensina que "cada um dos SETE DHYAN-CHOANS dirige um dos sete estados de consciência que a Mônada tem de percorrer em toda a sua trajetória durante uma Ronda ou Ciclo". Na arte musical – como expressão de tamanha verdade –, a escala é formada de SETE NOTAS. E quantas vezes a mesma seja repetida (digamos 7x7 = 49, na razão de sete Raças-Mães e sete sub-raças para cada uma delas), um ACORDE – composto de três notas – aí também pode ser repetido, como se fora a referida Mônada deslizando do Divino (o Agudo) ao Terreno (o Médio) e ao Infraterreno (o Grave), ou seja, o SEIO DA TERRA, o SANCTUM-SANCTORUM onde se acha o Grande Mistério Espiritual do nosso Globo, pouco importando as opiniões contrárias… É o LUGAR onde elaboram as chamas do Fogo Sagrado, o FOGO SERPENTINO ou *KUNDALINI*. Aquele mesmo Fogo que, através da 'sarça ardente', falou a Moisés, ordenando-lhe que se descalçasse, pois estava pisando em *terra sagrada*."

Pois bem, informa a Tradição que o nosso Logos Solar, o *Maha--Ishvara* (o Deus Eterno), observando o desenvolvimento adiantado do quarto Sistema de Evolução Planetária, dirigido pelo Quarto Logos Planetário ou *Ishvara* (Luzeiro ou *Dhyan-Choan*), apelou ao Quinto Logos Planetário para que este começasse já a preparar, desde o Alto ou Mundo Informe, o Sistema futuro de maneira que a marcha da Evolução Universal prosseguisse avante. Mas o Quinto Luzeiro agiu como um "Divino Rebelde": sonegou a Ordem do Eterno, recusando manifestar-se sobre um estado tão grosseiro e vil, como era o Mundo das Formas, para o seu elevado estatuto; assim, negou qualquer tipo de ajuda e, como castigo kármico imposto pelo Eterno, acabou caindo nesse mesmo Mundo que recusara auxiliar, ficando agrilhoado ao quarto Sistema de Evolução, com a retirada da sua Consciência Superior pelo mesmo Oitavo Logos Eterno. De Deus poderoso viu-se um humano revoltoso... estrela apagada nos Céus e facho aceso no seio da Terra.

Então, o Eterno fez novo Apelo, desta feita para o Sexto Luzeiro. Este respondeu prontamente. A sua Consciência Superior ficou no Mundo Monádico sobre a Terra, fazendo de *Vigilante Silencioso* à mesma, enquanto a Consciência Inferior tomava formas físicas para dirigir, visível e tangivelmente, como "Eterna Vítima", a mesma. Desde então a direção do quarto Sistema de Evolução passou a pertencer ao Sexto Senhor, com a obrigação de ajustar o entretanto atraso do Quarto Senhor que começara a fenecer vítima da influência do "Anjo Revoltado", assim fazendo o papel deste como Quinto Senhor, mesmo sendo o Sexto, de maneira que pudesse resgatá-lo no futuro, o que só aconteceu às 15 horas de 24 de junho de 1956, quando "os dois Irmãos beberam da mesma Taça", firmando-se as Pazes do Céu com a Terra.

De maneira que esses acontecimentos cosmogônicos e antropogônicos originaram no quarto Sistema de Evolução em que vivemos o envolvimento desses três Senhores Divinos (os Quarto, Quinto e Sexto), refletindo-se em todos os seres e em todas as coisas que existem e evoluem em nosso planeta.

Com os mesmos três *Ishvaras* se ligam as três notas fundamentais dentre as sete da escala musical que refletem os sete *Ishvaras* dirigentes deste quarto Sistema de Evolução Planetária, um para cada Cadeia, ficando o Oitavo Eterno Senhor de toda a Escala.

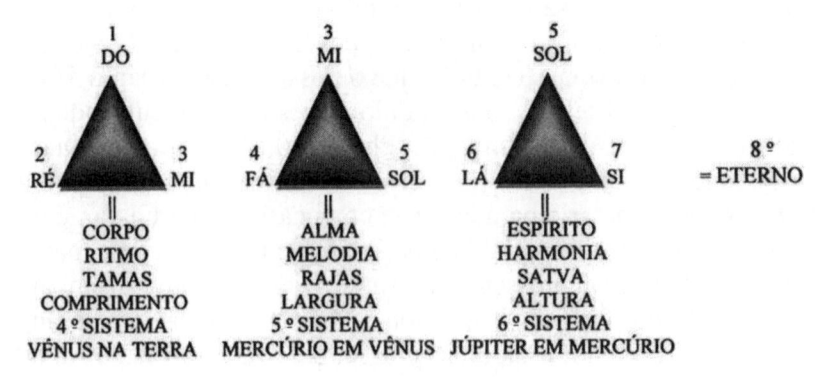

1 DÓ	3 MI	5 SOL	
2 RÉ — 3 MI	4 FÁ — 5 SOL	6 LÁ — 7 SI	8º = ETERNO
CORPO	ALMA	ESPÍRITO	
RITMO	MELODIA	HARMONIA	
TAMAS	RAJAS	SATVA	
COMPRIMENTO	LARGURA	ALTURA	
4º SISTEMA	5º SISTEMA	6º SISTEMA	
VÊNUS NA TERRA	MERCÚRIO EM VÊNUS	JÚPITER EM MERCÚRIO	

Conforme revelou o Professor Henrique José de Souza, sabe-se que a nota *Mi*, da região média, produz no setor o símbolo de *Mercúrio*, o Equilibrante da Balança Celeste expressa por Vênus. A nota Mi é a expressão do Adam-Kadmon Celeste (Segundo Trono) que se sacrifica pela Humanidade através do Adam-Heve Terrestre (Terceiro Trono). Tudo em virtude da citada sonegação e consequente queda do Quinto Ishvara *(Arabel)*, com a sua terça parte ou parte terrena (*Aluzbel*) agrilhoada no Cáucaso, antes, "cárcere carnal".

Ora, essa escala musical, composta de sete graus, tal como se apresenta atualmente, engloba na sua estrutura o mistério da queda lunar de *Aluzbel* ou *Lúcifer*, onde o intervalo é de meio-tom. Por que haverá nos terceiro e quarto graus (entre as notas Mi e Fá) um *tom* em vez de um *semitom*? Porque através da terceira nota da escala, como já foi dito, vibra a Inteligência Cósmica, a expressão do Andrógino Celeste, muito bem traduzida no *Agnus Dei que tolli peccata mundi*. Sim, para salvar os que ainda sofrem as consequências da chamada Queda Lunar, e para preparar uma quinta etapa evolutiva, ligada ao Ciclo de Aquário.

O conhecimento iniciático referente à Cosmogênese e à Antropogênese permite estabelecer a perfeita analogia entre os conceitos básicos admitidos na harmonia musical clássica e o fato da chamada "Queda dos Anjos" e da Redenção Humana pelo Santo Graal. Afirmam ainda os tratadistas da harmonia musical clássica que no encadeamento entre o acorde do *quinto* grau e o acorde do *quarto* grau se utiliza o acorde constituído sobre o *quarto grau aumentado*, ou seja, o "encadeamento cromático", quando se dá a "falsa relação do trítono", cujo mau efeito é denominado *Diabulus in Musica*.

Nota-se, portanto, uma perfeita analogia com aquilo que se observa na Harmonia Universal, quando entre o acorde do *quinto* grau e o acorde do *quarto* grau se utiliza o acorde sobre o *quarto grau aumentado* – nenhum nome será tão adequado para designar os maus efeitos observados nessa circunstância da harmonia musical como o de *Diabus in Musica*. Embora este tenha sido empregado pelos antigos mestres musicais tão somente por uma intuição feliz, já que a Queda Luzbelina traduz-se no fato das características de uma quinta etapa (quinto Plano Mental Superior) descerem ("caírem") no Plano (Mental Inferior) de uma quarta etapa, além do mais com os restos da terceira (ou terceiro Sistema de Evolução Lunar, expressando o terceiro Plano Astral). Todos esses fatos relacionam-se com o que geralmente é designado pela expressão *Diabo* ou *Satan* e tudo quanto lhe diz respeito, fatos esses que só podem ser integralmente compreendidos por aqueles que possuem o conhecimento iniciático do Novo Ciclo.

Também é conhecido, na harmonia musical clássica, o emprego do acorde de terceiro grau seguido do acorde de quarto grau para os casos em que, na melodia, a sensível, em vez de subir à tônica, resolve descer porque perde a sua característica de sensível da escala; é o seu sétimo grau, o qual, naturalmente, resolve no grau imediatamente superior, que é a tónica da escala.

Para o leitor não familiarizado com essas noções musicais, posso acrescentar que sempre que se faz soar o sétimo grau, este pede naturalmente resolução no grau imediatamente superior, ou seja, na tônica. Quando o sétimo grau desce em vez de subir, emprega-se o acorde do terceiro seguido do acorde do quarto grau.

Estabelecida a analogia entre os graus da escala e as sete etapas evolutivas, vejamos como se traduz, na linguagem sonora da harmonia musical clássica, a Redenção da Humanidade.

Desde a Queda Lunar, principalmente desde a catástrofe atlante, a Divindade, como uma Oitava Coisa, Causa Primeira do Septenário na Natureza, tem sido sacrificada manifestando-se, ciclicamente, para a Redenção da Humanidade. Esse sacrifício da Divindade processa-se na manifestação dos seus Avataras cíclicos e, sendo Ela a Oitava Coisa, manifesta-se, então, através do chamado Sétimo Princípio (Espiritual), coordenando os Planos da Evolução Humana, que são sete como a escala musical septenária. Sempre que, a cada Ciclo em que se reparte a Manifestação Universal, os Avataras se manifestam, a Divindade, como Oitava Coisa, age através do Sétimo Princípio, a fim de livrar a Humanidade dos obstáculos que retardam a sua evolução; obstáculos esses originados, como se sabe, em consequência da aludida passagem da terceira para a quarta etapas (ou Cadeias, reflexos dos respectivos Sistemas de Evolução). De modo que o Sétimo Princípio, analogamente ao sétimo grau da escala (a sensível), em vez de tender naturalmente para o Oitavo Plano Monádico, desce para redimir a Humanidade.

Tudo isso apresenta perfeita correspondência com o que se observa na harmonia musical: quando se passa do acorde do terceiro grau para o acorde do quarto grau, que acontece na melodia? O sétimo grau, em vez de se elevar para a tônica, em obediência à sua característica de sensível, desce.

Essa é a expressão do próprio *Mistério do Santo Graal*, ou seja, ciclicamente a Pomba do Espírito Santo desce dos Planos Celestiais para renovar o influxo do Cálice Sagrado até o Grande Dia da Redenção da Humanidade, quando finalmente ficará liberta das consequências prejudiciais à sua evolução (Queda Lunar ou Queda dos Anjos... da Corte de *Aluzbel*). E é exatamente entre os terceiro e quarto graus da escala que não encontramos o semitom intermediário existente entre os demais graus, do primeiro ao sétimo.

A manifestação da Divindade, relacionada a um só tempo com o terceiro e quarto graus da escala musical, compreende o Grande Ideal que deve ser alcançado por toda a Humanidade redimida; Mistério este que se dará no consórcio entre Mercúrio e Vênus, entre o Espírito e a Alma (Hermafrodita Divino, Andrógino Celeste), que, como expressão do Caminho, da Verdade e da Vida Universal, prepara o Grande Dia em que os seres humanos alcançarão a Redenção final, solucionando o vetusto e gravíssimo problema do Eu e não Eu, do Ser ou não Ser, da Personalidade e Individualidade.

Dadas essas explicações, compreende-se perfeitamente a sinceridade de propósitos dos compositores modernos quando procuram novas maneiras de expressão na sua arte. Essa compreensão estende-se, é claro, às demais artes, incluindo a literatura. Desejo deixar bem esclarecido que as causas determinantes dos novos aspectos produzirão efeitos positivos na Natureza somente a partir dos nossos dias, dos dias atuais. A razão está em que no Mundo Oculto só recentemente certas etapas foram vencidas, e agora inicia-se a viagem para outras mais avançadas.

Várias vezes afirmei aos distintos partícipes da Obra do Eterno, em Portugal e no Brasil, que as Revelações de JHS não se cingem unicamente a páginas literárias inéditas, pois que também há as *Revelações Musicais*, músicas e hinos como um bem maior, um Tesouro de quem só soube música por *Intuição*. Todas elas compostas em tonalidades para seis sustenidos ou seis bemóis na clave, qual homenagem ao *Ishvara Akbel* do sexto Sistema, como harmonia, melodia e ritmo afinizados com as vibrações da Mônada, da Tríade e do Heptacórdio.

Pois esses três Excelsos Luzeiros (quarto, quinto, sexto) do Lampadário Celeste estão refletidos na "excelsa trindade musical" que tomou forma humana na Terra, como seja: *Bach* (Harmonia), *Beethoven* (Melodia), *Wagner* (Ritmo), ficando *Mozart* como síntese dos três.

Johann Sebastian Bach (1685-1750), na sua última época, aproximadamente nos seus últimos dez anos de vida na face da Terra, ingressou no "mundo oculto da música", em uma Escola Iniciática de cariz Rosacruz onde os quesitos necessários para permitir a entrada dos músicos era serem experientes em filosofia e matemática. Esses conceitos inseridos na música, em conjunto com pesquisas cabalísticas e alfabetos mágicos, foram a origem das enigmáticas fórmulas secretas utilizadas nas composições musicais de muitos Iniciados. Essa "formulação iniciática" nas músicas era aplicada nos intervalos, figurações rítmicas, harmônicas, etc.

Toda essa magia musical se cristalizou nas músicas de Bach, construindo catedrais na quarta dimensão (Astral), que vibrando na tônica do Quarto Senhor, mas sob a influência do Sexto Senhor, serviu de sustentáculo de toda a música posterior a ele, tal como o Quarto Senhor (*Atlasbel*), figurado com o *Globo-Mundi* às costas, é o verdadeiro alicerce do nosso Sistema de Evolução.

Uma frase de Mozart perguntava como era possível Bach concentrar toda a sua alma no coração e nos ouvidos... Como isso era possível ninguém explica, mas para Bach era possível. O seu Chakra Cardíaco (quarto *Chakra*, Quarto Senhor, quarto Sistema – tudo se interliga) estava repleto de Amor Universal que florescia na sua música, cheia de "harmonia pura, exata e perfeita" (*Satva* – Primeiro Trono).

Beethoven falando sobre Bach: "Bach é o sublime mestre da harmonia, e a sua música chega diretamente ao coração".

O mesmo Ludwig van Beethoven (1770-1827) veio a ser considerado por muitos como o "herói dos heróis". Ser ilustre e enigmático, com um imenso coração (romântico) e mais ainda incompreendido em sua época, deixou para as gerações futuras um imenso legado de sabedoria através da sua música. *Beethoven musicava a Cosmogênese*, cada nota e cada espaço da sua sublime música entoava a formação dos Mundos (*Rajas* – Segundo Trono), vibrando nessa sua vida esparsa com a tônica do Sexto Senhor, mesmo pertencendo ao Quinto. Há quem diga que a sua quinta sinfonia (aquela que qualquer mortal já ouviu pelo menos uma vez) é um aspecto do Quinto Senhor expressado pela revolta e sublimação contida na sua música. Com a descida de Mozart ao Mundo dos Imortais, há quem conclua que a retomada da música espiritual do Sexto Senhor foi passada para Beethoven, que possuía um veículo apropriado para tal missão, não precisando ver e ouvir fisicamente o que via e ouvia espiritualmente.

O eminente polígrafo espanhol Mário Roso de Luna disse que Beethoven sozinho "passou os rigores da noite espiritual", abrindo os olhos da sua intuição ao "supernaturalismo" misterioso que rodeia a nossa existência, iniciando-se nos Mistérios do Ocultismo. Ele tinha na sua mesa de trabalho a Ísis egípcia, a inefável Neith, e, em sua cadeira, defronte ao piano, o Hexalfa, a estrela de seis pontas.

Todo esse conhecimento ocultista de Beethoven pode ter sido ampliado por conhecimentos recolhidos no seio da Maçonaria de Heredom, pois que, sendo ele admirador de Mozart (Iniciado Maçom), não será de admirar que também tenha passado por ela.

Mas Beethoven, ao contrário de Mozart, "pensava muito a música": as suas partituras musicais possuíam muitos acertos e riscos. Falando em "riscos em partituras", a sua terceira sinfonia, *Heroica*, possui uma história muito interessante. Essa sinfonia tinha na sua primeira versão uma homenagem a Napoleão Bonaparte, pois Beethoven, como Iniciado que era, estava informado da importantíssima Missão Sinárquica desse Ser. Porém, quando Napoleão autoproclamou-se imperado, assim se afastando dessa Missão que a Lei Suprema lhe confiara, Beethoven riscou a homenagem da sinfonia e colocou no seu lugar uma colossal *Marcha Fúnebre*. E bem se sabe como Napoleão acabou os seus dias tristes...

Beethoven era um gênio incontestável, possuidor de uma personalidade muito forte, pois sabia da sua superioridade em relação aos demais. Em todas as suas obras, junto ao grande estudioso e pesquisador musical se encontra o filósofo ocultista, o pensador e o artista, tendo em cada compasso uma sequência de notas com um valor "espiritual" colocando a "alma triunfante perante a matéria".

Ele, o libertador das formas tradicionais, baseando-se ainda em Mozart, transformou esses elementos em grandiosa Rebeldia Assúrica, Super-Humana, indo sublimar-se nessas três etapas: Transformação, Superação e Metástase. Serve ele de exemplo da palavra *Renúncia*. Uma das características de Beethoven são as pancadas como *sforzatto*, causando verdadeiros turbilhões de sílfides, dando a impressão de um gigante batendo no portal de uma montanha, pedindo entrada no mistério ali existente, como se gritasse: "Abre-te Sésamo da Terra!". O grande poder da intuição desse gênio musical revela-se na sua Quinta Sinfonia, chamada a *Sinfonia do Destino*, dando motivos de meditação sobre essas pancadas, querendo apontar justamente a contradição dos conceitos profanos.

É a sua música dizendo: "Não há Destino que não se transforme!". Essas pancadas da Quinta, quatro em conjunto, repetindo-se continuamente no primeiro tempo dessa sinfonia, apresentam o ritmo seguinte: "tá tá tá tááááá... tá tá tá tááááá...", e nada mais são do que a causa do despertar de *Kundalini* no *Chakra Muladhara* (Raiz ou Sacro).

A sua Nona Sinfonia, na parte do coro, sintetiza todo o pensamento espiritual desse ilustre Ser que a História da Música jamais esquecerá. Ele titula o *Jivatmã Universal*, que jaze no peito de todos os homens, como Faísca Divina sobre o cântico retumbante:

Cruzam os céus astros em fogo,
Alegria vitoriosa vos ilumina.
Que se abracem todos os seres!
Um beijo para o mundo!
Acima das estrelas o Criador nos protege:
Abraçai-vos, milhões de irmãos!

Já Richard Wilhelm Wagner (1813-1883) foi o compositor que *musicou a Antropogênese*, representando através das suas óperas os aspectos da polaridade do ser humano. Wagner estava sob a égide do Quinto Senhor mas vibrou com a tônica do Quarto (*Tamas* – Terceiro Trono). Ele inspirou-se nos *Eddas* escandinavos, que têm o seu símile nos *Vedas* hindus, trazendo assim às suas óperas os mitos nórdicos de "Parsifal, Lohengrin, Tanhauser", etc. Wagner revelou-se ocultista e mitólogo, pois bem se sabe que detrás de um mito há sempre uma verdade oculta a quem tenha "olhos para ver". Esse conhecimento esotérico ele recebeu de determinada Ordem de cariz Rosacruz situada perto de Nuremberg, onde foi iniciado, assim o tornando mais que músico compositor, um verdadeiro Teósofo. Ele mesmo disse: "Pode dizer-se que onde a religião se torna artificial, é reservado à arte salvar o espírito da religião...".

Isso mesmo fez ao originar o chamado *Drama Musical Wagneriano*, pois em conjunto com a sua música dava valor na mesma intensidade ao teatro. Passou assim uma "nova mensagem" ao panorama musical da época, criando uma linguagem de composição totalmente diferente. Ao longo de toda a sua obra, pode-se observar em várias passagens da sua musicalidade muito do aspecto do Quinto Senhor, passagens vigorosíssimas, com violinos sendo tocados com uma rapidez alucinante aliados a sopros com timbres fortíssimos, resultando em músicas que retratam magnificamente a *Ira* e a *Revolta*.

Outro aspecto da relação de *Arabel* com Wagner era "a sua relação intensa com as mulheres", tal qual o Quinto Senhor desterrado na Terra, deixando para trás *Algol*, a sua *Shakti* (Contraparte Feminina) que ficou solitária nos Céus. Casou-se uma vez, separou-se; teve relações ilícitas com a mulher de um amigo que lhe estendera a mão em seu exílio; manteve intimidades com a filha de Liszt, que na ocasião já estava prometida a outro grande amigo dele, o que provocou grandes discussões entre os dois (houve a reconciliação mais tarde), sem falar em muitos outros episódios deste "romântico" chamado Richard Wagner que a História com certeza não teve oportunidade de registrar. Ele foi uma vida esparsa sob a influência do Quinto Senhor, mas colocada ao serviço do Quarto, da Terra mesma com todas as suas virtudes morais e vícios sexuais.

Finalmente, Wolfgang Amadeus Mozart (1756-1791). As músicas de *Ama-Deus*, "Aquele que ama Deus", falam do Segundo Trono Divino (*Adam-Kadmon*) e Humano (*Adam-Heve*), fazendo sentir por detrás da Onisciência a Onipotência do Eterno na Natureza. Não como forma emocional, mas como tom moderníssimo na sua facilidade e felicidade de conversação e doçura.

Este Ser especialíssimo correspondia exatamente ao valor ou potencial de 1/49 da Divindade na face da Terra. Para que essa relação cabalística fique clara, é preciso colocar o Logos Solar ou Sol Maior como "1", Único e Universal. Por sua vez, Ele reparte-se em sete Emanações Divinas ou Sóis Menores que são os Logos Planetários, correspondendo cada um a 1/7 do Logos Solar, e como esses mesmos Sóis Menores se repartem em sete Tônicas ou Raios cada um (logo, 7 x 7 = 49), consequentemente eles têm o valor de 1/49 em relação ao Sol Maior. Mozart vibrava exatamente com a Tônica do Sexto Senhor, mesmo pertencendo ao Sétimo Ishvara, o mais próximo do Oitavo Eterno, e assim ele era a síntese de Bach, Beethoven e Wagner, representando a "Música do Sexto Luzeiro na face da Terra".

A vida de Mozart orbitou entre a excelsitude divina e a irrequietude terrena, em uma mistura inextrincável de virtude e vício, tendo se portado como fosse um "Deva ou Anjo" virgem de consciência terrena; logo, virgem de qualquer experiência humana, consequentemente, procurando experimentar todas elas, gerando a dicotomia da "dupla personalidade", ora revelando-se gênio divino, ora mostrando-se diabrete irresponsável... Adorava festas, mulheres, bebidas e tudo em excesso para a sua diversão, enquanto na música, pelo contrário, revelava a seriedade de criatura divina. Compunha e executava as suas músicas como nenhum outro antes havia feito: a sua música advinha-lhe à mente como um "ditado", não apresentando falhas ou rasuras na partitura, o que demonstrava que a sua sintonia musical era direta com os Mundos Internos de *Agharta*. Inteligentíssimo e dotado de uma memória acima dos padrões comuns, pode-se dizer que, na música, ele era o Ternário Superior absolutamente Divino, mas na vida de homem comum, com o Quaternário Inferior inteiramente Humano, era o irresponsável irrequieto. Tudo isso como se quisesse equilibrar tanto as experiências espirituais como as humanas no mesmo corpo e na mesma vida. Foi, enfim, o Ser Psicomental que não absorveu inteiramente, como criatura encarnada, o seu estatuto interno de partícipe da Corte Celeste de *Akbel*.

Mozart adquiriu os graus superiores da Maçonaria Egípcia, tendo sido iniciado na Loja "A Serpente de Ouro", em Viena. Posteriormente, refletiu a Iniciação Egípcia na sua ópera *A Flauta Mágica*, descrevendo o ritual por meio de uma simbologia riquíssima e genial de compassos e notas no decorrer da música que identifica a Tradição Maçônica. Consagrou essa ópera ao seu Mestre Superior *Sarastro*, isto é, *Cagliostro*, o mesmo que lhe apresentou o *Divino Rotan*, ou seja, o *Chakravarti* ou "Rei do Mundo" representado então pelo Conde São Germano.

O comportamento errático e precipitado de Mozart acarretou a sua morte precoce. Assim aconteceu ao musicar a peça *Don Giovanni* (Don Juan), drama erótico espanhol que relata o heroísmo e a punição religiosa do libertino Don Juan, assim exaltando o sexo passional em detrimento do Amor Espiritual que o trouxera ao mundo, o que constituía crime de lesa-Divindade imperdoável para um ser de hierarquia superior como era Mozart (a quem muito é dado, muito será cobrado). Consequentemente, três misteriosos Adeptos encapuzados provindos dos Mundos Aghartinos vieram ao seu encontro e encomendaram o *Réquiem* da sua própria morte. Isto a despeito do que os historiadores contemporâneos dizem sobre esse misterioso episódio que serviu de epílogo final à vida conturbada, mas excelsa, do grande Amadeus.

Esses quatro músicos celebrados para sempre nas esferas da Divina Arte perfazem, além de um triângulo, uma cruzeta ou cruz musical, marcando assim o *Pramantha* em forma de Música, como seja:

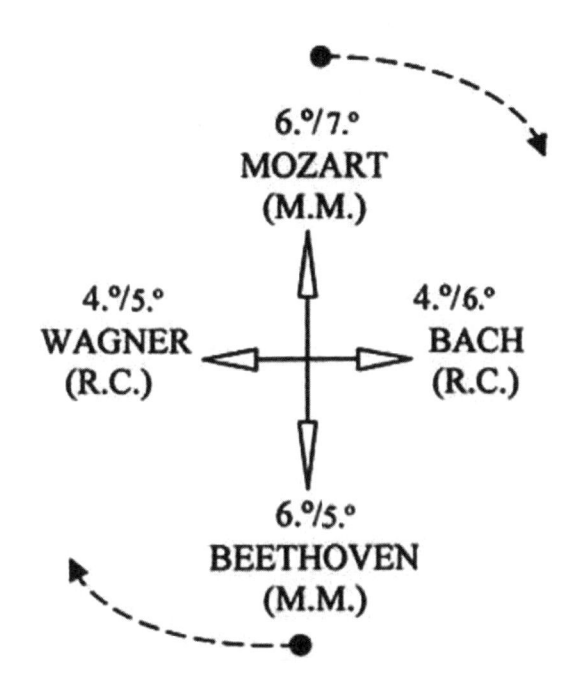

```
        6.°/7.°
        MOZART
         (M.M.)
           ↑
  4.°/5.°  │  4.°/6.°
  WAGNER ←─┼─→ BACH
   (R.C.)  │   (R.C.)
           ↓
        6.°/5.°
       BEETHOVEN
         (M.M.)
```

Não posso deixar de aludir ao efeito maravilhoso da Música nos Mundos Espirituais, produzindo ela formas magníficas no Plano Astro-Mental quando está aliada ao pensamento e ao sentimento do compositor, expresso por intermédio do intérprete que usa do instrumento como veículo. As formas musicais variam de acordo com o gênero de música, o instrumento e a qualidade do executante. Elas ficam coerentes durante um tempo considerável, no mínimo uma ou duas horas, e durante esse período irradiam as suas vibrações características como uma *forma-pensamento*. A série de formas-pensamento que se vai formando durante a execução de uma ária ou sinfonia, por exemplo, corresponde exatamente ao simbolismo dos sons ou grupos de sons que o compositor quis emprestar aos mesmos, inspirados etereamente por esses "Anjos da Música" chamados no Oriente de *Gandharvas* ("Músicos celestes") e *Apsaras* ("Bailarinas celestes"), cosmogeneticamente assinalando a vibração e o movimento dos átomos. Se a música é subjetiva, as formas-pensamento descritivas começam a formar-se à medida que os sons são emitidos; se ela é descritiva, as formas-pensamento são representações exatas dos objetos que os instrumentos interpretam.

A parte da Ciência Iniciática que trata dos sons e da música chama-se *Mantrikashakti*, a rigor, "Poder dos Sons". Esse "Poder dos Sons" tem a sua expressão na Ritualística Templária por meio de afirmações de poder, hinos e mantrans. A propósito, o *mantram* define-se como *composição em que harmonia, melodia e ritmo estão combinados de acordo com as leis da Natureza*.

Ao encontro disso vem o *Memorial dos Ritos*, obra milenar chinesa, expondo o seu conceito de Música, em que diz a dado passo: "A Perfeição Humana é obtida quando a conservação dos Ritos completa e modera o sentimento da Música. A Música é a Suprema Harmonia, os Ritos são a Suprema Conveniência. Quando os Ritos e a Música forem claros e completos, o Céu e a Terra cumprirão a sua finalidade".

Quer isso dizer, como informa a Tradição Iniciática das Idades, que nas próximas quinta e sexta Rondas da atual Cadeia Terrestre continuará a haver Música, e só na sétima, expressando o mais elevado estado de Consciência Espiritual, haverá um único entendimento, pelo que então a Música, indireta ou instrumental, terá cumprido a sua função, porque tudo se terá tornado Luz e Som.

Todos os acordes da Natureza Universal compõem-se segundo um Acorde Maior, chamado pelos chineses o "Grande Acorde" ou *Xin Kung*. Esse Acorde tem a sua forma, sendo a síntese de todos os sons do Universo e formando no seu conjunto harmonioso a *Música das Esferas* de que falou Pitágoras, matematicamente exata, geometricamente perfeita. Segundo certos ensinamentos mais restritos, esse Som Primordial corresponde à nota *Fá* da nossa gama... *Fiat Lux*... e o Homem se fez...

Um exemplo interessante é a música na sua forma de instrumentação: a *Música de Câmara*, que realmente é a das *Câmaras de Iniciações* (últimos quartetos de Beethoven – *Música de Câmara*). Nesse gênero, tem-se o solo, a música uníssona de um instrumento, depois o duo, o terceto, o quarteto, o quinteto, o sexteto, o septeto e o octeto, que nada mais são que a Divindade em diversidade fazendo vibrar a unidade respectiva ou mostrando o embate estratégico do Espírito e da Matéria para que volvam à Substância Única da "oitava Coisa", o mesmo Eterno resultando na tonalidade superior do Dó Maior ou escala da Realização Absoluta que não mais pode ser destruída.

Um outro exemplo de perfeição instrumental é o *piano*. Sobre este tive oportunidade de dizer à ilustre pianista Ilse Manita, em carta datada de 13 fevereiro de 2003 remetida para São Paulo, Brasil:

Realmente a Música é a mais elevada e perfeita expressão do Mapa da Evolução Universal. Por ela, homens e deuses comungam na mais perfeita das uniões e a Essência Divina, em cada um, pode se manifestar apoteoticamente como Bem, como Bom e como Belo. O Bem como Harmonia – o Bom da Boa ou Elevada Música – que pode desvelar o Belo como Beleza Universal.

Nas Escolas Iniciáticas de outrora, e ainda hoje, a Música, com os consequentes cânticos e bailados sagrados "os mais gráceis", era disciplina obrigatória capaz de desvelar ao discípulo o seu Sonido Íntimo, a Palavra Sagrada até o momento Perdida, antes, esquecida, a Voz de seu Mestre, enfim, a vibração harmônica do Eu Divino em si como Atmã ou Parcela Espiritual que é toda ela Vibração, Luz e Cor, ou seja, Ritmo, Melodia e Harmonia.

Ritmo para o Corpo (Dó) – Melodia para a Alma (Mi) – Harmonia para o Espírito (Sol), este que é o Sol Espiritual em nós mesmos, o oculto mas todavia Sol Verdadeiro que cada um e todos portam, mesmo assim não deixando de ser Parcela sublime do Todo-Poderoso MESTRE UNIVERSAL (JHS), o Grande Sol Cósmico que se espraia em outros tantos Sóis menores individualizados: os seus verdadeiros Discípulos, os **Munindras**, *Arautos de seu Verbo. E que melhor maneira para O expressar senão a Música, particularmente a Música (Espírito), o Cântico (Alma) e o Bailado (Corpo) que legou aos seus Filhos Espirituais?*

A Venerável Irmã sr.ª D. Ilse é mestrina na arte do piano, este que, no dizer do Venerável Mestre JHS, "é o mais sintético e iniciático de quantos instrumentos musicais se conhece", e nada mais iniciático que um terceto composto por flauta (o Hálito ou Verbo Divino), violino (o "Véu Divino" acalentado por aquele mesmo Hálito) e piano, instrumento sintético que, no sublime consórcio entre flauta e violino, faz ao mesmo tempo, como nos humanos consórcios, o papel de Juiz e Sacerdote, unindo aos dois Poderes Espiritual e Temporal, neste caso, ao Sopro e à Fricção das quatro cordas marcando o Compasso Quaternário da Terra.

No seu conjunto, o piano possui: caixa de ressonância, que tanto vale por **cabeça**, *em cuja parte interna já começa a influir o mistério do Septenário Divino; a configuração dos martelos que ferem as cordas, as quais, por sua vez, estão dentro do mesmo mistério já que, tanto em escala ascendente como descendente, reproduzem sempre as mesmas notas.*

No cérebro humano tal vibração septenária está na glândula pineal, cujo poder expansivo foi capaz de abrir SETE FENDAS ou BURACOS na caixa craniana, como sejam: 2 olhos + 2 ouvidos + 2 narinas + 1 boca = 7. Isso no que diz respeito aos SENTIDOS ou poderes que se manifestam de dentro para fora, embora espalhando-se por todo o corpo através de SETE CENTROS DE FORÇAS ou CHAKRAS (Lótus, Rosas, Rodas, Sóis, etc.) que alimentam a Vida Humana, além de fortalecer – cada vez mais – a união dos três Corpos entre si para que, um dia, o Homem possa alcançar a Perfeição Absoluta, fundindo-se naquela mesma Vida Una.

A seguir vem o teclado, como **ventre***, que se estende em forma horizontal – contrariamente à vertical já descrita, que tanto vale pela descida da* **Mônada** *do Divino para o Terreno, realizando o mistério de uma Ronda através das suas sete Raças-Mães e respectivas sub-raças, perfazendo o prodigioso número 49 (uma Raça-Mãe compõe-se de sete sub-raças. Logo, sete Raças-Mães comportam 49 sub-raças, o que é igual ao valor da realização de uma Ronda Planetária) – e com o qual, além do mais, se pode executar qualquer música, por mais complicada que seja, por estar ele envolvido na Matemática Divina, para não dizer, na excelsa e prodigiosa Música das Esferas.*

Depois vêm os **pés** *ou pedais, como sustentáculo, alicerce ou base do peso contido em todo aquele "edifício" instrumental... E é assim que o executante entra em harmonia com o instrumento: pela* **cabeça** *ou parte* **mental***, repetindo o que se acha diante dos seus olhos – a Música –, por sinal que figurada por outras teclas ou martelos menores, pouco importa se invertidamente brancas e negras, inscritas em linhas e espaços (na razão de cinco por quatro, como alegoria da atual quinta Raça-Mãe Ariana na obrigatoriedade de redimir os erros da sua antecessora – a quarta Raça-Mãe Atlante –* **negra** *do* **Karma** *que contraiu e que agora cabe tornar* **Dharma** *ou* **branco***, fazendo-se isso pela Música Celeste, a da Harmonia das sete Esferas de Evolução trilhadas pelo Homem, eterno Peregrino da Vida... Música celeste trazida ao concreto do Plano Terrestre pelos sete tons ou qualidades do Éter ou* **Akasha** *Universal, as quais vibram no jogo das sete notas do piano bem afinado).*

*As mãos do pianista, que devem ficar à altura do seu ventre e do instrumento, justamente na parte média ou equilibrante, representam as próprias garras da Esfinge (símbolo da Sabedoria Divina, a antiga lemuriana, ou da terceira Raça-Mãe, criação físico--anímica do deus **Akbel**), em defesa da região umbilical ou astral, enquanto seus pés, apoiando-se sobre os do piano, ou pedais, representam a forma dual ou andrógina que cada Ser humano porta consigo em potência e latência, o que lhe cabe despertar para que, realmente, se torne um Maestro, Mestre ou Jina Perfeito na Divina Arte vibrando em todo o Universo: a MÚSICA.*

*Essas duas polaridades sexuais não deixam de estar assinaladas no instrumento. Com efeito, o lado esquerdo ou lunar do piano, mas que no pianista é o direito ou solar – que tanto vale pelo Grave, referente à voz Masculina (de onde o termo "nota de cabeça") –, é onde executa o Baixo e o Ritmo a mão esquerda do pianista. É, pois, a parte do instrumento referente à Alma, ou aquela que descreve todos os seus sentimentos (de dor ou prazer) por este mundo de provas onde é obrigada a viver. O lado direito ou solar do piano, mas que no pianista é o esquerdo ou lunar, como o Agudo referente à voz Feminina, indica o Ego, o Espírito que acompanha, guia ou protege a sua companheira, tal qual **Eros** com **Psique**, o Espírito e a Alma. E o Médio, onde as duas mãos se tocam, se confundem, representando o Androginismo Perfeito, por ser justamente o lugar onde a Alma e o Espírito realizam o místico consórcio musical, tal como acontece no Mundo Humano quando o Homem alcança tamanha realização que o torna um Ser Superior, um Adepto Perfeito ou Iluminado Integral partícipe do quinto Reino Espiritual, o "Angélico" ou dos **Barishads**!... O mesmo piano, dividindo-se em três partes, quer vertical quer horizontalmente (formando um Cruzeiro ou **Pramantha**), reproduz os três Mundos cabalísticos, como os três Corpos de que o Homem se compõe. Quanto aos termos Gravíssimo e Agudíssimo, representam o Alfa e o Ômega do que se pode chamar Involução (descida ao seio da Matéria – Mãe) e Evolução (subida da Matéria ao seio do Espírito – Pai) da mesma **Mônada** Peregrina ("o Filho pródigo que regressa à Casa Paterna").*

*E se um Maestro souber executar, com maestria, a Obra Musical ou **Magnus Opus** de JHS, então o próprio termo o diz: Mestre, Adepto, Gênio ou Jina...*

SOL > ALEPHE > PAI – CAIXA > ESPÍRITO > MENTE > CABEÇA

MI > MEM > MÃE – TECLADO > ALMA > EMOÇÃO > VENTRE

DÓ > SHIN – FILHO – PEDAIS > CORPO > VONTADE > PÉS

    Satisfazendo a sua pergunta pertinente sobre "como JHS conseguiu obter a Décima Sinfonia de Beethoven?", esta que não é lavra do nosso Mestre pois que há uns anos foram descobertas, salvo erro em Viena, na Alemanha, partituras soltas ou incompletas da mesma (mas que estão completas no Lugar dos Deuses, o DUAT, para onde Beethoven foi definitivamente), revelo (pois que é uma revelação) o seguinte:

    Morando JHS com a sua família na Rua de Santa Rosa, 426, em Niterói, no dia 20 de julho de 1924, ele deu início ao QUINTO RITUAL de uma série de SETE referentes às Iniciações Planetárias. Quando chegou a esse dia, QUARTA-FEIRA, DIA DA INICIAÇÃO DE MERCÚRIO, poucas horas antes de iniciar o Ritual, sentiu-se muito mal, foi até junto da janela do seu quarto para tomar ar fresco, mas logo caiu inanimado no soalho. Ouvindo o barulho, os da casa e os amigos e conhecidos presentes correram para junto dele. O médico da família, membro da Obra presente na ocasião, tomou-lhe o pulso e confirmou-o morto. Outros também o fizeram, seja por não acreditarem no inevitável diante dos olhos, seja por duvidarem do médico, talvez julgando tratar-se de um embuste. Mas confirmou-se: JHS havia falecido de síncope cardíaca súbita. Ergueram-no e depositaram-no na cama e, em meio à consternação geral, deu-se início aos preparativos finais. Nisso, passados cerca de dez a 15 minutos, para espanto de todos, JHS recuperou a vida, levantou-se da cama como se nada tivesse acontecido e dirigiu-se para o piano, passando a executar maravilhosamente, pela primeira vez, a **Décima Sinfonia** *completa de Beethoven, a que depois chamou de "RESSURREIÇÃO" e "REINO" (de AGHARTA), ou seja, "A RESSURREIÇÃO DO REI DE AGHARTA". Após a Revelação da Décima Sinfonia, a LUZ DE CHAITÂNIA (RABI-MUNI) falou doce pela Voz de JHS (AKBEL): "Eu animei Beethoven, pousei no ombro de Newton, vivi no peito de São Germano".*

Cada um desses sete Rituais Maiores completou-se com outros tantos Rituais menores, e assim se manifestaram as 49 Forças Cósmicas em 49 memoráveis Rituais. Hoje, tudo isso se comprova no cimento ou argamassa da **Opus-1** *da Obra Musical de AKBEL na forma humana de JHS: o ODISSONAI.*

Por fim, à guisa de desfecho final desta presente, remata o Professor Henrique José de Souza na sua obra magistral, A Verdadeira Iniciação:

A Música é o esquema filosófico intuitivo do Universo inteiro; o plano ou mapa da Metafísica universal. Toda a música emana de um Foco e se estende em ondas, como os eflúvios vitais do Astro do dia; como o despregar do Cosmos no momento da Criação, se é que as deduções da mente humana, em presença da imensidade, possuem algum valor. Essas ondas espalham-se no espaço por uma ordem harmônica em séries regulares: é a Lei do Ritmo. E como essa Lei Universal, acham-se representadas na Música todas as essências, todas as categorias filosóficas, todas as substâncias universais, exceto a matéria, que na mesma não atua senão como veículo de manifestação, ou antes, da perceptibilidade para outros.

A música de ordem artística mais elevada começa pelo princípio harmônico. Tal espécie de música não age somente sobre as mais elevadas emoções, como também sobre o intelecto. O Ritmo é uma manifestação puramente física. A Melodia, que sem determinado fim nenhum sentido possui, é uma simples série de sons... que conduz as nossas emoções de um lado para o outro. A Harmonia, porém, afeta simultaneamente o coração e a mente. Sim, porque a Harmonia é a própria Lei da Natureza. E com a combinação dos princípios harmônicos e rítmicos, são formadas todas as coisas dentro da Criação.

A Harmonia estimula no homem o amor ao Belo e faz vibrar nele uma célula correspondente ao seu idealismo. **Ouvir uma sinfonia é proporcionar imensa energia mental***. Ouvindo-se as composições dos grandes Gênios, goza-se de uma música divinizada que nos conduz aos* *reinos místicos da mais transcendental espiritualidade. A grande Música não requer apenas compositores que tenham penetrado no mundo intuitivo, para poder compô-la. Mas também de artistas criadores de primeira ordem, que a saibam interpretar.*

O amante da música emotiva deverá dar preferência às de Schubert, Weber, Schumann, Mendelssohn, Chopin e poucos mais dos melhores românticos que se conhece. Ouvindo-se Beethoven e Brahms, experimenta-se um sublime sentimento e uma excelsa aspiração. Com Bach, tem-se a impressão de estar construindo uma catedral de pedra e cal. Com Tchaikowsky, o mestre que sabe dar colorido aos sons, é-nos possível, quase, desenhar imagens tão brilhantes como as etéricas luminosidades do Arco-Íris. O espírito da música criada pelo gênio adorável de Ricardo Wagner, é impossível analisar-se fora da sua própria poesia, pois, como ele disse: **"Cresceram juntas"**... *Foi Wagner, provavelmente, quem mais se aproximou, dentre todos os compositores, das mais sublimes emoções da natureza humana.*

Como vemos, a Música exerce influência poderosa na Educação Emocional, Mental e Espiritual do Gênero Humano. Debaixo da sua misteriosa influência, a Humanidade pode agitar-se como vida por múltiplas emoções. Pode ir do mais baixo ou inferior ao mais alto ou superior!...

Como foi dito, dentre os grandes Gênios inspiradores da Humanidade, destacam-se Wagner e Beethoven.

Wagner, através do seu drama litero-musical, como um gigantesco comentador dos Eddas – os Vedas escandinavos –, como "O Anel de Nibelungo", "O Ouro do Reno", "Valquíria e Sigfredo", "Os Mestres Cantores de Nuremberg", "Parsifal e Lohengrin", etc., imprime na Música toda a Epopeia grandiosa das Iniciações Humanas através da Vereda da Vida.

Quanto ao "menino prodígio" com o nome de Wolfgang Amadeus Mozart, seria o protótipo desses excelsos Filhos da "Divina Arte", se não houvesse cometido o grande erro de musicar o "D. João". A Lei não poderia jamais perdoar o autor do "Desposório de Fígaro", de "A Flauta Mágica", das "33 Sinfonias" e de um sem-número de músicas clássicas, emprestar o seu talento para consolidar ainda mais os falsos e tenebrosos alicerces do amor inferior, que há milênios domina o mundo! Daí, três misteriosos Seres que o procuraram para que compusesse o seu próprio "Réquiem", como provam estas suas palavras: "Dentro em breve esta música será cantada no meu funeral". E assim foi!... Bem razão teve o grande Roso de Luna em afirmar no seu valioso trabalho intitulado "Quando se muere": "Todo aquele que traz missão elevada mas que, por um motivo qualquer, não afina consigo mesmo, com a sua missão, morre! Não importa como, porém é forçado a deixar o mundo!...".

Do mesmo modo, na arte musical, foi Beethoven quem levou a palma da Vitória sobre os demais, até o fim da sua vida de Iniciado. Ele não foi apenas o maior músico e o mais puro artista que existiu. Foi o generoso coração ferido por todos os infortúnios, que se fez mais forte que todos eles, consagrando a sua vida às gerações futuras!

Tal como os Cristos e Budas, que deixam, após as suas passagens por este mundo de dores em que vivemos, os seus corpos celestes, o perfume das suas vidas santas e potentes, para que a Humanidade se auxilie mutuamente nessa luta constante por ascender ao Divino, Beethoven deixou-nos, também, o seu corpo e a sua alma no que de prodigioso existe nas suas Nove Sinfonias. Elas representam não só uma Bênção para todos os homens, como também uma prova palpável de que, por maiores que sejam as dores que nos afligem, haverá sempre uma porta aberta por onde poderemos nos elevar para os Céus e participar, internamente, da gloriosa ALEGRIA que ali existe. A sua Décima Sinfonia, que o mundo desconhece, por ter sido escrita em língua sagrada ou "Jina", é bem a Décima Sephiroth cabalística – "Malkuth" ou o REINO – por ser justamente para onde evolou a sua Alma de Artista incomparável: o Reino da Verdade!...

E assim como ele, que soube transformar uma vida de dores, acalentado pelo seu próprio Gênio, em uma extasiante ALEGRIA, que o conduziu – herói entre os heróis – pela Harmonia das Esferas, assim deverá ser a ALEGRIA que devemos buscar: a do humano Titanismo.

OBRAS CONSULTADAS

Henrique José de Souza. "Que é Intuição?". Revista *Dhâranâ*, nº 87/88, 1936.

_____. "Cabala Musical". Revista *Dhâranâ*, nº 99/101, 1939.

Henrique José de Souza, "Números, Cores e Sons". Revista *"Dhâranâ*, nº 99/101, 1939.

_____. "A Teosofia na Música". Revista *Dhâranâ*, nº 7/8 , 1955.

Carlos Meireles Osório. "A Obra em que se acha empenhada a STB através da Música". Revista *Dhâranâ*, nº 13/14, 1956.

Célio Corrêa de Almeida Filho. A Música e seus efeitos nos corpos sutis do Homem. Revista, Ano LXI nº1, Série Superação, 1987.

Nilton Schutz. *Iniciação Esotérica Musical*. São Paulo: Edição do autor, 2007.

Ramanadi, *Fonosofia*. Fundação Educacional e Editorial Universalista, Porto Alegre, nov. 1979.

Mário Roso de Luna. *Wagner, Mitólogo y Ocultista (El Drama Musical de Wagner y los Misterios de la Antigüedad)*. Madrid: Librería de la Viuda de Pueyo, 1917.

Capítulo V
Vida Elemental
("Espíritos da Natureza")

Sintra, 1980

Falar do Mundo Elemental ou dos "espíritos da Natureza", os chamados *devas menores*, é falar da "fácies" invisíveis da mesma Natureza ou, como diria o insigne dr. Mário Roso de Luna, é penetrar o "Reino Encantado de Maya".

Inspiradores de poetas e prosadores, razão última dos fenômenos naturais maravilhados e vazados tanto no conto infantil como na lenda antiga contada de velhos a novos, com um olho pregado na fogueira enfeitiçante, quente e acolhedora na invernia rija, e com o outro fitando as estrelas fascinantes do lácteo caminho de Santiago, frias no verão da noite, os elementais são, realmente, o *substractum* da Mãe Natureza assistindo à Vida Terrena, que o imaginário coletivo das gentes do campo pintou com as cores mais garridas, não raro com a fantasia e a imaginação se entrelaçando quase ou mesmo inseparáveis.

Do muito já descrito e escrito sobre esses seres, a verdade é que muito pouco, ou mesmo nada, foi dito sobre como surgiram e se formaram... Para explicar convenientemente essa questão, forçoso se torna que faça recurso das aulas teosóficas do Professor António Castaño Ferreira (na verdade, engenheiro-agrônomo) proferidas na Sede da Sociedade Teosófica Brasileira, em 1952, na época instalada na cidade do Rio de Janeiro.

Esse preclaro autor, justamente consignado a *Coluna J* do Professor Henrique José de Souza (*JHS*), foi dos raros que penetrou mais fundo o âmago do problema. De maneira que ele remete ao seguinte: para além da existência que chamamos de Mineral, a Vida apresenta-se como energia tríplice informe e bioplástica que se pode chamar de PRIMÁRIA ou, com maior propriedade, ELEMENTAL.

Pois bem, em razão do próprio tipo de Evolução do nosso Sistema Planetário as vidas informes do tipo elemental apenas podem existir nos três Mundos das Formas mais densas (Mental Inferior, Astral e Físico Etérico). O entendimento de uma Evolução paralela à dos quatro Reinos Naturais conhecidos, vistos e tocados por todos, está em que essas forças dévicas não são consciências individualizadas como as dos outros Reinos manifestados, mas sim *forças vivas da Natureza* (os *Marutas*, como consigna a Tradição Iniciática) plenamente cegas e inconscientes, orientadas por Consciências mais elevadas que, para isso, possuem aptidões (os *Traixus*, assim consignados pela mesma Tradição Iniciática). Elas são, na essência última, o resultado da animação ou atividade dos Três Aspectos do Logos Planetário nos três Mundos da Matéria imediata (mental, emocional e física).

Sendo vidas informes, nenhuma possui forma, por serem pura energia. Quando assumem formas grotescas, parecidas com as humanas, é porque tomam para si o modelo que os homens lhes emprestam, no comum da Humanidade, inconscientemente, com a sua atividade psicomental (*kama-manásica*). Por isso elas aparecem ao clarividente como silfos, salamandras, ondinas, gnomos, etc., segundo a nomenclatura criada no século XVI por Paracelso (Zurich, 1493 – Saltzbourg, 1541) e perpetuada nos seus tratados escritos sobre Alquimia e Espargiria.

Com efeito, essa nomenclatura serviu doravante para classificar e identificar os elementais à substância elemental ou atômica dos Reinos da Natureza e aos quatro temperamentos humanos, como:

SILFOS	AR	MENTAL	REINO HUMANO	NERVOSO
SALAMANDRAS	FOGO	EMOCIONAL	REINO ANIMAL	SANGUÍNEO
ONDINAS	ÁGUA	ETÉRICO	REINO VEGETAL	LINFÁTICO
GNOMOS	TERRA	FÍSICO	REINO MINERAL	BILIOSO

Sempre que surge a hora de uma alma humana reencarnar, ela congrega para si, em um ato mecânico mais ou menos consciente, as forças primárias das naturezas mental, emocional e física, fabricando uma nova personalidade, e assim, as ligando, encadeando, dá início à construção dos respectivos veículos de manifestação.

É fácil compreender, neste momento, que tudo aquilo que o homem faz, seja um pensamento, um sentimento ou uma ação, é animado pela essência elemental respectiva, constituindo, por exemplo, no primeiro caso, um elemental mental artificial ou "forma-pensamento", essências essas que, como diria Ferreira, "lhe tecem a trama do destino".

Como *a energia segue o pensamento*, conclui-se que mais feliz será uma vida quanto mais positivos forem os pensamentos e emoções, e quanto mais negativos forem os pensamentos e emoções mais infeliz será uma vida-motivo para se encontrar no *Alcorão* o axioma capital: "Quanto mais pesado fizeres o mundo, mais o mundo pesará sobre ti".

Pois bem, na sua relação com o Homem o Primeiro Reino Elemental relaciona-se com a atividade mental, agindo nos centros nervosos superiores (córtex cerebral). O Segundo Reino Elemental liga-se à atividade sensorial, atuando nos centros nervosos intermediários (base do cérebro, pedúnculo, bulbo). O Terceiro Reino Elemental associa-se à atividade física, impressionando por meio dos centros medulares (ação motora externa ou da vida de relação).

Os elementais, ou "espíritos primários da Natureza", dividem-se em "encadeados" e "livres". Os primeiros constituem os nossos corpos físico, emocional e mental. Os segundos são os gênios da Natureza. As Yogas e Tantras incidem sobre os "encadeados", e a Magia Teúrgica sobre os "livres". Mas agindo-se sobre um aspecto atua-se sobre o outro, fazendo jus à Lei da Reciprocidade.

Como se disse, os elementais são extratos da animação dos três Aspectos do Logos Planetário dos Mundos Mental Inferior, Astral e Físico; possuem uma reduzida "inteligência artificial" a par de uma grotesca "forma artificial", constituída pelas energias humanas do pensamento e da emoção, da ideia e da imagem de que se alimentam, tomando assim essas expressões etéricas. Sujeitos periodicamente à dissolução na Vida Informe ou à morte, tal qual o Homem que imitam, eles são simples e cegas forças primárias naturais particularizadas pela ação, consciente ou inconsciente, do Homem na Natureza que as modela no tríplice Mundo em que vive. Portanto, os elementais são mortais, pois nascem, envelhecem e morrem. Por viverem junto da Humanidade, sentem quase todas as necessidades desta, e apesar de serem denominados, para simplificar, "espíritos", não o são, antes são energias cegas, primárias, que adquiriram forma temporariamente, mas passado algum tempo retornam à Vida Informe. Quando muito, poderei chamá-los de ALMAS EM FORMAÇÃO (sem Espírito!), no contexto mais primário. Por sua ligação permanente com a criatura humana, esta pode, se for um Iniciado verdadeiro, conferir-lhes pelo Poder de sua Vontade uma parcela da sua Substância Divina e torná-los imortais, entrando assim de imediato no Reino Angélico ou *Barishad*, sob cuja chancela ficam, iniciando um percurso evolucional paralelo ao da Hierarquia Humana (*Jiva*).

Os elementais estão ainda retratados na Lenda Maçônica como os "operários silenciosos" do arquiteto Hiram Abiff, construtor do Templo de Salomão.

Tendo falado de Magia Teúrgica, é meu dever destacar que essa *Obra Divina* (TEURGIA), por estar inteiramente conectada aos Poderes Celestes, sobrepõe e incide sobre a Laboração Mágica que se fundamenta, principalmente, no manuseio consciente das forças elementais constituintes dos Mundos Inferiores da Natureza por meio das correntes etéricas que cruzam o Globo impregnadas das energias astral e mental.

Quanto à Ideia Mágica, ela traduz-se em:

LUZ para os olhos;
HARMONIA para os ouvidos;
PERFUMES para o olfato;
SABORES para a boca;
FORMAS para o tato.

Esse tema da Vida Elemental, que ainda é parte da Antropogênese, pode ser esquematizado do seguinte modo para melhor elucidação do respeitável leitor:

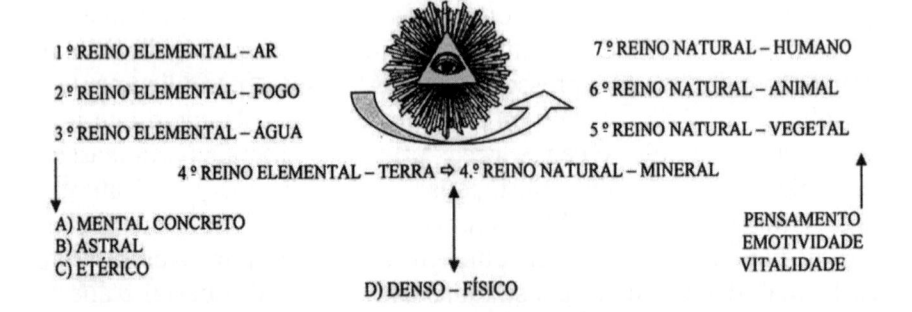

1º REINO ELEMENTAL – AR
2º REINO ELEMENTAL – FOGO
3º REINO ELEMENTAL – ÁGUA

7º REINO NATURAL – HUMANO
6º REINO NATURAL – ANIMAL
5º REINO NATURAL – VEGETAL

4º REINO ELEMENTAL – TERRA ⇨ 4.º REINO NATURAL – MINERAL

A) MENTAL CONCRETO
B) ASTRAL
C) ETÉRICO

D) DENSO – FÍSICO

PENSAMENTO
EMOTIVIDADE
VITALIDADE

Os elementais estão sob a direção de quatro Espíritos Soberanos que os ordenam no aglomerado dos quatro Reinos da Natureza. Tais Espíritos Soberanos atuam no Mundo da Forma ou *TAMAS*, sendo conhecidos como MAHA-*TAMAS* ou, mais genericamente, como *Devas Lipikas*, os "Anjos Registradores" do Karma Planetário cuja pena e tinta são os elementais, *devas menores*, e cujo papel é o próprio Homem, tanto individual como coletivamente.

Sendo de natureza e consciência cósmica, esses MAHA-*TAMAS*, como BUDAS PERFEITOS ou REALIZADOS, dirigem as quatro Rondas desta quarta Cadeia Terrestre e são conhecidos sob diversas designações, uma delas a de "Quatro Anjos Coroados", mas das quais só apontarei a designação teúrgica e a judaica cabalística:

BUDA MINERAL = MANU ou GOB = GNOMOS = 1ª RONDA SATURNINA.
BUDA VEGETAL = YAMA ou DJIN = SALAMANDRAS = 2ª RONDA SOLAR.
BUDA ANIMAL = KARUNA ou NICKSA = ONDINAS = 3ª RONDA LUNAR.
BUDA HUMANO = ASTAROTH ou PARALDA = SILFOS = 4ª RONDA TERRESTRE.

Por seu turno, esses quatro MAHA-*TAMAS* são dirigidos desde o Mundo Celeste ou *RAJAS* pelos respectivos quatro MAHA-*RAJAS*, os "Grandes Reis Celestes" encarregados da Evolução do Sistema de Evolução Planetária e do seu respectivo Karma, dirigindo as quatro Cadeias já realizadas deste mesmo quarto Sistema. São conhecidos sob vários nomes, dos quais darei unicamente os nomes teúrgico e judaico-cristão, juntando os seus pontos cardeais com as cores respectivas, exotéricas (em letras minúsculas) e esotéricas (em letras maiúsculas).

DRITHARASTRA ou ARIEL – NORTE – Ouro e VERDE = 1ª CADEIA SATURNINA.
VIRUDAKA ou MIKAEL – SUL – Azul e VERMELHO = 2ª CADEIA SOLAR.
VIRUPAKHSA ou GABRIEL – LESTE – Branco e AZUL = 3ª CADEIA LUNAR.
VAISVARANA ou RAFAEL – OESTE – Vermelho e AMARELO = 4ª CADEIA TERRESTRE.

Dirigindo a todos, desde o mais elevado Mundo Divino ou *SATVA*, estão os quatro MAHA-*SATVAS* ou Logos Planetários (*Dhyan-Choans*) diretores dos 3+1 Sistemas de Evolução que a Terra já passou e passa, e para além de tudo e todos... o INCOGNOSCÍVEL ABSOLUTO.

É com essas Altezas Soberanas do Universo que a TEURGIA, como OBRA DO ETERNO NA FACE DA TERRA, opera por cânones matematicamente justos e perfeitos, usando de dialética operática bem em conformidade com as Revelações Avatáricas do Ciclo atual.

Nesse sentido, como remate final a esta presente, respeitante à Realização Teúrgica do *Homem em Deus* (JHS) e de *Deus no Homem* (HJS), trago aqui as oportunas palavras do insigne teósofo Sebastião Vieira Vidal:

THARANA corresponde ao nosso termo TEURGIA, sim, a Magia com que os antigos pretendiam alcançar a proteção das divindades benfazejas e produzir efeitos sobrenaturais. Compreendemos com isso que a TEURGIA tem por fim permitir à Humanidade ou à criatura humana, em uma escala menor, identificar-se com o Espírito, com a Consciência Superior, com a Divindade existente no interior dela...

Pondo em funcionamento a terceira (das 12+2) pétala (ou raio) do Chakra Cardíaco, de nome sânscrito THARANA, e realizando a Magia Ritualística (presente tanto na Igreja como na Maçonaria) está, naturalmente, comungando com a Divindade: seja Ela integral, o Logos, seja Ela parcial, o Jivatmã, o Cristo, o Peregrino Sereno...

Com a elaboração meditativa sobre a manifestação do seu JIVATMÃ alcançou, provavelmente, o Plano Búdhico (Intuicional ou Crístico). Se a Consciência Búdhica começou a vibrar no mesmo diapasão... então o discípulo passou a ter, naturalmente, uma visão mais ampla das coisas.

Se a Alma do discípulo foi envolvida pelo Espírito, naturalmente identificou-se com ELE. Logo, a Alma, a personalidade do discípulo, entrou em sintonia com o "EU" Superior (Consciências Búdhica e Átmica ou Espiritual), sim, com o JIVATMÃ.

Assim sendo, é lógico, ficou à semelhança DELE. Se o discípulo passou a ter a estrutura semelhante ou afim à do "EU", à do EGO, à do MESTRE, é bastante compreensível, passa a poder evocar a proteção DELE; há entre ambos uma identificação vibratória. Se o discípulo vive em sintonia com o "EU" Interno, Superior, logo há identificação com a Consciência Búdhica e Átmica, posto que se está identificando com o Plano da Intuição, da Mente Universal.

OBRAS CONSULTADAS

António Castaño Ferreira. *Cosmogénese e Antropogénese*. Dois volumes com Aulas dadas à Série D da Sociedade Teosófica Brasileira em 1952-1953.

Roberto Lucíola. *"Elementais"*. Caderno Fiat Lux, nº 7, São Lourenço, Minas Gerais, maio 1996.

Sebastião Vieira Vidal. *Série O.S.G.* Edição Sociedade Teosófica Brasileira.

Sebastião Vieira Vidal. *Série Magia*. Edição Sociedade Teosófica Brasileira.

Comunidade Teúrgica Portuguesa, apostilas reservadas do *Grau Manu*.

Capítulo VI
Vida Sub-humana
(Evolução do Mineral ao Animal)

Lisboa, 1990

É voz corrente afirmar que o Homem é o "Rei da Criação", o *alter ego* dos Reinos abaixo de si, que são: Animal, Vegetal e Mineral.

Se o animal *sente*, o vegetal *reage* e o mineral *estabiliza*, o homem detém a consciência do "bem e mal", isto é, a MENTE.

Com efeito, é o aspecto superior da *Mente* ou *Manas* como quinto princípio ou faculdade de raciocínio abstrato perpassando o concreto que distingue o humano do sub-humano. Por isso ele é o "Rei da Criação" manifestada no Mundo das Formas em que evolui, tal como o estado de Anjo ou Deva (*Barishad*) caracteriza-se pela posse do sexto princípio da *Intuição*, sendo o Reino imediatamente superior ao Humano que o toma por modelo a seguir e a assumir, assim o considerando "Rei da Espiritualidade"!

O Homem tem por *direito e dever* ser o INICIADOR dos Reinos Sub-humanos, respeitando-os, amando-os e compreendendo-os no nível coexistencial que lhes é próprio, como formas grupais animadas por princípio Espiritual ou *Atmã* semelhante ao seu, e apesar de comparativamente ser muito diminuto em vibração e expansão neles, não deixa de existir... como Centelha Divina partida do Deus Único e Verdadeiro que, no nível mais imediato para nós, é o Logos Planetário – células que somos do Seu Corpo que é o Globo físico a que chamamos *Mãe Terra*.

Quando a criatura humana desrespeita os seus *irmãos menores*, a Natureza fustiga-a (como se vê hoje por toda a parte), e então ela passa a ser um "rei sem coroa", por não saber governar nem criar e tão somente tiranizar e destruir, o que fatalmente a converte em *escrava da Criação*, pois para que esta lhe obedeça submissa, terá primeiro de lhe obedecer submisso, e não pretender prostituir a sua Mãe Única. Desgraçadamente, o *Homem-homem* tende a descender ao *Homem-animal*, escravo dos seus descontroles anímico-passionais em detrimento do Mental, em vez de ascender ao *Homem-espiritual* e ser, verdadeiramente, *Rei da Criação*, porque efetivamente SENHOR DO MENTAL.

Ao servir-se dos elementos minerais para a construção de casas, pontes, etc., o Homem está iniciando esse Reino, permitindo-lhe encarnações migratórias de transferência a formas cada vez mais complexas e perfeitas.

Os grãos de poeira como adubo permitem a entrada do Reino Mineral no Vegetal. O Homem plantando jardins e bosques admite a manifestação desse Reino, e servindo-se das suas flores para adornar, das suas madeiras para fabricar mobílias, etc., certamente o está iniciando e permitindo o movimento da Roda da Evolução Vegetal. Os vegetais mais adiantados penetram o Reino Animal ao serem devorados por espécimes deste, aglutinando assim elementos de natureza anímica ou animal, e, posteriormente, na Cadeia Planetária seguinte, começando nova escala evolutiva mais vasta e complexa que a anterior.

Os Reinos Mineral, Vegetal e Animal evoluem em grupo e as espécies manifestadas estão interligadas entre si, sendo as experiências de cada unidade dissolvidas no todo e não tomadas só para enriquecimento consciencial da parte, pois que a individualização consciente não existe. A isto se chama ALMA GRUPAL, dirigida pelo respectivo Buda Mineral, Animal, etc., que é o elevadíssimo Ser regente do Grupo que lhe compete dirigir e que está dotado de Supraconsciência *Kumárica* ou da primeira Cadeia de Saturno.

Uma *Alma Grupal* apresenta-se nos Planos sutis da Matéria como uma espécie de "bolsão", encerrando os respectivos Grupos de Mônadas cujo "Sol" ou Núcleo Central é o próprio Ser Diretor do Reino que lhe compete. Esse "bolsão" reveste-se de um envoltório tríplice da mesma natureza da matéria que reveste o Grupo Monádico, ou seja:

1º envoltório constituído de essência elemental do Plano Mental;
2º envoltório constituído de essência elemental do Plano Astral;
3º envoltório constituído de matéria etérica do primeiro Subplano Atômico.

A *Alma Grupal Mineral* consiste no agrupamento das Centelhas ou Mônadas minerais encerradas no "bolsão", cuja borda é constituída da tríplice camada de substâncias mental, astral e física etérica. No início, essas Mônadas dentro da Alma Grupal ainda não estão ligadas a qualquer tipo de minério. Com o tempo, a partir da sua Matriz que paira no espaço etéreo, algumas Mônadas, não todas ao mesmo tempo, começam a mergulhar nas diversas massas de natureza mineral. Não é possível, por exemplo, um grande bloco de minério ser vivificado por uma única Mônada, pois tal coisa a individualizaria. Em vez disso, encontra-se uma vasta massa mineral animada por grupos de Mônadas. Isso elimina qualquer ideia de individualização. É por isso que não se encontra uma *alma individual* em um bloco de pedra, em uma planta ou em um animal.

Quando, por qualquer motivo, é destruída a massa mineral em que as Mônadas estão mergulhadas, portanto servindo-lhe de veículo, estas retornam à sua Matriz levando consigo a experiência já vivenciada como Mineral, experiência essa que é compartilhada por todo o Grupo.

A evolução da *Alma Grupal Mineral* processa-se no nível mais denso do Universo, que é o Plano Físico. Todos nós, humanos, já passamos por essa etapa. Mas não expressa bem a realidade quando se diz: "Nós já fomos um mineral, uma árvore ou um animal", pois o correto seria dizer que *a nossa* Mônada, *por meio do seu tríplice envoltório inferior, já usou, no decurso da sua evolução, veículos minerais, vegetais e animais, e jamais que ela fosse isso, pois a sua origem e essência é de natureza Divina*.

A atividade da *Alma Grupal Vegetal* é o segmento evolutivo que sucede à formação do Reino Mineral. Na fase anterior, trabalhava-se o Plano Físico, o nível máximo da descida da *Onda* ou *Vaga de Vida*. Nesta segunda etapa, a atividade processa-se no Plano Astral, e a evolução, na vitalização das partículas astrais que estão encerradas no envoltório da *Alma Grupal Vegetal*, agora possuídora de apenas duas camadas:

- A camada externa, constituída de essência elemental do Plano Astral;
- A camada interna, constituída de essência elemental do Plano Mental.

A *Alma Grupal Vegetal* não é de constituição permanente. Ela divide-se e subdivide-se consoante à grande variedade de espécies. Por causa desse fenômeno, a Alma Grupal, à medida que o Reino se aprimora, torna-se cada vez mais dilatada para atender à imensa multiplicidade de espécies que vão surgindo no decorrer da sua Evolução.

A presença do tríplice envoltório inferior cria uma aura etéreo-astral nas árvores e demais plantas, tornando-as sensíveis aos impactos ambientais externos, como intempéries, incêndios, seca, chuva, bons ou maus-tratos infligidos pelos homens. Essas experiências vivenciadas pelo Reino Vegetal são assimiladas pelo *átomo-semente astral* do Grupo. Com a morte dos jardins, dos bosques, as Mônadas recolhem-se para o interior da *Alma Grupal Vegetal* que paira no espaço etéreo, à semelhança do que acontece no Reino Mineral. Também os valores adquiridos são compartilhados por todas as Mônadas residentes no envoltório coletivo.

Na *Alma Grupal Animal*, o "bolsão" formado pelo tríplice envoltório inferior agora só possui uma camada, constituída de essência elemental do Plano Mental (Inferior). O envoltório de natureza astral da Alma Grupal Vegetal foi absorvido para fortalecer o corpo astral das Mônadas agora no interior da *Alma Grupal Animal*. O mesmo fenômeno verificou-se com o envoltório etérico das Mônadas em evolução no interior dos "bolsões". Tal acontece em virtude dessas substâncias já terem passado por uma diferenciação ao entrarem em contato com as Mônadas evoluintes.

Como nos Reinos anteriores, os *devas maiores* (Anjos) dirigem os *devas menores* (Elementais) na orientação das Mônadas vegetais para a integração nas formas animais. Até certo ponto, os animais, se forem das espécies mais desenvolvidas, possuem uma alma já em processo de individualização, e quando desencarnados conservam no Astral a sua "individualidade" por algum tempo, não muito. A diferença fundamental está em que, não estando ainda plenamente individualizados, retornam à *Alma Grupal,* que é a reserva comum ao Grupo a que pertencem, levando as suas experiências. Com o decorrer do tempo, o conteúdo da *Alma Grupal* é modificado pelas múltiplas experiências trazidas para ela.

Com o decorrer da Evolução, as espécies animais multiplicam-se e aprimoram-se em razão das crescentes e renovadas experiências. Isso reflete-se no interior da *Alma Grupal Animal*, cujo número de Mônadas iguais diminui cada vez mais no "bolsão", gerando, consequentemente, maior quantidade de espécies para atender à seleção natural do processo evolutivo no interior do Grupo, originando novas variedades específicas de animais. A multiplicação das espécies no interior da *Alma Grupal* realiza-se por um processo de cisão, algo parecido com o fenômeno que se dá com a multiplicação das amebas ou a divisão celular.

Evolução das Espécies

No Homem, o Espírito Tríplice (*Atmã – Budhi – Manas*, ou seja, a tríplice expressão da *Mônada Divina*) está ativo ao seu elevado nível, agindo sobre si mesmo, e manifesta-se pela personalidade por meio da MENTE CONCRETA.

No Animal, existem as sementes do Espírito e da Intuição manifestando-se sensorialmente como interesse e instinto, o *interesse instintivo*, faltando-lhe a Mente para discernir.

No Vegetal, em seu âmago profundo, vibram as sementes da Mônada e do Espírito. A sua consciência é a reação vital ou resposta grupal à vida que os Anjos lhe facultam, faltando-lhe os corpos de Emoção e Pensamento.

No Mineral, pulsa o Espírito ou Atmã em semente quase indefinida. O seu único corpo de manifestação é o físico denso, e as restantes reações provêm dos devas minerais agindo por esse elemento. Os devas vegetais constituem a matéria da Alma Grupal Vegetal e processo análogo acontece com a Vaga de Vida Animal.

Só o Homem é dirigido por um ESPÍRITO GRUPAL, tanto racial quanto continental e global, que se expressa pelas justas e fraternas relações entre todas as criaturas humanas como semente ou *bija* da CONCÓRDIA UNIVERSAL, isto é, da SINARQUIA. A Essência do ESPÍRITO GRUPAL da Humanidade é JIVATMÃ, assumido pelo MANU (Legislador da Raça Humana), o Divino VAISVASVATA, expressando-se por intermédio de seu Irmão o BODHISATTVA (Instrutor da Raça Humana), o Excelso Senhor MAITREYA, o CRISTO como "Bom Pastor do seu vasto Rebanho" que é a sua Alma Coletiva: a HUMANIDADE, cujo Corpo Coletivo é dirigido pelo Senhor da Civilização ou MAHACHOAN – o Augusto VIRAJ, também conhecido como TAKURA BEY manifestado no antigo TRAIXU-LAMA, no Tibete.

Quando os homens deixarem de faltar às leis naturais, porque cada falta é como uma pedrada repercutindo dolorosamente na Aura do Cristo, então Este deixará de ser o "Homem das Dores" para finalmente se manifestar, para maior glória do Gênero Humano, como o SALVADOR UNIVERSAL de homens, de anjos e demais seres viventes.

De maneira que o Homem, em vez de atacar e destruir insensatamente a Mãe Natureza manifestada nos Reinos sub-humanos, mormente como se vê na sua atitude para com os animais inocentes à mercê da sua intempestiva inclemência passional, deveria antes, como eubiótica solução única, *respeitá-los, compreendê-los* e *amá-los*. Assim fez São Francisco de Assis, como se repara na sua "Oração ao Irmão Sol", chamando aos Reinos sub-humanos de "irmãos", expressando por eles RESPEITO – COMPREENSÃO – AMOR. Essas são as chaves-mestras para o Homem auxiliar a transição do Animal ao Hominal e para que este, por sua vez, possa finalmente se transferir ao estado Angélico, ao quinto Reino Espiritual.

Sendo efetivamente o "Rei da Criação" ou Natureza manifestada, por sua posse efetiva da gema preciosa do Mental, a Hierarquia Humana é coadjuvada por outras três Hierarquias Criadoras na direção dos Reinos sub-humanos, cada qual possuindo um estado de consciência que lhe é próprio, como a seguir:

SABER – ARQUEU (ASSURA) – HOMINAL – CONSCIÊNCIA DE VIGÍLIA – MENTAL
OUSAR – ARCANJO (AGNISVATTA) – ANIMAL – SONO COM SONHOS – EMOCIONAL
QUERER – ANJO (BARISHAD) – VEGETAL – SONO SEM SONHOS – VITAL
CALAR – HOMEM (*JIVA*) – MINERAL – TRANSE PROFUNDO – FÍSICO

As Mônadas, mesmo com o final da vida impessoal das Almas Grupais, continuarão, contudo, a ter as suas existências orientadas por princípios coletivos. Todos os seres dos quatro Reinos manifestados no Mundo das Formas estão sujeitos a essa Lei. Assim, quando uma pessoa desperta para a vida espiritual e por ela encaminha os seus dias terrenos sob a direcção de dado Movimento Espiritualista, com o qual as suas necessidades interiores sejam afins, automaticamente passa a pertencer à *Egrégora* ou "Alma Coletiva Psicomental" da sua Organização, Ordem, Religião, etc. Os membros da *Ordem do Santo Graal*, por exemplo, estão todos inseridos no Ovo Áurico da Ordem. Em uma escala mais ampla, os que pertencem à Santa Irmandade da Obra do Eterno, a Excelsa Fraternidade Branca, estão envolvidos no Ovo Áurico da mesma Obra Divina. A própria Humanidade, no seu conjunto, está envolta na Aura do Logos Planetário, o que equivale a que TODOS sejam, na última e suprema instância, IRMÃOS. De maneira que esse princípio de Espírito de Grupo se estende por todos os níveis da existência, desde as Cadeias e Rondas até às Raças e Nações e, inclusive, as famílias e os homens em si mesmos como agregados celulares perfeitamente organizados. Nada existe independentemente, pois uma gigantesca trama invisível enlaça toda a Vida organizada.

Os Reinos sub-humanos contemplam o Homem como o seu deus, como o modelo perfeito de evolução a alcançar, tal como este contempla no Anjo a forma perfeita do seu devir, porque, queira ou não queira, mesmo de "cabeça para baixo e pernas para cima", até que assuma a verticalidade de Ser Integral que é esta imperturbável Escola da Vida de todos os dias, inevitavelmente, O HOMEM ESTÁ CONDENADO A SER DEUS!...

Todos temos obrigações para com todos os seres vivos, particularmente para com os animais como a espécie mais próxima de nós. Podemos servir-nos deles, porém, o serviço que nos prestam deve ser retribuído com atenção, carinho, amor e proteção, e não com crueldades francamente desumanas. Um animal doméstico que conviva conosco recebe profunda e diretamente as nossas influências (boas ou más), que podem encaminhá-lo para o bem ou para o mal, isto é, podem fazer com que engendre um *karma* ou *consequência* futura boa ou má. Por exemplo, um cão vindo para a nossa companhia, se o treinarmos na obrigação de caçar outros animais e até pessoas para nosso gáudio, certamente estamos fazendo com que gere um futuro *mau karma*, e com isso, por consequência, criamos um *mau karma* para nós mesmos. Se, pelo contrário, fazemos dele um amigo nosso, o instruirmos pelo lado do amor e da docilidade, ajudamos a sua (e nossa) própria evolução, criamos por meio dele um *bom karma* e fazemo-lo contrair *bom karma* ante os seus semelhantes do Reino afim, construindo assim um mundo melhor.

O que atua muito na *individualização* de um animal é, sem dúvida, a influência do ser humano. O impulso que leva um animal a individualizar-se pode ser de amor ou de ódio, antes, de sofrimento que ele manifestará como ódio às restantes espécies vivas. Assim, quando exercemos uma influência benéfica, amistosa e afetiva sobre o animal, ajudamos o seu crescimento natural, o seu desenvolvimento normal; é como um fruto que se deixa crescer naturalmente e só se colhe quando está maduro. Quando se colhe um fruto verde, a sua tendência será azedar e estragar-se. O mesmo se dá com o animal. Tanto podemos ajudá-lo a desenvolver-se normalmente como provocar a sua individualização prematura de maneira violenta. Os animais submetidos a muito sofrimento são obrigados, por temor e pavor, a desenvolver o sentido do sacrifício intenso que os obrigará a uma indesejável individualização prematura. Resulta disso que, ao tomar ele uma forma humana, venha a ser, por más *samskaras* ou "impressões psicomentais" aglomeradas em virtude de um mau *karma*, um indivíduo desajustado, um marginal, um rancoroso, um vingativo desejoso de destruir os seus semelhantes. Isso ensina-nos que em nossas relações com os animais deve haver sempre um reto senso de justiça, de amor e de fraternidade, se realmente nos pretendemos superiores a eles.

O animal vê o humano rodeado de uma aura azul anilada, parecida com uma bruma suave, e percebe as suas reações para com ele pela mudança das cores vibratórias nessa aura astral. Um chamado terno ao bichano implica uma cor simpática rosa pálida; um aviso hostil faz exibir no corpo astral um antipático vermelho lívido que irá afugentar aterrorizado o animal.

Fitava Nusha, a pequena gata preta que já era membra da família e parte integrante do Lar; bem tratada, vivendo à soleira do Templo, fitava-me com os seus olhos expressivos enquanto escrevia estas linhas.

Quando veio para a nossa companhia, todos quisemos batizá-la de "Princesa". Certa noite, decidi adentrar mentalmente o respectivo *embrião mental* da bichana. Entre os seus "rom-rons e suspiros" de satisfação, aflorou-me na mente o nome *Nusha*. A partir daí fui penetrando cada vez mais fundo na Alma Grupal do animal, e a imagem ou "clichê" astral que me sobreveio foi a seguinte: ela havia sido na encarnação anterior uma pantera andina (o famoso tipo "leão dos Andes") domesticada, animal de estimação vivendo no palácio da nobre

Nhusta ou "Princesa" de uma das últimas linhagens Incas, posteriormente identificada pelos povos autóctones do Peru, sob domínio católico, à própria Virgem Maria.

Habituada aos prazeres da vida palaciana, a ex-leoa Nusha foi até há pouco uma gata prazenteira, decerto na última encarnação no Reino Animal, como denunciavam os seus hábitos e o olhar expressivo como que fitando já a entrada no Mundo Humano. Daí o *Buda Animal* ter permitido o seu último estágio em um ambiente teúrgico, teosófico e mental que, por certo, a irá tornar na Cadeia futura (quando o Animal de hoje se tornará o Homem de amanhã) um homem refinado, sensível e, possivelmente, acabando por encontrar-se como filósofo ou sacerdote. Maneira de dizer, porque certamente a Vida Humana será absolutamente diferente, inimaginável, na futura Cadeia de como hoje a conhecemos; ademais, de acordo com a Lei da Evolução, o Reino Humano do Futuro será muitíssimo mais evoluído que o atual, tal como o Animal da Cadeia Terrestre é incomensuravelmente mais evoluído que o da Cadeia Lunar.

A gatinha morreu nos meus braços, meio cega, aconchegando-se ao meu peito como querendo um último refúgio ou alento protetor, e após, com o natural desgosto da partida da gata amiga e companheira de largos anos, fui enterrá-la em um esconso discreto da Serra de Sintra.

O que se faz para acelerar a evolução do animal que já foi doméstico? Geralmente é colocado de novo em contato direto e íntimo com o ser humano, cuja influência acelera, apressa o desenvolvimento dessa alma ainda na forma animal, até galgar a etapa em que se individualiza e se transfere ao Reino Humano. Passar para este não significa – mormente na época atual – que na próxima encarnação, passados anos ou séculos, tome uma forma humana; não, ela vai para o *Plano Mental* (o *Devakan* hindu como o mesmo *Bardo* tibetano) e aí aguarda a próxima Cadeia Planetária, e só então encarnará pela primeira vez na forma humana.

Como já disse, no Reino Animal (como nos Reinos anteriores a ele) cada forma não representa uma alma, mas a evolução das *Mônadas animais* por meio da *Alma Grupal* de animais da mesma espécie.

Em uma Alma Grupal em evolução existe certa quantidade de Mônadas que encarnam em diferentes lugares. Umas podem encarnar na África; outras, na Ásia; outras, na Europa; outras, nas Américas e todas pertencendo ao mesmo Grupo. A Alma Grupal recebe as experiências que essas Mônadas, ou melhor, que esses animais estão colhendo nos diferentes continentes e países. Um animal que esteja na África tropical evidentemente não colhe experiências iguais às do animal que esteja no Ártico, na zona glacial; as experiências são completamente diferentes. Também não colhem a mesma experiência do animal que esteja no Japão. Isso significa que onde quer que estejam, os animais pertencentes à mesma Alma Grupal estão colhendo experiências diferentes. À medida que eles vão morrendo, as suas experiências são acumuladas na sua Alma Grupal, isso vai se repetindo uma infinidade de vezes, e nessa etapa a evolução é muito lenta. Assim, à medida que os animais nascem, vivem e morrem, trazem ou levam sempre a bagagem de experiências acumuladas na sua Alma Grupal. É essa a causa de se verem animais mais ou menos inteligentes, mais ou menos dóceis.

No seu livro *Compêndio de Teosofia*, Charles Leadbeater usou de um exemplo muito feliz ao comparar a Alma Grupal a um balde com água. Diz ele: "Se nesse balde colocarmos uma certa quantidade de água, ali ela terá o seu tipo, a sua única cor e o seu único sabor, porém, se desse balde tirarmos cem copos de água, estes representariam, neste exemplo, cem animais. Se em cada copo puséssemos uma matéria corante ou certos elementos químicos, dando àquelas diferentes águas outras qualidades diferentes, quando despejássemos todos esses copos no balde evidentemente aquela água não seria a mesma de antes, pois estaria muito modificada. A água modificada representa as experiências colhidas pelos diferentes animais".

Vem depois uma segunda encarnação da Alma Grupal, isto é, "pegamos os mesmos cem copos, enchemo-los de água e colocamo-los em pontos diferentes, fazendo outras combinações químicas e despejando os copos no mesmo balde. A água daí resultante ficará ainda mais modificada, e as modificações irão operando-se sucessivamente. É o que, analogamente, acontece a uma Alma Grupal. À medida que os animais vão acumulando experiências, a sua Alma Grupal vai se bipartindo, fragmentando, e assim uma Alma Grupal pode dividir-se em duas Almas Grupais de Mônadas com experiências específicas. Se na primeira Alma Grupal houvesse cem Mônadas e ela se bisseccionasse, haveria 50 Mônadas em *duas as Alma Grupais*, cada qual colhendo experiências de um tipo diferente. Depois, se essas duas se bisseccionassem novamente, teríamos quatro Almas Grupais cada qual com 25 Mônadas. E assim sempre fracionando-se até chegar ao ponto de *animal doméstico*, em que este tem uma alma só, porém, ainda ligada à Alma Grupal, a qual continua recolhendo as suas experiências".

O Karma presidente à evolução dos quatro Reinos é essencialmente o mesmo, no sentido de que todos trazem débitos do Passado que tanto podem ser de sofrimento como de felicidade.

Por isso, em uma mesma Alma Grupal, um cão pode ser um vadio sem eira nem beira, cuja vida faz jus ao seu nome animal, e um outro ser um mimado rodeado de afagos. Ambos colhem experiências, um mais de sofrimento e outro mais de felicidade, e quando voltam à mesma Alma Grupal levam a sua respectiva contribuição.

A Lei é Justa, Perfeita e Sábia, e daí também devemos tirar lições para nós, humanos, principalmente em relação aos animais.

Os animais encarnam mas não reencarnam. A evolução progressiva de um canino, por exemplo, é: lobo, raposa e cão. Por sua natureza agressiva e carnívora, o lobo e a raposa matam e devoram os seus semelhantes mais fracos, por necessidade natural, e quando o excesso assassino inatural se impõe, o Karma vai impassivelmente registrando todos os seus atos. De sorte que, quando a raposa encarna como cão, este pode ser um vadio abandonado, pagando assim o seu karma, ao passo que outro, presumivelmente não tendo sido um lobo ou uma raposa de excessos assassinos, ou por ter resgatado nessa etapa as suas dívidas mais pesadas que o Karma da Alma Grupal lhe impôs, portanto não trazendo mau karma, viverá uma vida de afagos e mimos entre os humanos.

Cabe, pois, compreender que os animais também têm karma. O gato antes de o ser já havia sido leão, tigre e leopardo, sendo os seus débitos, então contraídos processados de maneira idêntica aos do cão: gato mimado ou gato vadio, residindo a decisão no seu karma em posse da Alma Grupal, dirigida pelo respectivo Buda Perfeito ou Realizado.

Há ainda grupos de espécimes animais que passam por fases transitórias ou de vivenciação de experiências anteriores não devidamente assimiladas. São grupos estéreis, não reproduzíveis, como é o caso da mula híbrida, que antes de o ser fora burro e agora recapitula essa fase antes de passar ao estado de cavalo.

Se o Reino Humano está sob a direção de ASTAROTH e o Animal, de KARUNA, o Angélico ou quinto Reino Espiritual é dirigido por ARDHA-NARISHA na pessoa de AKDORGE, já hoje o REI DO MUNDO (*Melkitsedek* ou *Chakravarti*), por ser o mais próximo da Divindade ou LOGOS PLANETÁRIO, sendo como que a Personalidade para a Individualidade.

Todos os Reinos da Natureza estão repartidos em sete Tipos ou Classes animadas por sete Fluxos Vitais ou Raios de Vida emanados do Logos Planetário, que diferenciam e dirigem essas sete Classes evoluintes, do Mineral ao Arqueu, conferindo o seu tom e colorido à Vida em desenvolvimento. Se um animal pertence atualmente ao quinto Raio, isso significa que anteriormente, nos Reinos Vegetal e Mineral, ele também pertenceu a esse Raio e por ele colheu as experiências inerentes à sua Classe, vindo possivelmente a ser um homem de quinto Raio quando penetrar o Reino Humano.

Como todas essas Linhas de Evolução atravessaram os vários Reinos da Natureza, cada uma delas culminou o seu trajeto, Reino a Reino, em um tipo inexcedivelmente perfeito da sua categoria. Como resultado, existem pedras preciosas, plantas e animais "encabeçando" a sua respectiva Espécie, permutando com os seres humanos do seu Raio uma benéfica influência magnética. Um diamante nunca brilhará tanto como no diadema de um chefe, o rubi em um religioso, a safira em um instrutor. Um cavalo a ninguém obedecerá com maior submissão do que a um velho médico, ungido dos conhecimentos das leis da Natureza. Se o dono de um cão for um devoto sincero de sua causa, não importa qual, o animal terá encontrado o seu deus; um gato encontrá-lo-á em um diplomata, rodeado de conforto e etiqueta.

Em resumo, a tabela seguinte predispõe a ligação simpática ou afim dos sete Raios de Luz Divina aos tipos principais dos quatro Reinos da Natureza:

A) DOMINGO – SOL – OURO – SÂNDALO – SIRIEMA – ALQUIMIA
B) segunda-feira – LUA – PRATA – JASMIM – CÃO – ARTE
C) TERÇA-FEIRA – MARTE – FERRO – VERBENA – GALO – POLÍTICA
D) QUARTA-FEIRA – MERCÚRIO – AZOUGUE – CRAVO – CERVO – MECÂNICA
E) QUINTA-FEIRA – JÚPITER – ESTANHO – AÇAFRÃO – RAPOSA – LITERATURA
F) SEXTA-FEIRA – Vênus – COBRE – MIRRA – JAGUAR – FILOSOFIA
G) SÁBADO – SATURNO – CHUMBO – ALECRIM – ANTA – TEURGIA
t)
1º RAIO PLANETÁRIO (LARANJA) – CARBÚNCULO – GIRASSOL – LEÃO – SABER
2º RAIO PLANETÁRIO (VIOLETA) – AMETISTA – BONINA – GATO – BELEZA
3º RAIO PLANETÁRIO (VERMELHO) – RUBI – ESTORAQUE – LOBO – BONDADE

4º RAIO PLANETÁRIO (AMARELO) – TOPÁZIO – GARDÊNIA – MACACO – PUREZA
5º RAIO PLANETÁRIO (PÚRPURA) – RUBINA – MAÇÃ – ELEFANTE – RIQUEZA
6º RAIO PLANETÁRIO (AZUL) – SAFIRA – ALFAZEMA – TOURO – VENTURA
7º RAIO PLANETÁRIO (VERDE) – ESMERALDA – ALECRIM – CABRA – SUBLIMAÇÃO

Posto tudo quanto se deve dizer, resta terminar reiterando o pedido insistente de que os nossos irmãos menores, os animais e demais Reinos sub-humanos, merecem o nosso inteiro RESPEITO, AMOR e COMPREENSÃO. Pois que fique bem gravado que o homem só será realmente Homem quando essas Vagas de Vida alcançarem a individualização consciencial por meio do seu apoio direto, pelo entendimento real de que o Deus que palpita nele é o mesmo que pulsa em toda a Natureza, ficando assim demonstrado que a Sua Criação é bem maior do que pressupõem os limitados sentidos físicos! Amar e defender os seus irmãos menores, só se nutrindo deles nos limites da lei natural da necessidade, não os fazendo sofrer desnecessariamente, é quanto a condição humana necessita para poder alcançar esse estado ideal de FRATERNIDADE UNIVERSAL entre tudo e todos, e para que, finalmente, o Reino de Deus seja restaurado sobre a Terra.

OBRAS CONSULTADAS

Laurentus. *Ocultismo e Teosofia*. Rio de Janeiro: Edição Sociedade Teosófica Brasileira, 1966.

Roberto Lucíola. "Mônadas". Caderno Fiat Lux, nº 4, São Lourenço, Minas Gerais, ago. 1995.

Félix Bermudes. *O Homem condenado a ser Deus*. Lisboa: Livraria Bertrand, 1952.

C. W. Leadbeater. *Compêndio de Teosofia*. São Paulo: Editora Pensamento, s/d.

Geoffrey Hodson, *A Fraternidade de Anjos e de Homens*. São Paulo: Editora Pensamento, s/d.

____. *O Reino dos Deuses*. São Paulo: Editora Pensamento, S/d.

Capítulo VII
A Vida Após a Vida

Sintra, maio de 2008

INTROITO

Este mês de Maio, que é das Maias ou Mães, em pleno 2008, teve a marcá-lo a recente passagem à Imortalidade de uma Venerável Irmã desta Obra Divina em Portugal, a qual estava sob a égide do Dhyani-Budha BENTO (José Brasil de Souza), precisamente o que expressa o Raio Espiritual da LUA. Quis a Lei que a saudosa Irmã partisse à uma hora lunar em um dia solar, ou seja, domingo, consequentemente, luni solar a caminho, certamente, da sua integração futura no quinto Sistema de Evolução Universal caracterizado como a Idade dos Andróginos (SOL E LUA, Masculino e Feminino inteiramente equilibrados entre si na criatura dessa mesma Idade).

A aparição ininterrupta de Anjos em meus sonhos, agitando meus sonos, era já um sinal claro e fatal da passagem próxima dessa nossa Irmã. Visitei-a no hospital, preparei-a para o momento próximo da desencarnação e dei-lhe a *Bênção da Vida*. Logo após a sua morte física, de imediato procedeu-se no Templo o *Ritual de Encaminhamento* da Alma imortal da mesma, avisando os familiares antes e após o cumprimento da Cerimônia, o que uma sua irmã carnal, bastante chegada a ela, agradeceu muito naturalmente comovida.

Esse acontecimento que é, a par do Berço (VIDA – MANU), o destino mais certo de todas as criaturas viventes, ou seja, o Túmulo (MORTE – YAMA), impeliu-me a escrever este estudo sobre a Vida após a Vida que, em boa verdade, julgo ser de necessidade premente a tudo e a todos por tratar do maior dos mistérios: a Imortalidade após a Morte, seguida da Ressurreição e, finalmente, da nova Encarnação.

MORTE

Como o que encarna objetivamente é o quaternário inferior (mental concreto, emocional, psíquico ou astral, duplo etérico ou vital, físico denso ou somático), ao qual se encadeia a respectiva Mônada na subjetividade do seu Plano, logo, esses quatro veículos humanos estão sujeitos ao fenômeno da morte. Morto o corpo físico, seguido da decomposição do duplo etérico, fica o homem, isto é, a consciência humana, habitando o corpo astral por um tempo mais ou menos largo, e após, abandona-o penetrando a Vida Mental, a qual também haverá de findar e suceder o mergulho da consciência humana em um novo estado de beatitude espiritual, antes de nova encarnação.

Há algumas falsas concepções que convém abordar desde já, para destruí-las quanto antes. Uma delas refere-se à suposição de que, no momento da morte, a separação do homem do seu corpo físico possa causar sofrimento. O testemunho das pessoas que assistem ao passamento, principalmente médicos e enfermeiros, é unânime em afirmar que quase todos os moribundos expiram placidamente, mesmo os acometidos de doenças longas e dolorosas, o que não é contradito pelo chamado "estertor mortal" ou "cirro da morte", mais ou menos agitado, que sucede segundos antes, pois que se trata do corpo deixar de respirar (ou seja, o escoar definitivo de *PRANA* para acontecer de imediato a ação mortal, ceifadora de APANA), apagando-se a vida do corpo que termina o ciclo de animação. De fato, se a morte é fruto da imprestabilidade do corpo físico aos demais veículos e princípios, o ser, cujas sensações se expressam pelo seu corpo emocional, só pode sentir-se aliviado ao deixar o corpo tornado inútil.

Esse alívio extraordinário acompanhado de uma sensação indescritível de leveza, todos o sentem, tal como todos, uns mais e outros menos, é bem verdade, já têm desde dias antes da desencarnação uma visão nítida do mundo espiritual e dos seus habitantes, principalmente daqueles mais chegados (por antigos laços de parentesco, por exemplo) ao ente prestes a partir, como eles também já partiram. Com estes, apresentam-se igualmente os Auxiliares Espirituais que irão ajudar no processo da desencarnação. Tais Auxiliares serão de escala evolutiva imediatamente superior à do agonizante; e se este tiver sido pessoa de parca evolução, consequentemente, os seus Assistentes espirituais igualmente não serão de grande evolução, mesmo que superior à sua. Pelo contrário, o estudante de Sabedoria Divina, o Iniciado que desencarna, tem sempre a apoiá-lo Seres de tal excelsitude que não raros clarividentes os confundem com o próprio Cristo, se for no Ocidente, ou então com o Buda ou com Krishna, se for no Oriente, tal a sua beleza e glória espiritual.

Outro conceito falso diz respeito à crença de que a morte é a grande igualadora universal. Essa crença fere substancialmente a *Lei do karma* ou da "Causa e Efeito", que é uma Lei Universal, válida não somente para os indivíduos encarnados, mas também para todos os seres e coisas manifestados. A desigualdade aparente no Mundo Físico, como todos a vemos, persiste no Mundo Astral e mesmo no Mental Concreto, principalmente naquele após a morte, e engana-se gravemente quem pensa que em se tirando a vida física dirimem-se os seus sofrimentos; quando muito, consegue-se modificar a natureza deles.

Outra ideia falsa é pensar que a morte conduz indistintamente a consciência de todos a uma espécie de permanente sono calmo e sem sonhos ou com sonhos agradáveis. Não, o que se semeou em vida física e ficou impresso na memória mental, que sobrevive à morte cerebral, é que irá determinar a sua vida extrafísica como um paraíso ou um inferno, rodeado por todas as imagens e pensamentos que criou, atraindo assim a beleza ou a fealdade de consciências afins. Já o disse no passado: "Faz de tua vida um céu para não vires a sofrer na morte as penas do teu inferno"...

A aparência do homem em seu corpo astral, que é o veículo bioplástico das imagens e o mais imediato, logo, o que mais impressiona ou imprime a forma a que se acostumara por ser a que tivera na vida orgânica, quase nada difere da que aparentava o seu corpo físico. A maior diferença, inculcada pela sensação de leveza e liberdade *postmortem*, faz-se sentir no aspecto da idade, pois por norma – excetuando aqueles ferreamente agarrados à vida que findou, ficando assim enfeiados e envelhecidos, quando não mantendo a aparência dos seus últimos dias terrenos – a aparência que toma o corpo astral é a de ser um tanto mais jovem, a qual vai tomando o seu corpo fluídico à medida que se desprende do envoltório carnal.

O momento da morte, por mais rápido que ela ocorra, não é instantâneo, pois há sempre um estado intermediário entre a vida e a morte, à semelhança daqueles breves instantes em que se passa do estado de vigília ao de sono; é como o apagar de um bico de gás em que, antes da completa extinção, a chama vai decrescendo...

Esse momento de transição mais que importante é crucial para o futuro espiritual do ser em trânsito. Nesses breves instantes, mesmo que a morte seja rápida, o homem vê passar diante da sua consciência, com muitíssima maior nitidez que um filme de cinema, o panorama total da sua vida recém-concluída, até os mínimos detalhes. Os acontecimentos apresentam-se em ordem inversa, recuando desde esse momento derradeiro até a infância, assistindo ele a esse desenrolar dos fatos como um observador imparcial e, nessa contemplação, analisa a série infinita de causas que o fizeram agir, sentir e pensar, desde o nascimento até a morte, e dessa *retrospecção* deduz a natureza da vida que terá na futura encarnação. Tudo isso se passa nos breves instantes em que a chama da vida física vai se apagando. Tenha-se em mente que o fator Tempo como o conhecemos no Plano em que vivemos, não é idêntico ao dos demais Planos da Natureza: um segundo no Mundo Físico equivale a um minuto ou a uma hora no Astral, tal como um minuto ou uma hora parecem um ano ou um século no Mental. Assim, quem não terá, em poucos segundos de sono, sonhado o desenrolar de acontecimentos que, nesse estado, lhe pareceram durar várias horas ou muito mais?

As conclusões que o homem tira de tudo o que acabou de ver nesses derradeiros instantes é como se fosse uma visão do seu futuro, porque ela é verdadeiramente imparcial. Nesse estado, o ser penetra no domínio completo das causas que gerou durante a vida: é o mundo dos mortos, o reino de YAMA, o mundo dos efeitos. Antes que se corte definitivamente o laço ou elo vital (o chamado "cordão prateado" ou o que liga os corpos mental e astral ao físico por intermédio do etérico, sendo que o "cordão d'ouro" ou *Sutratmã* é o que une os três aspectos da Mônada Imortal ou o Homem Verdadeiro) que o liga ao Mundo Físico, pode, por um supremo esforço de vontade, imprimir ao seu pensamento uma energia suficiente para determinar, desde esse momento, as condições em que virá a reencarnar. Eis a importância crucial do último pensamento do moribundo, pois nele reside o seu bom ou mau futuro espiritual. Sempre aconselhei ao ente prestes a entrar em trânsito a visualizar aquilo que tenha como sendo o mais belo e grandioso na sua concepção pessoal: o Cristo, o Buda, o Mestre JHS, um Anjo de Glória, um Templo luminoso, uma Paisagem maravilhosa, a Flor-de-Lis, a Rosacruz, etc., isso sempre de acordo com a natureza do implicado, e sempre com a firme certeza de que a seguir Deus virá operar o Milagre da Ressurreição pelo indiscutível apoio imediato dos seus Santos e Sábios Emissários.

Por tudo isso, é de importância capital para o discípulo que visa preparar nesta vida as suas condições futuras (para isso, mister se faz a convicção absoluta na doutrina do Karma, não de maneira cega, mas esclarecida) organizar para si um ideal superior de ser, meditar constantemente sobre ele e vivê-lo o melhor que souber e puder, ou seja, capacitando-se a possuir as mais nobres qualidades morais e espirituais de sabedoria, bondade, tolerância, sacrifício, justiça, etc., para que, na hora fugaz da sua morte, possa o seu pensamento evocar esse ideal, modelando assim as condições favoráveis à sua futura encarnação.

Sendo de importância crucial esse momento de retrospecção em seu trânsito para a vida espiritual, necessitando o moribundo de toda a atenção e sossego para concentrar-se nos fenômenos que então se processam em si e em seu torno, torna-se evidente que um ambiente exterior sossegado, ausente de agitações emocionais, redundará em benefício enorme para ele. As vibrações intensas dos choros e lamentações dos entes que o cercam só podem prejudicá-lo, afetando imensamente o seu desprendimento corpóreo, principalmente se ainda for jovem, cujos laços físicos rompidos são muito mais intensos que os de um idoso.

É, assim, prova de elevado nível de cultura espiritual quando a família do morto sabe conservar a devida calma diante do evento dessa natureza, pelo que as religiões, os médicos e os enfermeiros deveriam ter uma cultura maior nesta questão da morte do que aparentam ter, para efetivamente intervirem com toda a eficácia tanto junto do que parte como dos entes queridos que ficam.

O costume de contratar "mulheres chorosas" ou "carpideiras" para assistir ao último suspiro do moribundo e ao seu enterro, cada uma caprichando mais que a outra no fingimento de manifestações sofríveis por quem nunca conheceram, é dos piores e mais desrespeitosos atos que se pode fazer por atingir dolorosamente a alma que parte...

Não se deve comparar o momento da morte com o Dia do Juízo, embora o morto passe naqueles instantes por uma provação, que é justamente a de rememorar todos os seus atos. Talvez seja um pequeno juízo, porque o Grande Dia do Juízo Final diz respeito a um certo momento da evolução da alma através da cadeia de mundos. Mas o que não se pode negar é o acerto das religiões, mesmo que débil em termos de cultura teosófica, em dar assistência moral ao moribundo, ajudando-o nesse instante crucial com palavras e preces elevadas.

No caso da nossa Venerável Irmã volvida ao Mundo dos Deuses, ela desfechou essa sua vida terrena repetindo aquela frase da YOGA AKBEL ou do MUNINDRA que tanto gostava de fazer: – *Eu sou uma Munindra! Onde está a Munindra, está AKBEL!*

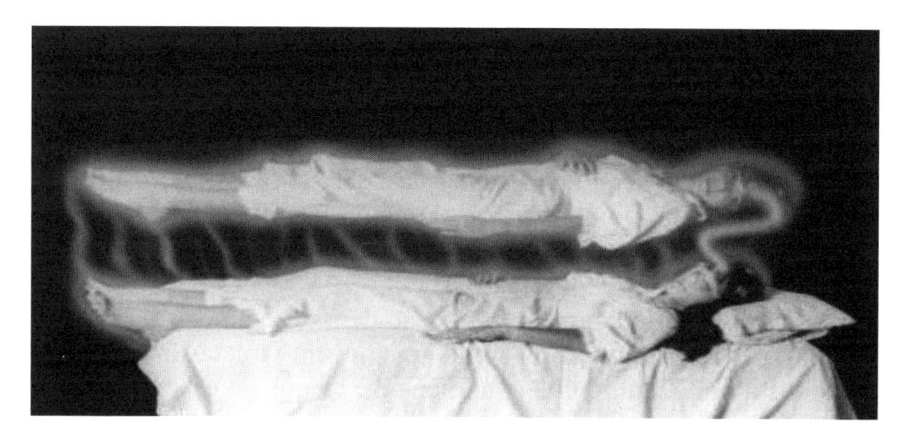

A morte do corpo físico

Terminada essa fase de retrospecção, o homem entra em um estado semiconsciente que corresponde à sua transição através do corpo etérico que deixa para trás ao mesmo tempo em que o cordão da alma recua consigo até o chakra umbilical do corpo astral, terminando assim a vida física e tornando-se o *PRANA*, "vida", a APANA, "não vida". Com a saída da alma do corpo físico e deixando para trás o corpo etérico, este fica ligado àquele, por ser o seu verdadeiro molde físico, mas já não o interpenetra, simplesmente fica flutuando sobre o cadáver, desagregando-se sincronicamente do veículo físico. Por isso o cemitério apresenta o desagradável espetáculo dos corpos em decomposição, com os seus moldes etéricos flutuando sobre eles como farrapos.

Isso leva à questão higiênica da cremação dos corpos advogada por muitos, principalmente no Oriente. Contudo, considerando que o processo de retrospecção e trânsito varia de alma para alma consoante a evolução alcançada, logo, sendo mais ou menos rápida a integração nos corpos superiores, deve-se ter muito cuidado em não queimar ou embalsamar o corpo antes de passarem, no mínimo, três dias depois da morte. Há aqueles que fazem a retrospecção e depois mantêm-se aferrados à vida que terminou, permanecendo assim no corpo etérico, e por repercussão acabarão sentindo os efeitos cirúrgicos de qualquer exame médico *post mortem* ou ferimento provocado no corpo físico inerte. De maneira que, não é demais repetir, é aconselhável deixar passar três dias antes de se proceder a qualquer cremação, embalsamamento e até enterramento, como também a alguma autópsia; além de que pode acontecer o fenômeno, não raro, de um estado cataléptico, com parada cardíaca temporária, ser confundido com morte orgânica.

Muitos que passaram pelo fenômeno cataléptico da "morte temporária" dizem que nesse estado "penetraram em um túnel luminoso, ao fundo do qual havia gente ou paisagem, ou ambas as coisas". Isso é fácil de explicar: trata-se da abertura da visão suprafísica pela dilatação do chakra frontal, sem a ingerência das sensações físicas, dando-lhe assim o primeiro vislumbre do panorama do Plano imediato, o Astral. Quem, acaso, antes de adormecer, nunca apercebeu um foco ou uma esfera luminosa na região frontal?

Separado definitivamente do corpo denso, como disse, em geral o duplo etérico fica flutuando como uma nuvem violeta sobre o cadáver, constituindo aquilo que geralmente se chama de espectro. Então a consciência penetra em um estado de sono, que perdura até se desprender completamente do mesmo duplo etérico, que vai de minutos a horas até dias e mesmo semanas, dependendo esse prazo da evolução consciencial alcançada pelo falecido. Para todos os efeitos, deve-se respeitar os três dias já assinalados, pois que desses em diante as condições para a execução das exéquias fúnebres entram em fase de degradação em qualquer sentido, e se acaso a alma permanecer ligada ao corpo morto através do duplo etérico em desagregação, então é sinal claro da sua parca evolução e farto karma, e tal será o seu castigo.

Mas não foi castigo, antes glorificação, a entrada no Mundo Espiritual da nossa Venerável Irmã, ladeada por dois Anjos protetores por sobre o Altar ao som das trombetas do Hino *Exaltação ao Graal*, em sua veste de luz, nela parecendo cor de pérola, dando entrada apoteótica no Reino de YAMA, o Mundo dos Deuses ou das Almas Salvas – o DUAT.

RESSURREIÇÃO

O despertar *post mortem* acontece com mais ou menos rapidez, mas sempre com a maior das naturalidades, como quem esteve dormindo um bom sono e agora desperta para um novo dia, para uma nova vida. Excluindo apenas o corpo físico, o homem vê-se exatamente o mesmo de antes de morrer: a mesma inteligência, o mesmo caráter, as mesmas virtudes e os mesmos vícios continuarão a dominá-lo após a desencarnação. As condições em que se acha após a morte são as que ele mesmo criou com os seus pensamentos e desejos ao longo da vida corpórea.

Não há, para o homem que morre, nenhuma recompensa ou punição vinda do exterior. O que há é simplesmente o resultado daquilo que fez, disse, sentiu e pensou quando vivia no Mundo Físico. No Mundo Astral ele simplesmente colhe os frutos do que semeou na vida física, o que o dotará de consciência liberta e feliz ou, então, de consciência pesada e infeliz, remoendo a culpa do que fez e não devia ter feito e... não mais pode remediar. Eis aqui a razão oculta dos dogmas de inferno, purgatório e céu das religiões, e também da importância que têm junto das massas populares para as informar e formar, de acordo com as mentalidades afins, sobre a necessidade permanente de cultivar uma conduta humana digna para não sofrer as consequências dos seus próprios atos *post mortem*. Mais uma vez, a *Teosofia* mostra-se imprescindível na formação espiritual dos religiosos, para que entendam melhor as suas doutrinas e mais perfeitamente as apliquem junto dos seguidores, assim se portando como verdadeiros popes, padres ou pais espirituais encaminhando na vida e na morte os seus filhos.

De maneira que a primeira fase *post mortem* não apresenta ao homem nenhum aspecto novo e estranho, mas a mera continuação, em condições mais ou menos diferentes segundo a sua apercepção das mesmas, da vida que levou no Mundo Físico. Prova a veracidade dessa afirmação o fato de inúmeros recém-chegados ao Plano Astral após a sua morte não terem consciência de haver morrido, nem mesmo sem compreenderem o que lhes acaba de acontecer; geralmente não são capazes de perceber em quê o Mundo Astral difere do Mundo Físico. Nesses casos, essas pessoas contrapõem de imediato o fato de estarem conscientes (*o penso; logo, existo*, de Descartes), pensarem, sentirem e se moverem como uma prova absoluta de não terem morrido, independentemente do fato de durante a sua vida física terem ou não acreditado na imortalidade da alma.

Assim, à primeira vista, quem entra no Mundo Astral pouca diferença nota do Mundo do qual acaba de sair. Sabe-se que cada partícula de matéria astral é atraída por outra de matéria física correspondente. Portanto, se se imaginar o Mundo Físico totalmente suprimido, ficará a reprodução exata do mesmo em matéria astral. O homem que aí chega verá da mesma forma os objetos, muros, móveis, pessoas, etc., a que estava habituado, bem delineados nessa mesma matéria. É verdade que se examinar com atenção os objetos, verificará que as suas partículas se acham em movimento, quando no Plano Físico esse movimento é imperceptível. Verá, também, tudo envolto em uma ligeira luz difusa, como se tudo estivesse mergulhado em leve neblina, correspondendo ao éter astral disperso no espaço ambiente. Mas como a maioria não tem o hábito de analisar as coisas atentamente, o que acaba de morrer não aperceberá de imediato essa mudança. É por isso que muitos não acreditam ter morrido.

Mas pouco a pouco o homem compreende que alguma coisa nova aconteceu. Verifica primeiro que, apesar de ver os seus amigos no Plano Físico, não consegue comunicar-se com eles, debalde todos os seus esforços. Às vezes fala-lhes, e eles parecem não o ouvir. Experimenta tocá-los, e eles parecem não o sentir. Algumas vezes acredita estar sonhando, pois lhe é possível comunicar-se com os seus amigos quando eles estão dormindo. Assim, gradualmente começa a compreender as diferenças entre a sua vida atual e a física anterior. Uma das primeiras descobertas que mais o impressionam e maravilham é constatar ter desaparecido completamente de si toda a dor e toda a fadiga de caráter físico. Percebe, depois, que os seus pensamentos e desejos se exprimem em formas visíveis, tanto mais claras quanto mais se vai integrando nessa nova vida. Quem vive no corpo astral, depois da morte, é mais facilmente e mais profundamente influenciado pelos sentimentos dos seus amigos e inimigos do que quando se achava no Plano Físico. Isso deve-se a já não possuir o corpo denso que lhe atenuava as percepções e fazia dele um ser mais ativo e menos passivo ou receptivo. Além disso, não vendo os seus amigos e inimigos como habitualmente antes, senão os seus corpos emocionais, conhece os seus sentimentos e as suas emoções pela visão direta desses mesmos corpos. Mesmo que geralmente não seja capaz de conhecer os detalhes das suas vidas físicas, contudo é muito consciente dos sentimentos desses amigos ou inimigos, tais como o amor ou o ódio, a simpatia ou a antipatia. Daí o bem ou o mal que essa visão lhe pode causar.

Habitualmente, depois da morte, o homem não vê a contraparte total dos objetos, mas apenas a porção que pertence ao subplano astral da sua afinidade ou simpatia aí onde se acha. Nesse caso, irá iniciar a aprendizagem de identificação dos objetos, experiência essa que ao início é vaga e indecisa por as antigas percepções físicas se sobreporem às da nova condição, perturbação temporária essa que certamente não afligirá quem estudou, durante a vida terrena, as condições bioplásticas da vida nos Planos sutis.

É assim que, a partir do subplano da sua simpatia ou afinidade, o homem inicia o desgaste da restante matéria astral dos subplanos imediatos até superá-los e dar início à sua segunda morte, que é a de deixar o corpo astral para se integrar no Mundo Mental, o mesmo Céu, Devakan, Bardo, etc., das escrituras e religiões tradicionais.

A sua assunção a esse e permanência nele, antes de nova encarnação, varia de indivíduo para indivíduo, de acordo com a sua anterior permanência no Astral e mérito de estar mais ou menos tempo no Mental.

Mercê das revelações e aplicações do Excelso AKBEL entre os homens na sua vida terrena, é sabido que a Humanidade comum, *Jiva*, após a morte, vai para os Planos cerceando o Globo Terrestre, e aí fica até nova encarnação, enquanto a Humanidade eleita, *Munindra*, já dotada do estado psicomental *Jina*, após a desencarnação, volve ao Mundo Interior do mesmo Globo, só havendo o ponto comum das Essências Espirituais ou Mônadas de ambas as classes estarem reservadas no *Laboratório do Espírito Santo*, que é *Shamballah*, aquelas mais adormecidas do que estas. A transfusão da condição *Jiva* à *Jina* é exclusivamente feita por meio das revelações e aplicações do mesmo Excelso AKBEL, assim mesmo estabelecendo um ponto de contato entre os Mundos exteriores e os interiores, como seja:

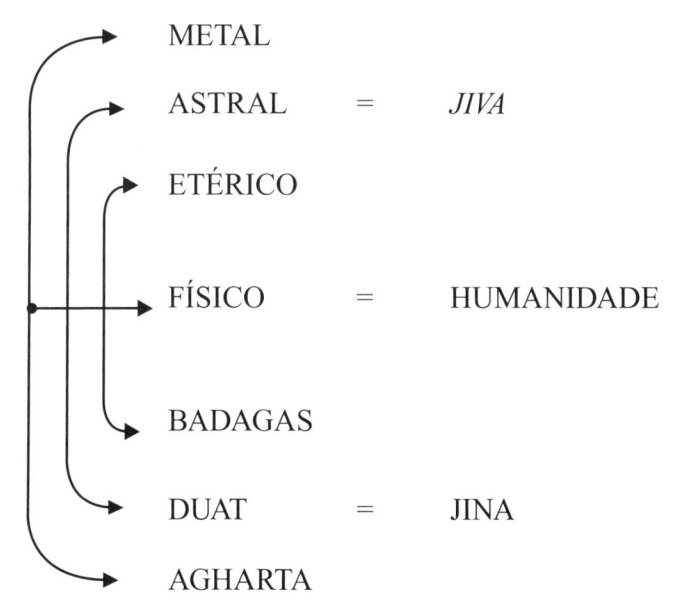

```
    ┌──► METAL

    ├──► ASTRAL      =      JIVA

    ├──► ETÉRICO

  ●─┼──► FÍSICO      =      HUMANIDADE

    ├──► BADAGAS

    ├──► DUAT        =      JINA

    └──► AGHARTA
```

Isso leva a concluir o seguinte: se bem que o fenômeno da morte física seja igual para todos, e a conquista da imortalidade, inclusive a física, tenha de passar pelo mesmo fenômeno, já a disposição psicomental de como se morre varia de pessoa para pessoa, determinando para onde se evolará a sua Alma: se para mais perto da Humanidade ou para mais perto de Deus, do Logos Eterno.

Se é para mais perto do Eterno Deus da Terra "em que todos existimos e temos o Ser", parafraseando São Paulo, então ao *Munindra* fica a assertiva salvífica de AKBEL relativa ao seu futuro imortal (in Carta-Revelação de 21 jun. 1941):

"De onde o Governo Espiritual do Mundo exigir, logo da entrada no Templo, ao neófito para mentalizar o Globo Azul com o Pax dourado em triângulo, para que do seu pensamento nasça uma forma para aumentar o brilho do *Deva da Obra, de há muito criado…* Sim, porque acompanhando todos os Mistérios desde os Céus, a verdade maior é que tal *Deva* é "a minha própria veste celeste", que aparece nas *horas trágicas*. E um dia sendo Um comigo e Ele… os três Mundos, acompanhando a evolução dos seres e quantos mistérios já são agora conhecidos da Obra, formarão o termo *Maitri*, ou seja, a *Idade de Ouro*.
Não julgue, pois, que tal Deva provém apenas desde a fundação da Sociedade Dhâranâ, em 1924. Nesta deu-se a sua projeção, como uma "deixa teatral", qual acontece de vida em vida. Não se deve ter maus pensamentos, porque concorre-se para engrossar as fileiras do Mal. Ao contrário, estou farto de dizer, os Adeptos não fazem senão criar formas-pensamento de Bem, por isso mesmo, Anjos ou Devas do ambiente terreno, que se juntando aos do Divino ou Além-Akasha, por sua vez, auxiliam na resistência e iluminação, cada vez maior, desse *Deva* ou *Egrégora*, que já provém desde que existe na Terra a Grande Hierarquia Oculta. E muito mais, desde o começo da Raça Ária até hoje. No dia em que Ele ficar totalmente igual no meio e embaixo, na razão do seu esplendor celeste, o mundo estará redimido. O mundo será igual aos outros dois, isto é, só haverá uma Unidade geral das coisas…
Não nos esqueçamos que a minha primeira esposa, Hercília, viu-o antes de morrer. E se tão distante ainda de estar completamente formado Ele era tão luminoso, tão resplandecente que ela quase desmaiou… que dizer daqui a mais alguns milênios? Não é Ele, ainda, quem abre as suas ASAS protetoras dentro do nosso Templo, Ele que me faz olhar embevecido para o teto da Matriz durante toda a sessão, contemplando a MINHA FORMA DIVINA… dizia, se regozija, recebe os influxos poderosos dos mantrans, das vibrações, do mental, enfim, de todos os que preenchem o vazio desse mesmo Templo? De onde eu fazer um estudo, há dois anos, sobre o valor dos mantrans, que na Índia desde o seio materno embala e defende a criança, a protege durante a vida e a conduz, depois da morte, aos Reinos ou Mundos Superiores."

Mesmo assim, aprofundando ainda mais o tema, sirvo-me aqui do que escrevi em carta privada endereçada à valorosa Munindra sanlourenceana que me interrogou sobre o assunto (15. ago. 2008):

"Adentro assim as questões que a Venerável Irmã teve a gentileza de me colocar, referente à condição *post mortem* do *Munindra* e o peso do seu karma determinando para que região irá a sua alma!...

Antes de tudo o mais, temos de colocar a premissa elementar, mas indispensável ao enquadramento de quanto se segue, isto é, se se trata de um MUNINDRA SIMBÓLICO ou de um MUNINDRA REAL.

Se é um *Munindra Simbólico*, detentor do título mercê exclusiva do seu acesso ao Grau Interno da nossa OBRA e nada mais, então, logicamente, não possui natureza ASSURA e sim JIVA, consequentemente, estando sujeito a todos os erros e quedas de qualquer ser humano em aprendizagem nesta grande Escola da Vida. O que o distingue dos seus semelhantes em Humanidade é tão só participar diretamente dos Mistérios Maiores da mesma Obra Divina, mesmo que acaso nada de nada perceba física, emocional e mentalmente deles. Acidentes vários ocorridos na estrutura social da Instituição desde há quatro ou cinco decênios, causados por interesses os mais imediatos e profanos, fizeram com que um Jiva normal, mesmo que possuído de "ensejos místicos" não apurados, adentrasse sem mais nem menos na preparação maior de uma Obra e Ordem de natureza absolutamente ASSURA, isto no sentido de participadora do MENTAL UNIVERSAL.

De maneira que quando esse *Munindra Simbólico* falece fisicamente, pode acontecer uma de duas coisas:

1ª – Se a sua natureza humana não se transformou espiritualmente, permanecendo mental e emocionalmente pouco mais ou menos igual ao que era quando adentrou o escrínio da Obra, então após a morte física seguirá o rumo destinado a toda a Humanidade: deixará o suporte etérico do corpo físico (parcela do Corpo Físico do Globo animado pelo Sol, com o consequente Corpo Etérico balizado pela Lua, como "círculo não se passa") e adentrará o Plano Astral (que é o Corpo Emocional da Terra, balizado por Marte) envolvente do Globo constituindo o seu ambiente psíquico (positivo e negativo, dependendo de cada qual e com qual dos polos se afinizará), e só depois de purgar as consequências dos seus atos no Mundo anterior, mercê do mecanismo da consciência remoendo-se (de onde o "remorso") no sentimento de autoculpabilização, adentrará o Plano Mental Concreto (da Terra, balizado por Saturno), onde permanecerá até soar o momento de nova encarnação.

Ou então:

2ª – Se foi um *Munindra Simbólico*, sim, mas sincero para consigo mesmo e o seu próximo, a começar pelos seus Irmãos de Grupo Esotérico expressão do Grupo Egoico, sempre trabalhando para se transformar de JIVA em JIVATMÃ e neste sentido ajudar na transformação geral do Grupo e de toda a Humanidade, acaba por assumir a natureza de um *Munindra Real* e seguir o mesmo curso que esse *post mortem*, graças aos seus próprios esforços os mais dignos e dignificantes da sua real natureza espiritual, divina mesmo.

"Respeitante ao *Munindra Real*, é muito natural que, ao longo da sua vida física cometa estes ou aqueles desmandos (quem não os comete?), mas que os saiba reconhecer após cometidos e logo após se esforce, em um ato de boa vontade ou disposição interior, por não mais os repetir. Seja como for, ficarão para sempre impressas nos seus registos akáshicos as impressões das suas boas e más ações, que irão alegrar ou afligir a sua consciência. Por norma, as impressões positivas são mais que as negativas, mercê da sua noção da Lei e vivência em consonância com a mesma.

Quando desencarna, após libertar-se do duplo etérico, passa algum tempo no Mundo de Badagas até reajustar a sua consciência à sua condição real e assim libertar-se do fardo kármico da última vida, ou seja, reajustar o mecanismo psicomental à nova condição, aos poucos apaziguando-se ante o "remorso" do que deveria ter feito bem e não fez... É uma condição absolutamente transitória, de duração muito limitada.

Badagas é o Submundo da Face da Terra, e se bem que a sua natureza seja física, contudo, não deixa de ser muito mais bioplástica, etérica, que o estado sólido propriamente dito. Badagas também é sólida, sem dúvida, mas predominando a condição etérica que, por seu lado, liga-se diretamente ao Astral do Globo que é o Duat. De maneira que esse Mundo é como que uma "Câmara de Reflexão" antes de penetrar o Átrio da Região dos Deuses, o mesmo Duat ou Amenti. Razão de se ver nesse Mundo Sedote seres físicos entremesclados com seres hiperfísicos, o que qualquer observador vindo da superfície regista com facilidade e sem necessidade de ser clarividente, pois que o ambiente etéreo-astral rarefeitíssimo daí propícia o fenômeno. Razão, também, de se observar nos Templos Sedotes 'materializações' ou manifestações – graças exclusivamente ao éter ambiente – com a maior das facilidades e naturalidades de Seres verdadeiramente Divinos provindos do mais profundo e espiritual do Globo. Aí temos a explicação da manifestação física dessa Hierarquia paralela à Humana, de natureza etérica, que é a dos Munis e Todes, para todos os efeitos pouco se afastando dos seus lugares privilegiados, como é o caso aí da Montanha Sagrada Moreb servindo de abóbada ou zimbório ao Templo do Mekatulam.

Após ter reajustado a sua consciência kármica à nova condição, o *Munindra Real* anseia ainda mais Luz e Paz e gradualmente vai dando entrada no Mundo de Duat, onde permanecerá até próximo da sua nova encarnação. Quando estiver nas proximidades de encarnar, liberta-se do seu corpo astral – que poderá ou não ficar aí como um "molde" de que o seu Mestre se servirá para comunicar com a sua Consciência encarnada; se não, dissolver-se-á lentamente no espaço ambiental do Duat, o que equivale, em termos simbólicos, a "queimar" o corpo astral – e vai para a Agharta onde reunirá a matéria mental necessária para criar novos corpos de manifestação, estando a sua Mônada em Shamballah integrada ao respectivo Manasaputra pelo qual criará um corpo mental concreto, depois o emocional, a seguir o vital e, ao poucos, vai tomando forma na Face da Terra que ficará concluída no momento do nascimento.

É assim que morre, ressuscita e nasce um *Munindra Real*. Pode até acontecer que no momento do nascimento, por sua natureza bioplástica, seja muito mais fácil substituir uma Mônada por outra por razões de Missão determinada pela Hierarquia Maior, e então tem-se o fenômeno das "crianças trocadas" à nascença, como foi o caso de Henrique em relação a Honorato, em 1883.

Quanto à sua outra questão, respeitante à doação de órgãos (inclusive sangue) de um corpo humano a outro, sem dúvida que em princípio se deve evitar, mas, sem dúvida também, que nem sempre se pode evitar. Não se podendo evitar, procure-se então os órgãos (inclusive sangue) mais compatíveis com a natureza do receptor, e o seu mecanismo psicomental agirá sobre os compostos estranhos ao seu organismo e poderá aceitar e integrar biologicamente os mesmos. O não se fazer essa seleção é que leva inúmeras vezes à rejeição dos órgãos doados por outra pessoa. Não nos esqueçamos que o corpo etérico tem uma capacidade enorme de assimilação graças à sua natureza bioplástica – capaz de, figuradamente, 'transformar chumbo em ouro' – e as 'samskaras ou 'impressões kármicas' não estão no duplo etérico e sim no'kama-manásico', o veículo psicomental (onde a parte superior do Astral se entresmescla com a parte inferior do Mental). De maneira que essa operação em si mesma é alheia ao karma pessoal da pessoa, não o aumenta nem diminui em princípio, só em consequência da aceitação ou rejeição dos órgãos novos (inclusive sangue), o que lhe poderá trazer bem-estar ou sofrimento, mas isto já tem a ver com o seu próprio carma e não que a operação lhe traga novo karma.

Quanto a pessoalmente decidir doar os seus órgãos físicos após deixar o seu corpo atual, a decisão cabe inteiramente a si. Se deixou para sempre o seu corpo físico e seguiu avante pelo Mistério da Eternidade, logo, deixou de ter qualquer relação com o mesmo, pelo que os órgãos eventualmente doados a outrem necessitado deles não irá afetar a si em coisa nenhuma. Já não tem nada a ver consigo... Quanto ao receptor, bem, aí o caso é diferente: se a pessoa que doou os seus órgãos foi uma espiritualista, cujos pensamentos e emoções positivas afetaram grave e beneficamente o corpo denso, quem for receber esses órgãos só pode beneficiar-se com isso, e nisso entra em ação a Lei do Karma, pois quem recebê-los será por determinismo cármico favorável a si mesmo. Mas, mais uma vez, o ou a doadora morta e bem morta para o mundo terreno, em nadíssima será afetada em sua estrutura interna, em sua alma. Fenômeno semelhante acontece na "segunda morte", quando a alma larga o corpo astral ou emocional para integrar o Plano Mental: se o cascão psíquico (astral) deixado para trás acaso for ocupado temporariamente por algum ser astralino (tipo elemental, por exemplo), em nadíssima isso afectará o Ser recentemente passado ao Mundo do Pensamento (Devakan, Bardo, Eliseu, Céu, etc.). Quando o desnecessário da nossa vida diária é assumido lixo e deitado fora, em princípio, obviamente esquecemo-lo após excluído e continuamos a rotina de nossa vida. O mesmo acontece com os órgãos físicos e os corpos extra físicos, depois da nossa Consciência já não necessitar deles. Quem afirmar o contrário, incorre em grande erro e prova cabal ignorância. Mas isso já não nos importa...

Essa teoria de certos espiritualistas restritiva à doação de órgãos (inclusive sangue) foi rebuscada aos conceitos anglicanos de Charles Leadbeater, que os transpôs aos seus novéis teosofistas, aqui muito semelhantes aos raciais judaicos ortodoxos assimilados pelo extremismo da seita 'Testemunhas de Jeová'. Mas nós nada temos a ver com isso e, sobretudo, devemos ter em mente sempre o seguinte: a Vida é o Mistério e para entendê-lo o discípulo deve manter constantemente uma mente muito 'elástica', sempre aberta a novos e mais amplos horizontes de existência. Nem tudo é o que parece e nem tudo que parece, é!..."

ENCARNAÇÃO

Quando chega o momento em que a Mônada, na sua marcha contínua para mais alto e mais profundo, deixa para trás o corpo emocional, da mesma forma como deixou o corpo físico por ocasião da morte, processa-se então o que se chama de *morte astral* ou *segunda morte*.

A retirada da Mônada ou Ego Espiritual vai progressivamente paralisando as funções do corpo astral, a começar pelas mais densas, que assim se desagregam à medida que a consciência se retira, por um esforço semiconsciente do mesmo Ego. É dessa maneira que o homem se liberta gradualmente desse veículo, até deixá-lo totalmente e ingressar no Mundo Mental, o chamado *Devakan*.

Durante a sua estadia no Plano Emocional, o Espírito purificou e assimilou tudo quanto havia de puro e assimilável nas emoções e sentimentos do corpo astral, de maneira que o que restará deste será um simples resíduo, um *cascão* de que a Tríade Superior se liberta facilmente, passando a vibrar em um nível imediatamente superior, onde também purificará e assimilará tudo quanto de puro e assimilável o homem pensou enquanto ser carnal.

Ao passar do Astral ao Mental pelo fenômeno da segunda morte, o homem não leva consigo as suas características emocionais, pois que a matéria astral não pode existir no Plano Mental, e a matéria deste não pode responder às emoções grosseiras das paixões e desejos inferiores. Tudo quanto no homem se exprimiu como inferior ou de baixo padrão vibratório, fica em estado latente no átomo-semente mental que, entretanto, já absorveu o átomo-semente astral, e assim fica durante toda a sua vida devakânica ou celeste. Dessa maneira, quando termina a vida astral, os elementos vitais retiram-se desse corpo, abandonando-o à desagregação enquanto o seu átomo-semente se aloja no Corpo Causal ou Mental Superior.

Nos casos da maioria dos homens comuns, uma parte da sua matéria mental acha-se de tal modo misturada com a matéria astral (o que se chama *kama-manas* ou *psicomental*) que se torna impossível separá-las de imediato. Daí decorre que uma porção da matéria mental fica no corpo emocional após a partida da Mônada, fato muito semelhante ao que ocorre na primeira morte.

No caso em que o homem, durante a sua vida, subjugou completamente os seus desejos inferiores e conseguiu libertar inteiramente o mental de todos eles, acontece que não terá nenhuma dificuldade em abandonar o corpo astral, levando consigo não só quanto trouxe para essa encarnação particular como o conjunto de todas as experiências, faculdades, etc., adquiridas.

Neste ponto, devo informar que quanto maior for a duração de uma alma no Plano Astral mais depressa ela acabará por esquecer a sua última vida terrena, da qual não se lembra absolutamente nada quando se transfere ao Plano Mental, e cuja memória, ou melhor, as impressões psicomentais dessa mesma vida ficam registadas no seu átomo-semente causal, sendo o que irá determinar as condições da sua reencarnação futura. Só os Grandes Adeptos e Iniciados conservam a memória das vidas passadas, mesmo quando encarnam, por manterem uma consciência ininterrupta dos vários níveis do Ser, fixando-a do Plano Búdhico ou Intuicional para "baixo".

Terminada a ação das causas que levaram o Ego Espiritual ao Plano Mental, completamente assimilados os frutos das experiências colhidas nos Planos inferiores, passado algum tempo, começa a surgir no Ser o desejo natural de se objetiivar nos Mundos das Formas. A esse desejo, que tanto para o indivíduo como para o Cosmos é a causa primária da reencarnação e da manifestação, os hindus dão o nome de *trishna*.

Ele nasce na maioria dos homens cujos laços kármicos os atrai ou encadeia ao Mundo das Formas, após a alma haver satisfeito as suas necessidades nos Planos Astral e Mental, indo invadi-la o pensamento intenso de que aí já cumpriu o seu propósito e começando a conjecturar a possibilidade de entrar em uma nova fase de existência. É quando o seu corpo mental começa a dissolver-se no espaço ambiental e o Ser inicia um estado de sonolência que, ao mesmo tempo, leva-o a recolher-se ao Mundo Mental Superior ou Causal, indo desprender-se de vez do veículo mental inferior, o que equivale a uma *terceira morte*. Então o Ego vai adormecendo cada vez mais sobre si mesmo.

Ante a proximidade desse novo estado de sonolência, a alma não experimenta qualquer sensação de dor ou incômodo, pelo contrário, invade-a uma espécie de satisfação e felicidade como se pressentisse algo que a irá renovar e realizar, pressentindo a proximidade de novas experiências que terá possibilidade de vivenciar em uma nova existência.

De forma que ao terminar o ciclo do *Devakan*, o Ego acha-se livre de toda a peia passada, mesmo que as ações praticadas na vida anterior não se achem aniquiladas, pois que o registro dessas impressões (*samskaras*) contém-se no seu átomo-semente mental. Se elas não existissem, a Lei não determinaria nova encarnação, pelo que se encontram em estado latente formando a raiz do seu destino. As sementes das tendências começam a germinar logo que o Ego se prepara para a próxima encarnação, despendendo de si, dos seus átomos-sementes, as matérias mental, astral e física para a criação de uma nova personalidade que o revestirá. É assim que a nova personalidade carrega consigo o fardo do passado.

As sementes provenientes da colheita do passado são chamadas de *skandhas*, "tendências". Logo que o Ego se apresenta no limiar dos Mundos Mental e Astral para uma nova encarnação, as *skandhas* fazem-se presentes para constituir o caráter dos novos veículos, ou seja, as qualidades materiais e as tendências psicomentais dessa nova personalidade. O Ego envolve-se primeiro de matéria do Mundo Mental, em seguida de matéria do Mundo Emocional, e terá assim os novos veículos dessa natureza onde reaparecerão os interesses, emoções e apetites das suas vidas passadas. Essa matéria psicomental é atraída para o Ego automaticamente, e tal natureza reproduzirá a que o homem possuía na sua última vida terrena. É assim que ele irá reiniciar a sua vida material no ponto justo em que a deixou na última vez.

De acordo com as suas necessidades e simpatias kármicas as quais ligam o passado ao futuro, ou sejam, as suas mesmas *samskaras*, o Ego naturalmente penetra na corrente que o conduz ao renascimento na família e ambiente adequados ao seu grau de evolução, mas que também lhe irão possibilitar as experiências necessárias à expiação dos dividendos passados. Isso explica porque em uma alma sem karma o interesse por novas experiências humanas inexiste, e assim o Ego não é acometido de qualquer sono pré-reencarnatório, antes procura a absorção cada vez maior na Divindade de quem Partícula ou Centelha um dia desprendida para se manifestar.

Em consequência desse encadeamento ao Mundo das Formas, o Ego vai submergindo-se em um sono profundo – que se torna completo no momento em que se liga inteiramente ao novo corpo físico, o que sucede quando é cortado o "cordão umbilical" – indo assim "morrer" para o Mundo Espiritual no seu "descenso" a caminho do Mundo Material, onde finalmente reencarna.

O Ego Espiritual não fica enclausurado dentro da forma física, antes se manifesta pela alma nessa mesma forma, e tal "clausura" equivale a estar com a sua consciência inteiramente focada no Mundo das Formas, completamente abstraído do Mundo Espiritual que o envolve.

O sono do Ego registara-se nos recém-nascidos, que continuam sonolentos durante a infância – por isso os bebês dormem muito nos primeiros tempos, de noite e de dia, sendo menos o tempo de vigília que o de sono, pelo fato de sua consciência ainda estar muito ligada aos mundos espirituais, onde passam a maior parte desse tempo – e aos poucos vão despertando para os fatores externos, à medida que se desenvolve a inteligência da criança.

Um último tópico: a irrequietude da maioria das crianças é uma forma de despenderem ou largarem as energias do passado, acompanhando as suas tendências psicomentais anteriores, assim ganhando novas energias e, por via dos novos interesses, novas tendências. Quando a criança é inibida do descanso regular e das brincadeiras irrequietas pelos adultos, está se forjando o seu futuro doentio, obeso ou esquálido, sempre centrípeto, o qual certamente ninguém lhe deve desejar. Nisso, o papel dos pais e educadores é fundamental: à medida que os interesses da criança se manifestam, é preciso irem lhe dando educação primorosa, preferencialmente de natureza espiritual em conformidade com as apetências e interesses da idade tenra, para que um dia sejam bons cidadãos, ótimos chefes de família e excelentes espiritualistas.

Assim se aprende a matar a morte e a saber que a Vida após a Vida prossegue sempre na eternidade do Ser, da Consciência cuja imortalidade cada vez mais se torna a peneira do Futuro neste Eterno Presente.

Tenho dito.

Bijam

OBRAS CONSULTADAS

Vários autores. *A Natureza Secreta do Homem (Estudo dos corpos astral e mental)*. São Paulo: Editora Arabutã, 1994.

Max Heindel. *Cosmogonia dos Rosacruzes ou Conceito Rosacruz do Cosmos*. Lisboa: Edições Alfaómega Portugal, 1981.

Ramacharaka. *A vida depois da morte*. São Paulo: Editora Pensamento, 1937.

C. W. Leadbeater. *O que há além da morte*. São Paulo: Editora Pensamento, 1979, s/d.

Arthur E. Powell. *O Duplo Etérico, O Corpo Astral, O Corpo Mental, O Corpo Causal e o Ego*. São Paulo: Editora Pensamento.

Capítulo VIII
O Túmulo de El Rike
(JHS)

Sintra – São Lourenço, Páscoa 2010

Na Biblioteca do Mundo de Duat está depositado um pequeno livro com cerca de 130 páginas, pouco ilustrado mas em forma de diálogo ilustrativo, escrito, salvo erro, por Mr. Thomas Vaughan, o Adepto Filaletus (1622-66). Na sua capa de fundo amarelo-claro, em que se veem duas colunas egípcias ladeando um túmulo encimado por uma ave parecida à íbis, lê-se o título *RITUAL DO FUNERAL DE SALOMÃO*, e o subtítulo, na primeira página, *EXÉQUIAS FÚNEBRES DO REI SALOMÃO*. Composto por 13 curtos capítulos, lê-se o seguinte na página 24 do capítulo 3, na sequência do cortejo fúnebre e deposição do féretro de Salomão no seu jazigo: "PROFUNDO É O TÚMULO DO REI SALOMÃO [SCHLOMÔ] ELEVADO PELOS ANJOS [MALACHIM] POR SOBRE O ALTO DE MORIAH. OS SANTOS [KADOSH] O CONTEMPLAM E GUARDAM CIENTES, NO SACRIFÍCIO PURO CANTAM LOUVORES [TEHILIM] PARA MEMÓRIA DA PROLE FUTURA".

Além do seu sentido iniciático, profundamente espiritual, o "túmulo profundo do rei Salomão" é igualmente alusão ao fundo do vale, autêntica bouça, onde jaz esse sepulcro em um templo subterrâneo na área geográfica de Jerusalém, localizado na zona do Monte MORIAH. Essa revelação inédita, até hoje completamente desconhecida do mundo inteiro, a começar pelo religioso e espiritualista, é feita inspirada na visão daquele outro Túmulo de JHS plantado no centro do cemitério de São Lourenço, Sul de Minas Gerais, Brasil, portanto, no GRANDE OCIDENTE.

Esse jazigo tumular do Venerável Mestre JHS, na sua última vida terrena portando o nome de HENRIQUE JOSÉ DE SOUZA (Salvador, 15/9/1883 – São Paulo, 9/9/1963), conhecido como o Adepto EL RIKE entre os seus Pares da Grande Loja Branca, compõe-se da seguinte forma: sobre os dois gavetões onde repousam os restos mortais do Professor Henrique e da sua esposa dona Helena Jefferson de Souza (Pontalete, 13/8/1906 – São Lourenço, 31/7/2000), estão as estátuas pétreas de dois Anjos, cada um com a destra armada de espada tributária, postados nos lados extremos do túmulo. Aos pés, de costas para aqueles, também nos lados extremos, erguem-se duas outras estátuas pétreas de Anjos reverentes com as destras espalmadas no peito. Ao centro ergue-se um obelisco pontiagudo tendo na frente uma lápide de metal onde se lê:

"A SOCIEDADE TEOSÓFICA BRASILEIRA mandou erigir este Monumento aos seus dois Dirigentes, o Professor HENRIQUE JOSÉ DE SOUZA e HELENA JEFFERSON DE SOUZA, sua esposa e companheira de Missão, assim como aos seus quatro herdeiros diretos. Tal homenagem é o fruto do muito que ambos fizeram por todos aqueles que fielmente os acompanharam em tão elevada Missão, do mesmo modo que por esta cidade, o mesmo fazendo pelo Brasil, pelo Mundo inteiro."

Na traseira do obelisco, dentro de um quadrado cavado no mesmo, inscreve-se em metal a configuração geométrica seguinte: um círculo envolvendo um triângulo dentro do qual se descreve outro círculo menor com um pequeno ponto ou esfera ao centro. O jazigo, no centro do cemitério, tem na dianteira o número 302. Em volta dele estão as sepulturas de grande número dos antigos membros da Sociedade Teosófica Brasileira que a nobilitaram em seu tempo por palavras e ações.

Na sua *Série Munindra*, Sebastião Vieira Vidal deixou escrito: "O Túmulo de JHS, cuja planta foi desenhada por Ele em vida, possui quatro Devas e um Obelisco no centro. Nesse Túmulo, em São Lourenço, há uma perfeita expressão do Segundo Trono, da constelação do Cruzeiro do Sul. O nosso caro Senhor determinou isso em vida, para demonstrar aos seus discípulos e ao mundo a existência, a vivência da REALEZA DO SEGUNDO TRONO NA TERRA".

Túmulo de Henrique José de Souza em São Lourenço (MG)

Na cidade mineira de São Lourenço há, pois, três Monumentos expressivos da OBRA DO ETERNO NA FACE DA TERRA: o *Templo de Maitreya*, o *Obelisco* defronte ao mesmo na Praça da Vitória, e o *Túmulo de JHS*. Além desses, há mais dois: a *Casa do Mekatulam*, no Bairro Carioca, em São Lourenço Velho, e a *Montanha Sagrada Moreb*, como foi consignada pelo próprio Professor Henrique José de Souza.

Falando de MOREB e também de ARARAT, entre os cananeus e hebreus havia a palavra *har* para denominar as elevações de terras, tal como se reconhece no orônimo *Araés* ou *Har-Heres*, que quer dizer "Monte do Sol" (*Juízes*, I, 35). Para designar o "Outeiro do Ocidente" ou "do Espírito Santo", os cananeus dispunham da expressão *Har-Abu* que os hebreus encurtaram na variante *Horeb*, de onde *Moreb*, também com a interpretação livre de "Montanha que Fala" para aquela *Ararat*, "Montanha que Ruge" ou "que vomita Fogo", também em interpretação livre, enquadrando-se nos sentidos de *FOHAT* e AKBEL como "Anjo da Fala ou da Sabedoria" (*Deva-Vani*, em sânscrito), estando para MOREB, e de *KUNDALINI* e ARABEL como "Deus da Ara do Fogo Sagrado", que está para ARARAT.

Consequentemente, relacionados à Obra do Eterno em São Lourenço, há cinco Monumentos cujo valor é igual ao do número do túmulo: 302 = 3+2 = 5, expressivo do Quinto Luzeiro ARABEL que é quem conduz através da sua Corte, tendo à cabeça RABI-MUNI, as almas salvas de um Mundo a outro. Com efeito, a passagem à Imortalidade de JHS, corpo físico do Sexto Luzeiro AKBEL, acolhe intimamente tanto ARABEL como RABI-MUNI em quem fez avatara, isto é, a sua Essência Divina alojou-se na Veste Flogística ou Etérica desse último em São Lourenço, e após dirigiu-se de retorno à "Casa do Pai", à Agharta mesma através do Retiro Privado do Quinto Senhor no Roncador, Mato Grosso.

Devo informar que todos os verdadeiros Iniciados ou Filhos do Avatara, Nosso Senhor o Cristo ou Maitreya, por norma (salvo as devidas excepções, decerto por motivos kármicos) desencarnam às 3 horas da madrugada, às 12 horas da noite ou do dia, ou às 15 horas da tarde. Tanto assim é que foi às 15 horas da tarde que Jesus expirou no Calvário, segundo as Escrituras, e o próprio Mestre JHS em 9 de setembro de 1963, no quarto 209 do Hospital São Lucas (o Apóstolo Mariano), em São Paulo, apesar de ter desencarnado às 2.45 horas da madrugada, foi realmente às 3 horas que fez o seu avatara em RABI-MUNI, na Montanha *Moreb* de São Lourenço, seguindo daí para a Montanha *Ararat* do Roncador e após para a sétima Cidade de *Pushkara* em Agharta, onde foi recebido aos acordes e cânticos apoteóticos do *Ladack-Sherim* pelos Povos das sete Cidades Aghartinas. Já antes, em 12 de agosto de 1963, houve a Bênção de Agharta a toda a Terra, conforme as palavras do próprio JHS: "Às 3h da manhã, a AGHARTA ABENÇOOU O MUNDO"! E adiantou: "Ainda que o peso da Cruz da Terra continue o mesmo, a Salvação acontecerá se cada um, através dos Ensinamentos, se transformar. Quem souber colocar a sua inteligência ao lado do coração, alcançará na Terra as maiores alturas, o poderio".

O Mestre JHS adoecera irrecuperavelmente em São Lourenço, em 12 de julho de 1963. Menos de uma semana depois é levado para esse hospital paulista, tendo sido o digníssimo Hilário Ferreira, português naturalizado brasileiro, quem pegou ao colo o Mestre desfalecido e levou-o da Vila Helena à viatura que o levaria para sempre. No regresso de São Paulo dos restos mortais do Venerável Mestre ainda no mesmo dia da sua morte, o cortejo fúnebre ao passar diante da igreja matriz de São Lourenço, os seus altifalantes ressoaram o Hino Nacional do Brasil, em homenagem ao filho da Terra Pátria partido para a Eternidade. Foi uma homenagem repentina – ninguém a esperava da parte da Igreja católica – muito comovente e mais que merecida Àquele que sempre primara, como mente de escol, o respeito e a concórdia entre todas as religiões e movimentos espirituais, o que deixou consignado como FRENTE ÚNICA ESPIRITUALISTA.

No Templo, estando presentes a viúva dona Helena Jefferson de Souza e os quatro filhos do seu casamento com o professor, a Guarda de Honra do Santo Graal postou-se em volta da urna aberta ficando junto à sua cabeceira o digníssimo Roberto Lucíola, envergando a capa de Goro que instantes antes Sebastião Vidal lhe impusera a sua. Após as exéquias fúnebres do novel SALOMÃO do Grande Ocidente, dona Helena Jefferson de Souza ordenou ao seu filho primogênito, Hélio Jefferson de Souza: "Vá lá, feche a urna e assuma o seu lugar". O que ele não fez por se sentir despreparado nos seus verdes 25 anos de idade, como o próprio contou. Depois, o cortejo fúnebre saiu do Templo e foi depor a urna com o féretro de Henrique José de Souza no seu jazigo no cemitério de São Lourenço.

O CEMITÉRIO, KAM ou CHAM-THER, em aghartino, é a "Terra Astral" refletindo esse outro Mundo ASTRAL ou JINA como quarta DIMENSÃO, o próprio Mundo de DUAT. É a "Embocadura" objetiva para o mesmo. Ainda hoje inúmeras almas humanas ou terrenas, francamente *Jivas*, cujos corpos foram aí sepultados, aglomeram-se de joelhos suplicantes em torno da Luz irradiando do Túmulo de JHS, defendido por Anjos que de palma e espada cercam em guarda perpétua o mesmo, não permitindo que cheguem próximo dele. Rezam, imploram, choram e muitas, tocadas de verdadeiro arrependimento e perdão, elevam-se como estrelas luminosas nas asas dos Anjos à Luz de Deus.

O arrependimento traz a caridade, a caridade é sempre amor, e o amor maior vem com o perdão, seu e do semelhante. O espectáculo astral dessas almas que rogam e dos Anjos que acolhem é dos mais sublimes e tocantes. Por sobre o Túmulo de JHS, a Estrela do Divino brilha sem cessar na cintilância etérea do firmamento.

Juro, Senhor, não mais pecar.
Hora esta de Verdade sem par
Sou todo vosso, só vos posso implorar...

Herdo o vosso perdão
Junto ao vosso temor.
Senhor, acolhei-me, por amor.

Rogo de Ressurreição Espiritual a par daquele proferido pelo sacerdote na abertura do *Ritual de Encaminhamento* (da Alma desencarnada):

"Em Nome do Divino Theotrim, a Glória da Ressurreição seja clamada pelas Três Excelsas Trombetas do Eterno – Akbel no Pai! Ashim no Filho! Beloi na Mãe! Ave Espírito Santo, Ave Allamirah, Mãe Boníssima de todas as criaturas na Vida e na Morte – Misericórdia, Proteção, Salvação, Elevação, Glória, Ressurreição!"

A que se junta o rogo dos presentes:

"Yama! Yama! Yama! Conduz esta Alma generosa e boa para o Tabernáculo dos Deuses, no Glorioso Mundo de Duat! Bijã."

E por sobre o Altar sagrado ascende aos páramos da Eternidade a Alma assim se evolando, qual estrela cintilante recoberta de promessas e esperanças, amparada por dois Anjos do Céu.

O cemitério de São Lourenço está junto à Montanha Sagrada *Moreb;* nesta onde se localiza a Embocadura bem física para o Mundo Jina dos SEDOTES ou BADAGAS, assim mesmo guardada por cascavéis implacáveis abrigadas debaixo da "maya" de rochedo enorme que veda a entrada. Assim se tem TEMPLO-TÚMULO, ou montanha e cemitério, como acontecia outrora nesse outro Templo-Túmulo da Pedra da Gávea, no Rio de Janeiro.

Isso leva-me a citar o trecho seguinte da *Série Novo Pramantha a Luzir*, de Sebastião Vieira Vidal: "E os quatro Devas [Anjos] estão sobre o Túmulo do Mestre, indicando o Futuro da Obra, indicando a objetivação do subjetivo. A Montanha: o Passado; os Devas: o Futuro. Pois bem, a Montanha, as Pedras simbolizando o marco inicial da Obra, o dia da sua fundação espiritual (28/9/1921), e os Devas do Túmulo expressando o dia 28/9/2005, a partir do qual Maitreya se irá na Face da Terra".

A MONTANHA é expressa pela frase aghartina TAO-TING-TANG, que significa precisamente "O Caminho para o Seio da Montanha" percorrido pelas Almas humanas mas não terrenas dos preclaros membros da Família Espiritual de JHS que tenham se integrado às suas Vestes Imortais ou MANASAPUTRAS, vibrando no Seio da Terra em um dos sete Tons de Shamballah que são as sete Cidades de Agharta.

OS ANJOS representam-se na frase aghartina ATA-DHARMA--MERU, expressando o Segundo Logos ou Mundo Intermediário, "O Lugar onde a Montanha da Lei possui o seu ápice", de onde descem os MATRADEVAS a avatarizarem os verdadeiros MUNINDRAS já em suas Vestes Imortais. É o Céu beijando a Terra feliz no canteiro florido da Corte de AKBEL...

Chegado aqui, ante o ATUAL anacrônico e controverso quadro geral da antiga Sociedade Teosófica fundada em 1928 pelo Professor Henrique José de Souza, é legítimo que alguém questione: serão todos os afiliados dessa Instituição verdadeiros Munindras do quilate referido atrás, quando a quase totalidade não sabe o que anda fazendo, por que faz, raros leem, estudam e praticam os ensinamentos e práticas regulares da Instituição em que militam, pelo contrário, muitos dão ouvidos a toda a espécie bizarra de hodiernos "profetas, médiuns, gurus", etc., misturando tudo e confundindo-se em uma algaraviada completa? É justa a pergunta e será mais justa a resposta do próprio Fundador, Henrique José de Souza, em palavras bem atuais apesar de escritas em 28/8/1954 respigadas do seu *Livro do Perfeito Equilíbrio*:

"Um fenômeno, entretanto, deve ser aqui apontado: o das *quatro espécies de seres* que deram entrada na Obra:

1ª) Os que só desejavam fenômenos, interesses pessoais, portanto. E assim, mal entravam já estavam de costas para a Obra.

2ª) Os místico-devocionais, ou dessas tendências perdulárias procedentes de *encarnações sempre embrionárias*, isto é, sem tomarem a forma por Lei exigida. Se mais tempo ficaram na Obra, ao verem posteriormente a exigência do Mental ou Sabedoria preferiram Instituições daquela natureza, mesmo que todas elas com falsas encenações tomadas por verdadeiras. Inúmeras delas querendo imitar a nossa Obra, a nossa Instituição, e, portanto, destruídas pelo tempo, sendo que, as continuadoras, são francamente exploradoras da credulidade dessa mesma espécie de gente. A Igreja a tem aos milhares pelo fato de serem da referida espécie, isto é, místico-devocionais, ou dos adeptos do "menor esforço". Vão à missa aos domingos, confessam, comungam... e *com isso estão salvos*. Na mesma razão, os chamados erroneamente espíritas, quando são francamente 'anímicos' ou relacionados com a alma, corpo emocional, e portanto atraídos para os fenômenos emocionais ou psíquicos, anímicos, etc. Na sua maioria, com tendências *psicopáticas*. No hospício nacional de alienados e em outros sanatórios dessa natureza, encontram-se aos milhares. Quase todos se dizem 'perseguidos'... quase todos possuem manias esquizofrênicas e das demais séries psiquiátricas.

Da Obra saíram inclusive, repito, *epilépticos*, um deles, da própria *Ordem do Graal*, sugestionado pela *indumentária, as lanças e demais objetos...* Assim como os devocionais da Igreja que se consolam em andar de *opa, tocha e carregar o andor* de uma imagem qualquer, contando que façam parte do cortejo imaginário, justamente por ser formado de imagens em vez de realidades positivas expressas pelo Mental ou Inteligência. Na segunda parte, pois, da nossa Obra – como na de Jesus – dezenas deles se afastaram, quando eu mesmo anunciei que, de tal época em diante, "estavam acabados os fenômenos.

3ª) Os puramente místicos, com um pouco de inteligência. Estes, por lhes predominar a BONDADE, foram ficando, e assim... até hoje conosco se acham, logo, pois, de acordo com o velho brocardo, 'água mole em pedra dura tanto dá até que fura', equivalente ao

GUTA CAVAT LAPIDEM, 'a gota acaba por cavar a pedra'. Muito mais por tal pedra não fazer resistência, e sim já trazer o molde que lhe imprimiram diversas encarnações ao nosso lado, acabaram por se equilibrar com a quarta classe, que é a dos com alguma ou bastante inteligência. Estes aceitaram logo de entrada, como se diz, porque ensinamentos de tão alta transcendência não se inventam. Muito menos, as dores que a própria Obra tem trazido até hoje aos seus dois Dirigentes. Em Psicanálise, tanto bastaria para um *veredictum* altamente sábio... O número dessas quatro classes faria *pendant* com os quatro graus do Budismo, embora aí não figurem traidores e perjuros, por ser a única religião que mais defende as duas Leis da Reencarnação e do Karma. Do mesmo modo que com os quatro Senhores da Evolução Humana: Manu – Yama – Karma – Astaroth.

Sim, é a essas duas últimas classes da Obra a quem mais a Lei deve, e consequentemente os Gêmeos Espirituais. Já foi dito, Makaras e Assuras, por possuírem profundas raízes que força alguma as pode extirpar ou aniquilar."

Os fatores emocionais afligindo as duas primeiras classes apontadas pelo Professor Henrique, é fato que se agravaram com a crença milenarista, sempre fatalista, própria ao desajuste psicomental do comum Gênero Humano, e a consequente tomada de manifestações espirituais como fenômenos materiais assim literalmente aceites, o que inevitavelmente acaba escoando em desilusões, desânimos, desistências e vulgarização do Sagrado... É típico do Tempo presente, revelador de Karma patológico que acredito só o estudo e a vivência verdadeira da TEOSOFIA poderão eliminar.

Decerto por causa desse Karma da sua Instituição, e que já na época afligia tremendamente o Professor Henrique José de Souza, impondo-lhe um terrível sofrimento moral manifestado corporalmente como doenças estranhas intrigando a todos os médicos – karma patológico indireto, sim, por não ter sido causado pelo próprio... – e as quais acabaram atirando-o para o túmulo, dizia, não raro ele despertava subitamente no meio da noite e via à cabeceira e aos pés da cama Anjos protetores, isolando-o das influências nefastas do mundo externo. Dois Anjos à cabeceira, como QUERUBINS ("Senhores da Sabedoria"), e dois Anjos aos pés, como SERAFINS ("Senhores do Amor"). São exatamente os mesmos que estão representados no seu Túmulo em São Lourenço, assim prolongando a proteção eterna.

Acerca das noturnas envolvências protetoras da Guarda Angélica, o Professor Henrique José de Souza escreveu em 22/7/1950 no seu *Livro da Pedra*: "Outrora, nas ocasiões difíceis, dolorosas, etc., dois Querubins mantinham guarda à cabeceira. E dois Serafins faziam o mesmo aos pés da cama". Isso em continuidade do que dissera antes, em 6/7/1950, no mesmo Livro: "O H, assumindo tal forma, é a cama ou LEITO onde dormem os Avataras. Sim, o estrado e a duas cabeceiras. Em cada uma dessas, qual acontece aos Gêmeos nas suas noites de vigília, dois Querubins à cabeceira e dois Serafins aos pés, também vigiam ou montam guarda ao Mistério. SERAFINS ou SEFIRAS, tanto vale. Desse nome precioso também nasceu o de SERAPIS".

Os QUERUBINS expressam o MENTAL e o Seio do CÉU, consequentemente, os Anjos Luminosos Celestes ou MATRADEVAS da Corte do FILHO. Os SERAFINS representam o CORACIONAL e o Seio da TERRA, logo, os Anjos Flogísticos Terrestres ou MANASAPUTRAS da Corte da MÃE. Estes estão para o Terceiro Logos ou Espírito Santo representado pelos Senhores do Karma Planetário: MANU – YAMA – KARUNA – ASTAROTH. Aqueles estão para o Segundo Logos, o CRISTO UNIVERSAL (o Filho na Mãe...), expressado pelos Senhores do Karma Cósmico: os quatro MAHA*RAJAS*.

Os restos mortais do excelso Casal nesse Túmulo sanlourenceano representam na Morte o que viveram na Vida: o ANDRÓGINO CELESTE, o SEGUNDO LOGOS, resultado do PODER DO PAI que junto à ATIVIDADE DA MÃE geraram o AMOR-SABEDORIA DO FILHO.

O Segundo Logos tem a sua expressão sideral na constelação do CRUZEIRO DO SUL (CRUZIAT ou ZIAT), que sendo planimetricamente quadrangular é, em projeção, piramidal. Por isso o CRUZEIRO DO SUL é realmente constituído de cinco estrelas principais, visto que, além das quatro dispostas em quadrilátero e que representam os quatro braços da cruz, tem outra ao centro, que assinala o vértice da pirâmide de base quadrangular. É daí que o Logos projeta para a Terra as cinco Forças Universais que na mesma tomam a forma de cinco Elementos Naturais: Éter – Ar – Fogo – Água – Terra, ficando o primeiro ao centro na quadrilateralidade do Globo, marcado assim o compasso quaternário por que evolui.

Pois bem, o *Túmulo-Obelisco* dos Gêmeos Espirituais HENRIQUE-HELENA, depostos frontalmente para o Templo de Maitreya, dispõe-se canonicamente à quadrilateralidade da Terra, ficando o Brasil – São Lourenço – Túmulo e Templo no centro, sob a égide de CRUZIAT, logo, do SEGUNDO TRONO.

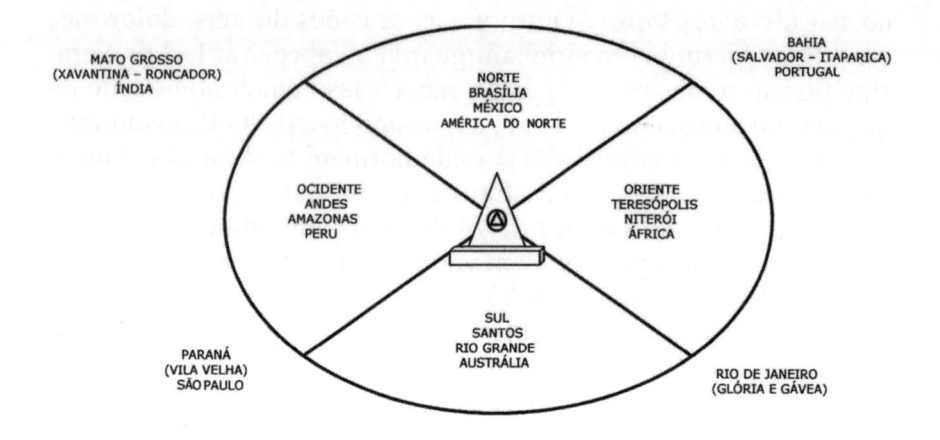

```
                    NORTE                    BAHIA
MATO GROSSO        BRASÍLIA              (SALVADOR - ITAPARICA)
(XAVANTINA - RONCADOR)  MÉXICO              PORTUGAL
ÍNDIA           AMÉRICA DO NORTE

    OCIDENTE                    ORIENTE
    ANDES                       TERESÓPOLIS
    AMAZONAS                    NITERÓI
    PERU                        ÁFRICA

                    SUL
                    SANTOS
PARANÁ              RIO GRANDE
(VILA VELHA)        AUSTRÁLIA       RIO DE JANEIRO
SÃO PAULO                           (GLÓRIA E GÁVEA)
```

No seu *Livro Diário Estranho*, datado de 1956, o Professor Henrique José de Souza desenhou e descreveu a planta do Obelisco que está defronte do Templo de Maitreya na Praça da Vitória, obra encetada e consumada pelo saudoso e digníssimo amigo Roberto Lucíola, por ser canteiro de profissão. Foi inaugurado em 24 de junho de 1957. Nesse Livro, o professor associa o simbolismo do Obelisco e da Pirâmide ao Segundo Logos, já tendo dito anteriormente (14/6/1951) no seu *Livro do Loto*:

"No meu estudo de ontem, esqueci de apontar o mistério do quaternário e do septenário das Pirâmides, na sua própria estrutura ou conformação. Olhadas de frente, ou se uma fotografia for tirada desse modo, ver-se-á uma tríade, ou apenas uma das quatro faces da referida figura. No entanto, se multiplicarmos a face de cada triângulo da Pirâmide pelos quatro lados, obteremos o número doze, para darmos o significado: os Sete Astros, os Sete estados de Consciência, etc., mas também os Doze Seres das Três Hierarquias conhecidas: (4) MAHARAJAS, (4) KUMARAS, (4) LIPIKAS ou Senhores da Evolução Humana (12 Signos Zodiacais). Chamemo-los de Expressão Makárica do Segundo Trono em Baixo, acompanhando a Evolução da Terra que reclamou a objetivação, a humanização do Mistério contido no termo *Adam-Kadmon* (Segundo Trono)."

De onde se tem:

MUNDO DA LEI (SHAMBALLAH)
MAHARAJAS: DRITARASTHRA – VIRUDAKA – VIRUPAKSHA – VAISVARANA
         (BALANÇA)   (ESCORPIÃO) (SAGITÁRIO) (VIRGEM)

MUNDO DA CAUSA (AGHARTA)
KUMARAS: DHYANANDA – SANAT-SUJAT – SANATANA – SANAT
         (TOURO)   (AQUÁRIO)   (PEIXES)   (CAPRICÓRNIO)

MUNDO DO EFEITO (DUAT)
LIPIKAS: MANU – YAMA – KARUNA – ASTAROTH
        (LEÃO) (CÂNCER) (ÁRIES) (GÊMEOS)

Esses últimos representados por:

MUNDO DA COLHEITA (BADAGAS)
MAHATMAS: HILARIÃO – MORYA – KUTHUMI – SERAPIS
         (MERCÚRIO) (MARTE) (LUA)   (SOL)

MUNDO DA SEMEADURA (FACE DA TERRA)
MUNINDRAS: AUSTRÁLIA – PORTUGAL – ÍNDIA – EGITO
          (SATURNO) (VÊNUS) (JÚPITER) (MERCÚRIO)
          -Ar)   -Éter)   -Atômico) -Subatômico)

    De onde a avatarização dos *Munindras* nas suas Vestes Imortais ser feita por intermédio dos *Mahatmas* que os assistem, na ordem seguinte:

(Marte) MUNINDRAS – Face da Terra (*Tamas*) = FILHO
(Vênus) MAHATMAS – Duat (*Rajas*) = MÃE
(Mercúrio) MANASAPUTRAS – Agharta (*Satva*) = PAI

    Para finalmente constituírem o Homem Integral ou Perfeito:

(Sol) MATRADEVAS – Shamballah (Triguna) = THEOTRIM (Uno-Trino)
(Sol) MATRADEVAS – Vestes Luminosas Celestes
(Lua) MANASAPUTRAS – Vestes Flogísticas Terrestres
(Terra) MUNINDRAS – Vestes Eleitas Humanas

    Os MAHATMAS ou Excelsos Seres Representativos da Grande Loja Branca são quem estabelece a ligação das Almas e Espíritos dos MUNINDRAS com os seus Corpos de Cima (Segundo Trono) e de Baixo (Terceiro Trono).
    Por sua forma piramidal o Obelisco corresponde à objetivação no Plano Condicionado dos valores do Plano Incondicionado. Assim é que as linhas dos lados do Obelisco cruzam-se no ápice, formando outra invisível mas igual configuração no Plano Incondicionado ou das Ideias. Pirâmide invisível essa em relação com a constelação do CRUZEIRO DO SUL, que possui configuração geométrica piramidal, cujo ápice é marcado pela Quinta Estrela, a "Intrometida" (*Akasha*,

Vril, Mash-Mask, Éter, etc. = valor 7 ou o 5 do Elemento contendo os restantes 2 ocultos, *Atômico* e *Subatômico*), e as quatro restantes formando a base da constelação (*Ar – Fogo – Água – Terra*, ou o Quaternário da Manifestação multiplicado pelo Sete da Evolução, ou seja, 4 x 7 = 28. Aqui tem-se as medidas canônicas do Obelisco: 4 metros de largura e 7 metros de altura, podendo o volume métrico ser ampliado ou diminuído, mas sempre com base nesses valores).

Dessa forma, o ápice do Obelisco constitui-se no ponto *Bindo*, o limite entre o Segundo Trono, o Plano Incondicionado, e o Terceiro Trono, o Plano da Manifestação, senão, a *Realização de Deus* e a *Expansão de Deus*, se o estabelecer conforme o *Odissonai*, como "Ode ao Som" ou "Cântico dos Cânticos".

O símbolo do Logos Eterno está gravado na face traseira do Obelisco, de acordo com figura idêntica revelada pelo Professor Henrique José de Souza no seu *Livro da Pedra* (1950). Nele, além do Quadrado da Matéria e do Triângulo do Espírito, veem-se três círculos, contando com o ponto central. Do menor para o maior expressam os Três Mundos, Matérias, Malhas ou Mayas contidas no nome MAITREYA, isto é, "Senhor dos Três Mundos", pois o FILHO (TRIÂNGULO) contém o PAI (CÍRCULO) e revela a MÃE (QUADRADO).

    MUNDO DIVINO – PAI – OBELISCO
    MUNDO CELESTE – FILHO – ANJOS
    MUNDO TERRENO – ESPÍRITO SANTO – CORPOS JACENTES

    CORPOS JACENTES – FACE DA TERRA
    ANJOS – DUAT
    OBELISCO – SHAMBALLAH

    SHAMBALLAH – TEMPLO... ATA-DHARMA-MERU = MATRADEVAS
    DUAT – TÚMULO... TAO-TING-TANG = MANASAPUTRAS
    FACE DA TERRA – MONTANHA = LORENZO-PRABASHA-DHARMA = MUNINDRAS

Acontecimento significativo: no dia 1º de abril de 2002, feriado municipal em São Lourenço, após ter prestado a minha homenagem póstuma aos Gêmeos Espirituais (*Deva-Pis*, em sânscrito) HENRIQUE-HELENA, depondo sobre o seu Túmulo a minha Grã-Cruz d'ouro da Ordem do Santo Graal, aí deixando uma medalha com fio de ouro representando a MÃE DIVINA ALLAMIRAH, os "Olhos que miram do Céu", ou seja o SAGRADO CORAÇÃO, símbolo do GRAAL-CONSCIÊNCIA, ao sair do cemitério procurei um cigarro no bolso do casaco, e em vez dele saiu uma flor em forma de Lótus. Trouxe-a para Portugal e muitos viram-na, até que, em pleno Ritual, devolvia-a ao AKASHA arremessando-a no Fogo Sagrado, como única maneira que tinha de também eu prestar a minha gratidão com um ramalhete de flores a quem flores me tinha oferecido...

Só lastimo que no Túmulo não esteja gravada a frase lapidar que o Professor Henrique destinara postumamente aos *Gêmeos Espirituais*, a modo de sugestão, como consta no seu *Livro da Pedra* (Carta-Revelação de 26/08/1950): "Se quizerem, podem juntar qualquer epitáfio, que seja: *Aqui Repousa (?) a MEMÓRIA daquele que soube morrer pela Obra Grandiosa dos Deuses*". Sim, repousa a MEMÓRIA IMORTALIZADA, mas não o HOMEM IMORTAL, porque esse, em seu Espírito ou Essência Divina, valer de vez ao Reino do Deus dos Deuses.

Por volta de 2003 encetei diligências com alguns Irmãos Maiores da Obra do Eterno em São Lourenço para que na Montanha Sagrada daí se plantasse um Obelisco que teria as mesmas medidas canônicas daquele defronte ao Templo de Maitreya. Na sua face frontal, ou aquela defronte para o Monte Verde onde está o Templo, possuiria uma estrela de sete pontas em metal dourado, ou então esculpida na própria pedra mas pintada de dourado brilhante. Seria referência à MISSÃO Y DOS SETE RAIOS DE LUZ em que a nossa Obra está empenhada. Embaixo, em letras douradas esculpidas na pedra, ou então em placa de mármore ou de metal, a lápide:

MONTE MOREB – SÃO LOURENÇO, TERRA JINA –
ONDE NASCEU A OBRA DO ETERNO NA FACE DA TERRA,
EM 28.9.1921, PARA O NOVO CICLO DE EVOLUÇÃO UNIVERSAL –
MONUMENTO À MEMÓRIA ETERNA DO PAI E DO FILHO
NESTA TABA BRASÍLICA DO ESPÍRITO SANTO.
J.H.S.
L.P.D.
ADVENIAT REGNUM TUUM ET AD MAJOREM DEI GLORIAM!

Ao mesmo tempo seria erigido em SINTRA, Portugal, junto ao Castelo dos Mouros, um Obelisco idêntico mas com letreiro diferente, com palavras mais afins à Obra Divina levada a exercício pelos portugueses desde há quase mil anos, e para isso também encetei diligências junto das respectivas autoridades oficiais. Assim ficaria testemunhada a união das Quinas às Estrelas do Segundo Trono, de Portugal ao Brasil, de KURAT a MOREB.

Até hoje permanece esse projeto, adiado mas não anulado. Deixe-se aos Deuses ditarem o Futuro... e confie-se. ALEA JACTA EST!

Capítulo IX
Reencarnação e Karma

Lisboa, 1990

O princípio fundamental explicativo da sequência matematicamente perfeita da marcha da Evolução avante é, sem dúvida, aquele que se inscreve na Lei de Causa e Efeito a que se encadeia a alma evoluinte, ou seja, a Lei da Reencarnação do Ser locomovido pelo processo de encadeamento das causas e efeitos das suas ações.

As Leis da Reencarnação e da Retribuição são reconhecidas universalmente, com exceção infeliz para a Igreja Católica teimando em recusá-las, a despeito de ser contrariada pelas próprias Escrituras bíblicas.

No Antigo Egito, berço da Tradição Ocidental, a doutrina da reencarnação da alma era ensinada pelos hierofantes aos iniciados na milenar Sabedoria Arcana, e até mesmo ao povo inculto, embora de uma maneira bastante grosseira para que a sua limitada compreensão pudesse apreender o que lhe era ministrado.

Acreditava a população egípcia que a alma humana depois de desencarnada podia habitar corpos de animais e até de vegetais e minerais, crença partilhada pelos povos da Índia e países circunvizinhos. Ou então, ainda entre o antigo povo egípcio, a alma poderia passar de imediato para o seio de uma mulher grávida que estivesse próxima do recém-falecido. Não raro se via nas bermas das estradas poeirentas ou lamacentas gente esquelética agonizando, esperando que uma mulher grávida, rica e nobre, passasse perto. Quando acontecia, os seus familiares encarregavam-se de abreviar-lhes a agonia, estrangulando-os ou apunhalando-os, de maneira que a sua alma passasse de imediato para o feto da grávida... nobre e rica. Cenas idênticas ainda acontecem hoje na Índia, entre os pobres e esfomeados sudras e párias hindus. Também na China milenar Lao-Tsé, autor do *Tao Te King*, o "Livro da Via e da Virtude", ensinou acerca das vidas sucessivas e da primordialidade de *Huen*, o Ego ou Princípio Espiritual, tendo o taoísta Chuang-Tsé rematado: "A morte é apenas o começo de uma nova vida".

Os druidas, a casta sacerdotal da raça celta, igualmente perfilhavam o princípio da reencarnação. Tinham o Espírito como *Awen;* este após ter alcançado o máximo de sua Realização, entrava no *Gwynfid*, o Plano do Espírito Divino. Essa Realização era obtida através de vidas sucessivas representadas simbolicamente pelo visco, símbolo natalício da reencarnação.

Já os romanos, o antigo povo do Lácio, também acreditavam na reencarnação da alma – segundo Cícero, Ovídio e Virgílio – ainda que pouco se adiantassem no seu estudo, quase se limitando ao culto idolátrico dos heróis e imperadores, ou então à idolatria panteísta dos Espíritos Planetários, estes que são, em verdade, os *Dhyan-Choans* ou *Luzeiros* plantados no Eliseu ou nos Campos Elíseos do constelado celeste.

A crença na reencarnação pelos romanos havia sido importada da Grécia, onde o seu estudo era feito com grande profundidade, tomando por causa suprema da reencarnação humana os Deuses Planetários do Olimpo ou Plano Celeste, tudo em forma antropomórfica, bem ao gosto da mentalidade da época. Vultos de destaque nos estudos metafísicos gregos foram, sem dúvida, Pitágoras e Platão, este último tendo deixado bastante escritos sobre o tema da reencarnação, nomeadamente o seu *Fédon (Diálogo sobre a imortalidade da Alma)*, onde diz em dado trecho:

"Segundo esse princípio, é também indispensável que nós, em um tempo anterior, tenhamos aprendido algures aquilo de que nos recordamos no presente. Ora, isso seria impossível se a alma não existisse, em algum lugar, antes de se revestir desta forma humana. Portanto, parece concluir-se também daqui que a alma é imortal."

Quanto a Pitágoras, segundo a documentação referente à sua biografia, confirma-se que admitia o princípio das vidas sucessivas e que ele próprio já havia sido: 1) Aethalides, um filho de Mercúrio (isto é, um ser consagrado a esse deus, portanto, possivelmente um sacerdote iniciado em um Templo de Mercúrio); 2) Euforbus, filho de Phanthus, que morreu nas mãos de Menelau, na Guerra de Troia; 3) Hermotimus, um profeta de Calzomenae, uma cidade da Lónia; 4) um humilde pescador e, finalmente, um filósofo de Samos.

A par de todos esses, também os hebreus, os essênios, os gnósticos, os persas, os caldeus, os hindus, os tibetanos, etc. aceitaram e ainda aceitam (mesmo que alguns com condições impostas pelas suas teologias, mais dogmáticas que esclarecedoras) a Reencarnação como um fato incontestável do entendimento lógico e correto da multivariedade complexa que a Vida apresenta nos seres manifestados no Mundo das Formas. Por exemplo: dois irmãos, filhos da mesma mãe que lhes deu a mais esmerada educação a par do pai, um sendo dócil e outro insubmisso. Por quê? Ou por que um homem bom nasce disforme e pobre, e um homem mau nasce belo e rico? A verdade é que hoje mesmo milhares de pessoas em todo o mundo regulam a sua vivência diária de maneira favorável a ter uma melhor vida futura, em um outro corpo.

Como disse, só o dogma moderno do Catolicismo (e de algumas outras poucas religiões dogmáticas, "filhas bastardas" da Sabedoria Divina) é uma exceção à regra geral nessa crença universal, mas fenecerá, secará por si mesma se não reaceitar e promulgar a doutrina da Reencarnação e do Karma entre os seus seguidores, tal como era aceita e promulgada no Cristianismo Primitivo. Com efeito, nos primórdios do Cristianismo, a Lei da Reencarnação era aceita e amplamente explicada entre os seus membros, assim como a Lei de Causa e Efeito (em sânscrito, *Karma*, "Ação"), esta que é a razão dos famosos preceitos judaicos do "olho por olho e dente por dente" ou "quem com ferro fere, com ferro será ferido". Jesus Cristo falou profusamente desses assuntos, citou trechos do Antigo Testamento e chegou a assentir que João Batista fora, em vidas anteriores, Elias e Moisés.

Os escritos dos primitivos Padres Apostólicos (discípulos diretos dos Apóstolos) da Igreja Cristã estão repletos de referências à preexistência e renascimento das almas. Orígenes, principalmente, escreveu muito sobre esse tema. Justino, o Mártir, falou da alma que habita corpos sucessivos, perdendo a memória das vidas passadas. Latino, pelos finais do século III, opinava que a ideia da imortalidade da alma implicava a sua preexistência. E Santo Agostinho, em suas *Confissões*, usou das seguintes palavras notáveis: "Não vivi eu em outro corpo antes de entrar no ventre da minha mãe?". Essa expressão é tanto mais notável porque Agostinho opunha-se a Orígenes em muitos pontos da doutrina, e porque foi escrita no ano de 415, em um período já de oposição e perseguição às ideias gnósticas neoplatônicas.

Voltas daqui e voltas dali, com a *minoria* que detinha o poder cesarista sobre a *maioria* que possuía a santidade crística, conseguiu-se que no ano 583 o imperador Justiniano publicasse uma lei que decretava: "Quem sustentar a crença herética na preexistência da alma e a opinião consequentemente estranha da sua volta, seja anátema". Como a coisa ia de mal a pior, onde o dogma oficializado era dos mais bizarros e incoerentes que haviam, aconteceu que só no ano 585, no Concílio de Masson convocado pelo Papa Nicolau I, é que a Mulher ganhou o direito do reconhecimento oficial de que afinal também ela possuía alma, até então "privilégio" exclusivo da Virgem Maria, por os bispos terem lhe concedido por votação eleitoral no Concílio de Constantino (325 d.C.), em Niceia.

Um outro tópico que merece especial atenção: a *metempsicose*. Essa crença de que o homem pode reencarnar em formas sub-humanas deve-se exclusivamente ao desconhecimento total da LEI IMPULSIVA DA EVOLUÇÃO. Lei Universal que a tudo e a todos rege, pela qual as criaturas viventes tendem a subir em consciência na travessia dos Reinos da Natureza e *jamais* a descerem. Um homem animará formas humanas até se integrar no Reino Angélico, tal como um animal animará formas similares até conquistar a consciência hominal. Um (somente um!) dos livros religiosos hindus toca no assunto da metempsicose. No *Kathopanishad* (cap. 5, vers. 9) está escrito: "Alguns homens, de acordo com as suas ações, vão à Matriz e outros ao Sthanu". *Sthanu* é uma palavra sânscrita que significa "imóvel" e também "pilar". Isso tem sido interpretado como indicando que alguns homens, por seus pecados, retrocedem ao imóvel Reino Mineral.

Em sua evolução o homem pode, quando reincide incorrigivelmente nas mesmas faltas, vida após vida, paralisar a sua consciência em estados análogos aos dos Reinos sub-humanos, inclusive o do Vegetal ou do Mineral, aos quais se chamam em sânscrito de *Sushupti*, "sono sem sonhos", e *Turîya*, "transe profundo". *Mas não se torna um ser mineral, nem vegetal, nem animal, tão somente assume, com a sua renitência, uma consciência semelhante à destes*, o que a longo prazo poderá fazê-lo sair como expurgo da Cadeia evolucional, em razão de o Espírito imortal separar-se definitivamente da Alma mortal, então apodrecida, ficando ele sem meios para poder manifestar-se no Mundo das Formas, assim se conservando em uma espécie de "hibernação cósmica", à espera de nova oportunidade em uma nova Ronda ou Cadeia, conforme a gravidade dos casos.

É o próprio Professor Henrique José de Souza quem o diz (in Carta-Revelação de 13/01/1941, "Filosofia barata") no exemplo seguinte: "A voz de um amigo que Pitágoras percebera no 'uivo de um cão', não implica que aquele seu amigo estivesse encarnado no cão, mas sim, que ele sofra no animal… na ANIMALIDADE que ele mesmo criou no passado".

Igualmente toda a evolução das criaturas da Terra faz-se nesta e só nesta, por a ela estarem *centripetamente* encadeadas pela soberana

Lei de Causa e Efeito. Não se saltita de Planeta para Planeta ou de Globo para Globo, como é crença comum em certos meios religiosos e espiritualistas, pois isso não tem sentido algum a não ser a dispersão caótica da Ordem e da Harmonia Universais. Tal erro nasceu de se confundir os *Globos espirituais*, habitados pela alma antes e após a reencarnação, com os Planetas físicos, propriamente ditos. Cabe a cada um, pelos seus próprios esforços, já que NINGUÉM EVOLUI POR ALGUÉM, libertar-se do rosário das dificuldades e dores das reencarnações, romper o "círculo vicioso" da *Roda de Samsara* ou Atividade Universal no Mundo das Formas, e alcançar o estado maior de Adepto Perfeito de *Mahatma,* para sempre liberto do ciclo reencarnatório por nada mais ter a aprender e a realizar nesse mesmo Mundo. Só então *Karma* é substituído por *Dharma*, a Consciência do Dever cumprido.

Os ciclos da vida humana

O que será o destino da pessoa, só a própria o decide no presente, sobre o que o diz o Professor Henrique José de Souza: "Quem semeia um pensamento colherá um fato; semeia um fato e terá um hábito; semeia um hábito e formará um caráter; semeia um caráter e obterá um destino".

Se não se admitir a reencarnação, jamais se poderá compreender a trama da Vida, com as suas complexidades e incoerências aparentes. Mas também é preciso ter uma noção muito clara do que seja a reencarnação.

O que reencarna não é a pessoa, a personalidade, e sim o Ego Superior, pois o Mental Abstrato ou *Corpo Causal* é quem cria um quaternário novo (intelectivo, emocional, vital e denso) em cada nova manifestação, a partir dos respectivos átomos-sementes. Pode-se fazer uma comparação com um ator e os papéis que ele representa. O Ego Superior é o Ator. Cada vida é um papel por Ele representado. Quando o ator hoje representa Hamlet, ele lembra-se que antes representou Fausto. Mas o Hamlet da peça ignora a existência de Fausto. A experiência adquirida em um papel permite ao ator melhorar a sua representação na peça seguinte. Por essa comparação simples, pode-se ter uma ideia de como, de uma reencarnação para outra, do mesmo Ego se propagam os resultados das experiências, mas não a lembrança dessas experiências. É como quem estudou piano e acabou esquecendo os exercícios, mas ficando com a técnica adquirida por meio deles. Assim acontece com o homem, com o desenvolvimento das suas virtudes ou vícios provenientes das reencarnações anteriores do seu Ego, mas sem a lembrança dessas vidas anteriores. Quando, porém, pelo desenvolvimento espiritual expande a sua consciência física e consegue ligar-se à consciência do Ego, pode obter a noção de todas as suas reencarnações passadas. Quem consegue isso torna-se um Iluminado, adquirindo o direito de afirmar: "Eu sou quem sou". Estando identificado com a Consciência do seu Espírito Divino, com o qual é Um, possui na sua memória imediata, física, a soma total dos acontecimentos vividos em todas as suas vidas anteriores. Os raros Seres que alcançam esse desenvolvimento supra-humano não necessitam reencarnar mais na face da Terra, pois nada mais têm a aprender e a debitar nela. Tornam-se *centrífugos* e Eles, sim, podem partir à demanda de novos Globos, de novas Estrelas, povoando o espaço deste quarto Sistema de Evolução Universal. Os que ficam voluntariamente em Missão na Terra, em favor da Evolução desta, recolhem-se aos seus Mundos Interiores de onde passam a vigiar e encaminhar avante a marcha da Humanidade e demais seres viventes.

Reencarnando 777 vezes em uma Raça-Mãe, 111 vezes em cada Sub-Raça, como diz a Tradição Iniciática das Idades, a Mônada Humana vê os atos da sua última reencarnação afetarem sensivelmente a sua vida presente. O que foi semeado é agora colhido. As causas passadas geram os efeitos presentes, tal como os efeitos presentes geram as causas futuras. Por exemplo:

	KARMA	
DO **JIVA**	NASCE	O **JIVATMÃ**
(VIDA-ENERGIA)	(PRODUZ-SE)	(VIDA-CONSCIÊNCIA)
	AÇÃO	
Da vida passada	EFEITO	**Na vida presente**
ATOS BENÉFICOS	PRODUZEM	BOM AMBIENTE
ATOS PREJUDICIAIS	"	MAU AMBIENTE
ASPIRAÇÕES E DESEJOS	"	CAPACIDADE
MAUS PENSAMENTOS DOMINADOS	"	BOM E FIRME CARÁTER
MAUS PENSAMENTOS INDOMINADOS	"	MAU E FRACO CARÁTER
ÊXITOS CONTÍNUOS	"	ENTUSIASMO
FRACASSOS CONTÍNUOS	"	PESSIMISMO
EXPERIÊNCIAS NOBRES	"	SABEDORIA
EXPERIÊNCIAS DOLOROSAS	"	CONSCIÊNCIA DE Ação
ATOS DE SERVIÇO AO PRÓXIMO	"	SÃ ESPIRITUALIDADE

Quanto a preconizar o período de tempo ou intervalo mediado entre duas reencarnações da alma humana, tal é muitíssimo difícil e mesmo controverso, por causa da duração desse período estar condicionada pelo karma pessoal de cada um, acrescentando-se o fato das vidas astral e mental serem multivariadas e não haver duas almas com experiências literalmente iguais; ademais, deve-se estar ciente de que o tempo e o espaço nos Planos Internos não são idênticos aos do Plano Físico. Já algum poeta intuído afirmava que "um ano na Terra é uma eternidade no Céu, mas também no Inferno"...

Tão só se poderá dizer que após a morte física, em que o homem abandona para sempre os corpos denso e etérico, passa ao Mundo Astral onde permanece algum tempo até passar pela segunda morte, quando se liberta desse corpo e penetra o Plano Mental Concreto (o *Céu* ou *Paraíso Celeste* das religiões ocidentais, o *Devakan* ou *Bardo* das religiões orientais), onde encontra o repouso espiritual antes de nova reencarnação, quando passa pela terceira morte – a de livrar-se do corpo Mental Concreto para criar um outro, por ação do *átomo-semente causal* contido no corpo Mental Superior, que irá projetar uma nova personalidade em uma nova reencarnação.

Pelo acúmulo de experiências conscientizadoras e a sua consequente espiritualização, a alma demora mais tempo a reencarnar e usufrui cada vez mais dos Planos Superiores, o que é indício claro da sua evolução verdadeira e do esgotamento do seu karma. Com a alma menos evoluída, logicamente, o processo é inverso: demora menos tempo a reencarnar e pouco usufrui dos Planos Superiores por não ter ligação ou simpatia consciencial com eles. Mas ambos os tipos de almas, repito, colhem no presente o que semearam no passado.

Sendo o *Karma*, como Lei da Justiça Universal, representado por uma *balança*, ele não deve ser encarado dogmaticamente como "olho por olho" ou "dente por dente". Se se der em alguém 21 chicotadas, não significa que se vá receber de volta 21 chicotadas. O processo é o seguinte: se se der em alguém 21 chicotadas, será provocado nesse alguém uma dor de intensidade X; portanto, pela Lei de Retribuição, passará por uma dor de intensidade X, e essa dor poderá ser causada por uma doença, por um desgosto moral, etc. Além disso, o homem é julgado pela intenção e não pela ação. O importante é o móbil que levou à ação. Por exemplo: matar alguém é crime, mas é importante saber se o crime foi voluntário ou involuntário. Além disso, o tipo de punição vai depender do grau de consciência do criminoso.

O problema do certo e do errado está ligado ao grau de consciência do homem. Quando a mente e a emoção se equilibram, ele alcança Deus. Quanto maior for a sua consciência, que só o conhecimento pode facultar, maiores danos vão lhe causar os seus erros; já para o homem pouco evoluído, um grande erro pode lhe causar apenas uma pequena dor. Tudo depende do grau de consciência já alcançado.

No Universo tudo tem de caminhar dentro de um equilíbrio, mas o homem usando do seu livre-arbítrio faz o que quer. Ora, fazendo o que quer, ele tem em si mil possibilidades de errar e uma de acertar, e errando, ele provoca um desequilíbrio. Existem leis para os pensamentos, para as emoções e para os atos; logo, o homem erra quando pensa, emociona-se e age negativa ou inaturalmente. E errando provoca desequilíbrio. Portanto, errar significa desequilibrar algo no tom do Ritmo Cósmico, e tem-se de "pagar" por esse desequilíbrio. A Lei não aceita que o homem o desconheça. É claro que quanto maior for o conhecimento do homem, maior é a sua responsabilidade. A Lei cumpre-se nos seus mínimos detalhes para que o equilíbrio se processe.

O jogo de luzes difusas do Bem e do Mal, esse xadrez, cujo enigma do lance a fazer que é o do jogo do Karma, é afinal o jogo do Perfeito Equilíbrio, da Justiça Suprema que cobra ou premia. Se todo homem quando pensa, emociona-se ou age, desequilibra o ritmo da Lei, tem de responder pelo retorno do equilíbrio, advindo daí a dor e os sofrimentos consequentes. Ora a dor e o sofrimento são causados pelo Karma – tanto pessoal como coletivo – e indicam o *retorno ao equilíbrio*.

Se não houvesse um sistema de reajustamento kármico, certamente a Humanidade se destruiria. Tal reajustamento é determinado por quatro Deuses Cósmicos chamados *Anjos do Destino*, *Suras-Lipikas* ou *Devas-Lipikas*, os *Senhores do karma Planetário* através das suas respectivas Cortes. Eles são os Reguladores kármicos para que cada homem possa suportar o retorno ao equilíbrio, ou seja, suportar o karma negativo que criou, cujas impressões são registradas ou plasmadas na sua matéria mental e que irão determinar a ação futura do *átomo-semente causal* na formação de um novo corpo em uma nova vida, enfim, irão tecer um bom ou mau destino. São Eles que, pela sua Sabedoria, fazem um escalonamento de maneira que a dor de retorno ao equilíbrio seja suportável e educativa. Portanto, o Karma não é mecanismo cego nem tampouco insensível.

Para que haja equilíbrio é muito importante o cultivo das virtudes, pois um karma negativo só pode ser destruído por uma vida virtuosa.

Na balança simbólica do Karma, o prato de prata é o das emoções que impulsionam a ação, enquanto o prato de ouro é o da mente ou conhecimento de como agir. Quando se vive sob o domínio das emoções, erra-se mais, e esse prato torna-se mais pesado, desce, logo, o outro sobe, ficando ambos em desequilíbrio. E quando se paga um karma e logo se adquire outro, por falta de conhecimentos, o prato das emoções mantém-se o mais pesado. Para que haja equilíbrio entre os dois pratos, é necessária a aquisição do conhecimento ou o desenvolvimento da mente, pois só pelo prato do conhecimento se pode dominar as emoções.

Um último tópico para terminar: não deixa de ser um grande erro esperar pela próxima reencarnação para debitar as dívidas hoje contraídas. O que conta exclusivamente é o Presente, neste é que se processa toda a evolução individual e coletiva, retomando quanto se aprendeu no Passado, mas se esforçando por criar um risonho e feliz Futuro. Por isso se diz comumente: "não deixes para amanhã o que podes fazer hoje"... porque amanhã poderá ser demasiado tarde.

Uma vivência verdadeiramente digna do Homem em consonância com o Espírito de Humanidade, ajudando o próximo na medida das suas possibilidades e oportunidades, sempre vivendo de acordo com o ritmo harmônico da Lei da Natureza, eis a chave de ouro para a Mônada Humana se libertar de vez das férreas cadeias kármicas que a amarram ao Ciclo da Necessidade de desenvolvimento integral da sua Consciência, ou seja, o da Reencarnação.

Para se alcançar a Divindade é necessário que o Karma se torne matematicamente igual a zero, visto ser Deus o Fiel da balança, isto é, o Equilíbrio Perfeito no ser humano. Motivo mais que suficiente para o Professor Henrique José de Souza ter proferido a sentença lapidar, com que se encerra este capítulo:

– A EVOLUÇÃO DÁ-SE PELA CONQUISTA DO CONHECIMENTO!

OBRAS CONSULTADAS

William Walker Atkinson. *Renascimento e Lei do Carma*. São Paulo: Editora Pensamento, 1963.

Papus. *A Reencarnação*. São Paulo: Editora Pensamento, 1976.

A Natureza Secreta do Homem (Estudo dos corpos astral e mental). São Lourenço (MG): Editora Arabutã, 1994.

Os Grandes Iluminados. 2ª ed., da autoria dos Discípulos do Professor Henrique José de Souza, todos da Ordem do Santo Graal. Rio de Janeiro: Aquarius Fundo Editorial, s/d.

Platão. *Fédon (Diálogo sobre a imortalidade da Alma)*. Coimbra: Atlântida Editora, S.A.R.L., 1975.

Comunidade Teúrgica Portuguesa, apostilas reservadas do *Grau Astaroth*.

Capítulo X
O Caminho da Verdadeira Iniciação

Sintra, 1980

Asato ma sat gamaya *Guia-me do irreal ao Real*
Tamaso ma yiotir-gamaya *Da treva à Luz*
Mritior-ma amritam gamaya. *Da morte à Imortalidade.*

Falar e agora escrever sobre o que seja um discípulo verdadeiro, avizinha-se da tarefa árdua, quase impossível, de descrever... É recordar a solidão, mesmo quando se está rodeado de gente, fidelíssima companheira de quem se desfez do mundo e procura a riqueza do Eterno; é lembrar amarguras, tristezas e injustiças morais e físicas, recompensa certa que o mundo dá a quem ao mundo tudo dá. É impossível descrever com exatidão o que seja um Iniciado verdadeiro, ou simplesmente verdadeiro discípulo, que, em comparação com a consciência comum dos seus semelhantes em Humanidade, já está na cumeeira do seu Gênero.

Mesmo assim, com toda a dificuldade, tentarei descrever em linhas gerais o que seja o Iniciado e o Caminho da Verdadeira Iniciação, desde já pedindo desculpa por alguma insuficiência que acaso se apresente a seguir.

Como já se sabe, a quarta Vaga de Vida ou Expiração Monádica do Supremo Demiurgo, o Logos Planetário, é a Humana (*Jiva*). Processando a sua Evolução por meio do compasso quaternário, essa Vaga soprada da Boca do Eterno apresenta-se hoje em quatro tipos de consciência bem definidos de acordo com o seu maior ou menor progresso evolucional. Assim, tem-se:

A) *Primitivos*. Os seres recém-saídos da terceira Vaga de Vida, a Animal, e entrados no estado Humano. Consequentemente, possuem poucas reencarnações humanas, estando, no que diz respeito à personalidade ou ao "eu" inferior, completamente desligados consciencialmente do Eu Superior, Espiritual, sendo a sua principal função alinhar entre si os veículos dessa mesma personalidade, inteiramente desencontrados ou desalinhados uns dos outros. Esses seres foram, na ocasião, a vanguarda do Reino Animal, os mais adiantados no desenvolvimento interno quanto à passagem do Emocional para o Mental Concreto.

B) *Civilizados*. A vasta maioria humana, isto é, o homem que pensa no plano objetivo ou concreto com bastante potência, podendo, vez por outra, ainda assim excepcional e rarissimamente, ter tênues vislumbres da Mente Superior, subjetiva, ou seja, do Corpo Causal. Nesse estado, os sentimentos mais nobres do homem dirigem-se quase exclusivamente à sua família e amigos mais chegados, ainda que também possa ter, nos seus limites estreitos, acessos de compaixão pelos desconhecidos em sofrimentos que, mesmo não sendo seus familiares nem amigos chegados, em boa verdade são seus *irmãos em Humanidade*, pois que *todos* provêm e estão ligados monadicamente ao *Deus Único*, o Logos Soberano da Terra, e assim, na essência última, todos constituem uma verdadeira Família Planetária, a qual, hoje, aparentemente, anda dispersa ou desavinda entre si. Para o cultivo cada vez maior dessa compaixão ou amor ao próximo, inquestionavelmente as religiões verdadeiras, não as falsas que transformam os altares em "balcões de negócios", por meio dos seus sistemas morais, são imprescindíveis à manutenção do tecido social, impedindo que o Homem regrida à animalidade bestial. Para o homem nessa condição, a matéria objetiva, visível e tangível pelos sentidos físicos, constitui a mestra suprema nas suas realizações imediatas. Para ele, toda vida resume-se ao concreto do positivismo, inclusive a religião, em que para entender o subjetivo tem de o objetivar, assim só acreditando em Deus quando Ele tem forma semelhante à sua e age como ele agiria, pagando a uns com os carvões do eterno braseiro infernal e premiando a outros com as róseas e eternas nuvens celestiais. E assim, pacata e naturalmente, o homem vai inconscientemente palmilhando o caminho da sua evolução rumo ao destino incógnito mas, quiçá, promissor...

C) *Idealistas*. Os mais adiantados da Humanidade comum. Por norma, assumem os postos de chefia dos vários ramos da estrutura social (educação, filosofia, religião, artes e letras, política, ciência, força militar, economia, etc.). Muitos desses homens e mulheres já estão muito próximos da tomada de consciência da Divindade na Natureza Universal, consequentemente, da Divina Lei Suprema que a tudo e a todos rege; não raras vezes, os Mestres Soberanos da Humanidade, os *Mahatmas* ou "Grandes Almas", servem-se deles inspirando-os, geralmente sem suspeitar minimamente, a uma boa condução e educação da restante Família Humana no caminho do verdadeiro Progresso, sinônimo de Verdadeira Iniciação Coletiva, visto o Homem comum, em virtude de sua própria ignorância cega (*avidya*), como é natural quando a Vida-Energia (*Jiva*) predomina e a Vida-Consciência (*Jivatmã*) ainda está em semente, correr o risco permanente de cristalizar na matéria bruta, à semelhança do que aconteceu à parte extensa da Humanidade na anterior Cadeia Lunar, acontecimento que a Bíblia simboliza no episódio da mulher de *Lot* (*Lut* ou *Lupe*, "Lua") ter se transformado em uma "estátua de sal", isto é, cristalizado na sua evolução lunar, passando à Cadeia seguinte, a atual Terrestre, com grande atraso, o que justifica ainda a presença de tribos humanas selvagens no Mundo de hoje.

D) *Aspirantes*. Sem me referir exclusivamente ao Aspirante à primeira Iniciação Espiritual, esse tipo humano é o pico consciencial da Humanidade comum. No seu íntimo já soou o abstrato Chamado, a indescritível Saudade do Eterno invadiu-o e misteriosamente inflamou-o, e sentindo o cansaço dos preconceitos de uma vida sempre igual nos mesmos limites estreitos, a sua consciência agoniza para ela na noite mais escura da matéria e parte, parte só e sem um adeus, desafiando as suas incertezas e inquietações ante o que o espera mais além… na profundeza abissal do seu âmago, partindo à demanda do Tesouro de Deus, o seu Deus Único e Verdadeiro, a Centelha Monádica do Grande Mar de Fogo Universal despendido do próprio Logos Eterno, "em cuja Presença existimos e temos o nosso ser", citando São Paulo.

É desse homem solitário, sem pátria fixa nem leito certo, mesmo que se fixe em país certo e recoste em leitos de seda, em um solilóquio permanente com o seu Deus mais que em um colóquio com os homens, que irei falar, e, quiçá, afinal também esteja falando de mim!

O que acabei de descrever é referido na Escola Esotérica Oriental dos *Arhats* como as quatro castas raciais: *Brahmane – Kshatriya – Vaíshia – Shudra*, o que corresponde na organização medieval europeia ao *Clero – Nobreza – Comércio – Povo*. Mas deve acrescentar-se que, por causa da crise francamente iniciática por que passa a Humanidade e tudo quanto na Terra vive hoje em dia, roncando as dores de parto de um novo estado de Consciência, os diversos tipos humanos estão completamente embaralhados, misturados entre si, recolhendo uns dos outros as mais diversas experiências necessárias à evolução do todo. Por isso se vê agora "um médico que daria um excelente sapateiro" ou "um padre com alma de mercador"... E também por isso o discípulo verdadeiro reencarna atualmente em meios completamente adversos à sua condição real, aos seus reais anelos interiores. É, afinal, como diz o Mestre Djwal Khul Mavalankar, o Tibetano, "a evolução pelo atrito"...

Esses diferentes estados de consciência humana dão razão à *Lei da Hierarquia*, quando diz: "os homens são iguais em essência, não tanto em potência, e desiguais em presença".

Mas como pode um comum mortal enraizado em padrões intelectuais preestabelecidos e em preconceitos emocionais irrevogáveis, de súbito entrar em conflito aberto com essa condição psicomental ao começar a interessar-se e a dedicar-se inteiramente aos assuntos metafísicos, criando as condições interiores para vir a ser, doravante, um *Gotrabhu* ou "Aspirante ao Aspirantado"?

A Substância Universal preenche a Vida-Energia e esta reage cada vez mais sensivelmente por ciclos prévia e perfeitamente estabelecidos pelas Hierarquias Criadoras do Universo, cuja influência chega até o metabolismo psicobiológico do Homem. Geralmente um *Gotrabhu* torna-se tal após completar um longo ciclo de reencarnações durante o qual recolheu as experiências necessárias à sua maior consciência e consequente amadurecimento interior, e assim acabando por despertar para a Vida do Espírito, ou seja, começar a predominar nele a Vida-Consciência. Contudo, logicamente que o tempo de duração até esse despertar interior varia de pessoa para pessoa, tudo dependendo do seu mais rápido ou mais lento amadurecimento consciencial, mesmo que tudo esteja conformado aos ritmos certos do relógio sideral que é o Zodíaco, corpo de manifestação das 12 Hierarquias Criadoras em torno do Logos Solar.

Os Grandes Mestres de Amor-Sabedoria são as provas cabais de que assim é. No esforço permanente de transformação, sublimação e assunção sobre si mesmos, na *opera magna* atravessando quantas vidas foram necessárias, mas sem perder o entusiasmo que os impelia avante – até os pés do seu Mestre Interior refletido em algum Mestre Exterior que desde o início os encaminhava, os inspirava de fora, até se tornarem UM com o MESTRE, finalmente, também eles transformados em Adeptos Reais ou Verdadeiros –, por vezes elevaram-se em metade do tempo preestabelecido pela Lei Maior, para sempre se libertando da "lei da morte", ou seja, das cadeias férreas do Ciclo de Necessidade da Roda do Destino que os condicionava à Lei de *Prakriti*, a Matéria original do Mundo das Formas, e que é a alavanca impulsionadora de *Dharma*, *Karma* e *Samsara*, isto é, da *Consciência*, do *Discernimento* e do *Movimento*.

Paulatina e pacientemente, Eles, Excelsos Mestres Soberanos da Humanidade, porque *Ativarnas* ("acima das castas"), quando foram simples mortais decerto também realizaram os seus pequenos exercícios espirituais aconselhados por seus Mentores. Aos poucos, sem desistir e com uma confiança ilimitada "Naqueles que tudo sabem e podem", foram realizando a sua Integração espiritual, o Alinhamento vital entre o seu "eu" inferior e o "Eu" Superior; primeiro da Personalidade material com a Individualidade espiritual, e a seguir desta com a Mônada Divina. Seguidamente, da Mônada com o Logos Planetário e, por fim, com o Solar, assim se tornando, efetivamente, Homens Divinos partícipes diretos da Consciência do Universo.

Existe um *momentum* próprio para o despertar da consciência espiritual e a consequente satisfação das necessidades desta, de maneira que nada adianta o lamento comum do "por que não despertei mais cedo?", pois só quando a alma está suficientemente amadurecida, ela desperta. Antes disso, impossível. Por regra geral, há quatro meios para ingressar no Caminho do Progresso Interior ou da Verdadeira Iniciação:

1º) Pela companhia daqueles que nele já entraram;
2º) Ouvindo e lendo ensinamentos específicos sobre a Doutrina Oculta;
3º) Pela reflexão esclarecida, isto é, pela própria força do pensamento constante e raciocínio cerrado pode chegar por si mesmo a parte da Verdade;
4º) Pela prática da virtude, o que quer dizer que uma longa série de vidas virtuosas, ainda que não implique necessariamente um aumento da intelectualidade, acaba por desenvolver em um indivíduo a intuição suficiente para que ele compreenda a necessidade de entrar no Caminho e veja qual a direção que esse Caminho toma.

Quando o iniciante começa a estudar e a praticar os ensinamentos da Sabedoria Divina (*Teosofia* ou *Gupta-Vidya*), vivenciando-os o melhor que pode e sabe, por norma, acontecem dois fatos interessantes que são, por assim dizer, desencadeados pelo *arranque espiritual*:

A) *Aceleramento kármico*. À sua volta o até então sólido e belo mundo social desmorona-se como coisa velha, podre e gasta. A sua consciência, agora interessada por mais altos e dignos valores dos que até então possuía, vai-lhe precipitar o desfazer das ilusões mundanas, portanto, advindo as desilusões dolorosas. Doravante, em seu íntimo, a sociedade profana depara-se lhe um monte de cinzas, uma fogueira de paixões intensas nele já apagadas, de ilusões perdidas ou desfeitas. Os "bons e dedicados amigos" de antanho, fiéis companheiros de boemia e vida passional, passam a ser vistos com outros olhos ao aperceber-se que tal "amizade" é interesseira, finita e caduca, toda ela se *prendendo à forma* e *não à totalidade do ser*. Geralmente basta uma ligeira discordância, e pronto... fica-se sem o "bom e velho amigo". A família deixa de ter o exclusivo das suas atenções e interesses, quando dilata essas mesmas atenções e interesses ao restante Grupo Humano. Então, é praticamente certo, advêm os aborrecimentos: "Como é possível você, criatura sã e inteligente, acreditar em tais tolices?", reagem os familiares e "amigos" incapazes de entender o que a larga e horizontal mente humana, em que estão, jamais poderá responder, pois a resposta está um tom acima, na profunda e vertical mente espiritual. Aqui, neste conspecto social, para seu bem o discípulo deverá usar de muita *discrição* e *prudência*, visto a ostentação ou exibicionismo só servir para agravar a situação e, dessa maneira, acabar sendo marginalizado... *por culpa sua*. A sua profissão como "ganha-pão" certo, também tende a encará-la como uma monotonia "sem préstimo algum", o que está de todo errado e pode corrigir se encarar a profissão, seja ela qual for, como um contributo imprescindível para o bem geral da sociedade, sendo retribuído com o salário certo e merecido com que se sustentará e aos seus. Vista assim, a atividade profissional não deixa de ser uma perfeita *meditação ativa*.

"A Humanidade sofre por ter feito do amor um pecado e do trabalho um castigo." – disse o Professor Henrique José de Souza, ou seja, Aquele que os Teúrgicos e Teósofos entendem como o Venerável Mestre JHS.

A vida do aspirante enche-se de problemas, vindo perturbar o seu sossego social até há pouco imperturbável. Se for pessoa ainda pouco segura, não deixará de perguntar-se: "Será a Teosofia e o Ocultismo uma manha diabólica?". Diga-se, de passagem, que muitos iniciantes convencem-se de que, de fato, assim é, e pronto: exorcismo aos livros e textos teosóficos e ocultistas, ao fogo com eles e os seus diabolismos – *vade retro Satanás!* – juntamente com os diabólicos propagadores de tamanhas insanidades, e logo tratar de esquecer para sempre essa "loucura momentânea" que os arrastou por "interesses idiotas" que "só azar trazem". Se acaso alguém desse gênero ainda estiver filiado na convencional religião estatal, por certo não deixará de procurar o padre-cura para obter a remissão do seu pecado capital em ter ambicionado, debalde... levantar o VÉU DE ÍSIS!

Ainda não chegaram os seus *momentuns*, e por isso acontece tal. Pressentem mas não arriscam... há que aguardar mais uns anos ou, então, uma próxima vida, sim, porque *Natura non facit saltus*, isto é, *a Natureza não dá saltos*.

Se a vida do aspirante se "enche de problemas" (na realidade eles sempre existiram, como fatores psicossociais não resolvidos e que são o lastro nocivo da consciência remoendo-se, ou do remorso da alma), ainda assim é porque o seu *karma pessoal* foi *acelerado* pelos Anjos do Destino, a fim de se *esgotar mais rapidamente*, debitando em uma vida o que normalmente levaria cinco ou seis a debitar, contudo sempre e matematicamente em conformidade com as suas capacidades de suportar. Isso faz parte do Plano Iniciático proposto aos candidatos ao Adeptado, fenômeno que o Professor Henrique José de Souza chamou de "Colapso da Velocidade". A paciência, a humildade e a aceitação das provações, tudo isso temperado com a fé esclarecida nos Mestres e no Mestre Interno, juntamente com o amor dedicado a toda a Vida e o estudo aplicado das Causas, acabará levando o discípulo à superação da consciência ordinária e assim, passando a encarar as circunstâncias imediatas de uma maneira superior, conseguirá a força da energia necessária para vencer as tribulações diárias.

B) *Superstição psicomental*. Essa é uma verdadeira chaga viva para a maioria esmagadora dos estudantes dando os primeiros passos no estudo e compreensão da Teurgia e Teosofia, indo redundar manifestamente tanto em um crencismo pueril quanto em um puritanismo castrante, e isso porque o seu sistema psicomental ainda está muitíssimo dependente dos seculares padrões morais das religiões vigentes, os quais, é forçoso reconhecer, limitam mais do que libertam. De maneira que ao início ainda se mantém uma série de condicionalismos, mais ou menos inconscientes, os quais são um rigoroso e intocável tabu para o neófito. Por exemplo, é quase comum vê-lo inibir-se de se afirmar e agir com rigor e determinação em certas situações conflituosas onde a sua presença é imprescindível, mas que escusa recusando assumir-se, assumindo assim a sua fraqueza, e isso apenas por causa da sua tendência emocional em resvalar para o bem famoso puritanismo do não dever agir muito materialmente, em que situação for, porque simplesmente não é... espiritual. Pessoalmente, conheço inúmeras pessoas assim, autoemparedadas psicomentalmente em um tabu sutil rotulado de "espiritualismo" mas que é, em boa verdade, um completo materialismo, mas muito mais falaz, por ser sutil, quase invisível ou imperceptível aos sentidos imediatos: o materialismo "sentimentalista", fruto de uma mal cultivada religiosidade psíquica. É óbvio que deverá haver educação espiritual da pessoa, cultivando o caráter pela moral e a inteligência pela cultura, portanto, uma *educação esclarecida*, liberta de tabus e preconceitos sociorreligiosos, sempre aberta a novos horizontes de sabedoria e conhecimento porque, na Vida como ela é, realmente não existem padrões definitivos, visto tudo ser mutável e móvel, desde logo devendo o aspirante dotar-se de uma mente muito "elástica", sempre pronta a reconhecer e integrar horizontes cada vez mais vastos e esclarecedores.

O Iniciado ocidental, com a sua própria Tradição Espiritual, inserido em um esquema de vida diária a mais profana que o força a afirmar-se a cada momento, tem de assumir a condição de verdadeiro guerreiro, sempre a favor do Espírito, mas sem desprezar a Matéria, espalhando em redor, por meio do *exemplo* facultado pelo seu caráter e cultura firmes, a chama viva da espiritualidade, esta que não se acende com "fraquezas e medos", mas com ousadia e valentia ante uma civilização materialista e consumista, a mais supérflua possível, que não respeita nada nem ninguém... exceto os mais fortes, e estes devem ser os verdadeiros espiritualistas.

Dois grandes tabus ou congestionamentos psicológicos afligindo o principiante no Caminho da Iniciação são, sem dúvida, aqueles referentes ao *sexo* e à *alimentação*. Apesar do muito que já disse e escrevi sobre esses dois fatores, repito mais uma vez que a função sexual não existe para ser reprimida, como coisa imunda e pecaminosa, nem abusada, como fator mentecapto e possessivo, antes encarada como função normal da Lei da Vida, e o seu uso devidamente enquadrado e regrado faz do sexo um ato santo, de preferência exercido a três: o homem, a mulher e Deus como Espírito Santo manifestando-se por eles, o que irá tornar a relação íntima uma espécie de santa eucaristia, na qual o homem depõe no altar ventre da mulher a semente da criação que ela alimenta com o amor que impele a ambos, para deles surgir o terceiro elemento: o filho, o fruto bendito do ato puro.

Sobre a alimentação, quase descarece dizer que o vegetarianismo integral só deve ser usado por quem dele necessita verdadeiramente, e não por alguma espécie de autoimposição fanática, não profiláctica, na busca de uma qualquer "pureza física", usualmente reparando-se naqueles que possuem *mente vegetativa*, o que lhes dá um forte pendor emocional. Na sua obra magistral, *A Verdadeira Iniciação*, o Professor Henrique José de Souza descreveu a complexidade alimentar ao distinguir as carências temperamentais dos *linfático*, *bilioso*, *nervoso* e *sanguíneo*, cada qual com as suas necessidades alimentares específicas.

De maneira nenhuma pretendo, clara ou encapotadamente, fazer alguma espécie de apologia a Pantagruel, mas sim tentar fazer perceber que as coisas dão-se no momento exato ou próprio, em conformidade com a necessidade natural que desponta, e nunca de outra maneira artificial nascida de alguma artificiosa imposição psicofísica, mais ou menos religiosa-espiritualista, cujas noções, apresentando-se pouco claras, inevitavelmente redundam em uma distorção psicomental, não raro revelada como neurastenia e hipocondria, doenças de foro claramente psíquico. A melhor e única maneira de evitar essas gravidades será tentar não contornar ou enganar a sua própria natureza, e escusar-se a qualquer espécie de fanatismo puritano, este, o eterno autocastrador inibindo o Homem de viver-se perfeita e integralmente, pois que o "enjaula" centripetamente em si mesmo o que, mais uma vez, só pode desfechar em desânimo, em desespero e, inclusive, nas tristemente famosas afetações psíquicas.

A esse respeito, passo a citar o seguinte excerto de um texto interno da Escola Teúrgica, por considerá-lo bastante esclarecedor desse assunto do sexo e da alimentação:

"Algumas escolas de pensamento, de base esotérica, advogam como ponto fundamental para uma perfeita realização espiritual a completa e total subjugação do corpo humano, que estamos a tratar, quer pela absoluta proibição da ingestão de álcool ou de alimentos de origem animal, quer pela absoluta proibição de quaisquer contatos ou relações de tipo sexual.

Nesse particular, a perspectiva da Escola Teúrgica é específica, dado o seu vínculo com a Tradição Oculta Ocidental. Os discípulos que estão ligados à Grande Fraternidade Branca alcançaram a realização interior não pela repressão dos processos físicos vitais, mas sim pelo seu correto enquadramento em uma perspectiva superior de ordem espiritual. O problema não consiste na manutenção ou abolição da vida sexual, mas na perspectiva que o discípulo tem dela e do lugar e importância que lhe confere. A função sexual é uma função vital, tão vital como a respiração ou a nutrição. Reprimi-la, longe de conduzir à realização, poderá ocasionar no discípulo perturbações de ordem psicológica e, sobretudo, aquela cegueira ilusória que caracteriza o fanatismo.

Da mesma maneira se coloca o problema dos regimes alimentares que poderão estar aconselhados aos discípulos. Não se nega, de forma alguma, a importância que pode ter em certos momentos específicos a não ingestão de alimentos animais ou bebidas alcoólicas e a não manutenção de relações sexuais, como propiciatórias a uma correta integração em certas cerimônias de cunho ritualístico ou templário. O que se quer dizer é que a extrema concentração do discípulo sobre esses aspectos pode conduzi-lo à mais perigosa e insidiosa forma de materialismo, à concentração total sobre o corpo físico denso (sob disfarce espiritualista), quando outros aspectos importantes da realização espiritual são descurados."

É assim que, natural e alegremente, o discípulo vai paulatinamente crescendo em sua consciência interior até que ele e o Eu Divino se absorvam um no outro, liberto de peias e tabus personalísticos, como as clássicas características morais das religiões exotéricas e cultos afins claramente emocionais, ainda assim necessárias à condução da Humanidade comum, mas não do discípulo, se acaso pretende integrar o escol privilegiado do número de eleitos ou a elite espiritual do Gênero Humano.

Informam ainda os Grandes Mestres da Humanidade que o desenvolvimento interior da pessoa isolada e não em grupo, por muito boa vontade que tenha, não deixa de acarretar o perigo de cair no desânimo, na inércia e na desistência.

Quando um indivíduo desperta para os interesses espirituais, geralmente começa a ler e a estudar sofregamente livros de Escolas diversas, cada qual com o seu método de preparação espiritual, consequentemente, sendo as suas informações dispersas, desencontradas de uma para as outras por serem diferentes; ele, em um misto de ingenuidade e inadvertímento, por vezes chega a misturar todos esses métodos em uma amálgama de conceitos que só podem resultar, inevitavelmente, em uma complexidade de erros didáticos e técnicos. Sei, por experiência própria, quão dificílimo é persuadir alguém assim do seu erro, e, pior ainda, quando esse alguém pelo seu carisma tem aceitação pública, pois que irá transmitir preceitos, conceitos e métodos imprecisos junto do auditório e dos seus seguidores, havendo a forte possibilidade de quase todos eles, se não todos, ainda estarem dando os primeiros passos no Caminho.

Outros, infelizes, apartam-se de qualquer Grupo Espiritual ou Ordem Esotérica e sós, por sua conta e risco, entregam-se a práticas de índole mentalista e mágica. No caso, sempre tão fácil de acontecer, do exercício ou operação correr mal, quem os salvará das forças ingratamente atraídas – se estão isolados –, arriscando-se dessa maneira a doenças psicofísicas, à loucura e à indução ao suicídio (como aconteceu no século XIX com o famoso mago Eliphas Lévi, que após invocar de espada em punho o Espírito Imortal do Excelso Apolônio de Tiana, caiu inerte perdendo para sempre o juízo... mas acompanhando-o doravante e sempre a tendência suicidária. Acabou os seus dias pobre mendigando pelas ruas de Paris), neste caso indício claro de perda da alma, isto quando não tombam imediatamente fulminados de morte?

Também nesse último campo tenho experiência vivida, pelo que não deixo de alertar os principiantes no Caminho da Verdadeira Iniciação quanto aos perigos subjacentes aos métodos aplicados isoladamente, particularmente os mágico-animistas, perigos acrescidos quando se enfronham em uma miscelânea medonha de técnicas de Escolas diversas, que recolheram aqui e além na literatura pública, mas sem que, realmente, pertençam efetivamente a alguma.

Ademais, quer após a morte ou então durante o período de sono, quando a alma se liberta temporariamente da veste física, para onde irão as almas dessas pessoas? Para as "escolas astrais sintéticas", como afirmam alguns em sua defesa? Mas nada disso existe, pois é pura ignorância fruto da ingenuidade psíquica. Não há "escolas sintéticas astrais onde se ensina a sabedoria esotérica cósmica feita de todas as fontes espiritualistas do mundo, a qual aí se assume síntese cósmica", pois tal não condiz com nada, a começar pela Ordem e Harmonia Universal. O que há, sim, são os Santuários Espirituais ou Retiros Privados (*Ashrams*) dos Grandes Mestres da Humanidade, cada qual com a sua tônica de ministrar o Conhecimento Único, e todos tributando Àquela que os sintetiza como Fonte Suprema desse mesmo Conhecimento: *Shamballah*, a "Mansão do Amanhecer" como "Santuário de *Kundalini*" ou "Laboratório do Espírito Santo".

Acontece que esses infelizes tão só errarão no Astral ou Mundo Emocional, Psíquico, envolvidos em belos sonhos róseos, até que entendam que nesta Era de Globalização, de Fraternidade Universal do Gênero Humano cada vez mais se solidificando, não é mais possível nem faz parte das Regras da Grande Fraternidade Branca a evolução pessoal isolada.

Em princípio, como boas e genuínas existem 49 Escolas de Espiritualidade à semelhança dos 49 Raios de Luz do Logos Único, com estes coadunadas. Umas desenvolvem-se mais pelo aspecto "Amor" e outras mais pela "Sabedoria", mas todas expressando o aspecto "Vontade" de Bem Fazer, sendo a *Egrégora* ou "Alma Coletiva" de cada uma e de todas unidas "a trolha e o cinzel" dos Grandes Mestres na construção do Edifício da Perfeição Humana.

Como se sabe, cada Raio (constituído de sete sub-raios, logo, 49 Raios – sete principais, cada qual com sete subsidiários) representa um Aspecto do Logos Planetário, o qual sendo um subaspecto do Logos Solar, Este manifesta-se por Ele. É assim que o segundo Raio do Logos Solar – sendo o segundo sub-raio do primeiro Raio do Logos Central do Sistema de Evolução Universal, ocultando-se por detrás daquele – se manifesta na Terra pelo segundo sub-raio do terceiro Raio. De maneira algo similar, ao nível da evolução humana, aquele que começa a destacar-se desta, primeiro reconhecendo as suas necessidades interiores e depois procurando uma Escola que as satisfaça, a qual esteja de acordo com a sua tônica, começa assim a realizar, paciente e abnegadamente, os graus que o levarão aos pés do seu Mestre, e ele mesmo acabando por se tornar Mestre, tal qual a borboleta saída do casulo.

O objetivo supremo de todas as verdadeiras Fraternidades Iniciáticas sempre foi e será um só: o de levar o ser humano a se autoconscientizar e a viver a sua realidade interior, os seus verdadeiros e, em última análise, únicos objetivos na vida. Não apenas uma vida vegetativa, mas uma vida plena, universal, em que a vida como energia se acresce, transforma em mais vida, energia e CONSCIÊNCIA. Sim, porque a Verdadeira Iniciação é a da transformação da Vida-Energia em Vida-Consciência... de um e todos no Todo.

Dentro e fora do esquema geral da Iniciação, existem dois tipos gerais de homens em evolução: o *místico devocionalista* e o *ocultista mentalista*.

O primeiro evolui pela linha vertical de menor resistência do Sistema de Evolução, ligando-se ao Aspecto "Amor" do Logos Planetário e realizando-se pela *Doutrina do Coração*. Divide-se em dois aspectos:

A) O *místico contemplativo*. Aquele que vive única e exclusivamente de si para Si, a Mônada Divina, apartando-se da agitação psicomental da restante Humanidade indo introverter todas as suas capacidades psicofísicas, motoras e mentais, para isso se servindo das qualidades do segundo Raio de Amor-Sabedoria e, principalmente, do sexto Raio do Devocionalismo, este como sendo a "oitava inferior" daquele. É o asceta, o anacoreta, o que vive em um solilóquio permanente de si para Deus e nada mais, estabelecendo a ligação do veículo de consciência Emocional com o Intuicional e deste com o Monádico, a "Centelha na Chama". Da absorção ou integração na Mônada Divina resulta o não mais voltar, o não mais reencarnar, ou então só a longo prazo, se ainda tiver débitos kármicos, caso excepcionalíssimo, pois o místico contemplativo purifica-se e ascende à Altura de Deus pelo rigor da *Hatha* e *Bhakti Yogas*, isto é, a do domínio físico, chegando a tomar feições de mortificação, e a do controle emocional, a quem dá combate permanente até anular toda e qualquer expressão de emotividade.

B) O *místico ativo*. Aquele que apesar de integrado em algum mosteiro não vive em clausura, mas em claustro, ou seja, não deixa de participar do serviço aos seus e à Humanidade através das qualidades do segundo Raio de Amor-Sabedoria, do quarto Raio da Harmonia Artística ou do sexto Raio do Devocionalismo, estes que são precisamente as Linhas ou Tônicas dos seus respectivos Dirigentes Espirituais: *Nagib*, *Hilarião* e *Kut-Humi*. De modo que o místico ativo aplica os métodos devocionais para também ele assumir-se em Deus mas pelo serviço ao Divino e aos Mestres – a "Assembleia dos Santos e Sábios", de que fala a Igreja cristã – através da Humanidade desfavorecida.

Seja como for, em si só o método devocional não é de todo perfeito, pois o místico propende sempre para as inclinações psicomentais do exclusivismo e do fanatismo, este sob a forma de pietismo beato.

Quanto ao segundo aspecto, evolui em elíptica espiralada como linha de maior resistência do Sistema de Evolução, por desenrolar-se com maior lentidão, e o discípulo para evoluir deve fazer contato direto com a Matéria, com o Mundo das Formas com todas as suas tramas, dramas e vitórias, acabando por recolher de tudo isso uma experiência inaudita e inédita, postando-o, antes as Hierarquias Universais, como JAVA-AGAT, o "Grande Mago da Matéria" em que se fez justo e perfeito pelo desenvolvimento do Mental, da "Sabedoria" do Logos ou Deus da Terra, característica fundamental da chamada *Doutrina do Olho*.

O ocultista, confundido na Humanidade comum, por ser seu dever servi-la impessoal e anonimamente, vai estabelecer a ligação consciencial do seu corpo Mental com o Espiritual e deste com o Divino. Esse desenvolvimento é processado por meio das tônicas que lhe são especialmente afins, como os sistemas da meditação ocultista e da ritualística. Repara-se nisso a aplicação dos métodos da *Raja* e da *Jnana Yogas*, ambas destinadas ao desenvolvimento do Mental, tanto humano como espiritual, e igualmente a influência na sua vida do primeiro Raio da Vontade ou Poder, do terceiro Raio da Atividade Inteligente, do quinto Raio do Conhecimento Científico e do sétimo Raio da Ordem ou Magia Cerimonial, precisamente as Linhas de Forças por que se exprimem os seus Supremos Dirigentes, os Preclaros Adeptos Vivos *Ab-Allah*, *São Germano*, *Morya* e *Serapis Bey*.

Mas também a via mental do ocultista por si só é falha, por ele propender sempre às inclinações psicomentais do autoritarismo, não raro manifesto como xenofobismo, e do egoísmo intelectual, sob a forma de descompaixão por vezes encapotada no floreado vaidoso do que é simples narcisismo.

A Perfeição do Ser ou o seu Perfeito Equilíbrio está apenas em desenvolver o Mental a par do Coracional, a Sabedoria acalentada pelo Amor, razão mais que suficiente para o Professor Henrique José de Souza ter proferido: "Quando o Homem na Terra colocar a Mente ao lado do Coração, alcançará as maiores venturas do Céu". E, logo a seguir, adiantar: "A Humanidade só pode alcançar a Neutralidade vivendo em luta com o Bem e com o Mal. Porque é daí que nasce, justamente, a Neutralidade. Do ilusório conduz-me ao Real, das trevas à Luz, da morte à Imortalidade. A Imortalidade se acha na Neutralidade. Bendita seja a morte aparente das coisas terrenas para a morte-ressurreição das coisas divinas".

Esse Perfeito Equilíbrio ou Neutralidade Perfeita encontra-se no quarto Raio sob a chancela do Mestre *Hilarião*, aliás, a Linha Andrógina que caracteriza a *Vontade de Deus* na hora presente da Manifestação e Evolução Universal.

Assim, "par e passo", o discípulo iniciado nos Mistérios Menores conferidos por alguma Confraternidade Iniciática, *legalmente credenciada* pela Grande Loja Branca dos Mestres Supremos da Humanidade, vai se acercando da primeira Iniciação Maior que é a do verdadeiro Aspirante, aquando enverada decisivamente no Caminho do Adeptado. Agora, chegados aqui, convém assinalar o seguinte, que não é tão raro como possa parecer à primeira vista: um indivíduo pode ter todos os graus simbólicos de determinada Escola, mas não ter sequer a primeira Iniciação Real, ou, então, ter somente a primeira Iniciação Simbólica e, no entanto, deter já em sua natureza interna as primeira, segunda ou terceira Iniciações Reais auferidas junto da Loja dos *Mahatmas*.

Isso demonstra como tudo é relativo e se descobre nas características culturais e morais da pessoa que, de fato, seja Iniciada verdadeira. De maneira que o mestre de grau de determinada Escola Espiritualista pode não passar de simples aprendiz ante aquele que pela primeira vez recebe a respectiva iniciação simbólica.

Tudo depende do progresso espiritual ao longo do esteiro das vidas sucessivas, com o consequente esgotamento do karma pessoal. A evolução da alma não se mede por graus escolásticos, sejam quais forem, mas sim pelo seu acercamento ao *Augoeides*, o Eu Divino, e quanto mais perto fica, mais iluminada está. À Confraternidade cabe tão somente ajudar nessa evolução e nada mais, visto NINGUÉM EVOLUIR POR ALGUÉM.

Contudo, e para maior segurança humana e espiritual de todos, reafirmo que só em perfeita unidade auferida junto de uma Confraternidade verdadeiramente Espiritual se pode evoluir sem percalços desnecessários e até, quantas vezes, dramáticos!... Ademais, um Grupo Esotérico Humano é a manifestação de um Mestre Real, constituindo o seu Núcleo, tal qual toda a Hierarquia Planetária em volta do seu Logos é a manifestação da Hierarquia Universal tendo como Centro o Logos Solar, o Deus Supremo do nosso Universo Sistémico.

A analogia das coisas dispersas novamente reunidas leva ao entendimento da Unidade Universal.

Acerca da aproximação do discípulo ao Altar do Fogo Sagrado da Iniciação, com a antecedente debastação dos seus "eus" inferiores como lhe é exigida para que possa penetrar a Luz, é assunto comentado, em um misto de severidade e beleza, no Poema *A Voz do Silêncio*, inspirado no "Livro dos Preceitos de Ouro" da Escola Transhimalaia dos *Arhats* e dado ao Ocidente pela extraordinária Helena Petrovna Blavatsky (*Upasika*), cuja tradução para a língua portuguesa se deve a Fernando Pessoa. Diz:

"Há apenas um Caminho para o caminheiro, e só bem no seu final se pode ouvir a 'Voz do Silêncio'. A escada pela qual ascende o candidato é formada de degraus de sofrimento e dor, que só podem ser aplacados pela voz da virtude. Ai de ti, discípulo, se em ti restar um só vício que não tenhas deixado para trás. Pois então a escada cederá e te deitará abaixo; o seu pé está apoiado no profundo lodo dos teus pecados e falhas, e antes que possas atravessar este largo abismo da matéria, tens que lavar os teus pés nas Águas da Renúncia. Cuida que não ponhas um pé ainda sujo no primeiro degrau da escada. Ai daquele que ouse macular um só degrau com pés lamacentos. A lama vil e viscosa secará, tornar-se-á pegajosa, e acabará por colar-lhe o pé ao degrau, e como uma ave presa no visco do caçador astuto, ele será afastado de todo o progresso ulterior. Os seus vícios tomarão forma e o arrastarão à queda. Os seus pecados levantarão a voz, como o riso e o soluço do chacal depois do sol posto; os seus pensamentos se tornarão um exército, e o levarão com escravo cativo.

Mata os teus desejos, discípulo; torna impotentes os teus vícios antes de dares o primeiro passo na solene viagem.

Estrangula os teus pecados, e emudece-os para sempre, antes de levantares o pé para subir a escada.

Silencia os teus pensamentos e fixa toda a tua atenção em teu Mestre, que ainda não vês mas já sentes.

Funde em um só todos os teus sentidos, se queres estar seguro contra o inimigo. É só por meio desse sentido, oculto na cavidade de teu cérebro, que o íngreme caminho para o teu Mestre pode descortinar-se aos olhos turvos da tua alma.

Longo e penoso é o Caminho diante de ti, ó discípulo! Um simples pensamento sobre o passado que deixaste para trás te arrastará para baixo, e terás que começar de novo a subida.

A Luz do Único Mestre, a áurea e imarcescível Luz do Espírito, lança os seus fúlgidos raios sobre o discípulo desde o primeiro instante. Os seus raios penetram as espessas nuvens da matéria."

Alcança, por fim, a primeira Iniciação Real. Unido ao seu Mestre Interno, é levado aos pés do seu Mestre pessoal que o consagra efetivo Aspirante ao Adeptado. Aqui, o Discípulo adquire o poder equivalente ao do Reino Mineral, correspondendo – nessa quarta Cadeia Planetária dividida em sete Rondas em cuja quarta estamos – à primeira Ronda de Saturno (Ar), pelo que esse primeiro Grau do *Aspirante* ou *Sotapati* equivale ao *Nascimento* espiritual.

Passados alguns anos ou várias vidas – quiçá! – conquista a segunda Iniciação Real, que lhe é conferida, através do seu Mestre pessoal, pelo próprio Mestre do Mundo, o *Bodhisattva*, função hoje assumida pelo *Cristo* (JEPHER-SUS ou MAITREYA), indo adquirir poder equivalente ao do Reino Vegetal durante a segunda Ronda Solar (Fogo). Esse é o Grau do *Probacionário* ou *Sakadagamin*, do que recebe o *Batismo* espiritual e está destinado a passar as mais variadas provações como esgotamento Kármico e aquisição da consciência necessária à superação da fatídica "Roda dos Renascimentos".

Por norma, ainda que hajam raras exceções, até a terceira Iniciação pode acontecer que o Discípulo não tenha consciência imediata de que é realmente Iniciado, e isso só é detectável aos olhos dos demais, com lucidez e esclarecimento, pela suas virtudes, sapiência e vontade inquebrantável em prosseguir no Caminho da Evolução, mesmo "contra todos os ventos e marés" do tempestuoso mundo profano.

Na terceira Iniciação Real é finalmente *Aceite* pelo seu Mestre pessoal, criando este uma teia ou tela etérica (podendo ser destruída se o Discípulo recuar no seu progresso) que ligará os dois como um só. Nessa fase e através do seu Mestre, o Discípulo é consagrado pelo Senhor do Mundo, o Rei do mesmo como *Melkitsedek* ou *Chakravarti*, acontecendo a *Transfiguração* ou Metástase da personalidade com o seu Eu Divino, e é chamado de *Anagamin* passando a deter poder semelhante ao do Reino Animal durante a terceira Ronda Lunar (Água).

Advém, finalmente, a quarta e última Iniciação Real no Caminho do Discipulado. Ele é já um Semimestre, um semideus. Nesse período o Iniciado é *Unido* à Consciência do Logos Planetário, assumindo-se um *Chresto* ou *Arhat*, cuja *Crucificação* derradeira da sua personalidade permite-lhe o acesso, pelo domínio da Terra (quarta Ronda – Reino Humano), ao Reino dos Deuses e de Deus, ou seja, a própria *Agharta–Shamballah*. É, pois, repito, um *Chresto*, "Ungido ou Iluminado divino" porque *Arhat de Fogo*.

Só na quinta Iniciação se pode considerar o Discípulo um Mestre Verdadeiro, *Mahatma* ou *Asheka*. Equivale à *Ressurreição* na tomada de posse do quinto Reino Espiritual, por sua consciência ir até o próprio Logos Solar e, consequentemente, ter o domínio pleno do quinto Elemento ou Quintessência da Natureza – o Éter, com que já se tece a quinta Ronda de Vênus da atual Cadeia Planetária.

Mas falar do divino Adepto, do *Dhyani-Jiva* como *Jivatmã*, só se pode fazer por metáforas, pois que Ele é realidade misteriosa para além de toda e qualquer concepção finita do imperfeito intelecto humano. É falar de Deus Antropomórfico e, ao mesmo tempo, do Pai Interno... assim, em boa verdade, Deste não se pode falar com justeza e perfeição, não por ser dogma proibido e sim por limitação humana, só restando o essencial a um e a todos: procurar senti-Lo, ouvi-Lo, vivê-Lo!...

Mesmo assim, para um entendimento mais perfeito que o intelecto humano sempre exige, devo informar haverem ainda as sexta e sétima Iniciações, as de *Choan* e *Mahachoan* correspondentes à *Assunção* e ao *Pentecostes*, equivalentes à sexta Ronda de Mercúrio (Subatômico – Permeabilidade) e à sétima Ronda de Júpiter (Atômico – Plasticidade), com que desfechará a Cadeia atual.

Quando o Homem atinge o Adeptado, os Senhores do Karma Universal (*Maharajas*) apresentam-lhe e deixam à sua escolha um dos sete Caminhos que doravante poderá prosseguir a sua evolução, desta forma:

1º – Caminho do Logos Central (*Mahaparabrahman*)
2º – Caminho do Logos Solar (*Parabrahman*)
3º – Caminho do Logos Planetário (*Brahman*)
4º – Caminho dos Arqueus (*Assuras*)
5º – Caminho dos Arcanjos (*Agnisvattas*)
6º – Caminho dos Anjos (*Barishads*)
7º – Caminho dos Homens *(Jivas*)

Antes de prosseguir para o desfecho do presente capítulo, devo responder à seguinte questão que me foi colocada por um estudante e a qual é pertinente ao tema em causa: – Está o Espírito dentro ou fora do Homem? Entendendo a Centelha Divina como sendo de natureza sutil e não física, respondo que o Espírito localiza-se sobre o Homem e envolve-o como uma Cachoeira de Luz ou Aura Gloriosa, síntese de todas as demais, pelo que é vista como um maravilhoso arco-íris resplandecente, ainda assim sobressaindo o tom púrpura ou cor de sol posto. À medida que os "centros vitais" (*chakras*) humanos são desenvolvidos em proporção crescente, mais a Luz Espiritual manifesta-se por eles na Alma e no Corpo, e com isso maior se torna a Consciência no Homem. Chama-se a isso *Iluminação* e *Iniciação*, ou seja, a Iluminação Interior que permite a Iniciação Exterior, para com isso chegar ao domínio pleno das Leis da Vida, ou seja, ao Adeptado.

De maneira que a disciplina que leva à Realização Integral do Homem apresenta-se com três etapas:

1ª – A *Preparação*, que desenvolve os sentidos espirituais;
2ª – A *Iluminação*, que aviva a Luz Espiritual;
3ª – A *Iniciação*, que permite a comunicação com Deus e os Deuses.

Para terminar este estudo, já longo, dou o remate final com um trecho de texto interno do Colégio Teúrgico, o qual se apresenta com a lucidez e a abertura mental que só a Sabedoria Iniciática das Idades pode conferir a um e a todos:

"A Via do Discipulado é algo extremamente difícil. A inflexibilidade dos Mestres perante a conduta dos Discípulos não deixa de ser acompanhada do maior amor, da mais profunda compreensão perante as suas grandezas e misérias. Também os Mestres foram um dia Discípulos, também Eles caíram e se levantaram nessa senda tortuosa, também Eles se viram abatidos, vezes sem conta, pelo destino, em uma esquina qualquer da vida. É Camões quem maravilhosamente resume toda a tragédia contida nas vidas do Discípulo, nesta sibilina frase: 'Erros meus, má fortuna, amor ardente'.

Mais do que ninguém, sabem os Mestres dar o devido valor àquilo que custa ser Discípulo. Este é, na realidade, um guerreiro e cada vitória, cada sucesso, tirado a ferros, arrostado contra a dureza de um meio, que nada perdoa e de nada se compadece, é uma página imortal escrita quantas e quantas vezes com o sangue, o suor e as lágrimas dolorosamente arrancadas a uma condição que apenas se pode gabar de ser humana. O Discípulo é acima de tudo um homem humilde, palmilhando a vida sem nada ter de verdadeiramente seu, porque tudo dá no serviço desinteressado aos outros, quantas vezes de rastos, o rosto contra o pó, pois só desse modo se pode olhar Deus face a face. Ou não estivesse Ele no Centro da Terra... E assim se transforma o Discípulo um Homem Sábio.

O Homem Sábio não é aquele que faz tudo bem feito, mas sim o que tendo uma má atitude sabe corrigir o seu erro e humildemente pedir desculpa.

O Homem Sábio não é aquele que só tem pensamentos puros, mas sim o que, ao ter um pensamento impuro, consegue de imediato envolvê-lo em uma onda de amor, neutralizando-o.

O Homem Sábio não é aquele que só tem certezas, mas sim o que sabe forjar na dúvida a força do seu caráter, a constância dos seus ideais.

Os Discípulos de Aquarius estão, de fato, hoje em dia, vivendo em condições interiores extremamente duras, mas também infinitamente promissoras.

Nada se consegue sem esforço e 'quem quiser passar além do Bojador, tem de passar além da dor'."

OBRAS CONSULTADAS

Henrique José de Souza. *A Verdadeira Iniciação*. Reimpressão das edições de 1939, 1957 e 1969, em 1980, pela Associação Editorial Aquarius, Rio de Janeiro. Última impressão: São Lourenço (MG), 2001.

Carlos Lucas de Souza. *O Raiar de um Novo Mundo (Órgão Moenumental da Civilização Eubiótica)*. Brasília, 1968.

Luzes da Iniciação Eubiótica. Coletânea de textos de António Castaño Ferreira e Sebastião Vieira Vidal. São Lourenço (MG): Nova Brasil Gráfica e Editora Ltda., 2006.

Roberto Lucíola. Dhyanis. Caderno *Fiat Lux*, n°17, novembro de 1998, São Lourenço, Minas Gerais, Brasil.

_____. Iniciação. Caderno *Fiat Lux*, n° 34, fevereiro de 2003, São Lourenço, Minas Gerais, Brasil.

Helena Blavatsky. *A Voz do Silêncio*. Versão portuguesa por Fernando Pessoa. Rio de Janeiro: Editora Civilização Brasileira S.A., 1969.

Vitor Manuel Adrião. *Dogma e Ritual da Igreja e da Maçonaria*. Lisboa: Editora Dinapress, 2002.

_____. *A Ordem de Mariz (Portugal e o Futuro)*. Carcavelos: Editorial Angelorum, Lda., 2006.

Diálogos Agarthinos – Correspondência Epistolar entre Vitor M. Adrião e Luís A. W. Salvi, três volumes. Alto Paraíso de Goiás: Edições Agartha, 2008.

Alice A. Bailey. *Iniciação Humana e Solar*. Niterói (RJ): Fundação Cultural Avatar, 1975.

C. W. Leadbeater. *Os Mestres e a Senda*. São Paulo: Editora Pensamento, 1977.

Textos Internos da Comunidade Teúrgica Portuguesa.

Capítulo XI
Da Vida-Energia à Vida-Consciência ou a Vida Integral

Texto de Paulo Andrade - 2007

Desde sempre tem existido uma Excelsa Fraternidade Branca, assim consignada por sua característica exclusivamente Evolucional, cujo alicerce é uma enorme plêiade de Mestres, Sábios, Videntes, Profetas e Sibilas que têm sido responsáveis pela Evolução Planetária e, consequentemente, da Humanidade nas suas diversas áreas de vida. Parte do seu Conhecimento, que tem sido custodiado ao longo de insondáveis Eras, está ao alcance de todos nós sob o nome de *Teosofia*, mas também, e em sua concordância no caso particular da *Comunidade Teúrgica Portuguesa*, por meio da pragmática gradual conscientizadora de como *Bem Viver*, ou seja, dos ensinamentos eubióticos do Professor Henrique José de Souza, já que *Eubiose* é a exclusiva e soberana "Ciência do Futuro" como Arte Magna de *Bem Viver*, indispensável à transformação do ignorante em um sábio, do pecador em um santo, do profano em um Iniciado...

Baseados nessas premissas em que concordamos em absoluto, parece-nos evidente que o ensejo mais elevado de qualquer ser humano deverá ser alcançar o seu ideal superior, pois não é concebível que ninguém possua um qualquer ideal de vida. A consciência superior advém da existência e persistência na concretização desse ideal, e é assim que aquele que tem um ideal mortal morre com ele, e aquele que detém um ideal imortal acabará fazendo-se imortal no esforço da sua demanda em realizá-lo. Daí que o verdadeiro ou supremo Ideal de todo o indivíduo deverá ser o seu próprio Ego Espiritual, Superior (o seu Cristo ou o seu Deus).

Vivemos tempos conturbados, muitas vezes tudo parece perdido, mas é exatamente nesses momentos tempestuosos que o peregrino da vida, o viajante aparentemente perdido, que todos somos pelo menos uma vez na vida, deve encontrar o seu caminho, pois é quando as trevas parecem engolir-nos que a Luz brilha e se torna mais intensa. Por isso, é dever da nossa consciência sedenta dessa Luz buscar no imo do nosso próprio Ser a Verdade pura e imaculada que nos levará a Realizações maiores, pois aquilo que não nos mata torna-nos mais fortes – *Nosce te ipsum* ("conhece-te a ti mesmo"): já essa Verdade Suprema, oriunda de tempos imemoriais, pontificava como oráculo no Templo de Delfos, à espera de ser realizada nesse Passado, mas também, neste Presente.

Sempre foi aos espiritualistas, sinceros e abnegados, que se confiou essa Verdade Absoluta, a qual devemos preservar e defender como um Tesouro de valor inestimável, e sendo assim a nossa responsabilidade aumenta, mas também a gratificação na realização do Ideal almejado. Devemos, pois, de forma altruísta e fraterna distribuir com equidade e prudência essa Verdade que dá a Felicidade eterna a quantos estejam sequiosos dessa Luz, que não é só nossa mas de todos, pois Ela está presente em todos, em semente ou letárgio, à espera que a encontrem ou despertem, a façam frutificar.

Pensamos que as bases para a concretização do Ideal que temos vindo a referir passam pela aquisição de um potencial energético psicomental que possibilite uma mudança profunda na consciência, de modo a alcançar um estado elevado de espiritualidade. Tal estado é obtido por meio do processo designado por *Iniciação*, precisamente visando transformar a Vida-Energia externa em Vida-Consciência interna. Infelizmente nem todos a buscam com as melhores intenções, havendo desde simples curiosos que facilmente desistem "porque dá muito trabalho" (!!!) a céticos que duvidam de tudo e questionam todos, mesmo que a Verdadeira Iniciação nada tenha a ver com crenças mais ou menos impúberes e inconscientes, e sim com a vivência consciente do Tudo no Todo. Há também os indiferentes, que chegam próximo do Caminho da Verdadeira Iniciação exclusivamente graças à iniciativa de outros, quando tal tem de partir do próprio e não de outros, e há os fanáticos que se alimentam das suas motivações egoístas para se exaltarem perante os demais, com isso provando quão afastados estão da Verdadeira Iniciação, esta que, na realidade, é demandada por muito poucos e conquistada por raríssimos...

Para se chegar ao cume da Evolução respectiva e obter a respectiva Iniciação Verdadeira, é necessário antes de tudo despertar a Intuição (*Budhi*), a "Voz do Silêncio" ou o sexto sentido necessário ao entendimento e aprofundamento dos Mistérios Iniciáticos.

Segundo o Professor Henrique José de Souza, tal estado é alcançado mediante a Iniciação Teúrgica, também designada *Tríplice Iniciação*, assim chamada por fortalecer cada um dos três ângulos do Triângulo Mágico da Verdadeira Iniciação: Mente, Emoção e Vontade.

De uma forma mais explícita, podemos então designar uma dessas vertentes como *Iniciação Direta*, ligada à Mente, ou seja, aquela que é obtida na própria vida, em que o homem recebe o sofrimento ou a felicidade gerados, respectivamente, pelos seus erros ou acertos nas suas ações. Sem dúvida que é a mais sofrida, sendo aquela a que a Humanidade no geral tem estado mais sujeita e a ela sujeitando-se, encadeando-se no ciclo de causas e efeitos, empenhos e penhoras que o ciclo similar das reencarnações vai liquidando, até atingir o padrão previsto como meta final do quarto Reino Humano (*Jiva* – "Vida-Energia"), ou seja, o designado esotericamente Supra-Humano ou "Angélico" (*Jivatmã* – "Vida-Consciência").

Temos também a *Iniciação Indireta*, mais ligada à parte Emocional, conseguida por meio de um Colégio Iniciático afim com a natureza e necessidades interiores de quem nele postula, onde cada discípulo lê e interpreta os ensinamentos segundo as suas capacidades. É igualmente denominada *Iniciação Simbólica* por causa dos símbolos que são utilizados nos seus graus e ensinamentos ocultos, bem retratados nas práticas de yogas, rituais, mantrans e instrução esotérica que gradualmente aumentam o grau de consciência e capacidades do discípulo.

Finalmente, temos a *Iniciação Real* ou *Verdadeira*, ligada à Vontade, que ocorre quando o discípulo decifra os símbolos iniciáticos mergulhando no âmago profundo dos mesmos, através de uma meditação constante, deparando com a Verdade. É assim a Chave que abre o Portal da Verdade, representada por um Mestre Real que lhe conferirá a respectiva Iniciação Real, sempre em conformidade com a evolução verdadeira já alcançada pelo discípulo. Em última análise, é a transformação das tendências negativas (*nidanas*) em positivas (*skandhas*), sendo de referir que nascemos sempre com as duas tendências. Muitas das *nidanas* poderão ser debeladas através do amor e da ajuda ao próximo, conseguindo assim debelar muitos vícios que estão sempre ligados ao egoísmo, sendo que o cultivo da fraternidade os extingue.

Por norma segura, deve-se sempre buscar o equilíbrio perfeito entre a Mente e o Coração através da Vontade treinada constantemente, visando assim a Verdadeira Iniciação. Sendo que a Iniciação não visa despertar quaisquer faculdades psicomentais (*sidhis*), tais como adquirir capacidades de clarividência ou clariaudiência, e quando acaso tal acontece é tão somente consequência da evolução normal do discípulo, nunca "troféus do Céu" só para si, o que, não raro, como profusamente se vê hoje em dia, vai paralisar a personalidade ufana e vaidosa de si mesma, enganando-se e enganando, retardando assim sobremaneira a sua marcha avante... redundando na *Iniciação fracassada*. O desabrochar precoce de tais *sidhis* jamais foi, em tempo algum, a meta última da Verdadeira Iniciação, pois que assim tornam-se anormalidades forçadas contranatura, menos que psico--mentais, físico-anímicas, as quais redundarão no arredamento, às vezes durante muitas vidas, do Caminho da Verdadeira Iniciação, com a consequente funesta e trágica perda de todas as conquistas espirituais até então alcançadas. Posto assim, tudo tem o seu momento certo para acontecer, e quando acontecer terá de ser o mais naturalmente possível, sem qualquer desvario psicomental e físico-anímico.

De maneira que é normal e natural poderem sobrevir sintomas do despertar dessas faculdades psicomentais, sendo que deverão ser utilizadas SEMPRE E SÓ no aprimoramento iniciático do discípulo, e sobretudo visar ajudar ANONIMAMENTE aos demais sem NUNCA esperar gratificações egoístas.

O Discípulo autêntico, o Iniciado verdadeiro, não se porta como um "feirante ou circense psíquico", em seu íntimo vaidoso, escondido atrás de gestos e palavras mansas de fraternidade e caridade, julgando-se mais que os outros, superior a eles só por possuir estados alterados de consciência, não de Iluminação Espiritual, mas de aberração psicofísica. Por isso disse certo Mestre a um seu discípulo, este por acaso português e Aquele luso-brasileiro: "Mais valor tem uma meditação mal feita por um Munindra, que mil sessões psíquicas bem feitas por mil médiuns". Na razão das sublimes palavras do Excelso Gotama Sakya Muni, o Budha, um Ser da Sexta Ronda (e nós estamos ainda na Quarta...): "Deixa os teus *sidhis* para a próxima vida", isto é, vai protelando-os de vida em vida, no que à Terra diz respeito, e só os uses para chegares aos pés do Mestre, ao Céu, à Verdadeira Iniciação... meta única da Vida de quem, sendo *Jiva* por fora, já é *Jina* por dentro, o que vai bem com as palavras de Krishna Mestre a Arjuna discípulo: "Arjuna, tu já és *Ar-Jina*, um JINA!", e o mesmo Gotama Budha dizia de Si: "Eu sou o maior dos JINAS!".

Devemos ter bem assente que todo Iniciado faz-se por si e não pelos outros, pois ninguém evolui por alguém. A evolução é pessoal e de mais ninguém, valendo isto desde o maior deus ao menor homem: o esforço tem de ser próprio para haver a efetiva evolução verdadeira.

Sem dúvida que o erro doloroso traz consciência maior da que se tinha antes, pelo que, segundo o Professor Henrique José de Souza, "nem sempre é pecado o fato de errar... resta saber se o erro é consciente ou inconsciente, pois a Humanidade caminha ou evolui caindo e levantando, errando e procurando desmanchar o erro, até alcançar o fim da sua Evolução".

Outro fator importante é o sigilo absoluto, tanto em relação aos Mistérios Secretos confiados quanto à natureza real do depositário, pois o verdadeiro Iniciado nunca diz que o é, pelas razões anteriormente referidas em relação às *nidanas* e *skandhas*, e porque determinados conhecimentos ocultos, por serem muito elevados, sobremaneira profundos, ainda não estão em consonância com o nível geral da Evolução Mental Humana; chegando ao domínio público sem qualquer arbítrio só poderiam ser incompreendidos pela maioria e disformados por alguma minoria, causando assim danos gravíssimos à Marcha da Evolução avante e aumentando o Karma da mesma Humanidade, em uma contrariedade declarada ao Desígnio da Lei, "que os Mestres conhecem e servem". Como exemplo, podemos referir os desastres ocorridos na Atlântida por causa do mau uso feito com esses conhecimentos ocultos, e, vez por outra, demasiadas vezes, inclusive na atual Raça-Mãe Ariana... Gólgota, Tibete, Revolução Francesa, Acidente de Lisboa... e com tanta tragédia, o Discípulo vendo a Realização protelada e a Vinda de Maitreya adiada. Tudo tem o seu momento para acontecer, e quando acontecer será só "a Verdade desnuda dos véus da fantasia", parafraseando o romancista.

Finalmente, "quando o discípulo está preparado, o Mestre aparece"; em outras palavras, o Poder de *Kundalini*, o "Fogo do Espírito Santo" manifesta-se, dá-se o *Pentecostes*. Essa Força Electromagnética ou Energia Divina que vibra no Seio da Terra, ligada ao Homem pelo seu Chakra Raiz, jaze adormecida no seu Corpo Vital ou Etérico, e quando desperta liberta-se indo percorrer em um serpentino trajeto ascendente os restantes Chakras, paulatina mas Armipotente afetando diretamente os restantes Corpos Emocional e Mental, principalmente o Físico por via do sistema glandular. De maneira que a consciência física é dilatada e transportada para outros pontos de percepção, para outros planos suprassensíveis além dos sentidos físicos. Sendo que tais desenvolvimentos deverão ser progressivos por meio do autoconhecimento, e autoconhecimento em conformidade e respeito à Regra do Colégio Iniciático a que pertença, que assim lhe será a melhor defesa contra quaisquer imprevistos e anormalidades desastrosas, e não por formas ou práticas demasiado aceleradas, cujo tipo já foi ultrapassado pela Marcha da Evolução (como essas dos "ritos tântricos de cariz sexual", de tanto peso funesto para muitos, acontecendo que alguns dos adeptos dessas práticas declaradamente *kamásicas* ou passionais estiveram antes afiliados à nossa Obra Divina, mas, não a entendendo, logo quiseram ser mais que Ela e os seus Supremos Dirigentes, e assim, em um tombo trágico, caíram nas teias do Mal... morrendo de maneira misteriosa e misteriosamente perdendo a Alma, a maior Riqueza do Ser), as quais só poderão trazer afetações muito danosas para o discípulo. A firme determinação na busca da Verdade aproxima o discípulo do Mestre, e este acompanha-o sempre próximo ou a distância, dando-se o encontro em seu interior pela identificação ou Metástase com o seu Eu Superior, com o Mestre Interno, com a Real Mônada Divina, cujo reflexo exterior é o Mestre Externo, igualmente Real, patente no Plano Búdhico, o seu estado normal de existência... cuja vibração se projeta tanto para mais acima quanto para mais abaixo. De maneira que, "quando o discípulo (a personalidade) está pronto (alinhada), o Mestre (a Individualidade) aparece (manifesta-se)".

Falaremos, agora, dos vários patamares da Iniciação Planetária.

Até atingir a Primeira Etapa ou Primeira Iniciação, o homem deve estar séria e solenemente comprometido na senda da sua evolução espiritual, tendo de atravessar duas fases bem distintas mas muitíssimo importantes, que são a de *Aspirante* e a de *Discípulo*.

A via do *Aspirante* é considerada uma fase preliminar antes de abordar realmente a via do Discipulado. Nessa fase existe um anelo interior no sentido da evolução espiritual: leem-se algumas obras de filosofia oculta, ouve-se e fala-se dos ensinamentos ocultos e surge, porventura, a filiação em algum grupo afim. No entanto, os Mestres ainda observam de longe a evolução do candidato, podendo acontecer notar-se já no Aspirante um brilho e coloração especial na sua aura, por existir nele um desejo veemente, uma determinação inabalável, uma apetência insaciável para o estudo das coisas ocultas, e, acima de tudo, a vontade de servir desinteressadamente em prol da Evolução Humana.

Posteriormente, na via do *Discípulo*, são compreendidas três fases: a *Probatória*, a de *Aceitação* e a de *Filiação*. No período Probacionista, o mais grave na vida do discípulo, por ser o das constantes provas físicas, morais e mentais a favor de esgotar em uma vida o karma que levaria duas, três ou mais para esgotar na situação do homem comum, ainda assim é quando o Mestre acha ser o momento oportuno para criar um vínculo magnético com o discípulo por meio da construção de uma imagem vivente, "estátua viva" ou duplicado psicomental dos seus corpos emocional e mental, a qual fica no seu *Ashram* ou Retiro Privado. Desse modo pode o Mestre, através da vibração desse "duplo", observar quais as alterações emocionais e mentais do discípulo e a sua evolução, sem ter necessidade de deslocar-se no tempo e espaço do discípulo.

Na fase de Aceitação, é estabelecida a comunhão e consequente comunicação quase constante entre discípulo e Mestre, mesmo que aquele não tenha consciência disso no seu estado de vigília normal. Sendo assim uma questão de sintonia, nesse caso específico o Mestre pode interromper a comunicação quando o discípulo não vibra em uníssono com Ele, sem que isso implique repetir tudo quanto realizou anteriormente (podendo essa situação acontecer, e acontece frequentemente, na fase de Probacionista, sendo destruída a sua imagem vivente no *Duat*, e tendo ele de repetir tudo novamente, sempre que o Mestre considerar que o discípulo não tenha a conduta mais correcta, adequada ou necessária para avançar no Caminho do Adeptado). O contato é interrompido só momentaneamente – podendo levar dias, meses e até anos, às vezes de uma vida para outra, ou outras – até que o discípulo consiga estabelecer uma nova sintonização com o Mestre, tanto Interno quanto Externo, pois este é o reflexo Humano daquele, o Espiritual.

Quando a identificação se torna íntima e permanente, atinge-se a fase mais elevada do Discipulado: a da absoluta Filiação. Nessa fase já nem o Mestre pode interromper a comunicação, uma vez ela estabelecida, sendo aqui que se "solidificam" para todo o sempre, na *Roda de Samsara* ou das Reencarnações, as qualidades importantes e imprescindíveis: o domínio do pensamento e da emoção, o domínio da conduta pessoal, tolerância, paciência, equilíbrio, aplicação, confiança e fé. Quando essas qualidades são conseguidas, o discípulo torna-se um GOTHRABU, ou seja, o que "está apto para a Iniciação".

Não raro ficamos perplexos ao assistir hoje em dia à proliferação de organizações ou grupos os mais bizarros e exóticos autointitulados esotéricos, albergando no seu seio indivíduos que se intitulam "iniciados" e até mesmo "mestres", conferindo, ainda por cima e da forma mais absurda, "iniciações reais". Sejam essas atitudes tomadas por ignorância ou por má-fé, o certo é que acabam por influenciar negativamente a evolução de muitas pessoas boas, mas ingênuas e ignorantes, e também, certamente, vítimas da credulidade, a de alguns Aspirantes e Discípulos bem-intencionados, que assim perdem muito precioso tempo necessário à sua evolução espiritual verdadeira.

Esses percalços certamente são provocados pela Superstição filha predileta da Ignorância ou *Avydia*, "não Sabedoria", e às vezes vimo-los assumidos até pelo próprio Aspirante à Verdadeira Iniciação, por sua ingenuidade ou talvez desleixo psicomental, tendo merecido do Professor Henrique José de Souza dois preciosos conselhos:

"Grande é aquele que deseja instruir-se; maior o que se instrui; porém, muito maior o que oferece os seus conhecimentos aos demais."

"É dever do discípulo, por amor e respeito ao próprio Mestre, possuir a maior "vigilância dos sentidos", para não fazer sofrer Aquele que lhe serve de Guia na espinhosa Vereda da Iniciação."

Os Mestres referem constantemente que a Via do Discipulado, conhecida ocultamente como a Via da Santidade, da Renúncia e da Dor, é algo extremamente difícil e, para se atingir a primeira Iniciação, muitas e muitas vidas devem ser consumadas até alcançar esse objetivo. Na realidade, ser Iniciado não é algo com que se possa brincar ao sabor das emoções do momento nem recrear por mero orgulho ou vaidade intelectual, e todos aqueles que na realidade o SÃO sabem-no bem, na carne, no sangue e na alma, é uma conquista muito íntima, só sua e de mais ninguém, e por isso nunca dizem que SÃO!

"O que diz que é, pode não ser... E o que não diz, pode ser...", já dizia o Mestre JHS e o repetia o insigne Instrutor da Obra do Eterno, Paulo Machado Albernaz.

A passagem do Aspirantado ao Discipulado pode ser comparada à Primeira Iniciação naquilo que simbolicamente designamos por Nascimento. Posteriormente, seguir-se-ão as fases ou crises do Batismo (Segunda Iniciação), da Transfiguração (Terceira Iniciação), da Crucificação (Quarta Iniciação) e, por fim, da Ressurreição (Quinta Iniciação), na qual o discípulo torna-se um Mestre Perfeito, Adepto Independente ou *Jivatmã,* por sua natureza intrínseca e de maneira integral ter transformado a Vida-Energia em Vida-Consciência. Ao atingir esse padrão altamente espiritual, Supra-Humano, o Adepto Perfeito tem diante de si sete caminhos de evolução futura a percorrer e pode optar por um deles, os quais são: o Caminho dos Homens, continuando a ajudá-los na sua evolução; o Caminho dos Anjos; o Caminho dos Arcanjos; o Caminho dos Arqueus; o Caminho do Logos Planetário; o Caminho do Logos Solar; e o Caminho do Logos Central.

Posteriormente, seguir-se-ão outras Iniciações: a Sexta ou *Choan*, que dirige um dos sete Raios de Luz como o seu Princípio *Búdhico*; a Sétima de *Mahachoan*, como o Supremo Princípio *Átmico* ou Espiritual dirigente dos restantes (nesse nível encontram-se as três categorias de *Manu – Bodhisattva – Mahachoan*); a Oitava de *Budha, Anupadaka* ou Monádica; a Nona de *Kumara, Kuma-Mara* ou *Caprino*, "o que está no Cume da Árvore Genealógica dos Deuses", ou seja, o Plano *Adi* ou Divino, onde se encontra Sanat Kumara, o Rei do Mundo ou deste quarto Globo de Evolução, por seu turno cada vez mais cedendo lugar ao quinto Kumara em Projeção, Ardha-Narisha, por a presença do quinto Globo cada vez mais se fazer sentir;e finalmente, a décima de *Dhyan-Choan*, o Logos Planetário representado na décima Séfira, *Malkuth*, o "Reino", o "Mundo" mesmo em que Ele está encarnado, e tendo como intermediário entre si e o Logos Solar, no Plano *Búdhico* da Terra, mas projetado desde o Plano *Anupadaka*, o "Vigilante Silencioso" dos destinos desse mesmo quarto Globo em evolução, ou seja, AK-BEL, o verdadeiro *Anupadaka-Deva* como Luzeiro de Amor a que a Terra sofrida se volve.

Os discípulos ligados à Obra do Advento da Idade de Ouro, também designada *Satya-Yuga, Novo Pramantha a Luzir* ou, no caso particular de Portugal, de *Quinto Império* (das Almas Salvas... por seus próprios esforços ou méritos), estão sendo adestrados em condições físicas e psicológicas bem difíceis nos tempos conturbados em que vivemos. Os Mestres dizem que para a vibração do discípulo poder apresentar um nível de pureza e força máximas, ela deve ser estabilizada nas maiores adversidades possíveis de circunstâncias as mais diversas. Daí a necessidade de frequentes mudanças ou a variedade de casos em que essas vidas são vividas, mas tudo delineado de uma forma coerente, o que irá possibilitar posteriormente a maior das libertações e realizações.

A Via do Discipulado é extremamente difícil, tendo nos lados eriçados espinhos e escolhos ferinos, sendo necessária a surdez e a mudez às vozes do escárnio e da maldade partidas da floresta negra de *Maya* (ilusão dos sentidos) e de *Avidya* (ignorância das coisas divinas); mas ela é da mesma forma extremamente gratificante, dando a segurança e a estabilidade que não se encontram em lugar algum do mundo profano, cruel na sua cegueira. Os Mestres são inflexíveis ante a evolução do Discípulo, mas também nutrem um grande amor por ele, porque também Eles já foram Aspirantes e Discípulos, tendo caído e levantado nessa senda tortuosa, mas sempre com o mesmo objetivo em mente e com uma fé inabalável no caminho que seguiam, pois como alguém disse: "A fé move montanhas".

Com a obtenção dessa *Vida-Consciência*, deverá então o Discípulo, pela palavra e o exemplo (o verbo criador em ação), transmitir aos menos adiantados, usando todos os meios possíveis ao seu dispor, as formas de obtenção desse estado de Beatitude, ajudando assim os demais a também conseguirem tal desiderato. Assim todos elevarão o seu estado de consciência a um padrão superior, possibilitando reconhecer e identificar aquilo que na Teurgia e Teosofia se denomina a *Quinta Essência Divina*, vazada no Santo Graal em consonância com a Consciência do Cristo que, em última análise, é Ele mesmo.

Quando a Humanidade, que hoje evolui através da dor e do rigor, já que não o quis através do amor e da temperança, alcançar o nível de consciência necessária ao reconhecimento do seu Cristo Interno, então as condições planetárias propícias à manifestação do Cristo Externo (Cúspide Coracional, mas também Mental, da Excelsa Fraternidade Branca, cujos Apóstolos ou Discípulos são os próprios Mestres de Amor-Sabedoria) estarão realizadas. Daí a justificação para que a vinda do Novo Messias – do Kalki Avatara, Iman Madhi, Sossioh, Maitreya, Encoberto, etc., ou seja, o mesmo Redentor da Humanidade sob nomes diversos nas várias filosofias religiosas – tenha sido constantemente adiada, falhando as datas previstas para tal advento. Só o Próprio sabe a data da Sua vinda, mas será sempre em consonância com a evolução da Humanidade. Logo, todos devemos ter consciência disso e perceber que o primeiro passo passa indubitavelmente por nós mesmos, pois o que se passa à nossa volta é sempre um reflexo do nosso interior, qual espelho em que nos vemos todos os dias.

Em concordância com o que dissemos, deixemos que as palavras do insigne Professor Henrique José de Souza falem por si, ficando como tema não só da nossa meditação mas também, e sobretudo, da nossa ação, pois o tempo urge:

– *"O discípulo evolui por seus próprios méritos e a si mesmo transformando, transforma o mundo."*

OBRAS CONSULTADAS

Monografias da Comunidade Teúrgica Portuguesa.

Henrique José de Souza. "A Minha Mensagem ao Mundo Espiritualista". Vários números da revista *Dhâranâ*.

Vitor Manuel Adrião. *A Ordem de Mariz, Portugal e o Futuro.* Carcavelos: Editorial Angelorum, 2006.

Capítulo XII
Auxiliares Espirituais

Sintra, 1980

Mata a Morte.
Mário Roso de Luna

    Quando se adentra o Caminho da Verdadeira Iniciação de transformação da Vida-Energia em Vida-Consciência e pelo exemplo permanente se influencia positivamente os semelhantes em Humanidade, cada vez mais, pela espiritualidade inata, cresce a certeza de que a morte é uma grande mentira no sentido de fim absoluto de tudo, pois se o fosse a existência física, com os seus multicoloridos de fatos, progressos e retrocessos, seria a maior das incoerências e o ser vivo algo sem sentido prático, se não e só o fato de existir porque existe: logo só teria lógica o niilismo e a anarquia existencialista, produtos de uma mecânica cega. Mas, até para um espírito pouco atento e sem quaisquer necessidades metafísicas, é fácil perceber que a Mecânica Universal não é cega nem incoerente, pois manifesta uma Inteligência lógica regendo a tudo e a todos. Chame-se-lhe Deus, Consciência Cósmica, Substância Universal, etc., o nome que se queira dar, desde que se atenha ao seu sentido real.

    Após adentrar o Caminho da Verdadeira Iniciação, o estudo e entendimento das leis ocultas regendo a Mecânica Universal torna-se uma necessidade tão premente para o Aspirante como a alimentação física, pois que na realidade está alimentando o seu Ego Superior. Transportando o estudo dessas leis da Natureza para o plano prático, a fim de as experimentar tangível e sensivelmente em si mesmo, o Aspirante entrega-se em seguida à prática regular de uma série de exercícios espirituais (oração, meditação, ritual, etc.), aprovados e reconhecidos pela Tradição Iniciática para a tônica colegial a que se vincule por simpatia ou afinidade às suas carências interiores, e assim, unindo a teoria com a prática, satisfaz a sua fome de espiritualidade, ao mesmo tempo que abre caminho através da espessa floresta negra da personalidade até o âmago mais profundo e divino de Si mesmo, percorrendo uma verdadeira Via Cristocêntrica até a união final com seu Cristo Interno e, a rigor, afirmar: – *Eu e o Pai somos Um!*

Dessas duas necessidades sobressai uma terceira, consequência do seu refinamento mental e coracional, tendo pelos estudos superiores entendido que só será inteiramente feliz quando a Humanidade também for: preocupando-se com a evolução dos seus semelhantes, com as suas venturas e desventuras, germina nele o ensejo premente de *servir*.

Mas, *servir* como?

De uma maneira genérica, aponto três modalidades:

1ª) Realizando a verdadeira *Caridade* – o Amor incondicional aos seres viventes – mediante meios materiais, sem exageros para que não seja o próprio a ficar descarecido, e saber a quem caridar, pois muitos se escondem por de trás de uma pobreza aparente para ocultar os seus vícios e alimentá-los à custa da boa vontade alheia. E de maneira que o objeto ofertado vá impregnado das impressões magnéticas positivas da alegria e desprendimento no ato de dar, que descarece de ostentação e também de humilhação, tanto para o que dá como para o que recebe, pois senão a caridade corrompe-se em esmolismo constrangedor e pueril.

2ª) Se o discípulo possui dificuldades econômicas, inibindo-o de dar cumprimento à Caridade objetiva, pois então que a faça como *Esperança*, isto é, use da palavra consoladora e até, muitas vezes, curadora, semeando esperanças novas no ouvinte. Isto é *verboterapia*. Um conselho fraternal dado na hora certa, acaba valendo mais que todo o ouro do mundo e jamais será esquecido. Alguém está desalentado? Alguém chora e sofre? Coragem, ânimo, tudo passa – por detrás das nuvens pesadas de um dia carregado está sempre o Sol, e este não desaparece, ao contrário daquelas. A Abundância Divina nunca deixou um ser vivo por atender, mesmo que nada pareça ser assim, pois quando os homens nos fecham a porta, Deus nos abre a janela... Nada está perdido para sempre, e só resta reconhecer que o sofrimento de hoje é a consequência do que originamos ontem, por conseguinte, restando-nos aceitar o nosso destino, não impassíveis, de braços cruzados, mas sim transformando a noite triste de hoje no dia alegre de amanhã, fazendo com que o futuro se apresente sempre risonho, trazendo melhores dias para um e todos. E isso é feito entre todos em um serviço impessoal de boa vontade.

3ª) Pela *Fé* inquebrantável expressa como trabalho dedicado ao mundo em aflição, com a alma posta em Deus e os Deuses evocando-os a estenderem a sua Presença a quantos sofrem, seja de que maneira for, e assim, anonimamente, ajudando a secar as lágrimas do próximo, infundindo-lhe misteriosos e suaves alentos como se fossem beijos etéreos do Céu à Terra.

Regra geral, é por essas três modalidades que o Aspirante serve a Deus servindo à Humanidade. Humanidade carente da Luz Mental da Sabedoria Divina e da Luz Coracional do Amor Eterno, que é a Essência Única de *Budhi*, o *Cristo Interno*. Tal carência gera nela os mais díspares conflitos interiores, cuja solução procurada leva a resvalar para o materialismo grosseiro ou para o religiosismo idolátrico, mantendo-se a cegueira espiritual e com esta as ilusões que, após desfeitas por um percalço qualquer da vida, redundam em tremendas desilusões.

Seja como for, a sabedoria retirada das experiências sofridas amplia a consciência e com isso amadurece a alma, até que desperta, finalmente no momento próprio, para a vida superior do Discipulado, reconhecendo que os seus erros passados a si mesma se deveram e que não deixaram de ser preciosas lições de vida para maior crescimento da consciência de si mesma.

O estudante espiritual adiantado, além de dar o seu contributo à Felicidade Humana no Plano Físico, também o faz nos Planos sutis como *Auxiliar Espiritual* ou *Invisível*... aos olhos físicos, assim continuando a agir anônima e discretamente.

É precisamente sobre o *Auxiliar Invisível* que irei discorrer neste estudo que já foi palestra várias vezes repetida há muitos anos, cerca de 33, tanto em Sintra como em Lisboa e no Algarve.

Separarei o tema dos Colaboradores Espirituais em três classes: 1ª) o Auxiliar inconsciente; 2ª) o Auxiliar consciente; 3ª) os Auxiliares não humanos.

O Auxiliar que, apesar de não ter desenvolvida qualquer faculdade psicomental (*sidhi*) que o leve a agir fenomenicamente sobre a matéria, é capaz de dirigir, pela *meditação* e pela *visualização,* a sua energia psicomental, pode colaborar de maneira simples mas de grande eficácia: como a meditação aclara a Voz da Intuição ou *Bu-*

dhi, a Fala do Cristo Interno, *Filia Vocis*, foca a consciência nela e dela irradia os mais nobres ensejos de Paz e Amor a alguém corpóreo ou incorpóreo, dirigindo pela *imaginação* ou "mente criadora" – a prática da mentalização acelera o desenvolvimento natural da clarividência – a energia despendida. De maneira que o Ser Crístico remete e o Auxiliar encaminha esse fluxo espiritual, o qual inevitavelmente alcançará o ente em causa, porque, como afirma o Mestre Djwal Khul, "a energia segue o pensamento".

Por exemplo, no meio católico é costume rezar pelas almas em provação no Purgatório e no Inferno, nesse caso, o Baixo Astral composto dos quatro subplanos inferiores desse Plano, as quais estão "encalhadas" entre a Terra e o Céu, o Mundo Mental. Na *Teurgia*, antes, na *Ordem do Santo Graal* que a exerce – como nas demais doutrinas reconhecidas pela Tradição –, além de se cumprir o *encaminhamento* canônico da alma que parte daquele ou daquela que a ela esteve efetivamente ligado(a) pelos laços santos da Iniciação, também se faz o apelo a Deus e aos Deuses para que distendam a sua Divina Luz a essas regiões de sombra e dor e elevem as almas dos que aí estão.

Quando nos momentos de pausa o corpo é entregue ao repouso reparador, o Discípulo auxiliar não cessa a sua atividade. Isso porque ele já não se sente só o corpo físico, tendo o *estudo* e a *vivência* das "oitavas superiores" da sua consciência, símile microcósmico da do Universo, lhe outorgado a certeza inabalável de que além de sangue, carne e ossos é também uma inteligência sutil que se expressa pelo órgão cerebral.

Antes de se entregar ao sono reparador, o Discípulo volve o melhor do seu pensamento e sentimento para o seu Deus Interno, pedindo desculpa por quanto fez de errado ao longo do dia e perdoando com sinceridade a quantos o magoaram, seja física ou moralmente. Após, fixa o seu pensamento em determinada imagem desejando firmemente realizá-la mal adormeça e a alma se desprenda temporariamente do corpo. Claro que essa intenção é variável: pode desejar encontrar-se com algum conhecido encarnado ou desencarnado, deslocar-se a algum país próximo ou distante, adentrar o Templo Interno cuja réplica física é aquele a que está ligado fisicamente, e aí ir receber do seu Mestre ou de Irmãos mais adiantados do seu *Grupo Egoico*, externamente representado pelo *Grupo Esotérico*, quanto necessita para a sua maior Realização Espiritual, etc.

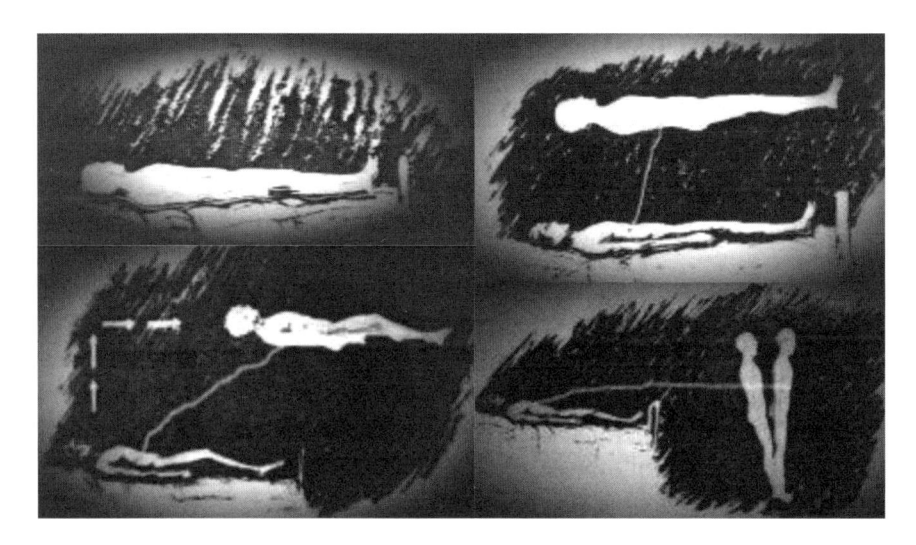

Tem-se o exemplo, digno do maior louvor, no Discípulo de tônica mais coracional, devocional, preocupado com a Paz no Mundo e consequentemente com o bem-estar dos seus semelhantes. É seu costume, antes de adormecer, visualizar as imagens de pessoas necessitadas (não importando a sua posição social, racial, política ou religiosa) com que tenha cruzado ao longo do dia, e desejar intensamente ir junto delas auxiliá-las com as suas melhores vibrações de amor e sabedoria.

A verdade é que incontáveis milhares de almas em sofrimento têm sido assim, pelas mãos carinhosas e perseverante paciência desses Auxiliares Espirituais, resgatadas ao limbo da dor para os páramos da Luz Eterna.

Apesar de quando volvido ao corpo físico não ter lembrança do sucedido nos Mundos sutis ou paralelos da Alma, exceto de quando em vez este ou aquele sonho assombroso, mesmo assim confirma fortificar-se cada vez mais nele a certeza da sua imortalidade. Se não detém a lembrança cerebral imediata do acontecido, é porque a consciência física residente nos dois éteres superiores do seu Corpo Etérico ou Vital ainda não conseguiu desprender-se temporariamente dos dois éteres inferiores em que reside a memória cerebral. De maneira que se tem a memória imediata ou de estado de vigília mas não a consciência contínua, mormente acompanhando o estado de sono ou adormecimento da mesma memória cerebral, assim, por momentos, apagando-se e desligando-se da consciência física da qual é repositório.

O Corpo Físico está composto da seguinte maneira:

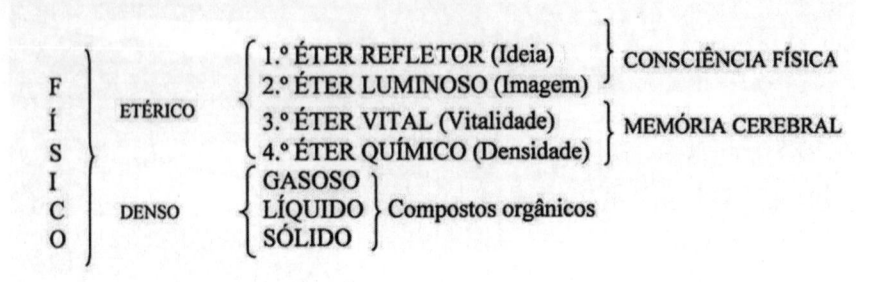

$$
\left.\begin{array}{l} F \\ Í \\ S \\ I \\ C \\ O \end{array}\right\} \quad \begin{array}{l} \text{ETÉRICO} \\ \\ \\ \text{DENSO} \end{array} \quad \left\{\begin{array}{l} \left.\begin{array}{l} 1.° \text{ ÉTER REFLETOR (Ideia)} \\ 2.° \text{ ÉTER LUMINOSO (Imagem)} \end{array}\right\} \text{CONSCIÊNCIA FÍSICA} \\ \left.\begin{array}{l} 3.° \text{ ÉTER VITAL (Vitalidade)} \\ 4.° \text{ ÉTER QUÍMICO (Densidade)} \end{array}\right\} \text{MEMÓRIA CEREBRAL} \\ \left.\begin{array}{l} \text{GASOSO} \\ \text{LÍQUIDO} \\ \text{SÓLIDO} \end{array}\right\} \text{Compostos orgânicos} \end{array}\right.
$$

Quanto ao Auxiliar Invisível que se desdobra *conscientemente*, levando consigo a memória física ininterrupta que assim se liga à memória astral e mental, conseguiu tal capacidade após ter desenvolvido à máxima potência as cinco qualidades seguintes:

1ª) *Unidade de Espírito*. O reconhecimento e assimilação integral de que Espírito e Matéria são essencialmente uma só e mesma Substância energética, liberta e condensada, e da aceitação incondicional das ordens dos Grandes Mestres quanto à Obra que querem que realize, o que implica o seu autoaperfeiçoamento ingerindo positivamente no de todos os seres viventes.

2ª) *Perfeito domínio de si mesmo*. Isso nos níveis do pensamento, da emoção, da reação vital e da ação física.

3ª) *Calma*. Este é outro ponto importantíssimo: a ausência de toda a apoquentação e de depressão. Grande parte do trabalho consiste em acalmar os que estão perturbados e animar os que estão tristes. Como o poderá fazer um Auxiliar se estiver no estado de apoquentação, de incerteza e depressão?

4ª) *Conhecimento*. O conhecimento exato, tanto teórico como prático, dos Planos em que tem de trabalhar, assim como da composição oculta do Homem e de todas as coisas, animadas e inertes.

5ª) *Amor*. Esta é a última e a maior de todas as qualidades. Só dotado de intenso Amor genuinamente Espiritual o Auxiliar Invisível, em voluntário e sublime sacrifício, é capaz de mergulhar nas trevas mais densas ante as quais os próprios Anjos tremem, e arrancar daí para a Luz de Deus almas desgraçadas em sofrimentos indizíveis.

Essa última qualidade aporta-me à memória aquele episódio marcante ocorrido com um discípulo junto do seu Mestre em suas viagens pelos Mundos Internos. Em dado momento deparou-se-lhes uma alma dotada de rara beleza multicolorida mas que, para estranheza do discípulo, apresentava o semblante carregado de uma tristeza imensa. Inquirindo o seu Mestre sobre o fato, a resposta foi: "Quando essa alma estava encarnada, no mundo foi um homem de grande sabedoria, sabia de tudo e a tudo respondia, mas… não aprendeu a amar. Por isso está triste…"

Remata o Professor Henrique José de Souza (JHS): "Tudo que morre cai na vida. Nenhum corpo, nenhum ato, nenhum pensamento pode cair fora do Universo, do Tempo e do Espaço… onde a Vida existe sempre. A dificuldade está apenas em saber morrer, para poder viver no palco cênico da realidade".

A terceira classe de Auxiliares Espirituais é a *não humana*, despossuída de corpo físico e até em uma evolução paralela à Humana, podendo pertencer aos tipos seguintes:

1 – Homens desencarnados ou Elementares;
2 – Elementais ou "espíritos da Natureza";
3 – Anjos;
4 – Iniciados incorpóreos;
5 – Mestres incorpóreos.

Sendo tão somente o fenômeno natural da "morte à curva da estrada" (… da vida), citando Fernando Pessoa, a vida prossegue avante além-túmulo, levando a alma do falecido para o Plano da sua simpatia os mesmos vícios e virtudes que cultivou quando encarnada. Se foi um ente de bom caráter, virtuoso, amigo e leal, poderá, se for seu ensejo e para tanto estiver capacitado, colaborar no despertamento interior dos que ainda estão encarnados e inspirá-los aos estreitos mas retos caminhos da vivência sã, virtuosa e sábia, agindo como "guia", ou melhor, como *conselheiro* invisível de uma só pessoa ou de toda uma família, ou, ainda, de um grupo vocacionado ao estudo dos Mistérios da Vida, tudo conforme as suas capacidades psicomentais (*kama-manásicas*). Segundo as informações recolhidas pelos Auxiliares Invisíveis encarnados, a atividade dessas entidades "não humanas" (no sentido de estarem despossuídas do veículo físico, entenda-se) é vastíssima, tendo mais ou menos como base a afirmação positiva da imortalidade do Espírito Eterno e a necessidade de identificação com Ele.

Isso não tem nada a ver com as teorias espiritistas e até mesmo as desdiz: tanto neste Plano Físico como nos sutis existem pessoas bastante capacitadas para colaborar no auxílio à evolução dos que partem e dos que já partiram, por isso não é necessário recorrer aos perigos físico-anímicos do mediunismo que mais aprisiona do que liberta as almas, tanto encarnadas como desencarnadas! Ademais, o "espiritismo", queira ou não queira, não deixa de ser culto psíquico ou animista da forma *mayávica* ou ilusória da personalidade sutil, nomeadamente no seu aspecto astral ou emocional, não deixando de arrastar a alma para baixo por ser centrípeto e lunar, desde logo, *passivo* (e é isto mesmo que a tradução grega da palavra *médium* significa); já o Auxiliar Espiritual iniciado nos Mistérios da Vida impulsiona sempre à libertação do Mundo das Formas e à integração no Mundo Informal do Espírito Único e Verdadeiro, assim se mostrando centrífugo e solar, desde logo, *ativo*.

Limito-me a constatar os fatos e não a atacar coisa alguma em jeito de intolerância e despotismo para com as crenças alheias. Não, tanto mais que este estudo serviu como palestra pública várias vezes dentro e fora do meio Teúrgico e Teosófico, e foi assim que a sua primeira apresentação oral, no ano de 1976, realizou-se no Centro Espírita "Infante de Sagres", na cidade de Lagos, Algarve, onde me defrontei com cerca de duas centenas de espíritas meio assombrados e meio decepcionados, com exceção de dois presentes: eu mesmo e o distinto teósofo, saudoso amigo, coronel João Miguel Rocha de Abreu.

Quanto aos elementais, eles são os "espíritos da Natureza" de índole muitíssimo inferior à humana por estarem ainda na Fase Involutiva ou de descenso à Matéria na Cadeia em que vivemos. Inconscientemente, como energias primárias que são, estabelecem laços com os humanos pelas vibrações cegas de *simpatia* ou de *antipatia*. De maneira que os elementais mais desenvolvidos podem proteger e até auxiliar *simpaticamente* os homens cuja natureza seja afim às carências desses "espíritos", passando a funcionar, então, como "guias astrais".

Por norma, as crianças, até aproximadamente os 7 anos de idade, são extraordinariamente psíquicas, muitas até conseguindo ver os Mundos invisíveis aos nossos olhos físicos. Geralmente os seus "imaginários" companheiros de brincadeira, quando aparentemente estão sozinhas, são graciosos elementais compartilhando dos seus folguedos. À luz da *Teurgia e Teosofia*, a imaginação fantasiosa infantil, com os sentidos físicos ainda muito interiorizados, deixa de o ser para se tornar *clarividência inata* penetrando esses Mundos invisíveis, desde o Etérico até o Astral e, às vezes, até o Mental.

Pertencendo a um esquema evolucional paralelo ao Humano, os "espíritos da Natureza" repartem-se, de modo geral, em quatro classes: gnomos e fadas, habitando a terra; ondinas e ninfas, habitando a água; silfos e sílfides para o ar; e, por fim, as salamandras e os vulcanos para o fogo – sendo a forma de todas essas criaturas constituídas das partículas sutis etéricas, astrais e mentais do respectivo elemento natural.

As fadas são formosas e prodigiosas criaturinhas que vivem nas florestas e têm a ver com o desenvolvimento da vegetação.

Os gnomos ostentam estatura pequena e atarracada. Operam sobre os minerais e vivem junto ou dentro das cavidades subterrâneas. Podem ser engenhosos e afáveis ao homem quando com ele simpatizam, mas perseguem-no implacáveis quando com ele antipatizam.

As ondinas e ninfas vivem nos arroios, lagos, rios e mares e apresentam grande beleza a par de intensa voluptuosidade.

Os silfos volitando nos ares acercam-se do mental humano, e quando simpatizam com este são dóceis e interessados pelos conhecimentos aglutinados na mente, sentem assim atração pelos sábios; pelo contrário, são antipáticos e até hostis para com os ignorantes e os fracos, cujo sistema cerebral e nervoso dominam à vontade.

As salamandras, rodopiando como chamas crepitantes e brilhantes, afinizam-se com os filósofos e religiosos de puras intenções e inflamam-se, furiosas e terríveis, com todos aqueles de paixões desregradas, nos quais o emocional predomina sobre todos os sentidos.

Já disse que os elementais podem até viver séculos, mas não são imortais: são forças sub-humanas que só em um futuro muito longínquo alcançarão o grau evolutivo semelhante ao Humano.

Quanto aos Anjos, são imensamente superiores à Humanidade comum, pertencendo a uma Evolução paralela à nossa. Alguns deles não deixam de ser dedicados Auxiliares Invisíveis da Vaga Humana, principalmente daqueles cujas tradições consagradas a eles se liguem, apesar de só uma minoria da Classe Angélica estabelecer contato com a Humana, principalmente por meio dos rituais e cerimônias tanto de cariz iniciático como religioso.

Bem parece que a principal missão dos Anjos (*Barishads*) é a de unir Mônadas inter-relacionadas pelo Karma para que formem um agregado familiar, e depois ligar os componentes humanos desse agregado por meio do *sangue* (a expressão mais densa do *corpo etérico* que, por sua vez, é o corpo mais denso dos Anjos e pelo qual atuam junto dos homens) e afinidade psicomental. A segunda fase desse trabalho é a de unir todas as famílias *em uma só*, como organismo cclular único do Logos Planetário.

A Vaga Angélica reparte-se em sete Linhas de acordo com a tônica planetária de cada um dos sete Arcanjos principais cujo corpo mais denso é o astral, que dirigem cada uma delas, sendo:

1 – Anjos do Poder ou do Cerimonial = Sol – Mikael
2 – Anjos da Maternidade ou da Forma = Lua – Gabriel
3 – Anjos da Ordem e da Arte = Marte – Samael
4 – Anjos da Cura ou Hospitalares = Mercúrio – Rafael
5 – Anjos da Natureza ou dos Elementos = Júpiter – Sakiel
6 – Anjos da Música ou da Harmonia = Vênus – Anael
7 – Anjos do Lar ou Domésticos = Saturno – Kassiel

Já o ente humano muito espiritualizado, verdadeiro Iniciado na Sabedoria Divina que avista em tudo quando existe aos olhos físicos e não físicos, estando o seu Ego Superior irreversivelmente ligado a algum Mestre de Amor-Sabedoria, só por si é um precioso e dedicadíssimo Colaborador Espiritual da Humanidade, esta que, descarecida de verdadeira espiritualidade, erra e sofre no limbo contínuo da dúvida e do ateísmo. De maneira que ele desce voluntário dos páramos de Luz às regiões sombrias da matéria, indo inspirar os homens a encarreirar-se decisivamente pelo caminho do Bem, do Bom e do Belo.

Fazendo do Cristo Interno ou do Budha Interior o ideal supremo de Realização de um e todos, o Servidor é ele mesmo um Ser Crístico, um Ser Búdhico, como a invisível mas sensível Panaceia Viva, viável e extensível a todos os males do corpo e da alma.

Sobre o que seja, afinal de contas, um discípulo, o Professor Henrique José de Souza descreveu-o em poucas mas induvidosas palavras: "O verdadeiro discípulo é aquele que não faz perguntas indiscretas, que não vê erros nem crimes em ninguém, preferindo ver os seus próprios. Um ladrão que salve uma criança com o perigo da sua própria vida, vale mais que um religioso que passa a vida a examinar os erros alheios, achando mesmo que a sua religião é melhor que a dos demais. Pelo que, NÃO É A RELIGIÃO QUE FAZ O HOMEM, MAS O Caráter"!

Servir traz ao discípulo a Iniciação. Servir implica dar, e dar acarreta uma maior expansão da consciência. "É dando que recebereis", já dizia Jesus.

Acerca do que seja, no sentido verdadeiramente iniciático, um *Mestre*, este é o Ser que alcançou a pleniconsciência da Supra-inteligência (Espírito), da Supraemoção (Alma) e da Supravontade (Corpo), atingindo o pico da Perfeição Humana. É o *Mahatma*, a "Grande Alma" ou Super-Homem como *Jivatmã*, "Vida-Consciência" integral. Superou para sempre o ciclo das necessidades ou reencarnações e só voltará a reencarnar se for seu ensejo, graças a ter desenvolvido e desabrochado todas as suas potencialidades interiores de tal maneira que, ante qualquer homem comum e até o discípulo, ele é verdadeiramente um Deus Perfeito, em verdade e pela razão indicada da sua libertação definitiva do Mundo das Formas, um *Adepto Independente*. Desde já, fique a advertência: todo aquele, no meio da sociedade humana, que se afirma "mestre" e se comporta de maneira avessa à tamanha condição espiritual, certamente não o é, pois "pelo fruto (produção) se conhece a árvore (produtor)", afirmava o mesmo Jesus.

Os Mestres constituem-se em uma Organização Hierárquica tradicionalmente conhecida pelo nome de Excelsa Fraternidade Branca, Grande Hierarquia Oculta, Hierarquia Santa e outros nomes similares, mas cujo sentido é sempre o mesmo.

A origem da Fraternidade Oculta é antiquíssima, anterior mesmo à Civilização Atlante, recuando aos meados da terceira Raça-Mãe Lemuriana. A sua Missão mais geral é a de impulsionar a Evolução, ensinando aos homens a direção que têm de tomar em cada nova etapa ou ciclo. Outra Missão, mais restrita, é a de ser mantenedora das Consciências e Forças Cósmicas na face da Terra.

Os Grandes Mestres a que me refiro, formando a Hierarquia Oculta, nada têm a ver com os "espíritos superiores" das doutrinas espiritistas. Claro que eles são Seres altamente espiritualizados com consciência supra-humana, mas dotados de corpos físicos resguardados nos seus Retiros Privados, logo, não sendo almas incorpóreas de simples defuntos que em suas vidas foram pessoas virtuosas. Não, os Mestres Reais são infinitamente mais que isso... e mesmo quando consciente e livremente encarnam, tomando o aspecto de um homem comum, a sua evolução coloca-os em níveis de consciência e atividade insuspeitadamente muitíssimo acima do comum vulgar. Para alcançar esse altíssimo grau do Adeptado, tiveram de passar por quantas Iniciações existem no Caminho, transpondo todos os seus portais, adquirindo todas as experiências que a vida individual e coletiva pode proporcionar, aplicando integralmente as Leis Universais às suas ações, ao seu modo de sentir e de pensar.

A Excelsa Fraternidade Branca, como qualquer outro organismo hierárquico, possui uma Suprema Direção cabalisticamente constituída. O Supremo Dirigente, além do seu nome pessoal, possui um nome funcional, que é *Manu* (Legislador). É auxiliado por outros dois Seres da mesma craveira espiritual, os quais, em virtude das suas funções, denominam-se de *Colunas Vivas*: uma, o *Mahachoan* (Diretor), a *Coluna B*, e outra, o *Bodhisattva* (Instrutor), a *Coluna J*. Em seguida, um *Ministério* constituído de sete *Ministros*, os *Dhyanis-Budhas*. Cada um desses *Ministros* é o Chefe de um determinado Grupo de Mestres, Grupo de quantidade sete que se denomina *Linha de Adeptado*.

Aplica-se o esquema seguinte:

```
              MANU
               △
  COLUNA B   △ △   COLUNA J
          7 DHYANIS
             | |
      7 LINHAS DE ADEPTOS
```

Até ao ano de 1924, havia no Oriente, no Tibete, uma representação prodigiosa do Manu e suas duas Colunas Vivas, nas pessoas do 31º Buda Vivo, do Dalai-Lama e do Traixu-Lama, cujo poder repercutia até os confins do Ocidente em outras tríades representativas. Nesse ano, foi transferida para o Ocidente a Missão que o Oriente vinha desempenhando desde o início da atual quinta Raça-Mãe Ariana. Três centros geográficos acham-se ligados àquelas personagens, a saber: ao 31º Buda Vivo (cujo nome pessoal foi *Bogdo Gheghen*), a cidade de Urga, na Mongólia; ao Dalai-Lama, a cidade de Lhassa, no Tibete, e ao Traixu-Lama, a cidade de Chigat-Tsé, no Pamir. Em certos meios menos adiantados nos estudos iniciáticos, julga-se que essa tríade era a própria Diretora da Excelsa Fraternidade Branca, quando na realidade era a representação viva sobre a Terra da Suprema Tríade Diretora.

A Excelsa Fraternidade Branca nada tem de semelhante ou comum às organizações de natureza clerical ou eclesiástica, tampouco às sociais recreativas. O trabalho dos Mestres é, na mais ampla acepção do termo, eclético e universal. Eles não se limitam a determinado país ou região, nem professam determinada doutrina religiosa à qual desejem converter os homens.

Assim, há hoje e houve sempre Mestres em todas as regiões do Globo. Onde a História aponta uma determinada civilização, uma efervescência social, um núcleo cultural e humano, aí se encontram Eles.

De fato, se observar a vida e a obra dos seres superiores que deixaram o seu nome na História, os filósofos, os artistas, os grandes estadistas, os sociólogos, os cientistas, enfim, todos aqueles titãs que através de lutas sobre-humanas procuraram criar e estabelecer novas instituições, novos padrões de civilização, ter-se-á uma visão de como se faz a História.

Então, poder-se-á perguntar: mas por trás de tudo isso haverá Seres ainda mais conscientes que sabem de antemão o que há de vir, determinam as diretrizes por meio das quais esses homens superiores agem para realizar um certo trabalho?

Sim, pois que é esse o trabalho oculto da Fraternidade Branca através dos melhores da Humanidade. São os componentes dessa Fraternidade, os Mestres, que preparam os homens, quando não são Eles a agir pessoalmente, desviando os obstáculos do Caminho da Evolução e do Progresso verdadeiros do Gênero Humano, para que assim o Mundo possa seguir a corrente marcada pelos ciclos da Natureza. E é assim que os acontecimentos vão surgindo...

Em face dessa jurisdição universal exercida pela Grande Fraternidade Branca, o Mestre não deve ser, forçosamente, como muitos pensam, um oriental vestido com as roupagens características daquelas regiões, de longas barbas e apoiado em um bordão. Há Mestres de todas as raças e de todas as nacionalidades – chineses, mongóis, hindus, etíopes, semitas, eslavos, latinos, saxônicos, etc. Os Mestres do Ocidente são tão ocidentalizados como qualquer um de nós, e tem-se registo de Mestres Orientais que, ao viajarem pelo Ocidente, assumem tão bem a atitude de um ocidental que não haverá quem os possa distinguir.

Cada Adepto possui um número certo de discípulos, os quais, por sua vez, podem constituir um número qualquer de *estudantes*, primeiro *laicos* e depois *aceites*. A não ser a própria Fraternidade Oculta, cuja constituição só pode ser alterada em períodos muitíssimo lentos e espaçados entre si, o número de Adeptos e dos respectivos discípulos e estudantes pode variar mais amiúde, em face das circunstâncias locais e temporais.

Agora, o seguinte: quem procura feitos e fatos fantásticos dentro dessa Obra Divina, esquecendo ou ignorando que a sua doutrina e *praxis* são inteiramente vocacionadas à realização espiritual e nada à satisfação de qualquer curiosidade profana de eventos extraordinários acontecidos no interior da mesma, inevitavelmente acaba tombando nas maiores desilusões, porque... nada de fantástico e extraordinário encontrará. O método não é esse, o de interpretar o espiritual à luz do material, pois que assim nunca resultará e, ademais, é prova cabal da imaturidade de consciência de quem se arremessa nesses "realismos fantásticos".

Fique esta advertência, que certamente ajudará muitos a evitar dissabores desnecessários e desilusões dispensáveis.

Quanto à relação humana e espiritual da *Ordem do Santo Graal*, através da Ritualística canonicamente consignada para o efeito, com a Hierarquia Espiritual do *Novo Pramantha a Luzir*, isto é, o Novo Ciclo de Evolução Universal, esta mesma dispõe-se na ordem seguinte:

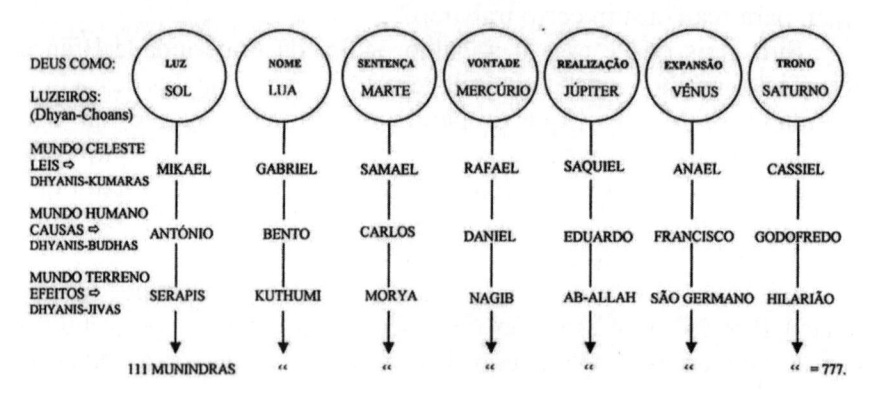

DEUS COMO: LUZEIROS: (Dhyan-Choans)	LUZ SOL	NOME LUA	SENTENÇA MARTE	VONTADE MERCÚRIO	REALIZAÇÃO JÚPITER	EXPANSÃO VÉNUS	TRONO SATURNO
MUNDO CELESTE LEIS ⇨ DHYANIS-KUMARAS	MIKAEL	GABRIEL	SAMAEL	RAFAEL	SAQUIEL	ANAEL	CASSIEL
MUNDO HUMANO CAUSAS ⇨ DHYANIS-BUDHAS	ANTÓNIO	BENTO	CARLOS	DANIEL	EDUARDO	FRANCISCO	GODOFREDO
MUNDO TERRENO EFEITOS ⇨ DHYANIS-JIVAS	SERAPIS	KUTHUMI	MORYA	NAGIB	AB-ALLAH	SÃO GERMANO	HILARIÃO
	111 MUNINDRAS	"	"	"	"	"	" = 777.

Sendo para os da Obra do Eterno na Face da Terra (*Teurgia*) a figura de *Henrique José de Souza* a magistral de um Adepto Vivo, coloca-se a questão pertinente que tem a ver com o que disse atrás sobre a curiosidade das manifestações fenomênicas: se ele e uns quantos raros dos seus pares (se contados, sobram dedos das mãos...) mantiveram contatos diretos com os Grandes Mestres da Excelsa Loja Branca, então, como se teriam processado os mesmos?

Pois bem, houveram oito modos de inter-relação, a saber:

1º) Os Adeptos projetavam o seu corpo Causal (Mental Superior, cujo átomo-semente é a *causa* dos restantes corpos constitutivos da personalidade ou "quaternário inferior") na consciência mental (superior e inferior) do recipiendário, e aconteciam as mensagens e revelações.

2º) O recipiendário projetava-se conscientemente ao Plano Causal, e daí trazia as mensagens e revelações dos Adeptos.

3º) Os Adeptos projetavam escritos e objetos no ambiente do recipiendário, servindo-se do Éter (*Akasha*) da Natureza para os desmaterializar nos seus Retiros Privados e rematerializar junto do destinatário. Nisso não havia custo algum de energia vital (etérica, fluindo pelo chakra esplênico) do próprio, pois se tratava de um ato mecânico, apesar de oculto, manipulador das energias naturais.

4º) O recipiendário, servindo-se da sua energia vital (esplênica, ligada ao baço) e do Éter da Natureza, com a sua vontade muito desenvolvida e pelo atrito de ambas as energias (a sua e a do ambiente), provocava os fenômenos de materialização de objetos junto a si, ou, então, desmaterializava-os para que aparecessem junto dos Adeptos visados no momento.

5º) Os Adeptos visitarem fisicamente o recipiendário, trazendo-lhe, visível e tangivelmente, sua presença, mensagens, revelações e objetos.

6º) O recipiendário visitar fisicamente os Adeptos nos seus Retiros, e de lá trazer o testemunho da sua presença, mensagens, revelações e objetos.

7º) O recipiendário ser visitado fisicamente por emissários dos Adeptos que, por esta ou aquela razão, não puderam deslocar-se pessoalmente.

8º) O recipiendário visitar fisicamente, em lugares predeterminados, emissários dos Adeptos que, por esta ou aquela razão, não puderam estar presentes.

Para qualquer uma dessas modalidades, de certo modo todas interpenetradas, o recipiendário só poderá ser uma pessoa muito especial, um Verdadeiro e Grande Iniciado, tanto mais que a Hierarquia dos Adeptos Vivos se escusa veementemente a contatos diretos, e até indiretos, com a Humanidade comum... hiperpoluída psicomentalmente, já para não falar fisicamente.

Resta ao Discípulo, ao *Munindra*, esforçar-se por ser, também ele, um Grande Iniciado da craveira de JHS, pois que assim, imitando o Mestre, ele mesmo é a manifestação visível e tangível do próprio Mestre. E tudo o mais advirá por acréscimo...

E é assim que:

Ó Vida Oculta, vibrando em cada átomo!
Ó Luz Oculta, brilhando em cada ser!
Ó Amor Oculto, abraçando tudo em uma Unidade!
Que cada um de nós
Compreenda que é Um contigo,
Sinta que é Um com todos os seres,
Viva para servir a Humanidade!

Bijam

OBRAS CONSULTADAS

Cartas dos Mahatmas M. e K. H., tradução portuguesa por Vitor M. Adrião da versão francesa de 1962. Edição particular, Lisboa, 1999.

Cartas dos Mestres de Sabedoria, anotadas por G. Jinarajadasa. Tradução portuguesa por Vitor M. Adrião da versão francesa de 1979. Edição particular, Lisboa, 1999.

Luzes da Iniciação Eubiótica, coletânea de textos de António Castaño Ferreira e Sebastião Vieira Vidal. São Lourenço (MG): Nova Brasil Gráfica e Editora Ltda., 2006.

C. W. Leadbeater. *Auxiliares Invisíveis*. São Paulo: Editora Pensamento, 1976.

_____. *O que Há Além da Morte*. São Paulo: Editora Pensamento, 1979.

Capítulo XIII
O Dilema Psíquico

Sintra, 1980

> *O verdadeiro homem é aquele que não
> fica radicado nas mesmas ideias.*
> Henrique José de Souza

Respeitável leitor,
    Recuando o original deste estudo aos idos de 1976-78, mas agora revisto e aumentado, trago-o novamente a lume porque a Lei Divina, inflamando a minha consciência, impele-me a abordar aqui um assunto que, confesso, desagrada-me profundamente, apesar de saber ser da máxima importância em virtude da enormíssima influência que tem nas mentes de hoje, impúberes e despreparadas, mesmo assim comportando-se como "sorvedouros" de tudo quanto consigam captar de fontes tradicionais em comunicação com o grande público, nomeadamente a TEURGIA e a TEOSOFIA. Refiro-me ao *dilema psíquico*. Tentarei explicar, apesar de parcialmente e sempre à luz da Tradição do Colégio Iniciático Teúrgico, cuja origem ou inspiração recua ao próprio Professor Henrique José de Souza, o mecanismo oculto desse obscuro *dilema psíquico*, vulgarmente chamado *espiritismo*, e qual a verdade ou a mentira que possa haver por trás dele, e também por que os Grandes Seres do Passado e do Presente, verdadeiros *Mahatmas* ou "Grandes Espíritos", *todos eles*, desaconselham severa e vivamente o seu exercício ou culto como gravíssimo entrave à evolução verdadeira do aspirante ao Adeptado (seja ele cristão, maometano, judeu, budista, hindu, etc.), mesmo acaso possuído das melhores e mais honrosas intenções.

Gostaria que, em vez de um estudo formal, este fosse antes uma conversa informal de mim para si, leitor anônimo que me lê e julga, sem que haja da minha parte quaisquer intenções veladas de censuras destrutivas e condenações hieráticas ao que quer que seja... Não, pois esse não é o meio justo e perfeito de informar, muito menos de afirmar quanto se pretenda para maior Glória Espiritual do Gênero Humano.

O Homem, como resultado final da Obra Antropogênica das Hierarquias Criadoras, fixa-se no palco cênico da existência como "Vida-Energia" individualizada – *Jiva*. Assim sendo, ele possui um *Espírito* que é revestido pela potencialidade psicomental da *Alma*, a qual se manifesta por meio dos sentidos do *Corpo*.

Estando a Alma de permeio ao Espírito e ao Corpo, ela recebe do primeiro um fluxo de Vida de característica *evolucional* ou *centrífuga*, chamado *Prana Solar*, e do segundo, um fluxo de Vida de característica *involucional ou centrípeta* (que puxa para baixo...), chamado *Apana* ou *Prana Terrestre*. Este assiste às funções da *Morte*, aquele preside à mecânica da *Vida*.

Consequentemente, o palco cênico da evolução real é a Alma, ela que deve manter o *ritmo* ou *equilíbrio* perfeito para que essa mesma evolução verdadeira aconteça. O problema consiste em focar os sentidos no nível evolutivo pela sublimação dos desejos da personalidade, que é a mesma Alma no seu conjunto mental, emocional, vital e motor, por um esforço de boa *Vontade* aliada ao *Conhecimento* exato das Leis da Vida, juntamente com o abnegado e impessoal *Amor* por tudo quanto vive, nascido da compreensão e apreensão da soberana Vontade do Eterno presidindo a tudo e a todos.

Tal esforço justo, se *disciplinado* natural e gradualmente, sem imposições de espécie alguma, será a semente que dará o fruto da espiritual "Vida-Consciência" individualizada – *Jivatmã*. Isso realiza-se pelo alinhamento da humana personalidade à espiritual individualidade que é a Tríade Superior ou *Mônada* Divina: *Espírito – Intuição – Mente Abstrata*. Consequentemente, o corpo psíquico ou emocional da Alma é tão só um meio e nunca, *jamais*, um fim!...

De maneira que a Alma Humana, "ponte" ou *antahkarana* entre o Espírito e o Corpo, ambos em formação, foram todos os três formados pelas sete Grandes Hierarquias Espirituais, a saber:

LEÕES DE FOGO – Revestiram a Mônada Humana com o ESPÍRITO	
OLHOS E OUVIDOS ALERTA – Revestiram a Mônada Humana com a INTUIÇÃO	ESPÍRITO
VIRGENS DA VIDA – Revestiram a Mônada Humana com a MENTE ABSTRATA	
ASSURAS – Revestiram a Mônada Humana com a MENTE CONCRETA (Intelecto)	ALMA
AGNISVATTAS – Revestiram a Mônada Humana com o EMOCIONAL (Psíquico)	
BARISHADS – Revestiram a Mônada Humana com o VITAL (Etérico)	CORPO
JIVAS – Revestiu-se a Mônada Humana com o FÍSICO (Denso)	

Durante os largos anos da minha perambulação pelos círculos espiritistas luso-brasileiros (antes do meu encontro definitivo e decisivo com a TEURGIA, ou melhor, com a TEOSOFIA de JHS), dentro da linha da Codificação Kardecista na qual cheguei a obter nome ou fama como dirigente de trabalhos, principalmente de doutrinação, foram inúmeros e variados os fenômenos a que assisti. Houveram momentos em que detectei puro charlatanismo, tanto consciente como inconsciente; consciente, por meio de truques circenses, desde os mais elaborados aos mais simples; inconsciente, por se acreditar em algo querendo-se real mas que não passava de irreal, tal qual uma criança ou jovem que vê um filme de ficção ou lê um quadrinho e acredita que tudo isso é verdade! Mas também houveram acontecimentos absolutamente verídicos. Ainda assim, confesso, as explicações espíritas para esses mesmos fenômenos eram uma grande "dor de cabeça" para mim, pois no meu íntimo havia uma recusa viva em aceitá-los tais como eram apresentados e interpretados. De maneira que, enquanto a maioria pasmava rendida e crente, unanimemente dando o seu "amém ao Além", contrariado eu "franzia o cenho" e intentava perscrutar além do véu da carne e saber como é realmente...

E soube... ainda que desde então fossem necessários muitos anos para efetivamente saber alguma "coisita".

Nos tempos da terceira Raça-Mãe Lemuriana, faz 22 milhões de anos, as Hierarquias Criadoras (com os seus nomes portugueses de Arqueus, Arcanjos, Anjos, etc.) ante a Humanidade nascente com os seus veículos de consciência completamente desajustados ou desalinhados entre eles, deram a esta as técnicas da *Hatta-Yoga*, composta de 84 *asanas* ou "posturas" fundamentais, cuja finalidade era então muito semelhante ao método de "incorporação de espíritos" praticado entre os espíritas de hoje, mas que nessa época longínqua apenas objetivava encausar e alinhar entre si os veículos da personalidade humana, ajustando-os uns aos outros de forma harmônica, a fim de receberem os fluxos de Vida do Ego Espiritual e virem a tomar percepção deste de imediato. Esse foi o esquema da tática evolucional de então, quando o homem não passava de um troglodita semelhante ao símio.

Na quarta Raça-Mãe seguinte, a Atlante, a *Hatta-Yoga* foi suplantada por uma disciplina mais vasta e completa: a *Bhakti-Yoga*, esta destinada a desenvolver e refinar o Corpo Emocional, Psíquico, Anímico ou Astral (este termo criado por Paracelso, em razão da luminosidade desse veículo assemelhar-se à de uma "estrela"), enquanto aquela se destinava unicamente ao Corpo Físico, Vital e Denso.

Na atual quinta Raça-Mãe, a Ariana, procura-se o desenvolvimento integral da Mente Humana, e para isso se utiliza a *Jnana-Yoga* como parte integrante da *Raja-Yoga* que é a "Real", justamente por ser aquela, segundo o Professor Henrique José de Souza, "da união real da Alma com o Espírito".

Assim, tem-se:

JNANA-YOGA	– ESPÍRITO	– ARIANA	– MENTAL
BHAKTI-YOGA	– ALMA	– ATLANTE	– EMOCIONAL
HATTA-YOGA	– CORPO	– LEMURIANA	– FÍSICA

Por sua vez, a *Raja-Yoga* aliada à da "Ação" (aliás, presente em todas as formas de *Yoga* ou "União", antes, "Religação" – de onde "religião", do latim *religare* – ao Espírito Divino), *Karma-Yoga*, praticada pelo Aspirante à Verdadeira Iniciação, pretende, por uma prática correta física-psicomental ante a si mesmo e a Humanidade, conduzi-lo à superação da limitação dos sentidos humanos, à sua expansão e, por fim, integração no seu Eu Divino. Tal é a definição do Excelso Mestre *Takura-Bey*, avatara espiritual do *quinto Luzeiro* e por sua vez avatarizando humanamente o *Traixu-Lama*, para a sua *Taraka* ou *Takura Raja-Yoga*, esta praticada, não importa sob que nuance seja, em todos os verdadeiros Colégios Iniciáticos, fiéis depositários e garantes da Sabedoria Iniciática das Idades promanada à Face da Terra desde o "Santo dos Santos" (*Sanctum Sanctorum*) desta – *Salém*,

Walhallah, *Shamballah* a Mansão do Rei do Mundo, *Melkitsedek* – e os quais estão espalhados oculta e estrategicamente pelo orbe, constituindo essa mesma "Igreja Secreta de São João".

Volvendo ao assunto que aqui me traz, devo afirmar que, segundo e seguindo a lógica mais elementar da sucessão dos acontecimentos ou ciclos, quando se aplicam no Presente técnicas físico-psicomentais que só foram viáveis para uma Evolução passada há milhões de anos, isso converte-se em um "espiritualismo impúbere", inferior, doentio por seu teor nitidamente *involucional,* o que pode conduzir à perda irreversível da própria Alma.

O grande dilema do chamado "espiritismo cristão" é o de ser um "caminho" de massas humanas inconformadas saídas do catolicismo – ou de derivados deste – as quais, fascinadas e convencidas pelos fenômenos do "Além", deixam-se levar por um devocionismo ou pietismo castrante mal ou nada informado nas coisas da Vida Espiritual, acabando enredadas nas malhas falazes do Mundo Psíquico, o qual não deixa de possuir multivariadas formas de vida nem todas as mais saudáveis, cuja relação hiperfísica seja recomendável à evolução verdadeira do ser humano.

Em razão desse perigo bem real, desde sempre os verdadeiros Mestres e Iniciados, como todos os autênticos Colégios de Sabedoria Divina, inclusive as religiões reconhecidas tradicionalmente, desaconselham vivamente as ditas práticas e cultos animistas de índole absolutamente contrária à natureza da Divindade no Homem, ademais estando a Salvação dentro dele e jamais fora! Isso não é um inconsistente e desvairado ataque aos adeptos espíritas, ou melhor, animistas, mas antes um conselho fraterno de um tão somente discípulo da Augusta Loja Branca a todos(as) aqueles(as) que aspiram ao Caminho da Espiritualidade Verdadeira a não desperdiçarem, inglória e até tragicamente, energia e tempo, inclusive contraindo ainda mais *karma* ou débitos que aqueles que já portam, por incorrerem em métodos involucionais que assim só atraem seres pouco ou nada evoluídos, mormente ondas sub-humanas de "espíritos da Natureza", os *elementais,* que agem pelos quatro elementos naturais constituintes da Natureza física: o *Ar* para os *silfos* (MENTAL), o *Fogo* para as *salamandras* (EMOCIONAL), a *Água* para as *ondinas* (VITAL) e a *Terra* para os *gnomos* (FÍSICO).

Houve, no entanto, nesta Era, uma *exceção* da *Grande Fraternidade Branca* à permissão das manifestações psíquicas: foi durante a Revolução Industrial no século XIX, altura em que a Europa e a

América do Norte foram tomadas por uma cega e esmagadora vaga de ateísmo pela exorbitância do materialismo dialético. Então, nessa ocasião, súbita e abruptamente, começaram a acontecer fenômenos inexplicáveis em várias partes da Europa e da América do Norte (incorporações mediúnicas, materializações de seres psíquicos, toques misteriosos, desaparições de objetos ou então levitações dos mesmos, etc.), com a finalidade única de travar o avanço destruidor do materialismo insano. Foi quando apareceu uma plêiade de intelectuais que se dedicou a estudar esses fenômenos misteriosos, dentre eles Hypolite Leon Rivail, com o pseudônimo de Allan Kardec, estudioso do magnetismo e maçom, acabando a maioria deles por atribuir esses mesmos acontecimentos inexplicáveis a almas humanas de falecidos vivendo no "além túmulo".

O movimento psiquista iniciado pelas irmãs Fox na América do Norte e por Kardec na Europa, deveria ser procedido por Helena Petrovna Blavatsky, fundadora da Sociedade Teosófica Euro-Americana, cuja Missão era reintegrar em um nível harmônico de pensamento e ação, sob a chancela da Grande Loja Branca, os espiritualistas do século XIX, dando assim fim aos fenômenos mediúnicos que invadiram os dois continentes nessa penúltima centúria, justapondo a *Teosofia*, esclarecedora e iluminadora, a qualquer tipo de culto psicoanímico, às religiões falidas e ao materialismo feroz, a fim de a Europa e a América se acercarem da Verdadeira Iniciação Coletiva, com isso acelerando o advento da *Sinarquia* ou *Concórdia Universal da Humanidade*.

Mas, lamentavelmente, o movimento espiritista insubordinou-se, fez "finca-pé", ignorou e desobedeceu ao Plano previamente estabelecido pela Excelsa Fraternidade Branca (a partir da sua Loja Oculta ou Posto Representativo de Itchen-Itza, no México), e, não raro aliado aos metodistas e jesuítas, passou a forjar "provas irrefutáveis" contra Blavatsky, perseguindo-a e injuriando-a de um modo muitíssimo abaixo da crítica, o que levou Mário Roso de Luna a considerá-la "a maior mártir do século XIX", mesmo assim considerada por todos, a começar pelos seus inimigos impenitentes, "a maior sábia de 1800". De maneira que o espiritismo codificado por Allan Kardec manteve a sua "filosofia" toda ela inspirada mediunicamente pelos "mortos do Além" – qual "fantasmosofia" substituta impúbere da Teosofia, para o Venerável Mestre Morya Rajput –, ela que, percebe e sabe todo e qualquer espírito lúcido e imparcial, possui lacunas enormes suscitadoras de dúvidas maiores sobre as que já existem; lacunas essas que acabam por cimentar-se no íntimo quando são ignoradas e esquecidas pela "recompensa" dos fenômenos.

A função do espiritismo foi a de abrir caminho ao advento da Teosofia. Ele foi um "mal necessário" que teve por principais objetivos:

A) Combater o materialismo iconoclasta, bravio e ateu do século XIX.

B) Demonstrar a existência de vida e consciência autônomas em estados sutis além do mundo imediato, visível e tangível, portanto, demonstrando existirem outros Planos da Natureza.

C) Provar, ainda que de forma simples, a teoria da reencarnação de um princípio consciente individual em sucessivos corpos diferentes, ou a Lei da Evolução da Alma através de vidas sucessivas – Lei da Reencarnação.

D) Comprovar, de maneira simples e direta, a evidência da Lei do Karma ou da Causa e Efeito, Ação e Reação, Distribuição e Retribuição, enfim, o princípio da lógica que dá sentido e explica as sentenças bíblicas: "Olho por olho, dente por dente", "quem com ferro fere, com ferro será ferido".

Portanto, como já disse, foi perto da metade do século XIX, ante o materialismo descomunalmente crescente da Revolução Industrial, quando a "morte de Deus" era praticamente ponto assente, ameaçando alastrar-se no mundo inteiro, que a Fraternidade dos Adeptos de Itchen-Itza (México), sob o auspício planetário da Lua, permitiu uma rara *exceção* à Lei: a de entreabrir o portal proibido do Mundo Astral e permitir a manifestação física, visível e tangível, de criaturas do mesmo. Foi assim que surgiu o surto espiritista, antes, animista, como também já disse, na América do Norte, esta que está para o México, países lunares, como o Peru para o Brasil, países solares. Digo "animista" e não "espiritista" porque o *Espírito* é a Essência Divina que todo o Yogui ou Místico verdadeiro demanda em seu âmago profundo, e não nos labirintos escabrosos do exterior por via do materialismo mais perigoso, porque mais sutil e insinuante: o *psíquico*.

Por esse processo "escabroso" a Grande Fraternidade Branca travou o avanço do materialismo insano e bravio, obrigando os sábios a ponderar e investigar a possibilidade da vida incorpórea e de que, afinal, "Deus poderia não estar morto"! Também, como já disse, o movimento psiquista, iniciado pelas irmãs Fox na América do Norte e por Kardec na Europa, estava destinado a dissolver-se pouco depois na Teosofia representada por Helena P. Blavatsky, esta que por sua vez era *Arauta*, como deixou impresso na *Introdução* da sua *A Doutrina Secreta*, "daquele que no século XX iria dar as Revelações que a ela não eram permitidas desvelar", por ainda não estar à altura, por tudo estar ainda em formação nas mentes virgens e frágeis para a Nova Luz, em um momento de intenso puritanismo e preconceito vitorianos que cinicamente castravam física e psicomentalmente a sociedade *a priori*.

A Blavatsky "oriental" referia-se claramente, nesse trecho de *A Doutrina Secreta*, ao "ocidental" *Henrique José de Souza*, o Mestre brasileiro, sendo a ponte ou ligação entre ela (*Upasika*) e ele (*Ptah*) o insigne Mário Roso de Luna, o Mestre ibérico. É assim que as iniciais do nome dela, H. P .B., também valem por Hespanha – Portugal – Brasil.

Observe-se agora quais os tipos de consciência individual e grupal com que a Teosofia de JHS e de HPB atuam e com que classe de entidades incorpóreas, assim como o tipo de consciência e entidades predominantes no Movimento Espírita:

```
              CRISTO UNIVERSAL
             – ESPÍRITO DE DEUS –
                     ||
                  TEURGIA
         ("Obra do Eterno na Face da Terra")
                     ||
          BUDHI-TAIJASI (INTUICIONAL ILUMINADO) – JHS – Opera com: DEVAS, JIVAS, JIVATMÃS.
              OCIDENTE ↕
TEOSOFIA
              ORIENTE ↕
   ↕
          MANAS-TAIJASI (MENTAL ILUMINADO) – HPB – Coopera com: DEVATAS, DEVAS, JIVAS.

ESPIRITISMO ⇨ KAMA-SHARIRA (PSICOFÍSICO) – Operado por: KAMARUPAS, DEVATES, DEVATAS.
```

Devas = Anjos ou *Barishads*, Seres naturais do 5.º Mundo Espiritual; *Jivas* = Homens, Seres naturais do 4.º Mundo Hominal; *Jivatmãs* = Adeptos Humanos integrados conscientemente ao Mundo Espiritual e em unidade com o Atmã ou Espírito Universal; *Devatas* = Elementais, "espíritos da Natureza", podendo ou não estar encadeados à estrutura humana, e quando não o estão têm a ver com as enfermidades e as suas curas; *Devates* = Elementares, "almas humanas incorpóreas", podendo ser de parca evolução (suicidas, assassinados, alcoólatras, drogados, etc.); *Kamarupas* = Formas astrais, podendo ou não ser humanas, sempre de parca e até duvidosa evolução, e se não forem humanas, serão: ou um *cascão* psíquico, corpo astral em dissolução na energia *kâmica*, ou uma *larva* astral, criação psíquica de homens corpóreos ou não, ou uma *imagem* astral, bela ou feia, dependendo de quem a concebeu e por que a concebeu, ou até um *elemental* daí, com o qual se age na enfermidade ou na cura físico-vital.

Fica exposta a razão por que a totalidade das religiões tradicionais e movimentos iniciáticos desaconselham vivamente os cultos e práticas psicoanímicas, aqui, no Ocidente, tomando por base aquela afirmação peremptória de Jesus, o Cristo: "Deixai os mortos enterrarem os seus mortos!", isto é, deixai os mortos fisicamente serem idolatrados pelos mortos espiritualmente.

Isso mesmo diz o Preclaro Adepto que se oculta no pseudônimo *Fra Diávolo*, no seu livro *Memórias de Vivos e Mortos*, quando descreve o epitáfio de um túmulo: "Não ouses evocar-me, porque eu não te ouvirei. Este túmulo está vazio. E se cheio estivesse, eu também não te ouviria. Nós não aparecemos àqueles que não se assemelham conosco. Não evoques também as almas dos mortos vulgares, porque elas, temendo a si mesmas, temem àqueles que com elas se parecem. Lê, medita e segue o teu caminho".

Seja como for, pessoalmente devo respeito às crenças e práticas de cada um e cada qual, o que não significa forçosamente concordância com elas, pois bem sei que a evolução de cada um e cada qual vai se fazendo por "patamares psicológicos", o chamado "quod" da consciência, até, um dia, chegar ao "quid" dessa mesma consciência, ou seja, à essência dela em que já não careça de "bengalas" ou apoios externos e busque verdadeiramente o esclarecimento do quê e do porquê da Vida. É aqui que entra, inevitavelmente, a *Teosofia*, a "Mãe de todos os Saberes". Mas até que isso se dê, é dever maior de quem se pretende Discípulo da Grande Loja Branca respeitar as crenças e liberdades de expressão do alheio, sejam quais forem, desde que não vão contra os códigos legais de todos os países civilizados que punem os crimes. Sim, porque se me afigura impossível tolerar as práticas nauseabundas do satanismo e de toda a espécie de magia negra, que implicam crimes à integridade humana.

Quando mais jovem, fiz vários périplos conferenciando publicamente por quase toda a região algarvia. Foi quando conheci Maria de Lurdes, em Faro, na época ocupando cargo destacado no Secretariado Espírita do Algarve. Ficamos amigos. Depois, com o passar dos anos e a vida do dia a dia, a perdi de vista. Recentemente a reencontrei-a: estava às portas da morte em um Lar para a terceira idade, na capital algarvia. Alguns dos seus familiares, com ela ainda viva, descaradamente foram saqueando-lhe os seus haveres, e só o mínimo conseguiu levar para esse quarto reduzido no dito Lar. Os inúmeros amigos e conhecidos que outrora a bajularam e lhe furtaram favores, muitos ainda hoje sendo praticamente vizinhos de uma rua para a outra, passaram a desprezá-la, a esquecê-la na solidão infame dos últimos dias. Fiquei revoltado. Chorosa, a mulher que fora de têmpera rija, estendeu-me a mão esquálida no leito dos últimos momentos e balbuciou: "Vitor, apesar de todos terem abusado de mim, mantenho-me espírita até o final. Como será depois?". Respondi: "Certamente, depois, atendendo a quanto se fez de bom e desinteressadamente na vida, acreditando na pureza do seu ideal, se será atendida pelo Céu e pelos seus santos Mensageiros, pois não é a nossa crença humana que muda a realidade do Espírito. O que muda, sim, é o corpo, ficando a Alma por cujo valor imperecível, se fez da vida terrena uma pluma, certamente se elevará às Alturas sem pena de coisa alguma que deixa para trás. Minha amiga e irmã no Pai Único, aqui me despeço com um até breve. *Sursum corda* – coração ao Alto – ao Amor Eterno a todos indistintamente nos envolvendo na sua Divina misericórdia e proteção".

Em meados de 2001, recebi uma carta de um senhor brasileiro, afigurando-se-me relativamente jovem, creio que morador de Santo André, Estado de São Paulo, o qual a dado passo e em conformidade com as suas crenças pessoais, questionou-me sobre o que pensava do movimento espiritista (kardecismo, umbandismo, quimbandismo, etc.), ao que respondi:

Satya Nasti Paro Dharma*!*
Sim, é bem verdade que "não há religião superior à Verdade"!
Contudo, a Teurgia *e a* Teosofia, *mais que pela compreensão, pautam-se pela* **aceitação** *das diferenças alheias, visto "não ser a religião que faz o homem mas o caráter", na expressão magistral do Senhor JHS.*

Se uma pessoa dedica-se à prática do Bem *a favor dos seus irmãos em Humanidade, lógica e consequentemente contrairá um karma positivo, favorecendo a sua evolução pessoal que, em síntese, consiste na "transformação da vida-energia em vida-consciência", conforme disse o Mahatma Koot Hoomi Lal Sing.*

Isso independentemente do "Espiritismo", melhor dito, Animismo *que acaso professe. O único inconveniente é ter, pós-morte, de passar algum tempo no* Mundo Astral – o Purgatório *dos cristãos, como* Lugar de Purga *ou* Purificação – *de maneira a limpar-se das multivariadas formas psíquicas que acaso tenha atraído mediúnica ou mesmericamente à sua aura etéreo-astral, e só depois poder transpor livremente os Portais do Céu, o* Devakan ou Mundo Mental.

O senhor Francisco Cândido Xavier foi um "teósofo impúbere", como se atesta pela sua vasta obra psicografada, isto é, ditada mediunicamente pelos silfos elementais *(considerados erroneamente "seres humanos desencarnados") sob os nomes André Luiz, Emmanuel, Irmão X, entre outros. Nela se encontram algumas verdades e muitas inverdades sobre as realidades espirituais. E é bem natural que assim seja, pois o Reino Elemental Aéreo (silfos) é limitado, mesmo que aja sobre o mental concreto dos que são afins com ele.*

Mas isso não invalida o valor próprio dessa pessoa ou de qualquer outra afim com esses cultos, porque, uma vez mais, aqui se aplica a já citada expressão magistral do Senhor JHS.

O que uma Escola Iniciática, de teor claramente Mental, não deve é confundir-se com crenças animistas, astrais, porque senão correrá o risco de em vez de dar um passo adiante, dar dois atrás, ou seja, em vez de impelir a subida ao Mundo da Pura Espiritualidade, precipitar para o plano da mais ferina e perigosa (porque invisível... e extremamente insidiosa) materialidade... que é a psíquica.

O respeito e a aceitação das crenças alheias é ponto assente da Teurgia e Teosofia, *isso não implicando, repito, que tenha de imiscuir-se nas mesmas. Todos têm as suas experiências a fazer, maiores ou menores, de acordo com a sua evolução pessoal já alcançada, até que transponham derradeira e decisivamente o Portal d'Oiro da Iniciação... que é a Realização Verdadeira, Integral do Corpo-Alma-Espírito, enfim, a Conquista Real de Deus Uno-Trino.*

A invocação dos mortos, contudo, é um grave atentado à Lei da Evolução e ao respeito que os chamados "mortos" devem merecer dos chamados "vivos", e isso está muito bem expresso na consagrada legenda tumular: "Que a sua Alma descanse em Paz" (*Anima requiesco in Pacem*), epitáfio por norma respeitado em toda a parte.

Pela Lei da Evolução, as almas individualizadas, os chamados "espíritos dos mortos", têm a sua outra parte ou fase da existência a percorrer nesses outros mundos sutis, atravessando diversos estados de consciência até se recolherem ao seu Ego Espiritual ou Corpo Causal (o Mental Superior como "Veste do Espírito Santo", onde está o *átomo-semente* dos restantes corpos da personalidade que gera a cada nova reencarnação, de onde o seu nome *Causal*), comunicando-lhe e transformando toda a experiência alcançada na última vida terrena em possibilidades futuras. Entretanto, aguarda a hora de iniciar o novo processo de reencarnação, tal como a semente no âmago do fruto, pelo que: *Anima requiesco in Pacem*. Não é, pois, permitido pela Lei Maior, por ser de lesa-Evolução, perturbar esse ritmo. Fazê-lo constitui um atentado, além do mais, contra o princípio da liberdade individual.

Outro motivo de palmar contradição aos próprios ensinamentos espíritas é o de que o "espírito" invocado, pela indiscriminação de convites, poderá já ser uma alma reencarnada... e, ao que a experiência vivida me diz, não serão os espíritos na sua quase totalidade que terão a capacidade de o reconhecer.

Conforme ensinam os Grandes Mestres, as almas consciencialmente evoluídas, já possuídas de um considerável padrão vibratório áurico, difícil ou mesmo impossivelmente manifestam-se nos "terreiros", "centros" e "mesas" mediúnicas. Quando acontece uma manifestação verídica e rara de almas humanas desencarnadas, geralmente são as que ainda estão possessivamente agarradas à crosta astral terrestre, portanto, sendo criaturas de parca evolução espiritual. A disposição psíquica *passiva* dos médiuns, portadores de tremendas chagas kármicas expressas em rupturas na sua malha etérica (o nível dos *chakras* inferiores ou os abaixo do coração), acaba atraindo-as a si indo originar os fenômenos de "incorporação" mediúnica (ou seja, a tomada de posse da aura astro-etérica do "vivo" pelo "morto") através do centro *gástrico* (o fígado, o emocional, psíquico ou astral), aliando-se a isso o descontrolado excesso anímico dos sensitivos, funcionando em padrões nitidamente emocionais, e tudo isso indo provocar um *aumento do karma* para eles mesmos e para os "invocados", causando um desnecessário acrescimento de *nidanas* ou "tendências" francamente materiais portadoras dos maiores vícios para os de "cá" e para os de "lá"; tanto mais que, repito porque não é demais, o *materialismo psíquico* é muitíssimo mais perigoso e falaz que o materialismo propriamente material. Tudo isso é completamente lamentável e perfeitamente evitável. Poder-se-ia evitar definitivamente se os espiritualistas e espíritas se dispusessem a uma *disciplina* sã, séria e verdadeiramente mental ou espiritual.

No Mundo Astral atuam numerosas hostes de *Auxiliares Invisíveis* acudindo aos desencarnados aflitos, e ninguém é esquecido porque *o Amor é Lei Universal*! A melhor maneira técnica dos chamados "vivos" colaborarem com as Forças da Luz de Deus é pela boa disposição da *meditação* e do *ritual,* consignados pelas suas respectivas Ordens ou Religiões, e não por "uma coisa à solta", sem suporte seguro de *Egrégora* alguma; ou, então, bastando sempre a *mente* e o *coração* direcionados para a única e firme vontade de fazer o Bem nos seus semelhantes em Humanidade.

Essas hostes de abnegadas almas santas e sábias, ao serviço consciente e direto da Grande Fraternidade Branca, compõem-se de *homens* e de *anjos* inteiramente vocacionados para o desígnio evolucional do Eterno, sendo elas quem ensinam que se deve subir aos entes queridos já partidos, tal como eles sobem na escada da Evolução, e nunca, jamais o inverso, porque *a Natureza não dá passos para trás*!

Homens desencarnados, sim, mas também encarnados, acrescente-se, que podem deixar conscientemente o seu corpo físico denso, levando consigo a consciência física contida nos dois éteres superiores do duplo-etérico, deslocando-se em alma no espaço sutil em missões e atos de grandiosidade tal que só os Iniciados conhecem e ensinam à Humanidade comum.

Os três últimos parágrafos vêm contradizer a frase predileta tanto dos kardecistas como dos umbandistas: "Toda a falange de espíritos tem o seu guia ou instrutor". Nesse caso, para que invocar aqueles que no "Além" têm guias mais práticos, sábios e amorosos do que no mundo, este mesmo mundo onde cometeram erros e crimes cuja memória os faz sofrer?

Acredito, sim, não nas manifestações induzidas, mas nas manifestações espontâneas, genuinamente *Jinas*, pois que a História se acha repleta das mesmas desde a mais remota Antiguidade. Isso, porém, por motivos superiores que ao homem vulgar não é dado compreender.

A classe de seres que geralmente atua nos círculos animistas pertence à dos elementais do Ar, os *silfos*. Sobre isso, correndo o risco de vir a surpreender muita gente, direi algumas palavras em defesa da razão, ou melhor, da boa saúde psicomental.

Os silfos superiores, dirigidos por alguma alma humana de índole igualmente superior, podem funcionar como guias aos que morrem de repente, a fim de protegê-los das alucinações astrais. Como atuam na mente concreta do homem, eles são as energias volitivas guardiãs de tudo aquilo que os Profetas e Iniciados disseram e escreveram no Passado e se encontra registado na *Memória Etérica da Natureza* (a quem os sábios orientais chamam *Livro do Kamapa*), e é assim que detêm os segredos mais sigilosos de todos os Colégios Iniciáticos. Para obtê-los, mister se faz usar os sinais e senhas secretas quer desse Reino Elemental, quer do respectivo Colégio. E tanto uns como outros só são conferidos a quem seja realmente Iniciado. Os chamados "pontos riscados" da umbanda e da quimbanda acabam sendo uma desfiguração grotesca dessa realidade da qual, a mais próxima, é a ciência matemática e geométrica dos "quadrados alfabéticos e numéricos mágicos" dos cabalistas judeus e das "mandalas e yantras místicos" dos brahmanes e lamas orientais. De maneira que, acredite o respeitável leitor, "sacar" esses segredos aos silfos é tarefa impossível e perigosíssima (eles inspiram à loucura e ao suicídio quando desafiados), não sendo demais lembrar que hoje em dia ninguém ingressa em uma Ordem Iniciática por simples e exclusiva inscrição, antes e só por convite... que leva à inscrição e consequente vinculação efetiva à *Egrégora* da Ordem.

O mundo inferior dos silfos simpatiza com a feitiçaria e a necromancia. Os silfos inferiores penetram à vontade o ovo áurico astro-etérico dos médiuns e demais pessoas muito sensitivas no pendor mediúnico e podem, em certos casos de fenômenos profundos e autênticos de mediunidade, assumir a identidade de qualquer personagem histórico, imitando a sua voz, a sua caligrafia, as suas feições e até, algumas vezes, falando a sua língua de origem. Resulta de tudo isso produzir perturbações psicomentais à vontade nas suas vítimas, destruindo a fluidez do corpo emocional pela ingerência de elementos estranhos no corpo mental, provocando assim os estados neuropatológicos, francamente psíquicos, de alucinações, histerismo, esquizofrenia, podendo até chegar à loucura irreversível e mesmo à morte, seja provocada pelo suicídio, seja acelerada pela doença.

Nesse último vetor inscrevem-se hoje, ainda que de maneira "adocicada" por uma certa e colorida infantilidade psíquica, os ditos "canalizadores" de Mestres e Seres elevados que, afinal, não passam de *silfos*. Além de se denotar nesse tipo de pessoas uma grande ingenuidade humana e ignorância espiritual, observa-se também muito preconceito sociorreligioso e vaidade psicomental... Se assim não fosse, certamente perceberiam de imediato que um Adepto Perfeito nada tem em comum e logo é incontactável pelo homem imperfeito.

Os discípulos em iniciação nos Mistérios Sagrados eram, antigamente, educados de forma conveniente a fim de despertarem corretamente as suas faculdades internas (*sidhis*), de maneira que as psíquicas ficassem subordinadas às espirituais, sempre sob a supremacia atenta dos Hierofantes desses Colégios Iniciáticos, acompanhando par e passo o desenrolar natural dos discípulos, aos poucos estabelecendo consciente, harmônica e saudavelmente a "ponte de luz" ou *antahkarana* entre os Reinos Humano e Espiritual, entre a Terra e o Céu. Mas, atualmente, com grande desgraça, os desusados métodos lunares ou psicopassivos do animismo, sob que nome se apresente mas de forte importação afro-sul-americana, permitem sem defesa alguma que os seus aderentes se treinem como médiuns de quaisquer tipos de entidades, sem que de fato saibam quem elas são.

A meu ver, e conforme postula todo e qualquer Colégio de Tradição Iniciática, os sensitivos de nascença deveriam ser treinados a ter controle total de si mesmos e a aprenderem a responder somente aos influxos do Mundo do Espírito, cultivando e mantendo a pureza de mente e de coração, de intenções e de ações; esta a defesa mais eficaz contra as investidas, mais ou menos argutas, das forças sinistras, internas e externas, para todos os efeitos, opositoras permanentes da evolução verdadeira de tudo e todos.

Esse treino e autocontrole baseia-se nos *nadhis* ou "linhas de força" estruturadas que constituem a essência vital de todo o órgão físico, os quais são refletidos pelas *veias*. A Ciência Iniciática chama *nadhis primários, primordiais* ou *de atributo* àqueles distendendo-se pelos três sistemas nervosos ligados diretamente à coluna vertebral, a saber:

1) *Sistema Simpático*. Atualmente é o mais utilizado pelo Homem, pois relaciona-se com a sua natureza física, inclusive a mental, por causa da energia necessária ao funcionamento do seu cérebro ser-lhe fornecida por esse sistema – através dos nervos que enervam, excitam ou ativam as células cerebrais. O domínio desse sistema possibilita ao Homem tornar-se de *Pensador* a *Ocultista*. E isto pelo desenvolvimento do respectivo *nadhi solar*, ou canal direito da coluna espinhal etérica, de nome *Pingala*.

2) *Sistema Vago* ou *Vegetativo*. Quando em funcionamento transmite ao Homem todas as impressões emocionais e psíquicas ou astrais – através do enervamento das células cardíacas. O domínio desse sistema nervoso dá possibilidade ao Homem de tornar-se de *Devoto* a *Místico*, por via do desenvolvimento do respectivo *nadhi lunar*, o canal esquerdo da coluna espinhal etérica, chamado *Ida*. Este deverá estar em *equilíbrio com Pingala*, pois senão haverá o desequilíbrio com o predomínio anormal desse sistema, dotando a criatura humana do fator passional ou passivo da mal-grata mediunidade ou exorbitância anormal psicoanímica, tornando-a *vaga* ou *vegetativa*. Eis a razão verdadeira da mediunidade e de todas as formas de animismo, desde sempre vivamente desaconselhadas por todas as verdadeiras Escolas Iniciáticas.

3) *Sistema Cérebro-Espinhal*. Quando desperto ou desenvolvido, confere ao Homem a consciência espiritual e o pleno domínio dos três mundos do Pensamento, Emoção e Ação, não perdendo ele a consciência em nenhum deles e logo não

perdendo a solução de continuidade – em virtude do *equilíbrio central* para os outros dois, gerando a *neutralidade*, autoenervando as células de todo o sistema cérebro-espinhal, do cóccix ao crânio. Isso acontece pelo desenvolvimento, em estado neutro ("nem bem, nem mal"... chave da Iluminação, estado em que se deve estar quando se medita, por exemplo), do *nadhi central* ou *andrógino* da coluna espinhal etérica, conhecido como *Sushumna*. Este possibilita ao Homem tornar-se Adepto Perfeito, desde o Físico ao Emocional até chegar ao Mental Superior ou Espiritual, jamais, em momento algum, perdendo a consciência psicofísica e mesmo mental, por já ter dominado ou conquistado toda a consciência desses níveis, de maneira que, por essa *neutralidade* como "terceira coisa" gerada do *equilíbrio* masculino-feminino, torna-se *Andrógino*, isto é, *Adepto Perfeito*.

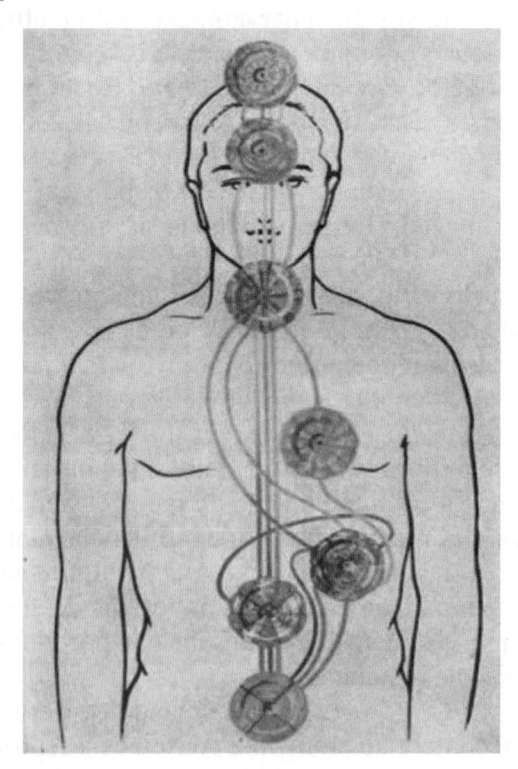

As correntes vitais do Homem

Tendo a ver com o que acabo de dizer, transcrevo de seguida a consideração mais que avalizada de um Mestre Vivo, *Koot Hoomi Lal Sing*, cujas palavras foram escritas no final do século XIX:

"Felizes, três vezes felizes, em comparação, são as entidades desencarnadas que dormem um longo sono e vivem em sonho no seio do Espaço! E infelizes daquelas que *trishna* ('desejo de viver') atrai aos médiuns, e infelizes destes últimos que as tentam por um *upadana* ('meio material') tão fácil; porque apoderando-se delas e satisfazendo-lhes a sua sede de viver, o médium contribui para lhes desenvolver um novo grupo de *skandhas* – um novo corpo de tendências e de paixões bem piores que aquelas que tiveram no corpo que perderam. De fato, ele é a causa dessas *skandhas* ('tendências') e desse novo corpo. E todo o futuro daquelas será determinado não somente pelo *Karma* ('causa e efeito' ou 'lei de retribuição') de demérito do conjunto ou grupo precedente, mas ainda pelo novo grupo da futura criatura encarnada. Se os médiuns e os espíritas somente soubessem, como já disse, que por cada "anjo-guia" que acolhem entusiasticamente lançam sobre ele um *upadana* que será gerador de uma quantidade de males indizíveis para o novo Ego que nascerá sob a sua sombra funesta, e que em cada sessão (sobretudo de materialização) eles multiplicam as causas de miséria (causas que mancharão o nascimento espiritual do infortunado Ego e o farão renascer em uma existência pior que nunca), talvez fossem menos prodigiosos na sua hospitalidade."

Respeitante ao espiritismo doutrinário e às "coisas belas" que nele se diz e faz, ainda assim ficando-se pelo ambiente emocional com pouco ou mesmo nada de mental, coisa que conheço muito bem por no passado e por largos anos eu próprio ter militado na codificação espírita de Allan Kardec, ou melhor, Hipollyte Leon Rivail, o mesmo Mestre Vivo é peremptório:

"No *Devakan* ('Mundo Celeste ou Plano Mental') [...] o *Espírito* está inteiramente absorvido na sua beatitude pessoal, sem dar atenção alguma aos elementos que lhe sejam intrusos. Já afirmei que *ele não pode regressar*.

Lamento contradizer-vos. Eu não tenho conhecimento dos 'melhores espíritos' que aparecem nos círculos espiritistas e 'ensinam a moral mais elevada', e desde logo seguramente não conheço nenhum círculo 'perfeitamente *puro*'. A verdade obriga-me a declarar que Allan Kardec não é um ser vivente totalmente imaculado, pelo que, desde logo, *não é um Espírito muito puro*. No que respeita ao ensinamento da 'moral mais elevada', vive não muito longe da minha residência um *Shamar Dugpa* ('feiticeiro') que é um homem verdadeiramente notável, pouco poderoso como feiticeiro, mas sendo-o excessivamente como bêbado, ladrão, mentiroso e orador. Neste último *papel*, ele pode bater aos pontos Mrs. Glastone e Bradlaugh, e mesmo o Reverendo H. W. Beacher, como o mais eloquente predicador moralista e o maior transgressor dos mandamentos do Senhor dos Estados Unidos da América. Esse lama *Shapa-toung*, quando tem sede, pode extrair de um largo auditório de laicos 'barretes amarelos toda a sua reserva anual de lágrimas, ao contar-lhes pela manhã o seu arrependimento e os seus sofrimentos, depois de se ter embebedado durante a noite e roubado todos os habitantes da povoação após, por mesmerismo, tê-los imerso em um sono profundo. Portanto, pregar e ensinar a moral com um objetivo interesseiro, não prova grande coisa'.

Ainda segundo os Mestres Reais que são os verdadeiros Homens Perfeitos, e porque não quero falar da minha experiência pessoal no assunto, os grandes frequentadores das sessões espíritas, ou psíquicas, são os cascões etéricos dos mortos e os elementais ou forças inconscientes da Natureza, muitíssimo abaixo do estado humano, e ainda os suicidas e as vítimas de mortes violentas, estas as criaturas humanas "entaladas" no *umbral* astralino entre a Terra e o Céu. *Nenhuma outra criatura*, senão as citadas, *manifesta-se em tais sessões*, por razões exclusivas da *Lei de Evolução* – em que o curso natural de tudo e todos é ir avante, e não retroceder, seja a que nível for. O Mundo Material é um, e o Mundo Espiritual bem outro: *interpenetram-se mas não se imiscuem*. O espiritismo, em *todas* as suas modalidades, acaba não passando do "apêndice", da *sombra* da Teosofia, da verdadeira Ciência Oculta ou Esotérica, e esta jamais deve ser confundida, como hoje acontece de maneira quase geral, com quaisquer "ocultismos populares". Ademais o *Ocultismo é uma ciência exata*, por ser a "ciência exata das energias do Universo". Portanto, caríssimo e respeitável leitor anônimo que me lê e julga, deixe-se os "mortos" na sua paz e volte-se de vez para a Pax Viva do nosso Cristo Interno, esse mesmo Espírito ou *Atmã* Universal, procurando na Terra o *Samadhi*, a Beatitude, para que no Céu se alcance o *Nirvana*, a Unidade com o Divino.

O próprio *hipnotismo* (do grego *hypnos*, "sono") tem grande similitude com a mediunidade. Em minha opinião, o hipnotismo deveria ser utilizado somente para fins médicos e por médicos diplomados responsáveis. Quando o hipnotizador dedica a sua ciência a demonstrações teatrais ou à invasão da vida alheia pelo domínio forçado que a atração mesmérica impõe sobre o mecanismo psicoetérico do *sujet*, ficando este para sempre ligado a ele por um fio astro-mental que poderá a qualquer momento ser reativado e controlado pela vontade daquele, mesmo a grande distância, as leis violadas da Natureza castigam-no com um karma severíssimo, cabendo aos *silfos* a execução dessa justiça... o que já se viu acontecer há poucos anos a um hipnotizador famoso na TV, falecendo inesperadamente.

Os *silfos* inferiores representam, na maioria das vezes, o papel de um ente querido que a morte levou: pai, mãe, esposo, esposa, irmão, irmã, um político, um religioso, etc. Em seguida, começam a ditar discursos e a dar conselhos morais aos quais emprestam muito poder de falsificação por se aliar ao animismo inconsciente do sensitivo, impregnando com as suas impressões psicomentais (*kama-manásicas*) essas mesmas mensagens, tanto pela voz, como pelo estilo e pela letra. Os destinatários dessas mensagens não deixam de se render ao extraordinário do fenômeno e exclamam maravilhados: "Tudo isso é verdade! Só eu e o morto sabíamos desse segredo, e agora o médium revelou-mo!" A bem da verdade, a essas pessoas sugestionadas por promessas e maravilhas do "mundo dos espíritos superiores", especialmente aos *jovens portugueses e brasileiros* navegando, apesar de bem-intencionados, nas águas turbulentas de um psiquismo do qual nada sabem exceto que os excita e agita, tenho a dizer o seguinte: os *silfos* ou forças elementais do Ar podem ler os *Anais Akáshicos* (porque são parte da sua matéria) contidos no *Éter Refletor* que constitui a *Memória da Natureza*, no que diz respeito a tudo que esteja relacionado com a pessoa que faz perguntas e com aquela que partiu do seu corpo físico. Basta que um indivíduo esteja ligado a uma pessoa desencarnada ou a alguma ocorrência passada, ainda que não esteja pensando nela no momento, mas estando gravada a sua memória no subconsciente, para esses elementais estabelecerem uma ponte de comunicação entre os dois e lerem os seus respectivos arquivos no corpo etérico, conhecendo os seus segredos, bem como os daquele que estava em contato com ele.

Os *silfos* podem impregnar, com a sua atmosfera, qualquer imagem ou objeto que tenha sido adorado ou reverenciado por mentes devotas, magnetizando-o de forma a fazer com que essa imagem ou objeto resplandeça, pareça maior do que é na realidade, quando não faz com que os seus olhos abram e fechem, que escorram lágrimas ou a figura mova a cabeça de um lado para o outro. Tais fenômenos de pura *maya-vada*, *espelhismo* ou "ilusão dos sentidos", observados por sensitivos e não sensitivos, são comumente rotulados de "milagres"...

Nessa classe estão dois "milagres" a que assisti pessoalmente: um na Ladeira do Pinheiro, com a multidão extasiada ante a "santa" (afinal, "médium de efeitos físicos" com o corpo etérico desfeito por causa do imenso ectoplasma – éter materializado provindo do seu próprio corpo vital – constantemente despendido, provocando-lhe a famosa doença do "ângulo esplênico" e graves anomalias gástricas, como eu próprio assinalei à "santa" Maria da Conceição possuir esses sintomas de doença grave, o que ela reconheceu, adiantando que "os médicos não a conseguiam curar"...), com a energia psíquica grupal originando a *maya-vada* de "o Sol estar em movimento de um lado para o outro", como eu e todos os presentes o vimos, comigo sabendo que isso não passava de ilusão de ótica, de miragem idêntica à que acontece com os viajantes nos desertos tórridos, indo o calor extremo excitar-lhes a fibras óticas de maneira que acabam vendo o que realmente não existe! O outro "milagre", que também presenciei, foi o seguinte: em uma pequena igreja cristã ortodoxa de Lisboa há uma imagem da Virgem que, em dado momento, "milagrosamente", começou a verter lágrimas, para espanto e comoção dos fiéis. O caso deu brado, os jornais noticiaram e a ciência interviu e reconheceu a veracidade do fenômeno. Muitos ainda devem estar lembrados. Agora, o que raros sabem porque só a eles disse diretamente, é que tal fenômeno psicofísico foi desencadeado pelo próprio padre ou pope, estudioso de certa literatura ocultista que me mostrou, por inconformismo aos dogmas eclesiais vigentes, e dessa maneira estabelecendo uma ponte fluídica com o mundo dos *silfos*, apesar de inteiramente inconsciente de tal. Se os cientistas compararem as suas lágrimas com as que a imagem da santa verte, verificarão o extraordinário do seu composto químico ser igual.

Até aqui falei da influência dos *silfos* no espiritismo, para generalizar, porque senão teria de falar também dos *cascões* ou corpos sutis abandonados pela alma quando se transfere a Planos mais elevados (e os quais, dissolvendo-se lentamente na matéria ambiente, não raro são ocupados pelos mesmos *silfos* inferiores quando operam nas sessões mediúnicas) e, igualmente, das *larvas* ou "escórias psíquicas" que o médium atrai inconscientemente a si. De maneira idêntica as *formas-pensamento* são animadas e animam o animismo de certos médiuns, termo este provindo do greco-latino "passivo, sujeito, receptivo".

O exemplo mais notório de um *cascão* é aquele do corpo etérico dissolvendo-se na matéria ambiente de um cemitério, pairando por cima do cadáver, porque a alma quando se desprende do corpo físico denso também se desprende do seu duplo etérico, passando ao Astral. Os cabalistas judeus, assim como toda a religião judaica, chamam a esse corpo etérico em dissolução de *Harbim de Garbal*, "fantasma dos ossos". Na realidade é mesmo um fantasma, podendo tomar a forma do extinto pouco depois da sua morte, enganando aos que pensam ser ele mesmo. Mas o verdadeiro ente subiu ao Céu e o falso está na *Gehena*, isto é, na "região etérea da podridão, do apodrecimento".

Como disse anteriormente, do ponto de vista didático será mais correto chamar ao Movimento Espiritista de *Medianimismo* que propriamente de Espiritismo. O *Espírito*, a imortal Centelha Divina, jamais se manifesta em qualquer tipo de *materialismo psíquico*. Ele é a Meta Suprema de todos quantos demandam a Verdadeira Iniciação, o Luminário Maior da própria Vida e Consciência. Nada tem a ver com quaisquer cultos incorpóreos da personalidade.

Fora os *casos excepcionais* também já referidos dos agarrados à crosta astro-etérica da Terra, e no fundo mesmo estes, *as almas humanas jamais voltam...* no sentido que lhes dá a doutrina espiritista.

Gostaria ainda, respeitável leitor anônimo que me lê e julga, de abordar um outro tópico dentro deste tema.

Os espiritistas ingleses e norte-americanos em vez de usar o termo *espiritismo*, substituem-no por *espiritualismo*. Bem, entendendo o conteúdo, no fundo vai dar ao mesmo! Nesses ditos meios "espiritualistas" continua-se a considerar a ideologia espiritista como a razão primaz de tudo o mais, e alguns deles, desde os meados dos anos 1930 a 1950, indo "colori-la" com a mistura das mais diversas filosofias ou tão somente ideias (espiritismo, umbandismo, teosofismo, yoguismo, óvnis, extraterrestres, teorias da conspiração, realismo fantástico, por exemplo) a que se conveio chamar "síntese espiritual", "doutrina cósmica", "quantum estelar", etc.

Que posso dizer de tal? As intenções são compreensíveis mas o erro é crasso, e quem faz isso obriga-me a considerar que do Conhecimento Oculto apenas conhece retalhos soltos dados a público e desconhece o poder das *Egrégoras*, as "formas vivas de uma mente coletiva", dos Colégios Iniciáticos e mesmo das religiões tradicionais, consequentemente, parece desconhecer por completo o perigo advindo daí ao misturar doutrinas várias e métodos absolutamente diversos. É uma enorme imprudência grave e perigosa e muito poderia dizer a seu respeito, inclusive abordando o fenômeno do cérebro humano pelo aspecto clínico, mas não o farei e apenas pergunto: uma pessoa que saltita de conhecimento escolástico para conhecimento escolástico, sem se fixar em algum, durante o estado de sono, quando a sua alma se evola temporariamente do corpo físico, para que Escola Interna vai? Para qual, se a nenhuma tem acesso efetivo e logo nada sabe delas exceto acaso ter lido uns quantos livros públicos sobre as mesmas? E na vida física, a de vigília imediata, como se comportará o seu cérebro com tanta informação desencontrada e que apoio efetivo terá para se manter coerente em um Caminho verdadeiramente Espiritual, se afinal de contas a coisa alguma, realmente capaz de a apoiar com inteira segurança nesse Caminho, está efetivamente vinculada?

E desde quando "ciências divinatórias" são Ciência Iniciática? Desde quando o Esoterismo tem a ver com o "ocultismo popular"? Seria bom que os órgãos de comunicação social começassem a separar o "trigo do joio", a apurar o seu vocabulário respeitante à Ciência Iniciática de maneira a passarem uma melhor informação ao grande público em vez de contribuírem para aumentar ainda mais a ignorância, a superstição e o erro. Será que alguém lúcido acredita poder misturar-se Teurgia, Teosofia, Rosacrucianismo, Maçonaria e outras Correntes de Iniciação consignadas pela Tradição das Idades com "feiras místicas" populares? O que resulta dessa pretensão psíquica e populista de querer colar-se indiscriminadamente aos Colégios detentores dos Mistérios Sagrados? Absolutamente *nada*, exceto embater em portais inteiramente fechados e fortemente defendidos pelos guardiões desses mesmos Colégios, os quais, por norma, mantêm-se encobertos nos bastidores sociais. É, pois, uma perda de tempo precioso, com laivos de triste e ridículo, pretender penetrar o impenetrável, para logo, sem nenhum preparo, profanar o improfanável... *Ipsum fato*!

Pois bem, para se poder penetrar o âmago espiritual de um Colégio de Sabedoria Divina, credenciado pela Grande Fraternidade Branca dos Irmãos Maiores da Humanidade, mister se faz possuir a chave de acesso ao interior do mesmo. Na Terra, neste plano objetivo, visível e tangível, essa *chave* chama-se *filiação efetiva*, a que se segue, *sem dispersão*, percorrer a via ministrada por esse Colégio e que deve levar ao Altar da Verdadeira Iniciação.

O chamado interior ao Caminho da Espiritualidade acontece com o amadurecimento da alma. Então, quando se iniciam esses sublimes passos, não mais se para!... De maneira que o espiritismo, como fragmento, em sua essência, da Doutrina Secreta, pode ser bem-intencionado e possuir em seu meio pessoas igualmente bem-intencionadas e de grande valia espiritual em sua essência, mas é quase inteiramente incorreto no seu *corpus* teórico e técnico. Daí que a Iniciação Verdadeira e a consequente Realização Espiritual seja impossível de conquistar nesse ambiente. O "espiritualismo" foi, é e será, quando muito, um degrau preliminar na Evolução Discipular, ainda assim prescindível, visto nem todos os Aspirantes e Discípulos terem passado por ele. De maneira que, caríssimo leitor, a ordem é avançar para o pleno domínio do Mental, pois permanecer no animismo depois de pressentir a Luz, é um suicídio da alma.

Termino com um último apontamento, porque o dever sacerdotal se me impõe e com ele a Verdade do Espírito, ainda dentro deste tema do psiquismo, umbral inconstante entre o Homem da Terra e os Mistérios Celestes.

Trata-se das mensagens mediúnicas, telepáticas ou "canalizadas" (*channeling*, em inglês) de *pretensos* Adeptos Reais ou Mestres Perfeitos a idealistas místicos ou a aspirantes ao Aspirantado. Importando-me tão só a ideia e não a pessoa que possui o livre-arbítrio de fazer o que muito bem entender, repara-se nessas mensagens orais, escritas, etc., a inteira fantasia, fruto precoce de um misticismo anímico que pode ser ou não consciente, para todos os efeitos redundando do próprio autor; se é inconsciente, ele traz o melhor de si mesmo à superfície e atribui-o a uma entidade externa, a quem chama "Mestre", e identifica-o por nomes igualmente inventados (Lanto, Rowena, Nada, Azambur, Astar Sheran, entre outros), repito, nesse caso inconscientemente. Acaba-se criando uma *forma-pensamento* que se vai alimentando ou fortalecendo com o tempo, dando-lhe certa autonomia, para todos os efeitos, não deixando de ser uma ilusão psíquica fantástica feita à imagem e semelhança dos seus limitados criadores. É assim que também se veem Excelsos Seres do Panteão dos Avataras que deixaram o brilho da sua Sabedoria e Devoção singulares nas páginas imortais da História do Progresso da Humanidade virem se "manifestar" de forma ingênua e simplória a médiuns psicógrafos, telepatas ou "canalizadores", destoando inteiramente o que dizem ou escrevem agora com o que foram, disseram e escreveram em vida. É assim que aquele renomado cientista na sua última encarnação apresenta-se, através do médium, como pouco mais que um autodidata repleto de preconceitos religiosos, o que tem levado muitos a perguntar: – Será mesmo ele?... É assim que também muitos iniciantes na Via Espiritual, quando afetados ou atuados pelo excesso da sua própria emotividade anímica, acabam começando a receber cartas ou mensagens deste ou daquele "Mestre". Obviamente que não é Mestre algum se comunicando, antes a transfusão inconsciente do que está no Subconsciente superior ou Intuicional não desenvolvido da pessoa, trazendo à tona dos sentidos o que tem de melhor e verdadeiramente espiritual, e quando acontece – muitíssimo raramente – a aproximação psíquica a algum Adepto Real, este cujo Plano comum de vivência é o Espiritual, poderá muito bem ser só a *chaya* ou "sombra psíquica" Dele volitando no Astral, algo vazio e destituído de valor maior, como qualquer observador lúcido e imparcial pode verificar pelo conteúdo catequista o mais primário, ingênuo e simplório das mensagens recebidas dela.

Não pode haver relação afim ou íntima entre o Adepto Perfeito e o homem imperfeito; este, predicado plural e aquele, sujeito singular. Para se conseguir o contato interno efetivo com o Mestre e a recepção dos seus ensinamentos reais no Plano Físico, é obra magna que demora muitos anos e mesmo muitas vidas, não é "do pé para a mão"; ademais, os Mestres são como são e não como se pretende que sejam, tal como o Mundo Espiritual é como é e não como se quer que seja! Isso mesmo já o disse em carta privada enviada para São Lourenço de Minas Gerais, Brasil, no início do ano de 2006, da qual reproduzo aqui a parte seguinte:

Isso e as "facilidades" espiritualistas, antes, PSIQUISTAS ou ANIMISTAS, geralmente induzidas por autossugestão, como essas de "ler as vidas passadas de outrem" ou "veicular a Consciência dos Mestres Perfeitos", quando não os "incorporar". Bem, quanto a ler as vidas passadas de alguém só se for um elevado Adepto em relação ao seu discípulo e a ver exclusivamente com o trabalho íntimo entre ambos. Ou então o discípulo por si mesmo, à medida que se desenvolve interiormente e vai tomando cada vez mais consciência do seu Ser, acabando por fundir os seus passado e futuro no ETERNO PRESENTE, e aí, sim, mais tarde ou mais cedo, consoante a evolução alcançada, acabará por se lembrar de quem foi na reencarnação anterior que, indubitavelmente, está na formação da natureza e caráter posterior, ou seja, a presente. Esse processo acontece à medida que se desenvolvem positivamente os "Centros Vitais" ou Chakras, estes a quem o Excelso J∴ chamou de "os sete Olhos, as sete Pautas do Odissonai".

Poder-se-á objetar que não é preciso tanto: basta a hipnose regressiva para o sujeito lembrar-se da vida anterior, se não mesmo até de outras mais. Pois sim, mas acaso alguém já se lembrou que todas essas memórias resgatadas ao inconsciente poderão ter a ver exclusivamente com a vida presente, em uma amálgama de sensações e imagens vividas, até o momento esquecidas, pois que a memória registra tudo quanto se ouviu, viu, sentiu e pensou, e que assim reavivadas, sem mais, de maneira violentadora dos sentidos poderão descambar em traumas maiores ainda que aqueles que esse sujeito já carrega no consciente, e, portanto, desde logo nada disso ter a ver com a lembrança de vidas anteriores?

Ademais, nenhum psíquico ou animista vulgar consegue ler o átomo-semente BÚDHICO ou INTUICIONAL, que é onde está registado todo o passado de outra pessoa. Além disso, nenhum Adepto Real ou Discípulo verdadeiro gosta de se dedicar à "bisbilhotice transcendental" de saber das vidas do alheio, ademais por haver o risco permanente dele ficar dependente do que se lhe diga a respeito e faça depender a sua evolução presente exclusivamente do passado morto e enterrado. De maneira que o que se observa publicamente sobre o assunto não passa de invenção, mais ou menos consciente, consoante às imagens mais ou menos induzidas por analogias exteriores; além disso, e sobretudo, ler ou pretender ler as vidas de outrem não deixa de ser uma grande violação da privacidade alheia, logo, uma positiva demonstração de parca ou nenhuma sabedoria, de pouca ou nenhuma evolução verdadeira, mas havendo muita superstição e crendice redundando para o foro psiquiátrico ou de afetação mental da parte de quem toma tais iniciativas, mas também de quem se deixa levar por "cantos de sereias", estas que são, segundo a crença dos antigos marinheiros, devoradoras de carne humana, *depois de fascinarem as suas vítimas. Aqui, transpondo o exemplo,* devoradoras de almas humanas, *do que têm de melhor e mais positivo.*

Respeitante a "veicular" ou até "incorporar" a Consciência de um Mestre Real (quando se entra em um templo cristão, por exemplo, e se vê em algum quadro o Criador Todo-Poderoso no topo de uma montanha faiscando luzes e raios, como seja, Fohat e Kundalini, pode concluir-se com exatidão que essa é a imagem antropomórfica mais pálida e imperfeita do Adepto Verdadeiro em seu Corpo Causal. E se mesmo assim é representado Todo-Poderoso, imagine-se o que será na realidade!), não sei como é possível acreditar-se em tal, quando as próprias e vulgares almas humanas raramente se manifestam nos meios animistas (exceto, mas também muito raramente segundo Koot Hoomi, as mais agarradas à crosta terrestre, como, por exemplo, os suicidas, os alcoólatras e os drogados), o que levou o próprio Allan Kardec (Hypolite Leon Rivail, magnetizador, maçom e escritor do século XIX, cuja "codificação espírita" baseou-se no antiquíssimo livro hindu Agruchada Parikchai *que contém todos os ensinamentos fundamentais do espiritismo oriental, mas aí reconhecido como manual invocatório dos "devas naturais" e não de quaisquer almas humanas...) a reconhecer no seu* Livro dos Espíritos*: "Em cem manifestações espíritas, às vezes uma é verdadeira!".*

Em boa verdade, essas "veiculações", "incorporações", etc., muitíssimo raramente são um pouquinho mais que autossugestões induzidas por fatores externos onde a esfera afetiva tem papel determinante no resultado final das mesmas experiências psíquicas que, realmente, não vão além do aparelho psíquico do próprio. Recordo o famoso Francisco Cândido Xavier psicografando mensagens do falecido Humberto Campos, a dada altura dizendo coisas plenamente de acordo com a Teosofia de Henrique José de Souza. Assombroso! Pois sim, só que uma semana antes o professor enviara-lhe alguns exemplares da revista Dhâranâ, *tendo ele absorvido o conteúdo, disformando-o de maneira mais ou menos consciente e, por fim, ei-lo: "psicografando" as palavras do falecido jornalista e político Humberto Campos, conforme haviam sido literalmente escritas em* Dhâranâ. *Se nisso acaso não houve falta de boa-fé, então os* silfos *ou elementais do Ar (os mesmos que São Bernardo de Claraval indica nos primeiros parágrafos do seu* Louvor à Nova Milícia do Templo) *retiraram do seu mental concreto tudo o que lera e depois devolveram transmitindo por superexcitação nervosa, provocando a epilepsia momentânea dos braços, o que redundou na "escrita automática". Fosse como fosse, o Professor Henrique admoestou-o pessoalmente e ele... nunca mais recebeu mensagens mediúnicas de Humberto Campos. Que se pode deduzir de tudo isso?*

Outro exemplo é aquele dos médiuns "psicografando" e "incorporando" o "espírito" chamado "Ramatis" (mistura filológica fantasiosa de Rama *com* til*), nomeadamente o seu primeiro autor e criador, Hercílio Maes, que após circular por vários movimentos espiritualistas, como foram o "Círculo Esotérico da Comunhão do Pensamento" e a* Sociedade Teosófica Brasileira, *deteve-se na* *corrente kardecista, não no formato doutrinário ortodoxo desta, mas na feição liberal que deu à mesma, juntando as mais variadas correntes filosóficas, subtraindo-se o travo "universalista", dando forma, por via "psicográfica", a essa personagem novelística "Ramatís", a qual preenche páginas e páginas pelo sistema pergunta-resposta, que bem me parecem do autor a si mesmo, arrancando ao seu subconsciente tudo quanto ouvira e lera antes. Como um de muitos exemplos cuja fonte de informação conheço qual foi, a dado passo aparecem nessa vasta obra literária mediúnica mensagens psíquicas do "Espírito Guardião do Brasil", ou seja, HELIL. Quem é este? É aquele de quem os médiuns espíritas, particularmente Hercílio Maes, ouviram algumas e esparsas coisitas, certamente por indiscrição deles ou de membros da Sociedade Teosófica Brasileira, ou então de ambas as partes, pois que descodificando esse nome claramente fantasista, HELIL, vimo-lo inspirado em uma mistura de HENRIQUE, HELIUS e ISLIL, palavra esta que faz parte do ODISSONAI.*

Enfim, acaso alguma boa alma já pensou o quão difícil e trabalhoso é chegar aos pés do Mestre e ser Um com Ele? Acaso alguma boa alma já cogitou que para a maioria dos que têm relações diretas com o Mental do seu Mestre elas só se realizam no nível superior do mesmo, e que muitíssimo raramente, só com ordens superiores, transmitem ao exterior o que acaso esse Mestre tenha a dizer e a fazer através do discípulo ante os outros? Acaso, enfim, já se concebeu por um instante que é necessária uma grande e prolongada disciplina iniciática para tanto e um forte cabedal de conhecimentos exatos das leis da Natureza? Se já é difícil a comunicação com uma alma humana vulgar, imagine-se então como será com um Adepto!

Posto quanto tenho a dizer, reitero em desfecho que *não é a religião que faz o homem, mas o caráter*, e cada um pode, desde que queira, candidatar-se à ressurreição espiritual no seu mais alto e primordial estado: o de DIVINO.

Tenho dito.

Bijam

OBRAS CONSULTADAS

Henrique José de Souza. "Exteriorização da Motricidade". Revista *Dhâranâ*, nº 85, 1935.

George O'Bourke. "As enfermidades dos médiuns e os perigos que correm". Artigo traduzido e comentado (em chamadas numeradas) por Henrique José de Souza, transcrito da revista teosófica *Sophia* (números de setembro e outubro de 1913) e traduzido para a Revista *Dhâranâ* n.º 71,1932.

Henrique José de Souza. "H. P. Blavatsky e seus detractores". Revista Dhâranâ, n.º 107/108, 1941.

António Castaño Ferreira. Adeptos. Revista *Dhâranâ*, n.º 78, 1933.

_____. "A Teosofia e as Doutrinas Orientais". Revista *Dhâranâ*, nº 138/140, 1949.

Mário Roso de Luna. "A Grande Loja Branca". Tradução e comentários de H. J. Souza. Revista Dhâranâ, nº 91/92, 1937.

H. M. Portella, "*Egrégoras*". Revista *Dhâranâ*, Série Transformação, nº 3, Ano LIII, 1º e 2º trimestre 1978.

Capítulo XIV
De *Gohos* a *Theos*

Sintra, 1980

A Magia Branca, Teúrgica, opera com Anjos e é operada por Arcanjos, a favor da Evolução Universal do Ser, na Sementeira do Bem, do Bom e do Belo.
A Magia Cinzenta, Espiritista, opera com elementares e é operada por elementais, causadores de ilusões, enfermidades e desilusões.
A Magia Negra, Goécia, opera e é operada por todas as escórias sinistras da Involução, na sementeira do Mal, do Mau e do Feio.
Saiba o Homem separar a sinistra da destra e caminhar nesta, no Caminho de Volta ao Espírito de Deus.

V.M.A.

Faz da tua vida passageira um Céu para não sofreres as penas eternas do teu Inferno!

V.M.A.

Assim como existe, distribuída estrategicamente por toda a superfície do Globo, a Excelsa *Fraternidade Branca* composta por divinas Criaturas já integradas conscientemente no seu Eu Superior, com isso palmilhando o Caminho de Volta ao Divino, o Logos Único em quem todos somos e temos o nosso Ser, consequentemente muitíssimo adiantadas em Vida e Consciência comparativamente à Humanidade comum, sendo assim os seus *Irmãos Maiores*, contudo não se deve ignorar haver também a sua eterna sombra nesta *Kali-Yuga* ou "Idade Sombria" que o Mundo atravessa, ou seja, a Grande *Fraternidade Negra*, opositora declarada daquela e de quantos a integram, desde o mais humilde Aspirante ao mais portentoso Adepto.

Nos dias de hoje, com a queda acelerada e o consequente desaparecimento de um ciclo "apodrecido e gasto" pelo dealbar de outro mais promissivo e feliz para o Mundo, o de *Aquarius*, que agora (2010) já entrou no seu ciclo zodiacal e só falta entrar no ciclo consciencial de um e todos, assiste-se, impávido ou aterrado, à agitação frenética dos humanos frutos amargos e até venenosos do Passado, debatendo-se pela sua sobrevivência à extinção total que já lhes está ditada pela *Lei Maior*, quando esta Julgou a Humanidade no ano de 1956 (21 de março).

É assim, não raro com pasmo e susto dos muitos que ainda mantêm a lucidez d'alma, que hoje se assiste cada vez mais ao despontar agigantado das mais díspares e disparatadas seitas portadoras de "manás e bênçãos", de "escrituras novas e iniciações cósmicas", de "curas estelares e ocultismo cinematográfico", etc., confirmando plenamente as proféticas palavras de Jesus, o Cristo, nas Escrituras: "No Final dos Tempos (isto é, do Ciclo) muitos serão os falsos profetas e messias que usarão do Meu nome mas que serão contra Mim." As palavras textuais não são essas, mas o sentido sim. Seja como for, tais seitas fazem hoje a delícia psicossocial das massas impúberes que, além de sugadas na carteira (pois para tais sectaristas exploradores do alheio não contam as palavras de Jesus, quando disse: "dai de graça o que de graça recebestes"), na sua ingênua ignorância mesmerizada, servem de *repasto psíquico* a forças tenebrosas denunciadas pelas suas próprias teorias e práticas, pelo menos para quem vê na lucidez do desprendimento, sabendo que o Mundo da Alma não é como se pretende que seja, antes sendo como é em si mesmo, inteiramente aparte de quaisquer classificações mais ou menos tendenciosas que se lhe outorgue.

A América do Norte – tendo se alastrado à Central e à do Sul – e a Europa têm sido palco da ação infame e nefasta dos chamados Adeptos Sinistros ou *Nirmanakayas Negros*, a qual se intensificou nos últimos decênios, com eles agindo nos bastidores psicossociais de agrupamentos mais que duvidosos, aos quais, confesso, gostaria de arrancar boa mas ingênua gente, em risco iminente de perder para sempre o seu quinhão evolutivo ("o tesouro do Céu", diria Jesus) duramente ganho ao longo do seu extenso rosário de vidas sucessivas, e logo ter de recomeçar tudo do início em uma próxima *Cadeia* ou *Manvantara*, o que implica um sofrimento indescritível por perda do Espírito e da Alma e ficar a Mônada vazia e abandonada em um estado de Inércia Cósmica, *Pralaya* precoce ou antecipado, por ter ficado para sempre despojada dos seus veículos de manifestação que a vivência intensa e impenitente no Mal levou à perdição. Esse é o *Avitchi* ou Inferno dantesco, ardente na consciência corroída pelo remorso do mal feito, gélido como espaço último do Universo ou "oitava Dimensão", "Zero Astro", "Cone da Lua" ou, mais vulgarmente, "Astral Inferior".

Escrevo estas palavras doloridas pensando naquelas outras do Mahatma *Koot Hoomi Lal Sing*, escritas no dia 5 de agosto de 1881:

"Sentimos que o Tempo está próximo e que temos de escolher entre o Triunfo da Verdade ou o Reino do Erro – e do Terror. Ou deixamos entrar alguns Eleitos no Grande Segredo ou permitimos aos infames *Shammars* que façam cair os melhores espíritos da Europa na superstição mais insensata e funesta, o espiritismo; e na verdade parece-nos que metemos uma carga de dinamite nas mãos daqueles que desejamos ver defender-se contra os Irmãos da Sombra de barretes vermelhos."

Esses "barretes vermelhos" são os distintivos dos *Rakshasas* ou Magos Negros, os seguidores da "Via Sinistra" (*Smritta*, em sânscrito), mas igualmente fazem referência à energia centrípeta de cor vermelha, *Tamas*, a força material de que estão impregnados como opositores à energia espiritual centrífuga, *Satva*, sendo amarela, cor dos barretes dos *Gelung-Pa*, liderados por *Gelung*, um dos Mahatmas da Linha *Kut-Humpa*, cujo *Choan* ou Líder Supremo é o próprio *Koot Hoomi*, logo sendo os Adeptos Vivos da "Via Direita" (*Diritta*, em sânscrito) como Senhores da Boa Magia Divina, *Teúrgica*.

Como já apliquei a designação técnica e tradicional, e para melhor definição posterior de quanto tenho a dizer aqui, desde já explicarei o termo *Nirmanakaya*. Este define a Veste Física e os consequentes poderes físicos de um Adepto Perfeito (inclusive o de poder prolongar a vida física além do normal), seja vocacionado para o Bem ou para o Mal. Quando é para o Bem então ele será um Adepto Branco, e quando é para o Mal assume-se um Adepto Negro. Em ambos a disciplina é a mesma, só as intenções é que divergem...

Não pensar no Mal, realmente é não o alimentar psicomentalmente. Mas isso não contraria ou anula a sua existência organizada e propósito sinistro. Então, há que esclarecer para se saber por que assim é... mantendo sempre os sentidos vigilantes e tendo sempre em mente que o Mago Branco PROPÕE, enquanto o Mago Negro IMPÕE. Um é democrata respeitador do LIVRE-ARBÍTRIO alheio, outro é ditador desrespeitador do mesmo LIVRE-ARBÍTRIO alheio.

    Como organização, tem a sua sede mundial no Monte Arfak, na Papua-Nova Guiné, onde se ocultam os restos humanos tenebrosos do Karma Lemuriano-Atlante, e como posto avançado, a cidade de Changai, na China. A sua egrégora sinistra chama-se *Gezebruth*, a "Pedra Bruta" ou "Dragão Negro do Mal", e o seu guardião psicomental toma a forma do sinistro "cão raivoso", *Pot-Alef*. O seu supremo dirigente é o *Nirmanakaya* Negro (N. N.) B∴ B∴, à dianteira dos *Qliphoth* ou "Consciências invertidas", cuja hierarquia completa assim se dispõe:

B. B.
⇩
AFR. ⇐ Com duas Colunas Vivas ⇒ F. M. Y.
⇩
7 NIRMANAKAYAS NEGROS (Adeptos Negros ou Qliphoth)
Cada um tem sete Discípulos Sinistros, logo:
⇩
49 RAKSHASAS (Magos Negros)
Cada um tem 12 Subaspectos ou Dad-Dugpas, logo:
⇩
988 SHAMARES ou KAMARES (Feiticeiros)

    Todos eles se manifestam por multivariadas formas humanas e sociais, todas elas avessas à Evolução Verdadeira, ou seja, querendo impor psicossocialmente a Anarquia à Sinarquia, a Discórdia à Concórdia Universal dos Povos.

    Mesmo tendo pela frente a Fraternidade Jina de Sidney, na Austrália, impedindo-a de fazer um mal irreversível e maior do que já faz, ainda assim a influência nefasta da Loja Negra não é só no Ocidente que se faz sentir. Não! Ela está patente em todo o Globo e em todas as latitudes (econômicas, políticas, militares, culturais, religiosas, etc.).

    Servindo-se de uma lógica profunda que, verdade se diga, nunca foi nem será sinônima de *Verdade* em qualquer proposição filosófica, os *Rakshasas* e os seus representantes na Terra, estes conscientes ou não dessa representação, não deixam de ser, afinal, o instrumento oculto e inconsciente do cumprimento implacável da *Lei Kármica* na Humanidade e no Globo, eles mesmos não deixando de ser os primeiros a sentir o vergástulo da *Justiça Divina*. A isso se referia Jesus quando afirmava: "O escândalo é necessário, mas ai por quem ele vier"...

Monte Arfak, Papua-Nova Guiné

Tenho ainda, em abono da Verdade e da Igreja Universal de Melkitsedek de quem sou sacerdote, ou seja, da Mui Nobre, Augusta e Soberana *Ordem do Santo Graal*, a afirmar que os charlatães e seus associados, mesmos esses, não deixam de ser, sem o saber ou nem sequer sonhar, o véu que esconde os verdadeiros Adeptos Independentes, porque, como dizia o Venerável Mestre JHS, "detrás da mentira está a verdade". Acerca disso, dizia ainda o Mestre Koot Hoomi, em 15 de outubro de 1880:

"Certamente que a segurança dos verdadeiros Ocultistas repousa sobre o ceticismo do público; os charlatães e os prestidigitadores são as defesas naturais dos 'Adeptos'. A segurança pública fica assegurada ao mantermos secretas armas terríveis que, de outro modo, poderiam ser utilizadas contra ela, as quais, como já dissemos, tornar-se-iam mortais nas mãos dos maus e egoístas."

O MAGO NEGRO, encarnado ou desencarnado, poderá ser uma entidade com um grande intelecto, mas SEM AMOR algum; poderá possuir grande determinação, mas SEM RESPEITO pelo seu próximo, não olhando os meios para alcançar os seus fins; poderá ter as melhores BOAS INTENÇÕES APARENTES, mas interiormente corrói-o a cobiça, a inveja, a avareza, o despotismo... ajuda em INTERESSE PRÓPRIO, sem deixar de cobrar em dobro, enfim, vive do ódio (que como o Amor são os únicos sentimentos que imortalizam e fazem um *Nirmanakaya*) e DESPREZA A COMPAIXÃO.

À medida que a *Ronda Planetária* se acerca do seu final, observa-se o reinado medonho dessas criaturas desmoronar-se e pressente-se que têm os seus dias medidos, pesados e contados. Por isso se agitam de maneira tão frenética intentando escapar à *aniquilação cíclica* que já lhes está decretada desde o Julgamento Cíclico da Humanidade, em 21 de março de 1956, pelo próprio Rei do Mundo em pessoa.

O seu plano inicial era instaurar o Reinado da Anarquia sobre a Terra, mas a Luz Sacrossanta de SHAMBALLAH e do principal opositor de B. B., ou seja, o divino BAAL-BEY ao lado de BAAL-MIRAH, como Imperador e Imperatriz das sete Cidades do Reino de AGHARTA, o gorou e acabará "cerrando as portas do Mal para todo o sempre", conforme a Evocação. Ainda que embrionária, denota-se já um pouco por todo o planeta o esboço tímido da SINARQUIA.

A face da Terra tem o seu duplo astro etérico que se prolonga até o espaço balizado pela *Lua*, e ele é o palco privilegiado da ação oculta dos magos negros, sempre encontrando pela frente a oposição tenaz dos Preclaros Adeptos Independentes e dos seus Insignes Discípulos, afinal, os únicos e consagrados "Guardiões da Luz Sagrada", no dizer de Koot Hoomi cerca de 1881:

"A 'Nova Civilização' não será senão filha da antiga, e só temos de deixar a Lei Eterna seguir o seu curso para que faça sair os nossos mortos das suas tumbas; se bem que seja verdade que 'nos ligamos supersticiosamente às relíquias do Passado', a nossa Ciência não desapareceu da vista dos homens. Ela é o 'Dom dos Deuses' e a Relíquia mais preciosa de todas. Os Guardiões da Luz Sagrada não atravessaram com sucesso tantos séculos para virem esmagar-se contra o rochedo do ceticismo moderno. Os nossos Pilotos são navegadores muito experimentados, pelo que não acreditamos em tal desastre. Encontramos sempre voluntários para substituir as Sentinelas fatigadas, e o mundo, por muito mal que esteja no presente momento de transição, pode no entanto fornecer-nos alguns homens de quando em vez."

Quanto à população do Mundo Astral, ela apresenta-se muito diversificada nos seus tipos humanos e não humanos, mas, ainda assim, poderei dar uma tabela geral da mesma:

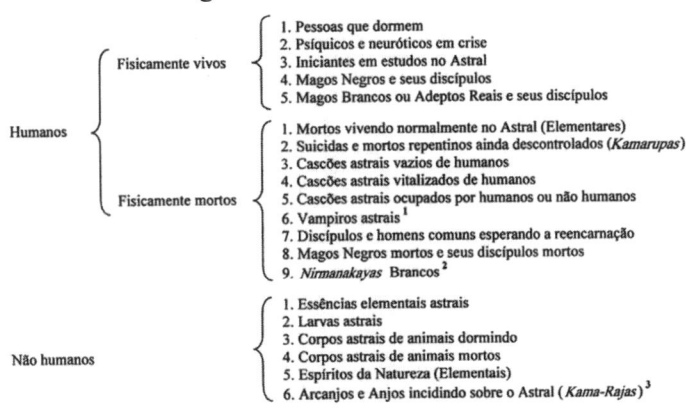

Humanos
- Fisicamente vivos
  1. Pessoas que dormem
  2. Psíquicos e neuróticos em crise
  3. Iniciantes em estudos no Astral
  4. Magos Negros e seus discípulos
  5. Magos Brancos ou Adeptos Reais e seus discípulos
- Fisicamente mortos
  1. Mortos vivendo normalmente no Astral (Elementares)
  2. Suicidas e mortos repentinos ainda descontrolados (*Kamarupas*)
  3. Cascões astrais vazios de humanos
  4. Cascões astrais vitalizados de humanos
  5. Cascões astrais ocupados por humanos ou não humanos
  6. Vampiros astrais [1]
  7. Discípulos e homens comuns esperando a reencarnação
  8. Magos Negros mortos e seus discípulos mortos
  9. *Nirmanakayas* Brancos [2]

Não humanos
1. Essências elementais astrais
2. Larvas astrais
3. Corpos astrais de animais dormindo
4. Corpos astrais de animais mortos
5. Espíritos da Natureza (Elementais)
6. Arcanjos e Anjos incidindo sobre o Astral (*Kama-Rajas*) [3]

(1) Os vampiros astrais são os corpos psíquicos de pessoas mortas fisicamente que, pelo seu esforço obstinado em continuar entre os vivos, nutrem de sangue animal ou humano o seu cadáver físico. Para isso, apossam-se da contraparte astral de um animal fisicamente vivo e com ele atacam as pessoas, na calada da noite, levando a parte energética (*prana*) do sangue sugado até à sepultura onde jaze o seu próprio cadáver, conseguindo assim conservá-lo por largo tempo. Raramente os vampiros, largamente ligados à licantropia, tomam o corpo físico de algum ente vivo, só o fazendo em certos médiuns sem domínio algum de si mesmos. Os vampiros estão actualmente desaparecendo, só subsistindo raros espécimes em certas raças eslavas do Norte da Europa, em algumas tribos de África e em vários clãs jamaicanos das Antilhas, isso por portarem pesado Karma colectivo lemure-atlante. Note-se o tão deplorável quão degradante espectáculo dos médiuns chamados "cavalos" na quimbanda e macumba africanas, ou no vodu haitiano, sorvendo o sangue de animais sacrificados no ritual primitivo ou lemuriano que encenam.

(2) A presença dos Nirmanakayas Brancos – os Grandes Choans – no Plano Astral é muito rara, pois esses maravilhosos Seres por norma habitam os Planos para além do Mental Concreto. Contudo, se desejarem manifestar-se no Mundo *Kama-Kaya* (o Astral) para aí realizarem algum tipo de trabalho do seu interesse, irão revestir-se com um corpo kamásico feito com o material mais puro desse Plano.

(3) Os Seres mais interessantes do Astral são naturalmente os *Kama-Rajas*. Estando num esquema evolutivo diferente e paralelo do Humano, no entanto intervêm bastante junto dos homens, principalmente no desenvolvimento e apuramento do seu corpo psicomental (*kama-manásico*). Tais Seres, apesar de desempenharem tarefas muito semelhantes às dos elementais, todavia estão num nível evolutivo muitíssimo superior ao desses, a quem comandam, pelo que são genericamente denominados *Kama-Rajas*, "Reis do Astral", e pertencem às categorias dos Anjos e Arcanjos, por sua vez comandados pelos *Mana-Rajas*, "Reis do Mental", que são os Arqueus.

Chegado a este ponto e em continuação deste estudo, passo a responder às seguintes questões que várias vezes me colocaram oralmente e por escrito:

– Como identificar no Astral um mago negro, já que ele é mestre na arte do embuste?

– Como conciliar a reencarnação com um mago negro?

– Com que tipos de forças opera a Via Sinistra?

Dirigindo-me à primeira questão, afirmo o princípio de que a Lei do Eterno é Justa e Perfeita a ponto de não deixar espaço mínimo à mentira triunfante em qualquer parte das dimensões do Universo.

No Plano Astral, um *Rakshasa* pode apresentar-se ao clarividente ou ao discípulo em desdobramento extracorpóreo como uma criatura formosa, plena de vigor, conhecimento e poder, quase aparentando a forma de um Adepto Verdadeiro, porque, em verdade, ele é um Adepto... sinistro. Mas disse *quase*, visto haver sempre em sua forma psíquica ou emocional, de matéria maleável (o que se reflete fisicamente...), algo contraditório da sua aparência soberba: ou possui uma mão (geralmente a direita, se foi homem, o inverso para a mulher) defeituosa (queimada, esmagada, em forma de garra, decepada, etc.), ou um pé igualmente defeituoso (na mesma direção que para as mãos, quer em forma de pata de galinha, de porco, de garra, ou então queimado, esmagado, decepado, etc.), ou ambas as coisas, o que não é muito raro; ou ainda ostenta corcunda ou dificuldade em manter a coluna ereta, ou ambas as coisas: a corcunda indiciando o fardo pesadíssimo do seu karma e a coluna inclinada assinalando o seu afastamento do Reino Humano e aproximação ao do Animal. Pode também apresentar o rosto parcial ou totalmente disformado (queimadura, ferida, apodrecimento, etc.), ou ainda marcas de pus ou sangue, não raro ambas as coisas, no corpo que, quando é observado atentamente, vê-se que está em franco apodrecimento... Há, enfim, muitas maneiras de identificar à primeira vista um *Rakshasa*, visto os *Devas Lipikas* ou *Senhores do Karma* não deixarem impune a sua natureza conspurcada, e também para que não consiga ludibriar inteiramente, mesmo que faça recurso de *mayas-vadas* ou espelhismos astrais, como "espelhos de ilusão e mentira", a quem, por causas kármicas ou afins, com ele se cruze. Isso é válido não só para o Plano Astral como também para o Físico... não há como ser observador atento, mas sem cair na acusação sem tento, pois uma pessoa de quem não se goste, por exemplo, não significa isso que seja algum tipo de feiticeiro ou mago negro. Tudo tem a sua medida certa, e as palavras e atos dão a resposta...

Ademais, a *aura* do mago negro é o seu espelho denunciador a quem a saiba entender. Ele nunca ostenta cores brilhantes, mas sempre pesadas e escurecidas. Por exemplo, se possuir um forte cabedal intelectual, discursivo, frio e sem bondade, apresentará um acinzentado amarelo-ocre na sua aura astral, em vez do amarelo-dourado da Sabedoria. Caso as suas tendências apresentem propensão religiosa de teor exclusivista e fanático, ver-se-á nele o azul-escuro pesado, típico nos "perigosos fanáticos armados", ao contrário do azul céu luminoso do Amor característico do Místico verdadeiro. E ainda se poderá ver o vermelho lívido sangrento próprio de quem concentra toda a sua atividade vital nos baixos padrões passionais, em vez do vermelho-róseo, quase ou mesmo purpurino, de quem transmutou a energia *kâmica* ou passional em *búdhica* manifesta como atividade puramente espiritual, esta que é SUPRAINTELIGÊNCIA, SUPRAEMOÇÃO e SUPRAVONTADE, respectivamente para o ESPÍRITO (*Satva*), a ALMA (*Rajas*) e o CORPO (*Tamas*).

Essas últimas são as qualidades da Tríade Espiritual do Homem que nele é a sua própria *Individualidade* imperecível, na qual o *Teurgo* ou *Mago Branco* possui focada a sua consciência imediata. Com Ela o *Goécio* ou *Mago Negro* (*Rakshasa,* em sânscrito, *Shamar-Dad-Dugpa,* em páli e tibetano, *Qliphoth;* em hebreu; e *Shaitan,* em árabe) não tem qualquer vínculo, por não ter ESPIRITUALIDADE – AMOR – SABEDORIA. Mesmo querendo alçar-se por meios inaturais à Mente Superior, fica-se pela mente inferior, não passando do nível mais baixo do Plano Mental ligado ao Emocional, portanto, da Região de *Kama-Manas* (Psicomental), na qual a *personalidade* perecível, porque transitória, encontra sempre estímulos para a criação de novos desejos ou *nidanas*, indo assim enriquecer essa mesma personalidade e empobrecer a Individualidade.

Sobre a diferença entre o Homem Verdadeiro e o Ilusório, escreveu o Mestre Koot Hoomi nos finais do século XIX:

"Falamos de 'Individualidade' e 'Personalidade', de *Amata-Yana* e *Paceka-Yana*. Esses dois termos são a tradução fiel e literal dos nomes técnicos pális, sânscritos e mesmo sino-tibetanos atribuídos às numerosas *entidades personais* fundidas em uma única *individualidade*, ao longo das vidas emanando da mesma e imortal *Mônada*. Deveis lembrar-vos:

1º O *Amata-Yana* (em sânscrito, *Amrita*) é traduzido como o 'Veículo Imortal' ou *Individualidade*. O Ego Espiritual ou *Mônada* imortal, combinação dos quinto, sexto e sétimo princípios. Enquanto:

2º O *Paceka-Yana* (em sânscrito, *Pratyeka*) significa literalmente o 'Veículo Personal' ou Alma Pessoal, a combinação dos quatro princípios inferiores."

Ou seja:

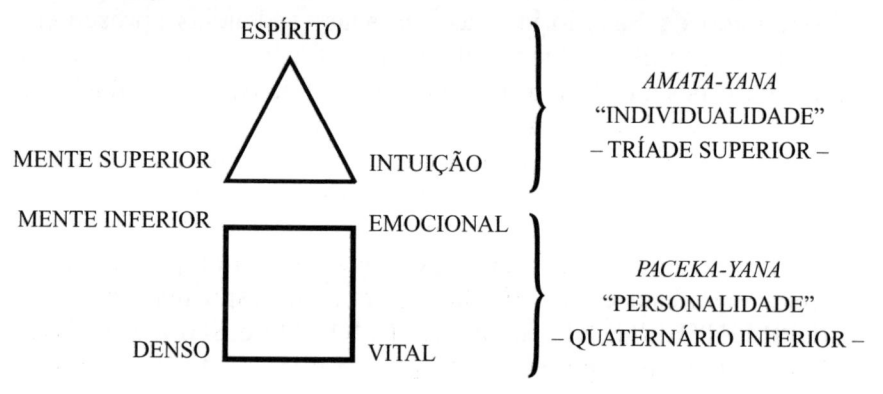

```
              ESPÍRITO
                 /\
                /  \                    AMATA-YANA
               /    \                  "INDIVIDUALIDADE"
MENTE SUPERIOR/_____\ INTUIÇÃO        – TRÍADE SUPERIOR –

MENTE INFERIOR  _____ EMOCIONAL
               |      |
               |      |                 PACEKA-YANA
               |      |                "PERSONALIDADE"
         DENSO |_____| VITAL          – QUATERNÁRIO INFERIOR –
```

Os corpos ou veículos da Consciência *interpenetram-se* por seu grau de sutilidade e *diferenciam-se* por seu grau de densidade, correspondente à vibração dos diversos estados ou *planos* que lhes são afins, dentro de um estado-limite de *globo* ou "círculo não se passa". Essas sete expressões da Consciência Humana dividem-se em três partes constituindo o já chamado *Espírito – Alma – Corpo*, divisória feita já por São Paulo na sua *Carta aos Hebreus*, e que depois Papus alegorizava como o cocheiro (Espírito) conduzindo a carruagem (Alma) puxada por fogoso cavalo (Corpo). Assim, tem-se:

ESPÍRITO
INTUIÇÃO   = *ESPÍRITO*
CAUSAL
....

INTELECTIVO
              = *ALMA*
PSÍQUICO
....

ETÉRICO
              = *CORPO*
SOMÁTICO

O *Rakshasa* possui a sua consciência centralizada exclusivamente no quaternário inferior, por isso é amigo da fenomenologia e tem mais propensão a provocá-la no Plano Físico que o Mago Branco, evitando-a por ser causadora de *mayas* ou ilusões e, sobretudo, por entender a *causa*, o *nômeno* mesmo, pelo que chega a desprezar completamente o fenômeno, qualquer que seja o seu tipo, mas que hoje em dia é o fator predileto aplicado por certas seitas para deslumbrar, fascinar o povo ignorante do perigo mortal em que incorre.

O desmesurado crescimento da personalidade em detrimento da Individualidade, embrutecendo e fazendo feia, mesmo horrível, a alma pela ingestão constante das energias grosseiras, corrompendo o maleável corpo *kama-manásico*, leva o mago negro a ostentar no Astral as mais hediondas formas animalescas e a assumir as atitudes mais nabalescas que, de serem tão horripilantes, não me atrevo a descrevê-las... para não horrorizar ainda mais o respeitável leitor.

Os seus "templos", "currus astrais" como lhes chamou JHS, cadinhos infernais onde se cozinha, tempera e serve a desgraça humana, apresentam invariavelmente as cores próprias da natureza bestializada, cada qual com o tom predominante afim à atividade que aí se exerce sobre os "mortos" e os "vivos". Por exemplo: cinzento significa ignorância que, quando levada ao extremo do ódio, torna a aura ambiental negra; castanho = inveja; vermelho escarlate = luxúria sexual; laranja ocre = intelectualidade despótica; roxo intenso = dor e sofrimento; verde lama = doença... e assim por diante, em uma lista dantesca das cores áuricas reveladoras dos males psicomentais carregados pela criatura humana, que ela própria os criou.

Quando um Ser de Luz aparece diante de uma dessas criaturas demoníacas, ela se contrai, aterroriza e acaba debandando ante a aparição do Testemunho do Poder Divino.

E debanda ou escapa de maneiras assaz curiosas: ou rastejando ou dando pulos, por estar agrilhoada, encadeada à matéria tamásica bruta que preenche inteiramente a sua alma corrompida. Mas, à medida que a sua consciência se volve à Luz de Deus tomando lucidez de si mesma, do porquê da sua condição, consequência do arrependimento sincero fazendo nascer o Amor Divino em seu âmago profundo, indo inundá-la e purgá-la com interesses novos frutos de mais elevados pensamentos e sentimentos até então insuspeitados, essa mesma alma quebra o seu cascão de misérias, liberta-se dessa roupagem psíquica corrompida e faz-se mais rarefeita e límpida, passando finalmente ao Plano Mental, ao Céu.

Dessa maneira adentro a segunda questão. O *livre-arbítrio* é princípio universal que nenhum Adepto Verdadeiro ousa sonhar transgredir, pois que é a alavanca charneira para, por meio da multiplicidade de experiências realizadas, dar-se o processo vital de transformação da vida-energia em vida-consciência. Por ele, todo o ser racional é livre, dentro do seu "limite não se trespassa", de agir consoante com as suas apetências. O bem ou o mal que daí resulte será a colheita que lhe caberá como consequência *kármica*.

Quando um mago negro desencarna, ele poderá despertar imediatamente no Plano afim aos seus interesses e simpatias, se poderes de *Imortalidade* desenvolveu para tanto, ou então, e é o mais comum, entrar em um longo período de hibernação astral (do qual nunca sairá, nos casos extremos), após o qual despertará no *habitat* kamásico que lhe é afim, arrastando as suas penas, mas revoltado contra as mesmas, indo culpar outros que não ele próprio... afinal, o único e verdadeiro culpado. Se quando encarnado desenvolveu os *sidhis* ou "faculdades psicomentais" no sentido egoísta do seu exclusivo proveito próprio, geralmente usados para ofender e violar a integridade dos seus semelhantes, esses mesmos *sidhis* irão ser o seu vergástulo implacável, que de revoltas a atribulações acabarão demonstrando-lhe o quão infame e conspurcador foi da Vida!

Aproximando-se o momento de nova reencarnação, o Ego Espiritual dessa criatura entra aos poucos em letárgio e adormecimento, recolhendo-se sobre si mesmo até ficar do tamanho de uma "cabeça de alfinete", passando o seu *átomo-semente causal* a projetar de si mesmo os restantes *átomos-sementes mental*, *astral* e *físico*, indo constituir a *nova personalidade*. Quando mais uma vez nasce neste mundo, ele traz em si latentes todos os defeitos do passado (inclusive os *sidhis* desenvolvidos prematuramente na vida anterior). E quando os defeitos são mais que as virtudes, o seu *karma* irá levá-lo a ambientes afins à sua natureza, retomando assim o que a desencarnação anterior havia interrompido.

Todavia, a Lei Divina lhe infligirá pesados tributos de modo a fazê-lo ingressar no Caminho do Bem. O *sofrimento*, aguilhão indispensável para esses casos extremos, já fez com que muitos magos negros – alguns tristemente célebres, como foi o caso de *Cipriano*, acabando por se transformar em santo – volvessem as suas consciências para a Boa Lei, que é a regra da Moral Universal, estipulada pelo Eterno e mantida pelos Senhores do Karma.

Mas quando essas criaturas se mantêm renitentes e impermeáveis ao Bem Maior, aglomerando consecutivamente, de vida em vida, pesadas energias tamásicas até se tornarem insuportáveis, elas se lhes fazem funestas. Ante o desmesurado e excessivo peso da personalidade impermeável ao Ego Espiritual, impedindo-o de manifestar-se nela, ele acaba rompendo com ela, abandona definitivamente a sua ligação com a Alma e assim sai do curso natural da Evolução. Enquanto surge um novo ente "desalmado", de existência muito limitada, no palco terreno, a *Mônada* abandonada passa ao *Pralaya* ou estado de inércia, de "Repouso" Planetário precoce, ficando a aguardar prematuramente um novo *Manvantara* Planetário, ou seja, um futuro período de "Atividade" global. Isso equivale à entrada no "Cone da Lua", na "Oitava ou Zero Dimensão", o que acarreta sofrimentos indizíveis para a *Mônada* "expulsa da Corrente", os quais se podem traduzir, muitíssimo palidamente, por uma solidão cósmica, cuja mortalha é o frio sideral para agasalhá-la, para envolvê-la... se não a decrepitude de ficar para trás.

Isso é o *Avitchi* ou Inferno prematuro, a antítese do *Nirvana* ou estado Espiritual mais elevado que a criatura humana pode almejar e alcançar, o Paraíso das delícias eternas dos Homens Superados.

Quando acontece o rompimento fatal do Espírito com a Alma, dá-se o fenômeno (hoje não raro) das "Almas sem Espírito", que continuam vivendo na Terra até esgotar o prazo da encarnação vigente. Agirão como verdadeiros psicopatas, criaturas sem amor-próprio e infinitamente menos ao seu próximo, "títeres" do Mal, "bandeiras" rasgadas das hostes do vício e do crime não raras vezes, após esvaziadas do conteúdo espiritual, ocupadas por algum mago negro astral. Esse foi o caso de *Hitler*.

Dessa maneira, esses *tulkus* ou "aspectos" satânicos estabelecem e mantêm o vínculo psicofísico entre a Loja Negra na Terra e a sua contraparte no Astral. E como alimentam e animam tal vínculo? Vampirizando os vivos, instigando-os à luxúria, ao ódio e ao crime, estabelecendo para as nações o lema anárquico "dividir para governar", em vez do sinárquico "unir para reinar".

Carrego a experiência vivida do que é o Mundo Oculto e sei do que falo. Só como exemplo, para quem ainda duvide, relato resumidamente um episódio que demonstra até onde pode levar a *Goécia* (nome oriundo do grego *goetheia*, "encantamento", cujo diminutivo é *gohes*, "feiticeiro", oriundo da raiz *gon*, de onde *gohos*, "gemido, clamor", referindo-se aos gritos e imprecações que os magos negros empregam para conjurar as potências malignas aos seus interesses, mas também aos gritos lancinantes das almas em sofrimento atroz nas regiões tenebrosas, aí onde só se ouve o clamor da "dor e ranger de dentes").

Certa noite, após uma reunião espiritualista, foi-me apresentado certo indivíduo possuído de estranha particularidade: apesar de se apresentar pessoa asseada e bem trajada, ninguém conseguia estar junto dele muito tempo por causa do cheiro pestilento que emanava, certamente não do corpo físico mas... do *etérico*, tresandando a enxofre e terra queimada. Intrigado com o fenômeno, passei a observá-lo a distância e registrei na sua aura astro-etérica sinais mágicos gravados por uma espada ou objeto pontiagudo, o que depois o próprio me confirmou, sem que eu lhe dissesse coisa alguma. Adiantou-me ter sido iniciado em uma seita satanista e afiliado às "falanges dos cemitérios", as quais se dedicam por artes diabólicas a absorver as energias etéricas dos recém-falecidos aí enterrados, e a afligir quem ainda não se livrou completamente do corpo físico.

Esse indivíduo, desde que se filiara na dita seita (da qual tomara conhecimento através de um anúncio publicado em um desses pasquins miseráveis que enchem as bancas de jornais hoje em dia), teve o seu comportamento cívico e moral alterado de modo nabalesco, o que o levou a perder o emprego e os amigos. Como se não bastasse, cortou violentamente as relações familiares ao extremo de ser abandonado pela esposa e o filhinho de tenra idade, que essa seita quis batizar como "cabritinho" (termo técnico satanista, o que me leva a perguntar: alguém já supôs quem seja realmente o pretenso "Jesus" que comunica com certa pessoa muito conhecida na praça pública e lhe chama "*cabrita*"?) e que adoeceu gravemente logo em seguida, motivo do corte das relações familiares e da mãe fugir com o filhinho para longe dos olhares satânicos da seita. Não sei que terá acontecido à criança...

Quanto a esse pobre que o Destino me pôs na frente, ao fim de conversa prolongada, consegui convencê-lo a não voltar mais a esse antro de maldição, o que cumpriu nos dias seguintes. Confessava-me, então, sentir-se muito desejoso de lá voltar, como que *puxado contra vontade*. Igualmente sentia fortes impulsos para o suicídio. Eu sabia que os magos negros realizavam operações satânicas no intento de *obrigar* o "filho pródigo" a regressar ao "lar". Decidi passar da *verboterapia* à *Magia Talismânica*, de modo ao objeto magnetizado ir criar um escudo magnético que o abrigasse dos impulsos das Trevas, pelo que ofereci ao infeliz determinada peça dourada com o Cristo em Glória. Ele passou a usá-la, e daí em diante a influência dos *Rakshasas* diminuiu consideravelmente até que o fedor áurico de cemitério desapareceu por completo. Esse homem recomeçou os seus estudos acadêmicos e conseguiu novo emprego. Seguiu o seu caminho... mas ficou-me na memória, aqui o registrando para que sirva de exemplo a todos os presentes e futuros acaso sentindo inclinações para interesses do mesmo gênero.

Mas quantos desgraçados perdidos nas teias do Mal não têm, por *razões kármicas*, quem os ajude? Quantos e quantas?

Veja-se o que aconteceu na *Montanha Sagrada de Sintra*, entre 1995 e 2000. Satanismo e criminalidade de todo o gênero à solta, uivando e destruindo por entre as fragas da Serra! Isso demonstrou bem que cada *Loka* ou "Embocadura" luminosa tem a sua respectiva *Tala* ou "Cova" sombria, razão para estar escrito em um Livro Sagrado pertencente ao Mundo dos Jinas: "Sobre as cavernas tenebrosas riam e confabulavam os Deuses"! Se não tivesse defendido a *Montanha Sagrada de Sintra*, como a defendi do Mal na virada do milênio, de espada tributária em punho envolvendo as Autoridades e o Governo da Nação, será que hoje as coisas estariam tão bem como estão? Fica a pergunta... cuja resposta é demasiado óbvia.

A "Gruta do Monge" na Serra de Sintra, no ano 2000, vítima do vandalismo da Magia Negra

Passo, finalmente, à terceira questão. Assim como há *Involução Cósmica* como descenso do Espírito à Matéria, igualmente há *Evolução Cósmica* como ascenso da Matéria ao Espírito.

No Período Involutivo da Humanidade, várias Hierarquias Criadoras Espirituais, Cósmicas, ajudaram-na a constituir-se tal como hoje é. Essas Hierarquias, ao terminarem o seu trabalho, ficaram para trás na marcha avante da Evolução Planetária, pelo que pertencem ao Passado longínquo e prosseguem a sua Evolução Cósmica que, para nós, humanos, é um completo mistério. Nada têm a ver com o Presente e com essas Hierarquias que por ora auxiliam o Homem no Caminho de Retorno ao Espírito Universal.

Os "Irmãos Tenebrosos" e os seus discípulos costumam invocar nomes tais como Píton, Asmodeus, Lâmia, Belzebu. Afinal, de quem se tratam? Tão somente de Seres Cósmicos auxiliares na formação da Terra e do Homem no Passado Cósmico longínquo de milhões e milhões de anos (para Eles, segundos...), nada tendo a ver com o Presente movimento planetário do qual, ademais, em sua grandiosidade nem sequer tem a mínima consciência da existência dele, tal qual o Homem não a possui de uma só célula do seu corpo... Contudo, permanecem as suas "sombras" ou *chayas*, e permanecem porque a Linha Negra se encarrega de mantê-las por intermédio dos seus vassalos, muitos deles usando pomposamente os nomes desses deuses.

Píton, a Alma-Grupo das serpentes, era também um poderoso Arqueu ou *Assura* que auxiliou na formação do Mental no Homem. O seu "veneno" (*venena bibas*) é o *Fogo da Razão* que então nos faltava, e, curioso, as serpentes mais inteligentes e adiantadas são precisamente as mais venenosas.

Asmodeus, o "Espírito mau da concupiscência", é afinal poderoso Arcanjo ou *Agnisvatta* que ajudou à constituição do Emocional (Psíquico ou Astral) no Homem.

Lâmia, a "Tentadora", sendo da classe *Barishad*, colaborou na elaboração do princípio Vital (Duplo-Etérico) no Homem, por meio das energias *apásicas* ou lunares.

Belzebu, também chamado "deus das moscas" e "senhor dos escaravelhos", esses insetos considerados sagrados no Antigo Egito por sua função reprodutora ser semelhante ao encerrar da alma humana em um corpo denso feito de lama, é também a designação da Alma-Grupo dos escaravelhos que iniciaram a sua evolução como moscas, e igualmente do Ser Cósmico, Jura; que ajudou o Homem a ajustar-se a um veículo carnal.

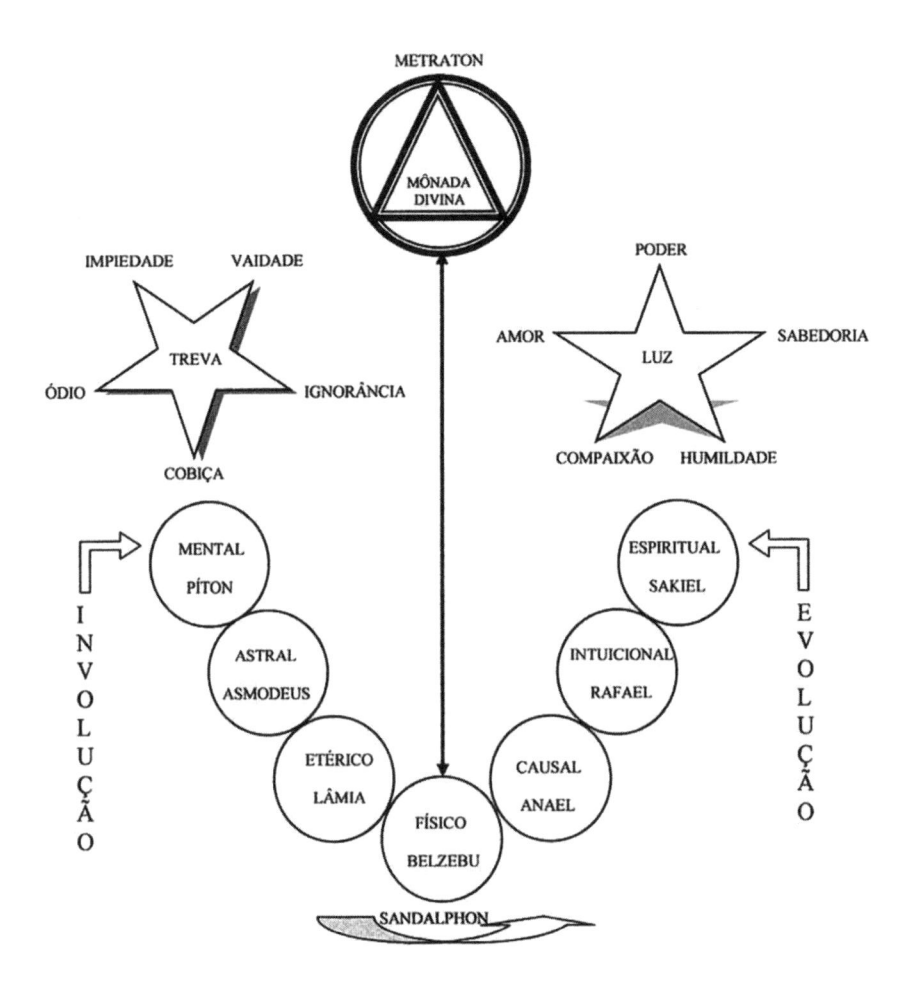

```
                    METRATON
                   ╱  △  ╲
                  │ MÔNADA │
                   ╲ DIVINA ╱

   IMPIEDADE  VAIDADE              PODER
        ★                    AMOR  ★  SABEDORIA
      TREVA                       LUZ
   ÓDIO      IGNORÂNCIA
                               COMPAIXÃO  HUMILDADE
        COBIÇA

                                        ESPIRITUAL
        MENTAL                           SAKIEL
        PÍTON
I                                                    E
N                                                    V
V       ASTRAL              INTUICIONAL              O
O      ASMODEUS              RAFAEL                  L
L                                                    U
U       ETÉRICO             CAUSAL                   Ç
Ç        LÂMIA              ANAEL                    Ã
Ã              FÍSICO                                O
O             BELZEBU
              SANDALPHON
```

Todas essas e outras mais divindades do já longínquo Período da Involução pertencem ao *Passado*, e querer importá-las ao *Presente* é sumamente contraproducente em termos de *Evolução* verdadeira, mais que para as Entidades em questão, para os desgraçados invocadores, assim retardando o seu progresso e de quantos os cercam, acarretando tais atos infames contranatura quase por norma doença, loucura e morte.

A Magia Negra a é por se servir das energias do Passado *invertendo* (eis a razão das "missas negras" serem feitas às avessas, desde as paramentas do oficiante às palavras e atos rituais) o Poder Divino da TEURGIA (*Theos+Ergon* = Obra de Deus), assim se tornando instrumento de dinamização da personalidade baseado em métodos cruéis e imorais, em suma, destruidores de tudo quanto signifique e seja *Evolução*.

Da ação de *Belzebu* no Plano Físico, já tive provas visíveis e tangíveis da mesma por meio do seguinte caso: algumas pessoas minhas conhecidas seguidoras do movimento espiritista de Allan Kardec, certo dia, convidaram-me para um piquenique no aprazível Parque da Pena, em Sintra, sendo o pretexto para nos revermos e trocarmos impressões. Aceitei e tudo correu muitíssimo bem, até a conversa se tornar mais séria. Obviamente que os meus argumentos não foram aceitos, e gerou-se uma tensão hostil aos mesmos. Calei-me quando o tom das vozes subiu. Nisso, irrompeu de todos os lados da mata um enorme enxame de vespas que envolveu a todos. Juro que não sofri uma só picada, mas o mesmo não posso dizer dos outros, cujas auras poluídas haviam desencadeado a fúria dos elementais do sítio. Afinal de contas, ou se é ou não com a Natureza e, conforme as palavras de Koot Hoomi, "o médium e o munindra são diametralmente opostos".

Escuso dizer que nunca mais me convidaram, nem para piquenique, nem para coisa alguma... se calhar ainda fiquei com fama de "feiticeiro" ou coisa parecida. Amém à ignorância.

Quanto à influência de *Píton,* parece que se faz sentir na moda hoje em dia dos "extraterrestres reptilários", demonstração cabal da ligação da consciência e da subconsciência de alguns às regiões mais baixas do Astral, onde o estado onírico se mistura inextricavelmente com o de vigília imediata, para todos os efeitos... visivelmente atormentada.

Mais adiante escreverei sobre essa questão complicada dos "extraterrestres" e dos "óvnis", como também sobre os que atribuem a sua procedência a galáxias imaginárias ou, tão somente, longínquas, inalcançáveis... demonstração cabal de quanto a consciência onírica e física anseia uma salvação "extraterrestre" ou fora dos limites profanos e desesperançados em que está hoje o mundo imediato; por conseguinte, uma esperança em algo sobrenatural ou sobre-humano que a possa salvar e levar ao porto seguro de um mundo novo, livre do caos social que impera neste mundo velho.

Poderia contar muitíssimos mais casos como ilustração e exemplo dessas minhas palavras, mas convém não exagerar na dose.

Para terminar, saiba-se que a Magia Branca da Excelsa Fraternidade Branca dos Sete Raios de Luz, empenhada na *Missão Y* ou da Mônada Peregrina pelo Itinerário de YO ou IO, assenta em três regras básicas:

1ª – Vontade firme de fazer o Bem a todos os níveis de consciência.

2ª – Trabalho de salvação da Humanidade, instruindo-a e iniciando-a.

3ª – Colaboração permanente com a Grande Loja Branca, nos planos social e espiritual.

Essas três regras cumpre-as o *Teúrgico*, como *Obreiro do Eterno na Face da Terra*, por via dos sistemas *Yama* e *Niyama*, inculcados por Patanjali, os quais constituem as bases da sua realização nesta mesma *Obra Divina*, a qual se pode considerar, nesta época tempestuosa por que passa o mundo, a espiritual Barca de Salvação para todos quantos aspiram à Verdadeira Iniciação.

YAMA refere-se às cinco restrições fundamentais:

GRANDES VOTOS UNIVERSAIS:
NÃO MATAR (respeito à Natureza inteira) – *AHIMSÂ*
NÃO MENTIR (em mente, coração e atos) – *SATYA*
NÃO ROUBAR (as posses e possibilidades do alheio) – ASTEYA
NÃO ADULTERAR (abster-se de perverter) – *BRAHMACHÂRYA*
NÃO INVEJAR (não ser egoísta) – *APARIGRAHA*

NIYAMA refere-se às cinco obrigações fundamentais:

DE MODO À NATUREZA INFERIOR SE INTEGRAR À NATUREZA SUPERIOR DO HOMEM E NÃO CONTRAIR MAIS KARMA:
PURIFICAÇÃO INTERNA E EXTERNA – *SANCHAM*
(pureza de ações)
SATISFAÇÃO – *SANTOCHA*
(alegria no Bem feito)
PENITÊNCIA – *TAPAS*
(disciplina físico-espiritual)
ESTUDO – *SVÂDHYÂYA*
(dos ensinamentos sagrados)
RESIGNAÇÃO – *ISHVARA-PRANIDHÂNA*
(as práticas espirituais, adoração a Deus)

Os *Teúrgicos*, integrados no quadro dos *Servidores da Nova Era de Promissão*, desde há larguíssimos decênios que tecem e criam cada vez mais o *Novo Pramantha a Luzir*, ou seja, o Novo Ciclo de Evolução Universal, com regras e técnicas muito próprias em conformidade exclusiva com o que o Professor Henrique José de Souza (*JHS*) estipulou em pessoa, as quais levam a reduzir a cinzas, no Altar do Fogo Sagrado, as querelas e mazelas kármicas de quantos sofrem na vida, todos esses que, no final de contas, são nossos irmãos em Humanidade.

Ajudando-os, ajudamo-nos, e do comparticipamos ativamente, por detrás do véu da discrição e do anonimato, no Desígnio do Eterno na intenção nobilitante de tornar o Homem mais Homem e Deus mais Deus, concorrendo assim, no dizer do mesmo *JHS*, para a consumação da "Bastilha Universal", quando se dará a final e suprema Concórdia de todas as criaturas viventes da Terra.

A todos, pois, desejo muita Paz, Saúde e Progresso verdadeiro. Tenho dito.

Bijam

OBRAS CONSULTADAS

Sebastião Vieira Vidal. *Akbel – Novo Pramantha a Luzir (Novo Paluz)*. Aulas para a Série Interna da Sociedade Teosófica Brasileira, 1965. Edição reservada do texto original pela Comunidade Teúrgica Portuguesa.

_____. *Revolução Francesa – Ciclos da Obra*. Edição reservada da Sociedade Teosófica Brasileira.

_____. *Série Magia*. Edição reservada da Sociedade Teosófica Brasileira.

_____. *Série Ritualística*. Edição reservada da Sociedade Teosófica Brasileira.

Alice A. Bailey. *Um Tratado sobre Magia Branca*. Porto Alegre: Fundação Educacional e Editorial Universalista, s/d.

Eliphas Levi. *Dogma e Ritual da Alta Magia*. São Paulo: Editora Pensamento, s/d.

Papus. *Tratado Elementar de Magia Prática*. São Paulo: Editora Pensamento, s/d.

Stanislas de Guaita. *O Templo de Satã*. Volumes I e II. São Paulo: Editora Três Ltda., 1984.

Capítulo XV
A Crise "Neoespiritualista"

Sintra, 13 agosto de 2008

✝

Boa tarde, Exm.ª Sr.ª ......

Tendo apreciado o seu telefonema, respondo-lhe de seguida por carta datada de 30/7/2008, conforme combinado, a propósito de envolver-me diretamente nesse próximo evento místico dito "888 – Portal de Órion". Reitero: por norma respeito a todos os seres humanos e às suas crenças, mas respeitar não significa que vá me EMISCUIR.

Ainda assim, é meu dever alertar a Exm.ª Sr.ª quanto aos pressupostos de "mestres ascensionados" saídos das lavras de pessoas que, permita-me, dever-se-ia analisar séria e descomprometidamente qual o seu estado interior, psíquico e mental. Relativamente a datas messiânicas, bem parece agora vingar essa última do "888 – Portal de Orion", sobre o que me inibo nem sequer comentar, porque, bem parece como todas as outras, irá resultar em NADA... absolutamente NADA, cujo único bem-estar individual resultará de uma espécie de catarse coletiva. Mas, bem se sabe, que QUANTIDADE não é o mesmo que QUALIDADE.

Sugiro-lhe, se me permite, ter a maior das prudências com essas ditas "mensagens transcendentais" recebidas por "canalização mediúnica" as quais acabam revelando, em boa verdade, o estado de espírito de quem as escreveu ou gravou, pois que nada confere com nada em matéria de Linguística, de Astronomia, de Geografia e, sobretudo, de TRADIÇÃO INICIÁTICA DAS IDADES.

Muito teria a dizer sobre o famoso 888 e o misterioso ÓRION, o deus QUÍRON da mitologia greco-romana, palavra tornada esdrúxula, desconexa e fantasiosa nessa outra KRION (???). Mas falar mais para quê? Para me sujeitar a ver, mais uma vez, quanto emito de público completamente adulterado? Então, não vale a pena...

Também o mais que fantasioso planeta "Hercóbulus" (???) esteve ainda este ano para se chocar com a Terra, dizem. Os "canalizadores" e os seus "mestres" garantiram a "pés juntos" que tal iria acontecer. Mas, bem se sabe, não aconteceu coisa alguma nem se sabe que planeta é esse. Então, por que os meios *new age* não retomam agora o assunto que foi tão falado ainda este mês, altura em que o tal planeta iria chocar com a Terra?

Tudo isso recorda-me o caso de cometa Kohoutek em 1973, episódio contado em 2007 por Miguel Henrique Borges, na sua revista *2016 – Sol de Aquário*. Quem descobriu esse corpo celeste a aproximar-se da Terra, em março daquele ano, foi o astrônomo checo Lubos Kohoutek. Ele anunciou a descoberta de forma sensacional, porque, segundo garantiu, aquela aparição provinha da Nuvem de Oort, uma região nos confins do Sistema Solar. Empolgado, o cientista disse que o astro daria um espectáculo no céu, ao se aproximar do Sol e passar "raspando" a órbita da Terra. Ele "prometeu" a magnífica visão do cometa no céu noturno, várias vezes maior e mais luminoso do que a Lua Cheia.

Personalidades, entidades e movimentos místicos apoderaram-se do assunto. Os meios de comunicação social abarrotaram-se de matérias sobre a abertura do "portal cósmico" que traria objetivamente a Nova Era. A Humanidade ia-se iluminar na cauda do cometa... Ignorância, injustiça, violência, guerra e doença, tudo de ruim seria descartado pela vassoura cósmica.

Em uma bela manhã de domingo do mês de setembro, foi-se formando entre as colunas do Templo de Maitreya, em São Lourenço (sul de Minas Gerais, Brasil), um ajuntamento de jovens eubiotas, rapazes e raparigas que conversavam animadamente sobre a aproximação do Kohoutek como sendo um belo e definitivo lance para a Humanidade.

A certa altura, Sebastião Vieira Vidal, Instrutor desta Obra Divina e Discípulo do Professor Henrique José de Souza com quem conviveu por mais de 50 anos, chegou e sentou-se na escadaria. Com as costas apoiadas em uma das colunas, ficou ouvindo a conversa, em silêncio. Lá para as tantas, um rapaz dirigiu-lhe a palavra:

– Dá licença, Professor Vidal? Todos os movimentos espiritualistas estão saudando e festejando a chegada do Kohoutek. Só a Eubiose (em Portugal, Teurgia) não se manifesta. Parece que está por fora.

O Mordomo do Templo finalmente falou naquela manhã:

– Esse pessoal todo que diz que o cometa vai fazer e acontecer, todos têm razão, todos estão certos. Só quem está errado é o cometa... porque nada disso vai acontecer.

Quatro meses depois, o Kohoutek foi desapontamento e fiasco. No final de dezembro de 1973 e durante janeiro de 1974, com um pouco de sorte nos olhos e sem nuvens no céu, algumas pessoas viram-no, mas sem a monumental cauda de gases benfazejos.

Que eu saiba, só o Professor Vidal teve notícia desse anticlímax, meses antes. E ele nem era adivinho...

Portanto, ante esse novo acontecimento algo semelhante ao anterior e a tantos outros do gênero, só posso afirmar: NADA PODERÁ ACONTECER E TUDO DE NADA ACONTECERÁ!

Abro aqui um parêntese: agora, em 2010, temos a "nova moda" que diz que "o mundo vai acabar em 2012" como constam das "profecias maias". Essa teoria nasceu no Texas (Estados Unidos), espalhou-se por toda a América do Norte, depois a Central e finalmente a do Sul. Da América do Sul e do Norte, em simultâneo, chegou à Europa, inclusive Portugal. Eis mais uma demonstração, que redundará em ABSOLUTAMENTE NADA, de insanidade e incultura tanto acadêmica quanto esotérica: a astrologia do povo Maia e as respectivas ilações proféticas fornecidas pela mesma nessa época tinham a ver exclusivamente com esse povo, as preocupações imediatas com o seu presente e devir, não com as do mundo em geral, que era coisa completamente abstrata para essa sociedade pré-colombiana. Assim foi também com outros povos, inclusive o português medieval, cuja astrologia tinha a ver com o meio ambiente rural (preocupações agrárias de semeaduras e colheitas) e não tanto com o estado geral do mundo, dos continentes com os quais não havia a menor afinidade na época, e a maioria tampouco os conhecia. Qual o português ilustrado do século XII ou XIV que conhecia o Japão, por exemplo? Mais: como é possível que não especialistas em epigrafia e línguas antigas pré-colombianas (como é o caso dos pressupostos "sábios" norte-americanos que propalaram essa ideia peregrina) deterem um conhecimento exato da tradução das estelas maias, onde estão gravadas as ditas "profecias", se confessaram só terem conhecimento rudimentar da língua maia, ignorando outras, como o quichua e o nahoa, e ademais sem nenhum enquadramento das epígrafes no contexto temporal em que foram esculpidas? É, de fato, extraordinário. Em 2013 voltarei a falar do assunto.

Respeitante à Missão de Portugal e à Iniciação da Península Ibérica, a primeira desenvolve-se por si mesma com a intervenção dos melhores da Raça, sem que necessite de "meditações transcendentes" para a consecução de algo que existe por si mesmo e é intrínseco à função cíclica do Ibérico; quanto à segunda, Portugal–Espanha desde há milênios, ainda havia o culto neolítico ao deus Endovélico, fazem parte de um todo chamado PENÍNSULA IBÉRICA, cuja Iniciação Racial absolutamente nada tem a ver com "profecias canalizadas" de quem há muito me copia, primeiro encapotada, depois abertamente...

Sem mais de momento, com os meus maiores respeitos e votos de muita saúde e sorte no que seja verdadeiramente Espiritual, atenciosamente sou

V. M. A.

⚜

Nos últimos tempos tenho sido assediado com ditas revelações "new age" provindas do meio dito "neoespiritualista", umas mais fantásticas que as outras e todas destituídas de qualquer solidez, tanto psicomental como psicossocial, ainda que neste aspecto parte do coletivo social seja bastante afetado pelas mesmas, mormente boa parcela de jovens e menos jovens lançando-se nos abismos do fantástico e da fantasia, assumidos autossuficientes, esclarecidos e iluminados que, por via do seu maior ou menor carisma, acabam induzindo a outros tantos as mesmas patologias d'alma. Todos, é fato, sem a mínima formação verdadeiramente espiritual, teosófica ou esclarecida, a par de uma religiosidade que de fato a seja, mas, em contraposição, assumindo a maior e febril, notoriamente afetada, postura da óbvia "alucinação mística".

Isso mesmo pude confirmar há poucos dias (8.8.8, data que serviu para mais um invento místico que resultou... em nada!) em Santa Eufêmia da Serra de Sintra, onde fui interpelado por um número crescente de cidadãos que andavam à procura da "entrada para Agharta", sem mais nem menos, permeio a estados d'alma visivelmente alterados. Tratei-os com o respeito que se deve a uma criança...

E, de fato, são crianças comportamentalmente, "abduzidas" ou não, certamente abusadas por certas e distintas individualidades nacionais e internacionais que aqui vêm fazendo o seu negócio à margem da lei jurídica do país, e que já deviam ter sido interpeladas pelas respectivas autoridades, pois que faturam milhares e milhares de euros (e reais) isentos de impostos, enganando os Ministérios das Finanças e da Justiça da maneira mais clamorosa e descarada possível.

Se Jesus afirma nas Escrituras "DAI DE GRAÇA O QUE DE GRAÇA RECEBESTES", essa gente "distinta" faz precisamente o contrário: inventa o que lhe apraz na presa do lucro fácil e da satisfação pessoal, e por via de uma coreografia colorida destinada a dar mais intensidade psicológica ao discurso, confunde o auditório ou o leitorado a ponto deste não perceber sequer que está sendo roubado econômica e espiritualmente e que, tal o estado neuropassivo em que fica, ainda por cima agradece... e pede mais.

Esse assunto melindroso arrastou-se por algumas sessões internas da *Comunidade Teúrgica Portuguesa*, e sempre fui dizendo que os "negócios da casa alheia são alheios aos nossos", mas que, mesmo assim, mais dia, menos dia, acabaria por tornar público esse assunto e levá-lo ao conhecimento das autoridades legítimas da Nação, participando à comunicação social e envolvendo o Parlamento e a Presidência da República. Sim, porque Portugal – assim como o Brasil, nossa exclusiva Pátria-Gêmea – não merece tamanho flagelo, sempre redundando em desgraças atrás de desgraças psicossociais feitas de negócios ilícitos escudados no princípio constitucional da "liberdade de exercício religioso". Pois sim, mas exercício religioso é uma coisa e negócios financeiros chorudos, isentos de fiscalização, encapotados na alegação desse exercício legal, é coisa bem diversa.

É bom que se saiba que as organizações espiritualistas classificam-se em três classes distintas, pouco tendo a ver umas com as outras no modo de estar e de agir, como sejam:

ORDENS (Ex.: Teosofia, Rosacruz, Maçonaria, etc.)
||
Qualidade: MENTAL-ESPIRITUAL
Versus INICIAÇÃO PELO ESPÍRITO > Esclarecimento pelo Estudo e aplicação do mesmo.

RELIGIÕES (Ex.: Judaísmo, Catolicismo, Islamismo, etc.)
||
Quantidade: PSICOMENTAL
Versus SALVAÇÃO PELA ALMA > Consolação pela catequese e elevação pela prece.

SEITAS (Ex.: "Manás", "Universais", "Animistas", etc.)
||
Disparidade: PSICOFÍSICA
Versus CONFUSÃO PELO CORPO > Redundando em doenças alucinatórias psicossomáticas.

Neste tempo de acentuada crise "neoespiritualista" acerca da qual e dos seus causadores desde há muito é do conhecimento público a opinião da *Comunidade Teúrgica Portuguesa*, acabei dando com uma antiga reportagem no matutino *Correio da Manhã* (17/2/93), assinada pelo jornalista Victor Mendanha, a qual expressa *opinião idêntica à da C.T.P.* sobre esse fenômeno psicossocial. De maneira que será nessa reportagem que me basearei para descrever quanto se segue, em um momento em que nenhum Santo ou Grande Iluminado, seja Jesus, a Virgem Maria ou outro Maior do Gênero Humano, escapa ao limbo poluído e poluidor das "mensagens e canalizações mediúnicas" que, não raro, nem isso são: tão somente exercícios fantasistas de dar forma a imagens oníricas do subconsciente, isso quando não se inventa simplesmente para enganar e roubar o próximo.

Esta questão já era abordada por René Guénon quando falava da "crise da moderna civilização ocidental", porém não é só o Ocidente, mas também o Oriente, todo o mundo que está atravessando uma das suas maiores crises de identidade, equivalente a uma Iniciação Planetária de passagem de um estado de quarto Grau para o quinto, equivalente à transição da quarta Ronda Terrestre para a quinta de Vênus do mesmo Globo. De modo idêntico, também o ser humano atravessa as suas crises de crescimento, seja físico, psíquico ou mental. Tudo o que se pode observar na criatura humana pode se encontrar no Globo e no Universo, de uma forma ou de outra, visto o "Tudo e o Todo estarem interligados".

Se bem que René Guénon fosse um homem admirável e notável tradicionalista e cabalista, os seus passos desacertaram com os do movimento cíclico da Evolução Planetária, pois voltou-se do Ocidente para o Oriente, ao contrário da Grande Fraternidade Branca que já se encontrava, justamente na sua época, a promover a transferência dos valores humanos e espirituais do Oriente para o Ocidente com o grande Movimento Teosófico.

Como se sabe, esse Movimento liderado por Helena Petrovna Blavatsky, tinha como objetivo chegar a um certo ponto do Sudoeste dos Estados Unidos da América do Norte, a El Moro, próximo à cidade de Cimarron no Estado do Novo México, naquela época representativo de toda a Evolução no Hemisfério Norte.

Se a Missão Teosófica de Blavatsky não alcançou o êxito desejado nos Estados Unidos, isso deve-se a múltiplas razões, entre elas a falta de apoio ou compreensão dos setores espiritualistas europeus e, sobretudo, dos norte-americanos ao trabalho de sementeira espiritual dessa Grande Mestra que, perseguição após perseguição, uma mais injusta e cruel que a outra, foi obrigada a regressar ao Oriente e a adiar a sua Missão.

Além disso, as experiências atômicas realizadas pelo Governo norte-americano, nos inícios da década de 1950, no vasto deserto daquela região privilegiada do Novo México, prejudicaram seriamente e invadiram, em virtude da radiação liberada, o espaço interior, subterrâneo da Fraternidade Jina dos Rosacruzes de El Moro, a qual seria suposto dar o grande impulso para o surgimento da sexta Sub-Raça desta quinta Raça-Mãe Ariana, usando a terminologia teosófica.

A partir desse momento dramático, a América do Norte ficou como que "viúva dos Deuses" indo ativar-se, antes do seu tempo próprio, o Grande Posto Representativo da América do Sul, no Brasil, no Roncador em Mato Grosso, passando essa Missão de fundação da sexta Sub-Raça e da sétima simultaneamente, logo a ver com o futuro imediato do Mundo, para aí, de modo a servir de apoio à fusão dos valores iniciáticos e civilizacionais entre o Oriente e o Ocidente.

Desde então a Missão Espiritual do Brasil revestiu-se de extrema importância nos meios espiritualistas contemporâneos, graças ao pioneirismo do trabalho da Sociedade Teosófica Brasileira liderada pelo Professor Henrique José de Souza, brasileiro de ascendência portuguesa. Mas também Portugal já desde muito antes, o que não significa que aqui, no solo pátrio, importemos ou copiemos os exclusivos valores brasileiros do dia a dia para atingir a compreensão de tão importantes conhecimentos, pois cada um pode continuar a ser o que é dentro do seu espaço pessoal e civilizacional, porque semelhantes valores estão acima de quaisquer características nacionais, pessoais, etc.

Aliás, pode-se dizer mesmo que, em termos esotéricos, Portugal e o Brasil são uma e mesma coisa, agindo e comportando-se como se fossem duas conchas de uma mesma balança, duas faces de uma mesma moeda – sim, moeda ou *moneda* expressando a Mônada Imortal cujo Centro Único é Shamballah, o Fiel da Balança da Lei, e por isso são esses países que passam por esta Obra Divina, graças à marcha processional dos Ciclos de Evolução Universal, e não à Obra Divina, intemporal não geográfica, que passa por eles...

Note-se: os portugueses, provenientes de um espaço geográfico minúsculo, desde cedo encetaram diáspora, espalharam-se por todo o mundo, miscigenaram-se com todos os povos e deixaram os seus filhos adaptar-se, bem como eles próprios, em grande medida, aos usos e costumes dos naturais, assimilando-os e criando novas experiências. No Brasil, dá-se precisamente o inverso, mas essencialmente o mesmo: em um espaço geográfico gigantesco, maior que a Europa, estão a concentrar-se e a misturar-se todas as raças, costumes, religiões, filosofias. Não é admirável?

O protótipo do Homem Universal, o Homem-Síntese, está no português como anseio, como ideia, e no brasileiro como concretização ou realização desse Inconsciente Coletivo, em uma escala gigantesca, à medida continental. De onde não se dever confundir a Missão Iniciática de Portugal com a do Brasil, mesmo que se completem como início e final de uma e mesma Missão Espiritual em escala planetária.

Enquanto isso, continua a grassar a grande crise de identidade no mundo, o que é oportuna e oportunistamente aproveitado por toda a espécie de messianismos, seitas, animismos, a divulgarem "mensagens" da Virgem Maria, do Arcanjo Miguel, de Jesus, de pressupostos extraterrestres, e até de organizações fantásticas, claramente inspiradas em novelas ficcionistas ou em cinematografia ficcional, mas com nomes pomposos pretendendo anular as Escrituras Antigas para impor escrituras novas, levando muitos a pensar, ante o caos geral e a esperança cada vez mais rara, que é já o "fim do mundo".

Todavia, contrariamente ao que muitos acreditam, não se trata do fim do mundo, mas da passagem de um grande Ciclo Planetário para outro, dos muitos em que é repartida a Vida Universal, e mesmo que já se tenha adentrado o novo Ciclo, as influências do antigo persistirão por mais algum tempo, até que a consciência do Homem integre os novos valores. Desse modo é que se fala hoje muito – ainda que muitíssimo mais de forma inteligível e fantástica, dando forma ao absurdo – da Idade do Aquário, a Nova Era, etc.

Realmente sucede que muita gente, desejando fortemente a mudança para algo que pressente instintivamente mas que não consegue compreender mentalmente, deixa a imaginação correr ao acaso, cair no fatalismo e tornar-se, não raras vezes, vítima fácil dos que pretendem explorá-la psíquica e materialmente, dos messianistas de todo o tipo, etc. O grande teósofo espanhol Mário Roso de Luna dizia mesmo que "o messianismo é o achaque dos débeis que esperam de outros a salvação que só pode vir de si próprios".

É assim que, na mesma linha, ultimamente têm surgido grupos iniciados em "reikis siderais" (!!!) que vendem "iniciações cósmicas"(!!!) por alto preço, a pregar colisões de planetas, cometas e asteroides com a Terra, o que em princípio pode ser cientificamente possível. Certamente que sim, mas se a Matemática e, dentro dela, a Teoria das Probabilidades são exatas, poderão não o ser as premissas ou pressupostos que entram nos cálculos. Em boa verdade, hoje se está em uma civilização tecnocrática e tecnológica que vive basicamente dos estímulos físicos, e então, quando algo parece ameaçar as estruturas físicas, advém o horror pelo desconhecido, o horror à morte, à aniquilação, que são coisas que não existem verdadeiramente. O que é a morte física senão o fim de mais um ciclo da vida do Eu Imortal, que voltará a nascer vezes sem conta até completar todas as experiências necessárias à sua realização neste mundo?

Se, para além do físico, se aprender a cuidar também da sensibilidade e da inteligência como "corpos" que são, certamente haverá mais lucidez, mais serenidade e menos angústia quanto ao futuro e, sobretudo, mais ações em todos os quadrantes para dotar os povos de condições de vida mais consentâneas com a qualidade de seres humanos.

O medo da morte nasce do desconhecimento da vida e das leis que a regem. Muito do que acontece de nefasto ao Homem é desencadeado pelo seu próprio desequilíbrio com a Natureza, ou seja, com a Vida Universal, que nele se manifesta como consciência, inteligência, etc. Se ele passar a estar em equilíbrio com o seu Deus Interior, que é dizer, consigo mesmo, está-lo-á com a Natureza. Ter medo de quê, então?

Por inexistir esse equilíbrio vital como o único fator capaz de estabelecer a harmonia entre o Homem e a Natureza é que se pretende substituir a ele o fator das profecias sobre profecias, todas fatalistas revelatórias do estado neurodepressivo, gerando o hipocondríaco que resvala sempre para o maníaco, de quem as emite, respeitantes ao "fim do mundo". Mas, em boa verdade, desconheço profecias minimamente credíveis sobre o "fim do mundo" como aniquilação pura e simples de todas as formas de vida na Terra. Desde já adianto que a profecia é um campo muito sensível, muito sibilino e propenso a várias interpretações, para cuja correta decifração são necessárias as chaves que presidem à sua criação.

De resto, toda a gente pode fazer profecias, ou antes, dizer-se profeta. Vamos dar crédito a todas as profecias, venham de onde vierem e em nome de quem vierem, deixando que outros conduzam a nossa vida, ou vamos utilizar a nossa inteligência, a nossa vontade própria e a nossa sensibilidade para nos conduzirmos como seres pensantes? Essa, sim, é a Filosofia de Vida apregoada por todos os Grandes Iluminados, Sábios,

Gênios e Avataras que o mundo já conheceu: confiar em si mesmo em primeiro lugar, embora sensível a tudo o que está à sua volta, aprendendo com tudo e com todos, com humildade, sem preconceito.

É comum ouvir profetizar em nome dos deuses, dos mestres, etc., quaisquer que eles sejam, mas é raro, raríssimo, deparar com atitudes e comportamentos de natureza divina, superior, por parte dos seus pretensos intérpretes. *Ipso facto*.

De onde se poderá concluir que vive-se ainda sob a influência de um período intercíclico repleto de falsos messias, profetas mancos e iniciados falsários, indo confirmar aquelas outras palavras de Jesus Cristo na Escritura: "ACAUTELAI-VOS, NO FINAL DOS TEMPOS (Ciclo) MUITOS SE DIRÃO POR MIM MAS SERÃO CONTRA MIM. SERÃO COMO LOBOS TRAVESTIDOS COM PELES DE CORDEIROS NO MEIO DO REBANHO (Humanidade)". Ainda assim, inibo-me completamente a dar nomes e a citar fatos que desde logo possam identificar os seus intervenientes, pois a ninguém cabe o direito de julgar os outros ou de colar etiquetas na testa de alguém, especialmente em público, pois isso constitui um grave atentado, ou censura, à boa reputação a que todos têm direito. Então, longe de mim apontar que "A" é falso e "B" é verdadeiro. Nem poderia nunca a *Comunidade Teúrgica Portuguesa* alicerçar o seu bom nome em detrimento de todos quantos sentem, tal como nós, ser sua missão a de valorizar e dignificar a vida humana em todos os seus quadrantes.

Mas todas essas coisas são naturais em uma época em que os valores estão em transformação e em que tudo é posto em causa, sobretudo porque se verifica hoje uma divulgação maciça de todo o gênero de conhecimento, em um processo em que cada um é livre para interpretar o que quiser como muito bem entender. É assim, por exemplo, que a "partícula mínima da matéria", o *quantum*, vê-se em breve transformada em "quantum estelar", porque o nome soa bem e o delírio pode campear à vontade. Parece algo caótico, e na realidade é, mas também é algo admirável, por se tratar do nascimento de uma nova mentalidade – ainda em "bruto" ou não apurada – que não está agrilhoada a dogmas de qualquer espécie.

É claro que se verificam excessos mas, na adolescência da espiritualidade, como não haver excessos? Então, as curiosidades acabam por ser estimuladas e, dado o hábito muito ocidental de querer e fazer as coisas depressa ou de comodamente obtê-las em troca de um simples pagamento, toda a gente passa a julgar que se faz um Iniciado nos

Mistérios Maiores da Natureza por simples idas a "cursos pagos" ou "lendo muitos livros públicos", sem mais e qualquer disciplina.

Querer ser mais e melhor é uma aspiração admirável, mas querer ser algo supostamente superior à força, a contrarrelógio, é enganar-se a si mesmo e, assim, enganar todos os que seguem atrás. Mostrar sucesso aos olhos dos outros no campo espiritualista, iniciático, etc., não corresponde, de forma alguma, aos valores defendidos pelas Escolas de Iniciação genuínas, porque a transformação interna não se confunde com valores econômicos, empresariais, quantitativos. Enfim, a Espiritualidade não cabe nos gráficos.

Ainda assim, nestes dias conturbados por que passa o mundo, permeio às verdadeiras Escolas de Iniciação, coexistem as falsas como autênticas correntes de contrainiciação e contratradição, mas, como dizia Jesus, "pelos frutos conhecereis a árvore"! Por Colégios de Iniciação genuínos entende-se todos aqueles que, ao longo da História, foram criados ou mantidos pelos Avataras e Grandes Iluminados ou Adeptos da Boa Lei, independentemente de serem ou não conhecidos da ciência historiográfica moderna. De notar que essa manutenção não é eterna, ou seja, uma dada Instituição desse tipo tem uma vida sempre limitada: pode ser 50 anos, um século, dois séculos ou mesmo mais, mas o seu fim é sempre certo.

O que acontece depois é que alguns "discípulos menores", laicos presos às rotinas do pensamento e não percebendo as mudanças operadas, vão tomando as rédeas dessas Instituições, mantêm-lhes os nomes – ou inclusivamente criam novas associações dando-lhes os mesmos e prestigiados nomes de outras mais antigas – mas a sua atividade não é mais, absolutamente, do que "restos de Iniciação". De maneira que esses "iniciados laicos", persistentes no Passado em detrimento do Futuro, são incapazes de iniciar os seus discípulos na Iniciação Real, mas tão somente na chamada Iniciação Simbólica, quando muito. Isso porque a "coisa viva" já não está lá, já passou para outro lado e, por isso, são "restos", o que não significa que não possam ser de extrema utilidade para os que começam a dar os primeiríssimos passos no Caminho da Iniciação, como alternativa às religiões de Estado, às rotinas intelectuais, etc.

Mesmo isso absolutamente nada tem a ver com livraria e mensagens, escritas ou orais, "psicografadas ou canalizadas mediunicamente" de alegados santos do Santoral Cristão, Hindu, Budista, etc., a par de nomes como Morya, Kut-Humi, São Germano, em que a Verdadeira Iniciação não tem lugar, e sim a confusão caótica de se julgar o singular perfeito igual ou simpático ao plural imperfeito, como se a qualidade e a unidade fossem iguais à quantidade e à disparidade. Tampouco tem a ver com "curas estelares" e coisas do gênero arvoradas por alguns como "a missão da sua vida", a de ajudar (isso é louvável) e de curar os outros – isso é duvidável, pois que muitos desses carregam doenças psicofísicas mais ou menos notórias, o que me reporta àquelas palavras de Jesus Cristo: "MÉDICO, CURA-TE A TI MESMO"! Quer dizer, como é possível uma pessoa doente, logo, portadora de um *prana* ou "energia vital" doentia, cuja vitalidade orgânica remete a uma carência notória da mesma, poder curar doentes sem mais nem menos? Não confere...

Como não confere o próprio nome "mensagens psíquicas", que diz tudo. Se são psíquicas ou se têm a ver com o Mundo Psíquico, como ver nelas a influência dos referidos Adeptos da Boa Lei, fidedignas expressões do Espírito, do Mundo Espiritual? Existe uma enorme confusão entre "espiritual" e "psíquico", começando pelos próprios espíritas e demais animistas, para os quais todas as entidades que se manifestam nas ditas sessões psíquicas são "espíritos", quando não são mais do que habitantes do "mundo dos mortos" ou Plano Astral, que é um simples prolongamento deste Plano Físico e que nada tem de Espiritual, Transcendente ou Superior. Conhecedor profundo das Leis da Natureza, nenhum Adepto Real, Mestre de Sabedoria, etc., utiliza um "médium psíquico" para se manifestar, por conhecer como poucos os efeitos nefastos da mediunidade para o próprio "médium", tanto física como emocionalmente.

Inclusivamente tenho lido alguns trechos atribuídos ao referido tipo de "mensagens psicografadas ou canalizadas" (como atualmente é moda dizer-se) e, sem qualquer intenção de hostilizar os seus possíveis leitores eventualmente simpatizantes desses métodos, não vi neles nada de novo, nada que não tenha sido já escrito ou falado nos meios esotéricos de ontem e de hoje, à parte o rol imenso de fantasias e invenções linguísticas, geográficas, astronômicas entre outras. Ora, os Mestres de Sabedoria não se especializam em copiar-se uns aos outros ou em repetir indefinidamente o que ensinaram no Passado, pois se assim fosse não haveria dinâmica alguma no Conhecimento Iniciático, não existiria Evolução.

Bem sei que as mensagens "recebidas" nas clássicas sessões espíritas diferem no método e no conteúdo dessas "canalizadas", ainda que no fundo ambas vão dar no mesmo. Aqui, devo chamar a atenção para os perigos da fantasia. A mente humana possui uma riqueza extraordinária e um enorme poder de encadeamento e reprodução autônoma de imagens a partir de um simples estímulo, razão por que o nosso Mestre, o Professor Henrique José de Souza, chamava a atenção dos seus discípulos para "não tomarem a nuvem por Juno", aconselhando reiteradamente a VIGILÂNCIA DOS SENTIDOS.

Contudo, apesar de utilizarem na sua generalidade uma linguagem algo adolescente e até ingênua em muitos casos, também é verdade que em nenhuma dessas "mensagens" li ensinamentos reprováveis ou moralmente duvidosos. Mas atribuir tais trabalhos ou alocuções a Mestres de Sabedoria parece-me até um insulto a tais Seres, que merecem de todos o maior respeito e que sempre ensinam aos seus discípulos a tornarem-se seres livres e emancipados por meio de princípios ativos, como "sejam iguais a Mim", e nunca a ser cordeirinhos dóceis e passivos por intermédio de conselhos do gênero "esperem pela próxima mensagem"

Leiam-se os grandes monumentos da literatura universal, como o *Bhagavad-Gïta*, atribuído a Ieseus Krishna, o *Tao Te King*, de Lao-Tsé, os ensinamentos atribuídos a Jesus Cristo no *Novo Testamento* – apesar das múltiplas mutilações e enxertos efetuados aos textos originais –, os *Diálogos* de Platão e ainda os textos atribuídos a Hermes, o Trimegisto, as *Cartas dos Mestres de Sabedoria* editadas pela Sociedade Teosófica de Adyar, os estudos sobre Maçonaria do grande Joseph Marie Ragon, o monumento literário, filosófico e científico que é toda a obra de Mário Roso de Luna, e compare-se a vivacidade, a originalidade, a autoridade de cada um deles com alguma dessas "mensagens" atribuídas aos verdadeiros Mestres. Cada um, se quiser, faça a comparação por si mesmo, e certamente perceberá não existir qualquer semelhança.

Sem dúvida que o principiante no Caminho Espiritual em sua busca está permanentemente sujeito a cair em grandes logros e erros, uns induzidos por ele próprio, e outros aduzidos por outrens. O extraordinário teósofo, Sebastião Vieira Vidal, desde cedo discípulo do Professor Henrique José de Souza, dizia que "o (neo)espiritualismo é o ambiente onde existe o maior número de falsificações porque é o reino do improvável", não significando que não tenha probabilidades de existir ou de fazer parte da realidade mas, sim, porque não se pode dar provas imediatas da veracidade de um dado conhecimento adquirido.

Daí ser facilmente explicável a proliferação de mestres, avataras, gurus, instrutores vindos do espaço sideral e messias que dão revelações públicas ou se escondem para não serem reconhecidos. Nesse sentido, existem hoje cursos de todo o gênero e literatura de todos os feitios, toda a matéria possível à venda, acessível a qualquer pessoa com bom sentido de liderança, expressão fácil e cuidada e alguma cultura, para se tornar um iniciado, um guru, um mestre aos olhos do povo geralmente desconhecedor de todas essas matérias.

Encaixa-se também nisso a tão propalada vinda do Novo Avatara ou Messias (Paracleto, Maitreya, etc.), cada qual reivindicando para si a exclusividade do Advento. Mas esse é um assunto muito sério...

Correndo o risco das minhas palavras serem demasiado sibilinas, ainda assim direi que para alguém reconhecer um Avatara deverá antes tê-lo despertado em si mesmo. Se for assim, não é necessário, como nas aventuras que devorávamos na nossa meninice, ter um mapa do tesouro, porque caso haja no nosso interior algum valor espiritual, seremos atraídos para o Tesouro, ou seja para o Avatara, para o Messias, para o que lhe quiserem chamar desde que corresponda à medida exata. E, normalmente, Eles, os Avataras, não publicam nenhum itinerário...

Tenho dito.

Capítulo XVI
Alucinação *Inversus* Consciência
(O nocivo nos efeitos ocultos das drogas)

Faro e Lagos, 1985

Spes Messis in Semine
"A Esperança da Colheita está na Semente"

    Há assuntos cuja premência e necessidade são tais que o próprio autor destas linhas é por eles obrigado a refletir e a manifestar-se. É o caso do presente, muito mais quando o autor é o atual dirigente da *Comunidade Teúrgica Portuguesa*, esta vocacionada de um modo muito especial para a *Juventude*, a Esperança da Sementeira Monádica que se faz hoje, a fim de se fazer a respectiva Colheita futura de uma Nova Humanidade; *Juventude* que é a Primavera da Vida, quantas vezes apodrecida e adiada em uma invernia tempestuosa pelo flagelo fatal das drogas.

    Observa-se hoje, por meio dos órgãos de comunicação social, a divulgação de variados programas de informação e formação antidroga, cujos resultados positivos práticos, verdade se diga, são muito ínfimos em relação ao fracasso enorme – originado pelo desinteresse provocado pela incompreensão do que, afinal, as "sumidades" pretendem dizer e fazer – junto do número colossal de jovens toxicodependentes, ou os afligidos por tamanha *dependência químico-psíquica*.

    No meu entender, carece-se de incentivos sérios e duradouros à Juventude que a impilam a ganhar força de vontade e a desintoxicar-se de vez para sempre. Falta o *incentivo espiritual* (não o religioso moralista, castrador da liberdade psicomental, que a arrojará de uma dependência em outra igualmente estreita), livre e amplo que a esclareça, por uma dialética clara e acessível ao entendimento imediato, sobre o porquê dos malefícios e as consequências das drogas alucinógenas, ou seja, essas que provocam alucinações psicofísicas por intoxicação orgânica, atingindo diretamente o sistema neurocerebral. Falta, também, aos "doutos empedernidos", descer do pedantismo cátedro da medicina e da psiquiatria e chegar junto da mentalidade juvenil, procurar entendê-la falando a sua linguagem, e também sem a pretensão de fazer a "caridadezinha" para alcançar notoriedade pública. Quem faz isso, depressa é percebido pela sagacidade do jovem que aquele "dá a esmola como o rico do Evangelho", e de imediato o ignora, desprezando-o e ao seu "projeto de vida" para ele, e é assim que tais "projetos de vida" por norma redundam em fracasso total.

Sim, falta à Juventude toxicodependente o *incentivá-la* como *causa* e o *motivá-la* como *efeito*, coisa que geralmente não é feita, pois que, como motivo quase ou mesmo exclusivo, só é ajudada a desintoxicar-se temporariamente, mesmo que sob a garantia de definitivamente, e se esquece ou ignora o *motivar* o jovem a procurar entender o porquê *causal* dos malefícios das drogas, pois isso iria permitir-lhe aceder a compreensão mais vasta, logo a maior consciência, do porquê deve evitá-las, não só pelos seus sintomas psicossomáticos mas também psicomentais, espirituais. A par disso, deve realçar-se junto do jovem toxicodependente tanto a sua importância espiritual como social, em vez de o rebaixar como um "coitadinho" traumatizado por a sociedade não saber compreendê-lo, indo rebelar-se contra esta por em sua psique acaso haver um trauma infantil por seus pais terem-no educado mal, substituindo o afeto indispensável por bens de consumo. Poderá ser, mas não é tudo...

Sem dúvida que o jovem carece do afeto humano dos familiares e do restante da sociedade, tal como estes daquele, e não de repressões psicológicas e físicas, nisso carecendo-se do diálogo esclarecedor sem qualquer propósito, aberto ou velado, de impingir crenças pessoais – como é hábito em muitos "mais moralistas e sectários que o papa", indo aumentar a confusão, a neurastenia e a depressão no jovem ouvinte, logo deixando de ouvir e afastando-se enfadado com a "seca" – mas antes, se possível e de preferência, as impessoais mais latas da Sabedoria Eterna, logo, *ideias universais*.

Sobretudo, o jovem carece de uma *motivação incentivada* que o faça sentir realmente útil e responsavelmente adulto em vez de, e tão somente, uma "criança incorrigível". Essa *motivação incentivada* deve implicar o *confiar-lhe responsabilidade* através de algum método profissional em que se sinta *bem*, *útil* e *compensado* pelo seu esforço no meio social, que deve mantê-lo sempre integrado no seu seio e nunca marginalizá-lo.

Disse *compensado* e não *reabilitado*, pois que a reabilitação implica sempre um estado de inferiorização de onde se saiu ou tenta sair, consequentemente inculcando o maldito sentimento de culpa pelo cometimento de um qualquer "pecado capital" aos olhos de uma sociedade puritana, castradora, preconceituosa e, sobretudo, podre e gasta pelos piores vícios que carrega e tenta esconder de si mesma. Não, esse é o pior dos métodos tentados e fracassados no sentido da "reabilitação", pois que se deve dar ao jovem aquilo que lhe cabe legitimamente e nunca, de maneira alguma, como se lhe estivesse fazendo um grande favor.

O consumo de drogas, a busca de estados alterados de consciência, é uma demanda inglória ou tentativa vã de compensação da ingrata lacuna social relativa à *formação espiritual* do Homem; formação espiritual e não tão somente religiosa convencional, pelo que não tem peias preconceituosas nem complexos neurastênicos, visto encarar, compreender e abarcar a Vida e a Consciência tais como são, e assim sendo a única fórmula para a consciência humana poder alcançar naturalmente estados de gozo e felicidade verdadeiramente espirituais, sem necessidade de recurso a quaisquer estupefacientes viciadores das células neurossanguíneas, desta maneira ficando dependentes dos mesmos para atingir estados psicológicos ou disposições momentâneas absolutamente artificiais ante a realidade imediata, e mesmo a subjetiva, indo acarretar, a curto ou médio prazo, a destruição do mais belo Templo que o Jovem possui: o seu Corpo-Alma.

Essa lacuna social da *formação espiritual* da mesma sociedade, no que toca à *Comunidade Teúrgica Portuguesa*, posso afirmar que ela está em condições de satisfazê-la, nunca impondo, sempre propondo.

Ver o mundo social exclusivamente em duas cores, branco e negro, esquecendo haver outras intermitentes que fazem a "exceção à exceção", logo resumindo tudo a "crime e castigo" sem mais nem menos, é o primeiro grande passo para grandes desilusões na vida de qualquer sociedade humana, muito mais quando o estado de "Bem Viver" ou *Eubiose* é ostracizado. Quanto ao crime propriamente dito, deve-se levar em conta, antes de tudo, o preconizado nas sábias palavras do Visconde de Bonald, citadas pelo Professor Henrique José de Souza em sua obra *Os Mistérios do Sexo* (III Parte, Capítulo I):

"Esperar o delito para o punir, quando é fácil corrigi-lo, é uma barbaria inútil, um crime de lesa-humanidade que desonra um código e um governo.

A sociedade, já o dissemos, é responsável pelos crimes de que se queixa e que rebaixam o seu prestígio. Inconscientemente ou não, são os favorecidos que excitam os apetites das classes inferiores, pois nem sempre o fato de se arrojar aqui ou ali algum dinheiro ou uma carteira mais ou menos cheia será bastante para acalmar a sede de ouro entre os deserdados. O exemplo tem de vir de cima, se é que se deseja pôr termo aos sentimentos de inveja, que explodem em forma de roubo, assassínio ou anarquia.

Quando um povo colocar a instrução acima do dinheiro; quando todas as honras pertencerem ao homem instruído, ao sábio, ao benfeitor, o pobre, atraído pelas radiantes fulgurações de semelhante ideal, imitará o exemplo que lhe apresentam, porque o povo é um grande imitador e segue o caminho que lhe traça os que vão à sua frente. Se nele encontra apenas o vício, ao vício se vê conduzido; se ao contrário é a virtude, para esta se voltará do mesmo modo.

Em resumo: debaixo do ponto de vista teosófico, o verdadeiro crime a se evitar, ou mesmo limitar os filhos, consiste em agir-se contrariamente às Leis da Natureza, onde se deve também incluir a do Karma, ou de Causa e Efeito. Sim, porque tudo na vida não é mais do que 'estado de consciência'. Se o homem age deste ou daquele modo visando ao bem, nenhum crime pratica; se, ao contrário, é ao mal que ele visa, criminoso se torna e como tal, sujeito fica ao castigo, pouco importa se instituído pelos homens através dos seus códigos penais ou pelo Karma, como Lei de Causalidade, Retribuição, etc. Sim, porque se um criminoso aceita a pena que lhe foi imposta, como já dissemos, sofrendo as suas consequências, chorando a liberdade perdida, a separação da família e dos amigos, *ipso facto*, o seu karma é esgotado. No entanto, se tal pena ou castigo é recebido com indiferença, muito pior, mantendo o ódio pelos seus juízes, pelo próprio mundo, do qual se acha separado, sem arrependimento algum do crime cometido, continua em pé um outro castigo muito mais severo e infalível, que é justamente o imposto pelo Karma, o qual terá fatalmente de pagar, nesta vida ou em outra... De onde a sentença atribuída a Jeoshua: 'Quem com ferro fere, com ferro será ferido', igual à do Corão: 'Dente por dente, olho por olho'."

Voltando ao problema das drogas, deve-se reconhecer que muitos líderes de seitas, e logo também estas, fazem a maior propaganda sobre as mesmas – atribuindo-lhes "méritos transcendentais", por vezes a par do exercício da violência armada e do sexo desenfreado, tudo em nome da "metafísica iluminadora" (!!!), como, por exemplo, um certo Samael, um certo Castanheda ou um certo Rajnesh – incentivando os jovens impúberes a tomar drogas para alcançar o "Nirvana" (!!!), a praticar modalidades sexuais de grande prejudicialidade física e psicomental, mas chamando-lhes "iluminação sexual através de *Kundalini*" (!!!), quando não armam e incentivam à violência xenófoba, ao estupro e ao assassínio "em nome do seu mestre e da verdade única portada pelo mesmo" (!!!). São esses sectaristas criminosos (aliás, abrangidos pelos códigos penais de todos os países civilizados) que devem ser denunciados às autoridades legítimas e evitados a todo o custo pela Juventude de todas as idades e de ambos os sexos.

Alguns fazem a eleição aberta "da cachaça (aguardente) e do charuto" para que o santo (!!!) desça", isto é, para que um *elemental* de espécie inferior se manifeste; outros, fazem a apologia do haxixe e do ópio para "viajarem", ou seja, desdobrarem-se psiquicamente, *sempre* semiconscientemente, do corpo físico, *jamais* passando da região anímica do Astral; outros, ainda, inspiram cocaína ou injetam heroína para "se sentirem bem e estarem acima do mundo", e por aí afora, em um rol de desgraças inspiradas em doutrinações animistas mais que dantescas, verdadeiramente satânicas, mesmo que possuam aparências lógicas. Mas bem se sabe que em tempo algum lógica é obrigatoriamente sinônimo de Verdade!...

O mais que se consegue, pelo uso de alucinógenos, é atingir um estado de *desdobramento parcial e semiconsciente na região astral*, cuja luz anímica e energia vital elemental *viciam* quem nelas penetra e delas se embebe, sem qualquer domínio interior e superior auxílio exterior. Os Iniciados dominam-nas à vontade por nelas não terem interesse algum. Dominam os elementais e convivem com os Anjos.

Na sua obra já citada (I Parte, Capítulo III), o Professor Henrique José de Souza não deixou de referir-se ao assunto nos seguintes termos:

"Os estados de paz, de espiritual felicidade a que só os justos têm direito, podem às vezes ser obtidos pelo emprego de drogas entorpecentes que provocam os chamados "paraísos artificiais", resultantes de intoxicações ou estados patológicos deprimentes, altamente perigosos. O uso de tóxicos, combatido em todos os países civilizados, é absolutamente condenável também pela Lei do Espírito. Com a súbita paralisação da consciência, provocada artificialmente nos mundos inferiores, e o seu brusco despertar nos superiores, o homem transgride a Natureza, transpõe o ritmo normal, com evidentes prejuízos para o seu organismo e a sua própria evolução espiritual."

O *Plano Astral*, tal como todos os outros, reparte-se em sete subplanos, sendo geralmente os três superiores considerados o *Astral Superior* e os três restantes o *Astral Inferior*, ficando o quarto subplano como elo de ligação ou desligamento entre eles, assim repartidos e todavia interligados:

SUPERIOR	1º Subplano – da Energia Anímica 2º Subplano – da Luz Anímica 3º Subplano – da Vida Anímica	Atração
PLANO ASTRAL	4º Subplano – do Sentimento	Interesse Indiferença
INFERIOR	5º Subplano – dos Desejos 6º Subplano – das Impressões 7º Subplano – das Paixões	Repulsão

O *Plano Mental* que lhe está por "cima" em sutilidade energética e consciência vital, também refarte-se em sete subplanos na ordem seguinte:

SUPERIOR	1º Subplano – da Energia Mental 2º Subplano – da Luz Mental 3º Subplano – da Vida Mental
PLANO MENTAL	4º Subplano – dos Arquétipos Mentais
INFERIOR	5º Subplano – dos Arquétipos Emocionais 6º Subplano – dos Arquétipos Vitais 7º Subplano – dos Arquétipos Físicos

Muitos historiadores profanos afirmam que todas as religiões e tradições espirituais de uma maneira ou de outra, a começar pelo Cristianismo com o seu "vinho eucarístico", fizeram ou fazem uso das drogas. Tal conclusão é muitíssimo injusta e só revela ignorância constrangedora, pois que há uma diferença abismal entre um gole de "vinho eucarístico" e uma "garrafada de carrascão".

Não irei fazer história aqui, tampouco entrar em demasiados detalhes, tão só adiantarei o seguinte: quanto mais antigas são as raças (de descendência lemuriana e atlante), mais grosseiros são os seus métodos de desenvolvimento e aí, sim, de fato encontra-se o fator alucinógeno, razão de se encontrarem referências a ele nos diversos textos das primitivas religiões e sociedades. Associado a isso, há também esse outro fator da degeneração psicofísica das raças em estado adiantado de agonia, perto do seu final, sendo nesses períodos, e só nesses períodos de agonia final, que se encontram as mais bizarras e aberrantes formas de culto, como essas dos assassinatos rituais, da antropofagia, da prostituição "sagrada", indiferenciando mulheres e homens, do emprego de drogas entorpecentes, etc.

Quando essas mesmas raças estão no auge do seu desenvolvimento socioespiritual, é notória a ausência de tais recursos artificiosos e artificiais, pois que o desenrolar da evolução processa-se de maneira normal, acompanhando par e passo os ritmos da Natureza.

Já o famoso e misterioso *Soma, Haoma* ou *Hidromel* (a *Panaceia* alquímica) é algo completamente distinto de quaisquer drogas entorpecentes (como essa do famoso "chá do saint daime", cujos ingredientes alucinógenos do seu composto estão na base da droga LSD, extraída do "cogumelo agárico", e os quais fazem parte da cultura animista de tribos selvagens dos sertões africanos, sul-americanos e asiáticos, cuja sobrevivência é caracterizada pela óbvia condição neolítica, assim mesmo afetando o neolitismo urbano, às vezes apodado "xamanismo", de certos grupos marginais da sociedade tecnocrática e consumista contemporânea), pois que se compõe da quintessência da Natureza cuja fábrica secreta só os Mestres conhecem. O nosso Mestre JHS, no seu *Livro Síntese* escrito entre 1951 e 1953, deixou impressa a fórmula de fabricação desse *Elixir da Longa Vida*, e posso garantir ao respeitável leitor que nele não entra o mínimo elemento alucinógeno, pois que se trata de um, definindo muito frouxamente, "akasha solidificado".

Devo ainda acrescentar que o conhecimento desse *Hidromel*, na Idade Média, foi transmitido a alguns dos Cavaleiros Templários pelo *Senhor da Montanha* (Alborj), o Grão-Mestre dos *Assacis* do Líbano que alguns exegetas modernos os traduzem como "assassinos" e "fumadores de haxixe" (*hassassins* e *hashasis*), o que está completamente errado, pois que o termo exato é *Assaci*, ou seja, "Guardião" da Terra Santa de *Agharta*, representada pela *Fraternidade Jina do Monte Líbano*. Mas os profanos, por mais distintos e carismáticos que aparentem ser, de maneira alguma e em tempo algum têm acesso a esses conhecimentos que transcendem a sua pequenez humana.

Fale-se agora do tabaco. Helena Petrovna Blavatsky, por exemplo, por causa do seu estado de extrema sensibilidade e para poder manter o seu corpo astral ligado ao físico, fumava tabaco (cujas partículas são altamente grosseiras), exclusivamente esse e mais nenhum outro ingrediente, inclusive bebidas alcoólicas, que a pudesse levar à alucinação e à inconsciência. O tabaco é a única droga que os teósofos e ocultistas toleram *relativamente*, além do chá e do café. O recurso a bebidas alcoólicas, ainda que não interdito completamente, só com muita restrição e em pequenas doses, *sempre* acompanhado de alimento.

O caso de Fernando Pessoa, que recorreu ao álcool em grandes doses e por isso é criticado por muitos beatos e cegos de espírito, é o exemplo típico do indivíduo isolado que alcançou um estado de elevada supra-humanidade, de Gênio ou de *Jina*, estando a sua consciência fixa nessa condição interior completamente alheia aos fatores somáticos exteriores. Para restabelecer a consciência orgânica, recorria ao tabaco e ao álcool, o que lhe causou a morte por consumo excessivo. Esse é o perigo que correm todos aqueles que vivem mais na quarta Dimensão ou *Mundo dos Jinas* que neste, sem o apoio de alguma Ordem Iniciática exteriorizada capaz de os ajudar a equilibrar as suas energias físicas e psicomentais, principalmente a do Fogo Criador Interno, *Kundalini*, que estava desperto em Fernando Pessoa, como confirmam todos os seus sintomas psicossomáticos. Mas isso não retira o valor que lhe é inerente. Tão só faltou-lhe o apoio material imediato de um Grupo Esotérico ordenado (de onde *Ordem*...) à face da Terra, porque a *evolução em grupo* é extremamente benéfica em todos os sentidos.

Há ainda certos ocultistas seguidores de ideias wiccas, crowleyanas, gurdjiefianas, daimes, etc., que para alcançarem o êxito pleno nas suas operações mágicas fazem recurso do consumo de estupefacientes. Honestamente falando, não são práticas recomendáveis a ninguém que queira seriamente iniciar os passos da Verdadeira Iniciação, pois que as mesmas não passam de modalidades operáticas a ver exclusivamente com o Mundo Elemental, jamais com o Espiritual. Sei de muitos casos de jovens homens e mulheres que, fascinados com espagírias e magias, acabaram completamente drogados, com a vida feita em farrapos.

A *Ordem do Santo Graal*, por sua natureza Templária e vocação Crística, nada disso utiliza e tampouco aconselha, pois que o desenvolvimento interior rumo à Felicidade Eterna faz-se por práticas absolutamente espirituais, sem recurso a químicos de espécie alguma.

Quanto à pretensão de certos exegetas católicos, evangélicos, metodistas e afins, todos afirmando que os Iluminados Yoguis do Oriente, os Hierofantes do Antigo Egipto, os Iniciados do México e do Peru, em suma, a totalidade dos mais insignes baluartes humanos da Sabedoria Divina manifestados nos cinco continentes, tendo abrilhantado as páginas da História da Humanidade, recorreram e viciaram-se nos alucinógenos para alcançar estados de alma que, verdade se diga, foram conquistados com suor, sangue e lágrimas, é das mais ímpias infâmias que a xenofobia erótico-religiosa de uns quantos transmite ao crencismo supersticioso de muitos de vidas traumatizadas psicomentalmente paralisados, assim aceitando incondicionalmente tamanha mentira, prova cabal do favoritismo de todos esses à destruição de qualquer iniciativa de libertação e independência psicossocial que haja na Juventude, mormente a *luso-brasileira*, para que livremente demande horizontes de saber e realização mais amplos e duradouros.

Tal como as drogas são prejudiciais ao desenvolvimento verdadeiro do ser humano, igualmente há a droga de certa literatura que arremessa o leitor para campos experimentais verdadeiramente sinistros. Já alguém dizia: *Diz-me o que lês e te direi quem és*. Razão mais que suficiente para o Professor Henrique José de Souza aconselhar: "Um livro tanto pode ser um poderoso auxiliar como um formidável destruidor da tua mente: tem cuidado na sua escolha".

Mesmo sem querer ser puritano e censor, a verdade é que há livros prejudiciais à evolução espiritual do leitor, dos quais destaco: o *Kama Sutra*, título que é o primeiro a dizer do seu conteúdo – *Kama*, "paixão", e *Sutra*, "livro", logo, "livro das paixões" ou "dos sentidos inferiores, baixos", que por norma se satisfazem na passiva *cama* do sexo; e o pernicioso *Livro de São Cipriano*, que travestido de processos de magia campesina ou rural, na verdade ensina os baixos processos da necromancia e magia negra, precisamente os previstos nos códigos penais de todos os países civilizados.

Há livros benéficos à evolução espiritual do leitor, dos quais destacarei alguns por estarem dentro do Programa Teosófico "em prol do engrandecimento físico, moral e intelectual do Gênero Humano, combatendo o analfabetismo, os vícios e os maus costumes sociais, o fanatismo, a superstição e o erro, onde quer que se manifestem", segundo o Professor Henrique José de Souza.

Seguindo as diretrizes do mesmo Mestre (*JHS*), aos místicos recomendo a leitura do *Bhagavad-Gïta* ("O Canto do Senhor"), que é uma das mais belas passagens do poema ário-hindu, *Mahâbhârata*; *A Voz do Silêncio*, de Helena Petrovna Blavatsky; *A Luz do Caminho* e *Idílio do Loto Branco*, de Mabel Collins; *A Vida Superior ou Regras da Raja-Yoga*, de Rajaram-Tukaram. E aos que preferem continuar fiéis às suas religiões, recomendo a leitura das biografias dos Santos das suas Igrejas, a *Imitação de Cristo*, etc., onde poderão encontrar exemplos eficazes para a sua própria conduta, uma vez que, como disse o Professor Henrique J. Souza, "não é a religião que faz o homem, mas o caráter".

Aos que possuem espírito tão digno como a sua própria estirpe superior ou divina, mas não tendo ainda os conhecimentos que possa conduzi-los à meta desejada, enumero o seguinte guia literário:

Novelas, contos, viagens e estudos biográficos: – *Zanoni*, de Bulwer Lytton; *Adonai*, de Jorge Adoum; *Nos Templos do Himalaia*, *O Santuário*, *O Mago de Baltazar*, de Van der Naillen; *Os Grandes Iniciados*, de Eduard Schuré; *A Vida do Buda*, de F. Harnold; *Dans le Thibet (Dans la Tartarie, Dans la Chine)*, de Pe. Huc; *Animais, Homens e Deuses*, de Ferdinand Ossendowsky; *A l'Ombre des Monastères thibetains*, de Marques de Rivière.

Essas duas últimas obras citadas descrevem situações que têm ligações estreitas com a Missão dos Teúrgicos e Teósofos luso-brasileiros, mormente da C.T.P. e da S.T.B., ou seja, "descobrindo através da letra que mata" o "espírito vivificador". Ambos os autores citados deram desempenho a missões muito especiais no mundo.

Místicos e Magos do Tibete, de Alexandra David-Neel. Obra na qual se inspirou Mário Roso de Luna para escrever *O Tibete e a Teosofia*, em parceria com Henrique José de Souza, que escreveu inteiramente os seus últimos 30 capítulos, conforme a vontade póstuma daquele eminente polígrafo e teósofo ibérico, sócio nº 7 da Sociedade Teosófica Brasileira.

Pelas Grutas e Selvas do Industão, de Helena P. Blavatsky, com comentários de M. Roso de Luna. Para conhecimento das potentes individualidades de Mário Roso de Luna e Helena Petrovna Blavatsky, leia-se: *El Mago de Logrosán* e *Helena Petrovna Blavatsky o una Mártir del Siglo XIX*.

Quanto a livros didáticos: – *A Chave da Teosofia*, de H. P. Blavatsky; *Karma e Reencarnação, Plano Astral e Devakan, Sabedoria Antiga*, todos de Annie Besant; *O Duplo Etérico, O Corpo Astral, O Corpo Mental, O Corpo Causal e o Ego, O Sistema Solar*, todos de Arthur E. Powell.

As obras dos dois últimos autores referidos são muito recomendáveis por terem sido inspiradas nas monumentais *Ísis Sem Véu* e *A Doutrina Secreta*, de H. P. Blavatsky.

Magia Branca e Negra, de Franz Hartmann. Interessam, reitero, todos os livros do inconfundível teósofo e cientista dr. Mário Roso de Luna, a começar por *La Esfinge*, que é bem uma introdução à sua "Biblioteca das Maravilhas", monumento literário que é dos maiores do mundo. A seguir: *De Sevilha ao Yucatan (ou uma viagem ocultista através da Atlântida de Platão)*; *El Tesoro de los Lagos de Somiedo*; *De Gentes del Otro Mundo*; *El Libro que mata a la Muerte o El Libro de los Jinas* (que ele mesmo dizia "ser a sua melhor obra e onde tinha sempre o que aprender"); *En el Umbral del Mistério*; *Simbologia Arcaica o Simbolismo de las Religiones del Mundo*; *Conferencias Teosóficas en América del Sur*, etc.

Ísis Sem Véu, de H. P. Blavatsky. Portentosa obra de crítica litero-científico-filosófica, que só por si bastava para imortalizar o nome da sua principesca e incompreendida autora. No *Prefácio* da mesma, a augusta Iniciada assim a apresenta: "A presente obra é fruto das íntimas relações com os Adeptos Orientais e do estudo da sua Ciência. Dedicamo-la a todos os que estão prontos a aceitar a Verdade, onde quer que se encontrem, e estejam dispostos a defendê-la, sem temor, desafiando, se necessário, as preocupações do vulgo. O seu objetivo é ajudar o estudante a descobrir o fundo oculto que jaze nos antigos sistemas filosóficos".

A Doutrina Secreta, obra fundamental da mesma autora. "*A Doutrina Secreta*", diz Roso de Luna, "estava destinada a ser, na sua origem, uma versão ampliada e correcta de *Ísis Sem Véu*, porém, como sucede sempre com a obra do gênio, a ideia rompeu aqui, como na obra do colosso de Bonn, os moldes da forma, desbordando-os e exigindo um plano de ação completamente novo".

A verdadeira compreensão dos ensinamentos profundos encerrados nas páginas dessa obra ciclópica, torna-se impossível para o leitor se este não possuir um guia seguro capaz de comentar *A Dou-*

trina Secreta, e também *Ísis Sem Véu*, através dos seus mil e um véus, a sua complexidade metafísica e conturbadora erudição. Posso afirmar que a *Comunidade Teúrgica Portuguesa* não apenas conhece em seus ínfimos pormenores todo o fundo oculto da *Doutrina Secreta*, senão que veio completar, de acordo com as Revelações do Novo Ciclo para quem trabalha, os ensinamento entesourados nessa formidável obra.

O Verdadeiro Caminho da Iniciação, obra monumental de Henrique José de Souza. E também do mesmo autor, em seguimento: *Ocultismo e Teosofia* (assinando-o com o pseudônimo *Laurentus*) e *Os Mistérios do Sexo*.

Termino com votos sinceros de que estas minhas palavras cheguem ao conhecimento do maior número possível de pessoas e que elas possam contribuir de algum modo para fazer perdurar, risonha e feliz, a eterna Primavera da Vida Humana que é a Juventude, afinal de contas, a Semente da Colheita do Futuro.

Capítulo XVII
O Sexo à Luz dos Seus Arcanos

Lisboa, 2007

Ainda que levando a data de 2007, altura da sua retificação e aumento, a verdade é que este estudo data de julho de 1999, feito em consequência do primeiro Referendo Nacional acerca do "sim ou não" à aprovação da "lei do aborto", em 1998. Na altura ganhou o "não", apesar do pouco interesse que o assunto suscitou no público geral, mesmo assim com a Igreja Católica impondo a sua visão singular da Vida Humana por meio de grupos sociais afiliados a ela, majoritariamente liderados por senhoras que, parece, esqueceram-se da precariedade da sua condição feminina, preferindo a masculinidade de um dogma varão, eterno redutor, reconheça-se, da condição feminil. Assim, a crença impôs-se à razão, com mulheres perdendo as mulheres mas triunfando homens sexualmente auto-híbridos, por adoção e obrigação de dogma tardio do século XII, o do *celibato*, completamente estranho às escrituras sagradas, assumindo o velho padrão judaico do estado feminino como de espécie inferior, aparentemente tolerando-o, realmente desprezando-o. Os fatos históricos o confirmam, a começar por esse da Mulher só ter direito a Alma depois do Concílio de Massom, no século VI, realizado pelos patriarcas da Igreja para fazer vingar o dogma da Virgem Maria que, ante um panteão todo patriarcal, não sabiam onde colocá-la por ser *mulher*.

Ainda sobre a hibridez autoinfligida do *celibato*, adaptação espúria daquela lenda hagiográfica do "cinto de castidade" (*cingulum castum*) dado a Tomás de Aquino por dois Anjos, tal voto eclesial, mas não sacramental, fez de quem o pratica um *estéril* ante as palavras canónicas da escritura sagrada: "Amai-vos e multiplicai-vos". Se no Dicionário de Língua Portuguesa *celibato* (*caelibatu*) "é o estado de solteirão em pessoa que não pretende casar-se", de maneira alguma, ao contrário do que pensa a maioria, ele é sinónimo de *castidade*, porque um casto poderá não ser um celibatário, tal como um celibatário nem sempre é um casto. A castidade não implica obrigatoriamente a inibição física, sexual, mas implica sempre o regramento das ações, das emoções e dos pensamentos manifestos *conscientemente* como o melhor, o mais positivo que o homem tem, e é este o sentido da palavra *casto* (*castu*) no Dicionário de Língua Portuguesa: "puro, inocente, sem mescla". Assim, o *casto* se faz na Terra um *Agnus Castu* ou "Cordeiro Inocente" que "tira (pelo exemplo que infunde) os pecados do mundo", e nessa condição produtiva, verdadeiramente espiritual, faz-se um *celícola* ou "habitante do Céu" nesta mesma Terra. Este é, afinal, o estado de ser do verdadeiro Mestre e do verdadeiro Discípulo, acaso celibatários em momentos predeterminados, certamente sempre castos em todos os momentos, isto é, verdadeiros *Agnus Castus* à imagem e semelhança do Cristo, do Budha, de Krishna, de Maomé, enfim, de todos os *Avataras* ou "Espíritos de Verdade" que a este mundo já advieram desde os páramos celestes.

Em 1998, quando do Referendo, as opiniões dividiram-se, inconciliáveis e intolerantes, desencadearam-se os debates mais acesos, com ferocidade rara, e a Igreja Católica, por intermédio do seu séquito de venerandas senhoras, "virgens e puras", acabou ganhando, com o apoio claro dos partidos políticos de Direita. Agora, vem aí o segundo Referendo sobre a "lei do aborto", em 2007. Duvido que desta vez a Igreja tenha tanta sorte como da primeira (e assim acertei, pois esse Referendo acabou de realizar-se e já se sabe que o "não" eclesial perdeu), sim, por a sociedade estar mais amadurecida na informação e a *democracia* mais consolidada, com as novas gerações repudiando abertamente conceitos castrantes e fascizantes ou ditatoriais sobre o direito da Mulher, o que não entende de todo, como esse de no século XXI ainda haverem mulheres que são atiradas na cadeia por terem feito o aborto. Fiquemos para ver... Ainda assim, também os partidos políticos de Esquerda se imiscuem, por oportunismo eleitoralista, em questões única e exclusivamente a ver com a Mulher, que decisivamente é quem deve decidir sobre o seu corpo e a sua vida e mais ninguém; pelo que ao escravismo machista dos políticos e dos religiosos, todos oportunistas psicossociais, deve-se pôr um término definitivo. O assunto deve ser levado a debate e a sua aprovação ou não, na Assembleia da República, caber exclusivamente às *mulheres*, as principais interessadas, as únicas visadas, e os homens, os deputados, tão somente deverão respeitar e cumprir democraticamente o decidido por elas, não se intrometendo, com os seus motivos políticos e religiosos, onde biologicamente não são tidos nem havidos, pois bem parece que até hoje nenhum homem engravidou... a não ser pelos ouvidos, que deu a interesses os mais obscuros e autistas em matéria de *conhecimentos teosóficos*.

De maneira que não sou a favor nem contra a "lei do aborto", pois em matéria de *livre-arbítrio* individual e coletivo todo o verdadeiro *Teúrgico* e *Teósofo* é intransigente no respeito devido ao mesmo.

No ido de 1998 foi solicitada a minha opinião sobre o assunto. Sendo este extremamente melindroso por variarem os casos de mulher para mulher que recorre a essa opção drástica, e não querendo ser fundamentalista favorável a qualquer das partes, lá fui dizendo isso mesmo, contudo salientando sempre que *o aborto é culpável aos olhos da religião*, apesar de *desculpável nos casos onde não há possibilidade de evitá-lo*.

Nesse sentido, já a saudosa dona Helena Jefferson de Souza, então viúva do Professor Henrique José de Souza, em 1975 havia proferido sobre o assunto (in revista *Aquarius*, nº 3): "Há pessoas que abortam naturalmente... e outras que provocam. Das que provocam o aborto, umas o fazem porque não podem ter crianças, e, aí, é uma questão de saúde... e outras o provocam porque não querem os filhos... isto é errado! Eu acho que a pessoa, mesmo não sendo casada, que arranja um filho, sendo saudável, deve criar o seu filho! Deve arcar com a responsabilidade do seu ato! Porque eu acredito que ninguém que vá sair com um rapaz, vá fazer o que não deve... – é aí que vem a *vigilância dos sentidos* – repito, uma moça não vai sair com um homem e fazer o que não deve sem saber o que está fazendo. Ela sabe o que está fazendo... então, não é admissível que diga que não sabe o que faz".

"Não sabe o que faz" só quem é vítima de *violação* e de *demência*, por vezes ambas as coisas juntas, como resultados ou frutos amargos do *karma* contraído no passado próximo ou longínquo. No caso de violação, a mulher foi forçada violentamente (e isto é o que significa *violação*, "ato violento", "ato não consentido"), não teve opção, logo, está isenta de responsabilidade direta, imediata... mesmo que não ante algum fato similar passado que desencadeou karmicamente o presente, fazendo jus à lei de Talião do "olho por olho, dente por dente" (Lei de Ação e Reação). Seja como for, por si só ela está inteiramente isenta de culpa perante o concreto e dramático fato presente.

As esferas religiosas aliadas às neoespiritualistas, ambas *não iniciáticas*, umas dogmáticas e outras de catequese fácil, popular, juntas apresentando débil preocupação verdadeiramente mental ou metafísica, são peremptoriamente unânimes na condenação do aborto, considerando-o crime de eutanásia tanto para o Ego como para o feto. Isso é meia verdade, em parte louvável e em parte censurável, nesta por a sua posição radical não levar em conta as mulheres que, por razões de saúde, não podem engravidar e acidentalmente engravidam. Melhor que condenar seria propagar uma cultura profilática, especialmente nos meios mais descarecidos socialmente e menos esclarecidos educacionalmente, mas sem quaisquer pressupostos, mais ou menos velados, religiosos ou políticos. Em suma, o exclusivo e descomprometido exercício da cultura sexual despida de quaisquer inibições político-religiosas, isto é, psicossociais. Não se pense que por meios mais descarecidos socialmente eu pense só no fator econômico, porque naqueles mais abastados a carência social e cultural também existe, como demonstram as visitas repetidas às clínicas abortivas espanholas serem *habitués* da "senhoras bem" católicas portuguesas.

Questão de cinismo puritano, sim, mas igualmente herança multimilenar perdurando ao longo da Raça Ariana desde a queda psicossocial da Atlântida, cujos ritos sexuais, erroneamente chamados "tântricos", modificaram o sentido espiritual do ato gerador em erotismo psíquico. Esse erotismo psíquico gerou o religioso. O erotismo religioso originou o sentimento de culpa e, para se livrar dele, surgiu a idolatria como tábua de salvação. É assim que a idolatria acaba apresentando em muitos sectaristas religiosos fortes tendências para a perversão sexual, como qualquer psicólogo ou psiquiatra poderá observar facilmente.

Mas vamos aos fatos da geração no seio da mulher. O *feto* reage no ventre feminino por *impulsos vitais* através do *cordão umbilical* (formado da placenta, ele que é a expressão somática ou celular do "cordão prateado" ou lunar, esse fio etérico que une o corpo vital ao denso e pelo qual é alimentado psiquicamente o embrião, estreitando-se a relação física à medida que os nove meses de gestação vão passando), e a mulher, sentindo-o, sente-se prematuramente mãe. Mas ele está inconsciente, não tem consciência própria e nem a pode ter, por ainda se estar a formar organicamente.

Quanto ao *Ego*, o Espírito no feto, a verdade é que de maneira alguma ele o habita. Ele hiberna no Plano Causal ou Mental Superior, e a única ligação que tem com o embrião é a *vibração kármica* dada pelo seu *chitta*, a "matéria mental", que lhe irá moldar o cérebro e o sexo, masculino ou feminino, de acordo com o seu quinhão kármico, assim o encadeando à Lei de Causa e Efeito, a mesma da Justiça Universal. Ele, o Ego, só se encadeia ao nado quando se corta o cordão umbilical logo após o parto. Desse instante até aos 21 anos de idade, é o período de se firmar, de se assumir completamente homem ou mulher, ou seja, de ter a consciência humana mais ou menos completa. Isto porque do nascimento até aos 7 anos de idade, desenvolve o corpo vital ou etérico; dos 7 aos 14, o corpo emocional ou astral; finalmente, dos 14 aos 21, é o período de formação do corpo mental, intelectivo, que expressará pelo cérebro, então definitivamente formado, as ideias que lhe são próprias.

Quando se provoca o aborto, o Ego nada sofre (e nem pode sofrer, por estar no Mundo da Tríade Espiritual, alheio aos prazeres ou desprazeres do Mundo da Personalidade); tão só é interrompida a *vibração kármica* do seu *chitta*. O único sofrimento é o ter de recomeçar em um outro feto escolhido para si pela Lei de Causa e Efeito, em conformidade com a satisfação das suas necessidades kármicas acompanhando-o de vida em vida, até esgotar esse mesmo karma, tornando-se um Ser Superado.

O aborto é totalmente o oposto da inseminação artificial, dos chamados "bebês-provetas". O único problema nestes, na perspectiva *espiritual* (não confundir com *religiosa*, pois que religião será espiritualista mas nem sempre espiritual, e aqui entra novamente a dicotomia *caelibatu ab castu*), é muitas vezes não se saber a quem pertence o sêmen paterno e como poderá tudo isso se encaixar no *Karma da Família* a que o nado irá pertencer. Tal implica um *reajustamento dos arquétipos kármicos*, tanto os da criança como os da família, prolongando-se naquela até os 21 anos de idade, período durante o qual poderá se adaptar à situação criada artificialmente ou, então, vir a ser uma completa desajustada no meio familiar imposto, o mesmo valendo para essa família recebendo o nado gerado artificialmente.

É ainda dona Helena Jefferson de Souza, durante mais de 50 anos companheira inseparável de Missão do Professor Henrique José de Souza, a comentar o assunto (in *op. cit.*):

P. – A criação em laboratórios de bebês de proveta encaixa-se nos ditames da Lei Universal?

R. – Sim e não... porque o certo é a pessoa ter os seus próprios filhos. Agora, há pessoas que têm complexos, justamente por não terem filhos... e o único jeito é esse. Elas sentem-se felizes em ter crianças... ou adotadas ou dessa maneira, a inseminação artificial. A Maternidade é uma coisa muito Divina... e muitas pessoas se casam e não concebem... têm uma vontade louca de ter filhos... e a única maneira é: ou adotar uma criança ou se submeter a esse tratamento moderno.

P. – Mas, no caso desses bebês de proveta, haveria alguma influência no caráter deles, mais tarde, de natureza espiritual?

R. – Bem, aí já não seria o mesmo sangue... Por exemplo: eu sou casada com um homem e o homem não me deu filhos... e eu vou arranjar com outro... quer dizer, sairia um pouco de dentro das nossas concepções teosóficas... do Karma da Família... entenderam? Porque seria uma coisa vinda de outra pessoa... por isso é que eu acho que certas coisas não se devem fazer!... Cada um tem o seu karma. Uns têm muitos filhos, outros não têm nenhum... e a pessoa tem que se conformar... e, às vezes, acontecem casos da criança ser problema... vir a ser uma criança-problema!...

Helena Jefferson de Souza e Henrique José de Souza

"A Maternidade é uma coisa muito Divina", disse a Excelsa Contraparte de JHS, e tanto assim é que o *Hino ao Amor* do mesmo Venerável Mestre diz a dado trecho:

A mulher que dá seu filho
Pelo bem da Humanidade,
Essa mulher não é mulher,
Mas a Flor da Maternidade.

Durante séculos e séculos, milênios mesmo, as religiões têm considerado o sexo uma coisa imunda, imoral, não espiritual, a evitar o mais possível e a pronunciar quanto menos melhor. Isso tanto no Oriente como no Ocidente, apesar de ser uma das leis e princípios fundamentais da Vida.

Mesmo hoje, no século XXI, existem casais há muitos anos casados mas para quem os corpos um do outro são completamente desconhecidos: pudicamente, por padrões morais redutores herdados de gerações e gerações, evitam despir-se na frente um do outro; evitam relacionar-se sexualmente à claridade e fogem sempre ao prazer corporal por pudor; evitam até, sozinhos, tomar banho inteiramente despidos. Este é, como disse, o verdadeiro "fruto proibido da Árvore da Vida", precocemente apodrecido por inúmeras gerações sujeitas ao mesmo puritanismo castrador (podendo desencadear, tarde ou cedo, psicoses irreversíveis, como as famosas "taras sexuais", as quais, nos casos extremos, podem inclusive levar ao suicídio desesperado), envergonhado das reações naturais do corpo que, afinal, é tão só o templo do Espírito livre habitando no homem e na mulher.

Um dos primeiros, se não o primeiro, que na Índia se opôs a tal estado de coisas foi o teósofo inglês Charles W. Leadbeater, tendo ensinado as crianças a tomar banho nuas e a esfregarem-se com sabão em vez do usual: mergulhar vestidas e logo sair da água, motivo para muitas epidemias por falta de higiene, as quais ainda hoje grassam nesse país. Mais, chegou mesmo a aconselhar a alguns adolescentes mais inflamáveis, como medida profilática, a masturbação, exercício abominável para a época e particularmente para uma sociedade repressiva das leis e práticas sexuais. Resultado: até o presente Leadbeater é considerado por muitos, inclusive teosofistas, um homossexual e mesmo um pedófilo!

Não pretendo defendê-lo, mas também não acredito que o tenha sido. Ele próprio explica o seu ponto de vista acerca do assunto, em carta datada de 30 de junho de 1906 endereçada à Presidente da

Sociedade Teosófica de Adyar (Estado de Madras, Índia), a sua amiga inseparável Annie Besant:

"A minha opinião sobre o assunto, que tanta gente julga errada, formou-se muito antes dos dias teosóficos. Existe uma função natural do homem que, em si mesma, não é mais vergonhosa (a não ser que seja satisfeita à custa de outra pessoa) que o comer e o beber... Ocorre a acumulação, que se descarrega a intervalos – geralmente de quinze em quinze dias, conquanto, em alguns casos, a frequência seja muito maior, sendo que a mente na última parte de cada intervalo é constantemente obcecada pelo assunto. A ideia era tomar a iniciativa antes da idade em que o assunto se torna tão forte que é praticamente incontrolável, e instituir o hábito de descargas artificiais regulares, porém menores, sem nenhum pensamento durante os intervalos. O intervalo geralmente sugerido era de uma semana, posto que, em alguns casos, se permitisse por algum tempo a metade desse período. Recomendava-se sempre que se alargasse o intervalo até um ponto compatível com a evitação de pensamentos ou desejos sobre o assunto. Você compreenderá, naturalmente, que não se deu nenhuma importância especial a esse lado sexual da vida, apenas referido como uma entre muitas diretrizes para a regulação da existência. Assim sendo, quando os meninos eram colocados aos meus cuidados, eu mencionava-lhes o assunto entre outras coisas, tentando sempre evitar toda a sorte de falsas vergonhas e fazendo com que tudo parecesse o mais simples e natural possível, embora, naturalmente, não fosse matéria que devesse tratar diante dos outros..."

Seis meses mais tarde, ele tornou a escrever-lhe:

"Creio que você, nesse particular, foi um tanto ou quanto enganada. Nunca tive o costume de despertar tais sentimentos (de sexo) antes que eles existissem; como lhe disse em carta anterior, nunca falei nesses assuntos antes de ter vislumbrado sintomas preliminares. Não tenho o menor desejo de persuadi-la a adotar estas opiniões, mas sentir-me-ia muito grato se conseguisse tirar do seu espírito a ideia de que eu estava enganado..."

Seja como for, a masturbação quase ou mesmo diária acaba tornando-se um "vício solitário", criando um *elemental artificial astral*, que se alimentará dessas energias libido-passionais despendidas até chegar ao ponto do seu desejo ser mais forte que a vontade do seu criador, cortando-lhe ou captando-lhe assim o domínio da mente, que é o que significa *mentecapto*.

O Professor Henrique José de Souza, em conversa particular sobre o assunto, teve ocasião de proferir:

"O sistema nervoso está, estreitamente, ligado ao Plano Astral, Emocional. E quando o elemento humano pratica o vício solitário tem uma sensação, uma emoção tangida para a epilepsia, decorrendo daí a 'captação', a castração da mente pelo sexo impróprio, se não prejudicada por essa função. E se houver deprimência dos sentidos, levará o praticante ao suicídio."

Para o Preclaro Adepto Serapis Bey, em carta de 1876: "... o maior de todos os crimes – o *suicídio*".

Sim, por ser o único ato não previsto nos arquétipos kármicos da entidade, tornando-se, por isso, um verdadeiro atentado à Lei da Natureza. O suicidado terá de esgotar o tempo que ainda deveria cumprir na Terra, dessa feita nos subplanos mais baixos do Plano Astral, em meio a um sofrimento indizível e criando karmicamente os dispositivos de miséria e dor que povoarão a sua próxima reencarnação. Negando a Vida, a Vida o flagela. Ademais, a Lei jamais impõe à criatura esforços maiores que aqueles que pode suportar: poderá ir aos extremos das possibilidades, mas nunca ultrapassando os seus limites. Portanto, o suicídio acaba sendo um ato de covardia, espiritual e humana ante a Vida, mesmo que se negue convictamente essa mesma existência espiritual, para, depois, ir confrontar-se com ela na mais dolorosa das surpresas.

Isso leva-me ao místico que morre pela Humanidade. Tem valor, sim, e muito, mas muitíssimo mais valor tem aquele que vive pela Humanidade, visto ser fácil morrer e difícil viver, mais ainda – mas com quanta glória – quando se trata de servir o Gênero Humano, sem esperar nada em troca. É como diz H. P. Blavatsky: "Aquele que vive para a Humanidade faz muito mais do que aquele que por ela morre!", quiçá inspirada naquelas outras palavras do *Alcorão* – Sura III:

"Ó Tu, Senhor, que fazes entrar o dia na noite e a noite no dia! Ó Tu, Senhor, que fazes entrar a vida na morte e a morte na vida! A Ti, mais preciosa é a tinta do sábio que o sangue do mártir."

Este assunto do vício e abuso sexual é coisa que já levou muitos espiritualistas, inclusive teosofistas e teurgistas (não lhes chamo teósofos e teúrgicos, por real ou conscientemente não o serem), por não estarem minimamente integrados à sua Consciência Superior, ao enredo nas malhas falazes, magneticamente atrativas, do sexo passional eclipsando o mental espiritual, quando deveria ser precisamente o contrário: o sexo encadeado ou sujeito ao domínio do mental. Há o caso daquele personagem (apesar de reiterada e antecipadamente alertado por mim mas que contra mim se rebelou, acabando por renegar a Obra Divina na Face da Terra) que tombou ingloriamente no centro de um *triângulo kamásico* ou *caótico*, neurastênico, hipocondríaco e pornográfico, em suma, paranoico, constituído de pessoas absorvidas no mais baixo padrão libido-passional que o perderam para sempre, nesta vida, para o Caminho Espiritual da Verdadeira Iniciação. Em vez de cultivar o sexo natural, humanamente espiritualizado ou enquadrado no seu próprio nível, preferiu desenquadrá-lo, pervertendo-o, tornando-o inatural, pornográfico, em que os casais se trocavam como se troca algo de menos valia. Arrepiante...

Tanto como ver essas pobres "madalenas" vendendo o seu corpo em obscuras vielas incertas, a troco de algumas moedas pelo "serviço" prestado a imprestáveis homens de "cintura frouxa", de mental quase apagado, o que me leva novamente ao sentido de *mentecapto*. Elas tendo uma kamásica bruma escarlate em torno da cintura (denunciando astralmente o uso e abuso sexual); eles tendo uma escarlate bruma espessa, igualmente kamásica, que, serpenteando, desce venenosa da cabeça à cintura, desta volvendo acima, impulsionada pela fantasia luxuriosa, eclipsando o que distingue o Homem na Natureza: a joia preciosa do *Mental*. As auras astrais de ambos, prestadora do "serviço" e cliente, são povoadas por larvas, cascões e elementais da mais baixa espécie, criação dos seus vícios e insuflando-os psiquicamente aos mais próximos, menos avisados e menos seguros de si.

Eis aí a razão oculta dos *prostíbulos* serem, em boa verdade filológica, "prisões do sexo", e os *lupanares* os "lugares lunares", antes, lunáticos, como é toda a sua freguesia afligida pelo lado passional da Lua, e para excitar ainda mais as emoções, a par de músicas passionais, lânguidas, viscerosas que se arrastam em notas de baixas comoções, as paredes interiores dessas casas são geralmente pintadas de vermelho escarlate, cor forte excitadora tanto da besta animal quanto da besta humana, assim se reproduzindo fisicamente o ambiente curral do Astral inferior, onde por entre os vivos alucinados pululam macabros os mortos nas mais grotescas, hediondas e vampíricas formas psíquicas, alimentando-se uns dos outros na mais nabalesca miscelânea psicofísica.

Eis aí "a vibração (musical), a cor (espaço ambiental) e o número (clientela)" exercendo a sua influência conjunta, no mais baixo padrão passional. Para alterá-lo positivamente, carece-se de uma cultura sexual verdadeiramente profilática, a par de dispositivos socioeconomicos eficazes no minguar ou mesmo acabar da miséria humana, onde as mulheres são quem mais sofre...

Sobre este assunto do abuso do sexo, escreveu o dr. Mário Roso de Luna (in *Aberraciones Psíquicas del Sexo*):

"Quem se deleita em pensamentos sexuais; quem, grosseiramente, fala sempre de coisas íntimas do sexo; ou quem, por aberração imaginativa, se entrega patologicamente ou com excesso ao sexo, corre o grande perigo de vir a perdê-lo.

Luxúria, em seu sentido etimológico, não é o ato fisiológico sexual, pois que *luxúria* vem de "jogo" e de "luxo", isto é, das mórbidas excitações que o luxo e a ociosidade provocam na imaginação de ambos os sexos: na mulher, quando, para mais agradar, se enfeita com excesso; no homem, quando a contempla garrida, contra aquele preceito salomônico que diz: 'Afasta teus olhos da mulher enfeitada para que não caias em tentação', ou aquele outro do Evangelho: 'Quem olha com olhos de deleição à mulher de outro, já cometeu adultério com ela em seu coração'."

Isso também é válido para a mulher que deseja o homem de outra! Os "Irmãos Sombrios" atuam junto da Humanidade comum e de boa parte dos Discípulos nos primeiros Graus para o Adeptado, e com grande intensidade por meio da influência perniciosa do sexo passional (não se está sugerindo, note-se bem, a aniquilação ou castração sexual, pois que é função natural, mas antes o domínio pessoal sobre a mesma, que é coisa bem diferente; mesmo assim há também quem não careça de exercício sexual, e a sua abstenção deverá ser inteiramente respeitada por outrens, principalmente se o rapaz ou a rapariga são vistosos e o desejo de provar o "fruto proibido" leva a tentá-los, o que é um franco desrespeito do Mental pela satisfação do Emocional, antes, *passional*. Satisfeito o ato da "prova", o fruto "provado", garantidamente ambas as partes irão sentir grande decepção por ter sido um ato forçado, de paixão sem amor, ficando só as cinzas de uma fogueira desnecessariamente acesa), visto o Emocional estar muito mais ativo que o Mental, este ainda em formação nos seus aspectos superiores. Mas a Lei é a Lei, e quem a transgride sofre as consequências: aí temos a doença do século XX, a *Sida* ou *Aids*, que se está desenvolvendo em novas e desconhecidas doenças mortíferas. Ainda assim, ela não deixa de ser um travão kármico ao desregramento completo da Humanidade.

Os Grandes Mestres e Mestrinas da Excelsa Fraternidade Branca desaconselham severamente aos seus discípulos as práticas do sexo ilícito, como muito bem o demonstra a carta seguinte endereçada a um discípulo em provação, datada de 1882, escrita pelo Mahatma Koot Hoomi:

"Lembre-se ainda do seguinte: os adultérios espalham em seu redor uma aura venenosa que inflama as más paixões e enlouquece os desejos. Para vencer, só há um meio: a *separação absoluta*. Eu não permito nem mais um reencontro, nem a vista a distância, nem uma palavra, nem mesmo uma carta. Transgrida uma dessas defesas e deixará de ser meu discípulo. Conservar uma velha carta, um talismã, uma lembrança, sobretudo uma mecha de cabelos, é pernicioso: o objeto torna-se uma faísca que acende. Corre perigo se estiverdes na mesma cidade ou separados por pequena distância. Não pode ter confiança na sua energia moral, porque se fosse dotado de força moral, teria fugido da residência quando o primeiro pensamento luxurioso tentou a sua lealdade. Assim, permaneça longe de ..... qualquer que seja o pretexto a invocar."

Ainda que o Sexo esteja presente em tudo quanto existe, a pornografia não, é inatural, bestial, pelo que avança o dr. Mário Roso de Luna (in *op. cit.*):

"O Sexo, em Matemática, está representado pelas quantidades positivas e negativas; na Mecânica, por matéria e força; em Física, pelos fluidos elétricos opostos; em Química, pelos metaloides e metais; em Biologia, pelos hidrogênios e axidrilos; em Fisiologia, pelo espermatozoide e pelo óvulo; em Astronomia, pelos Sóis duplos, pares conjugados, como também a Lua e a Terra, os Planetas e o Sol; nas lutas da História, pelos vencedores militares e pelos vencidos, quase sempre mais cultos que aqueles, e que costumam acabar por dominá-los..."

E remata a Coluna CAF de JHS, o engenheiro (agrônomo) António Castaño Ferreira:

"Mas fica ainda muito para a Ciência avançar no sentido do estudo do Sexo da Natureza, não o limitando, como até aqui, a animais e vegetais, mas estendendo-o a tudo quanto nos rodeia: minerais, átomos, moléculas, células e astros, e fazendo do estudo do Sexo Universal a chave-mestra dos segredos do Cosmos, porque, se o sexo é em si limitação, a união dos sexos contrários é propagação indefinida: o finito da dualidade vencendo, com a sua recíproca compenetração, o infinito.

Porque, orgânica e filosoficamente, o fenômeno da copulação sexual não é mais do que a cessão que o elemento chamado masculino faz ao elemento feminino de alguma coisa que aquele tem e do qual este carece, razão porque a sabedoria da Linguagem – outra das chaves do Mistério que nos cerca – chamou ao dito fenômeno de 'comércio sexual', na lembrança da própria essência do fenômeno 'comércio', nascido com a Humanidade em forma de permuta, ou seja, da cessão de algo que se tem e não se necessita ou até estorva pela sua abundância, em troca de algo de que se carece; em tal sentido, essa 'troca do que se tem pelo que não se tem e deseja', é comum a tudo quanto existe no Universo, constituindo a própria essência da Vida, que é, precisamente, Vida e Sexo".

Tais "Vida e Sexo" têm a ver, respectivamente, com as duas Forças Universais: a *Vida* animadora por *Fohat*, e o *Sexo* criador por *Kundalini* – os Fogos Frio e Quente ou Celeste e Terrestre. Aquele penetrando o Homem pelo alto da cabeça que o transfere à Mulher pela cessão (de onde a postura usual do homem por cima e a mulher por baixo, com o sempre presente fator *imaginação*), e esta, pelo impulso eletromagnético, eleva-o acima, de retorno à Fonte Universal, à Substância Única (*Svabhâvat*). *Vida e Sexo* são as chaves-mestras, sim, mas com o tempero do *Amor* unitivo, ou então a vida reduzir-se-á a sexo corrompido, despossuído do seu significado e função reais, logo prostituído no lodaçal das baixas, incertas e inseguras paixões escravizadoras, até decepadoras, da atividade mental, a única exclusiva ao Gênero Humano, mas que do Animal que foi ainda conserva os pelos, restando-lhe despojar-se da pele passional.

Os minerais acasalam fisicamente por reações químicas afins; os vegetais por impulsos magnéticos vitais, atraindo-se por simpatia vibratória; os animais acasalam motivados pelos impulsos emocionais; e só o Homem reage à natureza sexual contrária por impulsos psicomentais, aliando a atividade cerebral à psicomotora.

Não é por acaso, também, o cérebro humano possuir o formato da cabeça do falo, posto que ambos foram conferidos ao Homem pela mesma Hierarquia Criadora dos *Assuras*, por meio das suas duas classes de *Kumaras* e *Makaras*, os "Senhores do Mental" e os "da Forma", profundamente relacionados à misteriosa e crucífera *Queda dos Arqueus*, esta mesma dos "Anjos Caídos", origem lemuriana da *Queda do Homem na Geração*, desde aí cabendo-lhe a *Superação do Sexo* pela *Redenção Mental*, elevando do sacro à corona a "Serpente Flamígera" de *Kundalini*, de maneira a tornar-se, para sempre, um Iluminado Espiritual, um Imortal Vivente, enfim, um redimido *Ser Assúrico*.

Como não podia deixar de ser, passo agora a citar vários trechos importantes da obra teosófica que mais profusa e profundamente aborda o assunto, *Os Mistérios do Sexo*, da autoria do Professor Henrique José de Souza:

"Falando de certas glândulas endócrinas, citamos o fenômeno do 'odor feminino', provocado pelas glândulas axilares. E que concorreu para o enfeitiçamento de muitos homens pela beleza de certas mulheres, além de um outro odor, mais perigoso ainda, que possuíam também certas mulheres, como Messalina, Cleópatra, ou seja, o produzido pelas mesmas glândulas de combinação com as genitais. E que tantas vítimas esse mesmo 'odor' teve ocasião de fazer, de que fala a História sem no entanto saber o seu verdadeiro motivo. Outro fenômeno ainda não constatado pela Medicina, inclusive pelo próprio Marañon, a maior sumidade no assunto, aquele de três dias antes do período catamenial (lunar ou da menstruação) essas glândulas (as axilares) aumentando a sua função exteriorizante, impregnarem o ambiente daquele odor a que o vulgo denomina de 'catinga'.

O Manu é, ao mesmo tempo, a Inteligência (Manas, a Mente, o Pensamento.), como Legislador e Guia de um Povo, Civilização, e o Fecundador. De onde ser chamado de 'Senhor da Vida e da Morte de seu Povo'. Como Inteligência (assim também o 'homem vulgar') representa o Mundo Divino; como Fecundador, o Mundo Terreno. Nesse caso, a *Semente* do Povo ou Raça por Ele dirigida.

De fato, as células cerebrais representam aquilo que o homem possui de imortal. As células sexuais, o que o mesmo possui de mortal. O abuso das segundas prejudica as primeiras. De onde o termo "mentecapto" (ou *mens-capta*) que se dá, por exemplo, aos que praticam e abusam do "vício solitário". De semelhante "vício" resultam outras moléstias, dentre elas a epilepsia, se não a disfunção de todo o sistema nervoso, prejudicando os demais sistemas.

Os aparelhos genitais masculino e feminino são 'congruentes'. Eles obedecem ao mesmo plano básico, concordância essa que persiste mesmo depois de recebido o selo do sexo. Apenas as condições se invertem: o aparelho masculino tem a forma positivamente saliente, enquanto o feminino é negativamente escavado, comportando-se os dois como a forma e o modelo, neles preparados, a chave e a fechadura.

Nesse caso, 'o homem dá, a mulher recebe'. As glândulas genitais são semelhantes na forma e no tamanho; as do homem chamam-se testículos, e as da mulher, ovários. As células sexuais do homem chamam-se espermatozoides, e as da mulher, óvulos. O canal que parte das glândulas genitais chama-se conduto seminal no homem, e trompa na mulher. Os dois canais de cada pessoa encontram-se na linha mediana onde formam um órgão oco, em que as células sexuais fazem uma paragem antes de serem expulsas do corpo. Esse órgão chama-se próstata no homem, e útero na mulher. O canal de saída das células sexuais permanece dentro do corpo da mulher, enquanto no homem ele se abula em um 'ferrão de postura'. Na mulher, que deve receber esse 'ferrão', o canal oco é largo e de paredes delgadas, sendo essa porção denominada vagina. No homem, o canal continua estreito e de paredes grossas, formando o (maciço) pênis (ou membro viril).

Com outras palavras, *o homem é masculino externamente e feminino internamente*. A mulher obedece ao mesmo princípio, de acordo com o seu sexo: *feminina externamente e masculina internamente*. De onde o 'tratamento cruzado' que a medicina atual faz uso em casos de desequilíbrios das funções sexuais, principalmente no período da menopausa na mulher, e andropausa no homem. O que em um deveria ser mais, passa a ser menos, e no outro, o menos a ser mais.

E como o homem possui nove orifícios (dois olhos, dois ouvidos, duas narinas, boca, ânus e uretra), a mulher possui dez, que são os mesmos e mais o seu próprio. Nesse órgão, pois, existem dois orifícios, enquanto no homem ele é apenas um. Se somarmos esses dois números, isto é, 9 com 10, teremos a soma 19, que no Tarot é o Arcano de "O Sol", melhor dito, dos Gêmeos ou Hermafrodita Divino."

Hermafroditismo (aqui não devendo ser confundido com a doença desse nome) é o destino último do Homem, quando as células sexuais masculinas (*Hermes – Mercúrio*) e femininas (*Afrodite – Vênus*) se fundirem em um só princípio equilibrante autogerador, como acontece já com o *Adepto Perfeito* (representado no Arcano 9 do Tarot, "O Ermitão"), assinalado precisamente no *Andrógino*, isto é, em grego *Andros Gyney* ou *Angôs Jina*, o "Gênio vencedor do Sexo", das cadeias ou grilhões do mesmo após ter cumprido a sua função natural.

Bem se sabe que as polaridades sexuais do Homem-Mulher constituem um antagonismo complementar entre si, qual "Sol e Lua, Positivo (+) e Negativo (−), Ativo e Passivo, *Fohat* e *Kundalini*", o que se regista nos veículos de manifestação da Consciência:

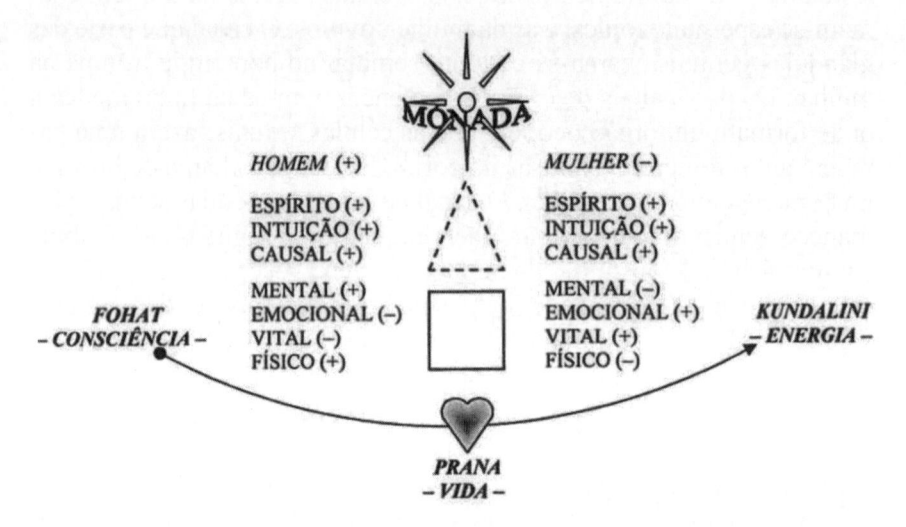

```
                    \ | /
                   MÔNADA
         HOMEM (+)          MULHER (–)
         ESPÍRITO (+)       ESPÍRITO (+)
         INTUIÇÃO (+)       INTUIÇÃO (+)
         CAUSAL (+)         CAUSAL (+)
                  
         MENTAL (+)         MENTAL (–)
  FOHAT  EMOCIONAL (–)      EMOCIONAL (+)   KUNDALINI
-CONSCIÊNCIA- VITAL (–)     VITAL (+)       - ENERGIA -
         FÍSICO (+)         FÍSICO (–)
                    ♥
                   PRANA
                   - VIDA -
```

Quando se diz que a mulher possui um "sexto sentido" que o homem não tem, ou seja a *Intuição*, isso só está correto no nível da personalidade humana, pois que na mulher, ao contrário do homem, o princípio Emocional é positivo, ativo, e consequentemente receptivo ao influxo do seu aspecto superior: *Budhi*, a mesma Intuição. No nível da individualidade espiritual, ambas as paridades sexuais estão em pé de igualdade, só a positividade existe. Quanto à Mônada, não é positiva nem negativa, antes, *neutra*, visto que é o Princípio Único o qual, ciclicamente, de acordo com o determinismo "fatal" da *Lei do Karma e Reencarnação*, por fenômeno de cissiparidade, gera de si dois princípios iguais que ao se manifestarem no Mundo das Formas tornam-se desiguais, fazendo-se macho e fêmea, resultante da mesma *Lei* a que a Mônada está sujeita. Essa desigualdade sexual só acontece do Plano Mental para "baixo", pois que em "cima" há o *Andrógino* alado, isto é, o Adepto Perfeito com as duas polaridades sexuais perfeitamente equilibradas e integradas uma na outra. Já como Mônada é puramente *Assexual*, é partícipe da *Substância Única* além de todo o formal e informal.

Isso leva-me também àquela questão já popularizada e, reconheça-se, muitíssimo alterada, dos *Gêmeos Espirituais* (em sânscrito, *Deva-Pis*). Sendo a mesma Mônada Divina bipartida de um Luzeiro ao início de uma Ronda, a verdade é que as duas partes só se integram uma na outra no final da Evolução da mesma Ronda, a qual percorreram triunfalmente aglomerando experiências, resultando em maior consciência, ora em *vidas esparsas* ou separadas uma da outra, ora em *vidas integrais* ou juntas. No final dá-se a *reintegração* na mesma Divina Essência Monádica do Luzeiro que assim pôde manifestar-se no Mundo das Formas, por razões de alta transcendência decerto se ligando à marcha avante do todo o Sistema de Evolução Universal. Foi assim com *Henrique – Helena*, Krishna – Krishnaya, Gotama – Mayadevi, Jesus – Maria. Essas são as verdadeiras *Almas Gêmeas* ou *Gêmeos Espirituais*, raras, muitíssimo raras para as abundantes *almas simpáticas* ou *afins* pelos liames misteriosos da Lei do Karma e Reencarnação. Algumas, pela intensidade do seu amor e paixão nados e aumentados por vidas consecutivas em conjunto, e por seu protagonismo na História, ficaram assinaladas em tragédias que universalmente se contam: seja a de Tristão e Isolda, seja a de Romeu e Julieta, seja a de Pedro e Inês...

Sobre este assunto das *Almas Gêmeas*, disse o seguinte em uma carta privada enviada para São Paulo em janeiro de 2010:

"No seu *Livro das Vidas*, datado de 1933, o Professor Henrique José de Souza fala de 'Vidas esparsas' e 'Vidas integrais'. As primeiras – comuns à generalidade da Humanidade – são quando os Gêmeos Espirituais se manifestam *em separado*, só encarnando um Aspecto (e mesmo que acaso encarnem os dois simultaneamente eles não se encontrarão fisicamente por ditame da Lei), e então esse Aspecto fará 'avatara de si mesmo', ou seja, recorrendo à sua própria parte masculina ou feminina interior, compensando assim a ausência da respectiva contraparte exteriorizada. Por exemplo, quando o padre José de Anchieta escrevia nas areias douradas da Ilha de Itaparica poemas de louvor a Maria, a Mãe Divina, evocando-A constantemente, de fato era ao aspecto feminino da sua Alma que ele se dirigia, assim compensando a dita ausência.

Vidas esparsas são ainda, repito, as da Humanidade comum onde, por *almas afins* (simpáticas ou antipáticas) aos poucos se vão acercando, através dos misteriosos laços do Karma, das *Vidas integrais*, após passarem por *Vidas kármicas*, onde duas Almas afins pelos laços inquebrantáveis da Paixão muitas vezes acabam em tragédias passionais de que conta a História... *Vida integral* é quando os *Gêmeos Espirituais* se *manifestam juntos*... unidos pelos laços sublimes do Amor.

Pois bem, no início da Evolução Humana em uma Ronda, a Mônada bifurca-se em dois aspectos masculino (exteriorizado, ativo, 'solar', *Kartri*) e feminino (interiorizado, passivo, 'lunar', *Shakti*), indo um dar ao outro o que ambos necessitam para a sua evolução. É assim que a mesma Mônada age em duas personalidades distintas pelo sexo, e é assim que ora a parte masculina faz encarnações femininas, ora a parte feminina faz encarnações masculinas, uma e outra compensando-se de quanto necessitam para a sua evolução ao longo da Ronda. Se a sua evolução for célere, mercê dos seus próprios esforços, a meio da Ronda – portanto, quarta Raça-Mãe, que é sempre a *Libra* ou *equilibrante* entre as três anteriores e as três posteriores – essa Alma Gêmea em separado encontra-se e torna-se uma *Vida integral,* mesmo sendo *Andrógino em separado* (*Adam-Heve*, isto é, 'Adão-Eva'), até que no final da Ronda os dois aspectos da mesma Mônada fundem-se em um só Nela mesma e então torna-se *Andrógino Integral* (*Adam-Kadmon*, isto é, o Andrógino Celeste do Segundo Trono, Logos ou Mundo). Ora, bem sabemos que foi a partir da quarta Raça-Mãe Atlante que os Gêmeos Espirituais da Obra do Eterno iniciaram a sua evolução física em conjunto, ou seja, encontraram-se fisicamente pela primeira vez, como *Mu-Ka* e *Mu-Ísis*. Depois, ao início da quinta Raça-Mãe Ariana, Eles agiram em separado, ora no Egito como *Ptah*, ora na Índia como *Upasika*. Essa vida em separado, mercê do karma da Tragédia Atlante, veio a ser em conjunto como *Kunaton* e *Nefertiti*. Outras vidas juntas e separadas (necessárias para aglutinar consciência através da experiência) se seguiram, nas quais assumiram as mais variadas roupagens, as mais diversas "máscaras", desde santos e heróis a aventureiros e vilões...

Quem projeta a *Onda de Vida Monádica* no Plano da Manifestação? O *Absoluto*, o *Eterno*, *Deus*, *Oitava Essência como Substância Cósmica* assinalada no *Sol Central Espiritual* do Universo. Como O faz? Através das Suas Três Hipóstases ou 'Pessoas': *Pai – Consciência*; *Mãe – Vida*; *Filho – Energia*. Que sobressai dessas Três Hipóstases ou Princípios? A *Forma*, a *Manifestação*, a *Mônada* manifestada do Plano do Absoluto Ilimitado no Plano do Ser Limitado. Como acontece essa manifestação e através de que núcleos ou 'seteiras na fortaleza do Infinito', parafraseando o Dhyani-Kumara Mikael?

Pois bem, a Consciência do *Pai* manifesta-se através de *Orion* e deste pela *Ursa Maior* (*Rishis*), dotando a Mônada de princípio masculino; a Vida da *Mãe* exterioriza-se pelo *Cruzeiro do Sul* agindo pelas *Plêiades* (*Krittikas*), dotando a Mônada de princípio feminino. Por fim, a Energia do *Filho* atua por *Sirius* sobre a Terra (*Bhumi*), encausando os princípios masculino-feminino da Mônada que se torna Andrógina, por ser partícipe direta da Substância Absoluta que é o *Eterno*. Por isso as Escrituras Sagradas consideram a Mônada como "Chispa da Grande Chama"... Só quando a Mônada passa a agir no Plano Físico Cósmico é que ela se biparte ao início de cada Ronda ou Período da Evolução Universal, pelas razões já descritas.

Por outro lado mais abrangente, uma Onda de Vida Monádica é dirigida por um Kumara ou Planetário de Ronda, vibrando sob determinada Tônica, Linha ou Raio de Consciência-Vida-Energia do Logos Planetário (Dhyan-Choan, Ishvara, Luzeiro ou Planetário de Cadeia), e essa mesma Tónica é séptula por conter as restantes seis Tónicas e mais ela própria. As Mônadas expressando as sete Tônicas, logicamente são as que estão mais próximas do Planetário, e isso significa que quando essas sete Mônadas primordiais se manifestam, acabam evoluindo mais rapidamente que as demais por estarem sob a direção direta do Kumara que as norteia. Quer isso dizer que quando se tornam de Mônadas *Virginais* (Inconscientes, Imanentes, *Jivas*) em Mônadas *Potenciais* (Conscientes, Transcendentes, *Jivatmãs*) indo alcançar o Adeptado ou *Vida-Consciência, Jivátmica* na Matéria, passam a agir interligadas em uma mesma Linha sob a direção direta do Kumara seu Pai. E por serem Tulkus ou Aspectos uma das outras, são muito idênticas entre si, inclusive fisicamente. E é assim que aparecem os sete São Germanos, os sete Moryas, etc.

Assim, tem-se: primeiro Kumara = 1, 2, 3, 4, 5, 6, 7 Mônadas da Primeira Linha. O mesmo para a segunda, para a terceira e assim sucessivamente. Por sua vez, cada Mônada manifestada orienta 7 Mônadas de evolução menor mas próximas em umérica e vibratoriamente entre si, as quais também irão conquistar o Adeptado mais celeremente que as restantes. É assim que temos: 7 Mônadas Kumáricas x 7 Mônadas Jivátmicas = 49 Adeptos Perfeitos. Eis o Excelso *Corpus* da *Grande Fraternidade Branca*.

Por outro lado, quando se diz que São Germano, Morya, etc., são o próprio Kumara, a explicação está no que foi dado acima, sim, a oitava Mônada ou Kumara é que é São Germano, no caso, *Ardha-Narisha*, o 'Andrógino Perfeito', 'O que está no Meio da Riqueza'... do Segundo Logos, o *Cristo Cósmico*. Sim, porque se a *Mãe* está em cima Ela se projeta embaixo, inverso com o *Filho*, e por isso se diz que o *Espírito Santo* é Andrógino, é *Mãe-Filho* e *Filho-Mãe juntos...* na Onipotência do *Pai*.

Voto que tenha sido claro o suficiente para que não mais se 'confunda a nuvem com Juno', no caso, almas afins pela Lei do Karma gerado por elas mesmas com Almas Gêmeas, que são estados de supraconsciência afins aos Adeptos, Super-Homens, Homens Perfeitos, *Mahatmas, Jivamuktas, Jivatmãs*, etc., mais difíceis de encontrar que uma agulha em um palheiro.... E quem diz 49 Homens Perfeitos (*'Lagartas da Vida'*), diz 49 Adeptas Perfeitas (*'Flores da Maternidade'*), suas *Shaktis* ou Divinas Contrapartes – Mães físicas e Irmãs espirituais – pelas razões já apontadas."

Antes de adiantar alguma coisa mais, é meu dever alertar o respeitável leitor para o fato da existência e o postulado de certas "yogas sexuais", praticadas em certos círculos, serem um verdadeiro atropelo à Lei de Evolução da Humanidade, com consequências psicossomáticas negativas não raro irreversíveis. É meu dever, também, alertar os discípulos desta Obra Divina na Face da Terra, lembrando os fatos funestos ocorridos no Tibete entre os anos 900 e 985 da nossa Era, os quais redundaram em tragédia, cujo eco ainda hoje se faz ouvir, e tudo por causa de Yogas francamente espirituais pervertidas em práticas as mais pornográficas, apesar de encapotadas ou travestidas de espiritualidade... só *aparente*. Portanto, muito, muitíssimo cuidado na abordagem a este assunto que é, realmente, dos mais importantes à evolução do Homem. Deve-se-lhe dar a importância que tem só no seu espaço próprio e não o extravasar a outros panoramas diferentes, senão cai-se na malha, maya ou mania psicanalítica de ver sexo e pornografia em toda a parte, desde os Grandes Iluminados aos recém-nados, coisa que certos círculos *aparentemente* espiritualistas postulam – não passando do povo decaído no Tibete... em nova reencarnação, sempre atrás ou copiando os humanos *Assuras* e *Makaras*, ou "discípulos dos *Bhante-Jauls*" (Irmãos de Pureza), que também caíram, aliás, foram os primeiros a cair por um Tentador disfarçado de Santo os ter levado à perdição, causando essa tragédia. Creio que os *Munindras* mais adiantados da Obra do Eterno percebem claramente o que quero dizer.

Os Filhos da Maternidade privilegiada – Ordem do Ararat
(Templo de São Lourenço, MG)

A fonte da atividade cérebro-sexual reside no "Centro Vital" Raiz ou Sacro (*Chakra Muladhara*), que, sabe-se, está localizado na base da espinha dorsal, tendo por função fornecer aos órgãos genitais a energia sexual e ao sangue, o calor corporal. O *Muladhara* é ainda a sede da misteriosa Força Criadora chamada *Kundalini*, a Energia Eletromagnética subindo do Centro da Terra ao cóccix do Homem através dos poros do solo pelas palmas do pés, subindo pelas e pernas indo fixar-se na região genital.

Esse *Chakra* (do sânscrito "roda", por rodar ou girar como um vórtice de energia que no corpo físico se congrega como plexo neuro--sanguíneo, associado a uma das sete glândulas principais) é animado por três correntes vitais ou *prânicas*, de cores alaranjada, vermelha e púrpura. A recusa constante em ceder à natureza inferior, anímica ou "animal" pode levar o homem a desviar as correntes destinadas aos órgãos genitais, dirigindo-as para o cérebro, onde os seus elementos serão profundamente modificados. A corrente alaranjada se transformará em amarelo brilhante, passando a dinamizar as atividades intelectuais;

a vermelha se tornará rósea, indo reforçar a afeição desinteressada e altruísta; finalmente, a púrpura se transformará em violeta suave ativando a espiritualidade.

A transmutação alquímica, natural e gradual dessas forças liberta o homem dos desejos passionais e evita os grandes perigos a que está sujeito quando começa a despertar *Kundalini* (o *Fogo Criador do Espírito Santo*, tanto valendo por *Mãe Divina* ou *Maha-Shakti*, que de *Virgem Negra* ou oculta se faz *Virgem Branca* ou desvelada), ainda que a sublimação dessas energias só se faça com proveito quando o homem é suficientemente senhor do poder de manejá-las. Reitero: *não se trata de anular uma função natural mas de a saber dominar*, assim dominando as correntes vitais do Chakra Raiz destinadas às funções criadoras. Pelo poder da nossa vontade elas irão, quando disso houver necessidade, auxiliar aquelas que nos mundos superiores têm funções idênticas.

Acerca-se o final deste estudo sobre a problemática do sexo, sem dúvida crucial para todo o homem e particularmente para o discípulo, pois a sua importância é geralmente subestimada por todo o tipo de correntes de ideias, de onde resulta o recalcamento psicológico em que se debate a maioria da Humanidade. Desfecho, pois, com palavras preciosas da obra já citada do preclaro dr. Mário Roso de Luna, Sétimo Filho Espiritual de JHS e Membro n.º 7 da Sociedade Teosófica Brasileira, volvendo assim ao início deste trabalho e à questão do Referendo Nacional sobre a "lei do aborto":

O estado de civilização de um povo, e a sua cultura, não se mede por nada melhor do que pela altura moral e intelectual das suas mulheres, e também pelo modo como as consideram os homens.

O homem faz a mulher, e a mulher, o homem. Diz-me a quem amas e como amas, e dir-te-ei quem és.

O problema dos clericalismos, falsos misticismos, frivolidades e egoísmos femininos, não é senão o justo karma ou retribuição da falta de convivência dos dois sexos, no mais perfeito pé de igualdade.

Se admitíssemos o cristianíssimo acerto de "A Sonata de Kreutzer", de Tolstoi, segundo o qual os deveres de fidelidade são idênticos tanto para o homem como para a mulher, mudaríamos por completo as bases caducas da nossa sociedade atual. Têm a palavra, neste assunto, os biólogos e os moralistas. Entretanto, as grandezas da monogamia e do lar tradicional, sancionadas no primitivo Código do Manu, ou Manava-Dharma-Shastra, *parecem constituir o mais alto ideal humano.*

Como a chave sexual é a mais inferior do Mistério que nos rodeia, tudo o que se refere a sexo tem sempre alguma coisa de iniciação. Mas a Natureza não conhece senão dois métodos para nos iniciar: o evolutivo e o revolucionário; o fisiológico e o patológico. Por isso as maiores vítimas no proceloso mar do sexo costumam ser as que receberam a influência letal, antes e depois da puberdade, das doutrinas dos que creem resolver o problema do sexo estendendo, como disse Freud, um véu de mistério, que o faz precisamente mais sedutor e apetitoso. Não. Ao menino e à menina, desde a mais tenra idade, não se deve mentir em nada. O educador cumpre a sua missão ao dar-lhes sempre a verdade seca, mas suavemente, sempre sem enfeites nem incentivos, na certeza de que as verdade sexuais em mentes ainda não preparadas resvalam como a água pela rocha.

O Amor é o Desconhecido. Por isso a Divindade, que é o Supremo Amor, é também o Supremo Incognoscível... Bendito seja, pois, tudo quanto restitua ao sexo os seus legítimos foros, e maldito tudo quanto o afaste, sob qualquer pretexto, da senda natural para ele traçada, e que é tão oposta como o amor o pode ser do ódio!

Capítulo XVIII

A Missão dos Sete Raios de Luz ou o "Novo *Pramantha A Luzir*"

Texto de Paulo Andrade - 2008

> *"Um Adepto Perfeito é todo Jiva que a si mesmo tiver redimido ou Iluminado."*
> Henrique José de Souza

    Falar da Hierarquia Branca e dos Sete Raios de Luz não é assunto virgem ou sequer original, pois consultando qualquer manual teosófico podemos facilmente aceder à vastíssima informação sobre os seus propósitos e nomenclatura. Mas o que propomos neste estudo é abordar a evolução a que tal Hierarquia tem sido sujeita, de acordo com a Lei dos Ciclos por que se manifesta a Vida Universal, assim como um aprofundamento da estrutura dos Sete Raios com predominância para os momentos atual e futuro, referindo as novas posições hierárquicas em concordância com a Era do Aquário que já adentramos, ou o *Novo Pramantha a Luzir* também designado, comumente, por *Ciclo de Evolução Universal*. Normalmente, esses temas são abordados só tendo em conta as revelações proferidas por Helena Petrovna Blavatsky ou por Alice Ann Bailey, abrangendo a ultrapassada Era de Peixes, mas se descurando ou ignorando que neste momento estamos já em plena Era do Aquário, e nesse sentido pensamos que a visão e revelação em prol do futuro *Pramantha*, levantado sobre o horizonte do Mundo desde 2005, que o insigne Professor Henrique José de Souza nos deixou, é a mais consentânea com o atual Período supracitado. Sendo assim, iremos abordar, de forma sucinta, este complexo mas aliciante tema à luz daquilo que assumimos ser neste momento a verdadeira Hierarquia da Grande Fraternidade Branca, distribuída pelas várias Linhas de Forças ou Raios de Ação.

Começaremos por uma breve introdução relativa à origem da Grande Fraternidade Branca como é comumente aceita, sendo que aprofundaremos o assunto um pouco mais adiante. Pode dizer-se que há muitos milhões de anos, cerca de 18 milhões e meio, ocorreu na terceira Raça-Mãe Lemuriana um acontecimento de consequências planetárias: o Logos Planetário decidiu densificar o mais possível o seu Corpo Físico Etérico, tornando-o Físico Denso, o que à escala reduzida da Humanidade equivaleu a passar do estado etérico ao denso, o expoente máximo do Período Involucional e ponto de partida para o Evolucional, sendo esse o impulso original para que a Evolução Planetária iniciasse o seu labor multimilenar de transformação da Vida-Energia em Vida-Consciência.

Para que o Propósito do Logos se realizasse, foram designados para essa função os sete Kumaras da Cadeia de Vênus, *alterego* da Terra, dos quais *Sanat Kumara* é o quarto, logo, ocupando o quarto Globo Terrestre, assumindo as funções de Senhor do Mundo coadjuvado por seus Irmãos, pois que todos os Sete aceitaram essa função determinada pelo Deus da Terra, o quarto Luzeiro *Atlasbel*, o que veio a abrir a possibilidade de seleção dos melhores e mais capacitados seres humanos, física e psicomentalmente, como semente ou *bijam* da formação e existência de uma Hierarquia Branca ou Evolucional de Homens Superados no planeta. Tal foi possível porque esse acontecimento da Iniciação Global na Raça Lemuriana possibilitou a individualização completa do homem-animal, assim passando a constituir o Quarto Reino ou Reino Humano propriamente dito, com a solidificação do seu corpo físico e o início da formação do seu corpo mental.

De referir que neste momento o Retiro principal da Grande Fraternidade Branca projeta do interior ao exterior o foco da sua presença no nível etérico, no Deserto de Gobi, na Mongólia Central. Podemos adiantar também que na referida Raça Lemuriana o trabalho da Hierarquia desenvolveu-se de forma muito lenta, mas que nos meados da Raça seguinte, a Atlante, alguns acontecimentos provocaram a mudança e aceleramento dos processos iniciáticos relativos ao conjunto do Gênero Humano. Por um lado, os abusos e distorções de alguns dos seus seguidores motivaram a retirada dos Adeptos para os seus Retiros privados, com a consequente "interiorização da sua estrutura e dos seus conhecimentos"; por outro lado, alguns dos Preclaros Membros da Grande Loja Branca foram solicitados a realizar tarefas de ordem superior em outras partes do Sistema Planetário, o que permitiu a admissão no seio da Hierarquia de alguns elementos novos recém-saídos das fileiras da Humanidade comum.

No nível da estruturação da Hierarquia Branca e dos vários Raios por que se manifesta, podemos referir que existem sete grandes Raios no Universo e que o nosso atual Sistema Solar é animado por um só desses Raios Cósmicos ou de *Purusha* em atividade, precisamente o segundo. São, portanto, as sete subdivisões desse Raio Maior o que chamamos de "sete Raios", que despendidos pelo nosso Logos Solar constituem a base das infinitas variações do seu Sistema de Mundos.

Segundo Djwal Khul, os sete Raios são a soma total da Consciência Divina ou da Mente Universal (*Mahat*). Eles podem ser considerados como Sete Entidades Inteligentes que cumprem o Plano de Evolução. Eles incorporam o Desígnio Divino, exprimem as qualidades requeridas para a materialização desse Desígnio, criam formas e são formas por meio das quais a Ideia Divina pode ser conduzida até a sua realização neste Mundo, que de todos é o mais denso. Simbolicamente, esses Raios podem ser vistos como constituindo o cérebro, o coração e demais membros do Homem Celeste *Adam-Kadmon*, cuja forma bioplástica é *Jehovah* ou Júpiter como quarto Globo, contando do da Lua – com que findou a Cadeia anterior – em diante. Eles correspondem aos sete centros do cérebro, aos sete centros de força e às sete glândulas principais que determinam a qualidade do corpo físico. São executores conscientes do Desígnio Divino, e por isso são os sete "Sopros Luminosos" animando a todas as formas de vida que foram criadas para executar o Plano de Deus sobre a Terra.

Sendo assim, em termos de estrutura e trabalho atual da Grande Fraternidade Branca, podemos começar por dizer que a Unidade manifesta-se como um Ternário e evolui como um Septenário, ou seja, a Vida Una (*Brahman*) manifesta-se como três modos de ser (*Sat-Chit-Ananda*) que correspondem a três energias fundamentais (*Satva-Rajas-Tamas*) indo desenvolver-se através de sete linhas de forças energéticas chamadas *Raios*, de que fazem parte as referidas três energias e os três modos ou modalidades.

O Ser de grandiosidade cósmica no qual nos movemos e temos o nosso ser, o Logos Planetário, cuja projeção mais densa é o planeta Terra, é de fato o sustentador de toda a Vida e o mantenedor da Evolução Humana neste Sistema Planetário, tendo também a Sua manifestação ou representação trina.

Assim, imediatamente após Ele, apresenta-se um triângulo em cujo vértice superior está o Rei do Mundo, *Melkitsedek*, ou o mais importante dos Kumaras por ser o Planetário desta Ronda – *Sanat Kumara*. Os outros dois vértices são ocupados pelo *Budha Planetário* e pelo *Mahachoan* ou "Supremo Dirigente da Grande Confraria Branca". Os restantes seis Kumaras que acompanham coadjuvando o Senhor Sanat Kumara, dividem-se em dois grupos de três. São eles os Kumaras de Atividade ou Budhas de Ação, designados *Budhas Pratyekas*, sendo que os outros três mantêm-se em um Plano superior ou veiculando para os seus Irmãos, através de *Sanat Kumara*, os três grandes Raios de Aspecto: primeiro Raio de Vontade, segundo Raio de Amor-Sabedoria e terceiro Raio de Atividade Inteligente, o que corresponde às Três Hipóstases do Logos Único: Pai – Filho – Espírito Santo.

Os três Kumaras esotéricos ou do Plano superior são designados de *Brumas Celestes,* os quais, no caso presente, têm os nomes de *Akbel – Ashim – Beloi*. De referir que o Budha Gotama, expressando o segundo Raio de Amor-Sabedoria, ocupa o mesmo nível dos *Budhas Pratyekas* ou "Registadores" do Karma Planetário, pois que Ele já é uma Consciência altamente evoluída, integrada à sexta Ronda da Terra, apesar de saído das fileiras da Humanidade no Passado longínquo.

O *Mahachoan*, também saído das fileiras da Humanidade, manipula as energias do terceiro Raio ou da Atividade Inteligente.

Por causa da inerência das suas funções, o Rei do Mundo e o Budha providenciam a transmissão dos seus aspectos, influenciam e depositam poderes em dois Representantes, o *Manu* e o *Bodhisattva*, originando assim um novo triângulo de manifestação, desta feita com todos os elementos no mesmo nível: *Manu, Bodhisattva e Mahachoan*. É de notar que as várias Consciências que ocupam as diversas posições hierárquicas vão sendo alteradas ou substituídas ao longo dos Ciclos de Evolução, em conformidade com as suas Iniciações cíclicas, motivando alterações no seio da Hierarquia, e é precisamente isso que pretendemos demonstrar neste estudo, apresentando as variâncias entre o Antigo Ciclo e o Novo Ciclo de Evolução ou *Novus Phalux*.

Assim, de forma sintética, em correlação com os primeiros três *Raios de Aspecto*, temos:

1º Logos	**Rei do Mundo**	1º Raio do Poder ou Vontade
2º Logos	**Budha**	2º Raio do Amor-Sabedoria
3º Logos	**Mahachoan**	3º Raio da Atividade Inteligente
Manu	**Bodhisattva**	**Mahachoan**
Corpo	Espírito	Alma
Política	Religião	Ciência
Governo	Crenças	Civilização
Raças	Variedades da Fé	Educação

O Mahachoan supervisiona igualmente, além do terceiro Raio, os restantes *quatro Raios de Atributo*: o quarto Raio da Harmonia, o quinto Raio do Conhecimento Científico, o sexto Raio do Devocionalismo e o sétimo Raio da Magia Cerimonial. Assim, temos:

Raios de Aspecto	**Individualidade**
1º	Poder ou Vontade
2º	Amor-Sabedoria
3º	Atividade Inteligente
Raios de Atributo, subsidiários do 3º	**Personalidade**
4º	Harmonia ou Arte
5º	Conhecimento Científico

6º	Devocionalismo Abstrato
7º	Organização ou Magia Cerimonial

De referir que neste momento estamos em plena atividade do sétimo Raio relacionado com as energias sãs das "águas purificadoras" da Era do Aquário, cada vez mais se retirando os ideais passionais de devoção pietista ou da xenofobia política que, em grande parte fanática e sangrenta, caracterizaram a passada Era dos Peixes mas... que já lá vai.

Notamos também que um Raio Maior em manifestação possui sete Sub-Raios, da mesma forma que uma Raça-Mãe possui sete Sub-Raças. De fato, toda a História do Homem é tão somente a expressão da influência dos diferentes Raios manifestando-se alternadamente sobre a Terra, conforme os desígnios do Logos Solar. Temos vários exemplos da influência dos Sub-Raios condicionando as religiões e os movimentos místicos. Assim, durante o longo período influenciado pelo sexto Sub-Raio vemos o Budismo e o Cristianismo aparecerem; os Rosacruzes e os Alquimistas foram influenciados pelo quinto Sub-Raio; a época da intolerância religiosa e as suas perseguições às crenças alheias foi marcada pelo quarto Sub-Raio; o período da popularização da Astrologia foi através do terceiro Sub-Raio; o Gnosticismo apareceu graças ao segundo Sub-Raio, enquanto o Espiritismo teve a influência do sétimo Sub-Raio.

Na Teosofia, consideram-se como ícones do primeiro Raio personalidades com vontade dinâmica, como Joana d'Arc, Helena Blavatsky ou Gurdjieff; Raio sob cuja influência nasceu o Brahmanismo, mas sendo que ele ainda não está em manifestação completa e logo as almas sob a sua influência total são muito raras. O segundo Raio ou o Raio de Amor-Sabedoria é subserviente do Cristo Universal na sua função planetária de *Bodhisattva*, e está em manifestação desde 1575. O terceiro Raio, em manifestação desde 1425, tem tido efeitos muito poderosos no seio da atual Raça Ariana que, sabemos, é a Raça do Mental, e mesmo deu origem à religião caldaica ou dos parses, os adoradores astrolátricos dos *Kabires* ou *Kumaras*, e é aqui que vislumbramos o *Grande Arquiteto do Universo* ou o Logos deste Sistema Planetário como Senhor desse terceiro Raio. Quanto ao quarto Raio não está mais manifestado, no entanto, sua influência ainda é muito patente graças à relação simpática em numérica existente entre o quarto Globo Terrestre, o quarto Reino Humano e o quarto Raio da Harmonia, que deu origem à religião egípcia. O quinto Raio está em manifestação desde 1775 e sob a sua influência desenvolveu-se a ciência acadêmica. O sexto Raio começou a retirar a sua influência desde 1625, ainda que tenha condicionado bastante a civilização ocidental, sendo que entre as almas mais dignas deste Raio de Idealismo Abstrato destacam-se os pensadores, os filósofos iluminados que contribuíram para a formação dos diversos grupos místicos ou esotéricos, como referido anteriormente. O sétimo Raio em emergência desde 1675, está abrindo os portais do Templo dos Antigos Mistérios Sagrados, sendo que é o Raio de maior influência nesta Era Aquariana ou do *Novo Pramantha*, tema a aprofundar mais adiante neste estudo.

Segundo a Teosofia de cariz "popular" e conforme estão expostos abaixo, são enumerados Sete *Choans* (Iniciados de sexto Grau) ou "Senhores dos Sete Raios, Dirigentes das Sete Linhas" cujos nomes tradicionais divergem absolutamente dos da Teosofia "iniciática", talvez por se ignorar ou descurar que desde 2005 – para não recuar a 1924, quando se deu o *Ex Oriens Umbra* para o *Ex Occidens Lux* – já estamos em plena atividade do sétimo Raio de Luz do *Novo Pramantha*. Concluiu-se, assim, que houveram alterações significativas no seio da Hierarquia Branca, como observaremos mais adiante ao tratar da hierarquização dos Senhores dos Raios ou das Linhas do *Novo Pramantha*.

Raios	*Choans*
1º	Morya
2º	Koot Hoomi
3º	Paolo Veronesso
4º	Serapis Bey
5º	Hilarião
6º	Jesus
7º	São Germano

Iremos, pois, já de seguida, aprofundar este estudo, seguindo as mais que seguras e bem atuais Revelações do Professor Henrique José de Souza (JHS), em conformidade com a Sabedoria da vigente Era do Aquário.

Esclarecendo de forma mais profícua a História da Grande Fraternidade Branca, foi durante a transição da terceira para a quarta Sub-Raça Lemuriana que veio formar-se na Terra, de forma definitiva, a estrutura dessa mesma Fraternidade, com Sanat Kumara na cumeeira. Acontecimento esse compreendendo até a atualidade cerca de 18 milhões e meio de anos, gerado a partir da Grande Iniciação Coletiva do Gênero Humano conferida pelos Senhores do Fogo, os *Pitris Kumaras* provenientes de Vênus, da sua quinta Cadeia imediata à quarta Terrestre, e é por isso que Vênus é o *alter ego* da Terra.

A formação de uma Grande Loja de Deuses humanizados na Terra, vindo a iniciar os mais adiantados da Era Lemuriana e que adentraram a Era Atlante já como Adeptos Perfeitos, viria mais tarde, nesta quinta Raça Ariana, a ser designada pelos Adeptos e Iniciados da Soberana Ordem de Mariz como o coletivo *Pramantha ou Cruzeiro Mágico a Luzir*, e também, *Cruzeiro Mágico de Mariz*.

Foi Sanat Kumara, quarto Rei do Mundo, *Melkitsedek*, *Rotan*, *Chakravarti* ou, simplesmente, *Planetário da Ronda*, quem deu início à Grande Loja Branca dos Mestres Justos e Perfeitos, chamada na Índia de *Sudha-Dharma-Mandalam*, e no Tibete de *Confraria dos Bhante-Jauls*, "Irmãos de Pureza", sendo que no Cristianismo são denominados de *Comunhão dos Santos e Sábios*, e na Maçonaria de Superiores Incógnitos. A partir do Rei do Mundo são dimanados os sete Raios de Luz, expressando-se os três primeiros como *Raios de Aspecto*, como as próprias manifestações das três Hipóstases do Logos Único.

A partir de *Shamballah* foi fundada a Grande Loja com três Departamentos principais: o do *Manu Vaivasvata* (Dirigente da Raça), ligado ao aspecto Matéria, ao Governo, à Politica; o do *Bodhisattva Maitreya* (Instrutor da Raça), ligado ao aspecto Espírito, à Religião e à Fé; e o do *Mahachoan Viraj* (Mantenedor da Raça), ligado à Inteligência, à Alma, à Ciência, à Educação.

Essas três Linhas principais ou de Aspecto são representadas por Mestres de Amor-Sabedoria detentores da sexta Iniciação Real (*Choans*) e as quais, por sua vez, se desdobram em quatro outras Linhas subsidiárias ou *Raios de Atributo*, representados por quatro outros Excelsos *Choans*.

Tudo isso em conformidade com os três Raios de Aspecto (do Logos Uno-Trino) que se desdobram, a partir do terceiro, em outros quatro subsidiários, perfazendo os sete Raios de Luz Espiritual provenientes do Planetário da Ronda e do Logos da Cadeia, observando-se uma estreita intercolaboração entre o Rei do Mundo, os Senhores de Vênus e todas as Hierarquias Criadoras partícipes atuais da Evolução da Terra, no cumprimento do "Desígnio de Deus". É aqui que estão presentes as sete Linhas de Adeptos Independentes (do Karma Humano; cada Linha desdobrada em outras tantas, logo, 7 x 7 = 49 Adeptos Independentes), representando cada Linha um Raio de Luz ou um dos sete Logos Planetários (*Dhyan-Choans*), base da estrutura vital da Excelsa Grande Fraternidade Branca, em boa parte constituída por Homens Perfeitos possuídos da consciência da quinta Ronda Planetária.

Essas sete Linhas do *Novo Pramantha* são "corporificadas" pelos sete Postos Representativos da Obra do Eterno nos respectivos países por onde o Excelso Quinto Senhor *Arabel*, nos idos anos de 1950, transitou, antecipando a abertura do *Mundo Jina* ao *Jiva* e ao próximo Quinto Sistema de Evolução Universal, isso tanto à escala Humana como Planetária e Cósmica. É importante referir que *Sintra*, como quinto Posto Representativo em nível mundial, exerce papel determinante na construção do Futuro já se manifestando no Presente; consequentemente, temos: quinto Posto = quinta Raça-Mãe = Construção do quinto Sistema de Evolução Universal. E também *São Lourenço* (MG) o oitavo Posto Central = oitavo Ramo Racial Ariano dando as sementes das sexta e sétima Raças-Mães, princípios seminais dos sexto e sétimo Sistemas de Evolução a caminho do oitavo Sistema de Evolução Universal, já hoje em construção!

Dentre todos os seres humanos que mais se distinguiram e evoluíram pelos seus próprios esforços e méritos, destaca-se o Excelso Sakya Muni Gotama Budha, que por seu extraordinário desenvolvimento é já hoje um Ser da sexta Ronda, fazendo pensar na mísera conta de que nós ainda só estamos na quarta!

O Senhor Maitreya é o Bodhisattva da presente quinta Raça-Mãe Ariana, e será o Budha da futura sexta Raça-Mãe Bimânica, vendo-se hoje mesmo lampejos dela um pouco por todo o planeta, qual presságio do advento ou manifestação do mesmo Maitreya na Face da Terra, em que se consubstancia a *Parúsia* ou Segundo Advento do Cristo Universal, já não como Bodhisattva sob a égide de Vênus, e sim como Budha proclamado de Mercúrio, ou Budha Branco do Ocidente, logo levando o seu novo nome bem dentro da língua portuguesa, quer seja um MANUEL, um JOSÉ ou um GONÇALO, como já acontece desde 24 fevereiro de 1949.

Conclui-se que o Projeto Avatárico de JHS denominado *Missão Y*, ou *Missão dos Sete Raios de Luz*, é a ação do *Pramantha* ou Ciclo de Evolução Universal conclamando o Passado e o Presente projetados no Futuro. Simbolicamente, o *Pramantha* é representado pela

Cruz Jaina ou *Swástika* (não confundir com a *Sowástika*, símbolo destrutivo e logo maléfico utilizado por Hitler e os seus acólitos), e também pela própria *Rosa+Cruz*.

Quem faz locomover o *Pramantha* são os sete Raios de Luz do Logos Planetário que os recebe diretamente do Logos Solar, em seu Segundo Aspecto Amor-Sabedoria equivalente ou corporificado como Cristo Cósmico ou Universal, o que se representa na letra *Y*, igualmente assinalando os Gêmeos Espirituais *Akbel-Allamirah*, assim como os dois hemisférios geográficos da Terra, o Oriente (Amor – Coração – Devoção) e o Ocidente (Sabedoria – Mente – Elucidação). É pela intervenção direta dos *Choans* dos sete Raios de Luz que é criado o *Novo Pramantha*, tendo por base o Velho. Ou seja, os valores da Era dos Peixes (produtos) estão sendo transmutados e integrados na Nova Era do Aquário (substâncias), a qual já adentrou a faixa de influências da Terra desde as 15 horas de quarta-feira de 28 setembro de 2005.

A partir dos centros vitais humanos (*chakras*), expressões microcósmicas das macrocósmicas que são os centros vitais do Logos Planetário, a Evolução geral processa-se, como já foi referido, a partir da direção suprema dos três Grandes Oficiais da Loja Branca que são o *Manu Vaisvasvata*, o *Bodhisattva Maitreya* e o *Mahachoan Viraj*, sendo por Eles que o Passado é transferido para o Presente onde se projeta o Futuro.

Com o Perfeito Equilíbrio dos três Atributos da Mônada Divina (Vontade, Amor-Sabedoria e Atividade Inteligente) fazendo manifestar em si a perfeição de pensamentos, sentimentos e atos, o homem transforma-se assim de *Jiva* em *Jivatmã*, transmutando a sua Vida-Energia em Vida-Consciência.

Sendo assim, cada Raio da Consciência Absoluta de *Parabrahman* (o Logos Solar) penetra por um Chakra do Globo Terrestre e transmite-se de seguida a um Chakra Humano que lhe seja análogo em natureza e qualidade. Isso fica claro na tabela seguinte de relações simpáticas ou afins:

Raio	Chakra	Expressão
1º	Coronário	Vontade ou Poder
2º	Frontal	Amor-Sabedoria
3º	Laríngeo	Atividade Inteligente
4º	Cardíaco	Harmonia Artística

5º	Gástrico	Conhecimento Científico
6º	Esplênico	Devocionismo Abstrato
7º	Sacro	Ordem e Magia Cerimonial

O quarto Raio da Harmonia operando através do Chakra Cardíaco acaba sendo o *antakharana*, "ponte ou elo vital que liga ou desliga" os centros superiores dos inferiores, possuindo assim expressão *kama-manásica* ou *psicomental*.

Os sete Raios de Luz são o cerne, a "alavanca de Arquimedes" da Evolução de tudo quanto existe no Sistema Solar e, em particular, neste Sistema Planetário de *Bhumi*, a Terra, impulsionando a *Missão Y* de nossa Obra Divina nessa parte ibérica do Mundo, a qual, como se viu, está profundamente ligada à Raça dos Lusos ou, mais propriamente, à Mônada Ibero-Europeia em sua peregrinação evolutiva pelo Sistema Geográfico Internacional. Isto porque cada Posto Representativo expressa um Chakra Planetário o qual, consequentemente, age na componente humana.

Os Sete Raios de Luz preenchem com as suas qualidades próprias desde o mais elevado Luzeiro ao mais ínfimo átomo.

A disposição da Excelsa Hierarquia dos Mestres em conformidade com os Sete Raios é muitíssimo diferente do exposto na Teosofia "popular", mesmo assim de grande e imprescindível utilidade, pois só por ela pode-se chegar ao entendimento justo e perfeito dessa Teosofia "esotérica" conformada às *Revelações de Akbel*, logo, bem atualizadas com este Ciclo que vivemos do Aquário.

De acordo com a Coluna CAF (António Castaño Ferreira) do Venerável Mestre JHS, as sete Linhas de Adeptos Independentes do *Pramantha-Dharma*, cujo centro mesmo é a nossa Obra Divina, são:

1.º Raio – Júpiter – Ab-Allah (Linha dos Kapacs ou Mafomas)

Assim como as restantes Linhas de Adeptos, esta compõe-se de sete Seres Divinos, Tulkus ou "desdobramentos de si mesmos", apesar dos Seres desta Linha, em razão de sua extraordinária evolução, viveram em Samadhi ou Êxtase Celeste, despendendo as suas vibrações benéficas desde o Tibete e Norte da Índia, Srinagar, até o seu assento ou pedestal no Peru, Machu-Pichu.

2.º Raio – Mercúrio – Nagib (Linha dos Bijans ou Crística)

É constituída por uma categoria de Seres Andróginos cuja Mente Abstrata aliada à Intuição cria Devas ou Anjos, com os quais têm como função a proteção da Humanidade.

3º Raio – Vênus – São *Germano* (Linha dos Germanos ou Rakowsky)

Sintetiza as duas anteriores e projeta as quatro restantes. São os Seres Guardiões das 7 + 1 Montanhas Sagradas do Mundo, denominados *Munis* e *Todes*. Eles velam pela proteção ou segurança das Embocaduras que acedem aos Mundos Subterrâneos através da criação de ilusões físicas, sensoriais e mentais, ou *mayas-vadas*, que impedem os profanos ávidos simplesmente de curiosidade, completamente despreparados tanto espiritual como psicologicamente, de aceder a tais Mundos. Esta Linha está profundamente ligada à Montanha Sagrada de Sintra.

Essas três Linhas Centrais não têm relação direta com o Mundo *Jiva*, Humano, e a relação, caso haja, é feita, e só quando incontornavelmente necessário, com discípulos adiantados desses Mestres de Perfeição Absoluta. Eles representam as três Brumas Celestes (*Akbel – Ashim – Beloi*), o que é bem expresso pelas três pétalas superiores da Flor-de-Lis, simbólica do próprio Governo Oculto do Mundo.

As restantes quatro Linhas subsidiárias que formam uma cruzeta, dirigidas pelo *Mahachoan*, são:

4º Raio – Saturno – Hilarião (Linha dos Hilaricos)

São os Tulkus verticais da Mãe Divina ou Aspecto Feminino do segundo Logos projetado no terceiro, sendo os responsáveis por impulsionar a tônica do Belo, das Artes, bem patentes por meio da estatuária, poesia, oratória, etc.

5º Raio – Marte *– Morya* (Linha dos Maurus ou Cabayus)

São os Tulkus horizontais da Mãe Divina, projetados desde El Moro (E.U.A.) até o Roncador (MT, Brasil), e estão profundamente ligados ao terceiro Raio do Mental Abstrato. São os responsáveis pelo desenvolvimento da ciência e difundem o conhecimento para que chegue ao alcance de todos; desvendam os segredos da Natureza.

6º Raio – Lua – Koot Hoomi (Linha dos Kut-Humpas ou Garás)

São os Tulkus horizontais do Pai Eterno ou o Aspecto Masculino do Primeiro Logos manifestado no Segundo. Advogam o Ideal Divino, o Amor Universal, sendo por isso chamados de "Amorosos", pois que a partir da Essência do Pai realizam a Ideia da Mãe.

7º Raio – Sol – Serapis Bey (Linhas dos Serapicos, Serapis ou Construtores divinos)

São os Tulkus verticais do Pai Eterno. São os Ferreiros do Seio da Terra que laboram diretamente com *Kundalini–Shakti*, com o Fogo de Vulcano. Estando ligados à Magia Cerimonial como caminho espiritual e método de ação, possuindo todos os segredos da Alta Magia Aghartina, com ela manipulam as forças naturais e sociais, criando e destruindo civilizações em conformidade com as necessidades kármicas dos ciclos da Evolução.

Mahatmas Kuthumi e Morya

As quarta e sétima Linhas, tendo um trabalho de verticalidade da Grande Fraternidade Branca para a Face da Terra, objetivam a Autoridade Espiritual.

As quinta e sexta Linhas, tendo um trabalho de horizontalidade da Grande Fraternidade Branca na Face da Terra, constituem-se no Poder Temporal.

Da união dos dois Poderes obtém-se a terceira coisa (*Império de Melkitsedek*), corporificada no Budha Celeste Maitreya.

As sete Linhas de Ação do *Novo Pramantha* são assim encarnadas pelos 49 Adeptos Independentes, depois do Logos Planetário as ter recebido do Logos Solar através dos sete outros Logos Planetários e respectivos Kumaras seus Assessores, seus Tulkus ou projeções mais imediatas. Trata-se da ação do *Luzeiro* sobre o *Planetário*, do *Ishvara* sobre o *Kumara*.

Os sete Raios provenientes do Logos Central do nosso Globo são mais de natureza *Kundalini* (Fogo Terrestre) do que de natureza *Fohat* (Fogo Celeste), pois foi sempre através da Força Materna de *Kundalini* que os Preclaros Membros da Grande Fraternidade Branca levaram a efeito a Grande Obra de se transformarem integralmente em *Jivatmãs*. São, assim, consignados os "49 Filhos de *Kundalini*" e os "49 Irmãos de *Fohat*".

Além do valor 49 respeitante aos 49 Adeptos Independentes de que vimos falando, temos o número do Supremo Criador que é 111, símbolo da Unidade Divina, indicando que cada Ramo da Grande Fraternidade Branca possui 111 Membros principais dirigidos por um Kumara, totalizando os componentes das sete Linhas ou Raios o número cabalístico 777, ou seja, o núcleo de 111 Adeptos × a ação dos sete Kumaras perfazendo 777 Mahatmas.

Essas 777 Almas Assúricas deverão estar distribuídas pelos sete Postos Geográficos, ou seja, em número de 111 para cada um.

Podemos concluir que a composição da atual Hierarquia Branca é muito mais complexa do que normalmente se pensa, cuja falha dialética no vulgar teosofista é, precisamente, ignorar o fator justificativo da transição do Passado para o Presente-Futuro da Evolução na Nova Era do Aquário. Era esta cujos valores só podem ser verdadeiramente assimilados por um e todos tendo em vista que se transforme a Vida-Energia em Vida-Consciência, ou passando de simples *Jiva* a realizado *Jivatmã* em todos os Planos de Evolução. Reconheceremos, assim, o futuro Budha Maitreya em nosso âmago, e assim também o ajudaremos a manifestar-se no nosso exterior, implantando de vez a Idade de Ouro ou *Satya-Yuga* desde há muito preconizada, mas tão pouco vivida pelo grosso da Humanidade carecida de Iniciação Verdadeira. Iniciação essa que só poderá ser alcançada em algum Colégio Iniciático realmente ligado à Obra do *Novo Pramantha a Luzir*, como aqui em Portugal se pretende a *Comunidade Teúrgica Portuguesa*, provando continuamente em todas as suas ações ser seguidora fiel dos Ensinamentos do maior Arauto deste Novo Ciclo de Evolução Universal que o mundo já teve nos últimos decênios, o *Professor Henrique José de Souza*.

OBRAS CONSULTADAS

Monografias de vários Graus da Comunidade Teúrgica Portuguesa.
Vitor Manuel Adrião. *A Ordem de Mariz, Portugal e o Futuro*. Carcavelos: Editora Novalis, s/d.
J. J. Van der Leeuw. *O Fogo Criador*. São Paulo: Editora Pensamento, s/d.
Geoffrey Hodson. *O Homem e Seus Sete Temperamentos*, São Paulo: Editora Pensamento, s/d.
Charles Leadbeater. *Os Mestres e a Senda*. São Paulo: Editora Pensamento, s/d.
Michel Coquet. *Luzes da Grande Fraternidade Branca, os Mestres de Sabedoria*, São Paulo: Madras Editora, s/d.
Alice Bailey. *Tratado sobre os 7 Raios – Raios e Iniciações*. Porto Alegre: Fundação Cultural Avatar, s/d.
Alice Bailey. *Iniciação Humana e Solar*. Porto Alegre: Fundação Cultural Avatar, s/d.

Capítulo XIX
Patanjali e a "Luz do Ocidente"...

Sintra, 25 dezembro de 2009

  Universalmente conhecido como o codificador do sistema de *Raja-Yoga*, a da *União Real* da Alma com o Espírito, a *Patanjali* ou *Patandjáli* atribui-se à compilação dos *Yoga Sutras*, aproximadamente em 150 d. C., onde faz a dita codificação e reforma do sistema ancestral de *Yoga*.
  Esse Grande Iluminado teria vivido entre 200a. C.a 400 d.C. no noroeste da Índia, existindo várias lendas sobre ele afirmando-o uma encarnação do "deus serpente" *Ananta*, ou meio-homem e meio-serpente, que desceu dos Céus para ensinar o *Yoga* (literalmente, "União") ao mundo, indo prosseguir a Escola Mística iniciada por um outro Grande Iluminado, *Vyasa*, a quem se atribui o épico *Mahabharata*. O fato de se atribuir a *Patanjali* uma natureza serpentária, tão só designa a sua condição de Iluminado Espiritual pelo despertamento da "serpente" *Kundalini* que sobe da base do cóccix ao alto do crânio através da coluna vertebral, serpenteando pelos diversos "centros de força" ou *chakras*. *Kundalini* vem a ser o *Fogo Criador do Espírito Santo* no homem, possibilitando-lhe tornar-se um Adepto ou Iluminado Perfeito.
  Os *Yoga Sutras* ou *Aforismos do Yoga*, como já disse, são o texto clássico que codificou o conhecimento tradicional sobre o mesmo, compondo-se de 196 aforismos repartidos em quatro capítulos expondo o método do Yoga que liberta o Yogui das limi-

tações materiais impostas pelo seu karma ou débitos contraídos nas vidas passadas e na presente, e assim da lei da Morte liberta-o para a Imortalidade, libertando-se de vez da "roda fatídica dos renascimentos e mortes", do "ciclo das necessidades". Os quatro capítulos são os seguintes:

1. *Samadhi Pada* – trata da definição do *Samadhi* como "Êxtase" espiritual, como o estado meditativo mais elevado da mente humana, e dos processos para alcançar o mesmo;

2. *Sadhana Pada* – trata da prática que leva ao estado de meditação e dos obstáculos físicos e psicomentais que o praticante pode encontrar;

3. *Vibhuti Pada* – trata dos resultados obtidos com a prática da meditação profunda (*samyama*), que são a Sabedoria Divina revelada como Conhecimento Humano e as faculdades psicomentais (*sidhis*) desenvolvidas pela Alma alinhada com o Espírito, portanto, os mesmos *dons do Espírito Santo* doravante portados pela criatura espiritualmente iluminada.

4. *Kaivalya Pada* – trata da meta suprema do *Yoga* proposto nos *Sutras*, que é a União final do Yogui à Vida Universal, quando acontece o isolamento (*kaivalyam*) no Divino que dá nome ao capítulo.

O *Yoga* ensinado nos *Sutras* é conhecido como *Raja-Yoga*, *Yoga Clássico* ou *Yoga de Samkhya*, este de cujo sistema os *Sutras* extraem a teoria que sustenta a sua proposta prática. *Sutras* são um tipo de composição literária sânscrita com a finalidade de facilitar a memorização de um assunto complexo. Extremamente concisos, apresentam o assunto de forma linear, e cada aforismo decorre naturalmente do anterior. O seu estilo sintético de compor o assunto com pouquíssimas palavras torna muito difícil a compreensão imediata da sua leitura, apesar de facilitar a memorização. Por esta razão, os *Sutras* são frequentemente acompanhados por comentários mais extensos feitos por Mestres Orientais em várias épocas, com vistas ao melhor entendimento dos mesmos.

Patanjali

Pois bem, o método preconizado por Patanjali está essencialmente presente nos métodos de realização espiritual de várias religiões e escolas de espiritualidade não só do Oriente mas também do Ocidente, inclusive no Catolicismo e na Maçonaria, como afirma o Mestre *Koot Hoomi Lal Sing* em uma sua Carta datada de 1884:

"Nas Lojas Maçônicas de outrora o neófito era submetido a uma série de provas dolorosas de constância, de coragem e de presença de espírito. Com a ajuda de impressões psicológicas reforçadas por meios mecânicos e químicos, faziam-no acreditar que caía em precipícios, que era esmagado por rochas, que atravessava pontos aracnídeos suspensos nos ares, que passava através do fogo, que se afogava e era atacado por bestas selvagens. Essa era uma *reminiscência dos Mistérios Egípcios* e a qual tomaram de empréstimo para o seu programa. Tendo o Ocidente perdido os segredos do Oriente, foi obrigado a recorrer ao artifício. Mas, nos nossos dias, a vulgarização da Ciência fez cair essas provas infantis em desuso. Os únicos assaltos que agora atingem o aspirante são os assaltos psicológicos. A série de provas que ele sofre – na Europa e na Índia – é aquela provocada pela *Raja-Yoga*; ela tem por resultado desenvolver todas as sementes, boas e más, que hajam nele, em seu temperamento. A *Regra* é inflexível e ninguém lhe escapa. Tal como a onda não pode fazer o rochedo frutificar, igualmente o ensinamento oculto não produz efeito em um mental não receptivo; e tal como a água desenvolve o calor na cal, o ensinamento leva ao máximo de atividade cada potencialidade latente insuspeita para o aspirante."

A universalidade do sistema de *Raja-Yoga* levou a que este fosse introduzido no Ocidente e adaptado à natureza dos ocidentais nos primeiros anos do século XX pelo Professor Henrique José de Souza, cuja *Yoga de Patanjali* mantém-se e pratica-se até hoje na Escola de Teosofia que fundou no Extremo Ocidente do Mundo, ou seja, no BRASIL.

O Professor Henrique José de Souza no seu *Livro das Vidas*, reservado datado de 1933, coloca Patanjali como o sexto Aspecto da Linha Serapis, e aí diz dele o seguinte: "sexto Aspecto da Linha Serapis – no Círculo de Resistência é chamado de PATANJALI, por causa de uma das suas oito encarnações misteriosas. Ele fez esses avataras de acordo com as sete notas da gama musical celeste empregadas no mundo com os nomes de: Arte, Ciência, Estética, etc., chegando ao ponto culminante (oito) como o nome de PATANJALI, isto é, MAGIA TEÚRGICA. Nesta vida, vê-se PATANJALI fundando uma Sociedade, que ainda não era *Dhâranâ*…"

Com efeito, o nome desse Insigne Adepto transporta-nos de imediato à data de 28 de setembro de 1916, época em que o Professor Henrique José de Souza, residindo na Rua Miguel de Frias, nº 69, Rio de Janeiro, fundou um Centro de Estudos Espiritualistas a que deu o nome de *Comunhão Esotérica Samyâma*, cujo número de sócios chegou a 150. Pois bem, *Samyâma* esteve sob a égide de *Shankaracharya* e a direção de *Patanjali*, segundo revelou o mesmo professor e mestre (JHS ou *Maha-Rishi*, *El Rike*), tendo o primeiro como representante físico *Skandha-Bhante-Nazar* (Tancredo de Alcântara Gomes), e o segundo representado por *Chela-Taijasa* (António Castaño Ferreira), dentro da mecânica iniciática da Obra do Eterno na Face da Terra.

Em 22 de dezembro de 1919, após três anos e três meses de atividades transcendentes, *Samyâma* foi dissolvida por ter cumprido a sua tarefa cíclica. Com o valioso concurso do Adepto *Akadir*, houve muito trabalho produtivo e as sementes lançadas ao terreno psicossocial por H.J.S. espalharam-se em diversas direções; as que caíram em terreno fértil, germinaram, floresceram e propagaram os frutos do Bem, no milagre da multiplicação *tulkuística* ou "subaspectos" do Aspecto primordial, no caso, a dita Sociedade *Samyâma*, prólogo da posterior *Dhâranâ – Sociedade Mental-Espiritualista*, fundada em 1924 pelo mesmo professor. H.J.S.

A ver com o cultivo dos "bons frutos", disse o Professor Henrique José de Souza em 27 de abril de1958:

O Mental Superior ou Manas-Taijasi *a caminho de* Budhi-Taijasi*, ou o Mental iluminado por Budhi, o Plano da Intuição, é o Plano da verdadeira Inteligência onde se firma o Corpo Causal.*

Em um livro que eu desejava escrever e que tinha como título Como se tornar um Adepto*, que a minha saúde combalida não permitiu escrevê-lo, ou antes, que a Humanidade não o mereceu, eu dividia-o em três partes:*

1) Hatta-Yoga *– como ciência do bem-estar físico (alimentação apropriada a cada um dos quatro temperamentos). Exercícios para a aquisição da Vontade.*

2) Bhakti-Yoga *– educação do Caráter ou da Alma.*

3) Jnana-Yoga *– domínio do Mental e, portanto, a superação pelo encontro da Consciência.*

Todas as vezes que se inspira, a aura distende-se, e quando se expira, a mesma se contrai. Ora, se a pessoa pratica o Pranayama*, a sua aura fica distendida por muito tempo o que constitui uma grande defesa física e astral para o praticante da Yoga.*

Com isso rematando o que já dissera anos antes, em 1938:

Dhârana *tinha por subtítulo* Sociedade Mental-Espiritualista*, e isto diz tudo. Muito mais sendo* Dhârana *o sexto Passo da* Yoga de Patanjali*, ou seja, a "intensa e perfeita concentração da Mente em determinado objeto interno com abstração completa do mundo dos sentidos". Logo, criando e dando forma àquilo que se pense e, assim, a ideia pode chegar a ser objetivada. Desse modo se criam os Devas. E também os Seres em que os mesmos possam firmar-se posteriormente.*

Os homens ao chegarem à Perfeição Absoluta, pertencendo a outra Hierarquia mais elevada que a dos homens comuns, fazem-se Adeptos e adquirem o Poder de Criação Mental ou de Kriya-Shakti*. É o Poder de Kundalini ligado ao de Fohat, o Fogo e a Luz ou Fogo Frio. Um que desce e outro que sobe, unindo-se no umbigo, cujo "centro de força" é formado pelas duas referidas Potências, revela-*

das nas cores verde e vermelha, que logo darão vida e forma a mais duas "pétalas" no Chakra Cardíaco, formando o precioso número 14, que é o dos Avataras. Pelo que se vê, o Poder de Kriya-Shakti *não é estranho ao homem. Vive nele empiricamente... esperando que o mesmo desperte.*

O Excelso Patanjali previu o mistério dos "Oito Passos" na sua Yoga, que tanto valem pelos "Oito Poderes ou Sidhis" da Yoga, mantidos secretamente no Chakra Cardíaco inferior (Vibhuti). *Não esquecer que somente o Adepto possui as duas últimas "pétalas", de cores verde e vermelha, que completam aquele número 14.*

Por tudo isso, Dhâranâ – Dhyana – Samadhi *estão relacionadas com os Passos ou Arcanos da referida Yoga. A nossa própria Obra usou o nome do primeiro Passo acima citado.*

O Mantram Búdhico *ensina: "Dhyana tuas Portas de Ouro nos livram da Deusa Maya". Razão, ainda, do nosso precioso Símbolo se chamar* Pushkara *e se dizer que "é ele quem abre os Portais de Shamballah" onde dormem os Deuses, os Vasos de Eleição.* Samadhi *não deixa de ser um estado de sono, onde se perde a consciência dos sete Princípios da Ronda para se penetrar no Infinito. Sair voltando desse estado para o Finito, provoca uma espécie de "Loucura Divina", de um Esplendor, de uma Sublimidade, etc., onde se percebe nas coisas do Mundo Humano ou Inferior as próprias grandezas do que existe no Superior ou Divino. Por isso que Ramakrishna, quando despertava dos seus constantes* Samadhis, *abraçava todos os animais, beijando-os ao mesmo tempo, além de outras demonstrações de amor e carinho para com tudo quanto se manifesta na Natureza.*

Samadhi, *segundo o nosso conceito teosófico, é conhecido como a Libertação da Mente da sua consciência finita para se identificar com o Infinito: é a Alma Humana recebendo a Emanação do seu Deus, realizando em tal estado a União do Pai e do Filho. É a Divina Fonte fluindo como uma torrente pelo seu humano cárcere. Entretanto, em casos excepcionais, o Mistério é completo: o Verbo se faz Carne e o indivíduo chega a ser Divino em toda a extensão da palavra, posto que o seu Deus pessoal torna vitalício o Tabernáculo do seu Corpo, como Templo de Deus, como disse o Apóstolo Paulo. Que o digam as preciosidades incontestáveis dos nossos Rituais Eucarísticos...*

Se o Mistério da Carne Eucarística passa por algum dogma psicofísico de cariz alimentar, esse é fator profano de somenos ou nenhu-

ma importância à Realização Iniciática ou Espiritual que aqui nos traz, partindo da premissa fixada na própria Escritura Nova segundo as palavras de Jesus Cristo: "Não é o que entra pela boca que perde o homem, mas o que dela pode sair", o que está em conformidade com o trecho seguinte de uma *Carta-Revelação* (datada de 10 de agosto 1947) do Professor Henrique José de Souza:

Em resumo, não fazer uso de carne, seja pela boca ou pelo sexo (Áries e Scorpio x Taurus e Libra), ou melhor, de alimento algum impuro, como todos o são, pouco importa o Reino, é o que torna o Homem Imortal. Isto se adquire aos poucos. E com maior propriedade, ao ingressar no Mundo de Duat. Na Face da Terra, o homem ou a mulher pode passar sem o sexo, mas dificilmente passará sem alimento. Tal não acontece no Mundo acima referido. Ou mesmo, quando as missões exijam a franca entrada e saída no referido Mundo. Vi Akadir comer boas feijoadas e cozidos, tanto na Bahia como no Rio, mas também vi Akadir após ter se demorado muito no Mundo de Duat, e quando o interpelava se ele aí não comia, respondia-me: "O perfume dos prados, das flores e dos próprios animais e homens que ali vivem, serve-me de alimento, como a ti mesmo serviria se missão mista tivesses".

São causas de males físicos e ruína espiritual as palavras destrutivas, as pragas, a maledicência, a mentira, a intriga, a calúnia, as blasfêmias, filhas dos maus pensamentos. A boca é o Santuário do nosso corpo, onde se acham implantados os trintas e dois Portais da Sabedoria, representados pelos trinta e dois dentes. Santuário arquitetado para bendizer e abençoar, para glorificar e louvar a Deus, para difundir a Verdade e propagar a Fraternidade.

A Sociedade *Dhâranâ* extinguiu-se e renasceu em 1928 como *Sociedade Teosófica Brasileira*, e nesta mesma a *Yoga de Patanjali* continuou a ser ministrada aos seus membros até a atualidade, já sob o formato institucional *Sociedade de Eubiose*. Pois bem, foi assim que um dos mais conspícuos discípulos do Professor Henrique José de Souza, o senhor Roberto Lucíola, realizou na sede da Entidade, em São Lourenço (MG), em outubro de 2001, uma série de aulas teóricas e práticas sobre a mesma *Yoga de Patanjali* a que chamou *Meditação Iniciática* e *Yoga da Libertação*, decerto pretendendo a execução coletiva da tríade de Realização Espiritual: *Transformação – Superação – Metástase*.

Como a relação pessoal entre mim e Roberto Lucíola era muito estreita, pautada por um verdadeiro amor espiritual, após o seu desenlace carnal em fins de 2004, passados dois anos, no dia 5 de julho de 2006, o seu filho, senhor Alexandre Rubens Lucíola, teve a enorme gentileza de enviar-me de Brasília essas aulas de seu pai gravadas em DVD, pois que haviam sido filmadas, acompanhadas da curta mas sentida mensagem:

Prezado Vitor,
Em atenção à amizade que meu pai nutria por sua pessoa, transmito em anexo três DVDs gravados a partir de fitas VHS, atinentes a palestras por ele proferidas no ano de 2001. Infelizmente, a gravação original é de baixa qualidade, o que torna o filme ruim em alguns pontos. No entanto, o que mais importa é a mensagem e a prática que transforma o pseudoesoterismo teórico no verdadeiro Esoterismo. Espero que goste e, caso se interesse, pode distribuir cópias a quem julgar merecedor.
Coloco-me à sua disposição em Brasília para qualquer necessidade ao meu alcance. Forte abraço,
Alexandre.

Nessas aulas filmadas, Roberto Lucíola preconiza três estados fundamentais a serem alcançados, um após o outro, durante a prática da *Yoga da Libertação*, como sejam os sexto, sétimo e oitavo passos da *Raja-Yoga* de Patanjali:

1º) DHÂRANÂ. O poder de focar inteiramente a atenção no objeto de meditação, abstraindo-se de toda e qualquer ocorrência exterior, por mínima que seja. É, portanto, o estado perfeito de fixação e concentração em um ponto predeterminado.

Quando o Professor Henrique José de Souza legou a prática da *Yoga do Globo Azul*, também foi com a finalidade de se desenvolver essa capacidade de *Dhâranâ*, definida por ele como: "A intensa e perfeita concentração da mente em determinado objeto interno, com abstração completa do mundo dos sentidos. Em síntese: o sumo controle do pensamento".

2º) DHYANA. O perfeito estado de meditação e contemplação. Tem como objetivo a abstração total dos sentidos físicos e a passagem a um estado superior, como seja o Espiritual, o sétimo Princípio Humano. Esse estado de *Dhyana* o Professor Henrique José de Souza definiu como: "Meditação, contemplação abstrata ou afastamento do mundo dos sentidos, melhor dito, estado de isolamento completo".

3º) SAMADHI. Segundo o Budismo Esotérico ou do norte da Índia (*Maha-Yana*, "Grande Barca", para a "Pequena Barca" ou *Hina-Yana*, o Budismo Exotérico do sul da Índia), é considerado o Grau Supremo do Yoga. É a capacidade de contemplação estática e êxtase interior correspondendo à Supraconsciência, onde o estado de meditação obtido pela concentração atinge um nível tão profundo que a Consciência se confunde com o objeto fixado, unindo-se com este já não como objeto mas como "Objetivo Espiritual". Do *Samadhi* (ou *Samyâma*) diz o Professor Henrique: "Estado de meditação obtido pela concentração, no qual o Adepto se torna consciente do seu Mental Superior, o que tanto vale por se tornar Um com o Todo, a Consciência Universal, etc.".

O estado de *Samadhi* ou "Êxtase" espiritual é a soma dos estados anteriores que falamos, e como síntese de todos é o resultado final, indo focar a absorção muito além do quinto Princípio Mental Superior, Causal ou *Manas Arrupa*, do sexto Princípio *Búdhico* ou Intuicional e até do sétimo Princípio Espiritual ou *Nirvânico*, ou seja, no *Paranirvânico* (Monádico) e no *Mahaparanirvânico* (Divino), levando o Yogui a "mergulhar" a sua Consciência no "Oceano Sem Praias" do Absoluto, do "Espaço Sem Limites", absorvendo-se neste, tornando-se um *Nivri-Kalpa-Samadhi* ou *Jivatmã Universal*, pura Vida-Consciência Onipotente, com a Onisciência de um *Budha* e a Onipresença de um *Bodhisattva*.

Assim se apercebe de forma clara que esses três estados supremos – *Dhâranâ*, *Dhyana*, *Samadhi* – do sistema de *Raja-Yoga* adotado pelo Budismo Esotérico, se confundem uns nos outros indo concorrer para a finalidade única de *Libertação* das cadeias férreas da matéria. Razão pela qual esses três estados compreendem-se genericamente em um nome comum: SAMYÂMA.

O Yogui que atinge o estado de *Samyâma* penetra a Beatitude do Absoluto, e passa a ter domínio absoluto sobre todas as suas faculdades mentais, emocionais e físicas.

Essa *Yoga de Patanjali* compõe-se de oito passos fundamentais passíveis de naturalmente manifestarem os *oito Sidhis* ou *oito Poderes Místicos do Yoga*, possibilidade muito próxima quando se desenvolve as chamadas 12 "pétalas" do *Chakra Cardíaco* e mais as duas "pétalas" ocultas ou latentes, em embrião, como 13ª e 14ª do mesmo Chakra, uma verde e outra vermelha (*Fohat* e *Kundalini*), e finalmente despertar o pequeno Chakra pendular sob o Cardíaco, o qual, semelhante à ação do pêndulo de um relógio (mas aqui, "Pêndulo Místico"), vibra e anima a glândula *Timo* e é denominado pelos orientais de *Vibhuti*, o "Lótus de oito Pétalas", em que se encerram os respectivos oito Poderes Místicos do *Yogui* ou "Unido com o Divino".

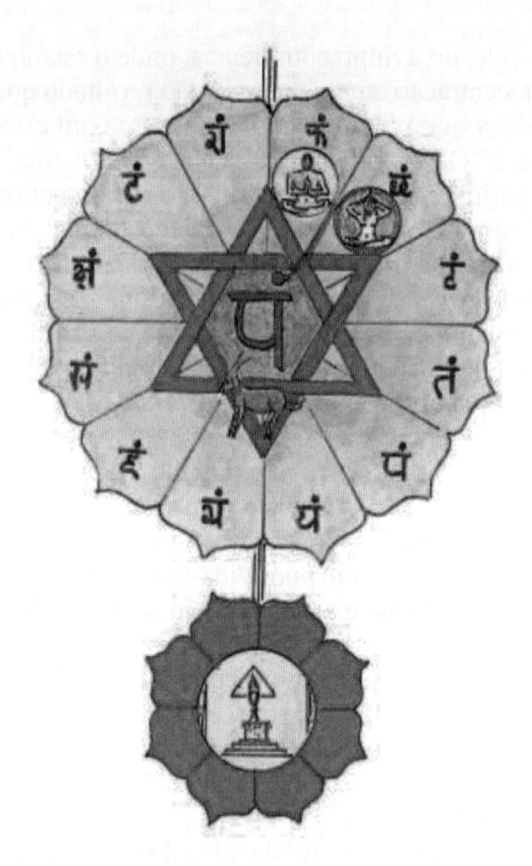

As oito "pétalas", raios ou linhas do *Vibhuti* estão ordenadas da seguinte forma (com os seus nomes tradicionais contidos no *Gheranda-Samnhita*, obra clássica da tradição hindu, além de levarem outros nomes ocultos, aghartinos, revelados pelo Insigne Mestre JHS, prof. Henrique José de Souza) e correspondem aos seguintes poderes transcendentais do Adepto Perfeito:

1. LAGHIMA (LAYA, segundo JHS) – O poder de levitar, por meio da anulação da inércia e consequente eliminação da força gravitacional. Esse poder, desperto através da vibração da primeira "pétala", destrói a inércia, que aqui toma o sentido de inércia que nos prende ao passado e que ao ser destruída nos liberta, permitindo-nos progredir de forma efetiva.

2. MANANA (MAHIMÃ, segundo JHS) – O "poder bioplástico" de mudar a estatura e a aparência para qualquer forma que se deseje. Aqui também com o sentido de transformação no nível do caráter e da natureza interna, ou seja, da Personalidade pela Individualidade.

3. VASHUTA (VASHITA, segundo JHS) – O poder de criar ou de destruir *mayas-vadas*, ou sejam, ilusões e fascínios afetando as pessoas. É também a capacidade, mesmo em forma reduzida, de manipular a Energia Electromagnética Cósmica a que chamamos *Kundalini*. Os Adeptos Reais podem utilizar este *Sidhi* para ressuscitar um indivíduo que tenha falecido há poucas horas, ou seja, com o duplo etérico intacto ainda ligado ao corpo físico inerte.

4. ANIMAN (HANAMAN, segundo JHS) – O poder de focar a Consciência em qualquer ponto ou região desejada, esteja próxima ou longínqua. Quando o Yogui alcança o estado de *Dhâranâ*, coloca imediatamente em atividade esse quarto *Sidhi* ("faculdade, dom ou poder psicomental" ativado pelo próprio Espírito agindo sobre a Alma e o Corpo).

5. PRAPTI (PARAMAN, segundo JHS) – O poder de transferir a Consciência para qualquer ponto do Universo. Corresponde também ao estado de *Samadhi*, este que é o estado de "Êxtase Supremo" ou comunhão absoluta com o Eterno, no qual o Yogui pode afirmar com toda a legitimidade: "Eu e o Pai somos Um"!

6. PRAKAMYA (PARANTAPA, segundo JHS) – O poder absoluto da Vontade, ou melhor, da Supravontade como Vontade Superior ou Divina, a que distingue o líder do ditador, seja este grande ou pequeno, pois este *Sidhi* caracteriza a natureza interior e exterior de todo e qualquer Iniciado verdadeiro que realizou a Suprema Renúncia.

7. ISHITA (SHAMA, segundo JHS) – O poder de alcançar a supremacia sobre todos os seres manifestados. Diz-nos o nosso Venerável Mestre JHS que o poder desse sétimo *Sidhi* refere-se, na realidade, à supremacia de poder decidir, de forma totalmente independente, o que se deseja ser, possuindo o nome oculto de *Shama*.

8. KAMA-VASHAYTA (SHUHAN, segundo JHS) – O poder de dominar o desejo, destruindo-o. É também a capacidade de ficar indiferente a toda e qualquer emoção, seja ela de alegria ou de tristeza. Comportando o nome oculto *Shuhan*, segundo o Professor H.J.S., esse *Sidhi* transposta o Yogui para o estado de Consciência mais elevado possível, o qual antecede o grande mergulho no Absoluto, só ao alcance dos Grandes Iluminados, dos Seres Perfeitos da natureza de um Krishna, de um Budha, de um Cristo, de um JHS...

Transcrevo agora parte extensa mas preciosa de uma carta privada de Roberto Lucíola a mim remetida de São Lourenço (MG), em 15 de julho de 2002:

Estou trabalhando atualmente nesse tema. Ou seja, como entrar em contato com o nosso Mestre Interno, ou o nosso Eu Superior. Acredito que somente com a prática constante de Dhyana, *ou* Meditação Iniciática, *é que lograremos esse intento.*

Duas expressões da Divindade encarnadas na Terra em tempos remotos nos legaram preciosos ensinamentos de como nos harmonizar com o nosso Mestre Interno. Foram elas: Patanjali *e* Shankaracharya. *Patanjali nos deixou os* Oito Passos *da sua Yoga, que nenhum estudante sério devia ignorar e deixar de praticar, se, realmente, deseja se libertar do mundo das ilusões.*

Há uma norma que todos os Yoguis de real valor nunca deixam de seguir, que diz: O refúgio do Yogui reside em Dhyana. *Realmente, a Meditação Iniciática é uma poderosa arma que nos possibilita enfrentar todos os obstáculos que se antepõem em nosso caminho. Acredito que saiba tão bem ou mais do que eu quais são os* Oito Passos da Meditação Iniciática. *Mesmo assim, peço permissão para sintetizar os mesmos:*

Yama: *Inofensividade – Veracidade – Honestidade – Continência – Desapego.*

Niyama: *Pureza interna e externa – Serenidade e contentamento – Aspiração ardente ou Amor à Divindade – Boa leitura para se proteger o nosso Santuário Interno do bombardeio das informações externas – Amor e confiança em nosso Mestre Interno.*

Asana: *Postura do Corpo para o mesmo obedecer ao comando da nossa vontade e não prejudicar a Meditação. O Corpo deve ser educado no sentido de ficar em estado firme, contudo, sem qualquer tensão nervosa ou muscular. Este Passo é para assumirmos o controle do Corpo físico, como primeiro passo da nossa soberania sobre os nossos veículos.*

Pranayama: *É a Respiração Iniciática que difere da respiração comum, pois exige do praticante plena atenção no entrar de Prana pelas narinas. Patanjali ensina como fazer circular essa Energia Vital pelos oito canais principais do nosso Corpo para desobstruirmos todos os* nadhis, *a fim de que tenhamos saúde plena como primeiro passo para a Imortalidade.*

Pratyhara: *Consiste em dominar os cinco sentidos, não permitindo que qualquer coisa que venha de fora através deles perturbe o nosso mundo interno durante a Meditação.*

Dhâranâ: *Concentração em um objeto interno, com abstração de tudo o mais. Para tanto devemos nos concentrar no centro da cabe-*

ça onde se encontra a glândula pineal, que deve ser vista como um Sol luminoso no interior da nossa cabeça.

Dhyana: É a Meditação que pode ser realizada visualizando-se um Lago azul *sobre o qual se estende uma* Ponte dourada. *Nessa Ponte, o nosso Mestre costuma apresentar-se para dialogar conosco. Cada pessoa tem a sua experiência, que é coisa muito pessoal.*

Samadhi: *É o aprofundamento de* Dhyana. *Esses passos devem ser dados simultaneamente, como se um fosse o prolongamento do próximo, para não haver corte na linha de pensamento. Tudo deve ser sincronizado.*

Essa Yoga da Libertação *deve ser praticada todos os dias. Ela nos livrará de todas as contrariedades. Não mais procuraremos fora o que está dentro de nós. Essa santa comunhão com o nosso Mestre nos livrará de qualquer dependência do mundo exterior. Trata-se de um processo de Libertação que somente a nossa* Mônada *pode proporcionar.*

Um dos principais atributos adquiridos pela sua prática é a Serenidade. *Trata-se de um estado de que todos os Iniciados não podem abrir mão. Pois sem o mesmo o nosso universo interior se transforma em um caos, o que impede que os mais altos graus da Consciência se manifestem em nossa Mente. A Mente é um poderoso instrumento de que se serve o nosso Eu Superior para se manifestar nos níveis da personalidade, mas se não for dominada ela assumirá o controle do nosso mundo interno. É por isso que muitas pessoas altamente cultas e inteligentes carecem de Sabedoria. Para que não sejamos mais uma vítima da Mente é indispensável o seu controle, coisa que é possível somente graças à Meditação Iniciática.*

Dizem os Iniciados que a melhor maneira de se dominar a Mente é observá-la com os olhos do Espírito. Para tanto, deve-se procurar aquilo que os Taoistas chamam de encontrar o Vazio que não é Vazio. *Para se lograr esse fenômeno é coisa simples, depende de que todas as vezes que formos meditar procurar o Vazio, ou seja:* não pensar em nada, *dar um "branco" mental. Porém, como a mente é deseducada e dinâmica, ela procura perturbar a nossa meditação com ondas de pensamentos. Não se deve repelir os pensamentos que afloram, mas observá-los, e notaremos que os mesmos se desvanecerão como uma nuvem. Nesse caso, já é o* Observador Silencioso *que está presente, demonstrando o seu poder sobre a outrora toda-poderosa Mente. Esse domínio sobre a Mente fortalecerá sobremodo o poder da vontade que é a espada empunhada por todos os verdadeiros Guerreiros do Espírito.*

À medida que se avança na Senda nós vamos entendendo o que se esconde atrás das palavras, ou seja, aprendemos a ver com os olhos do Espírito.

Meditação, Alquimia, Libertação, Imortalidade são sinônimos que se completam. Os Oito Passos, quando praticados, se sintetizam no Nono Passo, que é o próprio praticante. Daí se dizer que o Arcano Nove é o Adepto ou o Homem Perfeito.

O homem que não medita não tem o controle de si mesmo, não vive no presente, mas vive no passado ou no futuro. Está distante em seus pensamentos, com os seus problemas e preocupações imaginárias. Frequentemente se perde nas lembranças do passado. Se não meditarmos seremos criaturas do passado, produto do acúmulo de emoções e experiências do que não mais existe. Somente com a prática constante da Meditação é que conseguiremos a paralisação dos pensamentos residuais que enchem as nossas mentes. Devemos suster as ondas mentais dispersivas e nos concentrar no presente. Porque é no presente que se forja o futuro, segundo ensina a Sabedoria Iniciática.

A vida verdadeira é o momento presente, muito embora ela vá se tornar uma maya quando, também, passar. Daí porque o Adepto não se apega a nada neste mundo. Quando, através da Meditação Iniciática, nos conscientizarmos de que a realidade é o nosso Eu Superior, que sempre existiu e nos acompanha eternamente desde quando éramos um simples mineral, estaremos dando um passo decisivo em termos de Libertação. O Excelso Senhor Budha falando sobre o assunto, assim se expressou em preciosos versos:

"Não corras atrás do passado,
Não busques o futuro.
O passado, passou,
O futuro, ainda não chegou.
Vê, claramente, diante de ti o Agora.
Quando o tiveres encontrado,
Viverás o tranquilo e imperturbável estado mental."

Certa vez perguntaram a Gautama, o Budha, por que os seus discípulos, que levavam uma existência simples e calma, eram tão radiantes? O Mestre então respondeu:

"Eles não se arrependem do passado, não se preocupam com o futuro, vivem no presente. Por isso são felizes. Preocupando-se com o futuro e arrependendo-se com o passado, os tolos ficam ressequidos, iguais aos juncos verdes cortados ao Sol."

Os homens comuns vivem na ignorância das Leis Divinas, por isso, vivem dominados pelos seus apegos, ressentimentos, má vontade, preconceitos, ódio, orgulho, queixas e lamentações. Em suma, são uns infelizes que vivem envolvidos nas artimanhas da personalidade que é o falso "eu", que tem de morrer para dar nascimento a algo permanente que é o Eu Superior. O encontro com o Eu, ou o Mestre Interno, é um passo importante no estreito Caminho da Iniciação. Portanto, todo o esforço é pouco em se lograr tão alto galardão.

Como disse atrás, o sistema de *Raja-Yoga* codificado por *Patanjali* está subjacente aos exercícios espirituais das diversas correntes religiosas e tradicionais tanto do Oriente como do Ocidente, sem dúvida adaptado aos métodos das respectivas, mas cuja fonte é essa mesma codificação inspiradora de místicos e pensadores que o mundo conheceu e conhece.

Assim, e não deixando de estar em conformidade com a nossa MISSÃO DOS SETE RAIOS DE LUZ ou MISSÃO Y, essa *Yoga de Patanjali* está presente nos principais Institutos representativos de cada um dos mesmos Sete Raios de Luz Espiritual promanados do Logos Único, como seja:

1º RAIO DA VONTADE OU PODER
Expressão superior: JÚPITER
Expressão inferior: SOL
Escola: Alquimia
Religião: Brahmanismo
Expressão superior: Iluminação Espiritual ou Poderio Divino
Expressão inferior: Química e Física materiais

2º RAIO DE AMOR-SABEDORIA
Expressão superior: MERCÚRIO
Expressão inferior: LUA
Escola: Hermetismo
Religião: Budismo
Expressão superior: Regras de Iniciação da Hierarquia Espiritual
Expressão inferior: Regras de Conduta da Hierarquia Humana

3º RAIO DE ATIVIDADE INTELIGENTE
Expressão superior: VÊNUS
Expressão inferior: MARTE
Escola: Kaballah
Religião: Judaísmo

Expressão superior: Política e Ética Sinárquica
Expressão inferior: Meios de comunicação e interação fiduciária

4º RAIO DA ARTE E HARMONIA
Expressão superior: SATURNO
Expressão inferior: MERCÚRIO
Escola: Pitagórica
Religião: Gnosticismo
Expressão superior: Mecânica e Harmonia Universal
Expressão inferior: Arquitetura e Arte

5º RAIO DO CONHECIMENTO CIENTÍFICO
Expressão superior: MARTE
Expressão inferior: JÚPITER
Escola: Rosacruz
Religião: Cristianismo
Expressão superior: Ciência Metafísica e Física
Expressão inferior: Linguística e Letras

6º RAIO DO DEVOCIONALISMO ABSTRATO
Expressão superior: LUA
Expressão inferior: VÊNUS
Escola: Sufi
Religião: Islamismo
Expressão superior: Adoração ao Todo no Tudo
Expressão inferior: Religiões e credos devocionais

7º RAIO DA ORDEM CERIMONIAL
Expressão superior: SOL
Expressão inferior: SATURNO
Escola: Maçonaria
Religião: Iluminismo
Expressão superior: Teurgia e Taumaturgia
Expressão inferior: Práticas e crenças animistas

Pois bem, cada *religião* constitui-se de um GRUPO EXOTÉRICO HUMANO que acaba influenciado, direta ou indiretamente, pela *escola* afim constituída de um GRUPO ESOTÉRICO HUMANO que, por seu turno, é a expressão manifestada do respectivo GRUPO EGOICO HUMANO.

Dizem os Grandes Adeptos que um *Grupo Esotérico* é sempre a extensão, no mundo físico, do *Grupo Interno* localizado na Residência

Privada de um Mestre Vivo. E do mesmo modo que o Discípulo de um Mestre Vivo exteriorizado, individualmente – percorrendo o Caminho da *Transformação*, da *Superação* e da *Metástase* – demanda a identificação com o seu Ser Real ou Mestre Vivo interiorizado, também o *Grupo Esotérico* – através da *Escola*, do *Teatro* e do *Templo* – demanda a identificação consciente com a Grande Família Espiritual que o sustém e vivifica e da qual é parte neste Plano Físico onde se constitui de almas encarnadas para aquela de alma desencarnadas, ou, então, ocultadas, para todos os efeitos, umas e outras unidas entre si pela Obra comum que lhes cabe levar a efeito nos Mundos do Espírito e da Matéria. De modo que o *Grupo Esotérico* é sempre a "encarnação" do *Grupo Egoico*...

Da mesma maneira que cada homem, entendido como personalidade, possui a sua contraparte espiritual, o seu Ego ou Individualidade, igualmente o *Grupo Esotérico* possui o seu *Grupo Egoico*, também chamado *Família Espiritual*, ambos tendo por centro um Mestre Vivo, mesmo que esteja morto fisicamente, mas cuja Obra deixada é sempre tomada como se Ele estivesse permanentemente vivo entre os mortais, e assim se mantendo sempre acima de eventuais querelas podendo surgir entre personalidades antagônicas.

Os Iniciados de todas as Linhas ou Raios têm sempre insistido no fato de o Discípulo se encontrar ligado a dois Mestres, aos quais chamam de *Mestre Interno* e *Mestre Externo*, sendo, no fundo, o primeiro, o nosso Eu Superior, o nosso Ego, a nossa Individualidade; e o segundo, aquele Ser Vivente a quem propriamente se chama "o nosso Mestre", que só se comunica com o Discípulo por meio do seu *Mestre Interno*, o Ser Divino que é, afinal de contas, Partícula ou Chispa Monádica sua. E de tal modo essas duas realidades se encontram ligadas que, quando o Discípulo toma contato consciente com Um, forçosamente o tem simultaneamente com o Outro.

Conciliemos então, em uma estrutura coerente, esses dois fatos dizendo que o nosso Mestre, o *Mestre Externo*, é aquela Consciência que abarca, que é a síntese dos Egos ou *Mestres Internos*, como *Logos do Raio* a que pertence o *Grupo Egoico*, quais centelhas provindas de uma única e mesma Chama; daí a razão de essencialmente se ser uma perfeita e harmônica *Família Espiritual*. De fato, o nosso Mestre é Aquele no qual, em primeiríssima análise, "vivemos, nos movemos e temos o nosso Ser", parafraseando Santo Agostinho.

O esquema seguinte destina-se a ilustrar a inter-relação entre os Grupos Egoico, Esotérico e Exotérico, este sempre dirigido por um

Mestre Representativo (seja um Bispo de Igreja ou um Venerável de Loja, etc.) dos outros dois (que essencialmente são UM!), a fim de clarificar ainda mais este assunto que está profundamente ligado ao tema das *Egrégoras* ou "Almas Coletivas" criadas pelos Grupos Humanos:

```
        ESPÍRITO
    MESTRE EXTERNO
     GRUPO EGOICO

          ALMA
    MESTRE INTERNO
    GRUPO ESOTÉRICO

         CORPO
  MESTRE REPRESENTATIVO
    GRUPO EXOTÉRICO
```

Se a *Yoga de Patanjali* veio do Oriente para o Ocidente enriquecer ainda mais a Luz deste, ao ficar subjacente aos exercícios espirituais das diversas correntes tradicionais, tal a amplidão da sua universalidade, pela mesma igualmente se revela o espírito de fraternidade, concórdia e respeito que deve existir entre elas e todos os espiritualistas de escol, independentemente das suas crenças, finalmente podendo unir-se sob a Bandeira Única da PAX UNIVERSAL. Razão sobeja para o Professor Henrique José de Souza ter apelado às várias partes do Brasil e do Mundo para uma FRENTE ÚNICA ESPIRITUALISTA, dizendo:

Mas, apesar de todo esse lastro de horrores e desenganos, não quer dizer que não possam haver modificações gerais na face das coisas. Bastava que os Homens de boa vontade quisessem trabalhar, em conjunto, a favor de uma Paz duradoura para o mundo. Assim como "da União nasce a força", também do "Poder do Amor e da Vontade" poderia surgir um milagre, algo assim como a Fênix ressuscitada das suas próprias cinzas. Por exemplo: para evitar maiores danos que aqueles já apontados, "a construção de um dique tutelar contra as águas invasoras do materialismo bravio", frase esta bem nossa, quando pela primeira vez apelamos para uma FRENTE ÚNICA ESPIRITUALISTA, mas agora completada pelos intelectuais e cientistas de toda a parte do mundo, ou melhor, "todos os Homens de boa vontade", ou seja, aqueles cujo coração e inteligência não foram atingidos pelo veneno sutil das ideologias bastardas. O que equivale a dizer que a matéria não pode suplantar o Espírito, como está acontecendo agora no mundo. Ao contrário, os graves problemas que ora se apresentam não podem ser resolvidos com o canhão e a demagogia...

Todos poderão concorrer para tanto, pelo menos aqueles que fizeram construir um Templo dedicado ao futuro Avatara e, consequentemente, à Paz Universal, onde se inclui as próprias religiões, que se fundissem em uma só essa mesma Paz se faria para o mundo.

OBRAS CONSULTADAS

Monografias do Grau Manu, da Comunidade Teúrgica Portuguesa.

Henrique José de Souza. *Livro das Vidas (O Mistério da Árvore Genealógica dos Kabires)*. Obra reservada datada de 1933.

Henrique José de Souza. "Dhâranâ". Revista *Dhâranâ*, ano XII, nº 102, outubro a dezembro de 1939.

Henrique José de Souza. *Ocultismo e Teosofia*.Rio de Janeiro: Associação Editorial Aquarius, 1983.

Gravações em DVD das Palestras de Roberto Lucíola, realizadas em outubro de 2001 na Sede da S.B.E. em São Lourenço, Minas Gerais, Brasil.

Roberto Lucíola. *As Portas de Ouro da Meditação*. Caderno *Fiat Lux*, n.º 37 – Novembro de 2003, São Lourenço, Minas Gerais.

Roberto Lucíola. *Saúde e Prana*. Caderno *Fiat Lux*, São Lourenço, Minas Gerais nº 38, fevereiro de 2004.

Capítulo XX
Ensinamentos Secretos de J.H.S.
(Revelação e Irrevelação)

Sintra, 24 de fevereiro de 2008

Ab inope nunquam spectes.
(Ninguém dá o que não tem)

  Ao longo dos últimos dois decênios e alguns anos vim repetindo à exaustão que o evento da Data Avatárica de 28 de setembro de 2005 poderia não se realizar da maneira "ao pé da letra" como muitos da ex-Instituição Teosófica de Henrique José de Souza acreditavam, creio, piamente: o Advento do Cristo de Aquarius sobre a Terra, visível e tangivelmente.
  Isso mesmo declarei de viva voz ou por escrito em cartas pessoais a diversos discípulos da Obra do Eterno contemporâneos do Professor Henrique José de Souza. Lembro ter batizado uma carta minha remetida para São Paulo (SP), destinada a António Carlos Boin, datada de 28 de setembro de 2002, com assunto referente à data de 28 de setembro de 2005 como o DIA DA GRANDE DECEPÇÃO!
  Assim foi. Aliás, nem poderia deixar de ser, pois a concepção milenarista de Advento, havia muito, estava sendo entendida "ao pé da letra", à boa maneira de uma qualquer religião evangélica carismá-

tica, dessas muitas que enchem a "praça pública" brasileira hoje em dia, como também já acontece em Portugal.

O Professor Henrique José de Souza destinou a data supracitada como marco inicial da ERA AVATÁRICA DE MAITREYA, englobando os 10 mil anos deste oitavo Ramo Racial destinado a semente ou projeção de uma Nova Raça, nascida de todas as experiências e valores do Passado. De maneira que "Cristo advirá sobre a Terra" quando o Homem o descobrir ou despertar primeiro em si, no mínimo três quartos da Humanidade, acabando por afetar o um quarto que sobeja. Então, com todas as condições físicas e psicomentais criadas, certamente Ele advirá sobre a Terra.

Em que data, dia, hora e minuto? Todas as que a vã fantasia humana quiser, mas, certamente, naquela que SÓ ELE SABE.

Foi isso mesmo que eu disse aos diretores de certa Sociedade brasileira, quando me exigiram "retratação pública" por não reconhecer um dos seus dirigentes como o veículo privilegiado de Maitreya, ou seja, o seu Avatara, o que também não aconteceu. Nessa minha carta remetida para São Lourenço (MG), em 5 de julho de 2005, tive oportunidade de dizer:

Se então ou pouco depois (até o final deste ciclo solar de 35 anos) o CRISTO UNIVERSAL virá ou não virá, bem, só Ele o sabe e de que maneira o fará, certamente não para um homem ou uma organização mas para toda a Humanidade, já que Ele é o Supremo Instrutor do Mundo, de Homens e de Anjos – o Excelso e Divino Bodhisattwa CHENRAZI AKTALAYA MAITREYA.

Consequentemente, é uma perfeita insanidade pretender à Expressão Viva do ETERNO que seja e faça o que nós pretendemos e fazemos. Mas estamos falando de Deus, do Cristo Universal, e não de um qualquer humano, infalivelmente – ou não fosse humano... – com as suas limitações, doenças, impropriedades, o que é perfeitamente legítimo a qualquer e vulgar criatura humana. Por isso, quando perguntavam ao prof. H.J.S. "como iria agir Maitreya na 'sua' Sociedade?", ele respondia invariavelmente o mesmo: "Mas Maitreya irá querer saber da Sociedade para alguma coisa? Sim, porque Ele vem – quando muito bem decidir e condições humanas hajam para tanto – para toda a Humanidade, e não para uma exclusiva parcela mínima da mesma.

Como todo o Goro da Ordem do Santo Graal é "Sacerdote de Melki-Tsedek", por prescrição e decreto ao Presente e ao Futuro do próprio AKBEL em J.H.S. quando reinava entre os homens (1883-1963), devo falar-vos (agora não como historiador nem escritor, mas como MAKARA assim reconhecido pelos coevos do próprio J.H.S., o que lhes provei e vos provarei já em seguida) dos Mistérios da Cristandade que se prendem por inteiro ao escrínio lapidar da Serra Sagrada de Sintra, alter ego *de MARIZ NOSTRA, e também vos dizer do tremendo pecado, karma voraz contraído que é, falar e tratar do CRISTO DIVINO como se falasse e tratasse de um qualquer homem oportunista do Sagrado e Divino para usufruir, à custa do crencismo e ignorância alheios, constantes e amplas regalias materiais! Por falar em JEFER-SUS (*Jeffersus*, como herança nominal do Divino avatarizando o humano* Jeoshua Ben Pandira *há dois mil e alguns anos atrás), CRISTO ou MAITREYA são uma e mesma Entidade. É, como disse atrás, o Divino BODHISATTWA como Supremo Instrutor Mundial de Homens e de Anjos. É o Avatara – Messias, Manifestação do Espírito de Verdade – da Segunda Hipóstase AMOR-SABEDORIA do Logos Solar – o Supremo Arquiteto do Universo – que se manifesta pela mesma Hipóstase do Logos Planetário, o Segundo Trono, em que está o Sexto Luzeiro AKBEL com MAITREYA representando-O do Mundo Intermediário ou Celeste ao Terreno ou Humano.*

De modo que, para melhor compreensão didática, comporei o esquema seguinte:

LOGOS SOLAR > LOGOS PLANETÁRIO > AKBEL > MAITREYA > GRANDE LOJA BRANCA > HUMANIDADE… e esta de Volta ao Divino.

De maneira que MAITREYA exprimindo ao Mundo Divino ou de BRAHMA, o PAI, se "bicéfala" em dois Aspectos a partir do Mundo Intermediário, aqui como BUDA CELESTE exprimindo a VISHNU, o FILHO, projetando-se no Mundo Humano ou Inferior como BUDA TERRENO, Avatara da Terceira "Pessoa", ou seja, SHIVA, o ESPÍRITO SANTO… Vale por o Celeste FOHAT "cavalgando" o Terrestre KUNDALINI, de Consciência Interplanetária e Transcontinental, logo, UNIVERSAL, por ser a antropomorfização da própria SHAMBALLAH – ou SALÉM, WALHALLAH, "Vale de Allah ou Deus", etc., sendo o "Laboratório do Espírito Santo", o Núcleo ou Sol Interno do Globo – na Face da Terra, nesta exprimindo ao SEGUNDO TRONO como TERCEIRO TRONO que é!

De maneira que sendo Três Aspectos no Mundo Mayávico ou das Formas, em verdade é UM SÓ que a Si mesmo se projeta em três dimensões de Ser – Divina, Celeste, Humana. De onde MAITREYA significar, como se sabe, "SENHOR DAS TRÊS TRAMAS, MAYAS, MUNDOS" porque a sua Essência está acima delas, absorvida no

ESPAÇO SEM LIMITES do próprio ETERNO, antes, da SUBSTÂNCIA UNIVERSAL (SVABHÂVAT).

Repito o que já disse e escrevi reiteradamente desde há dois decênios e alguns anos: a Consciência do CRISTO UNIVERSAL é isso mesmo – UNIVERSAL, "Transcontinental" por abarcar a Terra inteira. Quando Ele advir sobre a Terra não precisará de ninguém para o anunciar nessa Hora: um e todos o reconhecerão unanimemente pela vibração de AMOR-SABEDORIA de seu Ser. Antes, chuva de estrelas – "lágrimas de São Lourenço" – sobre o Polo Norte e lavas vulcânicas desde o Polo Sul, além de outros eventos propiciados pela Grande Loja Branca, indo desfechar em um arco-íris que rodeará a Terra, anunciarão o Seu advento próximo. Quando? Quando o Homem se dispuser à transformação verdadeira de si mesmo e alguns insensatos deixarem de brincar com coisas sérias, então, sim, O reconhecerá... porque JÁ VEIO... e ninguém O reconheceu! Quem era ou é AKBEL em forma humana?

Como campeia a crença e rareia a Fé, como a maledicência e a intriga pretendem-se maiores que a cogitação e a fraternidade, logo se "apontando canhões à retaguarda" em vez de "à vanguarda" para bem se poder defender a Instituição e a Obra nas pessoas de todos os Irmãos e Irmãs das mesmas, assim sempre felizes com elas pelo trato recebendo delas, pelo contrário, escasseia o entendimento justo e a concórdia amorável que só uma vida teosófica, genuinamente eubiótica pode dar, de maneira que, inexoravelmente, aconteceu o DIA DA GRANDE DECEPÇÃO geral ante a não aparição de qualquer Divindade exclusiva a alguns e conforme o "pé da letra" dos mesmos...

Sobrou o desânimo e a descrença, a desilusão (quase) geral. Deu-se a debandada (quase) geral, com o afastamento ou desquite de uma organização que se revelava espiritualmente falida mas, anacronicamente, desses desquitados, alguns, demasiados, arrastando um KARMA PATOLÓGICO ou dependência psicomental em relação à mesma, o que em si é um *karma* ou débito insatisfeito.

Esse mal consumado já vinha do tempo do Professor Henrique José de Souza, quando ainda era vivo, pois que inúmeros já então o questionavam severamente, como pessoa e como Mestre, inventando calúnias (que ainda hoje correm na "praça pública" brasileira, as quais tenho combatido esclarecendo como e por que surgiram) ao mesmo tempo que desprezavam os seus ensinamentos, quando não os profanavam comercializando-os, tudo isso com a devida e honrosa exceção de uns raros Eleitos que mantinham viva em sua consciência que O DISCÍPULO SÓ PODERÁ SER ADEPTO PELOS SEUS PRÓPRIOS ESFORÇOS, e que A CONSCIÊNCIA DO MESTRE ESPIRITUAL ESTÁ NATURALMENTE ACIMA DA VULGAR E PROFANA, repleta de preconceitos e inibições. Razão para o mesmo Henrique José de Souza afirmar aos presentes na antiga Sociedade Teosófica Brasileira: "Muitos dos que aqui estão, daqui não são... muitos dos que aqui não estão, daqui são!" Feliz e risonho, chamava "abençoados Mestres" aos seus discípulos quando estes cumpriam com a Lei; triste e sombrio, chamava-lhes "maus aprendizes de discípulos" e dizia que ele é que era o Mestre e Fundador da Obra, logo só ele sabia, com justeza e perfeição, quando eles não cumpriam com a mesma Lei Divina que a tudo e a todos rege.

Isso terá valido ao professor a fama de "pessoa com mau feitio", esquecendo ou ignorando aqueles que disso o apelidaram estarem tratando com o *Iniciador* ou *Mestre Supremo* e não com os seus pares iguais entre si, vulgares como qualquer homem comum. Para que em sua natureza hipersensível não repercutisse o karma alheio, carregado por qualquer e vulgar pessoa que dele se acercasse, e para que ouvidos despreparados, logo propensos à confusão e à dúvida, não ouvissem as suas revelações verdadeiramente supra-humanas, assim poupando-se a mais sofrimentos físicos e morais, o Professor Henrique passou a receber em sua casa só os membros da Série Interna, antiga Série D ou Astaroth, portanto, os mais adiantados no conhecimento teosófico promanado da sua boca perfumada.

Mesmo com todos sabendo dessa diretiva do professor só receber os membros da última Série, havia quem ignorasse essa decisão e o procurasse. Foi assim que certa senhora, pertencente ao primeiro Grau ou Série Peregrino, muito devota, beata e teimosa, fez uma longa viagem até a casa de Henrique José de Souza em busca da solução para os seus problemas pessoais, de cariz matrimonial e financeiro, nada espirituais, senão a curiosidade que a movia de conhecer ao vivo o "Grande Mestre Aghartino". Pois bem, chegada aí, depois de tão longa viagem, bateu na porta insistente. Finalmente abriu-se o postigo, surgindo o busto do professor. "Que deseja?", perguntou ele. "Falar com o sr. prof. Henrique José de Souza.", respondeu ela. Réplica seca: "Não mora aqui.", e fechou-lhe o postigo na cara.

Outras e muitas vezes, em sua residência de São Paulo, o Professor H.J.S. recebia os discípulos que o procuravam de uma maneira muito peculiar, para não dizer desagradável. Ficava sentado na poltrona, com semblante mal-humorado olhando fixamente para a parede, como que fazendo "birrinha", sem lhes conceder um simples olhar, uma simples palavra. Isso, naturalmente, chocava os discípulos presentes, motivo para o próprio Paulo Machado Albernaz desabafar: "O professor era de trato difícil". Ao que lhe respondi: "Se ele agia assim, mas não sempre porque gostava muito de receber visitas dos discípulos e queixava-se quando não as recebia, era porque esses discípulos o procuravam com 'mais barriga do que cabeça', isto é, para que lhes desse mais quando ainda não haviam assimilado o muito que já tinham recebido, além de se terem portado mal, por palavras e atos, para com o Mestre, para com a Obra, para com os seus Irmãos da mesma Obra, o que ele via nas suas auras, sem que pudessem mentir. Então, mostrando o seu profundo desagrado, castigava-os dessa maneira".

Havia, pois, uma seleção prévia dos membros que iriam destinar-se a ocupar cargos cumeeiros na direção da Sociedade Teosófica Brasileira e de todos aqueles a quem estavam destinados certos ensinamentos e práticas de cariz estritamente reservados. A aceitação indistinta dos membros nesses postos de chefia não existia, consequentemente, as pessoas não eram aceitas indistintamente só por ocuparem lugares sociais distintos e usufruírem de posses financeiras como privilegiados em um ambiente onde ainda campeiam as maiores desigualdades e injustiças sociais, no qual a democracia não raro se mostra mais virgem e débil que uma criança e a corrupção tende a apresentar-se como o poder dominante. Quão diferente é esse Brasil sofredor às mãos de alguns xenófobos religiosos e políticos tiranos do seu próprio povo, o que se escoou em várias ditaduras militares de que se ressente com gravidade socioeconômica até hoje, daquele outro Brasil universalista desejado a eventos da maior transcendência por Henrique José de Souza…

Após a supracitada data de setembro de 2005 e a desilusão então havida, permaneceram nessa organização os de faixa etária adiantada que, sem ter para onde ir, por aí ficaram, conformados ou hibernando na espera da salvação de uma Divindade vinda de fora… a quem confiam os seus destinos. Resta adiantar que nem todos conservam-se nessa disposição psicológica, mas tão só a maioria! Outros, mais jovens ingressados na mesma, já com novos dotes e interesses próprios dos avanços sociais e tecnológicos do ciclo vigente, que é o da sua nova geração, adentram as suas fileiras internas mas sem se desligarem dos seus passados psicossomáticos, onde o psiquismo campeia a par de "mestres inventados", logo questionando a mais-valia do professor por comparação com as suas próprias referências, das quais não se desprendem e tomam por mais certas que as do próprio Fundador, pelo que não se integram realmente no Espírito da própria Obra e assim não tomam a mínima consciência da responsabilidade dos seus atos para com essa mesma Obra. Tudo o que lhes caia nas mãos, por mais sigiloso e importante que seja, e por não terem a noção de *responsabilidade* em que ninguém os educou e tampouco lhes inculcou, inevitavelmente acabará sendo conspurcado da maneira mais insana na qual, por norma, nunca se prescinde do exibicionismo e espectáculo. Para todos os efeitos, são esses TODOS *JIVAS*, logo, pura "Vida-Energia" e não "Vida-Consciência", pelo que estão sob a égide da LUA influindo grave e sensivelmente – no Sistema Geográfico Sul-Mineiro – em ITANHANDU.

JIVAS também são esses que se tomam por JIVATMÃS ou Solares mas não passam de Lunares, mais que isso: *lunáticos*, indo fundar as suas seitas e criar negócios com o que aprenderam do Professor Henrique José de Souza. Conto-os às centenas... tendo aumentado o seu número desde 2005. Quando os contato nem me respondem, com medo de serem denunciados quanto à Fonte de que usufruem mas não referem, para que o negócio de almas e carteiras se mantenha.

Outros ainda, em uma organização já sem JINAS mas repleta só de *JIVAS*, dispõem-se nos Templos da Obra do Eterno como se estivessem na igreja católica, protestante ou metodista, ou então abandonam a Obra e retratam-se fielmente no séquito de alguma "igreja universal" ou "maná" (e que maná para os seus dirigentes...), quando não retrocedem ao espiritismo encapotado na figura de algum falso profeta ou messias manco.

Perante o desalento de todo esse quadro constrangedor atual, coloca-se a questão: o Professor Henrique José de Souza, com toda a sua sabedoria e clarividência, por que não previu os acontecimentos que se iriam dar nessa sua Instituição?

Ele previu, e deixou escrito, mesmo não tendo fundado nenhuma Sociedade Brasileira de Eubiose (1969), e sim a Sociedade Teosófica Brasileira (1928). Há várias Cartas pessoais e gravações suas que falam desse esgotamento espiritual e o consequente fim da Instituição até ao ano 2000, esta a data escrita na sua Carta-Revelação de 3 de sembro de1951, com o título *Finis*..., inserta no *Livro das Falas*, adiantando nessa outra Carta-Revelação de 16 de novembro de 1952, ainda em referência ao destino da mesma Sociedade: "Não haverá, propriamente, nenhuma destruição, embora haja, em outro sentido, que não pode agora ser revelado". DESTRUIÇÃO PSICOLÓGICA, direi eu hoje, isto é, DESALENTO OU DESÂNIMO D´ALMA, assim sem vida, sem ânimo por mil e uma razões todas devendo-se, em última análise, à ausência efetiva do sentido e consciência real do que em verdade seja e pretenda esta OBRA DO ETERNO NA FACE DA TERRA.

Para que a INTEGRAÇÃO do discípulo fosse verdadeiramente EFETIVA, REAL, ao mesmo tempo que não se corria o risco dele vir a conspurcar ou trair os Mistérios que lhe fossem confiados, contrariando assim o atual princípio da indiscriminação em que qualquer um, mesmo que despossuído de categoria espiritual e humana para cargos de nomeada, assume funções diretivas, em uma clara demonstração de hegemonia decadente anti-iniciática e antitradicional sob o pretexto de "democracia e humanitarismo" (contrariando o mais básico dos sentidos de hierarquia e de espiritualismo, que são a base do bom funcionamento de todo e qualquer Colégio Iniciático), dizia, para reduzir a eventualidade futura do discípulo trair, e para aumentar a possibilidade doravante do mesmo discípulo conseguir a Integração efetiva à sua Mônada Divina, o que é INICIAÇÃO REAL por se tratar da efetiva TRANSFORMAÇÃO DA VIDA-ENERGIA EM VIDA-CONSCIÊNCIA, realizaram-se até pouco depois da morte do Professor Henrique José de Souza INICIAÇÕES SIMBÓLICAS com conteúdo espiritual, REAL, acompanhadas dos respectivos Juramentos solenes, que eram 4 mais 1 de acordo com a passagem gradual dos 4 mais 1 Graus Iniciáticos. De maneira que o Discípulo estava permanentemente comprometido com a Hierarquia Espiritual do Colégio que vigiava de perto a sua evolução efetiva, logo, estava constantemente comprometido com a Divindade nele, consequentemente, com a sua verdadeira evolução.

Muitas vezes a Coluna J ou da "Sabedoria" de JHS, o engenheiro agrônomo António Castaño Ferreira, costumava "caprichar" no momento de reflexão do recipiendário quando se apagavam as luzes do Templo, fazendo jus ao seu espírito irascível, principalmente quando sabia que aquele que buscava a Iniciação e os seus Mistérios era motivado pelas piores razões. Então, na treva do momento, fazia o seu teatro, ouvindo-se a sua voz soturna com macabras palavras: "Você vem para aqui mas não sabe em que se mete. O último que esteve onde agora você está, levamos uma semana a devorá-lo… Este Colégio é diabólico, anda de artes com o Diabo, o que você quer para a sua evolução tão distinta ele não tem para lhe dar, senão estas trevas que escondem o seu deus que daqui a pouco tomará conta do seu corpo e da sua alma. Se eu fosse você, fugia quanto antes…" A verdade é que quando se tornava a acender as luzes, o desgraçado havia mesmo fugido. Isto repetiu-se muitas vezes, e só parou quando o Professor Henrique soube das pilhérias pregadas pelo Ferreira, proibindo-o severamente de repetir as façanhas, chamando-o "Tentador sem escrúpulos". Pudera, António Ferreira era Coluna de ARABEL, o Quinto Senhor, emprestada a AKBEL, o Sexto Senhor, tal como também eram o Tancredo de Alcântara Gomes, a Coluna B ou da "Devoção", e Hercília Gonçalves de Souza, a primeira esposa do professor, nascida em 29 de Agosto de 1886 e falecida em 18 de julho de 1931.

Com esses episódios picarescos do Ferreira a S.T.B. ganhou fama de "seita demoníaca", apodo espalhado de bom grado pelos setores protestantes e católicos, mas também se livrou antecipadamente de pessoas com todas as potencialidades de perjuras e traidoras, como depois muitas delas se revelaram, gerando intrigas e perseguições ao Professor Henrique. Nomes das mesmas? Não os dou, tanto mais que o Venerável Mestre a todas perdoou e muitas voltaram à Família Teosófica, de onde não mais saíram.

Apesar das Iniciações dos quatro Graus MANU – YAMA – KARUNA – ASTAROTH ainda hoje serem executadas nessa hodierna instituição brasileira, contudo perdeu-se o senso da seleção ou discriminação natural daqueles que realmente merecem ser iniciados, assim mesmo, em meio a um formalismo ritualístico tanto menos apreendido como incompreendido, perdura pouco mais que um compromisso de honra, principalmente na admissão à Série Interna. Isso acaba redundando em deixar aceder ao escrínio da Obra e seus Tesouros qualquer um(a), mesmo que não possua cultura nem caráter suficientes para usufruir tamanha dignidade, logo, tampouco possua consciência dos valores reais a que acaba de ter acesso. Agindo assim, será como retirar uma criança do jardim de infância para ser reitora de universidade! No entanto, devo informar que essas mesmas Iniciações Tributárias ou de Maçonaria Aghartina desde a primeira hora (1978) nunca deixaram de vigorar no seio mais secreto da TEURGIA Lusitana, com senso de seleção ou apartamento dos que merecem ou estão preparados, daqueles que não merecem por interior despreparo, tendo isso dado os melhores resultados humanos e, sobretudo, espirituais. Abrangendo todos os Reinos da Natureza, como é facilmente observável, trata-se do exercício da Lei de Seleção Natural como método e pedagogia de Iniciação, nesse caso, onde o mais forte ou capacitado reina sobre o mais fraco ou incapacitado espiritualmente.

Todos os Juramentos que dizem respeito à Hierarquia de Dignitários – da ORDEM DO SANTO GRAAL –, assim como extensivamente a toda Hierarquia Oculta ou Grande Loja Branca, podem ser divididos em dois grupos:

1. O *Juramento de Iniciação*, no qual o Iniciado obriga-se, sob o mais solene juramento, a jamais revelar, sob pena de expulsão sumária da Instituição, da Ordem e da Obra, qualquer dos segredos que lhe forem confiados, e a nunca revelar, sem autorização expressa dos quadros superiores dos Dignitários, alguma parcela dos conhecimentos que forem entregues de boa-fé à sua guarda.

2. O *Juramento de Cargo*, prestado quando algum membro da Instituição e da Ordem assume um cargo específico na Obra. Esse juramento de honra relaciona-se com as suas funções e inter-relações com a Instituição e a Ordem.

Quanto aos objetivos dos 1 + 4 + 1 Graus de Iniciação e Ensino, conforme a Carta-Revelação de J.H.S. de 7 de agosto de 1953, *Esquema do novo método de ensino na S.T.B. para se chegar a ser um consciente Membro da "MISSÃO Y"*, são os seguintes:

PEREGRINO – O neófito saído da Humanidade comum fazendo, pelos seus próprios esforços, a sua própria seleção de aproveitamento.

MANU – A Vida pela Geração e as Leis do Ciclo que são dadas ao respectivo Iniciado para que ele trabalhe no meio material. Viver é fácil; saber viver é difícil.

YAMA – É a etapa mais difícil da Iniciação, pois objetiva a autotransformação efetiva do Iniciado, a Morte profana de vez para sempre. A pessoa terá de deixar de ser o que é, para tornar-se o que deverá ser, conforme os padrões da Lei.

KARUNA – É a etapa do Julgamento do trabalho humano e espiritual já realizado em uma vida. É justo, mas nem bem nem mal, tão só o que o Iniciado realmente merece.

ASTAROTH – Coleta o resultado da evolução do Iniciado conseguida e aproveitável pela Lei. Os frutos (experiências espirituais) serão aproveitados, as palhas (vivências materiais) serão queimadas.

INTEGRAÇÃO – Compete-lhe a função de Arauto ou Yokanan ao serviço legítimo da Instituição, disseminando, conforme as suas capacidades ou aptidões, a Obra do Eterno na Face da Terra.

Para se alcançar a meta postulada a cada um dos Graus de maneira que realmente confiram a Iniciação respectiva, que é da conquista de maior Consciência, existem as respectivas Yogas de Realização dos mesmos:

PEREGRINO – ALINHAMENTO VITAL e GLOBO AZUL.

Visa alinhar as energias dos veículos da personalidade material (física, vital, emocional e mental) do postulante à Iniciação à sua Individualidade Espiritual, sintetizada no Mental Superior. De maneira que o Alinhamento Vital tem a ver, em princípio, com a preparação espiritual do corpo físico. Enquanto isso, a Yoga do "Globo Azul" pretende uni-lo à Egrégora da nossa Obra, que assim passará a defendê-lo e a orientar a sua Alma no Caminho da Verdadeira Iniciação.

MANU – YOGA DOS CINCO ELEMENTOS (TATVAS).

Esta Yoga e a sua "Respiração Andrógina" têm finalidade idêntica à do Alinhamento Vital, mas opera mais sobre a natureza física-etérica do praticante. Visa equilibrar as quatro energias dos veículos mais densos da personalidade, trabalhando já uma quinta energia, o *Akasha* ou Éter. De maneira que cria nesta quarta Cadeia Terrestre as condições necessárias ao encaminhamento para a viagem projetada à futura quinta Cadeia de Vênus. 4 + 1 = 5. Os Tatvas ("vibrações sutis da Natureza") são dispostos nos lugares certos do corpo físico para assim afetarem positivamente o corpo vital. Esse trabalho procura equilibrar o veículo físico do quaternário humano utilizado nesta quarta Cadeia. Com tal equilíbrio estabelece-se um aproveitamento maior das experiências cíclicas evolucionais do Ciclo presente. Com isso, a Yoga está modelando o corpo vital.

YAMA – YOGA DO CHAKRA CARDÍACO.

Em virtude desse chakra conter o registo de toda a programação evolucional havida na trajetória monádica através das reencarnações, ele é o mais difícil de ser trabalhado. O chakra cardíaco assemelha-se, pois, a uma encruzilhada no Caminho Monádico na face da Terra: traz o que foi conseguido até agora e o que falta conseguir, a fim de adaptar a Mônada Humana ao contexto universal requerido pelo Sistema Evolucional em andamento. Daí o detalhamento do trabalho mentalizando e pronunciando o *bijam* ("semente") de cada "pétala" ou "raio" e entendendo-lhe o significado. Visa com isso iluminar o *Vibhuti* ("pêndulo cardíaco") integrando-se, assim, ao Mundo Celeste, alcançando o Adeptado, transitando da consciência da Humanidade para a da Divindade. Com esse fim, a Yoga do Chakra Cardíaco molda o veículo emocional.

KARUNA – YOGA DOS OLHOS.

Objetivando moldar o veículo mental concreto, esta Yoga também visa completar a formação dos veículos do quaternário humano, dando-lhe a unidade, a fim de que ele possa iniciar um novo trabalho evolucional, qual seja integrar-se no trabalho da próxima Cadeia ou quinto Sistema Evolucional, ou ainda, em outras palavras, integrar-se na Obra do Eterno na Face da Terra. Aumentando a sensibilidade humana prepara o discípulo para a percepção dos sentidos superiores, afinando-o com a Linguagem Universal. O número 10 é o Número Perfeito, como afirmou Pitágoras na *Tetraktys*, e daí os Dez Mandamentos e os dízimos necessariamente tendo que ser pagos pelo ser em evolução. A Humanidade paga os seus dízimos aos Assuras e Makaras. Os Assuras pagam-nos ao quinto Planetário, enquanto os Makaras pagam-nos ao sexto Planetário. Os dois Planetários, "Vasos Canópicos" dos Ishvaras ARABEL (FOGO) e AKBEL (LUZ), por sua vez os pagam a Melki-Tsedek, como oitavo Planetário ou Síntese vigente do processo evolutivo total. Dízimos significam o trabalho transformador pelo esforço próprio, o que não deixa de implicar sacrifícios (*sacrum+facere*, tornar sagrado), ou seja, de tornar sagrados os veículos materiais que abrigam a Mônada Imperecível, para que eles possam expressar com nitidez o Espírito como canais desimpedidos por onde flui animadamente a Ideação Divina. Consequentemente, tais instrumentos humanos ou canais deverão ter "alta fidelidade" em seus valores significativos. Daí *Fides* ou Fé, nada tendo a ver com crer, acreditar ou crença (quem hoje crê muito, acaso amanhã descrerá ainda mais...), como geralmente os religiosos confundem e assim não corrigirem a confusão semântica, infelizmente consignada nos próprios dicionários.

ASTAROTH – YOGA UNIVERSAL.

Começando pela Ideação esquematizada no segundo Trono e nele expressa pelas Potestades dos 4 + 1 Maharajas que, na linguagem do praticante, é a locução "Espaço Sem Limites", continua na escala septenária da descida da Luz ao Trono de Deus, perfazendo-se no Universo da Matéria manifestada em sua maior densidade alcançada, que é trabalho das Potestades Kumáricas, e que na linguagem do praticante é a locução "Espaço Com Limites". Daí, então, retoma a mentalização dos chakras em sentido inverso, até diluir-se no "Espaço Sem Limites". Esta Yoga cria os veículos para o quinto Sistema Evolucional, embora no *Akasha* eles já estejam formados. Por isso a mentalização do azul akáshico só se faz no chakra laríngeo, que é o segundo Trono ou Vau como Verbo do corpo humano, além, evidentemente, da Egrégora da Obra ou "Globo Azul". Os sons mântricos dos três *bijans* pronunciados para cada chakra, na descida e subida da escala septenária, indicam a tessitura que se está fazendo na construção dos veículos para o quinto Sistema. Com isso arrasta o Mental Superior ao quaternário humano.

INTEGRAÇÃO – YOGA AKBEL.

De prática individual, destina-se a construir formas veiculares para o sexto Sistema Evolucional ou Cadeia, cujo Embrião já foi lançado por Akbel. O encontro de *Fohat* vindo de cima, do segundo Trono, como Ideação esquematizada, com *Kundalini* vinda de baixo, de *Shamballah*, e trazendo todo o aproveitamento evolucional da face da Terra já metabolizado nos Mundos Internos, esse encontro, repito, faz vibrar os sexto e sétimo Tatvas – Subatômico e Atômico – esse último de cor púrpura. Esta Yoga dada por Akbel aos Munindras em 28 de junho de 1960, é o processo iniciático de trazer o Espírito e a Intuição ao quaternário humano.

INTEGRAÇÃO – ODISSONAI.

De prática coletiva, é a Yoga síntese de todas as outras, ou, ainda, a Yoga resultante de todo o trabalho iniciático desenvolvido, visando os Sistemas Evolucionais do Porvir, como o Futuro imediato deste quarto Sistema de Evolução Universal em sua quarta Cadeia, quarta Ronda do quarto Globo na quinta Raça-Mãe a caminho da finalização da quinta Sub-Raça, com os trabalhos já firmados para a eclosão das sexta e sétima Sub-Raças que encerrarão o Ciclo Ário. Essa é exatamente a MISSÃO DOS SETE RAIOS DE LUZ em que trabalha galhardamente a nossa Obra. Assim, essa síntese engloba três coisas distintas que, simultaneamente, se resolvem em um mesmo Ritual:

A) Encerra o quarto Sistema Evolucional, transferindo os seus valores para o quinto Sistema. Esse é o significado do Ritual Mágico de Defesa dos Tributários que antecede o Odissonai.

B) Inicia o quinto Sistema Evolucional, com os sete Mantrinhas dos Pupilos em número de 14 ou sete casais, começando a mentalização pelo centro Raiz (*Chakra Muladhara*) e o elemento Terra (*Tatva Pritivi*).

C) Fortalece o Embrião do sexto Sistema com a pronúncia do *bijam* de cada elemento de cada uma das sete linhas, sendo a quarta composta de casais, totalizando 56 elementos. Estes, somados às duas tríades representando o Espaço Sem Limites e o Espaço Com Limites, mais o casal Ulisses-Ulissipa, totalizam 64 elementos. Como se vê, se a esse número somar-se os 14 Pupilos ter-se-á o Tarot completo, ou 78 lâminas. E, ainda, se acrescentar-se os 24 mais o casal do Ritual dos Tributários, mais os 7 componentes da mesa dirigente, ir-se-á ter o número completo da Hierarquia Assúrica representando os Makaras (Corte do sexto Senhor): 111 elementos. Como se depreende pela meditação feita, tal perfeição métrica e numérica aliada à perfeita e exata pronúncia dos *bijans*, mais a mentalização simultânea e perfeita dos chakras, gerará uma energia tal que comoverá e transformará a matéria densa, conformando-se ao arquétipo visado pelo segundo Trono. Eis a consciência que se deve ter ao participar desta Yoga!

Mas consciência nenhuma teve um fogoso irresponsável de Itanhandu (MG) que, ainda homem novo, após aceder ao Grau ou Série Interna da supradita Sociedade brasileira – nossa congênere – e tido acesso ao material reservado da mesma, não a fez por menos: publicou as impublicáveis Cartas-Revelações do Professor Henrique José de Souza no seu site da internet, e vem publicando todo o espólio reservado da mesma Instituição, assim espoliando esta do seu patrimônio interno.

De imediato contatei os responsáveis na Sede da Entidade em São Lourenço (MG), alertando-os para o caso e que, sob *o pretexto exclusivo da defesa do Nome e Obra do Professor Henrique de Souza*, eu iria acionar um processo jurídico contra essa pessoa, logo convindo estar presentes no tribunal os donos ou proprietários legítimos desse patrimônio furtado, ou seja, os filhos e herdeiros do Professor Henrique José de Souza: Hélio Jefferson de Souza, Jefferson Henrique de Souza e Selene Jefferson de Souza. Informei que iria acionar um processo-crime de usurpação de direitos autorais cujo infrator incorre na lei penal nos termos do artigo 20º e seguintes do Código do Processo Civil da Lei Jurídica do Brasil. Para isso iria entrar uma Carta Rogatória no tribunal da Comarca Cível de São Lourenço a partir da manhã de segunda-feira de 4 de março de 2008, a fim do despacho seguir para a Comarca Cível de Itanhandu e o Juiz de Direito dar satisfação ao caso a favor do lesado (a Sociedade), representado por um ou todos os três filhos legítimos de Henrique José de Souza, herdeiros e proprietários da coisa ofendida (o material furtado por esse senhor e que está registado em nome deles).

De maneira que alertei essa Sociedade, os seus dirigentes e lhes ofereci as bases jurídicas para avançarem. Agora, é com eles... o meu Dever para com JHS e a sua Obra está cumprido. Resta que cumpram a sua parte, nesse caso que já se universalizou através do moderno meio virtual chamado internet. Se ficarem como têm estado até hoje, mudos e quedos, certamente abrirão caminho a acontecimentos ainda piores, a ponto de lhes rapinarem tudo.

Quanto a esse cidadão, cujo nome aqui não dou, foi diretor do Departamento dessa Sociedade em Itanhandu, cargo de que se serviu para furtar o material reservado de JHS, xerocando-o às escondidas e logo depois publicando vários originais das Cartas-Revelações de Henrique José de Souza, assim como textos de apostilas internas da Instituição, nomeadamente as lâminas do Tarot Aghartino ou os Arcanos da Nova Era, tudo isso defendido pela lei dos Direitos de Autor, como qualquer um que tenha acesso às mesmas pode ler no verso das suas capas. Soube que já há algum tempo corria em um outro Departamento da mesma Entidade, dessa feita no Rio de Janeiro (RJ), um processo jurídico contra o mesmo cidadão, acusado de roubo. E quando pessoalmente o confrontei com tais acusações de mentiroso e ladrão, ele riu-se descaradamente.

Visitei o *site* virtual desse senhor, graças a Deus pouco conhecido, frequentado praticamente só por impúberes psíquicos, a maioria parecendo-me jovens fogosos como é próprio da idade, completamente inconscientes, irresponsáveis e muitíssimo confusos, que nada sabem dessa Obra Divina mas que tudo querem dela sem, contudo, com Ela se comprometerem, a ponto de um deles ter escrito um comentário tão extraordinário como este: "Henrique José de Souza traiu JHS que o abandonou" (!!!). Mas Henrique José de Souza é JHS, sigla cabalística ou avatárica do mesmo.

Tomando por inspiração o livro *O Segredo*, divulgado pela milionária apresentadora de *reality shows* norte-americana, Oprah Winfrey, e que tão só trata da já velha, agora querendo-se nova e inédita, teoria metodista e evangélica do *pensamento positivo*, da *autoajuda* e

Henrique José de Souza (JHS)

do *autoconhecimento* (como é que um doente psicossomático pode ter pensamentos positivos, auto ajudar-se e autoconhecer-se, é o que pergunto. Como os médicos também adoecem, Jesus replicava com o axioma: "Médico, cura a ti mesmo", se és capaz!), o supracitado cidadão chega ao ponto de os comparar à Eubiose!!! Depois passa para o elogio do romance plagiado por Dan Brown a outros (os semelhantes atraem-se) e desfecha-se na Projeciologia Astral (se por esta pode ter acesso direto às coisas, então, porque necessita roubá-las?!).

Que mais posso dizer desse *site* ou covil de ladrões, prosseguindo até o momento na sua faina rapace, senão o que escreveu certa voz ajuizada sobre o mesmo: "O que está sendo feito nesse *site*, repousa somente na vontade de contestar ou, no caso de outros, simplesmente atacar e outros ainda, divertir-se. Tipo: 'Eu não sei o que quero, mas sei o que não quero. Assim, derrubemos e depois vejamos o que é possível fazer'."

Ainda assim, falarei um pouco sobre o Tarot Aghartino e as Cartas-Revelações. Começo pelo Tarot.

Esses *Arcanos da Era de Aquarius* foram originalmente desenhados com pena de nanquim em preto e branco, e estão expostos em um pequeno painel na "Sala dos Goros", no primeiro andar do Templo de

São Lourenço (MG). Quem os desenhou foi Maroucha Strauss, mulher do comandante Paulo Strauss, inspirada na descrição feita no *Livro do Perfeito Equilíbrio* (1954), do Professor Henrique José de Souza. Posteriormente, Hilda Martins pintou-os e Wagner Fraguás restaurou-os, imprimindo-os para figurarem exclusivamente nas apostilas nº 7 e 8 da *Série Astaroth* da S.B.E. Mas o pintor original das 22 lâminas do *Tarot Aghartino*, a pedido direto do Prof. H. J. S. em 1962, foi o seu discípulo, que com ele conviveu durante 33 anos, sr. Paulo Machado Albernaz. O Tarot pintado por esse autor está exposto em 22 quadros de tamanho razoável no Salão do Templo do Departamento da Eubiose, em São Paulo (SP). Os desenhos e as cores que se vêm na criação pictórica de Paulo Albernaz tiveram a intervenção em pessoa do próprio JHS. Consequentemente, as lâminas pintadas que essa Sociedade apresenta nas suas apostilas são já uma segunda versão um tanto afastada da original, de que apresento a lâmina seguinte correspondente ao *Arcano do Brasil*:

Foi o próprio Paulo Albernaz quem me confirmou, em carta endereçada de São Paulo com a data de 16 de novembro 1999: "(...) as lâminas do Tarot do Novo Ciclo, pintadas por mim e que estão expostas na antecâmara do Templo do Departamento de São Paulo.

Os quadros originais que pintei têm o formato de 75 × 50 centímetros e obedecem à mesma forma do pequeno quadro com as vinte e duas lâminas, que foram pintadas a bico de pena por uma das Irmãs da época (Maroucha Strauss), a mando de JHS. Ele teve uma visão mental desses Arcanos e colocou-os em algumas das suas muitas revelações escritas em 1954 e 1955. O pequeno quadro está no Salão Nobre do Templo de São Lourenço. Sem ter a menor ideia de que iria pintar tais Arcanos, recebi do próprio Mestre JHS, pessoalmente, no ano de 1962, a orientação de como deveria proceder quando fosse executar a pintura, o que só ocorreu muitos anos mais tarde. Aqui está, em linhas gerais, a história desses Arcanos. Eles são as lâminas do Novo Ciclo em substituição às de Thot, que são as divulgadas por todo o mundo. O personagem Thot é o mesmo conhecido por Thot-Hermes e depois como Hermes, o Trimegisto. Na realidade ele teria sido egípcio primordialmente, passou-se para a tradição grega e depois para a romana."

Passo às *Cartas-Revelações*. Esse triste episódio do furto das mesmas por esse infeliz personagem lembra-me aquele outro ocorrido cerca de 1960 com o Professor Henrique José de Souza, relativo a deixar que alguns membros destacados da S.T.B. levassem para seus lares Livros de Revelações para estudar. Chamando-lhe a atenção para o caso do mau uso que lhes poderiam dar, alguns discípulos chegados tiveram dele a seguinte resposta: – Se fizerem bom uso das Revelações, será bom para eles! Se fizerem mau uso com as Revelações, que se cuidem com o Karma!

Mas também nisso o professor tomou as devidas e antecipadas precauções, o que me leva a contar um outro episódio muito pouco conhecido na Obra hoje em dia. Além de já ter queimado vários Livros de Revelações no quintal da Vila Helena, reduzindo-os a cinzas, e de ter lacrado externamente o Portal "Luz de Chaitânia" levando ao interior do Monte Verde (a Montanha Sagrada Moreb), o professor desencadeou ainda mais, através dos Badagas do Mekatulam, nos fins de 1962: há por debaixo do altar do Templo de São Lourenço uma pequena cripta, onde eram guardadas as Revelações e Escritos originais de JHS. O acesso a essa cripta e a esses originais só era permitido à escassa minoria, em que se contava o Instrutor António Castaño Ferreira e o Mordomo do Templo, Sebastião Vieira Vidal. Pois bem, por essa data, este último certa vez desceu à cripta e ficou terrificado ante o que viu: uma das paredes apresentava um enorme rombo deixando antever um largo buraco que se prolongava indefinidamente na escuridão da terra adentro (que depois tornou a fechar), e os Escritos e

Livros de Revelações originais (*do Graal, da Pedra, Síntese*, etc.) estavam completamente molhados, apodrecidos, irreconhecíveis mesmo, não deixando que se percebesse neles uma só palavra, uma só figura. Apavorado, Vidal correu para junto de JHS para contar a desgraça. Este ouviu atentamente, em silêncio, depois sorriu e levou o indicador aos lábios, pedindo silêncio! Em verdade, ele havia ordenado aos Badagas que recolhessem os textos originais e deixassem no seu lugar papéis demolhados e podres, sem préstimo. Quero com isso dizer que, excetuando o que na ocasião estava depositado na Vila Helena, residência do professor na mesma São Lourenço (algumas Cartas-Revelações, o Livro-Sarcófago, os Álbuns Fotográficos e pouco mais), não há um só original dos Livros de Revelações de JHS em posse da atual Instituição brasileira. Tão só cópias de cópias, conservadas em mãos particulares de alguns membros da Série Interna e nos arquivos dos Departamentos da Sociedade, muitas das quais já não correspondendo aos originais. Ainda assim, aqui e ali, ficou registada a memória desses mesmos originais em raras e antigas fotografias.

Original do Livro Síntese do Professor Henrique José de Souza (JHS)

Está nisso a razão de aparecerem por aqui e ali Livros de Revelações transcritos à mão de Cartas soltas, por falta dos originais, e também a razão de se desconhecer a maioria dos títulos que os vários conjuntos de Cartas portavam. O que hoje essa Sociedade conserva se deve às diligências pessoais de Hélio Jefferson de Souza junto dos Irmãos mais antigos da Obra que conservavam Cartas-Revelações enviadas a eles pelo professor ou por ordem direta dele, ou ainda que recolheram, devidamente autorizados, nos Departamentos onde exerciam funções. Mais uma razão jurídica a justificar quem é o legítimo proprietário desse patrimônio!

Ora o que o tal senhor de Itanhandu apresenta no seu *site* virtual são Cartas avulsas, a maioria soltas dos Livros com os seus títulos respectivos, como é o caso do *Livro das Cadeias* que ele não assinala, certamente por desconhecer os nomes ou títulos dados pelo próprio JHS aos diversos conjuntos de Cartas selecionados para perfazerem Livros de Revelações. Foi assim que eles nasceram e é assim que a maioria dos membros da atual Sociedade desconhece terem títulos. Na Biblioteca da Matriz em São Lourenço, de onde esses textos são irradiados para todos os Departamentos, os mesmos estão ordenados por datas e não por títulos cuja memória já se perdeu, repito. Contêm-se conservados em um armário de metal nessa sala, ao fundo à esquerda junto à janela ampla que dá para o pátio lateral ao Templo.

Esse tal senhor também erra a toda a linha quando diz que o Professor Henrique José de Souza "foi um escritor profícuo durante vinte anos". Não, ele foi um escritor profícuo durante mais de 50 anos, e o seu primeiro Livro de Revelações, chamado *Livro das Correntes*, recua a 1921-24. O último, terminou-o em 1963. Porque ele escreveu tanto? Para dar instruções privadas contidas em textos igualmente privados a determinado Grupo selecionado previamente por si, dividido em duas classes, *Makaras* e *Assuras*, e por isso a linguagem cifrada que usou, como medida de precaução ou defesa desses mesmos textos, mas que ele mesmo decifrava exclusivamente àqueles a quem se destinava, isto é, os desse Grupo reservado de Eleitos ou a Elite da Obra do Eterno na Face da Terra que o acompanhou ao longo dos decênios. Os componentes do mesmo, hoje, praticamente partiram todos, e só sobra o que sobeja.

Pois bem, essas instruções eram dadas, aplicadas, modificadas e ampliadas à medida que os anos passavam e tal Grupo progredia para uma Meta exclusiva – a integração nos seus *Manasaputras* em *Shamballah*, o que vale por Suprema e Final *Redenção dos Bhante-Jauls*. Atualmente comenta-se – quando se comenta – as Cartas sem a certeza de que seja exatamente esse o seu sentido, mas é natural que assim seja, pois as testemunhas vivas da origem e finalidade das mesmas hoje já faleceram.

O método que o professor usava para escrever as suas Cartas privadas, era o seguinte: servia-se da sua máquina de escrever usando papel químico para que saíssem duas ou três cópias sob o original escrito. Depois, punha aqui e ali, nas margens das laudas já escritas, geralmente com o timbre do APTA para autenticá-las, anotações feitas à mão, ou então as duas coisas: rasurava frases já datilografadas e escrevia à mão ou novamente à máquina por cima delas, de onde o resultado final da lauda escrita geralmente apresentar um aspecto muito confuso. Outras vezes, quando as forças lhe faltavam ou faltava-lhe tempo para escrever, ditava os textos em aparelho gravador que Irmãos selecionados da Obra – os do dito Grupo de Príncipes ou Principais de JHS – datilografavam a seguir. Foi assim que o falecido coronel Aldo da Luz, morador muito próximo da "Casa Misteriosa" do *Mekatulam*, no Bairro Carioca de São Lourenço (MG), datilografou, após instruções prévias do professor, o Livro de Revelações *Diário Estranho* (começado em 28/30 de novembro de 1956). Havia também quem escrevesse à mão as instruções internas que ouvia de viva voz do professor e depois as datilografava, de maneira que muitas instruções orais sobreviveram até hoje graças à feliz iniciativa desses preclaros membros, como, por exemplo, Sebastião Vieira Vidal que anotou e gravou todas as instruções do professor já acamado na Clínica São Lucas, em São Paulo, nesse ano de 1963. Ou então todas as instruções privadas dadas por António Castaño Ferreira, ou pelo próprio Supremo Dirigente, que Paulo Albernaz e Isak Lustig, por exemplo, escreveram à medida que eles falavam, o que constitui um acervo raro que, graças aos Deuses, sobreviveu até à atualidade.

O método utilizado pelo professor para comunicar os ensinamentos reservados, geralmente era o seguinte: escrevia de manhã, por exemplo, uma Carta, e à noite lia-a na Sede da Entidade, acompanhada da explicação do que expunha. Quando não podia estar presente, por quaisquer imprevistos, encarregava o irmão da sua esposa, dona Helena Jefferson de Souza Ferreira, ou seja, o engenheiro agrônomo António Castaño Ferreira, de a ler e comentar segundo as palavras do próprio JHS, ainda que CAF tivesse liberdade absoluta para também usar os seus comentos pessoais, geralmente resultando em uma revelação sobre a Revelação.

Na minha modesta opinião, considero que as Cartas-Revelações tais como se apresentam nos originais, muitíssimo riscadas e rasuradas pelo punho do próprio autor, naturalmente vão refletir no leitorado comum, nada avisado sobre a origem e finalidade das mesmas, a consideração delas apresentarem pensamento fragmentado, sem continuidade e logo com forte sabor ilógico e incoerente, o que levará a uma péssima apreciação psicológica do perfil do seu subescritor. Portanto, revelá-las "em bruto" publicamente acaba mostrando-se um péssimo serviço à Humanidade, e ainda pior à própria pessoa de Henrique José de Souza, a quem o famoso e controverso cidadão – com comportamento psicológico algo semelhante a uma mistura arrevesada de comunista com protestante, demonstrativo de dupla personalidade por várias razões que aqui não vêm ao caso, mesmo assim dando ares de "mestre iluminado" e inclusive apresentando-se com uma jovem ao lado, em uma fotografia, como se fosse um novo tomo dos "Gêmeos Espirituais" – traiu, traindo o seu Juramento solene ante o Santo Graal.

De modo que a divulgação pública das Cartas-Revelações de JHS não me parece resultar em utilidade alguma para o Bem Público, pelo contrário, só irá semear mais confusões sobre o número descomunal das que já existem. Mesmo sabendo que a internet é um moderno meio de comunicação universal, ela não é usufruída por toda a Humanidade – a maioria não tem posses para os bens básicos de sobrevivência, quanto mais para esbanjar dinheiro em "bens de luxo" –, mas ainda assim, quase de certeza, esses textos privados irão cair nas mãos dos espoliadores e ladrões das ideias alheias que se servirão dos mesmos para criar novos mitos, novas "revelações", novas escolas "intra e extraplanetárias" e coisas mais e más do gênero, destinadas a espoliar os alheios na carteira e na alma. Já agora, temos essas "igrejas universais de manás" usando como *slogans* comerciais o que ouviram de vozes da nossa Obra, nomeadamente esses de "Gruta Sagrada" e "Santuário das Riquezas", o que tem sido uma riqueza para eles, os eternos falsos profetas ladrões descarados do alheio em nome da escritura sagrada a qual estropiam a seu bel-prazer, levando tudo para o domínio pessoal e a fartura financeira, portanto, preclaros seguidores não de Cristo mas de MAMMON!... Tem sido sempre assim, diz-me a experiência de trinta e alguns anos ao serviço da Obra do Eterno, e quem irá pagar as culpas de mais um desaire psicomental será... Henrique José de Souza. Mas o verdadeiro culpado é esse ladrão que só parará quando for chamado à justiça legal, o que já devia ter acontecido. Sem nenhuma noção de democracia mas muita de demonocracia, completamente imprestável para o verdadeiro Progresso Humano, mostra-se ausente das noções de LIBERDADE (de princípios), de IGUALDADE (em princípio) e de FRATERNIDADE (com todos os princípios), mas muito presente em LIBERTINAGEM, ESNOBISMO e PRESUNÇÃO. Sim, o que ele faz revela-se um serviço imprestável ao Eterno através da Humanidade, pois que usa de meios ilegais e implausíveis para atingir os mais que ridículos propósitos!

Isso lembra-me aqui uma conversa privada que tive há muitos anos com um teósofo português coevo do Professor Henrique José de Souza, o arquiteto Jorge Baptista, que a dado momento disse-me sobre os ensinamentos reservados do Mestre: "Ler as Cartas-Revelações sem preparação alguma só pode resultar na loucura certa!" Dei-lhe inteira razão.

É muito natural que as Cartas-Revelações se apresentem como estão, riscadas e rasuradas pelo professor, pois, como já disse, elas privavam só entre alguns que, aos poucos, iam adquirindo o conhecimento completo que lhes estava reservado. Por exemplo, era costume acontecer, no seu método próprio de Iniciar, de o Professor Henrique falar hoje de "assunto x", e a seguir deixá-lo; só passados dias, meses ou anos voltava a retomá-lo. Por que agia assim? Para que os seus discípulos refletissem ou meditassem no que receberam, e só depois, após tudo bem assimilado, voltar "à carga" retomando o assunto com novas e inéditas nuances do mesmo, o que constituía *revelação*.

Com a morte do Professor Henrique José de Souza, o REVELADOR, naturalmente terminou a feitura das suas Cartas-Revelações, e doravante o vasto espólio destas passou a ser usado e comentado por aqueles que sabiam do seu significado real por terem ouvido da Voz original, como foi o caso de Roberto Lucíola, discípulo direto nos últimos dez anos de vida do Mestre. Só depois, principalmente a partir de 1969, apareceu um escol de instrutores comentando as Cartas por sua conta exclusiva, quase todos já fora do sentido original das mesmas. Hoje, por autismo ou desleixo, quiçá, poucos leem as Cartas e infinitamente menos sabem do seu significado real, assim tomando o Professor, HJS como um personagem distante envolto em brumas de quimera, isso, para eles, se acaso existiu de fato, logo nunca o tendo conhecido tampouco sabem das suas pretensões reais.

Consequentemente, as Cartas-Revelações são acervo privado, cujo conhecimento contido nas mesmas só se destinava a alguns, os do dito Grupo de Makaras e Assuras... desaparecido. Foi assim que o professor quis e assim foi feito durante toda a sua vida, por ordens expressas suas nesse sentido.

Não esquecendo jamais as restantes criaturas humanas, eis aí os milhares de artigos, conferências, solenidades públicas, de exclusivo gabarito teosófico que, estes sim, destinavam-se a toda a Humanidade e a tornar conhecida a Sociedade Teosófica Brasileira em todo o mundo, o que se conseguiu, pois que os(as) melhores da Raça Humana aglutinaram-se na S.T.B., desde presidentes da República (Getúlio Vargas e Juscelino Kubitschek) a presidentes estatais, camarários e vereadores até cientistas, filósofos e religiosos de nomeada. Foi para levar a toda a Humanidade o melhor dos conhecimentos iniciáticos ou teosóficos que se fundaram as revistas *Dhâranâ*, *O Luzeiro*, *Tim-Tim Por Tim-Tim*, *Alquimia*, entre outras, retumbando em grande sucesso no Bem Público que fizeram, cujo eco chega até à hora presente.

Nessa SINTRA ou CYNTHIA SEMPER FIDELIS, ontem, hoje e sempre, mais uma vez são os seus diletos Filhos e Filhas, através da minha pobre pessoa, a tomar a iniciativa da defesa da OBRA DE JHS, criando defesas eficazes contra o avanço e predomínio das Forças do Mal. Já antes, em 2002, prevendo certos eventos funestos que parecem estar se dando nessas plagas brasílicas, servi-me da Espada Tributária de PHALUS (nome de Makara falecido que o próprio JHS lhe dera), em plena São Lourenço de Minas Gerais, e cravando-a no solo santo, em nome do MÁRTIR mas também MARTE e MAITREYA, fiz o exorcismo das trevas evocando a maior proteção do MEKATULAM no escrínio da Serra da MANTIQUEIRA, e assim também todo o Bem do Eterno vibrando de SHAMBALLAH sobre a terra SAN-LOURENCEANA, espraiando-se a todo o Brasil e ao Mundo, flagrante que ficou registado em fotografia.

Divulgar-se publicamente o que o Professor HJS nunca quis fosse divulgado, só pode desfechar karmicamente em péssimo resultado no futuro imediato. Recordo aqui aquele estranho acontecimento ocorrido com o comandante Paulo Strauss, originado karmicamente por ele próprio por ter dito as coisas "pela metade" e não ter omitido em público o que ouvira em privado do Mestre JHS.

Nos idos de1955, Paulo Strauss realizou uma série de três palestras públicas no Teatro João Caetano, no Rio de Janeiro, que teve êxito estrondoso. O que ele disse nessas palestras foi o que ouviu diretamente da boca de JHS, este que não aprovou nem desaprovou tal iniciativa, antes ficou na expectativa mas não sem antes, muito diplomaticamente, ter aconselhado alguma contenção e prudência ao conferencista quanto ao que iria proferir. Paulo Strauss repetiu publicamente o que ouviu do professor na intimidade, mas omitiu ou se esqueceu de dizer algumas coisas fundamentais, como por exemplo: o Rei do Mundo falaria pela rádio à Humanidade na condição de, até 1956, as nações beligerantes e imperialistas do planeta promoverem um DESARMAMENTO GERAL. Este não aconteceu e logo o Rei do Mundo não falou pela rádio. Ou essa de que até 1980 a República Teosófica estaria implantada na face da Terra, sim... se tivesse havido o DESARMAMENTO GERAL em 1956. Seja como for, as bases arquetipais de tal República, antes, SINARQUIA UNIVERSAL como CONCÓRDIA DOS POVOS, estão cimentadas no Mental Superior da Terra desde 1980. Como Strauss descurou estes importantes acréscimos, o professor depois mostrou grande desagrado, o que era raro nele, certamente receando que a sua pessoa e a da S.T.B. caíssem no ridículo em praça pública, o que em parte aconteceu, fazendo perigar a Instituição e a Obra.

Pois sim, no dia seguinte à sua última palestra pública, Paulo Strauss depois de sair da cama foi fazer a sua higiene matinal e, aterrado, deparou-se no espelho com o rosto disforme de um monstro, uma mistura hedionda de lagarto e leproso. Cobrindo a cabeça com uma toalha, correu desesperado para o consultório do seu amigo, o psicanalista Edgar Soares dos Anjos, instalado na Rua México, na cidade do Rio de Janeiro, e quando este viu a forma monstruosa que Strauss tomara, apanhou o maior susto da sua vida. Para que sossegasse, deixou-o a sós por alguns momentos no seu gabinete, pondo uma música de fundo (o primeiro movimento da "Pastoral" de Beethoven) e o ambiente à meia-luz. Strauss deitou-se no divã e adormeceu. Quando acordou passados instantes, a cabeça de monstro havia desaparecido. A explicação do fenômeno é simples: tratou-se da materialização do karma de Strauss na forma de um monstro, afetando a cabeça, lugar real do Pensamento que ela havia conspurcado, dando-o aos *porcus* ou *pretas*, isto é, aos *profanos* sem Ordem Maior do próprio Rei do Mundo. E essa só poderia ser dada por JHS que, afinal, em momento algum a dera. Cabeça de monstro igual a Mental conspurcado!

Depois disso Paulo Strauss abjurou do Mestre JHS, abandonou a Sociedade Teosófica Brasileira, quis esquecer tudo quanto havia aprendido junto a Ele e à Sociedade, e filiou-se em uma agremiação maçônica do Rito Escocês Antigo e Aceito, onde por lá andou algum tempo, sempre insatisfeito. Seja como for e provando que "Deus escreve direito por linhas tortas", mas não se aplicando ao caso presente de roubo e mentira do cidadão que aqui me traz, as conferências de Paulo Strauss no Teatro João Caetano revelaram-se de grande utilidade para o despertar das mentes comuns para as verdades insofismáveis da Teosofia em suas novas páginas reveladas por JHS. Graças às mesmas, muita gente filiou-se na S.T.B. e por lá andou largos anos, até mesmo depois da morte do Professor Henrique José de Souza.

Enfim, é como dizia Lavoisier: "Na Natureza nada se perde, tudo se transforma"! Pelo contrário, como diz o povo em relação aos ladrões "bem-intencionados": "De boas intenções está o inferno cheio"!

Razão mais que suficiente para adaptar aqui aquelas outras palavras de JHS contidas na sua Carta-Revelação de 3 de setembro 1951 (*Livro das Falas*):

As "causalidades da Obra", mesmo que algumas... um tanto desastrosas... Que os Deuses abençoem a todos quantos fazem parte da Obra! Deus só confia *os seus Tesouros aos verdadeiros* confiantes *Nele... e em seus Mistérios. No mais, O HOMEM É O QUE PENSA! O QUE ELE PENSA, CRIA!* Gerar, criar, formar... *"Eis a Questão"!*

Na mesma sequência, como *finis* do presente estudo crítico, remata o Venerável Mestre na sua Carta-Revelação de 1958 inserta no Livro nº 21 da Obra – *Livro do Ciclo de Aquarius*:

Todos ouviram: "Para se pertencer à nossa Obra é preciso ter honra e espiritualidade". O AT NIAT NIATAT de há muito exigido, como linguagem aghartina, não significa apenas UM POR TODOS, TODOS POR UM ou O UM NO TODO E O TODO NO UM, mas também, o JUSTUS ET PERFECTUS. E tudo isso para não irmos mais adiante, no estado deplorável em que nos encontramos e perseguidos por sombras humanas, covardes como o Passado que não volta. É a isso que se chama Fim de Ciclo, para começo de outro. De fato, nem todos os que estiveram em nossas fileiras possuíam capacidade intelectual e moral, no sentido coracional ou de Amor, para compreender as MINHAS REVELAÇÕES. Por isso, tornaram-se inimigos, dizendo, além do mais, que não encontraram a Realização, justamente por não saberem interpretar o verdadeiro significado de semelhante palavra. Para eles, realizar é obter poderes psíquicos (do passado evolucional da Mônada*), ficar rico, possuir posição superior aos demais, embora que, para nós outros, posição inferiosíssima, porque não passa da de animais de uma Ronda inferior, que nem sequer acabou a sua Evolução junto à chamada Humana, naquela época que foi a Cadeia Lunar... Quem diz "nada ter realizado na Obra", comete um crime de lesa-Divindade, ao mesmo tempo se considerando, sem o saber, ignorante, faltoso e outras coisas mais.*

Pelo que se vê, repito, os que descreem em nossa Obra, porque não realizaram coisa alguma, antes de tudo deveriam estudar os seus novos mestres ou gurus, todos eles sem Missão alguma na Terra. São os falsos messias e profetas. Todos nos odeiam pelo fato de nos temerem, de terem inveja de nós. Eles sabem que "a Inteligência ou Espírito, está conosco, e com eles, o Psiquismo ou a Alma". Todos, portanto, vivendo e obrigando os seus discípulos a recuar aos tempos remotos das consciências não mais em função na Terra. Todos esses estados de consciência estão armazenados por debaixo dessa Inteligência, que é a da Raça Ariana, ou de Manas-Taijasi *para* Budhi-Taijasi, *dirigida por* Budha-Mercúrio. *Mas quem é esse Ser? Uma das maneiras de alegorizar a referida Raça. Todos os Avataras são esse Ser. E todos esses Avataras nasceram e nascerão ainda Daquele que é o seu Bija. Nesse caso, Melki-Tsedek, o nascido sem Pais, de tão má interpretação por todas as religiões, principalmente a judaica.*

Os que saíram da Obra, e nesse rol os que ainda estão, por não terem achado a sua Realização, tal é o mesmo que querer encontrar Deus ou a Verdade fora e não dentro de si. Como aves de arribação, não passam de indivíduos sem inteligência, sem amor e sem coragem bastante para enfrentar os ditames da Lei. Querem vencer pelo lado do interesse pessoal, e não do geral ou coletivo. Que sofram os outros, que nada sejam na vida, mas sim apenas eles e tudo vai bem, pouco importando as suas palavras estudadas, em tom de misticismo, jesuítas que são ou traidores da sua consciência e de todos os seus irmãos em Humanidade.

Jesus já dizia: "Aquilo que Eu faço, vós podeis fazê-lo". No Bhagavad-Gïta, *Krishna ensina ao seu discípulo Arjuna:* "Aqueles que adoram aos Pitris, vão aos Pitris (também pode ser subentendido como padre, como pastor das religiões correntes). Aqueles que adoram aos Bhutas (os espíritos ou elementais da Natureza, mas também, os kamarupas, as almas, etc.), vão aos Bhutas (com vistas aos espíritas, aos macumbeiros, aos da linha de umbanda, etc.). Mas os verdadeiros Adoradores são aqueles que vêm a Mim". Sim, porque tendo adorado a Deus no seu EU INTERNO, chegaram a Deus ou ao seu Representante na Terra. Finalmente, uma Yoga única podem fazer os Makaras e Assuras – isolarem-se de todas as coisas do mundo (estado de Dhâranâ) e meditarem sobre si mesmos:

A DIVINDADE VIVE EM MIM, como vive em seu Representante na Terra, o REI MELKI-TSEDEK. Com Ele chegarei ao meu próprio Avatara.

A Divindade está comigo, está comigo. AUM.

Capítulo XXI
Ordem e Rito de Melkitsedek

Sintra, 23 de janeiro de 2010

MELKITSEDEK E PRESTE JOÃO

O nome *Melkitsedek*, ou *Melki-Tsedek*, como é designado na tradição judaico-cristã, refere-se à função de "Rei do Mundo" na cúspide dirigente de toda a Evolução Planetária, sendo Aquele que está mais próximo de Deus – o Logos Planetário – de cuja natureza participa a ponto de se confundir com Ele, mesmo estando "como a personalidade humana, está para a sua individualidade espiritual", na mais pálida definição.

Na Bíblia, aparece a primeira referência a Melki-Tsedek no *Génesis* (XIV, 19-20): "E Melki-Tsedek, Rei de Salém, mandou que lhe trouxessem pão e vinho e ofereceu-os ao Deus Altíssimo. E bendisse Abraão (…) e Abraão deu-lhe o dízimo de tudo", instituindo-se a Ordem de que fala *o Salmo 110*, 4: "Tu és um sacerdote eterno, segundo a Ordem de Melkitsedek". Este é assim definido por São Paulo na sua *Epístola aos Hebreus* (VII, 1-3): "Melki-Tsedek, Rei de Salém, Sacerdote do Deus Altíssimo que saiu ao encontro de Abraão (…) que o abençoou e a quem Abraão deu o dízimo de tudo, é em primeiro lugar e, de acordo com o significado do seu nome, Rei da Justiça, e em seguida, Rei de Salém, isto é, Rei da Paz; existe sem pai, sem mãe, sem genealogia, não tem princípio nem fim a sua vida, mas sendo feito semelhante ao Filho de Deus, permanece Sacerdote para todo o sempre".

É assim que o sacerdócio da Igreja Cristã chega a identificá-lo à Terceira Pessoa da Santíssima Trindade, o Espírito Santo, mantenedor da Tradição Apostólica que vem do Apóstolo Pedro até o Presente. De maneira que o *Sacrifício de Melki-Tsedek* (o pão e o vinho) é encarado habitualmente como uma "prefiguração" da Eucaristia, pois que o próprio sacerdócio cristão se identifica, em princípio, ao *Sacerdócio de Melki-Tsedek*, segundo a aplicação feita a Cristo das mesmas palavras do *Salmo 110*, e que no *Apocalipse* vem a ser a "Pedra Cúbica" do *Trono de Deus* em que assenta a Assembleia ou Igreja Universal da Corte dos Príncipes ou Principais do mesmo Rei do Mundo.

O livro do *Gênesis* e a epístola de São Paulo aos *Hebreus* referindo-se a esse misterioso Soberano levaram a tradição judaico-cristã a distinguir dois sacerdócios: um, "segundo a Ordem de Aarão", irmão de Moisés; outro, "segundo a Ordem de Melkitsedek", instituído por Abraão e ministrado por Cristo. Este superior àquele, pois se liga do Presente aos Tempos do Advento do Messias, expressando os Apóstolos, os Bispos e a Igreja do Ocidente. E aquele vincula o Passado ao Presente, expressando os Profetas, os Patriarcas e a Igreja do Oriente.

Melki-Tsedek é, pois, ao mesmo tempo, Rei e Sacerdote. O seu nome significa "Rei da Justiça", e também é o Rei de *Salém*, isto é, "Rei da Paz". "Justiça" e "Paz" são precisamente os dois atributos fundamentais do "Rei do Mundo", assim como do Arcanjo *Mikael* portador da espada e da balança, atributos iconográficos psicopompos designativos do *Metraton*, nisto como intermediário entre o Céu e a Terra, Deus e o Homem, presença indispensável do Paraninfo mercuriano ou AKBEL que é quem carrega o ANEL ou ARO, prova da ALIANÇA ETERNA DO CRIADOR COM A CRIAÇÃO, e que na Natureza tem a sua expressão lídima nas sete cores do espectro do ARCO-ÍRIS, de maneira que, sempre que a Humanidade declina em sua Evolução, o ETERNO envia a ela o seu "Filho Primogênito" para restabelecer a Boa Lei, anular a anarquia e a injustiça e restaurar a Ordem e a Justiça, ou seja, ciclicamente descem do Céu à Terra os *Avataras* ou *Messias*. O termo *Salém* designa a "Cidade da Paz", arquétipo sobre o qual se construiu *Jerusalém*, e veio a ser o nome da Morada oculta do "Rei do Mundo", chamada nas tradições transimalaias de *Agharta* e *Shamballah*, correspondendo ao Paraíso Terrestre, ao *Éden* Primordial que a Mítica Lusitana insiste em identificar ao vindouro Quinto Império do Mundo que trará um Reinado de Felicidade e Concórdia com o Imperador Universal, *Melki-Tsedek*, a dirigi-lo.

Melki-Tsedek tinha o seu equivalente no Antigo Egito na função de *Ptah-Ptahmer*; na Índia, é chamado *Chakravarti* e *Dharma-Raja*; os antigos Rosacruzes reconheciam-no como *Imperator Mundi* e *Pater Rotan*, e foi assim que a Maçonaria o reconheceu no século XVIII, consignando-o *Maximus Superius Incognitus*, para todos os efeitos, o *Imperador Universal*.

No século XII, na época do rei S. Luís de França, os relatos das viagens de Carpin e Rubruquis em vez de referirem o nome *Melki-Tsedek,* substituíram-no pelo de *Preste João,* que morava em um país misterioso no norte da Ásia distante. *Preste* significa tanto "Pai" como "Presbítero", e *João* é referência tanto ao Anunciador do Messias, João Batista, quanto ao Apóstolo João Evangelista que escreveu o *Apocalipse*, sendo referência óbvia ao Sacerdócio do Rei do Mundo, insistindo as três religiões do Livro (judaica, cristã e islâmica) que será por Ele que haverá um Reinado de Concórdia Universal sobre a Terra.

As primeiras notícias do Presbítero chegaram à Europa em 1145, quando Hugo de Gebel, bispo da colônia cristã do Líbano, informou o Papa da existência de um reino cristão situado "para lá da Pérsia e da Armênia", governado por um Rei-Sacerdote chamado *Iohannes Presbyter* (João, o Presbítero, isto é, Sacerdote, Ancião) e que seria descendente de um dos Reis Magos que visitaram o Menino em Belém.

Mas o primeiro documento conhecido sobre essa misteriosa personagem, é a famosa *Carta do Preste João* endereçada, em 1165, a Manuel Comneno, imperador bizantino de Constantinopla, assim como a Barba-Ruiva, imperador da Alemanha, e ao Papa Alexandre III, parecendo que o documento tem a sua origem em Portugal. Isso porque a versão mais antiga do texto original data dos finais do século XIV e encontra-se no Cartório do Mosteiro de Alcobaça, mas que foi impressa pela primeira vez em língua italiana, em Veneza, no ano 1478, onde se inspiraram outras obras, também na mesma língua, como a versão rimada do *Tratacto del maximo Prete Janni* (Veneza?, 1494), de Giuliano Dati, tudo próximo da época em que o viajante Marco Polo regressou do Oriente a Veneza falando da existência do Preste João, como soberano da Igreja etíope. Por outra parte, ao longo dos séculos XV e XVI aparece uma série de cartas enviadas pelo Preste João da Índia aos soberanos portugueses (D. João II, D. Manuel I e até D. Sebastião que, diz-se, recebeu uma embaixada do Preste João nos seus paços em Lisboa), que por sua vez enviam embaixadas à corte daquele, como foi o caso notável de Pêro da Covilhã, enviado de D. Afonso V.

O mito do *Preste João* foi amplamente divulgado pelos Templários e veio a servir de principal impulsor do processo das Descobertas Marítimas pelos Portugueses, aparentemente com a intenção de incentivar a conquista cristã de novas terras e obter riquezas fartas, mas realmente estabelecer a ligação de Portugal com o Centro Primordial do Mundo, chamado indistintamente *Salém* e *Shamballah*.

MELKITSEDEK E SEUS MISTÉRIOS

Quando o Iluminado São Paulo, na *Epístola aos Hebreus*, descreve que "Melki-Tsedek não tem pai nem mãe e tampouco genealogia terrena", colocou um enigma a decifrar, possibilidade exclusiva da Tradição Iniciática das Idades.

Essa identifica *Melkitsedek* como uma poderosa Entidade Cósmica da natureza de um *Arqueu* ou *Assura*, mais propriamente um KUMARA ou PLANETÁRIO, que há cerca de 18 milhões e meio de anos decorria a terceira Raça-Mãe Lemuriana, projetou-se desde o quinto Globo da quinta Ronda da quinta Cadeia de Vênus no quarto Globo da quarta Ronda da quarta Cadeia da Terra, passando a dirigir a sua Evolução e assim auxiliando ao ISHVARA ou LUZEIRO dirigente da nossa Cadeia ou *Manvantara*, sob cujo Desígnio esse PLANETÁRIO DE RONDA ficou, conhecido nas tradições teosóficas como SANAT KUMARA, o CHAKRA-VARTI, ou seja, "Aquele em torno do qual tudo se move sem que Ele se mova", isto é, "imutável na sua permanência dinâmica".

Sobre o assunto, respigo umas quantas linhas a um texto teúrgico reservado que diz a dada passagem:

Foi durante a transição da terceira para a quarta Sub-Raça da terceira Raça-Mãe que veio firmar-se decisivamente em Bhumi (a Terra) a estrutura da GRANDE FRATERNIDADE BRANCA com SANAT KUMARA à testa, faz cerca de 18 milhões e meio de anos, por altura da Grande Iniciação Coletiva do Gênero Humano conferida pelos SENHORES DE VÊNUS, os PITRIS KUMARAS, da mesma provenientes Vênus (ou Shukra), alter-ego da Terra e uma Cadeia adiante desta.

Isso correspondeu à ação empreendida por ARABEL (o quinto Luzeiro) e sua Corte de MAKARAS e ASSURAS de coadjuvarem a Evolução Humana, pelos motivos kármicos suscitados por LUZBEL (o terceiro Luzeiro) na anterior Cadeia Lunar.

A formação de uma Grande Loja de Deuses humanizados na Terra, os quais vieram a iniciar os humanos mais adiantados da Raça Lemuriana e que adentraram a Raça seguinte, a Atlante, já como Adeptos Perfeitos, viria muito mais tarde, durante a quinta Raça Mãe Ariana, essa formação ou estruturação a ser designada pelos Adeptos e Iniciados da Soberana ORDEM DE MARIZ de PRAMANTHA ou CRUZEIRO MÁGICO A LUZIR.

Diz a Tradição das Idades que 888 Deuses humanizados advieram sobre a Terra acompanhando o divino SANAT KUMARA, tendo sido então que Ele se entroncou decisivamente aos destinos deste quarto Globo tornando-se o quarto REI DO MUNDO, MELKITSEDEK, ROTAN, CHAKRAVARTI ou PLANETÁRIO DA RONDA. Coadjuvaram-no na manifestação avatárica sobre a Terra, ocupando o Animal Esfingético que AKBEL lhe cedeu, os seus três Irmãos Kumaras das três Rondas anteriores de Bhumi. Sanat Kumara, por seu turno, era na época um Avatara de ARABEL – LUZEIRO DE VÊNUS.

Foi Ele quem deu início à Grande Loja Branca dos Mestres Justos e Perfeitos, essa que na Índia é chamada de SUDHA-DHARMA-MANDALAM, "Excelsa Fraternidade Branca", no Tibete de Confraria dos BHANTE-JAULS, "Irmãos de Pureza", distinguidos pelas suas roupagens e faixas amarelas-azuis, e que a Igreja Cristã cognomina poeticamente de COMUNHÃO DOS SANTOS E SÁBIOS.

O Professor Henrique José de Souza referiu-se a essa Excelsa Fraternidade dos Mestres Espirituais do Mundo em um texto publicado em uma antiga revista *Dhâranâ*, como sendo a MAÇONARIA UNIVERSAL ou a IGREJA DE MELKITSEDEK:

*Há uma antiga tradição que afirma a existência, no mundo, de uma Igreja Secreta, que torna a ligar (*religo, religare, religio, religione ou religião*) o homem a Deus, sem necessidade de sacerdócio nem outro qualquer intermediário. Todo o ser iluminado, diretamente ou por iniciação, desde que esteja de posse de certos mistérios, faz parte do Culto, que tem o nome velado de Igreja de Melkitsedek. Tal Culto sempre existiu, por ser o da mais preciosa de todas as religiões, ou seja: a da Fraternidade Universal da Humanidade.*

A sua origem procede dos meados da terceira Raça-Mãe, pouco importa o seu nome naquela época se, com o decorrer dos tempos, recebe o de Sudha-Dharma-Mandalam *na antiga* Aryavartha *– a nossa Mãe-Índia – mas, para todos os efeitos, Excelsa Fraternidade,* *quer na razão de sua existência – por ser composta dos Verdadeiros Guias ou Instrutores Espirituais da Humanidade – quer pela sua vitória sobre o que se concebe como Mal, na Terra, se ao lado do Planetário (a Força Cósmica dirigente do nosso Globo... em forma humana, aparte as opiniões contrárias) – após a tremenda queda que teve lugar na decadência atlante de que tanto nos temos ocupado, embora que de modo velado – tiveram os seus primeiros componentes de combater as referidas "Forças do Mal", sem falar na sua própria transformação de homens vulgares em semideuses.*

Por isso é que tal Fraternidade ou "Culto Universal" – que a bem dizer é o do Amor, da Verdade e da Justiça entre todos os seres da Terra – se compõe de sete Linhas, cada uma delas com o respectivo Raio, na razão dos próprios Astros ou Planetas. De onde os seus Chefes, Reis ou Guias serem Seres tão elevados que bem se podem comparar aos mesmos Dhyan-Choans ou "Logos Planetários". Na Índia, o termo Maha-Choan *é dado aos mais elevados entre tais Seres, enquanto outrora, no Egito, recebiam o nome de* Ptahmer. *São os mesmos "Goros do Rei do Mundo", nas escrituras transimalaias.*

Como Guias ou Instrutores dos Homens – pouco importa se, para muitos, de modo invisível – não podiam deixar de possuir "regras especiais", se Eles, por sua vez, além de guiados por aqueles Sete referidos Seres o são ainda por Outro mais elevado, que se firma por detrás de tudo isso, em forma Ternária. O seu Santuário, digamos assim, é aquele mesmo APTA, "creche, manjedoura, presépio, lugar onde o SOL nasce" e quantos nomes o mesmo possui desde os memoráveis tempos da Atlântida, se ali era representado como "oitava Cidade". Razão de ser considerado, tal Ser, ao mesmo tempo, Uno e Trino, como "Rei dos Reis".

Os mesmos gnósticos reconheciam o número 888 – ou 8 vezes o misterioso 111 – como "Número Crístico", embora o resto seja proibido revelar.

O mesmo René Guénon, em sua obra Le Roi du Monde *– pois que teve como Guru ou Mestre famoso rabino – diz o seguinte a respeito de tão Excelsa Organização: "O Chefe de uma tal organização é o próprio Manu, que poderá legitimamente possuir ou encarregar a outro desse seu título e demais atribuições".*

Diz ainda a Tradição Iniciática das Idades que a Pedra Tríplice da Fundação da Excelsa Fraternidade é alegorizada pelo TRIGO ou CEREAL, MEL ou ABELHA e FORMIGA que os SENHORES DE VÊNUS trouxeram como dádiva para a Terra, no fundo assinalando os três Caminhos ou *Margas* por que o Homem evolui, ou seja, TRIGO para JNANA-MARGA (Conhecimento), MEL para BHAKTI-MARGA (Devoção) e FORMIGA para KARMA-MARGA (Ação). Sobre isso, disse o Professor Henrique José de Souza:

Pão substancial, que tanto a ricos como a pobres alimenta, aquele que é feito puramente com TRIGO, como o mais precioso de todos os cereais, *se as próprias escrituras sagradas – desde tempos imemoriais – o incluem na vida de todos os* Itinerários místicos, *ou sejam as excelsas figuras dos Manus conduzindo os seus Povos à Terra Prometida, se aquelas de onde vinham começavam a ser destruídas, pelo mesmo ciclo em franca decadência para um outro portador de melhores dias para os eleitos, que são sempre os que ficam fiéis à Lei!*

Escrituras mais antigas ainda, formam uma Tríade espiritual entre o TRIGO, o MEL e a FORMIGA "trazidos pelos Senhores de Vênus para a Terra", cujo simbolismo é: o TRIGO como alimento sintético para o Corpo; o MEL, que tanto vale pela "ambrosia dos Deuses", alimento da Alma, ou "Pão espiritual", embora o Espírito *propriamente dito seja o responsável direto pela sua evolução, segundo aquela judiciosa afirmação de Plutarco de que "enquanto vivemos na Terra, o nosso Corpo a ela pertence (*'volta à terra o que à mesma pertence'*, pois que pó és e em pó te tornarás), a Alma à Lua e o Espírito ao Sol", o que vale por "três Pessoas distintas e uma (UNIDADE) só verdadeira"...*

Quanto à FORMIGA, o próprio Karma *que obriga o Homem "a ganhar o pão com o suor do seu rosto", na ampla extensão das suas* sete interpretações *cabalísticas, sejam materiais ou físicas, científicas, filosóficas ou religiosas, etc.*

Na Vedanta, *são os* três Caminhos *que conduzem o Homem à Meta desejada:* Jnana *ou do Conhecimento, Iluminação, Sabedoria Perfeita, por outro nome, TEOSOFIA;* Bhakti, *Amor, Devoção, etc., porém no seu verdadeiro sentido, que é o equitativo para todos os seres da Terra. Nenhum ideal superior ao da* Fraternidade Universal da Humanidade, *sem distinção de crença, casta, cor. E, finalmente, o terceiro ou* Karma, *como Ação e Reação, Compensação, Distribuição, etc., na razão do "quem com ferro fere, com ferro será ferido", símil também do "dente por dente, olho por olho". É o Caminho central por onde palmilha a Humanidade inteira, justamente por se ter afastado dos dois Caminhos laterais, como as duas conchas da Balança de onde Karma é o fiel.*

Essas três Dádivas dos três KUMARAS – DHYANANDA, SUJAT, SANATANA – trazidas para a Terra pelo quarto SANAT, têm correspondência com as três Oferendas trazidas pelos três REIS MAGOS ao Menino Deus, o CRISTO, nascido no APTA Presepial da Gruta Jina de Belém, tanto que eles eram os avataras respectivos desses Deuses Primordiais, mas aí como "Kumaras Secundários" ou Humanos rendendo Homenagens ao "Rei dos Reis", o Imperador Universal como Sacerdote Eterno da ORDEM DE MELKITSEDEK, da qual é o CORAÇÃO FLAMEJANTE – JEFFERSUS, o CRISTO.

ORDEM DE MELKITSEDEK ou Excelsa FRATERNIDADE BRANCA, tanto vale, sendo que os principais 49 Adeptos Independentes da mesma perfilam-se Apóstolos do CRISTO UNIVERSAL, o mesmo CHENRAZI AKTALAYA MAITREYA expressando fidedignamente MELKITSEDEK desde o Coração da Terra, AGHARTA, sobre o Corpo da mesma, toda a Face da Terra, palco do Teatro da Evolução de tudo quanto nesta vive.

Os três Reis Magos, expressando a Trindade Aghartina na cúspide do Governo Oculto do Mundo, ofereceram ao AVATARA DO CICLO DE PISCIS: MAHIMA ou MELCHIOR ("Meu Rei é Luz") depõe aos pés de Cristo o OURO e saúda-o como REI (ADONAI-TSEDEK ou KARMA-TAMA); MAHANGA ou GASPAR ("Aquele que vai vigiar") oferece-lhe INCENSO e saúda-o como SACERDOTE (KOHEN-TSEDEK ou DHARMA-RAJA); BRAHMATMÃ ou BALTASAR ("Deus manifesta o Filho") dá-lhe a MIRRA, perfume de Vênus como bálsamo da incorruptibilidade, e homenageia-o como PROFETA (MELKI-TSEDEK ou RIGDEN-*SATVA*).

As Dádivas dos Senhores de Vênus têm eco no episódio inicial no Antigo Testamento de Abraão prestando o dízimo do Karma da sua Raça a Melkitsedek, enquanto no Novo Testamento tem-se o episódio secundário das Oferendas dos Reis Magos a Jesus Cristo. Refletem, respectivamente, a INICIAÇÃO e a CONFIRMAÇÃO, a Realeza e o Sacerdócio do Senhor do Mundo. Ao todo, seis dádivas assim inter-relacionadas:

MEL – MIRRA = ESPÍRITO
FORMIGA – INCENSO = ALMA
TRIGO – OURO = CORPO

E Melkitsedek agracia Abraão ou *Ab-Ram* com o Rito do Pão e do Vinho, ministério confirmado por Cristo quando da Última Ceia ao ungir o Vinho do Céu e o Pão da Terra, este expressando o PLANETÁRIO e aquele, o LUZEIRO.

VINHO = LUZEIRO (CÉU)
PÃO = PLANETÁRIO (TERRA)

Depois de ter recebido o Ministério de Melkitsedek, Abraão teve a visão de Deus em Siquém, junto ao carvalho de Moré. Mas *Siquém* é SIKKIM, a "Essência Avatárica", e portanto significará que atingiu a Iluminação Integral nesse lugar cananeu. Fato reforçado pelo simbolismo do carvalho, indicativo de TEMPLO ou "Lugar Sagrado", de Moré, antes, MOREB, "onde o Sol se põe", ou seja, OCCIDIS, o OCIDENTE em cujo extremo ocidental do Mundo está hoje uma outra Montanha Sagrada de MOREB, em pleno coração do Brasil, a Brasa do Fogo Sagrado.

No texto teúrgico reservado, citado mais atrás, falou-se no "Animal Esfingético" ou ESFINGE cuja forma foi animada por algum tempo por Sanat Kumara nesses tempos longínquos da Lemúria. Razão por que os antigos egípcios reconheciam o divino PTAHMER na figura da Esfinge, já não de carne mas de pedra, contudo, o mais perfeito símbolo sintético da Evolução dos quatro Reinos Naturais ao mesmo tempo exprimindo as quatro Hierarquias Criadoras a ver com o desenvolvimento dos mesmos.

Com efeito, as quatro características anímicas ou animais dessa figura fabulosa estão igualmente patentes na Bíblia, tanto nos quatro Animais da "Visão de Ezequiel" quanto nos animais iconográficos dos quatro Evangelistas. Tal simbologia da Esfinge é notável porque representa o Universo vivente. De maneira que prefigura as quatro Cadeias ou Manifestações Cósmicas por que a Terra já passou: as asas de *Águia* alegorizam a primeira Cadeia de Saturno (onde se desenvolveu a Hierarquia dos *Assuras* ou *Arqueus*, correspondendo ao estado Mineral da Humanidade); as garras de *Leão* representam a segunda Cadeia Solar (em que evoluiu a Hierarquia dos *Agnisvattas* ou *Arcanjos*, a ver com o estado Vegetal da Humanidade); a cabeça de *Homem* e *seios de Mulher* (desde logo denotando a sua característica *Andrógina*) assinalam a terceira Cadeia Lunar (a dos Progenitores da Humanidade que então estava no estado Animal, ou seja, a dos *Barishads* ou *Anjos*); os flancos de *Touro* assinalam a atual Cadeia Terrestre (onde evolui a Hierarquia *Jiva* ou *Humana*). A Esfinge por inteira simboliza, pois, a Unidade Imperecível, o Andrógino Alado – cujo modelo de perfeição é o próprio *Melkitsedek* como *Kumara* ou "Caprino" no topo do esquema de Evolução Planetária – que haverá de caracterizar a quinta Cadeia de Vênus (da Terra) ainda em formação.

Sendo no Planetário da Ronda que se reflete o Logos da Cadeia, *Melkitsedek* é o "Grande Chakra", o *Chakravarti* em quem o Logos Planetário se manifesta como Deus agindo pela sua Consciência, assim idealizando e dirigindo toda a Evolução dos quatro Reinos na atual quarta Ronda que vem a reunir a experiências das três Rondas anteriores e que perfazem a Natureza inteira como ora se vê no Mineral, no Vegetal, no Animal e no Hominal. Tendo o seu Corpo Flogístico presente no Centro Ígneo do Mundo – *Shamballah* – servindo de "Regato Vital", "Capa" ou intermediário entre a Hierarquia Branca e a Divindade da Terra, *Melkitsedek* reparte-se em cinco partes pelos vários Reinos, assim, corporificando-se o próprio TETRAGRAMATON como *Pentalfa Luminoso*. Senão, vejamos:

Face da Terra – Sexo – *Pritivi* (Terra) = Sol em Escorpião
Badagas – Baço – *Apas* (Água) = Lua em Caranguejo
Duat – Estômago – *Tejas* (Fogo) = Marte em Balança
Agharta – Coração – *Vayu* (Ar) = Saturno em Leão
Shamballah – Cabeça – *Akasha* (Éter) = Vênus em Marte

"Vênus em Marte" equivale à Mãe Divina, corporificando o Terceiro Aspecto do Logos como ESPÍRITO SANTO, agindo por seu Divino Filho, este o Cristo Universal "aparelhado" ao próprio Rei do Mundo, por em sua função ser o Supremo Instrutor de Homens e Anjos. Pois bem, a CABEÇA COROADA pelo resplendor espiritual do *Chakra Sahasrara* (Coronal) de MELKITSEDEK em SHAMBALLAH reparte-se em cinco quintos, onde cada 1/5 vem a representar a Evolução já realizada por um Reino da Natureza desde o seu início na Terra até ao momento atual da Evolução dirigida pelo mesmo REI DO MUNDO, arquétipo universal das realizações já alcançadas e a alcançar pelos cinco Reinos da Natureza. Assim, tem-se:

1) 1/5 na parte traseira ou hemisfério cerebral esquerdo representando a Pedra Sagrada AG-ZIN-MUNI de MANU, síntese de todas as experiências evolucionais do Reino Mineral;

2) 1/5 na parte traseira ou hemisfério cerebral direito representando a Árvore Sagrada MAG-ZIN-MUNI de YAMA, síntese de todas as experiências evolucionais do Reino Vegetal;

3) 1/5 na face dianteira esquerda ou feminina representando o Animal Sagrado TUR-ZIN-MUNI de KARUNA, síntese de todas as experiências evolucionais do Reino Animal;

4) 1/5 na face dianteira direita ou masculina representando o Homem Sagrado RABI-MUNI de ASTAROTH, síntese de todas as experiências evolucionais do Reino Hominal;

5) 1/5 no cerebelo central ou andrógino representando o Anjo Sagrado ASTAR-MUNI de ARDHA-NARISHA, síntese de todas as experiências evolucionais do Reino Espiritual.

Com efeito, até 26 de maio de 1948 quem dirigiu os destinos da Terra foi o quarto Kumara SANAT, agindo sobre o Globo através do seu veículo físico RIGDEN-DJYEPO ("Rei dos *Jivas*"), ambos na representação do quarto Ishvara ATLASBEL. Daí em diante, os destinos do Mundo passaram a estar a cargo do comando do quinto Kumara ARDHA-NARISHA, atuando sobre a Terra através do seu veículo físico AKDORGE, ambos na representação do quinto Ishvara ARABEL. Assim, o Futuro começou a tomar forma no Presente, através das projeções do mesmo pelos Deuses de Shamballah agindo neste quarto Globo. Em consequência disso, em 1º de julho de 1948 a quarta Hierarquia Humana ficou definitivamente formada e firmada na Terra, como informam os anais reservados da Grande Loja Branca.

MELKITSEDEK E O SANTO GRAAL

O Rito de Melkitsedek é perpetuado sobre a Terra pela Ordem do Santo Graal, que desde tempos longínquos e através de variadas expressões místicas e filosóficas manifesta a sublimidade da sua presença fincando sobre o Globo as Glórias de Deus decorrendo no seio do mesmo, vindo a Taça Sagrada a representar o próprio Espírito Santo como Mente Universal cuja demanda última é a absorção do Templário peregrino na mesma, assim realizando a maior das conquistas: a verdadeira Realização Espiritual.

Para a espiritualidade ocidental o *Santo Graal* ou *Saint Vaisel* é ligado à Taça Sagrada na qual Jesus Cristo bebeu na Última Ceia, antes do Calvário, e neste José de Arimateia, com essa mesma Taça, recolheu o Sangue Real do Salvador.

A Tradição Iniciática informa que após a Tragédia do Gólgota o *Santo Graal* foi recolhido a sete Templos da Ásia, de certa maneira assinalados pelo Apóstolo São João nas "sete Igrejas do Oriente", e que depois disso, cerca do ano 985 da nossa Era, peregrinou por sete Catedrais do Ocidente rumo ao quinto Continente, a América do Sul, mais propriamente o Brasil. Essas sete Catedrais Graalísticas, informa ainda a mesma Tradição, foram as seguintes:

1ª) Abadia de Westminster, Londres, Inglaterra. Planeta: Saturno. Arcanjo: Kassiel. Doze Goros ("Sacerdotes") mantendo 111 Anjos.

2ª) Santa Maria Magiore, Roma, Itália. Planeta: Vênus. Arcanjo: Anael. Doze Goros mantendo 111 Anjos.

3ª) Catedral do Precioso Sangue, Bruges, Bélgica. Planeta: Júpiter. Arcanjo: Sakiel. Doze Goros mantendo 111 Anjos.

4ª) Catedral de Santa Maria Maior (Sé Patriarcal), Lisboa, Portugal. Planeta: Mercúrio. Arcanjo: Rafael. Doze Goros mantendo 111 Anjos.

5ª) Catedral de S. Pedro e S. Paulo, Washington, E.U.A. Planeta: Marte. Arcanjo: Samael. Doze Goros mantendo 111 Anjos.

6ª) Catedral da Cidade do México, México. Planeta: Lua. Arcanjo: Gabriel. Doze Goros mantendo 111 Anjos.

7ª) Basílica do Salvador, S.Salvador da Bahia, Brasil. Planeta: Sol. Arcanjo: Mikael. Doze Goros mantendo 111 Anjos.

O trabalho iniciático executado secretamente nessas Catedrais tinha o nome de código, entre os Adeptos que o realizavam, de SETENTRIÃO. Mas nos dias de hoje já "Setentrião caiu", logo, findou a sua Missão no Mundo... ela projetou-se para o seio da ORDEM DO SANTO GRAAL, cujos Mistérios da Iniciação relacionados com o Governo Oculto do Mundo, sob o comando de MELKITSEDEK, têm hoje o nome de código EX OCCIDENS LUX!

Ritual Eucarístico segundo a Ordem de Melkitsedek

Mas, na Idade Média, a Tradição do *Santo Graal* foi associada ao mito do Rei Artur e os 12 Cavaleiros da Távola Redonda, cuja demanda era a da mesma Taça Sagrada. Apesar da lenda Arturiana só tomar forma literária no fim do século XII com a atividade poética de Chrétien de Troyes, antes disso ela já se havia espalhado pela Europa devido à ação divulgadora desses bardos itinerantes que foram os trovadores e jograis, fortemente protegidos pela Ordem dos Templários e cujo ponto de partida não foi exatamente a Bretanha celta mas a SINTRA mourisca, cujos Mouros, no século VIII, trouxeram para essa Serra aclamada Sagrada o Culto do *Vaso Djin* ou Divino, associado a esse outro bíblico do Rei Salomão, tradição que o Conde D. Henrique de Borgonha, pai de Afonso Henriques, receberia do Islã, em 1095, quando conquistou Sintra e logo a perdeu a favor dos Almorávidas. Só em 1147, com o exército de Afonso Henriques ajudado pelos Templários, é que Sintra passou definitivamente a ser cristã, parte integrada nesse mesmo *Porto-Graal*, como esse rei chamou o País nascente.

Segundo a etimologia grega, a palavra *Graal* provém de *kratale* e de *kratêr* e tem sido explorada de variadíssimas maneiras. Desde *graalz*, *grazale* (provençal), significando "prato", do suposto latim *gradalis*, "prato gradual" ou que se serve gradualmente ou várias vezes, até à derivação "grato" e "agradar". Essa é a interpretação cortês que chegou à atualidade. Por outro lado, o *Santo Graal* derivará de *Sang Real* (de Jesus Cristo da linhagem real de David e Salomão) que deu *San Greal* ou *Saint Graal*, em todo o caso, significado uma Taça, um Cálice, um Prato ou Pátena com que se fecha a boca do Cálice, assim, identificando-se ao Caldeirão céltico, ao Vaso alquímico e mesmo ao Útero gerador da Mulher o qual, na Natureza, é representado pela Gruta sagrada.

Etimologicamente, há também uma diferença entre *Gral* e *Graal*. O *Gral* é o almofariz, objeto de laboratório, no qual são feitas certas misturas químicas. O *Graal* é a Taça Sagrada e nela, naturalmente, são feitas as mais sublimes, espirituais e místicas fusões e sublimações alquímicas.

É assim que a influência dominante do *Santo Graal* nota-se claramente na:

1) *Tradição Teúrgica*, em que os Mistérios do Santo Graal são sinônimos de Tradição Iniciática das Idades.

2) *Tradição Bizantina*, encontrando-se equivalentes dos elementos da Missa do Graal na Missa de São João Crisóstomo no rito bizantino,

identificando o Rei-Pescador com Cristo, o Presbítero com o Espírito Santo e a Sacristia com a "Câmara do Graal".

3) *Tradição Druídica*, que vai buscar as origens do Graal nos ritos de fertilidade e aos mistérios de Elêusis.

4) *Tradição Judaico-Cristã*, que identifica o Graal com as relíquias do Velho Testamento depois transformadas em símbolos cristãos.

5) *Tradição Persa*, que identifica o Castelo do Graal com o *Takh-i-Taqdis* ou "Trono dos Arcos", palácio construído na Pérsia a mando do rei Choroes II (590-628), e que vê no Graal o disco ou prato, atualmente no Museu Nacional de Berlim, onde foi gravada uma alegoria do castelo persa.

6) *Tradição Egípcia*, onde o Castelo do Graal é identificado com a arca ou barca fúnebre contendo os 14 pedaços de Osíris que Ísis havia recuperado.

7) *Tradição Islâmica*, que interpreta o simbolismo do Graal de acordo com o seu esoterismo, o Sufismo, enquadrando-o como o Vaso *Djin*.

8) *Tradição Gnóstica*, em que o Graal é interpretado como o *Sacrum* ou o símbolo sagrado representando o Mistério da Santíssima Trindade.

9) *Tradição Hermética*, em que o Graal é associado às doutrinas de Hermes Trimegisto no *Corpus Hermeticum* da *Tábua Esmeraldina*.

10) *Tradição Cisterciense*, cujo ideário contido na redação da *Queste del Saint Graal* influenciou amplamente os seus ideais monásticos.

11) *Tradição Templária*, ligada ao Culto do Sangue Real e de Cristo Ressuscitado, dando ampla difusão ao *Nuevo Evangelio* do cisterciense Joachim da Fiore.

12) *Tradição Cavaleiresca*, da qual se depreende a Tradição do Santo Graal patente tanto nos *Quatro Livros de Linhagens* ou *Nobiliários*, como no *Amadis de Gaula*, dentre outros mais.

Quando o trovador medieval Wolfram d'Eschenbach chamou "Pedra de Deus" (*lapsit exilis*) ao Graal, de imediato os alquimistas identificaram-no à "Pedra Filosofal", ou seja, à verdadeira Realização Espiritual do Homem. E em boa verdade, o Graal tanto é Pedra ou Ara, como Livro e como Taça, isto é, expressando respectivamente tanto o Corpo, como a Alma e o Espírito de Santidade contendo a Quintessência da Sabedoria Eterna e do Amor Universal refletidos na

Onisciência do Filho, trazendo a si a Onipotência do Pai e a Onipresença da Mãe.

Sobre o tema da Demanda do Santo Graal, assim se expressou um Preclaro Adepto Independente conhecido, no seio da Grande Loja Branca, pelo nome de Gamael ou Gamaliel:

O verdadeiro Homem é aquele que encontrou o Caminho do Graal!
O seu nome já não pertence a este mundo...
E a maldição lhe pese se ousar dizer o seu verdadeiro nome.

A "PORTA SANTA" DA SÉ PATRIARCAL DE LISBOA

Ao contrário de que se possa pensar, não são só as quatro basílicas maiores de Roma a ter "portas santas". Como se pode ver no interior da Sé Patriarcal de Lisboa, entrando à esquerda, uma inscrição sobre a portada atesta a existência aqui mesmo de uma *Porta Santa*. No exterior, subindo a Rua do Aljube, junto à parede norte desse edifício, está o outro lado da Porta.

As explicações para a sua existência têm sido escassas e vagas, só sendo certo que dá acesso direto tanto ao interior da igreja como ao camarim do Cardeal-Patriarca, por uma outra porta lateral a essa dentro do seu pequeno espaço vedado.

Trata-se da *Porta Santa* da Sé de Lisboa, meritória da mesma por desde cedo ser *sede devocional* marcada pelo culto a Santa Maria Maior, tão antigo como o portal gótico da mesma. Essa consignação terá tomado maior força no século XVIII, quando o primeiro Cardeal-Patriarca D. Tomás de Almeida, juntamente com o Rei D. João V, obteve do Papa Clemente XI a autorização de fundação do *Patriarcado de Lisboa*, em 3 de novembro 1716. Nessa data, a Sé Catedral foi elevada à dignidade Patriarcal da Mitra Portuguesa que, desde logo, mostrou-se oposta da Cardinalícia de Roma.

Se a igreja de São Pedro em Roma tem uma *Porta Santa*, o Patriarcado português achou por bem que aqui, nessa sua Sede ou Sé de Lisboa, também a deveria ter. Sob pretexto de criação do camarim do Patriarca anexou-se-lhe a *Porta Santa*, nos inícios de 1717 – atitude reveladora da Igreja Portuguesa, a pressupondo independência da política da Igreja Romana, algo assim como se dissesse: "o que os romanos têm, também os portugueses possuem".

A tradição das *Portas Santas* é muito antiga, a ponto de, no século XII (1101), o bispo Diego Gelmírez a ter inaugurado na Catedral de

Santiago de Compostela, por altura do *Ano Santo* (25 de julho), e só depois, em 1499, o Papa Alexandre VI a ter iniciado em Roma, decerto inspirado naquela outra *Porta Santa* existente em Jerusalém, vulgo "Porta do Sol, Dourada ou do Leão", por onde Jesus passou no Domingo de Ramos e por onde haverá de passar, segundo a crença comum, o Messias futuro, o Salvador do Mundo.

Essa tradição liga-se à celebração do *Jubileu*, altura em que o Papa ou o Patriarca abre as *Portas Santas*, comemoração celebrada dentro de um *Ano Santo*, mas o que difere desta é que a comemoração jubilar é feita de 25 em 25 anos. Foi instituída de 100 em 100 anos pelo Papa Bonifácio VIII, em 22 de fevereiro de 1300, e de 25 em 25 anos pelo Papa Paulo II, em 9 de abril de 1470.

O *Jubileu* celebrado nessa Sé lisbonense teria foros nacionais exclusivos à data da fundação do Patriarcado de Lisboa, pois, transposta a *Porta Santa,* o Cardeal-Patriarca vê-se no meio da assembleia do templo, onde os fiéis prestam devoção à Mãe Divina, ou seja, o povo cristão de Portugal de quem ele, Patriarca, emissário da *Jerusalém Celeste* cujo Portal Santo abriu, é o guia canonicamente eleito, que no tempo de *Jubileu* transmite a Paz e a Reconciliação do Homem com Deus, Santa Aliança assinalada pela Taça Sagrada ou *Santo Graal*, mais real que fabuloso, por intercessão da Graça Divina de Maria.

Com efeito, toda a *Porta Santa* representa *Maria*, a "Porta do Céu" (*Portae Coelis*), a Rainha dos Anjos e Rainha do Mundo, assinalada pela *Flor-de-Lis* expressiva da *Realeza Divina*, esculpida junto a essa entrada lateral para os aposentos secretos ou reservados do "Todo-Poderoso", assinalado simbolicamente no Cardeal-Patriarca, o único que a pode abrir e transpor nesse rito de passagem cíclica da mortalidade à imortalidade.

O patronímico "Todo-Poderoso" é assegurado pelas letras gregas *Alfa e Ômega* juntas gravadas nessa *Porta*, assinalando o "Princípio" e o "Fim", indicativas do Todo-Poderoso Deus Senhor da Vida e da Morte por quem todas as coisas foram criadas e serão colhidas, segundo o Apóstolo São João na Escritura Nova (*Apocalipse*, 1, 4-8), e o Profeta Isaías (44, 6-8) na Escritura Velha. Na Idade Média, o *Alfa e Ômega* adornavam frequentemente a auréola do Juiz do Universo à direita e à esquerda da Sua fronte.

Essas duas letras gregas são muito usadas como adorno em túmulos cristãos, para indicar que o sepultado vira em Deus o princípio e o fim do seu propósito.

A maior das razões do *Jubileu* está no Advento sobre a Terra do Avatara Universal de Aquarius, no Dia do "SEDE CONOSCO", quando a *Porta Santa* de Shamballah – matriz de todas as demais sobre Terra, prefigurando-a –, que separa esta da Sétima Cidade Aghartina, for aberta pelo Rei do Mundo, já hoje AKDORGE, o maior de todos os Patriarcas ou *Rishis*, empunhando a Chave de PUSHKARA para dar saída à manifestação da Divindade na Pessoa Augusta de MAITREYA.

Para a realização desse evento de abrangência planetária, muito concorreu o trabalho iniciático levado a efeito nessa Sé Catedral, levando o nome oculto de "TEMPLO DA LUZ" ou "AS TRÊS CHAMAS, LUMES ou LUZES", sob a égide MERCÚRIO – estampado no seu frontal, para quem tenha olhos de ver – e, portanto, do próprio Deus AKBEL, Luzeiro de Amor temperando o Rigor de seu Divino Irmão ARABEL.

Como o resultado do trabalho avatárico realizado na Sede Devocional de Lisboa, a "BOA LIS" como LEI Justa e Perfeita, se trasladou, por imperativo cíclico, para o seio da ORDEM DO SANTO GRAAL com o seu Santuário Português consagrado ao Cavaleiro das Idades AKDORGE, também esse Templo tem o seu Portal sacralizado pela presença invisível mas sensível do seu Guardião akáshico ou etérico, verdadeira "Estátua Viva" levando o nome MAHIMAM, o GLADIATOR, e que no Passado se chamou ULISSES, o NAVIGATOR.

O Guardião MAHIMAM vem a ser o intermediário entre os Templários da O.S.G., que é a própria AGHARTA na Face da Terra, e o Porteiro de Shamballah, com a sua Espada Flamejante em uma mão e a Chave de Pushkara na outra, com o *Tetragramaton* resplandecendo em seu peito: AKDORGE, portanto, MELKITSEDEK.

Escusado dizer também que a "Porta Santa" igualmente assinala a Embocadura Sagrada para o seio da Terra a qual existe, apesar de sempre encoberta ou velada por *maya-vada*, nas proximidades de qualquer um desses portais distintos.

O RITO TEÚRGICO DE MELKITSEDEK

O Culto do Santo Sangue, o Mistério do Santo Graal, corresponde aos Mistérios dos Sacrifícios dos Grandes Avataras, dos Excelsos Seres de Compaixão, verdadeiros *Bodhisattvas* que se deixaram sacrificar a fim de, com a quintessência divina do seu Sangue Real, redimir os componentes das Hierarquias envolvidas nos grilhões tenebrosos do

Karma Humano. Logo, os que se consagram aos Mistérios e Culto do Santo Graal, digo, do Santo Sangue, é o mesmo que se dissesse: são os que se consagram aos Mistérios dos Sacrifícios, ao Culto ao Sacrifício.

Segundo a língua sânscrita, há os termos *Yajur, Yajú, Yagú, Yugo, Yoga*, que têm o sentido de *temor, culto, oração, hino, sacrifício*, este último sempre no sentido místico de sacrifício a favor da Evolução Humana, tal qual se acha no primoroso livro *Yajur-Veda*.

YAJUR-VEDA – *Ciência ou Tratado dos Sacrifícios*. É o segundo dos três *Vedas* primitivos e é composto quase exclusivamente de hinos retirados do RIG-VEDA. Todavia, também possui algumas passagens em prosa que são relativamente novas, modernas. A sua parte principal é formada por invocações e preces aplicadas às consagrações das vítimas dos sacrifícios e dos utensílios próprios para os mesmos, o que fez deste livro YAJUR-VEDA o *Livro do Sacerdote* oficiante, ordenado de uma forma litúrgica para a celebração dos sacrifícios (in *Glossário Teosófico*, de H. P. Blavatsky).

Tem-se, também, o termo sânscrito YAJVANÂM PATI, que quer dizer: a LUA, cujo curso regula o calendário litúrgico dos sacrifícios.

YAJVÂN ou YAJWÂN – O sacerdote oficiante do sacrifício, o sacrificador.

YAJYU – *Brahmã*, o *Pai*, no *Yajur-Veda*, ou o Supremo sujeito ao Sacrifício. A Ciência do Sacrifício, ou seja, a Arte Sacerdotal, englobando o *Dogma* (teoria) e o *Magistério* (prática).

YAGU – A ave que alegoriza o sacrifício, em razão de suas atitudes e hábitos. É semelhante ao PELICANO.

PELICANO – No simbolismo maçônico é o emblema da Caridade. É o símbolo da Morte e dos Renascimentos perpétuos na Natureza. É a terra que nutre os seus filhos; é uma mãe cheia de deveres sagrados; é um bom pai de família.

No antigo Rito da Rosa+Cruz, o Pelicano é exaltado pela Cruz. É uma das representações mais expressivas da Crucificação de Cristo. Por isso é encontrado no distintivo do 18º Grau da Maçonaria, entre as hastes de um compasso, rodeado por sete filhotes e em atitude de despedaçar-se, de despedaçar o peito para alimentá-los, tal qual o Luzeiro da Terra faz com os Sete Planetários da mesma e o Logos Solar com os Sete Logos Planetários, assim como o Mestre Perfeito com os mais próximos Sete Discípulos.

O Mistério do Sacrifício é inato à Arte Sacerdotal, ao Sacerdócio, este que implica sempre o exercício dos Mistérios Sagrados a favor da

Redenção e consequente maior Evolução tanto da Humanidade como, principalmente, dos seus confrades em Hierarquia. É assim que, servindo de medianeiro entre o Espiritual e o Terreno, o Sacerdote vem a sujeitar-se ao seu próprio e voluntário Sacrifício. Razão por que a Via Sacerdotal é igualmente chamada *Via dos Humildes*.

O próprio termo latino *sacerdos*, "sacerdote", significa precisamente "o que sacrifica". O mesmo sentido tinha *hiereus* entre os gregos, e *hem-netjer* entre os egípcios. Geralmente, chamava-se aos sacerdotes de "sacrificadores". Eram muito respeitados, consultados e considerados sábios. Selecionados com o máximo rigor por seus dotes de virtude e sabedoria, constituindo uma classe minoritária mas dominante sobre as demais, os Sacerdotes de outrora eram igualmente Terapeutas, ou seja, Teurgos e Taumaturgos, verdadeiros Adeptos cujo Dom Sacerdotal – outorgado mercê da sua investidura legal e logo com pleno acesso aos Poderes Espirituais de seu Mestre, fosse Cristo, Buda, Krishna, Maomé, etc. – fazia com que ao benzerem os doentes os curassem magneticamente.

Presentemente, por afastamento do estudo da *Teosofia* e, consequentemente, do entendimento real das Leis que regulam a Vida e a Evolução Universal, esse "Dom Sacerdotal" ou "Dom do Espírito Santo" nas religiões exotéricas, é forçoso reconhecer, pouco mais é que simples formalidade ministerial, não passando de "letra morta", sim, porque um sacerdote só possui maior Poder Divino quanto mais evolui verdadeiramente. Portanto, para evitar mal-entendidos, é bom que não se confunda "catarses psicológicas ou psíquicas de foro religioso", individuais e coletivas, com verdadeiras "curas espirituais", estas só possíveis se o enfermo realmente se predispor à sua transformação interior, largando cada vez mais o lastro de vícios (*nidanas*) e aumentando o seu quinhão de virtudes (*skandhas*), isto é, que tenha a boa e firme disposição de *transformar o seu karma em dharma*. Sim, porque em boa verdade *ninguém evolui por alguém*, tão só colabora na maior e mais rápida evolução do seu próximo. É essa a missão do sacerdote.

Conclui-se que o Sacrifício Sacerdotal corresponde a um ato realizado com a finalidade de redimir o Mundo, a Humanidade dos Arquétipos Lunares, das *nidanas* ou tendências negativas provindas, consequentemente, da Cadeia Lunar.

No judaico-cristianismo, o Sacerdócio é classificado em dois:

Exotérico (público, moral) – O *Sacerdócio de Aarão* ou *Sacerdócio Menor*. Ministra as coisas temporais e é o dominante na principal religião do Ocidente.

Esotérico (reservado, sapiencial) – O *Sacerdócio de Melkitsedek* ou *Sacerdócio Maior*. Ministra as coisas celestiais e temporais e é o dominante na ORDEM DO SANTO GRAAL.

O reservado dos Mistérios de Melkitsedek contém-se no *Silêncio Sacerdotal*, equivalente da *Palavra Perdida* na Maçonaria, nos quais a *Opera Dei*, "Obra Divina" ou TEURGIA é o exercício exclusivo, por ser a OBRA DO ETERNO NA FACE DA TERRA possuída de leis e regras canônicas que constituem a *Ciência Sacerdotal*.

Ritual segundo a Ordem de Melkitsedek em Sintra, Portugal

No Cristianismo perdura o designativo antigo "Padres do Deserto", que tem tanto a ver com a característica eremítica ou reclusiva da Cristandade primitiva quanto com o "deserto" cenobítico ou reservado do mundo profano dos que cuidavam do ministério da *Arte Sacerdotal* em eremitério.

Por outro lado, entre os *brahmanes* ou sacerdotes hindus há a prática de THARANA, que em sânscrito significa "mesmerismo", ou por outras palavras, o estado de êxtase (transe) provocado por uma auto-hipnose. Trata-se de uma ação que na Índia é considerada de caráter mágico, sendo uma espécie de exorcismo. No sentido literal, significa "varrer, limpar, suprimir da mente, do ambiente", provindo do termo THARAN, "escova", e de THÂRANAN, "penacho". Refere-se a essa espécie de exorcismo capaz de limpar a aura psíquica dos *bhutãs* daninhos, os "maus espíritos" que formam as *nidanas* ou vícios humanos, os quais são neutralizados pela ação benéfica do mesmerizador ou magnetizador. Esse ato corresponde ao da *imposição das mãos* e *bênção sacerdotal* entre os sacerdotes cristãos.

THARANA corresponde ao nosso termo TEURGIA, sim, a *Magia Divina* com que já os antigos pretendiam alcançar a proteção das divindades benfeitoras e produzir efeitos sobrenaturais. Provém dos termos grego e latino *Theourgia* e *Theurgia*, "Ciência do Maravilhoso", "Arte de fazer Milagres". Observa-se assim a perfeita harmonia reinando entre os sentidos dos termos THARANA e TEURGIA, esta absolutamente alheia a quaisquer magias psíquicas e demais práticas animistas, por ser a sua meta exclusiva a Iluminação Integral do Homem pelo seu Deus e deste pelo Deus Absoluto, o ETERNO.

Com isso, compreende-se que a TEURGIA tem por fim permitir à Humanidade ou à criatura humana, em uma escala menor, identificar-se com o Espírito, com a Consciência Superior, com a Divindade existente no interior dela. Realizando a *Magia Teúrgica*, está naturalmente comungando com a Divindade, seja Ela Integral, o Logos, seja Ela Parcial, o Espírito, o Cristo, o Peregrino Sereno...

No dia 28 de dezembro de 1951, por necessidades imperiosas do Ciclo, e apesar de já existir velada ou esotericamente desde 1924, o Professor Henrique José de Souza fundou, ou melhor, refundou a ORDEM DO SANTO GRAAL com 32 membros, adaptando-a à Nova Era do Espírito Santo, consequentemente, adaptando-a ao biorritmo da Idade de Aquarius e dos seus valores reais já urgindo no seio da Humanidade, cujo maior é, certamente, não o Cristo de Peixes que já veio mas o do Aquário por advir. Sobre isso, é o próprio Professor Henrique quem diz:

A nossa Ordem (ou do Santo Graal), entretanto, por servir de síntese a todas as tradições passadas, e como símbolo do futuro Avatara, e consequentemente, da Nova Raça, da Nova Civilização, etc., possui DOZE GOROS, DEZ CAVALEIROS e DEZ ARQUEIROS, ao todo 32 Figuras, do mesmo modo que aquele Sol de 32 Raios que se vê por detrás dos antigos crucifixos do Cristianismo. Nas tradições orientais, são os "32 Portais da Sabedoria" que, além do mais, estão simbolizados nos dentes que guarnecem a Boca, como "Órgão da Palavra ou Verbo".

Sendo o Ciclo imediato o do Aquário ao qual foi dedicado o nosso Templo, consequentemente, ao seu Avatara MAITREYA (de Maitri), o "Senhor das Três Mayas", das "Três Ilusões", das "Três Gunas" (qualidades de matéria), mas, em verdade, dos Três Mundos: o Divino, o Intermediário (como Segundo Logos, Trono, etc.) e o Terceiro que é a própria Terra...

Os DOZE GOROS ou SACERDOTES vêm a representar a Energia Espiritual *SATVA*, de cor amarela, e são sobre a Terra, na orgânica da O.S.G., a Guarda do REI DO MUNDO (CHAKRAVARTI) representando ao PAI (AKBEL). A sua constelação é ORION, o seu planeta MERCÚRIO e a sua tônica AGHARTA.

Os DEZ CAVALEIROS exprimem a Energia Psicomental *RAJAS*, de cor azul, expressando sobre a Terra a Guarda da RAINHA DO MUNDO (CHAKRAVARTINI) representando a MÃE (ALLAMIRAH). A sua constelação é o CRUZEIRO DO SUL, o seu planeta VÊNUS e a sua tônica DUAT.

Os DEZ ARQUEIROS representam a Energia Material *TAMAS*, de cor vermelha, sendo sobre a Terra a Guarda do PRÍNCIPE DO GRAAL (AKDORGE) representando o FILHO (MAITREYA). A sua constelação é SIRIUS, o seu planeta MARTE e a sua tónica BADAGAS.

Como a função dos Adeptos Humanos, de natureza *Jiva*, não é agir sobre os que participam de uma Obra não Humana, de natureza *Jina*, o que seria uma falha grave na Ética Iniciática, acontece que os 32 Membros ou Templários do Graal, dirigidos pelo 33º que é o próprio Mestre Fundador, poderão apontar, se evolução tiverem para tanto, dificuldade quase insuperável nos dias de hoje, o Caminho de Agharta que falta saber a esses mesmos Adeptos Humanos. Por isso se diz – disse o MANU VAISVASVATA ou Supremo Dirigente da atual Raça Humana – que os verdadeiros MAKARAS (Sacerdotes) e ASSURAS (Instrutores) da Obra do Deus AKBEL têm o dever de ir ao encontro dos Adeptos Humanos e concluir a ligação celeste, já realizada por Eles, ao seio da Terra, à *Mansão dos Deuses* ou *Shamballah*. Isso é feito por transmissão sobretudo oral e prática, não tanto por manuscritos ou coisa que o valha. Mas, repito, só um verdadeiro Iluminado Jina pode estar à altura de um verdadeiro Iluminado *Jiva*, para que o reconhecimento e a relação se estabeleça.

Ao estabelecer inicialmente 32 Membros como assento, ponto de origem da *Ordem do Santo Graal*, o Professor Henrique José de Souza reproduziu em forma humana aquele Sol de 32 Raios que se acha por detrás do Trono do Rei do Mundo em Shamballah. É o valor do *Bodhisattva*, MAITREYA o Buda de Compaixão – Objeto de Redenção. Assim, Shamballah e Maitreya passaram a ser prefigurados sobre a Terra no Corpo Templário da O.S.G., em princípio, certamente humano mas com certeza não terreno.

Falando de *Makaras* e *Assuras*, hoje chamados indistintamente de *Munindras*, tal binômio vem a refletir as Duas Faces do ETERNO, que astronomicamente são tanto Júpiter e Saturno como Mercúrio e Vênus, ou por outra, *FOHAT* e *KUNDALINI*, "Fogo Frio" celeste e "Fogo Quente" terrestre. A Face Direita de Deus está representada na *Ordem dos Templários do Santo Graal*, enquanto a sua Face Esquerda representa-se na *Ordem dos Tributários ou Taumaturgos*, estes para os *Assuras* e aqueles para os *Makaras*, e que no conjunto perfazem 888 Seres, os quais são, em boa verdade, a verdadeira *Linhagem do Santo Graal* matemática e estrategicamente disposta no Mundo.

Falando em Mundo, tem-se no Sistema Geográfico Internacional sete Embocaduras para o Mundo de Badagas, e cada uma assinalada à Face da Terra pela cidade que lhe corresponde. Nesta e conectados à respectiva Embocadura, há 111 Seres Assuras, que na totalidade das sete Embocaduras perfazem 777, cujo trabalho espiritual é estabelecerem a ligação imediata entre a atual quinta Raça-Mãe e a futura sexta Raça-Mãe (sementes de futuros Universos). Têm a comandá-los, desde uma oitava Embocadura Central, 111 Seres Makaras com as suas respectivas contrapartes femininas (portanto, 222), os quais já estão dotados do estado de consciência da sexta Raça-Mãe, correspondendo ao *Búdhico* ou *Intuicional*, o estado Crístico da pura Inteligência Espiritual.

A Embocadura Central irradia as Revelações ou Sabedoria da Nova Era através dos 222 Sacerdotes em seu trabalho de Iniciação, transmitindo-a aos 777 Taumaturgos em seu trabalho de Teurgia no Mundo Humano. Tem-se, pois, 777 externos ligados aos trabalhos humanos e 222 internos ligados às atividades espirituais. É assim composto o Sistema Geográfico dos Assuras que permite o contato do Mundo *Jiva* com o Mundo Jina. Não pertencendo à Obra do Eterno e à Instituição que a representa, acontece que a validade espiritual desse Sistema Geográfico valerá tanto como um "roteiro turístico" para todo o profano ou estranho aos Mistérios de Melkitsedek, exceto, possivelmente, sentir um inexplicável bem-estar d´alma nesses lugares privilegiados, mas sem saber por quê...

Reiniciando a Tradição do Santo Graal, sistematizada em uma Ordem Templária, sob a égide do EX OCCIDENS LUX, reunindo uma Corte de 32 Membros em um todo de 888 Seres, o Professor Henrique José de Souza deu início à *Sucessão Sacerdotal Akbelina*, com cuja mecânica se assemelha a *Sucessão Apostólica* cristã, cuja legitimidade está inteiramente nas suas Revelações e Ritos inéditos que a vêm distinguir de quaisquer outras correntezas acaso possuídas de nome semelhante mas certamente de espírito desigual. Com efeito, essa legitimidade iniciática só acontece com a fundação de raiz de uma Ordem, toda ela inédita mas que tenha por base a herança cultural e espiritual da Primitiva Tradição a ver com o trabalho a realizar por essa "nova" Ordem, assim "ressuscitando" com novo e mais amplo aspecto, mercê de Revelações e Ritos inéditos trazendo o Passado ao Presente e projetando-o no Futuro. Começa com essa fundação distinta a Sucessão Sacerdotal, sendo só o seu Fundador, ou quem o represente legitimado por ele, o único a poder investir sacerdotes. Estes, se viverem longe do Templo Supremo, serão enviados para a direção espiritual dos Templos nos locais onde vivam, podendo, por sua vez e sempre que haja necessidade, investir novos sacerdotes, depois de aprovados pelo Fundador ou quem o represente. Se acaso se investirem vários sacerdotes de uma só vez e de momento não houver Templo ou Santuário onde os colocar para o exercício do ministério, então acolitarão o Grão-Sacerdote daquele onde estiverem, podendo os mais velhos substituí-lo sempre que haja necessidade, e assim que houver um novo Templo da Ordem serão encaminhados para a direção ministerial do mesmo, pela ordem de antiguidade, isto é, os que foram investidos primeiro terão prioridade. Se, acaso, derivar dessa Ordem uma outra de nome diferente mas de *praxis* idêntica, essa outra só terá validade iniciática se for herdeira regular das Revelações e Ritos que caracterizam a primeira, acrescidos de novos aspectos da Tradição respectiva, e sendo o seu fundador o único a poder iniciar (e posteriormente a interromper, se for caso disso) *Sucessão Sacerdotal* nos moldes iguais aos já apontados.

Finalmente, à guisa de desfecho, transcrevo preciosas palavras insertas em obra reservada chamada *Livro do Graal*, da autoria do Venerável Mestre JHS, onde a dado trecho revela:

Na lenda do GRAAL figura, por exemplo, a de Lohengrin, quando ele é forçado a revelar a Elsa, diante de seu pai e de toda a corte, o seu verdadeiro nome e origem: "Eu sou Lohengrin, e meu Pai é Parsifal". E depois relata que tais cavaleiros velam pelo Graal, expresso em uma Taça contendo o Sangue de Cristo. E que anualmente "uma Pomba desce do Céu para renovar o Mistério contido na referida Taça"... E depois parte na mesma barquinha em que veio, puxada por um cisne branco.

Lohengrin, Artus e outros mais cavaleiros, figuram em todas as lendas relacionadas com o Graal. Na vida de Buda, entretanto, fala-se nas quatro Taças ou Cálices. O Mistério da Comunhão Espiritual do Homem com a sua própria Divindade, expressa em seu Eu ou Consciência Interna.

Por tudo isso e muito mais ainda, é que no Altar do nosso Templo figura uma GRANDE TAÇA ou CÁLICE, circundada por dois candelabros de sete velas cada um (os Sete Arcanjos, Dhyan-Choans, Swans, Sweens que têm por expressão viva o próprio CISNE das referidas lendas). Por detrás do Cálice está a Tríade Superior, ou o Triângulo do Supremo Arquiteto. Haverá, por acaso, na Face da Terra um Templo que alegorize – com tanta elevação e transcendência – o Mistério da União do Homem com a sua Consciência? Mas, justamente pela razão daqueles Templos do Cristianismo possuírem a sua parte esotérica, que talvez a própria Igreja a desconheça, é que eles figuram em forma septenária em torno do nosso Templo. Templo dedicado a todas as religiões do mundo, e consequentemente à PAZ UNIVERSAL, para não dizer, ao Culto de Melkitsedek, que é o da "Comunhão Espiritual" entre todos os seres da Terra.

OBRAS CONSULTADAS

Vitor Manuel Adrião. *Guia de Lisboa Insólita*. Paris: Éditons Jonglez, 2010.

René Guénon. *O Rei do Mundo*. Lisboa: Editorial Minerva, 1978.

Jean Tourniac. *Melquisedeque ou a Tradição Primordial*. São Paulo: Madras Editora, 2006.

O Pramantha Mágico a Luzir – I, monografia nº 56 do Grau Munindra da Comunidade Teúrgica Portuguesa.

Sebastião Vieira Vidal. *Akbel – Novo Pramantha a Luzir (Novo Paluz)*, 1965. Edição reservada da Comunidade Teúrgica Portuguesa.

Lorenzo Paolo Domiciani. "O Mistério do Santo Graal". Revista *Dhâranâ*, maio/junho de 1954.

_____. "O Mistério do Cálice". Revista *Dhâranâ*, julho/agosto de 1954, S. Paulo.

Henrique José de Souza. *O Livro do Graal*. Acervo privado, 1950.

Capítulo XXII
Cynthia Semper Fidelis!
Ex Occidens Lux!

Sintra, 22 agosto de 2009

Sobe da Terra ao Céu um frêmito d'esperança,
Baixa do Céu à Terra um hálito d'amor!
Guerra Junqueiro

Alguém perguntou ao Professor Henrique José de Souza, por volta de 1959 ou 1960, sobre a Missão de Portugal e o derradeiro destino dos portugueses, pergunta já várias vezes feita em diferentes ocasiões, e invariavelmente o rosto do Mestre abriu-se em um sorriso rasgado repleto de luz, sim, luz bem visível a todos em uma benéfica auréola de glória:

Tudo o que acontece em Portugal reflete-se aqui no Brasil, na Obra, e vice-versa. Toda a nossa Obra tem a ver com Portugal, e assim a Minha pessoa. Foi até no "Salão Portugal", em Salvador, na Bahia, que cortei os meus longos cabelos quando criança... para desgosto de minha mãe.

E disse mais, nos finais de 1962, em uma carta que endereçou a antigos condiscípulos portugueses:

A Teosofia, no Brasil e em Portugal, corresponde a duas Ramas da mesma Árvore, que devem desenvolver-se em harmônico equilí-

brio, como os braços de uma Balança, na qual o Fiel é a Grande Fraternidade Branca vibrando no peito do Monarca Universal, de cujo centro mesmo irradiam para os quatro direções os Quatro Animais da Esfinge, expressão ideoplástica da Suprema Hierarquia Assúrica. Eu estou em Verdade e Espírito nessas plagas (Portugal)*, origem da Obra, porque aí sou exaltado com fé e amor. Eu sempre estou onde Me amam e com aqueles que crêem em Mim...*

Por seu lado, dona Helena Jefferson de Souza, companheira de Missão do Professor Henrique José de Souza, assim se expressou em uma carta dirigida aos condiscípulos portugueses, emitida da cidade de São Paulo em 4 de dezembro de 1967:

Aí está a Serra de Sintra – ondulada pelos ventos refrescantes do Oceano Atlântico. Esse mar que ladeia pelo lado do Ocidente, une-nos com laços fraternais e espirituais, pois naquele Sacrossanto Monte, a 28 de Setembro de 1800, dealbava-se a aurora de um Novo Mundo.

Naquele instante histórico, portador de melhores dias para o Mundo, Portugal despontou de Luz, chamando para si as Bênçãos do Eterno, já que no glorioso momento o Profeta da Galileia e a sua Compassiva Mãe apresentaram, a esse mesmo Mundo, as preciosas Gemas enxertadas na Coroa do Buda Celestial.

Perante a História da Evolução Terrestre, perenemente o destino de Portugal fez brilhar a lâmpada da chama clara, inspirando novos desígnios na elaboração e construção do QUINTO IMPÉRIO. Tenha-se em conta o evento de 27 de julho de 1899, na capital lisboeta, nessa Bela ou Boa Flor-de-Lis, que na excelsa motivação ornamentava subjetivamente a Praça dos Arcos. Aquela data marcou, de forma indelével, no Ouro e na Prata dos 23 Arcos, como prova indubitável, a Grande Missão de Portugal *diante do Mundo.*

Na razão do sucesso, pela essência do êxito, no meio de lágrimas, surgiu a gloriosa sentença do Eterno: "No entanto desta Mulher nascerá o Meu Filho". E realmente cumpriu-se a sagrada profecia. Não só ressurgiu o "Monarca dos Três Logos", o Senhor Maitreya, mas com Ele os Sete Dhyanis ou Príncipes da Sua Excelsa Corte.

Trago em Minha destra o fanal do Amor Universal. Por isso já disse o Menino Deus, no Templo subterrâneo do Caijah: "Com a Sabedoria do Pai e o Amor da Mãe se firmará no Filho a Onipotência do Eterno".

Com esses testemunhos escritos pelos primeiríssimos e principais Atores da Peça mais que Iniciática, HENRIQUE e HELENA no papel de ULISSES e ULISSIPA, em boa verdade desde a sua primeira hora o Novo Ciclo Avatárico da Obra do Eterno na Face da Terra, com centro irradiador na figura magistral do próprio Henrique José de Souza (1883-1963), tem como Apta, Presépio, Berço ou "Casa de Deus" da sua aparição e ação este mesmo *Portugal*, antes, PORTO-GRAAL.

Em julho-agosto de 1899, na primavera dos seus 16 anos de idade, os dois jovens enamorados, Henrique José de Souza e Helena "Iracy" Gonçalves da Silva Neves, provindos de São Salvador da Bahia para Lisboa, integrados em uma Companhia Teatral Infantil, dirigida por um casal lusitano dos mais insignes, os Barões Henrique e Helena da Silva Neves, realizaram um périplo iniciático no país, desde Lisboa-Sintra a Pombal de Ansiães, em Trás-os-Montes, conduzidos pelas mãos vigorosas e protetoras dos "Maiores da Tradição" (AVARAT) que na velhinha Lusitânia mantêm viva a "chama clara" da sua Espiritualidade, agindo de forma secreta, sim, contudo sensível a tudo e a todos, matematicamente harmônica em uma justa e perfeita Ordem (MARIZ).

Durante os 17 dias da sua estadia em Portugal, Henrique e Helena foram primeiro a São Lourenço dos Ansiães, junto ao Rio Tua, nas montanhas transmontanas, como se estas fossem aqui a reprodução das montanhas da Mongólia Interior do *Traixu-Lama*, Chefe Supremo da Grande Confraria Branca. Foram de comboio até o Porto, de onde prosseguiram até Ansiães pela linha ferroviária do Tua, inaugurada no final de 1887. Foi breve a sua estadia aí, um dia e uma noite. De regresso a Lisboa, vão a Sintra e visitam o Castelo dos Mouros, a Cruz Alta... indo até São Lourenço das Azenhas do Mar, para que o Mistério ficasse completo.

Por fim, na Lua Nova de 27 de julho de 1899, quinta feira, cerca das 15 horas da tarde, no cruzamento da Rua Augusta com a da Conceição, em Lisboa, a caleche que transportava os jovens Henrique e Helena, vinda do Alto de Santa Catarina para a Residência do Barão Henrique Álvaro Antunes da Silva Neves, junto à Sé Patriarcal, repentinamente foi interceptada por uma quadrilha de cinco malfeitores, antes, magos negros (configurando o pentagrama invertido), que assustou os cavalos e fez a carruagem voltar-se. Helena sucumbiu sob os rodados do carro e os cascos das bestas, mas Henrique, apesar de algumas escoriações ligeiras, sobreviveu.

Ela, de imediato foi levada pelos Adeptos presentes para um recanto da Sé Catedral próxima, onde lhe ministraram os socorros urgentes, mas como não dava sinal de vida abriram o alçapão que aí está, próximo do altar-mor, e desceram com o corpo inerte ao seio da Terra, ao seio de Sintra.

Ele, Henrique, só muito mais tarde soube do destino da sua bem-amada, e enquanto não embarcou, a fim de prosseguir viagem para o Oriente, foi levado, à guisa de conforto, à "Estrela da Sé", que era a taberna do Barão, e aí pôde saborear várias especialidades: tâmaras (mandadas vir do Oriente pelo mesmo Barão, que era armador e fretador marítimo), iguarias portuguesas e provar os famosos vinhos do Porto e da Madeira. Finalmente, na tarde de 7 de agosto de 1899 deu-se o embarque do jovem, acompanhado de distinta comitiva de Adeptos, a caminho do Cairo, Egito, com destino certo a Srinagar, norte da Índia.

Sobre a TRAGÉDIA DA RUA AUGUSTA ocorrida consigo, o Venerável Mestre JHS deixou escrito na sua Carta-Revelação de 25 de julho de 1961, "O estado de Consciência da Era de Maitreya", in *Livro da Reconstrução do Pramantha do Ciclo de Aquarius*:

(...) com Ela aconteceu em Lisboa, na Rua Augusta, ou Sushumna, com as suas duas Ruas Ida e Pingala, que são as do Ouro e da Prata ou no sentido do que foi dito, a da Prata e a do Ouro, em lateralidade. E Eu tive que dar o meu sangue pelos dois braços ou lados, Ouro e Prata, Pingala e Ida, por Ela, na Sé Patriarcal, que inscreve no seu frontispício os dois HH dos nossos nomes. E depois acabei realizando uma espécie de "Ritual Eucarístico" em uma taverna bem em frente ao lugar da Rua Augusta, onde se deu o acidente. (...) Como se vê, o pivô da nossa Obra começa na Serra de Sintra (...).

Quanto às razões iniciáticas para a mesma Tragédia, o Mestre discrimina-as na Carta-Revelação de 28 de janeiro de 1953, "Sintra e seus Mistérios (para ser lido com os Olhos do Espírito)", inserta no *Livro Chuva de Estrelas – A*.

Para todos os efeitos, o Jove ou Jovem Henrique ladeado pelo Dhyani-Kumara Gabriel ou Abraxis, Tutor de Helena em goa, e o Barão Henrique da Silva Neves, acabam expressando a Trindade Divina na Terra: Henrique para Akbel e o própria Divindade – primeiro Logos;

Gabriel para o Plano Intermédio dos Deuses – segundo Logos; e o Barão para o Mundo Humano ou Jiva representado na mais sublime Milícia Iniciática Secreta – terceiro Logos.

Tem-se, pois, a Viagem Avatárica do Adolescente das 16 Primaveras (número cabalístico do KUMARA, o "Eterno Adolescente" ou "Eterno Virgem") com três etapas iniciáticas bem demarcadas, duas em solo Luso ou Assúrico, sim, o da "Terra dos Filhos da Luz" (*Lux-Citânia*), para que resultasse a terceira derradeira:

LISBOA – VIA MARTIRIAL = MORTE FÍSICA (*TAMAS*).
ANSIÃES – VIA PURGATORIAL= PURIFICAÇÃO ANÍMICA (*RAJAS*).
SRINAGAR – VIA INTEGRACIONAL = RESSURREIÇÃO ESPIRITUAL (*SATVA*).

Esses "Inferno, Purgatório e Céu" estão consentâneos com a formação gnoseológica da Quinta Rama da Excelsa Fraternidade Branca, como seja a Soberana ORDEM DE MARIZ, cujo desenvolvimento escatológico se fez mais sensível nos lugares seguintes do País:

NORTE – ANSIÃES – FORMAÇÃO (*TAMAS*) = Conde D. Henrique e a Ordem Franca de AVARAT; D. Afonso Henriques e a Ordem Lusa de MARIZ (século XII).
CENTRO – SINTRA – ORGANIZAÇÃO (*RAJAS*) = Ordens de AVIS e do TEMPLO, com as cores verde e vermelha de *FOHAT* e *KUNDALINI*, servindo de "Escudos Defensivos" à Ordem de MARIZ.
SUL – SAGRES – EXPANSÃO (*SATVA*) = Infante Henrique de Sagres e a Diáspora Marítima sob o Pendão Espiritual de MARIZ.

Motivo mais que suficiente para o saudoso Amigo Paulo Machado Albernaz, preclaro Discípulo de JHS, escrever-me (São Paulo, 2 de agosto de 2000) o seguinte:

Por esta razão a Península Ibérica tornou-se a verdadeira Iniciadora do Ocidente, portadora dos Mistérios. Naquela mesma ocasião foi fundada a Ordem de Avarat *(que quer dizer: "A Tradição dos Nossos Maiores"). Bem mais tarde surgiria aquele príncipe de origem francesa, D. Afonso Henriques, que libertaria uma pequena parte da Península, fundando o pequeno mas glorioso Reino de Por-*

to-Calens, *hoje,* Portugal. *Em São Lourenço dos Anciães, funda-se a prodigiosa* Ordem de Mariz, *que como sabemos usava as famosas cores Verde e Vermelho, que mais tarde seriam usadas no pendão português até aos dias de hoje.*

Essas palavras preciosas reproduzem quase textualmente aquelas outras sábias da Coluna J do Venerável Mestre JHS, António Castaño Ferreira, proferidas na cidade de São Paulo, em 7 de junho de 1952:

Tornou-se a Península Ibérica a verdadeira Iniciadora do Ocidente, portadora dos Mistérios. Foi fundada então a Ordem de Avarat *(que quer dizer: "A Tradição dos Nossos Maiores"). Mais tarde (...) em São Lourenço dos Anciães, funda-se a prodigiosa* Ordem de Mariz, *que como sabemos usava as famosas cores Vermelho e Verde (...). Esse pequeno Centro deu origem às grandes Navegações e, consequentemente, às grandes Descobertas. Foi então que D. Henrique fundou em Sagres a sua famosa Escola de Navegação, de onde sairiam os bravos marujos que descobririam para o Mundo terras até então desconhecidas. D. Henrique era o Chefe da Ordem de Mariz, que tinha por sinal secreto AVI-MAR* (AVE MARIS) *que pronunciava pondo a mão sobre o coração, gesto tão nosso conhecido. Preparou-se em seguida, em 1500, a Descoberta da América.*

Disse-me ainda Paulo Albernaz, dessa feita em carta datada 28 de dezembro de 1999:

Não resta a menor dúvida de que o Arcano 17 está estreitamente ligado à Nação Portuguesa, cuja extensão não deixa de ser o Brasil! "As Estrelas" guiaram os intrépidos navegantes, que chegaram à "Nova Terra" e colonizaram o Brasil, dando início à Glória da Sub-Raça Latina, representada por Portugal, Espanha e antigas colônias, pois serão o Berço do Avatara.

Com um preito de saudade apertando o coração, lembro aqui as preciosíssimas palavras que Roberto Lucíola, fidelíssimo Discípulo de JHS, me enviou de São Lourenço, em 27 de maio de 2002:

Residir em uma Região "Jina" como Sintra não deixa de ser um privilégio e, acima de tudo, indica desfrutar de um bom Karma. Como sabemos, Sintra é o Centro de Poder Espiritual da Europa, pois aí está localizado um "Posto Representativo" presidido por um Excelso Dhyani-Kumara, responsável pela Tônica da Literatura. Por aí se pode aquilatar o potencial de Conhecimento Humano que Portugal encerra em seu seio.

Todos os sete "Postos Representativos" espalhados pelo Mundo encerram em si um grande potencial da mais alta vibração de Energia Espiritual, no sentido iniciático. São, pois, Centros Irradiadores das mais sublimes Forças. Sob a égide espiritual de Sintra, estão sete importantes capitais europeias, tais como: Roma, Londres, Bruxelas, Paris, Madri, Copenhague, Berlim... Essas capitais estão na órbita portuguesa segundo nos ensinam os mais sagrados e misteriosos Ensinamentos Ocultos. Não esquecer que cada "Posto Representativo" abriga em seu seio uma determinada Ordem Secreta composta por um Dirigente, que é o próprio Kumara e mais 111 Adeptos, totalizando o número cabalístico 777, ou seja: 111 x 7 = 777.

O Infante D. Henrique de Sagres foi uma expressão da Divindade encarnada entre os homens para implantar uma nova etapa na Civilização. Só esse fato é suficiente para glorificar a sua Pátria e ser motivo de orgulho pertencer a uma Região escolhida por Deus para firmar a Sua Obra. Outrossim, coisa que muita gente ignora, o "Império Lusitano" não foi fruto de impulsos expansionistas ou obra do acaso, como querem os materialistas que ignoram os Desígnios de Deus. O "Império Lusitano" foi uma imposição da Lei Divina que a tudo preside. Assim sendo, ele jamais foi destruído, devido às suas origens.

Na realidade, o "Império Lusitano" é o "Império da Luz", ou seja, da Luz Espiritual, e como tal é eterno. Esse "Império da Luz" foi recolhido aos Mundos Interditos do Interior da Terra para emergir em tempo oportuno, ele jamais foi destruído, porque o que é sagrado não pode ser destruído pela maldade humana. Os Preclaros Adeptos todos pertencentes à Linhagem do Planetário da Ronda, ou seja, os componentes da Hierarquia dos Assuras, ao longo da História fizeram diversas tentativas para implantar na Face da Terra a Sinarquia Universal, esse "Quinto Império Encoberto" de que nos fala Fernando Pessoa.

Não sofrendo de qualquer crise de etnia xenófoba, somente o Povo Português tinha condições para dar origem a uma Nova Raça que fosse o fruto das experiências e dos sofrimentos por que já passou toda a Humanidade na sua longa caminhada em busca do seu destino, que é o retorno ao Espírito Santo, segundo as várias "Promessas" feitas por todos os Avataras que a este Mundo vieram.

Se lançarmos um olhar nas páginas da História Oculta da Humanidade, verificaremos que as Forças Obscuras, que sempre dão combate à Luz, tudo fizeram para impedir que os desideratos da Lei se cumprissem, mas sempre foram vencidas, porque a derrota dos Lusitanos seria a derrota da própria Divindade, coisa que é inconcebível e inteiramente impossível de acontecer. As Forças Obscuras foram sempre vencidas pelas Forças do Espírito Santo.

Muito embora não termos tido por estas bandas (Brasil) *nenhum "Condestável"... os Céus nunca nos abandonaram. Temos a certeza que o Império Eubiótico ou Sinárquico, mais dias menos dias, será reimplantado, pois as "Sementes" nunca morreram e estão bem vivas, e na Hora aprazada florescerão como Lei bem certa. Porque contra os Desígnios da Lei não há força que resista.*

Posso citar ainda António Carlos Boin, que nos idos dos anos 1970 e 1980 exerceu o cargo de Secretário de Instrução em diversos Departamentos Eubióticos (Maria da Fé, São Paulo e Santo André). Além da correspondência que trocamos, certa vez e em conversa telefônica com o finado Amigo, a dado passo ele adiantou-me que "as cores verde e vermelha da Ordem dos Tributários são herança e reprodução diretas das iguais da Ordem de Mariz, expressivas de Deus Pai-Mãe, as quais, ao nível imediato, unem Portugal e Brasil".

Em uma Carta-Revelação de JHS escrita em São Lourenço datada 16 de fevereiro de 1963 ("Arcano XVI – A Revolta no Trono, Antiga Casa de Deus", in *Livro Vitória dos Bhante-Yaul*), o Mestre refere que "S. Lourenço dos Anciães ligava-se outrora, subterraneamente, com o Mundo de Duat", e aplica a seguinte dicotomia aparentemente inconciliável: por uma parte diz que: "a Ordem de Mariz não se dissolveu, e sim bifurcou-se exotericamente nas de Avis e de Cristo"; e por outra parte que: "a Ordem de Mariz não existe mais!"

Pois sim, é a mais pura verdade: "a Ordem de Mariz não existe mais" em atividade franca ou aberta na Face da Terra. Isso acabou no reinado de D. João I e depois disso o seu primeiro eco exotérico ou público foi a Escola Náutica de Sagres. Como todas as seis restantes Fraternidades de Adeptos (sendo as Ramas da Árvore dos Kumaras no todo, ou Grande Fraternidade Branca), está cerrada para o século ou ciclo profano, repito, praticamente desde os finais de D. João I, o "Mestre Perfeito", e o desaparecimento do Santo Condestável, Nuno Álvares Pereira, antiga reencarnação do próprio Barão Henrique Álvaro Antunes da Silva Neves, de nome esotérico MALAQUIAS, Dharani de Primeira Classe, Grão-Chefe Temporal da Ordem de Mariz.

Desde o século XV para cá, essa Soberana Confraternidade só age franca ou abertamente em Baixo, nos Mundos de Badagas e de Duat, ou então, de maneira discretíssima, junto de raríssimos homens rigorosamente selecionados com Missão Divina sobre a Terra, tal qual agiu como Encoberta ou Encapuçada através das Ordens de AVIS (*FOHAT*) e de CRISTO (*KUNDALINI*), respectivamente, possuidoras das cores mores VERDE e VERMELHO, cuja fusão cromática dá o PÚRPURA de KALA-SHISTA ou SISHITA, KURAT-AVARAT, a mesma SINTRA como Quinto *Posto Representativo* dos *Marizes, Mouros, Moryas, Marus...*

Castelo dos Mouros, Sintra, Portugal

Falando das Sete Ramas da Árvore Genealógica dos Kumaras, elas são:

ORDEM DOS CAVALEIROS DO SOL— PERU — SOL... LUZ
111 Adeptos Assuras e um Dhyani-Kumara = MIKAEL (SABER)

ORDEM DOS ASTECAS CABALISTAS — MÉXICO — LUA...NOME
111 Adeptos Assuras e um Dhyani-Kumara = GABRIEL (BELEZA)
ORDEM ANDRÓGINA DA ROSACRUZ — EUA — MARTE... SETENÇA
111 Adeptos Assuras e um Dhyani — Kumara = SAMAEL (BONDADE)
ORDEM SECRETA DE MALTA — AUSTRÁLIA — MERCÚRIO... VONTADE
111 Adeptos Assuras e um Dhyani — Kumara = RAFAEL (PUREZA)
ORDEM SOBERANA DE MARIZ — PORTUGAL — JÚPITER... REALIZAÇÃO
111 Adeptos Assuras e um Dhyani— Kumara = SAKIEL (RIQUEZA)
ORDEM DOS CAVALEIROS DE ALBORDI – EGITO – VÊNUS... EXPANSÃO
111 Adeptos Assuras e um Dhyani — Kumara = ANAEL (VENTURA)
ORDEM DOS TRAIXUS — MARUTAS — ÍNDIA — SATURNO... TRONO DE DEUS
111 Adeptos Assuras e um Dhyani — Kumara = KASSIEL (SUBLIMAÇÃO)

O Venerável Mestre JHS (Henrique José de Souza) repetia amiúde que "não dava nada de bandeja", logo, como Supremo Iniciador que era, falava e escrevia por anagramas e subentendidos para que o discípulo decifrasse e se tornasse, finalmente, um Iluminado, um Integrado na Sabedoria do Deus AKBEL. Com essa sua citada por último, igualmente milhares de frases, parágrafos inteiros espalhados por todos os seus Livros de Revelações, são verdadeiras *mayas* e métodos de *Verdadeira Iniciação Mental*, logo, *Espiritual*. Bem parece que raros as dobram, perpassam, vencem de vez por todas!...

Servindo-me da mecânica sideral, planetária e natural da YOGA DA ARANHA, dada pelo Rei de Agharta, BAAL-BEY, à nossa Obra em 28 de janeiro de 1941, transpô-la-ei para a estrutura escatológica da Hierarquia Oculta de Sintra:

ABSOLUTO – Sideral (Constelação): SIRIUS (KALIBA, em aghartino).

Sirius, segundo Roberto Lucíola ("Sistemas Geográficos" in caderno *Fiat Lux* nº 18, fevereiro de 1999), integra "as sete Constelações Primordiais, relacionadas às sete Montanhas Sagradas, que, por sua vez, demarcam na Face da Terra um Sistema Geográfico, onde as Mônadas atingem o seu máximo de desenvolvimento, pois é nesses locais sagrados onde também se faz presente a manifestação humanizada da Divindade através do Avatara do Ciclo e da sua Corte ou Hierarquia.

"Cada uma das Montanhas Sagradas preside a um Ciclo Evolucional, onde determinados Seres de Hierarquia elevada se concentram, a fim de realizar um trabalho de natureza oculta, obedecendo aos ditames da Lei. Em geral, funcionam sete Centros Iniciáticos de altíssimo potencial orbitando em volta de uma *Oitava Montanha* que expressa a própria Lei. Atualmente, o fenômeno repete-se. As pessoas ligadas a esse Mistério estão se encaminhando para a Oitava Montanha *Moreb* que é a síntese e que expressa os esforços e experiências das sete Montanhas que já cumpriram o seu papel na História Oculta da Humanidade.

A *Montanha Moreb*, na região de São Lourenço no sul do Estado de Minas Gerais, Brasil, tem o significado de *A Montanha que Ouve*, e é a última Montanha do Ciclo Ariano. Ela acumula em seu seio os valores e as glórias das sete que a antecederam. Todos os valores do Passado ecoarão por *Moreb*. Será o Sinal dos Tempos. Sobre o assunto, assim se expressou JHS:

Todas as glórias das Montanhas falarão por Moreb. É o Sinal da Consolidação. Depois, quando o Ciclo Ariano estiver completo, um Portal abrir-se-á, através de um vulcão no Monte Moreb. Formar-se-á em São Lourenço um dos mais famosos vulcões do Mundo, cujas lavas acumuladas formarão a mais alta montanha do Globo Terráqueo."

PAI – Planetária (Planeta): JÚPITER (JEVADAK, em aghartino).

Sobre o que diz D. Helena Jefferson de Souza na sua carta "Aos queridos Filhos de Sintra" (São Lourenço, 28 de janeiro de 1977): "O nome dessa Augusta Ordem (de Mariz) tem, por origem, Mórias, Mouros, Marús, e as suas insígnias (cruz e fita) eram nas cores verde e encarnado (…). Ambas essas cores, se fundidas, dão o PÚRPURA do quinto Posto Representativo". Isto na sequência do Professor Henrique José de Souza ter dado JÚPITER como Planeta regente do quinto

Posto de Sintra, no *Livro da Pedra* (Carta-Revelação de 3 de julho 1950 – Dedicado aos Excelsos Dhyanis).

O Arcanjo, ou melhor, o *Dhyani-Kumara* relacionado a JÚPITER é SAKIEL (SAQUIEL), observado como um imenso Sol Púrpura por detrás de uma Montanha, segundo a sua visualização tradicional dada por AKBEL.

MÃE – Natural (Elemento): ÉTER (AKASHA, em sânscrito, MASH-MASK, em aghartino).

Animando o quinto CHAKRA LARÍNGEO, trata-se da QUINTESSÊNCIA ou quinto Elemento afim à natureza do Luzeiro Feminino ALLAMIRAH ("Olhar Celeste") que tem por Centro de Irradiação o quinto Globo Flogístico VÊNUS (planeta feminino por excelência). Sobre isto mesmo, D. Helena Jefferson de Souza em carta dirigida aos condiscípulos portugueses, datada de 4 de dezembro de 1967, proferiu quando então lhes deu o *Ritual da Quinta Essência Divina*: "Mentalizar uma cortina ou cascata de águas AZUIS de permeio a doiradas estrelas descendo ou projetando-se sobre todos os presentes. Este Ritual propiciará, no decorrer da persistência ritualística, a, digamos assim, objetivação da QUINTA ESSÊNCIA DIVINA, agindo como uma Bênção dos Céus e equilíbrio para todos. Em razão das atuais condições em que vive o Mundo, necessitamos de *ação*, coordenando-se, dessa forma, *a atividade mística com a vontade sábia*".

FILHO – Sideral, Planetário, Natural: ARABEL (AKBELOY, em aghartino).

Segundo o Venerável Mestre JHS (in *Livro do Colóquio Amoroso*, 1956), trata-se do "Quinto Senhor do Lampadário Celeste, ARABEL, o Deus da Ara, do Altar, ou do Fogo, como Senhor do Quinto Sistema". Esse Excelso Luzeiro, em cuja fronte tremeluz o TETRAGRAMATON, tem como veículo físico o quinto Globo em formação, Vênus, e na Terra, no Sistema Geográfico Internacional, manifesta-se pelos sete *Dhyanis-Kumaras* dos quais o quinto de SINTRA, repito, é SAKIEL, Raio Espiritual de JÚPITER, feito assim aspecto inferior de ARABEL ou veículo da Sua manifestação universal, dando como resultante da união de MANAS (*Vênus*) com ATMÃ (*Júpiter*) a:

GERAÇÃO – Em Cima, no Meio e em Baixo, ou Face da Terra, Duat e Agharta.

Essa Geração, Progênie ou Corte Iluminada aqui, em SINTRA, é dirigida por SAKIEL e constitui-se de 111 Adeptos Independentes, dos quais dois são o Filho (DHYANI-BUDHA) e a MÃE (DHYANI-

-BUDHAI), Dirigentes temporais do Posto para o espiritual, o Pai, o DHYANI-KUMARA.

Como Ambos, BUDHA-BUDHAI, têm as suas Colunas Vivas, uma encarrega-se dos Ritos da Ordem Interna desse Posto, dessa Embocadura, pelo que é o Chefe Espiritual ou Grão-Sacerdote da mesma, enquanto a outra Coluna exerce as funções Administrativas da mesma Ordem, logo, sendo o seu Grão-Chefe Temporal. Quem é este? Precisamente o Barão HENRIQUE DA SILVA NEVES, de nome esotérico, repito, MALAQUIAS.

Quem foi ou é o Barão Henrique da Silva Neves?

Muito poderia dizer a respeito, mas prefiro reter-me ao que escreveu o Professor Henrique José de Souza sobre o aspecto exotérico ou público do Venerável Adepto "Teatro São João", in revista "*O Luzeiro*", nº 13/14, junho-julho 1953):

Por Lei de Causalidade, tanto o pai de JHS como o Venerável Ser que fazia parte da comitiva que o acompanhou ao norte da Índia (também chamado Henrique Antunes da Silva Neves, e sua esposa, Helena A. da Silva Neves, os mesmos nomes dos Dois Dirigentes da Missão Y), eram armadores. O primeiro possuía DOZE navios (algo assim como os 12 Signos do Zodíaco, os 12 Cavaleiros da Távola Redonda, os 12 Pares de França, os 12 Apóstolos, etc.), inclusive um de nome "Rio Real", que "tendo sido salvo de uma grande tempestade, o seu comandante prometeu ao Senhor do Bonfim uma miniatura do barco", como se pode comprovar na "Sala dos Milagres" dessa mesma igreja, na capital baiana. Quanto ao Venerável Ancião – que, diga-se de passagem, "foi um dos grandes amigos do pai do autor deste estudo" – possuía, por sua vez, DEZ navios, dentre eles, o de nome "DRAGÃO"... e com os quais fazia o transporte de mercadorias de Lisboa para GOA, e vice-versa. Em tal lugar, a família possuía uma valiosa mansão, onde estivemos hospedados. E na hora da partida, a sua esposa, "a santa mulher com porte de rainha", com as faces banhadas em lágrimas, dizia adeus com o seu lenço de linho... postada à beira do cais...

No seu *Livro das Vidas – O Mistério da Árvore Genealógica dos Kabires*, datado de 1933, o Venerável Mestre JHS dá o Barão Henrique S. Neves como o *sexto Sub-Aspecto* do *primeiro Aspecto* da *Linha dos Cabayus* ou *dos Moryas*. Diz:

6º: HENRIQUE ANTUNES DA SILVA NEVES, português ilustre, que viveu muito tempo em Goa. Era amicíssimo do Mestre ABRAXIS (Jean Feliciani Domiciani), proveniente de Lorenzo e Lorenza, de quem o mesmo era filho com mais outros seis, que figuram como segundo Aspectos de todas as Linhas. De seu nome nos servimos quando nos hospedamos no Hotel Globo, em 1914, quando para aqui viemos do Norte: Henrique Antunes da Silva. *Fizemo-lo por motivos ocultos, pois não tínhamos necessidade de viajar a descoberto, mas INCÓGNITO. Além disso, tal Ser foi um Pai que encontramos outrora, quando fomos à Índia às ocultas, ou fugido de nosso lar. Em sua casa estivemos hospedado juntamente com Abraxis, que nos honrava com a sua presença e nos conduziu ao norte da Índia, de onde viemos recambiado, depois de nossa missão. H. A. da Silva Neves era versado em várias línguas, inclusive indianas, e muito mais em Filosofia. O seu filho, António Neves, foi representante de "DHÂRANÂ" em Calcutá.*

Com efeito, António da Silva Neves, o "Antonino", representou o Professor Henrique José de Souza, a Sociedade "Dhâranâ" e a revista *Dhâranâ* na Índia, como facilmente pode verificar-se na lista de colaboradores e correspondentes nos seus primeiros números, tendo o próprio Paulo Machado Albernaz, quando foi redator-chefe de *Dhâranâ* nas décadas de 1950 a 1970, despachado regularmente por correio números da revista para o endereço do filho do Barão, cujos remetente e destinatário eram inicialmente os seguintes: "De: Sociedade Dhâranâ – Budismo-Maçonaria – Niterói – Rio de Janeiro. Para: Senhor Antonino Neves – Caixa Postal 600 – Calcutá – Índia".

Segundo as informações disponibilizadas pelo Venerável Mestre JHS nos seus Livros de Revelações, os Barões da Silva Neves haviam sido em vidas anteriores o Santo Condestável Nuno Álvares Pereira (posteriormente, Tomé de Souza, primeiro Governador-Geral do Brasil), e ela a Rainha Santa Isabel. Isso mesmo está escrito na Carta-Revelação de 4 de janeiro de1952 pertencente ao *Livro dos Makaras*. Diz:

Todos já conhecem quem foi o Condestável na sua vida anterior... do mesmo modo que na seguinte, Tomé de Souza. E a seguir, o Barão Henrique Antunes da Silva Neves.

Em outra parte da mesma Carta-Revelação:

D. Nuno Álvares Pereira, tal como a Rainha Isabel, nunca deixaram de existir. As suas mortes são misteriosas... mesmo que ficassem os cadáveres, em ossos ou cinzas... para tradição das suas vidas, na História de Portugal. No entanto, mudaram de corpos. Essa esteira luminosa que mais parece a da Via Láctea... veio ter ao Brasil.

Reitera o Mestre na Carta-Revelação de 20 de janeiro de 1952, pertencente ao mesmo Livro:

Os Barões da Silva Neves não saíram apenas da Essência Espiritual do Condestável e da Rainha Isabel, a Santa, mas também dos seus corpos imortais, pouco importando o que deles fala a História Portuguesa, a Época, etc. (...) O meu pai e o meu avô eram amigos e parentes dos Barões da Silva Neves; por sinal que o meu pai foi armador, e ele também. Além de pertencerem a diversas Ordens de Cavalaria, etc.

Quanto à vida anterior do Barão como o "Santo e Guerreiro" D. Nuno Patricial (Condestável) e D. Nuno Eclesial (Monge), sim, Avatara do próprio AKDORGE ou "Homem da Couraça ou Manto Vermelho" (MARTE) que lhe terá aparecido pouco antes da Batalha de Aljubarrota, o Mestre JHS diz ainda na Carta-Revelação de 4 de janeiro de 1952:

Todos os países do Mundo possuem a sua História. A verdade, porém, é que depois do Ramo Racial Greco-Latino, que inclui Celtas, Galos (inclusive a França), etc., nenhum se compara a Portugal ou PORTO GALO, Gaulês, etc., para cujo lugar, por ser litoral e outras razões, o Manu UR-GARDAN, "o Homem do ÉDEN ou JARDIM DE FOGO", conduziu o seu POVO, imitado por NUN'ÁLVARES, porque... aqueles que se antepuseram aos seus passos foram derrotados, foram aniquilados, sofreram a MORTE, porque, de direito e de fato, "o Manu é Senhor de Vida e de Morte, não só sobre o seu Povo como do Mundo inteiro", cujos seres, por sua vez, são frutos, sazonados ou não, dos Manus anteriores, todos Eles, por sua vez, nascendo do Manu Primordial.

Pois sim, avançando no tempo tem-se que após o Acidente de Lisboa, na Rua Augusta, ocorrido com os Gêmeos Espirituais HENRIQUE--HELENA, alguns anos depois o Insigne Casal de Barões desfez-se dos seus negócios e bens em Lisboa e Goa (nesta última residindo na Rua Espelho de Flores, depois só Rua das Flores, nº 19, junto ao Largo da Igreja de São Lourenço, a caminho do Forte dos Três Reis Magos) e foi fixar residência no Brasil, em São Salvador da Bahia, ou melhor, na Ilha de Itaparica fronteira a essa cidade, no sítio de Caixa-Pregos junto à estrada, levando à igreja de São Lourenço em Mar Grande.

Sentindo grande afeto por Henrique José de Souza, e talvez ainda coagidos pela tragédia ocorrida em Lisboa, não querendo que se repetisse alguma mais, esses seus Paraninfos ou "Barões Assinalados", parafraseando Camões, fizeram de Itaparica a sua nova morada, onde passaram a viver de maneira mais humilde ou recatada, discreta.

Acerca da instalação dos Barões em Itaparica, o Mestre JHS escreveu na sua Carta-Revelação de 11 de setembro de 1941:

Como Refugium Peccatorum, *não quer dizer que seja "lugar de castigo". Puro engano! Mas antes de purgação, de elevação, de destruição de erros ou karma, como o próprio Henrique da Silva Neves (o Santo Condestável) e Helena da Silva Neves (a Rainha Santa Isabel – Ísis Babel ou Abel, etc.) se ocultarem até hoje, cercados da sua Corte, alguns Adeptos que auxiliaram, como Eles, os primeiros dias dos Gêmeos, quando ambos tinham 15 para 16 anos de idade material ou humana. Assumiram conscientemente a responsabilidade indo PURGAR-SE na referida Ilha, desde que não podiam fazê-lo em Shamballah, nem mesmo na Agharta... S. Salvador fica fronteiriça, e passa por ser a terra natal de ambos os Gêmeos Espirituais, Henrique e Helena como Eles, os dois prodigiosos Seres.*

Na Bahia, o Casal de Barões esteve ligado ao negócio das águas abastecedoras de São Salvador, e nessa mesma cidade os Preclaros Membros da Ordem de Mariz que haviam acompanhado o seu Chefe, costumavam reunir-se na Casa do Paço do Saldanha. Refira-se, ainda, que já em 1567 a Ordem de Mariz, através de D. António de Mariz, ajudara Mem de Sá a fundar a cidade de S. Sebastião do Rio de Janeiro (in *Anais do Rio de Janeiro*, tomo 1º, p. 328-329).

De Itaparica o Casal mudou-se para Teresópolis, em 24 de dezembro 1941, e finalmente, no início de 1944, para a região Sul de Minas Gerais, onde passou a residir nas proximidades da cidade de São Lourenço, e aí costumava encontrar-se assiduamente com o Professor Henrique José de Souza. Diz-se até que a arquitetura e acústica do Templo da S.T.B. nessa cidade, inaugurado em 24 de fevereiro de 1949, haviam sido sugeridos pelo Barão ao professor.

Bastante idosos, no final das suas vidas terrenas e em uma época em que o Professor H.J.S. e a sua Obra eram severamente atacados pelas Forças Sinistras da Involução, ameaçando gravemente a sua continuidade na Face da Terra, os Barões da Silva Neves, juntamente com o seu sempre fiel Mordomo José Ramayana, luso-goês, então também já muito idoso, em 20 de novembro de 1944, decidiram oferecer em holocausto as dádivas das suas vidas em troca da sobrevivência na Face da Terra de Henrique José de Souza, da sua Instituição e Obra. Esses Insignes *Yokanans* ou *Arautos* foram então recolhidos ao Interior da Terra, à Capital do Mundo de Badagas, MEKATULAN, localizada sob a cidade de São Lourenço (MG), e voluntariamente sujeitaram-se ao Ritual Jina de

DJINA-MASDHAR, o mesmo Joanino da "Degola da Cabeça" ou do "Holocausto do Inocente", igualmente chamado "Derrame do Sangue Real" que até a MAÇONARIA ADONHIRAMITA reproduz simbolicamente em seu seio, no simbolismo ritualístico do MARTÍRIO DE SÃO JOÃO BATISTA. Isso equivale ao sacrifício voluntário na Cruz (*quarta Iniciação Real do Arhat*) a favor da Ressurreição (*quinta Iniciação Real do Asheka*), o que implica o sentimento doloroso do holocausto autoimposto a favor da sobrevivência de algo ou alguma coisa, neste caso, repito, tendo como fito a salvação terrena ou humana da própria OBRA DO ETERNO NA FACE DA TERRA, cuja expressão máxima era o próprio JHS.

Muito frequentemente o sentido da "cabeça decapitada" não representa tanto um martírio individual e mais uma "decapitação" simbólica do Chefe visível de determinada Ordem que, apesar de ter perdido quem a conduzia exterior ou publicamente, prossegue firme no Ideal que aquele havia plantado. Realmente, desde 20 de dezembro 1944 que os Barões da Silva Neves deixaram para sempre a Face da Terra, mas a *Ordem de Mariz* prossegue a sua semeadura através da *Ordem do Santo Graal* e de quantos participam da Diáspora Espiritual a favor da *Parúsia*, do Advento do Cristo Universal.

A relação do Professor Henrique José de Souza com a *Ordem de Mariz* foi profícua e estreita ao longo de toda a sua vida. Chegou até a receber da mesma um estojo com o Pano de cores verde e vermelha envolvendo a Cruz da Ordem, pela época do Sacrifício dos Barões, altura em que o Barão Henrique Neves ofereceu ao Venerável Mestre a sua Comenda.

No dia 14 de março de 1955, às 17 horas, o Discípulo Carlos Lucas de Souza foi chamado à Vila Helena, em São Lourenço (MG), onde foi designado "REPRESENTANTE DO EXCELSO AKDORGE" e agraciado pelo Mestre JHS com a mesma Grande Comenda que pertencera ao Barão Henrique da Silva Neves, o símbolo ligado ao *Dragão de Ouro* (*Satva, Espiritual, Solar*, a própria *Grande Loja Branca*), e isso pelo valoroso trabalho do Discípulo em prol da construção da Obra, solenidade a que estiveram presentes aos Irmãos *Cavaleiros de Akdorge*, entre os quais, Itagiba e Sebastião Vieira Vidal.

A relíquia sagrada acabou guardada por familiar de Carlos Lucas de Souza em uma caixa a qual, desgraçadamente, veio a perder-se arrastada pelas enxurradas que no ano 2000 assolaram a cidade de São Lourenço...

Estojo enviado pela Ordem de Mariz ao Professor Henrique J. de Souza

De 20 de dezembro de 1944 em diante, os Espíritos, as Essências Imortais dos Barões Henrique e Helena da Silva Neves passaram a vibrar em dois outros Seres, com 10 anos de idade, chamados MÁRIO LÚCIO e MARIA LÚCIA. Nascidos em 13 de maio de 1934, tiveram como Pais Espirituais HELENA IRACY (Primeiro Corpo) e KRIVATZA (Jesus, Avatara de AKDORGE), mas cujos Pais efetivos, carnais, foram os Adeptos HEINRICH GORDON SCHMIDT e HELEN GORDON SCHMIDT, pertencentes ao Sistema Geográfico de EL MORO, EUA.

Como cada YOKANAN possui três nomes diversos de acordo com a sua localização, como revelou JHS na sua Carta-Revelação de 17.1.1951, tem-se que os mesmos Seres são:

MÁRIO LÚCIO e MARIA LÚCIA – EL MORO (CIMARRON)
HÉLIO e SELENE (BUDA-BUDAI) – BAIRRO CARIOCA
(SÃO LOURENÇO)
HERMES e JEFFERSON – MEKATULAN (BADAGAS)

Com isso ligam-se às "misteriosas crianças" do Bairro Carioca de São Lourenço, com os mesmos nomes dos filhos físicos do Casal Henrique José de Souza e Helena Jefferson de Souza, fato sobre o qual diz o Venerável Mestre JHS na sua Carta-Revelação de 25 de janeiro de 1952, pertencente ao *Livro dos Makaras*:

"Não devemos esquecer que há muitos anos foi anunciado: que dois Seres seriam professores de Hélio e Selene. Tal Hélio era bem outro, do mesmo modo que Selene, como prova em tais corpos estarem hoje avatarizados os Barões da Silva Neves, tendo por Coluna Central, como já antes a tivera, um YOKANAN de elevada Estirpe"... KAFARNAUM, o oitavo Chefe da Linha dos sete Yokanans principais.

Tendo sido as Colunas Vivas "emprestadas" a AKDORGE no Ocidente, de 1850 a 1944, dessa data em diante perfiladas Colunas Vivas de AKGORGE, Irmão Gêmeo daquele, teve-se no "Barão Yokanan" o exercício do Trabalho a ver com o Quinto Senhor ARABEL e a quinta Raça-Mãe Ariana; na "Baronesa Sibila" a consecução do Labor relacionado ao quarto Senhor ATLASBEL e a quarta Raça-Mãe Atlante; ambos resguardados pelo Trabalho "Maçônico" do Grande Adepto seu Filho LEONEL; e ambos juntos operando para o Sexto Senhor AKBEL e a sexta Raça-Mãe Crística, Cristina ou BIMÂNICA, ação anunciada pela Linha do Chefe dos Yokanans, KAFARNAUM, das formas mais diversas até hoje mesmo.

Os esquemas seguintes certamente darão uma noção mais clara desse metabolismo, dessa transformação e ação que faz parte da dinâmica permanente do Mundo dos Jinas ou Adeptos Perfeitos, exercendo a sua influência constante na humana, mortal e insípida pequenez de quem vive e só na Face da Terra.

Antes 1944:

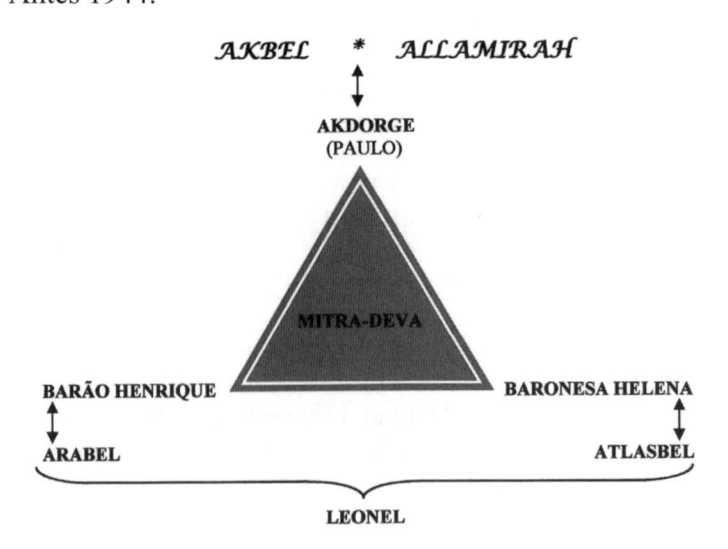

AKBEL * *ALLAMIRAH*
↕
AKDORGE
(PAULO)

MITRA-DEVA

BARÃO HENRIQUE   **BARONESA HELENA**
↕   ↕
ARABEL   ATLASBEL

LEONEL

Pós 1944:

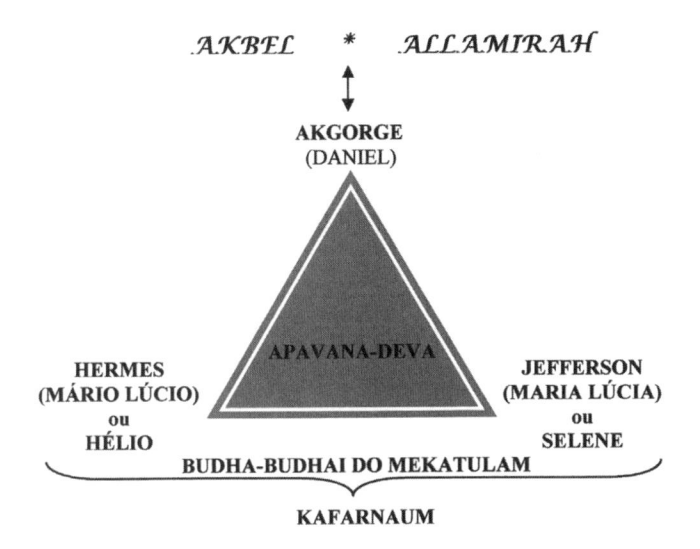

```
        AKBEL    *    ALLAMIRAH
                 ↕
              AKGORGE
              (DANIEL)

                  △
              APAVANA-DEVA
  HERMES                        JEFFERSON
  (MÁRIO LÚCIO)                 (MARIA LÚCIA)
      ou                             ou
    HÉLIO                          SELENE
        BUDHA-BUDHAI DO MEKATULAM
              KAFARNAUM
```

Assim se cumpriu a *Profecia de Sintra*, ou seja, aquela que fala da trasladação dos valores espirituais do Oriente para o Ocidente, aqui reproduzida na versão latina e respectiva tradução portuguesa:

Volventur saxa litteris et ordine rectis
Cum videris Oriens, Occidentis opes
Ganges Indus Tagus erit mirabile visu
Merces commutabit sua uturque sibi.

Patente me farei aos do Ocidente
Quando a porta se abrir lá no Oriente.
Será coisa pasmosa quando o Indo
Quando o Ganges trocar, segundo vejo,
Os seus efeitos (espirituais) *com o Tejo.*

Sobre o que adianta o Mestre JHS no seu *Livro do Graal* (Carta--Revelação de 19 de maio de 1950):

– *Não é de estranhar, pois, que na SERRA DE SINTRA, ao lado daquela profecia que fala da nossa Obra, de modo indireto, mas para ser revelada por quem foi, embora os lusitanos mais cultos a conheçam (inclusive através de* Cintra Pinturesca*), dizia, ao lado daquela famosa profecia também ali esteja mais esta: "Aqui neste lugar as ÁGUAS pariram dos VENTOS".*

Ar e Água, *Vayu* e *Apas*, Mental e Emocional, Homem e Mulher, Ulisses e Ulissipa, Henrique e Helena, juntos no mais perfeito dos Androginismos, aqui mesmo, na Montanha Sagrada dos *Mouros*, *Moryas* ou *Marizes*, para não dizer *Marus* e *Marutas* ou "Forças Vivas do Rei do Mundo". Sim, aqui mesmo onde o Quinto Senhor ARABEL cada vez mais se integra no seu Retro-Trono, *Shamballah*, pois que a Terra já passou a metade do Quarto Sistema de Evolução Universal, motivo do Futuro manifestar-se cada vez mais na Hora Presente.

As razões apresentadas não são, de maneira alguma, voluntariosas ao sabor de alguma e pessoal apetência inflamada "patrioteira", não, pois é o próprio Mestre JHS quem positivamente reitera o fato na sua Carta-Revelação de 2 de maio de 1958, "Duas e Três Tragédias, senão mais", in *Livro do Ciclo de Aquarius*:

O Quinto Sistema será naquele Lugar, isto é, em Portugal, na Serra de Sintra, onde a sibila estampou o mistério do Futuro, o mistério do QUINTO IMPÉRIO, também cantado pelo poeta lusitano, que fala de um só Altar, de um só Cálice de Ouro que há de luzir. Portugal, Arquivo das Raças de Elite, principalmente a Greco-Romana, não podia deixar de ser o QUINTO SISTEMA.

Como o Sistema Geográfico do Roncador, Estado do Mato Grosso, Norte do Brasil, está igualmente para o Futuro Quinto Sistema ou Império Universal, como revelou o próprio Mestre, então, ter-se-á a SINTRA do Presente como o Núcleo Interno da XAVANTINA do Futuro. E assim as dicotomias aparentes se consolidam, se desvanecem...

Para isso concorrem as sete substâncias ou princípios naturais (*tatvas*) de que se compõe o SISTEMA GEOGRÁFICO SINTRIANO, à guisa da "Serpente Irisiforme" desde o Seio da Terra vomitando à Face da mesma as chamas púrpuras de *KUNDALINI*, o "Fogo Criador do Espírito Santo" que aqui é ONIPRESENTE, por este Santo Vau ou "Escoadouro" como CHAKRA LARÍNGEO DO MUNDO, sobre o que diz o Professor Henrique José de Souza na sua Carta-Revelação de 28 de abril de 1958 (in *Livro do Ciclo de Aquarius*):

Quando o Bodhisattva (JEFFERSUS)*, em 1800, realiza o Avatara dos Gêmeos no alto da Serra de Sintra, razão por que até hoje semelhante lugar se chama o "PICO DO GRAAL". E isso diz tudo em relação ao Graal em nosso Templo. A* Serra de Sintra *também é formada de sete substâncias.* Lá nasceu a Obra *no Avatara de* (setembro de) *1800*.

Com essas sete substâncias naturais se compõem as sete Vestes do Luzeiro em Projeção (*Ishvara*) através do respectivo Planetário de Projeção (*Kumara*), que no mapa gnoseológico da Montanha Sagrada de Sintra localizam-se nos pontos seguintes, reproduzindo na Face da Terra, como Sistema Geográfico, um Sistema Planetário sideral:

MULADAK – CASTELO DOS MOUROS – PRITIVI (TERRA) – FÍSICO – SOL

ISADAK – SANTA EUFÊMIA – APAS (ÁGUA) – ETÉRICO – LUA

SAMADAK – SÃO MARTINHO – TEJAS (FOGO) – EMOCIONAL – MARTE

SATADAK – SÃO SATURNINO – VAYU (AR) – MENTAL INFERIOR – SATURNO

ANADAK – LAGOA AZUL – AKASHA (ÉTER) – MENTAL SUPERIOR – VÊNUS

REIFADAK – SETEAIS – ANUPADAKA (SUBATÔMICO) – INTUICIONAL – MERCÚRIO

JEVADAK – PARQUE DA PENA – ADI (ATÔMICO) – ESPIRITUAL – JÚPITER

Como Oitava Coisa ou Substância Síntese (MAHA-TATVA), participando da Substância Universal (SVABHÂVAT ou SINDAK, em sânscrito e aghartino), ela é representada pela própria ADITI, "Mãe dos Deuses", figurada na SENHORA DO Ó na QUINTA DA TRINDADE (THEOTRIM), expressiva dos Três Logos em Ação.

A capela e a imagem de mármore em tamanho natural da Senhora do Ó na Quinta da Trindade desapareceram faz alguns anos, contudo, conservo o seu testemunho em fotos raras fazendo parte do meu espólio pessoal. Vale também a reposição da Cruz Alta, no alto do Parque da Pena (o mesmo *Pico do Graal*), em parte por causa dos meus constantes protestos públicos. E faço votos que com os mesmos constantes protestos seja finalmente reconstruído o Chalet da Condessa d´Edla, no mesmo Parque, e nele se instale um Museu dedicado à Condessa morganática dessa Serra Sagrada e a qual foi quase Rainha de Portugal.

Nossa Senhora do Ó (desaparecida) na Quinta da Trindade, Sintra

O profícuo Sebastião Vieira Vidal, falecido, antigo Mordomo do Templo de São Lourenço e quase coevo do início da Obra de JHS no século XX, deixou escrito na Aula nº 9 da sua *Série Juventude*, composta nos inícios dos anos 1970 dessa centúria:

Chegamos ao Quinto Posto Representativo, situado na Serra de Sintra, Portugal. É dirigido pelo Quinto Dhyani Jina ou Budha, EDUARDO JOSÉ BRASIL DE SOUZA. O Chefe da Ordem de Mariz que lhe dá cobertura tem o privilegiado nome de MALAQUIAS. É responsável pela cobertura espiritual de todas as criaturas humanas que foram julgadas boas no último Julgamento da Humanidade (1956) e que residem ou vivem na Europa.

Esse Posto Representativo está muito ligado aos mistérios da nossa Obra, posto que está localizado no interior da Serra de Sintra onde esteve por muito tempo o Quinto Bodhisattva, o Cristo, com a Sua Excelsa Contraparte, Moriah. Estiveram, também, no mesmo Local, em 1899, os Corpos dos Gêmeos Espirituais, após o Acidente de Lisboa, verificado à Rua Augusta em 27 de julho de 1899. Estiveram nessa Serra Sagrada os Kumaras Dhyananda e Sanat-Sujat, mantendo a vida dos Corpos dos Gêmeos Espirituais, quando tinham 16 Primaveras.

Na Serra de Sintra, internamente, funciona algo como sendo a Obra no seu aspecto universal, oculto, real. Os Augustos Seres que vivem no seu interior estão para os Irmãos de Portugal assim como nós, em São Lourenço, estamos para o interior da Montanha Moreb. Eles não podem entrar em contato com os Irmãos da Instituição da Face da Terra, por estarem em um estágio evolucional bem mais alto, e não seriam entendidos pelos componentes da Instituição, antes, talvez, mal-entendidos... O corpo emocional dos Munindras não está preparado para receber certos impactos vibratórios. A sensibilidade Deles é muito refinada e a ação direta, por parte Deles, na Obra, consideram como sendo um desprestígio para o nosso Mestre e para a nossa Grã-Mestrina. Eles apenas instruem, pela Inspiração, os componentes da Instituição, porque a Realização pertence aos da Face da Terra.

Os Irmãos de Portugal, reverenciando a Serra de Sintra, estão reverenciando a Agharta, ao Mundo de Duat e ao Mundo dos Jinas ou Badagas, posto que naquela Serra esteve durante algum tempo a Verdadeira Taça do Santo Graal, com o Santo Sangue. Os Gêmeos Espirituais, quando crianças, em 1800, foram apresentados ao Mundo através desse Quinto Posto Representativo. Estiveram presentes ao ato: o Bodhisattva Jeffersus, Moriah, o Dhyani-Kumara Gabriel, Ralph Moore e vários Membros da Ordem do Dragão de Ouro.

Para se sentir os valores desse Posto Representativo, dirigido pelo Príncipe EDUARDO JOSÉ BRASIL DE SOUZA, basta ouvir o "Hino ao Amor" da autoria do Intérprete do Som, com a respectiva letra. Assim Portugal se uniu ao Brasil.

Na noite de 24 para 25 de fevereiro de 2009, recebi a informação de que os Gêmeos Espirituais HENRIQUE e HELENA iriam deslocar-se de SHAMBALLAH para o interior da Embocadura de SINTRA, no Mundo de BADAGAS, onde ficariam até 8 de julho do ano corrente, regressando, logo após as Celebrações dos *Dhyanis-Budhas do Novo Pramantha* (os *Filhos de Akbel*, as "Embocaduras do Corpo do Pai"), ao "Pombal das Aves Celestes", o *Laboratório do Espírito Santo* – SHAMBALLAH. E que durante esse prazo iria registar-se uma série de acontecimentos visíveis e sensíveis que afetariam beneficamente a Obra do Eterno e, por extensão, ao próprio Mundo.

Os Gêmeos Espirituais Henrique e Helena

Fiquei para ver e não esperei muito. Logo no dia 26 desse mês participei em um jantar-debate sobre a "Espiritualidade de Sintra", em um restaurante na mesma vila ("D. Pipas", cujo dono pouco faltou para ver alguns bebendo não pelo copo mas pela pipa), onde, como convidado principal, sofri um embate brutal com as forças da oposição à Boa Lei de Evolução. Casa cheia, não havendo lugar para mais gente, muitos ficando à porta, eis que o cenário público estava montado para certos intelectuais da "praça pública" exibirem vaidosa e pomposamente os seus dotes intelectuais de materialistas de "cana-rachada", perdão, de *kama-rupas*, vomitando com a sua boca podre o fel da iniquidade: de forma boçal começaram por ofender o Nome de Deus, desceram ao "paranoico" Henrique José de Souza, até chegar ao sábio mas "alucinado" Vitor Adrião. Quando tocaram no Bom Nome do professor, achei que já bastava de impropérios, levantei-me, interrompi-os e calei-os, com palavras suasórias mas vigorosas. A vasta assistência, cuja maioria não me conhecia, deu-me inteira razão. Nesse embate e desbarate dos magos negros que são todos eles, servindo-se do mental para rebaixar a condição humana, ainda tive tempo para referir que o Santo Condestável Nuno Álvares Pereira, no fim do século XIV, viveu em Sintra e restaurou o Castelo dos Mouros... o que é muito significativo, para nós os da Obra do Eterno.

Dando como encerrado esse episódio turbulento, no sábado seguinte (dia 28) realizou-se no Santuário AKDORGE de Portugal o Ritual da *Yoga Universal*, e foi quando informei os mais próximos de mim sobre a vinda dos Gêmeos Espirituais de Shamballah para Sintra.

No dia 5 de março realizei uma palestra-debate no Teatro *Confluência*, na Cidadela de Cascais, dirigida pela poetisa Helena Torrado e o ator Ricardo Carriço. Tema escolhido no momento pelos organizadores: "Cascais – Sintra e os Mundos Subterrâneos". Mais uma vez, a Lei de Causalidade manifestava-se em plena ação, sim, porque os promotores do evento nada sabem desses Mistérios, como ignoram que essa atividade pública após foi rematada em Templo com o Ritual *Yoga de Akbel*.

Depois disso, houve admissão de membros de ambos os sexos à *Comunidade Teúrgica Portuguesa*.

Completamente alheio ao que se desenrolava no escrínio da Obra dos Deuses em Portugal, ainda assim o filho primogênito do Professor Henrique José de Souza, sr. Hélio Jefferson de Souza, "veio atrás...", isto é, visitou o nosso país de 11 a 19 de abril, deslocando-se às cidades de Lisboa e Porto acompanhado de uma comitiva brasileira, onde se reuniram com vários dos seus antigos confrades portugueses. Tendo feito o que queria fazer, o sr. Hélio regressou ao Brasil sem ter ido a Sintra.

No mesmo mês de abril do ano corrente, no dia 25, com a Lua Nova no signo do Touro, realizou-se novo Ritual da *Yoga Universal* no Templo dos Teúrgicos Portugueses, em homenagem ao *Dharani* MALAQUIAS na pessoa do Barão HENRIQUE ÁLVARO ANTUNES

DA SILVA NEVES, Grão-Chefe Temporal da ORDEM DE MARIZ, reencarnação de D. NUNO ÁLVARES PEREIRA. Logo no dia seguinte, dia do Sol, domingo, 26, marcando o *Matra-Akasha* 19.006, o Papa Bento XVI, em Roma, elevou Nuno Álvares Pereira a Santo da Igreja, como se esta vassalasse o "Cavaleiro do Santo Graal" desde cedo apodado de *Galaaz*, apodo arturiano do próprio *Cristo*.

Após, no dia 30 de abril, realizei a primeira conferência pública mundial (tive o cuidado de informar-me com antecedência do fato) dedicada ao Santo Condestável: "Nuno Álvares Pereira – Santo e Guerreiro". Foi efetuada na Galeria Matos Ferreira, em Lisboa, próxima do Palácio onde Cagliostro se hospedou no século XVIII, junto à Rua da Rosa, no Bairro Alto. A casa encheu-se de gente, e em uma das fotografias tiradas no evento aparece uma significativa *mão etérica sobre o piano* que estava à minha direita. Mão protetora, mão inspiradora, mão abençoando de ALGUÉM pertencente ao Mundo dos Jinas ou dos Imortais, sobre o piano que é o mais iniciático dos instrumentos musicais, sim, exprimindo a execução da MÚSICA DAS ESFERAS em forma de ODISSONAI, que se cantou, em 9 de maio, pela Lua Cheia desse mês de MAYA, MARIA ou MORIAH, a Excelsa Mãe Divina.

Fenômeno do Mundo Jina: a mão etérica sobre o piano dirigida ao autor deste livro

Nesse mesmo mês de maio dei início ao Curso "Portugalidade e Tradição", na Academia de Letras e Artes em Cascais, tendo no dia 24, domingo, dirigido uma visita de estudo ao Mosteiro da Batalha e ao Campo de Aljubarrota, ainda dedicada ao Santo Condestável, empresa organizada pela Galeria Matos Ferreira. Aí, no campo onde se deu a Batalha de Aljubarrota (14 de agosto de 1385), junto à Capela de São Jorge, reuni os presentes e desferi, em um discurso breve mas certeiro, um golpe forte nas *mayas* que muitos carregavam (e ainda carregam) consigo tomando "a nuvem por Juno", causa principal das suas inúmeras preocupações e doenças, a ponto de cinco meses após esse evento vir a falecer o próprio galerista Matos Ferreira, acompanhando o "cair da parra", ou seja, o Outono.

Finalmente, na primeira semana de julho, em Homenagem aos 7+1 *Dhyanis-Budhas*, realizou-se no Templo Português, em uníssono com o Templo Sedote, em Baixo, o Ritual Nobre do ODISSONAI, tendo correspondido ao *quinto Dhyani*, 5 de julho, domingo, dia do SOL. À meia-noite de quarta feira, dia de MERCÚRIO e de AGHARTA, 8 de julho, número cabalístico dos GÊMEOS ESPIRITUAIS, estes deixaram SINTRA de regresso a SHAMBALLAH, enquanto na Face da Terra, no Templo, se procedia à YOGA DO MUNINDRA, ou seja, aquela legada por AKBEL.

Ainda nesse ano de 2009, nos dias 3 e 4 de agosto, desloquei-me com a minha esposa a São Lourenço de Ansiães, em Trás-os-Montes, por ambos querermos rematar a homenagem à Vinda dos Gêmeos Espirituais aí mesmo, nesse Lugar de Purgação ou Purificação.

Sobre esta aldeia transmontana, o Professor Henrique José de Souza escreveu no seu artigo Cagliostro e São Germano (revista *Dhâranâ*, n.º 110, outubro a dezembro de 1941, Ano XVI):

Tal Ordem (de Avis)*, entretanto, servia de escudo (ou "cobertura exterior", Círculo de Resistência, etc.) a uma outra intitulada* "Ordem de Mariz"*, pouco importa que a História a desconheça por completo. Os seus raros filiados espalhavam-se por toda a parte do mundo, como "Membros do Culto de Melquisedec", sendo que o nome "Mariz", que aliás inúmeras famílias nobres de Portugal o possuíram, tem por origem: Morias, Mouros, Marus, etc. Os mais Antigos se reuniam nas proximidades de certo lugar, que ainda hoje traz o nome de* "São Lourenço dos Anciães".

No distrito de Bragança, e concelho de Anciães, fica a seis quilômetros dessa vila a aldeia de Pombal, distando 104 quilômetros para nordeste de Braga e 360 para norte de Lisboa. No fundo de extenso "monte", descendo para o rio Tua*, brotam aí duas nascentes em um local denominado* São Lourenço*, por se achar o tanque que as recebe construído em uma casa que, em outros tempos,* *foi a capela dedicada ao referido santo. Tão modesto balneário foi mandado construir, em 1730, pelo padre António de Seixas, talvez membro da referida Ordem. Uma das nascentes é muito abundante, e ambas são conhecidas pelos nomes: Pombal dos Anciães, São Lourenço e Caldas dos Anciães. Outrora, porém, ninguém sabe a razão, chamava-se às duas Fontes* Henrique *e* Helena... *A água jorrava por duas bocas, representadas por* dois golfinhos. *E por cima,* Castor e Pollux.

Volvendo a São Lourenço dos Anciães, era aí, como se disse, onde se reuniam, em tempos mui distantes de hoje, os Preclaros Membros da Ordem de Mariz. *Santos e Sábios Homens muito influíram na grandeza do velho PORTUGAL, e também na do BRASIL.*

A Ordem de Mariz *tinha as suas insígnias (cruz e fita)* Verde e Vermelho, *isto é, o verde que veio a usar depois a de* Aviz *e o* Vermelho *da de* Cristo. *Interessante que são as mesmas cores da respeitável Bandeira de Portugal... Mistério! Embora arrisquemos a dizer que "felizes daqueles que se acham sob a referida Proteção do Governo Oculto do Mundo"! Nessas condições, até hoje: PORTUGAL E BRASIL.*

Todos que estão nas fileiras da Obra do Venerável Mestre JHS deveriam, ao menos uma vez na vida, visitar Pombal de Ansiães e a próxima Fonte Santa (Termas) de São Lourenço. Todos que não são da Obra também a deverão visitar, pois a aldeia é hospitaleira e tem muito e variado para oferecer aos visitantes, desde os passeios culturais aos concertos musicais e à gastronomia regional. Só dessa maneira Pombal de Ansiães será arrancada ao seu "eterno mal", que é o de todo o país interior: o isolamento, ainda mais dificultado pelos meios de acesso, já de si parcos e pobres. Os últimos acidentes, resultando mortais, na linha ferroviária do rio Tua, a mais bela da Península Ibérica, senão da Europa, não se deve aos carris mas aos bizarros e desequilibrados "metros de superfície" (!!!). Sugiro voltar-se aos comboios a vapor, mais afins à paisagística local e mais atrativos para o turismo em geral, principalmente o termal e ecológico.

Foi precisamente o muitíssimo abandonado lugar da Fonte Santa o primeiro que visitamos. Junto à arruinada "Casa da Acácia" (flor simbólica da *Iniciação* na Maçonaria Tradicional), que funcionou como hotel rural e pertenceu à família do dr. João Carlos Noronha, está a humilde capelinha de São Lourenço, mandada fazer por algum pároco de pressuposta descendência brasileira (muitas famílias brasileiras, ou luso-brasileiras, procuraram refúgio em Pombal de Ansiães nos fins do século XIX e aí construíram as suas moradias, algumas delas suntuosas mas bem enquadradas na paisagem local) a pedido, talvez, dos fiéis que então procuravam ser batizados aí com a água da Fonte de São Lourenço.

Por cima da ombreira de entrada na capelinha está uma inscrição muitíssimo mal realçada a negro por alguém recente, rezando o seguinte que até hoje ninguém conseguiu traduzir, conforme me informaram:

"Mandou-a fazer o vigário da freguesia José da Liocida (*Leôncida*) Neves no ano de 1839."

O vigário José Neves seria, possivelmente, parente do Barão Henrique da Silva Neves.

Mais uma vez deixei-me absorver pelo odor e fumo intenso das águas sulfurosas, vulcânicas, correndo constantes e abundantes dentro da Fonte Santa, edifício piramidal encimado exteriormente por uma cruz a qual, se perspectivada na base do mesmo, apontando ao Seio Assúrico da Terra, dá precisamente o símbolo alquímico do *Enxofre Filosófico* (⚵).

Esse é o lugar de purgação, de purificação psicofísica a que foram sujeitos os Gêmeos Espirituais, em 1899, pouco antes da Tragédia na Rua Augusta. Aliás, tudo nesse lugar de Pombal de Ansiães (os *Anciães* da Ave do Espírito Santo fundadores da Portugalidade Iniciática, ao início com residência nas proximidades, no castelo templário de *São Salvador do Mundo*, tanto podendo ser o Cristo como o Quinto Luzeiro agindo por Ele quanto, ainda, a corporificação operática de Ambos na Soberana *Ordem de Mariz*, tendo como "Círculo de Resistência" externo a *Ordem do Templo*) tem a ver com a provação e a purgação corporal e anímica.

Esse fato regista-se não só nas águas sulfúricas como dentro da igreja de São Lourenço, na aldeia de Pombal, onde está a interessante pintura legendada do "Painel das Almas do Purgatório", (levado nas procissões), uma delas mostrando as almas castigadas implacavelmente pelo "bicho da consciência".

No teto de madeira, ao centro, a pintura extraordinária do busto de São Lourenço sobre a *menorah*, o candelabro de sete bocas acesas. Sendo Lourenço um Santo Graalístico Solar, luminário, expressa então o "Senhor da Luz" encarnado no Cavaleiro da Couraça ou Manto Vermelho que é o próprio AKDORGE, expressão fidedigna

de ARABEL no topo do Candelabro Celeste (cujas borlas pendentes da figura formam um triângulo representativo da Tríade Superior, Flogística, em formação), ou seja, o dos sete Lampadários ou Luzeiros de que ARABEL é o primeiro aqui, na *Lux-Citânia* ou "Terra de Luz", sim, a Luz Lúcida promanada do Seio da Terra desde o Quinto Posto Mundial em SINTRA. Arabel, Samael, Sintra... tudo se enquadra, desde que se saiba fazê-lo à luz da Tradição da Obra do Eterno.

O Cavaleiro do Manto Vermelho na igreja de Pombal de Ansiães

Por baixo da pintura dentro de um caixilho oval, inscreveu-se uma legenda latina alusiva ao martírio de São Lourenço em uma grelha incandescente:

"*Adhaes it animà mea post te, quia caro mea igne cremàta est prote, Deus meus.*"

Tradução:

"Acolhe a minha alma em ti, porque a minha carne queimada é destruída, meu Deus."

O simbolismo e significado esotérico da ilustração, extraordinária e raríssima no gênero, já foi motivo de desenvolvimento no meu livro *A Ordem de Mariz (Portugal e o Futuro)*, dado à estampa pela

Editorial Angelorum Novalis em maio de 2006, com algumas imprecisões cronológicas e epigráficas agora retificadas aqui.

No chão da igreja estão alguns túmulos junto ao arco triunfal que abre para o altar-mor, cujas tampas inscrevem só uma misteriosa letra aghartina, usada tanto para designar o signo de AQUARIUS como, sobretudo, o de MAKARA. É caso para perguntar: quem são esses *Makaras* que escolheram esse templo para sua morada eterna?

No exterior da igreja, tem-se no topo da parede traseira, entre a cruz e a rosa, a inscrição seguinte: "Esta obra mandou fazer o reverendo António de Seixas 1750". O padre António de Seixas está retratado sobre o adro antes da assembleia, por debaixo do coro, mas o seu rosto foi raspado, apagado de maneira parecendo-me muito propositada. Bem parece que, realmente, os "Encobertos" não gostam de desvelar-se...

Pouco depois do nosso regresso de Pombal de Ansiães, deu-se o notável fenômeno astronômico das *Lágrimas de São Lourenço* virem beijar a Terra, ou seja, uma *Chuva de Estrelas* enviadas da Constelação de *Perseu*, configuração sideral do próprio *Akdorge* como consta no Livro *Síntese* de JHS. Mais uma vez, a Lei de Causalidade em plena ação.

Para encerrar este estudo dedicado à Excelsa Mãe Divina encarnada na Ordem que A representa como Espírito Santo na Terra, respigo alguns trechos da carta de D. Helena Jefferson de Souza, escrita em São Lourenço (MG) em 28 de janeiro de 1977, dirigida *Aos queridos Filhos de Sintra*:

Felicito a todos por tão feliz empreendimento, que vem provar o entusiasmo e amor de vocês pela nossa Obra, a qual teve o seu ponto de apoio, para chegar ao Brasil, aí em Portugal, ou, mais precisamente, em Sintra, que Lhe deu grande cobertura espiritual, com o vigoroso impacto dos Gêmeos Espirituais pelos Braços poderosos do quinto Bodhisattwa. Notem bem: o quinto Bodhisattwa no quinto Posto Representativo. Não é admirável? É tema de meditação.

No Presente trabalhamos para o Futuro. E já que tenho falado tanto em quinto Princípio, quinto Sistema, não será demais lembrar que o número 5, ou melhor, o Arcano 5 é a chave numérica do Pentagrama Sagrado, o qual deu origem à forma do corpo humano. A criatura humana, de braços e pernas abertos, é uma Estrela de Cinco Pontas. É o ser da quarta Hierarquia com a possibilidade de alcançar o quinto Princípio Cósmico. Será o Sistema Endócrino que formará a estrutura humana do quinto Sistema, como, hoje, o

Cérebro-Espinal o é do quarto Sistema. Adianto-lhes que já existem Seres que são frascos humanos que abrigam a QuintaEssência Divina, que desceu dos Céus como Hálito de Deus. Esses são os Orientadores da Humanidade. Ai dela se não existissem esses suportes físicos, garantindo-lhe a possibilidade de evoluir.

Para terminar, um conselho que há tempos dei no Templo: "Sem o Amor Universal nós não podemos trabalhar pela Obra. Tem que haver 'essa unidade'. Nós somos 'um' aqui dentro; o nosso pensamento tem que ser uníssono, o corpo tem que ser 'um'. Então, se Eu sofro, todos sofrem comigo, se o meu Filho sofre, todos sofrem com Ele; se o meu Irmão sofre, todos sofrem com Ele. Tem que existir essa 'Unidade Absoluta' aqui dentro."

AT NIAT NIATAT
(Um por Todos e Todos por Um)
BIJAM

Capítulo XXIII
A Evidência dos Mundos Subterrâneos como Prova Real de Nós Mesmos

Texto de Paulo Andrade - 2007

Vivemos tempos em que a proliferação de obras sobre temáticas esotéricas tornou-se moda. Isso tem o seu aspecto positivo, por contribuir para o despertar de muitas consciências adormecidas para o *Verdadeiro Caminho da Iniciação*, mas também tem muito de negativo, por fomentar as mais diversas formas de psiquismo e alucinação, por norma autoinfundidas, com todas as suas influências nefastas e consequências não raro as mais dramáticas.

O tema dos *Mundos Subterrâneos* ou *Intraterrenos* não tem sido (felizmente) dos mais populares entre os "escritores de hipermercado" que proliferam hoje em dia, pois a esses interessa sobretudo o lucro fácil à custa seja do que for, não lhes importando minimamente o sentido do sagrado e do sigilo respeitoso que certos assuntos merecem, parecendo-lhes assim que este não é assunto dos mais lucrativos, principalmente por não lhes ser fácil aceder ao conhecimento direto ou indireto de tema tão esquivo e sibilino, exceto a fragmentos públicos deixados propositadamente esparsos por aqui e ali, pois sabemos muito bem que as "portas" do seu largo e perfeito entendimento estão abertas a poucos... por seus próprios méritos.

No entanto, ao longo da História pôde registar-se uma plêiade de individualidades dotadas de grande moral e enorme sabedoria (essas sim, conseguiram "ter as portas abertas") que, de forma mais ou menos velada, explanaram este tema de maneira a possibilitar a "quem tivesse olhos para ver, ouvidos para ouvir e coração para sentir", poder aceder e abrir os portais dos Mundos Internos tanto de si mesmos como da própria Terra, pois "o que está em baixo é como o que está em cima, e o que está em cima é como o que está em baixo"...

Assim, temos de forma mais filosófica ou, então, romanceada:

Francis Bacon, que na *Nova Atlântida* fala-nos da Ilha Branca, Morada dos Bem-Aventurados, que não se alcança senão pelo mar ou pelo ar, simbolizando a existência de um Centro Espiritual Supremo inacessível ao mundo profano.

Thomas Moore, que na *Utopia* faz menção a uma região desconhecida que denomina, precisamente, *Utopia*, altamente organizada e liderada pelo Rei *Utopos*, onde as instituições e as leis são sábias e justas, diferentes das existentes na face da Terra.

Tommaso Campanella, que na *Cidade do Sol* aborda temas muito semelhantes aos referidos na *Utopia*, falando de uma cidade desconhecida existente no cume de um monte onde existe uma sociedade altamente desenvolvida, alicerçada na harmonia e na ordem.

Júlio Verne, que no seu romance *Viagem ao Centro da Terra* fala-nos de uma região subterrânea, onde proliferam animais pré-históricos e outras criaturas desconhecidas em meio a natureza exuberante, incluindo um oceano, havendo uma rede de túneis no interior da Terra cuja entrada à superfície é feita através de um vulcão.

Bulwer Lytton, que em *A Raça Futura* descreve o romance entre um homem da superfície e uma entidade feminina dos mundos subterrâneos, a qual lhe mostra como está organizada a sociedade em que vive e a sua grande evolução tanto ao nível tecnológico como espiritual.

James Hilton, que em *Horizonte Perdido* fala-nos de um vale luxuriante escondido na cadeia gelada dos Himalaias, ao qual chama luxuriante um vale escondido na cadeia dos Himalaias chama *Shangri-La*, onde impera a harmonia e a evolução interior e exterior, e os seus habitantes descobriram o "elixir da longa vida", podendo ler-se nesse romance que "perder *Shangri-La* uma vez, é procurá-la toda a vida"...

De uma forma mais teosófica e direta, temos:

Helena P. Blavatsky, que nas suas inúmeras obras, mais concretamente em *Ísis Sem Véu* e *A Doutrina Secreta*, fala-nos de um Colégio de Sábios que denomina como *Fraternidade Branca*, responsável pelo *Governo Oculto do Mundo*, assim como por túneis que proliferam no interior da Terra, ligando lugares tão díspares e distantes entre si como os Andes, na América do Sul, aos Himalaias, onde na vizinha Mongólia, no Deserto de Gobi, identifica a existência subterrânea da Cidade dos Deuses, *Shamballah*.

Saint-Yves d'Alveydre, autor literário das *Missões* em que, principalmente na sua *Missão da Índia (na Europa)*, fala-nos minuciosamente de *Agharta*, o Reino Subterrâneo, em vários dos seus aspectos, tanto hierárquicos, filosóficos e sociológicos, como políticos e tecnológicos.

Ferdinand Ossendowski, que em *Animais, Homens e Deuses* fala-nos das suas viagens pelo Oriente e dos relatos que referem lendas de tempos ancestrais relacionadas com os Mundos Subterrâneos e o enigma do Rei do Mundo com as suas profecias relativas ao futuro próximo da Humanidade.

Alice Ann Bailey, através da qual *Djwal Khul Mavalankar*, o Mestre Tibetano, fala-nos de *Shamballah* como Lugar Iluminado e Sol Central do planeta, de onde irradia a Luz que ilumina as consciências e encaminha a evolução de todos os habitantes da Terra, além de outras e inúmeras referências a este mesmo tema.

René Guénon, que em *O Rei do Mundo* descreve-nos as inúmeras tradições existentes um pouco por todo o mundo acerca da existência de *Agharta* e de *Shamballah*, servindo-se essencialmente do simbolismo judaico-cristão, assentando as suas referências no fato da existência de um sem-número de cavernas e túneis subterrâneos esparsos por todos os continentes que se perdem nas profundezas insondáveis da Terra.

Mário Roso de Luna, que em *O Livro que Mata a Morte ou O Livro dos Jinas* e em *De Gentes do Outro Mundo* desenvolve de maneira riquíssima a tradição dos Mundos Subterrâneos a que chama *Mundo dos Jinas*.

E, finalmente, – os últimos são os primeiros – *Henrique José de Souza* (*JHS*), aquele que para nós desenvolveu de forma mais sublime este assunto, não deixando de falar claramente sobre os Mundos Internos, aliás, a "pedra mestra" de todo o seu ensinamento. No seu livro *O Verdadeiro Caminho da Iniciação*, informa-nos que o país para onde Noé se dirigiu, segundo a Tradição, era um lugar subterrâneo, cujo nome até mesmo se parecia com o de "Barca", ou seja, *Agharta*. "Como se vê, 'arca' ou 'barca' teve um sentido muito mais profundo que a Lei ainda não permitiu desvendar totalmente"…

Falando sobre essa misteiosa Terra Santa, *Agharta*, o Professor Henrique José de Souza reforça e amplia a tônica dada antes por outros insignes Adeptos da Boa Lei:

"Esse país de *Agharta* é por muitos denominado *Shamballah*, por confusão entre as duas, mas as escrituras o descrevem como uma Ilha imperecível que nenhum cataclismo pode destruir.

Agharta, Arca ou Barca é o Lugar para onde o Manu Noé conduziu seu Povo ou Família e os casais de animais a que se refere a Bíblia, esta porém com a interpretação errônea de que o termo "família" fosse apenas a dos seus parentes e não de toda a Humanidade sobrevivente a um Ciclo Racial findado, tanto mais que *Noé*, anagramaticamente, é *Éon*, 'Ciclo Universal'. Assim, *Agharta* é o Celeiro das Civilizações passadas."

Em suma, esses são alguns dos nomes credíveis a que poderemos juntar outros, como *Raymond Bernard*, *Nicholas Roerich* e *Alexandra David-Neel*, como dos melhores que até hoje deram o seu contributo em prol da divulgação da existência dos Mundos Subterrâneos.

Devemos, agora, indagar: será que todos eles, nomes respeitáveis e criteriosos nos anais da ciência e da religião, da política e da filosofia, enfim, da verdadeira Tradição Iniciática das Idades, tiveram o arremedo infeliz de uma imaginação fértil e febril, ou será que, realmente, há algo mais do que aquilo que usualmente conhecemos da Terra e dos seus habitantes?

Pensamos que sim, pois, como se costuma dizer, "não há fumo sem fogo". Senão, vejamos:

No âmbito científico, devemos perguntar com todo o direito: se tendo a superfície da Terra cerca de 508 milhões de quilômetros quadrados, e se esta correspondesse ao que é unanimemente aceite, como poderá pesar apenas 6 sextilhões de toneladas? Segundo cálculos perfeitamente comprováveis, o seu peso teria que ser muito maior! Mas não ficamos só por aí. À luz da ciência, voltamos a perguntar: o que origina as auroras boreais? Como se formam os *icebergs,* uma vez que são constituídos de água doce? O que provoca as marés do Ártico, assim como a existência de rochas e areias? Para onde vão as raposas, lebres e ursos durante o inverno glaciar, migrações que se observam ao norte da Groelândia? Por que o vento norte no Ártico fica mais quente quando se navega para o Norte, para além dos 70 graus de latitude? Por que se encontram sementes tropicais, plantas e árvores congeladas dentro das águas doces dos *icebergs*? Por que os pássaros tropicais e outros animais emigram mais para o Norte no inverno, onde a sobrevivência raia o impossível por não existir alimento possível e tampouco condições climáticas?

Pensamos que só à luz da *Teurgia*, portadora da Sabedoria Iniciática das Idades, tais perguntas, que a Ciência ainda não pôde ou não quis satisfazer, poderão ser respondidas, admitindo a tese da Terra Oca com orifícios nos polos, tese esta que faz parte de um conhecimento ministrado no silêncio ou reserva dos Santuários Iniciáticos secretos. Sendo assim e através do recurso à Cosmogênese, conclui-se facilmente que a Terra constituiu originalmente uma bola de matéria incandescente, sendo que uma parte dessa matéria, em rotação centrípeta sobre si mesma no centro dessa bola ou globo de matéria original, acabou ficando em suspensão no centro indo dar origem a um Núcleo ou Sol interior, enquanto a força centrífuga, criada pela rotação sobre o seu eixo, empurrou os materiais sólidos para a periferia formando a crosta compacta. A concavidade interior comunica-se com o exterior através das embocaduras polares, sendo aquecida e iluminada pelo Sol central do planeta, justificando assim as auroras boreais geradas pelo "choque" da luz eletromagnética do mesmo Sol intraterreno com a força gravitacional dos polos magnéticos exteriores.

Nessa concavidade interior situa-se – em um roteiro paulatino de encaminhamento para o centro – o Mundo de *Badagas*, a que se segue o Mundo de *Duat* e, por fim, o Mundo de *Agharta*, cada um deles com sete Cidades principais (3 Mundos x 7 Cidades cada = 21), sendo a 22ª *Shamballah* (o Sol Central). Curioso que no Tarot existam 22 Arcanos Maiores... Esse é um assunto que explanaremos mais à frente neste estudo. Não custa então admitir que no interior do planeta resida uma civilização extremamente avançada, assim como a existência de flora e fauna muito próprias, as quais justificam as migrações de animais e aves referidas anteriormente. Uma prova da tecnologia avançadíssima dos povos intraterrenos é a existência dos *óvnis*, ou esses aparelhos voadores que a tradição oriental desde há muito chama de *vimanas*. A quase totalidade dos estudiosos do assunto acredita que provêm de outros planetas, contudo, à luz do que aqui se expõe, isso parece-nos um equívoco que aumenta quando a fantasia e a invenção se lhes misturam, pois a probabilidade de seres com aparência antropomórfica e até com "cabelos louros" provirem de outros planetas, é mais que ínfima, sendo então muito mais fácil admitir a sua origem no nosso próprio planeta.

Vamos ainda referir a existência de lendas e tradições em povos e culturas as mais diferentes e distantes umas das outras que, todavia, apresentam pontos comuns, como a referência a um lugar misterioso, morada dos deuses, situado em uma ilha ou em uma montanha, ou a memória de um lugar comum de onde provieram os seus antepassados, o qual permanecendo oculto, no entanto, ainda vivem aí Seres espirituais dotados de poderes sobre-humanos. Também é referido amiúde que sempre que as nações da Terra necessitam dos conhecimentos desses Seres ou Guias, eles advêm para a sua utilização, e, ao mesmo tempo, o folclore e os mitos locais localizam-nos ora no interior de montanhas, ora em grutas, torres ou castelos, todos de localização indefinida.

Respigando alguns desses "mitos", podemos referir na Grécia o *Monte Olimpo*, na Índia o *Monte Kailasa*, na Palestina *Canaã* e o *Monte Sinai*, no Tibete o *Monte Meru* e a *Tzang-Shamballah*, em Portugal a *Ilha de São Brandão*, na América do Sul o *Paititi* e o *Eldorado*, na Escandinávia, *Asgard*, na Bretanha, *Avalon*, a "Ilha das Maçãs" ou dos "Pomos d´Ouro", para onde partiu o Rei Artur como "lugar onde a morte não existe", além de inúmeras outras referências. De certa forma, estabeleceu-se no inconsciente coletivo da Humanidade a existência de um Paraíso Perdido para nós, Terra da Felicidade e da Eterna Luz onde o sofrimento e a velhice não são conhecidos.

Como pudemos observar, as referências são universais, o que nos leva a concluir ser real a existência desse Paraíso Terreal no "Centro da Terra", cujo Sol Interior é, na verdade, *Shamballah*, a "Mansão dos Deuses", Morada do Rei do Mundo que controla e dirige toda a evolução da Vida manifestada tanto no interior como no exterior da Terra, sendo também aí que se encontram as Hierarquias Criadoras, os Arquétipos da Humanidade. Tomando que nesses Mundos a evolução está muito mais avançada que no nosso, à superfície, informa a Tradição Iniciática que os seus habitantes estão organizados socialmente pelo modelo sinárquico e que o Rei do Mundo é o pico da sua pirâmide hierárquica. A Sinarquia impede a existência de votações eleitoralistas ou partidos políticos ou religiosos movidos pelos interesses imediatos de domínio dos demais, porque, nesse Mundo, tal é absolutamente desnecessário por não se conhecer tirania nem crime: aí a sociedade é regulada de forma harmônica e espiritual pela lei trina (legislativa, executiva e judiciária) das funções da Natureza, em inteira conformidade aos seus ritmos, e pelo primado orgânico da hierarquização natural há a coordenação inteiramente conformada às aptidões e qualidades de cada um. Tudo e todos em justiça e equidade ocupam os seus devidos lugares em ordem ao equilíbrio universal, individual e coletivo, ou seja, humano e planetário, logo, em uma abrangência completa de todos os seres e coisas. Essa é ainda a *Utopia* na face da Terra, contudo, trata-se da realidade vivida permanentemente nos Mundos Interiores. Por isso, a *Agharta é o Mundo dos Justos e Perfeitos, o Reino das Almas Superadas.*

Embocadura na Serra Sagrada de Sintra ligada ao tema de Agharta

É interessante observar que uma das chaves dos antigos alquimistas na elaboração da Grande Obra para a sua realização efetiva, era o VITRIOL, palavra cujas letras constituem uma frase latina, ou seja: *Visita Interiora Terrae Rectificando Invenies Occultum Lapidem* – "Visita o Interior da Terra, retificando encontrarás a Pedra Oculta". Não existe nisso uma analogia evidente com o que estamos referindo? Sim, realmente existe, por haver uma similitude nas relações Microcosmos–Macrocosmos, como se confirma quando, por-exemplo, alguém pretende realizar uma prática espiritual e recolhe-se em meditação no seu *Sanctum Sanctorum* interior, no imo profundo do seu próprio Ser que é a parte mais pura, divina de si mesmo, logo e consequentemente concluiu-se que o melhor do Ser está no seu interior! Então, analogamente, o melhor do Planeta (que é o corpo de manifestação de um Ser ou Logos infinitamente mais evoluído que nós, simples "células" suas) está no seu interior; pode-se assim relacionar os estados de consciência humana alcançáveis pela prática da meditação com os estados de consciência existentes nos "Mundos Subterrâneos", uns e outros interpenetrados e cada vez mais latos quanto maior for a sua interiorização. Dessa maneira, temos: Plano Físico – *Face da Terra*; Plano Vital – *Badagas*; Plano Emocional – *Duat*; Plano Mental – *Agharta*; e a Tríade Superior ou Mônada – *Shamballah*. Tal como possuímos sete "centros energéticos" ou *chakras* principais e um oitavo gerador de todos, assim também, pela Lei da Analogia, existem sete centros principais mais um gerador no Globo.

Postas todas essas proposições, adiantamos agora que no final do Período Atlante, quando se deu o respectivo Julgamento Planetário e boa parte dos homens foi condenada a perecer no gigantesco dilúvio que lhe sucedeu, ainda assim o melhor e mais evoluído, em cultura e caráter, dessa Humanidade, ou seja, a facção *Sedote* ou *Badagas*, sobreviveu ao cataclismo universal, indo recolher-se no interior do planeta, onde prosseguiu a sua evolução, enquanto a parte restante, *Jiva*, permaneceu na superfície, indo dar origem aos homens atuais (os tais que a Ciência oficial fala como existentes na Pré-História).

Os Grandes Iniciados da Atlântida selecionaram os seres humanos mais avançados humana e espiritualmente na altura e conduziram-nos para o interior da Terra através de uma abertura polar no Hemisfério Norte, na época muitíssimo mais acessível. Em uma primeira fase, ao interiorizarem-se estabeleceram-se no que chamaram Mundo de *Badagas*, que se encontra a cerca de 60-90 quilômetros de profundidade. Esse Mundo, já de elevada espiritualidade, civilização e cultura, é caracterizado pela tônica do seu desenvolvimento tecnológico do qual, como referência, podemos voltar a referir os *óvnis*. É nesse Submundo da Face da Terra que estão estabelecidas as Fraternidades Jinas, bem físicas, dos Adeptos Independentes que, por seus próprios esforços, sobressaíram da Humanidade em evolução no palco do Mundo, para passar a ser os seus Paradigmas de Eleição. A esse Submundo são recolhidos fisicamente todos aqueles que terminaram as suas missões antes da sua morte natural ou, excepcionalmente, aqueles que tenham uma não menos excepcional missão na face da Terra relacionada com os Mundos Aghartinos. Para esse Submundo são encaminhados, também, após a morte física, os discípulos que em vida terrena não se integraram inteiramente nas suas missões correlacionadas à Obra do Eterno. Aí recapitulam toda a sua atividade física passada, antes de serem transferidos para o Mundo de *Duat*, a Alma da Terra, onde irão recuperar e preparar-se para realizar na próxima vida terrena o que deixaram incompleto na anterior, ficando aí a aguardar o momento da reencarnação a seguir. É também para *Badagas* que são resgatados os corpos físicos densos dos Grandes Adeptos e Iniciados, para que lhes sirvam em trabalhos específicos secretos só conhecidos dos mesmos Mestres Ocultos, ficando assim explicada a razão de ninguém saber até hoje onde estão os despojos físicos dos Grandes Mestres da Humanidade (Jesus, Apolónio de Tiana, São Germano, Cagliostro, etc.). *Badagas* exterioriza, então, o Duplo Etérico do Globo, tendo um ciclo diurno e noturno semelhante ao da face da Terra, metade dia, metade noite.

Daí tem-se acesso ao Mundo de *Duat*, onde se encontram Seres ainda mais evoluídos, os quais têm uma fisiologia semelhante à do Homem da superfície, sendo que o que mais impressiona aí são as bibliotecas e museus onde se encontram todas as produções literárias e artísticas significativas criadas pelo Homem ao longo da sua História. É algo como uma Memória Viva da Terra, um *Registro Akáshico* à escala planetária. Funciona como o Plano Astro-Mental do Globo e nele se encontram os "duplos" psico-mentais de todos os Adeptos e Iniciados, sendo que muitas dessas Almas Viventes aguardam o momento de voltarem a manifestar-se sobre a Terra, isso se a Lei obrigá-las, pois, do contrário, após esse período de transição e assimilação, descerão para *Agharta*. É no *Duat* que se encontram os Senhores *Lipikas* (Escribas), *Manu – Yama – Karuna – Astaroth*, mais um Quinto em "Projeção", o *Ardha-Narisha*, que registam todos os atos, palavras, emoções e pensamentos da Humanidade no "Livro do Kamapa", os mesmos *Registos Akáshicos* ou Etéricos como "Memória da Natureza". Eles são chamados de *Senhores do Karma* (Planetário). O Mundo de *Duat* possui um ciclo de atividade de dois terços de dia e um terço de noite.

Mais interiorizado ainda, encontra-se o Supramundo de *Agharta* relacionado com o Plano Mental e Espiritual da Terra, com as suas sete Cidades ou *Lokas*, podendo relacioná-las com os sete *Chakras*, sendo governadas pelos benditos Reis de *Édon* ou do *Éden*, reinando aí a Sinarquia Universal e a Paz estabelecida. *Agharta* é o "Celeiro das Civilizações Humanas", pois que nela estão guardadas as sementes monádicas que irão compor as Raças, de Ciclo em Ciclo. Cada Cidade aghartina representa e corresponde a um continente, globo, etc., preservando ainda o padrão ou estado de consciência de cada uma das Raças. *Agharta* possui um ciclo diurno permanentemente, pois não existe noite, sendo que os Seres que aí habitam não necessitam de descanso por terem há muito superado o conceito vulgar de espaço e tempo, estando em metástase permanente com o Eterno Logos.

Como um oitavo Chakra, a oitava Cidade de *Agharta* e sua capital é *Shamballah*, a "Mansão dos Deuses", governada pelo Rei do Mundo, o Soberano Supremo, o Eterno Jovem das Dezesseis Primaveras. Esse é o Mundo do Silêncio Móvel, onde só aquele que tem assento no conselho do Rei dos Reis, pode morar. Daí dizer-se que é a Morada dos Deuses, a Cidade dos Imortais. Em *Shamballah,* expressando à própria Mônada Divina, existe sempre sombra ou treva, isso porque contém toda a luz ao ponto de a tornar ausente (*Agharta* é o diafragma refletor das sete luzes provenientes da única do Sol Oculto), e por ser o Núcleo Central da Terra, tem a designação de "Laboratório do Espírito Santo".

De uma forma análoga, pode dizer-se que o Homem vive em um Mundo tridimensional, ainda que, no entanto, existam outras dimensões, as quarta, quinta, sexta e sétima que constituem os "Mundos Superiores". Assim sendo, a quarta dimensão corresponde ao Plano Astral ou Emocional; a quinta, ao Plano Mental; a sexta, ao Plano Intuicional; e a sétima, ao Plano Espiritual e que está ligada a uma oitava, que podemos caracterizar como a Unidade Perfeita ou o "Espaço Sem Limites".

Pois cada Cidade de Agharta, como foi dito, corresponde a cada um dos Chakras da Terra que constituem o bojo ou essência última dos Sistemas Geográficos em evolução sobre a mesma (sendo sete, localizados no *Peru, México, América do Norte, Austrália, Portugal, Egito* e *Índia,* mais um no *Brasil* que corresponde a *Shamballah*, considerando-se esses lugares onde estão localizados verdadeiras "Terras Santas" e "Santas Cidades"). Assim e na mesma sequência, as Cidades ou *Lokas* de *Duat* (o Submundo de Agharta, enquanto Badagas é o Submundo da Face da Terra) têm a ver com os

Plexos da Terra, e os locais assinalados na superfície com as Glândulas do mesmo Globo, antes, do Logos Planetário refletindo nos respectivos do Homem, este o Microcosmo daquele, o Macrocosmo. Explicando melhor, no Homem temos as glândulas no corpo físico que se comunicam com os chakras no duplo etérico, os quais também, se comunicam com os seus correspondentes no corpo astral e estes com os análogos no corpo mental. Analogamente, concluímos que pelos Sistemas Geográficos afluem as energias espirituais do Centro da Terra para a Face da mesma, indo inpregnar com a sua presença a Humanidade, fixando nesta um cada vez maior estado de Espírito ou uma cada vez maior Consciência sobre o Mundo.

O homem comum só percebe o Mundo através das três dimensões da matéria (comprimento, largura, altura); para perceber a quarta dimensão necessita utilizar a disciplina dos sentidos, a concentração, a fim de chegar à abstração ou superação dos mesmos. A questão que se põe é que os Mundos Subterrâneos, inclusive a sua camada mais próxima da superfície, o dito Submundo, mesmo que abarquem as três dimensões conhecidas não deixam de fixar-se em dimensão diferente da terceira, e é por isso que vulgarmente não se os consegue aperceber ou aceder...

Razão por que se faz necessária a *Verdadeira Iniciação*, o tornar-se real ou verdadeiramente Iniciado, acedendo assim ao Verdadeiro Ser em todos os seus Planos de Evolução, o que nos tornará Seres conscientes de nós mesmos, interior e exteriormente, a única possibilidade de se abrirem os "portais" dos Mundos Subterrâneos de maneira a podermos, finalmente, retornar ao *Paraíso* outrora Perdido...

OBRAS CONSULTADAS

Monografias da Comunidade Teúrgica Portuguesa.
Henrique José de Souza. *O Verdadeiro Caminho da Iniciação.*
Raymond Bernard. *A Terra Oca.*
Helena P. Blavatsky. *Ísis Sem Véu e A Doutrina Secreta.*
Alice A. Bailey. *Iniciação Humana e Solar e Um Tratado sobre Magia Branca.*
Ferdinand Ossendowsky. *Animais, Homens e Deuses.*
René Guénon., *O Rei do Mundo.*
Saint Yves d´Alveydre. *Missão da Índia na Europa.*
Francis Bacon. *A Nova Atlântida.*

Thomas Moore. *A Utopia.*
Tommaso Campanella. *A Cidade do Sol.*
Júlio Verne. *Viagem ao Centro da Terra.*
Bulwer Lytton. *A Raça Futura.*
James Hilton. *Horizonte Perdido.*

Capítulo XXIV
Sinais de Shamballah!

Sintra, 2007

Sim, *Sinais de Shamballah* – foi como os Lamas companheiros de Nicholas Roerich sussurraram a aparição súbita de um misterioso objeto voador não identificado, a cerca de 400 metros do solo por cima do seu acampamento, na fronteira do Tibete com o Norte da Índia, no caminho para Srinagar, no ido 1924.

Segundo a descrição feita desse avistamento, tratou-se de um corpo luminoso, sulcando o espaço em velocidade vertiginosa, semelhante a um "disco incandescente" de estranha luminosidade azulada. O próprio Roerich dá conta desse fato na página 149 do seu livro *The Hearth of Asia*, publicado em Nova York não sem antes acrescentar que tais avistamentos eram muito comuns nas regiões do Himalaia: "Manhã de sol, sem nuvens, o céu azul esplendente. Por cima do nosso acampamento voava um enorme abutre negro. Os nossos mongóis e nós o observávamos. De repente, um dos nossos Lamas apontou para o céu azul. Então avistamos algo brilhante, que voava muito acima do abutre, de nordeste para sul. Tiramos da capa três poderosos binóculos de campanha e apontamo-los na direção do gigantesco corpo esferoide e brilhante que se destacava contra o Sol, claramente visível sobre o céu azul e que avançava velozmente. Vimos em seguida que mudava de direcção sul-sudeste, e desapareceu por detrás dos montes da cadeia de Humboldt. Todos presenciaram a aparição inusitada e os Lamas sussurraram entre eles: – *Um Sinal de Shamballah*!".

Posteriormente, ainda nesse ano, o grande explorador e iniciado visitou o Mosteiro de Ghum, no Tibete, e o Lama responsável por ele, após lhe terem contado o caso do óvni, adiantou peremptório: "Sinal da Nova Era! Em verdade, o tempo do Grande Advento se aproxima. Segundo as nossas profecias, a Era de Shamballah já começou. RIGDEN-DJYEPO (isto é, 'Rei dos *Jivas* ou homens', logo, o Rei do Mundo), o Soberano de Shamballah, lá está preparando o seu exército invencível para a batalha decisiva, e já se estão encarnando todos os seus auxiliares e oficiais".

Tais "auxiliares e oficiais" são os Preclaros Membros da Excelsa Loja Branca. Tal "exército invencível" constitui-se das Forças Desarmadas de Agharta, mesmo assim bem mais poderosas que todos os exércitos juntos da face da Terra, por dominarem os poderes das Forças Universais de *Fohat* e *Kundalini*, ou seja, a Eletricidade e o Eletromagnetismo Cósmicos Onipotência e Armipotência. Ainda e significativamente, igualmente tal ano de 1924 assinalou, à escala planetária, de modo decisivo a passagem dos valores espirituais do Oriente ao Ocidente, marcando o EX ORIENS UMBRA para o EX OCCIDENS LUX! E mais, sendo o dito óvni um "enviado de Shamballah" e estando esta no seio da Terra, então esse misterioso objeto voador só do seio da Terra poderia provir... Mas lá iremos.

Sem pretender adentrar o gigantesco folclore *new age* atual, onde a teoria da "conspiração dos governos" se mistura com "longínquas e pressupostas galáxias e planetas" de nomes extravagantes e de localização impossível, junto a "extraterrestres fantásticos que nos visitam, abdução, clonam e outras coisas do gênero", possuídos de nomes cuja aberração semântica orbita entre a fantasia, o infantil e o plágio de nomes creditados pela Tradição Iniciática das Idades, mesmo assim não raro inteiramente alterados, prefiro ater-me a fatos concretos e não a estados oníricos infundidos ou autoinfundidos por má informação e pior formação que, nesse caso, e são tantos os casos que conheço, mais ou menos dia acaba em um hospital de psiquiatria. Rima, é verdade e é triste...

Havia terminado o parágrafo anterior e cessado por instantes este estudo quando, ligando a televisão, a Lei de Causalidade mesmo agora não deixa de surpreender-me: o jornalista informava que o vaivém espacial da Nasa havia atrasado o seu regresso à Terra por causa do avistamento de objetos voadores não identificados em seu redor, ao mesmo tempo que passava o filme desses objetos – eram minúsculos parecidos a estilhaços, o que indiciava tratar-se de lixo espacial de satélites ou foguetões em desintegração gradual no espaço, isso se não forem estilhaços do próprio vaivém, razão mais que suficiente para os cientistas e astronautas ficarem preocupados e logo retardarem o regresso em segurança da astronave. Quase de certeza dentro de horas os *sites* e blogues da internet serão inundados por notícias espantosas de naves alienígenas cercando a terrestre e outras coisas mais e más do gênero. Fiquemos para ver, como já vimos essa foto de satélite truncada por um habilidoso "astronauta" do *new age* para dizer que está configurado um triângulo submarino defronte ao forte de São Julião da Barra (!!!), sede da Nato em Portugal. Como conheço sobremaneira esse tipo de raciocínio ingênuo e infantil, sei que o que ele pretendia dizer é que aí se localiza uma base secreta de óvnis (!!!) e que os governos mundiais sabem disso e escondem... Pois assim não é possível chegar-se a qualquer consenso minimamente racional...

Mas, ainda assim, não sou completamente alheio a avistamentos pessoais do gênero testemunhado por Roerich, tanto em Sintra, como em Sagres, como em outras partes. Mas, para que narrá-los? Para incorporar o rol imenso dos "adoradores de óvnis"? Mas estes não me interessam minimamente, não passam de máquinas, bem melhor seria tentar perceber quem vai dentro deles, e de onde vêm. E é isso que agora vou tentar esclarecer, sem entrar no "realismo fantástico" atendo-me exclusivamente à Tradição Iniciática das Idades, assim como a alguns fatos concretos desconhecidos da grande maioria.

Talvez que a primeira proposição contraditória da proveniência longínqua, extraplanetária, dos chamados *óvnis* ou *ufos*, seja a de que utilizam engenharia semelhante à terrestre, façam recurso da energia terrestre e, mais que tudo, os pressupostos extraterrestres sejam *semelhantes aos humanos*, com cabeça, tronco e membros e falando nos dialetos da Terra mesmo entre eles. *Ipso facto*. E mesmo sendo fato que a maioria deseja, em um anseio psicológico ou arrebate de alma, a salvação oriunda duma galáxia ou planeta longínquo com "extraterrestres benfeitores" que venham salvar a Terra ou levar os melhores da Humanidade para esses pressupostos lugares nos confins do espaço sideral. Trata-se, tão só, do anseio de uma condição melhor à da Terra atual tão crivada de crises desoladoras (fome, doença, guerra, etc.), e para fugir a um mundo imundo não há como perscrutar as estrelas e suplicar aos seus pressupostos habitantes a virem salvar os desolados sociais de um planeta eivado das mais gritantes injustiças! Pondo de lado tudo isso, com o incoerente sabor de "espiritualismo materialista", eis o anacronismo da coisa em si, deveriam antes procurar a REALIZAÇÃO ou INICIAÇÃO VERDADEIRA em si mesmos, fazendo apelo, ou melhor, recurso a um Colégio Iniciático credenciado, e buscar entender, conhecer realmente a Terra em que vivem e tão mal conhecem... Quanto a essa engenharia voadora ser de fábrica secreta de alguma superpotência, não me parece, pois todas elas debatem-se com o mesmo enigma, e para recusarem a sua existência usam da contrainformação. Isso vai dar azo às "teorias da conspiração" tão em voga hoje em dia, como igualmente à "teoria extraterrestre" explorada à exaustão por não raros exploradores da ingenuidade e ignorância alheias. *Ipso facto.*

A *Cosmogênese* da Sabedoria Tradicional das Idades aplica um argumento de peso a favor da proveniência *intraterrestre* dessas aeronaves: o nosso Sistema de Evolução Universal compõe-se de sete Cadeias Planetárias, cada uma com sete Globos onde se processam as Rondas das Vagas de Vida evoluindo sobre os mesmos. Ora na presente quarta Cadeia Terrestre, três Globos ou Planetas já estão realizados e ultrapassados, outros três estão em formação, por realizar e ultrapassar, logo, resta o quarto Globo que é a Terra atual. É precisamente nesta que tudo se processa, pois, por Lei de Evolução e Afinidade, o que se passa na Terra só tem a ver com ela mesma, sem qualquer tipo de intromissão exterior a si e ao seu desenvolvimento (até um Arcanjo que possa agir sobre o Globo Terrestre tem a ver com ele, pois algures no tempo passado evoluiu nele), e isso também é válido para as Leis da Reencarnação e Karma, pois o que se semeia na Terra, na Terra se colhe. Consequentemente, nada disso tem a ver com quaisquer "extraterrestres" de novela ou cinema, pois não passam de simples devaneios lúdicos dos sentidos.

Quando, a partir de 1947-48, se começou a falar mais intensamente de avistamentos ovniológicos um pouco por toda a parte do mundo, o Professor Henrique José de Souza, fundador da Sociedade Teosófica Brasileira, foi interrogado sobre o assunto pelos membros da dita Sociedade, mas ele quedou mudo, silenciou, nada proferiu sobre o assunto, evitou-o mesmo sempre repetindo: "Falar de discos voadores é como pisar um ninho de vespas". Assim, não faltou quem acreditasse que ele não acreditava nisso ou, então, nada sabia do assunto e logo não tinha a mínima ideia do que fosse. Nada mais errado! A prova flagrante veio algum tempo depois e da maneira mais espectacular, sem margem para dúvidas ante centenas de testemunhas em pleno dia, o que foi largamente noticiado pela imprensa da época, nomeadamente pela revista *O Cruzeiro*, em 19 de fevereiro de 1955, em um artigo, de larga repercussão, assinado pelo jornalista João Martins.

Com efeito, às 17h30 de 18 de fevereiro de 1955, centenas de pessoas em São Lourenço de Minas Gerais, Brasil, assistiram pasmadas à materialização do inacreditável: no vulgarmente chamado Morro "Portas da Luz" (*Akáshica*...), cerca de 100 metros fronteiros à residência do professor, a "Vila Helena", na Avenida Getúlio Vargas, aterrou um fantástico veículo oval e dele saíram três belos tripulantes, com cerca de dois metros e meio de altura e cabelos longos a caírem-lhes sobre os ombros, o que causou forte comoção ao grande número de pessoas que os pôde admirar à luz do dia. Os três esbeltos gigantes estiveram durante algum tempo no lugar, andando em volta da nave, e por várias vezes voltaram-se para o alpendre da "Vila Helena" onde se encontrava o Professor Henrique José de Souza, os seus familiares e vários discípulos. Causava arrepios vê-los a saudarem teosoficamente a JHS – a quem, afinal, tinham vindo homenagear – colocando a mão direita espalmada sobre o peito e curvando-se ligeiramente. E o professor, sorridente, retribuía-lhes aquelas saudações. Misteriosa Mensagem do Reino Aghartino... depois partiram, desaparecendo no espaço por detrás do Horto Florestal de São Lourenço, por sobre a sua Montanha Sagrada MOREB. E o professor trancafiou-se em casa com os seus familiares e discípulos, deixando o povo ainda mais pasmado e a imprensa alarmada, logo a seguir não lhe dando descanso.

Mas quem eram esses três personagens vindos do "outro lado do Mundo", que é dizer, dos Mundos Subterrâneos? Nada mais e nada menos que os Três Representantes da Tríade formadora na época do Governo Oculto do Mundo – R.D., P.I., M.S. – e que em nome deste vieram prestar Homenagens à sua Digníssima Expressão manifestada na Face da Terra.

Só depois desse acontecimento fantástico mas bem real – cujas provas fotográficas pertencem ao acervo do Arquivo Interno da nossa Instituição – é que o Professor Henrique começou a revelar a origem INTRATERRENA dos famosos "*discos voadores*" e qual a sua mecânica oculta. Sabe o respeitável leitor porque pouco tempo depois o Presidente da República Brasileira, Juscelino Kubitschek de Oliveira, após o avistamento de óvnis pela Marinha de Guerra do Brasil, autorizou a sua divulgação pública sem reserva de espécie alguma? Porque ele era membro da S.T.B. e estava autorizado diretamente pelo próprio JHS! Como se repara, tudo passa por Henrique José de Souza... pois sem este, cai-se na fantasia e no logro.

Ainda a ver com esse acontecimento ocorrido em São Lourenço e a mecânica oculta do mesmo, brindo o respeitável leitor com um excerto de obra reservada levando de título *Livro dos Arcanos da Era de Aquarius*, de JHS, retirado de Carta-Revelação deste, datada de 23 de julho de 1956 e emitida de São Lourenço, com o título "O que temia, a mim próprio, o Excelso Rabi-Muni".

"Todos imaginam que *PRANA* (Energia Vital) vem diretamente ao Homem e a tudo o mais, na face da Terra. Pois bem, ele vem indiretamente, enquanto embaixo ele vem diretamente, sem o que não haveria Vida naquele Lugar. É ele, por exemplo, que apresenta nos quatro Reinos da Natureza o que neles existe na face da Terra, mas completamente modificado. As cores das plantas, das flores, dos legumes equivalem às cores dos Tatvas (vibrações sutis da Matéria). E estes provêm de *PRANA*. Um cavalo aghartino não é igual a um cavalo chamado 'terreno'. Do mesmo modo, a ave, a planta. E até as águas, que deslizam mansamente nos lagos e canais laterais de tão misterioso Lugar, possuem um brilho tão grande que denota a vitalidade imensa que as faz mover (os chakras tomam maior brilho ou luminosidade, de acordo com a velocidade que lhes dá a evolução e a saúde do homem), ou antes, fazem mover, pois quem diz *Prana* diz ao mesmo tempo *Vayu* e *Tejas* (Ar e Fogo), os impactos originais de todos os Tatvas. Como tenho afirmado, semelhante *Vida* vem através do TUBO CÓSMICO, cuja entrada é o Polo Norte e cuja saída é o Polo Sul. Assim também é a Luz permanente da Cidade da 'Eterna Luz', Agharta, mas também, BELOVEDYE (ou *Bela Aurora*) e CLARION, como disseram alguns viajantes dos discos voadores, com o sentido de *Clarão*, luz, brilho, tal como eles (os discos) o são. E a prova é que, ao aterrarem, se apagam. E ao descolarem se iluminam, tal como acontece com a eletricidade, ou seja, na voltagem, amperagem, etc... Quanto aos seres que neles viajam, como aqui se deu bem em frente à Vila Helena, eu prestei bastante atenção ao FENÔMENO: estavam brilhantes, flogísticos ou ígneos, e aos poucos se tornaram verdadeiras sombras ou silhuetas de si mesmos (escuros como em Shamballah). Os seus gestos eram visíveis, entretanto, porque o brilho das estrelas e da própria luz artificial das lâmpadas elétricas provocavam semelhante fenômeno. Não esquecer que a própria H.P.B. fez ver que 'a eletricidade era a manifestação mais grosseira de *Fohat*'. Assim o é, mas restava que ela dissesse tudo quanto se refere a *Kundalini*, ou tudo quanto representa calor, fogo, e para *Fohat*, frio, humidade, ar, etc... Eu mesmo chamei *Fohat* de 'Fogo Frio' e *Kundalini* de 'Fogo Quente'. Com outras palavras, Luz e Força (*Ligth and Power*). O Dínamo Gerador dessas duas Forças provém do oitavo Sistema, chamem-nas de 'braço direito e braço esquerdo de Deus', como diz certo livro das Bibliotecas de Duat, na Seção 1, Códice 19, que é Ayuruoca na face da Terra. Título do livro: *'Fohat e Kundalini (como Pai-Mãe Cósmico)'*."

Ora o ocorrido com o Professor Henrique José de Souza há 52 anos, repetiu-se recentemente sobre a mesma Montanha Sagrada de São Lourenço, ou seja, nos finais de agosto de 2005 (já antes, em 8 do mesmo mês, haviam sido avistados vários óvnis que se deslocaram de São Lourenço em direção a Carmo de Minas), quando um pressuposto "disco voador", em plena luz do dia, apareceu em plena exibição da Esquadrilha da Fumaça, da Força Aérea Brasileira. Também essa astronave misteriosa sobrevoou e desapareceu detrás da Montanha Sagrada MOREB, sobre o local preciso onde meses antes eu havia estado com vários Irmãos da Obra do Eterno na Face da Terra, preparando, precisamente, a abertura do Portal do Ciclo de Aquarius em 28 de setembro desse mesmo ano, o que realizei templariamente com outros tantos Irmãos da Obra do Eterno já em Sintra, Portugal, exatamente na sétima Substância ou *Pritivi* correspondente a São Saturnino da Peninha.

Aprofundando ainda mais o mistério dos *Sinais de Shamballah*, os famosos "discos voadores", antes, *vimanas* e *vaidorges* para hindus e mongol-tibetanos, segundo o nosso Venerável Mestre JHS, eles provêm das quarta, quinta e sexta Cidades do *Submundo* de BADAGAS, e operam com energias e Iniciados da face da Terra que têm a ver com os quarta, quinto e sexta SISTEMAS DE EVOLUÇÃO UNIVERSAL. Ora, essas Cidades Badagas ou *Sedotes* (os "Filhos do Suor" ou gerados do intercâmbio sexual dos deuses com as filhas dos homens, durante a quarto Raça-Mãe Atlante) têm a sua representação exata no Sistema Geográfico Sul-Mineiro, nas cidades de MARIA DA FÉ (a ver com o quarta Planeta MERCÚRIO e AK.), SÃO. TOMÉ DAS LETRAS (a ver com o quinto Planeta JÚPITER e AST.) e CONCEIÇÃO DO RIO VERDE (a ver com o sexto Planeta VÊNUS e AR.). Essa ordenação dos astros é afim aos dias planetários da semana, de domingo (Sol) a sábado (Saturno).

A ver com o Quinto Sistema de Evolução Universal em formação (quinta Ronda, neste caso) imediato ao quarto atual, o Venerável Mestre JHS terá revelado a sua localização ao engenheiro-autônomo António Castaño Ferreira, a sua Coluna J: "Eu disse uma vez ao Ferreira que é no meio da Via Láctea onde ele tem de ver o Sol do Quinto Sistema". Como a formação do Quinto Sistema implica a formação conjunta do Sexto Sistema de Evolução (sexta Ronda, nesse caso, pois é a partir das Raças e Rondas que se projetam as Cadeias e Sistemas mais latos), sobre este último assim se expressou JHS:

"O Sexto Sistema não existe como Natureza ativa, porque o seu desenvolvimento pertence a um futuro remoto. O que existe dele? Apenas um Embrião no meio do Universo, expressando a Causa das Causas. Nele, a criatura humana possuirá seis sentidos, seis constituições orgânicas e a Natureza terá seis Reinos. Os Makaras de hoje formarão a Humanidade daquele Sistema, embora adquirindo experiências nos campos emocionais e mentais. Nessa ocasião, os Seres Humanos não andarão... voarão. É isso que se pretende quando se fala em Espaço Sem Limites, enquanto os Gêmeos Espirituais, o seu aspecto masculino estará expresso pelo Dragão Celeste e o aspecto feminino pela Coroa Boreal.

Os discos voadores já expressam, em nossa época, os veículos daquele Sistema; ou, em outras palavras, eles são constituídos de elementos, de moléculas que formam o sexto Reino da Natureza. São impulsionados pelas energias de *Fohat* e *Kundalini*."

Falando do BRASIL, como o estou fazendo, devo falar um pouco mais dessa gente de BADAGAS, sim, porque *Badagas* etimologicamente também significa "Gente do Brasil": *Bad* ou *Bab* é "Deus", e *agas* é o prefixo de "Fogo" (*Agni*), "Agharta", etc. Portanto, *Gente Iluminada da Agharta na Face da Terra.*

E o fazendo precisarei mais sobre os imprecisamente chamados "discos voadores", pois ainda que alguns possuam esse formato, outros não. A Tradição Iniciática prefere chamá-los *Vimanas*, e este é o termo consagrado nas escrituras sagradas das principais religiões do mundo, principalmente nas escrituras hindus (*Mahabhârata, Puranas*, etc.). A *Bíblia* chama-os "rodas de fogo", "carros de fogo", mas cujas traduções do hebraico para o hindustânico levam ao mesmo termo *Vimana* (*Vi*, de *Vril*, a Energia Vital, *Akasha* ou *Mash-Mask* dos Atlantes, operada e dirigida por *Mana* ou *Manas*, a Força Mental). Tais aparelhos são oriundos, repito, da Civilização Intraterrena do *Mundo de Badagas*, que se expande cerca de 60 a 90 quilômetros abaixo da crosta terrestre, ainda que até lá haja, aqui e ali, "anfiteatros" ou "postos avançados" de gentes desse Outro Mundo, estabelecendo a ligação entre ele e a superfície. Por exemplo, revelo sem desvelar coisa alguma, 350 metros abaixo do *Templo de Maitreya* em São Lourenço (MG) existe um grandioso Templo Jina (do M.T.) físico, visível e tangível, onde ocorrem as mais maravilhosas e apoteóticas manifestações espirituais – do qual temos uma fotografia em preto e branco em nosso Acervo Interno, mostrando o Portal desse Templo aberto na rocha viva, oferecida pelo Excelso Daniel (*Akgor-*

ge). Além disso, o que mais surpreende o visitante da superfície em Badagas, é precisamente o seu elevadíssimo desenvolvimento científico e tecnológico, o qual recua aos dias da Atlântida em que os melhores da Raça se interiorizaram levando consigo todos os saberes que a caracterizaram, muitos deles ainda não alcançados pelas gentes da superfície.

Há também referências aos *Vimanas* nas escrituras tradicionais hindus *Ramayana* e *Samarangana Sutradhara*. Nesta última são dedicados 230 versos a esses veículos aéreos, na linguagem alegórica da época em que foram escritos, mesmo assim bastante compreensíveis em vários pontos. Assim, é dito que os *Vimanas* eram usados para a guerra e para a paz. Há mesmo uma observação curiosa: "O piloto do *Vimana* oferecia leite aos três fogos de *Agni*". Ora, em muitos relatos verídicos atuais de avistamentos de "discos voadores", há referências a três esferas que correm em um rasgo circular na parte inferior do aparelho, esferas essas que alguns pensam ser um trem de aterragem e outros julgam que são acumuladores de energia, condensadores, produtores de uma corrente trifásica que entra ou sai, mas sempre da mesma natureza da Energia Cósmica que, para todos os efeitos, os dinamiza. Nesse caso particular e não deixando de o ser no geral, é *Agni*, que literalmente quer dizer *Energia*.

Ainda naquele livro citado da religião hindu, *Samarangana Sutradhara*, há outros detalhes acerca dos *Vimanas*. O corpo do veículo deve ser forte, durável e leve. Dentro, deve colocar-se a "máquina de mercúrio" com o seu "aparelho acendedor de ferro" por debaixo. Por meio do "poder latente do mercúrio, que coloca o turbilhão em movimento", um homem "pode viajar grandes distâncias pelos céus". Podiam-se construir *Vimanas* do "tamanho de um templo". Quatro fortes vasos de mercúrio precisavam ser construídos na estrutura inferior: quando estes eram aquecidos pelos controladores dos vasos de ferro, o *Vimana* "desenvolvia o poder do trovão e imediatamente se tornava uma pérola no céu". Podiam subir e descer verticalmente, andar para a frente e para trás, deslocar-se em silêncio, tornar-se invisíveis (tudo graças à ação maleável do mercúrio propulsor em contato ou atrito com o não menos maleável éter ambiente de onde os "vasos", antes, *usinas filtradoras*, extraíam o mercúrio universal – *Mash-Mask* – necessário à alimentação do seu rotor) e levar determinado número de passageiros, calculado conforme o tamanho da nave. Tudo isso foi escrito há mais de 8.000 anos e, segundo tudo indica, refere-se aos tempos primordiais da quinta Raça-Mãe Ariana em que, aqui e ali, um pouco por todo o Globo, ainda subsistiam restos da findada quarta Raça-Mãe Atlante, origem dessa ciência Física-Nuclear.

MASH-MASK (AKASHA, VRIL, VI-MANA ou ÉTER-AMBIENTE DO GLOBO)
CIÊNCIA SOLAR ou MERCURIANA do domínio dos Iniciados Sedotes – MANA domina a Matéria ou VI

Quanto aos relatos atuais que descrevem raptos de pessoas por alienígenas, quando não mantêm relações sexuais com elas e muitas vezes até as matam no fim, qual "viúva negra" alienígena, como também a animais e plantas, bem parece que a ficção ocupa o lugar da realidade... tornando real a ficção, com muitos acreditando piamente nesta, os quais, nesse caso, descarecem de Teosofia mas carecem urgentemente de psiquiatria. Seja como for, tenho a declarar pelas informações recolhidas junto de quem mais sabe que, aparte os inevitáveis *acidentes* acaso acontecidos aqui e ali por acidentes mecânicos imprevistos, só muitíssimo raramente os tripulantes das naves recolhem pessoas, *Jivas* da face da Terra, e mais raramente ainda as devolvem ao seu meio ambiente, nesse caso sempre com parca ou nenhuma lembrança do ocorrido. Essas muitíssimo raríssimas pessoas, nos casos ainda mais raríssimos em serem verdade, para sempre marcadas pelo encontro com o Desconhecido Superior, pois que por força de Lei Maior o Mundo *Jina* não se intromete nos negócios kármicos do Mundo *Jiva*, dizia, essas raríssimas pessoas devido às suas boas tendências (*skandhas*) e consequente bom *karma*, destinam-se, cada qual à sua maneira, a servir de *arautas* de um Mundo e de Gentes que nos estão próximos e, contudo, distantes...

Conta-se também, nos avistamentos reais, por norma provados e comprovados sem que se necessite recorrer a "habilidades engenhosas", que as naves parecem flutuar em um sobe e desce como se estivessem sobre ondas em um oceano invisível. Pois bem, trata-se da flutuação do *Vimana* sobre as ondas químico-etéricas. Comparando as descrições alegóricas dos *Vimanas* com as inúmeras observações reais que são feitas um pouco por todo o mundo de "discos voadores", parece que há três processos principais de movimentação. Um, deve ser o ancestral, semelhante ao jato. Neste, aparentemente, a energia é gerada por um processo semelhante ao da produção da energia atômica: uma radiação circular incidindo sobre o mercúrio desmaterializa-o, transformando-o em energia atômica. E essa energia é utilizada em aparelhos, turbinas, tubulações, resultando daí um "disco" a jato-propulsor, com jatos orientáveis. Entretanto, se em alguns relatos verídicos há referências a silvos, a grande maioria deles acusa um completo silêncio. Nesse caso, deve se tratar de um dos outros dois processos de que falam os escritos milenares. Um, é o processo eletromagnético, que só pode ser utilizado próximo à superfície. Utilizando a própria energia magnética da Terra, desviando as linhas de força magnética, elas produzem resultantes de força que os movimentam. "Discos" assim propulsionados, ao passarem por cima de transmissores de rádio, de televisão e de centrais elétricas, bloqueariam as transmissões, assim como afetariam as agulhas magnéticas das proximidades. O outro processo é aquele que nos velhos livros aparece alegoricamente como energia tirada do ar. Isto é, a utilização direta da Energia Cósmica. No Cosmos tudo é Energia, tudo é Vibração. Espaço, Tempo e Vibração são a síntese de Tudo. Mas essa vibração tem uma certa "frequência". Produz-se no interior do aparelho um campo de energia da mesma frequência da Energia Cósmica; sendo ela da mesma frequência tudo fica em harmonia, mas se adiantarmos ou atrasarmos essa frequência, introduzimos um fator de potência, semelhante ao que acontece nos motores trifásicos, nos motores síncronos, nos quais há uma defasagem e dessa defasagem resulta a força.

Mas ainda resta o problema do aquecimento em alta velocidade e o mistério da falta de ruído, pois bem se conhece o estrondo verificado quando um avião ultrapassa a barreira do som. Isso, talvez, tenha sido resolvido com um revestimento de matéria radioativa: essa matéria ioniza o ar, isto é, dá uma carga elétrica ao ar vizinho. Essa carga repele os átomos e impede que o ar entre em contato com o aparelho.

Se a nossa Obra afirma que os *Vimanas* provêm do interior da Terra, então por que muitos dos que acaso e sendo verdade que os avistaram, mesmo sem pertencerem a esta mesma Obra Divina (TEURGIA), afirmam que vêm de Marte, Vênus, etc.? Porque com uma verdade ocultava-se verdade ainda maior, ou seja, como cada uma das sete Cidades Badagas representa um dos sete Planetas tradicionais canalizando para ela a sua energia peculiar, os Sedotes ao insinuarem, por exemplo, que vinham de Vênus, queriam na realidade dizer que provinham da sexta Cidade ou *Loka* Badagas em relação com esse Globo. Isso é válido para as restantes Cidades e Planetas. Posso adiantar que as sete Cidades Badagas com os sete Planetas físicos, estes em torno do Sol e aquelas em volta da sua Capital, M.T., representam na Terra o próprio Sistema Solar, visível e tangível, onde vivemos e temos o ser de carne, sangue e ossos.

Por exemplo, partindo da premissa de que esses eventos sejam verídicos, no caso de George Adamski, o tripulante da nave ao revelar que provinha de Vênus poderia estar se referindo à sexta Cidade ou Região (*Loka*) Badagas, relacionada com esse Planeta. No caso de Daniel Fry, que diz ter voado em um "disco", a voz fazia-se ouvir diretamente, coisa que é possível aos Seres dos Mundos Subterrâneos por meio de telepatia, e tudo quanto ela disse está de acordo com o que aqui se apresenta, inclusive quando se refere à Lemúria e à Atlântida. No caso de Bethlurum, no qual a comandante do "disco" diz vir de "detrás da Lua", naturalmente estava referindo-se tanto à segunda Cidade Sedote quanto à *Agharta* que fica "atrás" do Mundo de *Duat*, este que se relaciona com a Lua através de Vênus. No caso dos irmãos Duclout, de Buenos Aires, pode ter havido interferência da personalidade que recebeu as mensagens, a qual interpretou da maneira que compreendia as revelações recebidas, mas, mesmo assim, nota-se naquele relato a descrição acerca da vida subterrânea da Terra. E assim por diante, naturalmente partindo da premissa, repito por não ser demais a prudência, de que toda essa gente estivesse falando a verdade! Mas, por que então os tripulantes dos "discos" não falavam logo claramente de onde vinham? A minha resposta é que, em primeiro lugar, eles não estavam autorizados a tanto, e, em segundo lugar, mesmo que o dissessem isso não seria compreendido pelos interlocutores, que não tinham os conhecimentos nem a formação necessários para entender a profundidade de revelações dessa natureza.

Falar de outros "iluminados pelos astros e os discos voadores" que povoam e poluem a "praça pública" atual, não o farei, por os conhecer a TODOS e saber onde foram buscar tudo aquilo que andam vendendo como "novidade"... bem estragada, porque inteiramente estropiada do seu sentido original. Mesmo não falando, a bom entendedor...

Sinais de Shamballah, como os consignou Nicholas Roerich, na realidade os *Vimanas* transportam os Emissários do Governo Oculto do Mundo (oculto porque escondido, velado aos olhares profanos, logo, à indignidade do comum Gênero Humano, que, assim, é mais afim à capacidade belicista de destruir que qualquer outra coisa mais nobre e edificante), em cuja cúspide está o Rei dos Reis: MELKI-TSEDEK ou CHAKRA-VARTIN. A interferência do Governo Oculto do Mundo através dos ditos "discos voadores" não pode ser feita sem transição, de maneira brusca e violenta, sob risco de ferir o próprio princípio do *livre-arbítrio*, princípio básico da Evolução de tudo e de todos. A função desses Emissários parece ser a de evitar uma catástrofe planetária, a qual parece sempre iminente, muito mais nos dias conturbados de hoje, a de trazer novos esclarecimentos a todos os setores da Sociedade Humana, de dar uma das últimas, senão a última, oportunidades à Humanidade de recuperar o equilíbrio perdido e, assim, escapar de uma grande destruição, de uma depuração violentíssima. Essa é a MISSÃO dos Badagas, que vez por outra se deslocam no espaço da Terra em seus misteriosos aparelhos voadores, os *Vimanas* avistados e testemunhados em todas as épocas e latitudes, assinalados e relatados em todas as tradições orais e escritas do mundo, nomeadamente as religiosas.

Repito: realmente o que mais assombra o visitante vindo da superfície desse Mundo Escondido, Mundo Perdido para o vulgar e profano, encravado entre a face da Terra e o mais interior, cerca 60 a 90 quilômetro sob a crosta, é o extraordinário avanço tecnológico dos seus habitantes, todo ele em conformidade profunda com os ritmos da Natureza, ou seja, matematicamente ajustado às leis e princípios do Universo. Os sábios da superfície, geralmente sem que sequer sonhem, não deixam de ser intuídos pelos Sábios Sedotes ao "invento" de coisas extraordinárias que há muito existem nesse Mundo, como por exemplo: a energia eólica e solar, já hoje considerada a energia do futuro, é uma clara inspiração *Jina*, pois que a energia do Sol Central que ilumina as Cidades Badagas é desde o final da Atlântida aquela utilizada por esse Povo, a qual ilumina os seus aglomerados populacionais, enquanto a energia eólica oriunda de *Vayu-Tatva* (Elemento Ar), também desde há milhares de anos é utilizada pelos Badagas na higienização dos seus espaços de vivência, retirando-a do Ar exterior que entra pelas frestas e embocaduras sobre a Terra, filtrando-o e deixando-o completamente purificado, usando aparelhos nucleares próprios para esse efeito. Engenharia nuclear é, já se vê, outra inspiração dos Badagas aos sábios da superfície que, reitero, geralmente nem sequer suspeitam de onde lhes proveio tamanha "iluminação" ou "ideia luminosa" súbita! Foi assim, também, com a invenção da lâmpada elétrica, que de há muito existe em Badagas com o nome de "Lâmpada Fo", animada diretamente por *Fohat*, a Eletricidade Cósmica; e, igualmente, com o telefone, inspirado no aparelho "Sono-Logos"; ou então com a televisão, inspirada na "Tela Protoplásmica" existente lá em baixo. Isso para não falar nos metropolitanos, imitando muito imperfeitamente as viaturas deslizando em monocarris de fibra de vidro entre regiões Sedotes. O mesmo se poderia dizer da aviação... mas fique-se por aqui, para não se perder em uma lista abarcando toda a tecnologia da face da Terra, que a presunção e o preconceito científicos consideram nunca ter havido nada igual no mundo e que a época moderna é a de maiores avanços científicos jamais havidos. Vaidade pura e simples, presunção inábil de quem decerto nunca leu as escrituras hindus e tibetanas no que dizem sobre a ciência tecnológica desse Passado remoto em que os deuses, antes, Iniciados na Sabedoria Arcana, deslocando-se nos seus *Vimanas*, conviviam com os homens e os instruíam diretamente. E aqui entrar-se-ia, para além dos inventos tecnológicos, também nas ciências da sociologia, da agricultura, da arquitetura, das matemáticas e geometrias, etc., dadas pelos Badagas aos sábios da superfície para que a Humanidade progrida paulatinamente em conformidade às Leis do Espírito.

Como estou superiormente autorizado a *revelar*, sem *desvelar*, quanto estou dizendo, e porque os Tempos são de uma NOVA CONSCIÊNCIA, avanço que os Badagas ou "Filhos do Suor" (aqui Sexual e não Assura), *Sedotes*, têm a sua gênese no cruzamento sexual da Espécie Humana com *Pitris Barishads* ou Progenitores Angélicos servindo-se de corpos físicos, fenômeno gerado a meio da quarta Raça-Mãe Atlante. São, pois, semideuses, se assim posso dizer em relação ao homem vulgar, recolhidos às grandes anfractuosidades do interior da Terra pouco antes da Grande Catástrofe Atlante ou Dilúvio Universal de que fala a *Bíblia*, indo seguir os seus Dirigentes espirituais, acompanhados por alguns dos melhores da Raça dos Homens que nesse período haviam alcançado o nível de Iniciação humana e espiritual necessária.

São Seres mortais, ainda que vivam mais tempo que as gentes da face da Terra. Quando morrem, os seus corpos são de imediato cremados. A sua alimentação é completamente frugívora, excepcionalmente entrando no cardápio gastronômico laticínios. Distinguem-se fisiologicamente dos humanos em vários aspectos, desde a ausência de lóbulos nas orelhas, às mãos que podem ter quatro, cinco, seis ou sete dedos; à altura, muito baixa ou então atlante, isto é, elevada, corpo musculado ou fino harmonicamente traçado, verdadeiro "Apolo" ou verdadeiro "Etéreo", até a cor da tez, bastante morena, distinguindo-se os olhos cor de oliva e os cabelos brilhantes escuros, ou então muito branca, distinguindo-se os olhos azuis e os cabelos louros. Esses são alguns dos seus traços fisiológicos.

Resguardam-se do Homem da superfície como "o diabo da cruz". Apesar de o considerarem seu "irmão" habitando a mesma Terra, ainda assim consideram-no pouco mais que troglodita em todos os sentidos, desde a maneira de vestir, comer e socializar-se até a ciência e a religião, e só o ajudam em seu progresso porque os seus Dirigentes espirituais (reencarnações de Aghartinos e Duates) assim o ordenam. Consideram como única excepção a essa sua apreciação geral da Espécie Humana os Iniciados verdadeiros que conquistaram esse direito à superfície, e assim os aceitam junto de si, por estarem em perfeita sintonia orgânica, emocional e mental com eles, o que é dizer, tornaram-se como eles!

Acaso alguém que visite Badagas e sem autorização especial divulgue na superfície sobre o que viu e por onde entrou, garanto que pouco tempo viverá, por poderosa inoculação psíquica projetada nesse palrador indiscreto, ou, se o seu karma não for dos piores, perderá a voz, a visão e a locomoção. E quem for à procura dessa entrada para os Mundos Subterrâneos, provavelmente não encontrará coisa alguma, muito pelo contrário, poderá encontrar as coisas mais banais possíveis. Fenômeno de *Maya-Vada* em plena ação. Por isso só os Iniciados verdadeiros, por sua condição e disposição psicológica, são os únicos preferidos pelos Badagas, podendo, no entanto, mesmo entre eles ocorrer transgressões, geralmente por sua piedade dos homens, e então a fúria Sedote não lhes deixará lugar para escapar do castigo pela transgressão! Significa isso que – o dever obriga-me a dizer para "separar a verdade da mentira, o real do irreal" — quantos por todo este mundo falam das suas viagens e relações íntimas com os Mundos Subterrâneos, com os Mahatmas, etc., e por muito carisma social que acaso possam ter, são, pura e simplesmente, alucinados fantasistas, cujo oco cerebral, afinal de contas, é o único "mundo subterrâneo" que visitam. Fixe-se bem: ninguém entra em casa alheia sem ser convidado, e, sobretudo, SÓ QUANDO O DISCÍPULO ESTÁ PRONTO É QUE O MESTRE APARECE!

Apesar de tudo, há exceções: uma, a dos *Vímanas* aparecerem um pouco por toda a parte, vindos de "nenhures" e desaparecendo "algures", vindo provar visível e tangivelmente que a Humanidade não está só e que "há mais mistérios na Terra do que a vã filosofia humana concebe". Portanto, apresentam-se para que a Humanidade reflita sobre isso, e aos poucos se prepare para receber em seu meio esses "Sinais dos Céus", ou como dizia o Rei do Mundo em sua Profecia: "... Então, Eu enviarei sobre a Terra os Povos de Agharta...". Outra, a de humanos de credibilidade universal visitarem esse Mundo Subterrâneo e o anunciarem, só se lembrando do mínimo indispensável ocorrido com eles, de maneira a passar a mensagem de que há "outra Humanidade" nesta Terra. Antecipando essa visita e desaparecendo para sempre do palco da superfície pela floresta amazônica, está o coronel Percy Fawcett. Fazendo essa visita pelo polo e voltando, está o almirante Richard Bird (cujo diário dessa viagem "além--polo", descrevendo o que viu e viveu, pertence ao Acervo Interno da nossa Obra). Também Blavatsky, Ossendowsky e Roso de Luna visitaram, como INICIADOS, esse Mundo Proibido e, por isso, ao falarem dele, baralharam propositadamente todas as informações que nos dispuseram, e só as divulgaram pelo mesmo motivo dos outros: proclamarem que o Paraíso Terreal não morreu, antes desapareceu da vista dos homens.

Houve uma exceção a toda a regra: *Henrique José de Souza* (São Salvador, Bahia, 15 de setembro de 1883 – São Paulo, 9 de setembro de 1963). *Brasileiro* de descendência *lusitana*, foi preparado desde a origem para falar por enigmas ou genericamente do Mundo Aghartino em conversas e textos públicos, e preparado desde a origem para falar sem enigmas e detalhadamente do Mundo Aghartino a uma escassa minoria de Iniciados, desde há muitas vidas, para prepararem o Advento do Avatara de Aquarius e com Ele a exteriorização da Hierarquia Branca do seio da Terra. Esses Iniciados é que deveriam selecionar ou arregimentar as diversas Mônadas humanas mais amadurecidas que viriam a perfilar-se na classe dos *Makaras* e *Assuras* na cúspide ou Câmara Interna dos vários Institutos que JHS fundou, indo desfechar no último que foi a Sociedade Teosófica Brasileira. Por seu turno, essas "Mônadas amadurecidas" tinham a missão de arregimentar para as suas fileiras outras tantas Mônadas humanas, quiçá menos amadurecidas que elas mas já despertas para a vivência espiritual. Posso, pois, considerar JHS um Privilegiado dos Mestres e o Arauto mais próximo do CRISTO UNIVERSAL, tanto em pensamento como em tempo antecedendo a Sua vinda. É a única exceção que conheço, tanto que esse Homem sintetizou em sua vida todo o Pensamento e Obra da Excelsa Fraternidade Branca. Mas esse mistério de toda a sua vida era para ser conhecido só por alguns, e não por todos que, obviamente despreparados, cairiam inevitavelmente no crencismo cego e no pietismo emocional, deitando por terra todo um Projeto Avatárico.

Ao despedir-se dos seus discípulos em São Lourenço, na Vila Helena, em julho de 1963, a caminho da capital paulista, de onde não mais voltaria com vida, a todos JHS advertiu:

Mudanças radicais se darão na Terra em pouco tempo e mesmo aqui, em São Lourenço. Dentro em breve não mais reconhecereis esta cidade. O nosso trabalho foi vitorioso, em sua estrutura interna. O vosso trabalho é apenas difundir e construir externamente. Contar ao nosso país e ao mundo o que vistes, ouvistes, aprendestes. Não 12 discípulos apenas, mas número muito maior, com a missão de divulgadores da Era do Aquário, em que um Ser Integral, representando o verdadeiro valor humano, virá ao mundo. Ser que conhecemos pelo nome de AVATARA MAITREYA, mas que terá um nome bem dentro da sagrada língua portuguesa.

Ser que encerrará em si próprio o Amor da Mãe, a Sabedoria do Pai, a Onipotência do Eterno, palavras ainda incompreensíveis.

Ser que, nascido a 24 de fevereiro de 1949, trará para a Terra, renascida das cinzas, a Idade de Paz, de Felicidade, tão desejada e profetizada desde há longos séculos, como a Idade de Ouro.

OBRAS CONSULTADAS

Vitor Manuel Adrião. *A Ordem de Mariz (Portugal e o Futuro)*. Carcavelos: Editorial Angelorum Novalis, Lda., 2006.

A.B.. *Conversas Makáricas – II*. Reservado do Arquivo Interno da Comunidade Teúrgica Portuguesa.

Nicholas Roerich. *Shambhala*. Québec: Les Éditions du IIIème Millénaire, Bibliothèque Nationale du Québec, 1989.

Andrew Tomas. *Shambhala – A misteriosa civilização tibetana*. Lisboa: Livraria Bertrand, S.A.R.L., 1979.

Hugo Rocha. *Há outra Humanidade no interior da Terra?*. Póvoa de Santo Adrião: Europress – Editores e Distribuidores de Publicações,

Lda., 1987.

Alec Maclellan. *O Mundo Perdido de Agharta – O mistério do mundo subterrâneo e a energia do Universo*. Rio de Janeiro: Editora Nova Era, 1999.

Harold Wilkins. *Mysteries of Ancient South America*. New York: Ed. Citadel, 1946.

Maharishi Bharadwaaja. *Vymaanika-Shaastra Aeronautics*. Mysore, Índia: G.R. Josyer (trad./ed.), 1973.

David Hatcher Childress. *Vimana – Aeronáutica da Índia Antiga e da Atlântida*. São Paulo: Madras Editora Ltda., 2003.

Lamasis. *Os Mundos Subterrâneos à luz da Ciência ou Novas bases para a Astronomia*. 2. ed. Centro de Estudos e Publicações da Sociedade Brasileira de Eubiose, 2001.

Darci Lopes da Silva e José Maldonado. *Os Discos Voadores e o mistério dos Mundos Subterrâneos*. Centro de Estudos e Publicações da Sociedade Brasileira de Eubiose, 2002.

O.C.H. *Discos voadores – Dos Mundos Subterrâneos para os Céus*. Centro de Estudos e Publicações da Sociedade Brasileira de Eubiose, 1.ª edição, Rio de Janeiro, 1956; 2.ª edição, São Lourenço, 2002.

Raul Fontes. "Discos Voadores ou Signos de Shamballah!" Revista *Dhâranâ*, Ano XXVI, nº 2 e 3, abril-junho/julho-setembro,1952.

Martha Queiroz. "Contribuição à Biografia de Henrique José de Souza". Revista *Dhâranâ*, Ano XLI, nº 28/29, janeiro-dezembro de 1966.

"O Sol Central e a descoberta das Embocaduras Polares – Cientistas norte-americanos corroboram teorias teosóficas". Revista *Dhâranâ*, Anos XLII/XLIII, nº 30/31, 1967-1968.

Otto Jargow. "Disco Voador apareceu em São Lourenço". – Diário de São Paulo, 16 jan.1963.

Ariston Cavalcanti." Aparições de óvnis em São Lourenço dão força à previsão de há 50 anos atrás". Jornal *Polêmica*, Ano XIII – nº 260, São Lourenço (MG), de set. 2005.

Capítulo XXV
A Chave de Pushkara
(Entrada Para os Reinos Internos do Nosso Ser)

Texto de Paulo Andrade – 2008

Nessa Obra do Eterno na Face da Terra, cuja origem se perde na Noite dos Tempos, um dos seus temas misteriosos e com enorme simbolismo tem a ver com a manifestação, entre nós, da enigmática *Chave de Pushkara*, com todo o seu enredo até chegar às mãos do Professor Henrique José de Souza e o seu posterior regresso à origem, enredo esse mais que iniciático envolvendo deuses e homens em uma mistura inextrincável. Aliás, a *Chave de Pushkara* de certa forma é tudo aquilo que todo o buscador sincero ou Peregrino da Vida procura no trabalho sobre si mesmo, na transformação da Vida-Energia em Vida-Consciência. É a Chave que permite abrir os Portais dos Reinos Internos cerrados a todo o profano, mas abrindo-se a todo aquele que conseguiu purificar e expandir os vários princípios conscienciais do seu Ser, alcançando o estado de Beatitude ou *Samadhi*, correspondendo ao sétimo Princípio Espiritual ou *Nirvana*, muito falado em todas as filosofias de cariz espiritual que preconizam a Evolução do Homem. É esse tema que iremos procurar destrinçar, à luz dos conhecimentos a que tivemos acesso, tentando de forma sucinta mas objetiva dispor toda a história e simbolismo desse misterioso objeto que um dia se manifestou sobre o mundo, destinando-se à salvação espiritual dos *Munindras* ou Discípulos da Obra do Eterno na Face da Terra.

O Peregrino da Vida, na demanda da Perfeição de sua Consciência Imortal, qual Galaaz Cavaleiro do Santo Graal, passa entretanto por provas difíceis até chegar à descoberta do seu Eu Superior, demanda que, na essência última, é a de *Belovedye*, a "Bela Aurora" a que chega após transpor os sete Graus ou Tons do *Arco-Íris* formado pelo conjunto das imperecíveis sete Cidades de Agharta, expressivas dos sete estados de Consciência Universal, de maneira a que os seus Portais de Sabedoria e Amor se lhe abram completamente. Se for vitorioso em cada etapa da sua jornada de conquista paulatina do Eu Imortal, cada Rei da respectiva Cidade Aghartina presenteará o valoroso Peregrino com a Chave que lhe possibilitará abrir os Portais da próxima Cidade, *Loka* ou estado de Consciência, até chegar na Sétima Cidade à Chave Dourada que lhe permitirá abrir as Portas de Ouro da Oitava e finalmente ser Um consigo mesmo, na Unidade Eucarística do Espírito de Santidade que é a sua Mônada, Partícula Divina do Logos Eterno em que tudo e todos têm o seu Ser. Essa última Chave de Ouro é a *Chave da Metástase* do Espírito em Deus (tendo já antes obtido a Chave de Prata da Superação da Alma no Espírito e a de Ferro da Transformação do Corpo na Alma), pela qual se torna capacitado a aceder a todos os níveis conscienciais do seu Ser desde o Oitavo Aspecto, tanto para baixo, para o Mundo das Formas, como para cima, para o mais além, o Mundo Informe. Essa Chave tem o nome de *Pushkara* – sendo quem abre as Portas de Ouro da oitava Cidade, *Shamballah* –, que é também o nome da sétima Cidade Aghartina, correspondendo ao sétimo estado de Consciência Espiritual ou *Nirvânica*, Chave d'Ouro essa conquistada com todo o mérito e valor, sendo então por direito de Lei do Peregrino que aí chegou, após ter cumprido com o seu dever para com Deus na Sua Obra da Criação e das criaturas, mesmo que na sua peleja nobre, no embate intenso entre o sagrado e o profano, acaso venha a perder a vida humana, mas ganhando a imortalidade espiritual, e assim veja e seja no *Santo Graal* em sua mais prístina expressão de *Quinta Essência Divina*.

Pushkara significa "Mar de Manteiga Clarificada" (Manteigueira, Mantiqueira), encontrando tradução na língua sânscrita como "Lótus", logo, se identificando com o sentido do *Oitavo Chakra Vibhuti* que se ilumina vivificando o Chakra Cardíaco com mais dois raios ou "pétalas", qual Rosa que desabrocha no centro da Cruz. Está também ligado ao início da Nova Raça Dourada cujo prenúncio já se intui com a vinda ou nascimento de Seres que serão portadores de um novo estado de Consciência, de uma nova e mais ampla visão do Mundo e do Homem, muitíssimo mais em conformidade com a Lei da Harmonia Universal, ou seja, com as *Regras do Novo Pramantha*.

Para o Professor Henrique José de Souza poder criar as condições para se trazer à face da Terra a *Chave de Pushkara*, antes teve que ser feito um intenso Trabalho Espiritual durante 28 anos, a partir de 1900, ou seja, durante quatro ciclos de sete anos, ou *ciclos avatáricos da Obra do Eterno*. A partir de 1928 iniciou-se o quinto ciclo de sete anos, assim ligando os valores dos quatro ciclos anteriores à Quinta Essência ou quinto estado de Consciência, o *Mental Superior* ou *Inteligência Espiritual* característica do *Espírito Santo*, do *Filho* ou *Terceiro Logos*, de imediato começando os preparativos para a implementação dessa Nova Raça Crística como início de um Novo Ciclo Evolucional, que é o mesmo *Novo Pramantha*.

A *Chave de Pushkara* fez parte de três presentes oferecidos ao Professor Henrique José de Souza pelos três Reis Magos do Oriente, ou da Agharta. O primeiro desses presentes foi o *Livro Tulku*, trazido da *Fraternidade de Kaleb*, na Líbia, pelo Adepto *Abdul El Assam*, obra editada em 1875 sob o título *Instruccions sur les Navegacions dans l'Indes Orientales et la Chine*, contendo o Itinerário Humano com os lugares de todos os Sistemas Geográficos, tendo o *Dhyani Abraxis* (Gabriel) marcado nela, em cor violeta, os trechos relacionados com a Obra. Seguiu-se uma *Frasqueira de Licor* (*Eucarístico*) dividida em três partes, simbolizando os Três Mundos, trazida por *Dalma Dorge*, Secretário (*Muni*) do 31º Budha-Vivo da Mongólia (S. S. Bogdo Ghegen Hutuktu de Narabanchi Kure), vindo do escrínio da *Fraternidade de Urga – Srinagar*, ligada diretamente a *Shamballah*. Finalmente, a *Chave de Pushkara*, entregue ao professor por *Albert Jefferson Moore*, filho de Mister *Ralph Moore*, o "Velho Escocês" que é o Supremo Mestre Secreto da Maçonaria Escocesa, o qual à frente de uma comitiva norte-americana do Rito de York, no dia 11 de junho de 1949, na Sede da Sociedade Teosófica Brasileira, no Rio de Janeiro, saudou Henrique José de Souza (JHS) como Mestre Supremo da Maçonaria Universal. A *Chave de Pushkara* veio do seio da *Fraternidade Rosacruz Andrógina* de El Moro, na América do Norte, e a sua entrega ao Adepto Vivo luso-brasileiro, *El Rike*, na Língua Sagrada de Agharta, era já o prenúncio certo da passagem definitiva de todos os valores humanos e espirituais do Oriente para o Ocidente, ou seja, do cumprimento cíclico do *Ex Oriens Umbra* para o *Ex Occidens Lux*.

Juntamente com a *Chave de Pushkara* foram entregues ao Professor Henrique José de Souza dois livros e uma tela do pintor Jean Dubonnet Beauville. Para manter escondida a *Chave* dos olhares indiscretos e cobiçosos e das investidas das Forças do Mal, *Albert Jefferson Moore* utilizou um livro que teve as suas páginas recortadas no formato da *Chave*, sendo que esta foi colocada dentro dele, o qual possui o título *Novel Geographic Moderne*. Esse livro foi embrulhado em um pano verde e entregue ao Professor Henrique, juntamente com os outros dois presentes, no dia 28 de setembro de 1933. Desde então esse livro com o recorte da chave ficou conhecido na nossa Obra como *Livro Sarcófago*. Em 12 de novembro de 1933, na Sede da Entidade no Rio de Janeiro, foi realizado o ritual de abertura desse *Livro Sarcófago*, tendo o professor retirado dele e apresentado aos presentes a *Chave de Pushkara*, tocando a fronte de todos os seus discípulos com o precioso Símbolo.

Quando a *Chave* veio para a Face da Terra, dizia-se que tinha o perfume do Lótus Sagrado, o mesmo Lótus de Agharta que na Revolução Francesa destruiu a conspurcada flor-de-lis dos Bourbons, ou o Lótus do Excelso Ser que, como LPD (*Lorenzo Paolo Domiciani*, vulgarmente conhecido como *Conde de Saint Germain*), assinava secretamente com semelhante Símbolo, que não deixa de ser o da verdadeira Rosa-Cruz.

No dia 21 de dezembro de 1933 foi realizado um novo ritual durante a qual a *Chave* foi enterrada sob os 16 degraus da escadaria de acesso à Vila Helena, residência do Professor Henrique José de Souza e sua família em São Lourenço, sul de Minas Gerais, Brasil. A *Chave* foi enterrada, com vários outros objetos, por Sebastião Vieira Vidal, então o Mordomo do Templo da Obra em São Lourenço, e Euclides Faria Lobo Viana. Ficaria enterrada durante sete anos, o tempo estipulado para a transformação das consciências dos discípulos do Professor e a geração por membros da Instituição dos seres que, futuramente, deveriam levar a Obra avante.

De formato fálico, com um cilindro oco de quatro centímetros de diâmetro cuja extensão total era 20 centímetros, a *Chave* possuía na sua extensão externa 23 centímetros de comprimento, sendo a chavinha na parte inferior uma peça retangular com um centímetro de espessura e três de altura, e cada círculo na parte superior possuindo cinco centímetro de diâmetro, tendo toda a peça

1,4 quilo de massa e sendo de cobre. Esses 23 centímetro correspondem à Latitude máxima atingida pela Mônada Humana, tal qual indica o Obelisco defronte do Portal do *Templo de Maitreya*, em São Lourenço, assinalando aquele local como o de 22 para 23 graus de Latitude Sul, Trópico de Capricórnio, por Lei Suprema demarcado como o ponto final de um Ciclo para o início de outro, e também por ser o lugar extensivo da *Serra da Mantiqueira* sob o qual se encontra o *Sétimo Dwipa* ou Continente Aghartino, precisamente com o nome de *Pushkara*.

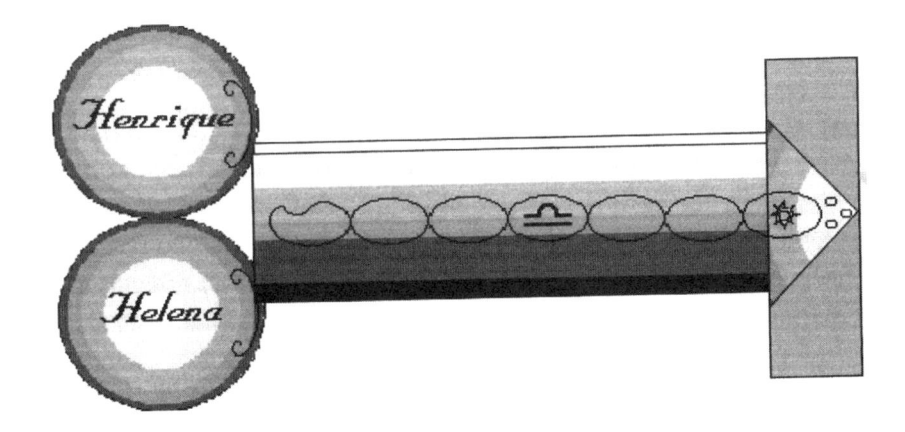

Chave de Pushkara

A *Chave* possuía três compartimentos contendo objetos que pertenceram a Kunaton e Nefertiti e tinham a ver com os sete Princípios da Consciência Una, representados em um Roteiro subterrâneo do Sistema Geográfico Sul-Mineiro, consequentemente, um Roteiro para as sete Cidades de Agharta, assim simbolizando também os sete Ciclos Evolucionais correspondentes aos sete Princípios ou Corpos do Homem, assinalados nos sete Luzeiros e nos sete Planetários, os sete Chakras Siderais e os respectivos Plexos plantados no Seio da Terra e encarnados pelas reais pessoas dos benditos sete Reis de Édon que governam as sete Cidade Aghartinas. Cada *Rei de Édon, Gar--Éden, Asgardi* ou *Agharta* possui uma Chave que lhe permite abrir o Ciclo Evolucional imediato, como já foi dito, e todas as Sete Chaves são feitas em conformidade com os sete metais sagrados, correspondentes aos sete planetas sagrados e respectivos estados de Consciência de homens e deuses, em escala menor da maior mas em tom igual.

O formato da *Chave de Pushkara* era semelhante a três coisas, nomeadamente a uma tesoura, ao falo ou órgão sexual masculino e à própria *chave* em si mesma. Essas semelhanças remetem para importantes significados referentes ao período da Obra do Eterno e ao seu principal Dirigente (JHS), desde 1928; à Vitória sobre o Sexo (sobre a questão sexual abordaremos o tema mais à frente neste estudo, como uma das interpretações esotéricas da *Chave*); e também às Forças do Mal, e assim ser a razão de permitir abrir portas ou portais, compartimentos, consciências ou comportamentos, sempre superiores aos que se vivem no momento.

Como já foi dito, a *Chave de Pushkara* ficou enterrada durante sete anos, o tempo necessário para a transformação das consciências dos seres que futuramente deveriam levar avante a Obra do Eterno.

Durante o período em que a *Chave* esteve enterrada, nos Mundos de Badagas, Duat e Agharta deu-se a formação dos veículos de diversos Seres que constituem o *Novo Pramantha*, aqueles que acompanharão os passos de Maitreya formando a sua Corte, anunciando-O em conformidade com as maneiras diferentes de observar o Mundo, o Homem e a Natureza, mas de uma maneira integrada, sintética ou una.

Após esse tempo, a *Chave de Pushkara* foi desenterrada no dia 28 de setembro de 1940 para que retornasse à sua Morada original, à Sétima Cidade de Édon ou Agharta. A *Chave* foi desenterrada por alguns Irmãos da Obra na época, nomeadamente Eduardo Cícero Faria, Pureza Chacal, Osvaldo Figueira e Sebastião Vieira Vidal, realizando-se em seguida uma procissão com a mesma pelas principais artérias de São Lourenço. Depois foi conduzida ao Rio de Janeiro, passando também pelas suas ruas principais até chegar à Sede da Sociedade Teosófica Brasileira, tendo ficado em exposição durante 78 horas.

Ao findar as 78 horas, no dia 1º de outubro de 1940, às 13 horas, a *Chave de Pushkara* foi retirada do *Livro Sarcófago* e conduzida pelo Professor Henrique José de Souza ao escrínio do Templo-Túmulo da Pedra da Gávea, no Rio de Janeiro, onde, às 17 horas, depositou-a nas mãos do Venerável *Dhyani-Kumara Rafael*, para que a levasse para *Shamballah*, devolvendo-a às mãos do Rei Divino da Sétima Cidade Aghartina, a de *Pushkara* ou o "País da Eterna Primavera", portanto, entregou-a a Sua Alteza Soberana *Artésius*, Monarca da mesma Cidade.

Desse modo, o Professor Henrique José de Souza realizou o Mistério Avatárico da Chave, abrindo o Portal de Shamballah e inaugurando um Novo Ciclo Evolucional, uma Nova Raça. Foi assim possível manifestar um novo estado de Consciência aos homens afins à Família Espiritual JHS e, por afinidade consequente, à Família Espiritual Maitreya, pois só com esse novo estado de Consciência Espiritual, já antes detido por alguns raros Eleitos da Corte do Avatara, se pôde criar as condições necessárias à aparição da *Chave de Pushkara* na Face da Terra.

A *Chave de Pushkara* é o símbolo do *Manu Primordial*, pois tem as suas medidas, no sentido de geração dos de "Sangue Azul" ou do Segundo Logos ou *Divina Mãe*, como expressão do próprio órgão gerador do mesmo *Manu Primordial*, para não dizer, do Rei-Sacerdote do Altíssimo, *Melki-Tsedek*. De notar que a *Chave* apontada para baixo encontra-se na cabeça do Homem, como símbolo daquele que conquistou o sétimo e último Grau da Iniciação, tornando-se Adepto Perfeito. Os dois olhos são as duas argolas, o nariz é o cilindro e a peça retangular, a boca. Já a *Chave* apontada para cima é o Homem como gerador e progenitor da sua Espécie.

Outro aspecto importante, é a *Chave* na Face da Terra ser de cobre, enquanto em Agharta é de ouro puro, pois o metal de Agharta é o mercúrio subjacente ao ouro, enquanto na Face da Terra é o ferro associado ao cobre, metal de Vênus, *alter ego* da mesma Terra. Trata-se, pois, de uma Chave ou Clave canônica, visto as suas medidas terem servido à arquitetura construtora, por exemplo, das Pirâmides do Egito ou da Catedral de Notre-Dame, em Paris, como também do Templo de Maitreya da Sociedade Teosófica Brasileira, em São Lourenço. Logo, a *Chave de Pushkara* é a matriz de todas as dimensões arquitetônicas e siderais.

Do referido no último parágrafo, podemos concluir que quando se penetra nos Mundos Interiores de Badagas, Duat e Agharta, a matéria muda de estado e de composição. Não aquela composição de agregar ou perder atomos, nem aquela mudança de os aproximar ou afastar, dando maior ou menor liberdade aos mesmos, mas sim mantendo a mesma quantidade original de átomos fazendo, sim, vibrar outros subníveis atômicos, as *espiras*, levando os elétrons a orbitarem em níveis energéticos incompatíveis com a nossa dimensão. Assim, um objeto de ouro em Agharta, caindo um número quântico principal (o *quantum* é a partícula mínima da matéria até o momento descoberta), ao chegar a Duat será de prata, e continuando a perder energia caindo de outro número quântico principal, será de cobre na Face da Terra.

A *Chave de Pushkara*, como dissemos, era oca, desdobrava-se em três partes e possuía em seu cilindro alguns objetos que pertenceram aos *Gêmeos Espirituais* 1.370 anos antes da chamada Era Cristã, como *Kunaton e Nefertiti*.

Essas três partes distintas, eram:

1ª – Dois círculos unidos, formando um 8 deitado, em cuja junção tinha o signo dos Peixes postado.

2ª – Um cilindro oco, com as suas extremidades em forma de cone, sobre o qual existia um dragão em alto-relevo, cuja cauda partia da junção dos dois círculos e a sua cabeça penetrava na chapa retangular, a terceira peça. O dragão possuía sete escamas e sobre a quarta escama havia o símbolo de Libra, a Balança, e na cabeça do mesmo, uma pequena coroa com sete pedrinhas a jeito de lótus com oito pétalas.

3ª – Uma chapa retangular como se fosse uma chavinha, que dividia em duas uma das extremidades do cilindro.

A *Chave de Pushkara* possui um duplo sentido, externo, como desvelado ou exotérico, e interno, como velado ou esotérico, como o provam os objetos pertencentes a um Passado morto ou *Jiva* guardados em seu cilindro, semelhante ao Futuro vivo ou Jina de Aghartha guardando em seu seio os salvos das catástrofes de todas as épocas e que foram, são e serão os que se distanciam dos demais humanos pelo seu elevado Saber e Perfeição absoluta. Não esquecer que no seio de tal *Chave* se achava o Roteiro do Mundo Aghartino!

Existe também um sentido sexual na *Chave de Pushkara*. Vemos isso naquilo que já referimos atrás, o da *Chave* apontada para cima como falo ou órgão procriador do homem, e nisso o dragão sobre o cilindro do objeto indicará a trajetória do espermatozoide. Por ser uma *Chave Andrógina*, podemos igualmente observar a presença do órgão sexual feminino representado pela chapa retangular, enquanto o masculino, pelas duas argolas e o cilindro. A chapa retangular na cabeça do homem é localizada na boca, *Beth*, órgão e letra feminina em essência e por excelência, como Tabernáculo da Divindade. E não é o cilindro quem penetra na peça retangular e sim esta que o divide em dois, como se fosse a separação dos sexos.

Sobre isso, o nosso Insigne Mestre, Professor Henrique José de Souza, escreveu de forma sublime no seu *Livro Síntese*, deixando a quem tem olhos para ler e coração para sentir que interprete:

"Prestai atenção que o 'Dragão Infernal ou *Gezebruth* tinha a Cabeça voltada para o Oriente e agora se volta para o Ocidente' (união do *Muladhara* ao Coronal). Razão porque tal 'Cabeça' se acha fora do cilindro da Chave postada sobre a Tríade Superior (refletida na Inferior), que figura entre a forma dual do Símbolo ou região pubiana, de onde se origina ou deriva o 'phalus' (a cauda tomou a posição da cabeça).

Medindo-se toda a extensão do cilindro ou haste da Chave, encontram-se 20 centímetros da cabeça à cauda do Dragão! O diâmetro do cilindro, tal como o dos círculos superiores, é de quatro centímetros. Segundo a *Tetraktys* pitagórica, 4 é a letra hebraica 'Daleth', a lâmina, 'O Imperador', etc. A extensão dos dois referidos círculos, é de 10 centímetros (*Malkuth*, o "Reino", a *Tetraktys*, a 'quadratura do círculo').

Os círculos superiores representam, ainda, 'o PAI-MÃE... que se unem para dar combate à Harmonia'. Logo, até as duas Manifestações do *Logos Criador* estão aí representadas, enquanto a primeira Manifestação se *estende* ou *dilata* (como o termo *Brig*, do qual se deriva o de *Brahma*), no próprio cilindro, através de sete estados de Consciência, Dhyan-Choans, Escamas do Dragão, Dwipas, Continentes, Cidades Aghartinas, Lokas, etc.

Quanto à base da Chave, ou travessão, sexualmente falando, é a da 'Vitória do Sexo'. Portanto, em vez de a cabeça do 'phalus' (ou vértice do cilindro) entrar na base, é esta que corta em duas (o 'andrógino') a cabeça ou vértice. Nesse caso, a base da Chave é o 'cteis' ou órgão sexual feminino, enquanto o cilindro ou haste, 'phalus', é o masculino, inclusive os círculos, como os testículos configurando o símbolo do infinito (e dos olhos, que não são os espirituais por serem os do *samadhi* caótico do sexo!)." – Página 147 B do *Livro Síntese,* de JHS.

Está aí descrito o Grande Arcano, ou o Mistério da Dualidade, do binário, do equilíbrio entre o homem e a mulher. O Espírito não é nem masculino nem feminino, é Andrógino e Neutro, por isso que cria corpos andróginos. Mas a Mente Humana tem que passar por muitas etapas da Evolução até perceber o Mistério da Unidade. Quando o Homem voltar a ser Andrógino, então será Deus completo. Enquanto tiver só um sexo, será só a metade de Deus, necessitará da mulher para divinizar-se totalmente, pois é a mulher quem aperfeiçoa o homem e o homem, a mulher; porque os dois se complementam na unidade. Cada indivíduo possui vários elementos do Magnetismo Universal, logo, juntos o homem e a mulher proporcionam simultaneamente maior atividade e liberdade dos centros magnéticos, consequentemente, tendo mais facilidade em alcançar vibrações superiores que capacitem a se comunicar com os Deuses externos que regem as suas representações no mesmo corpo, e ambos se transformam nesse momento de união íntima, tornando-se ao seu nível verdadeiros criadores ou co-criadores em unidade com o Divino. Mas os Iniciados, os Santos e Sábios, os Mestres Verdadeiros, podem chegar ao Perfeito Equilíbrio sem a intervenção do Sexo, por o terem superado a favor do Espírito, logo conseguem desenvolver igualmente as duas polaridades sexuais somente com *Budhi* e *Atmã*, a Luz de Deus agindo como Intuição, processo altamente místico consignado *Senzar*, que é dizer, a "Fala do Coração" como a insonora "Voz do Silêncio", cuja Sabedoria Suprema arquetipa e projeta as formas mas sem delas participar.

Disso diz bem a estrofe seguinte do *Mantram Búdhico*:

"Senzar é minha Vida,
Vive em meu Coração.
Porque viver em Dhâranâ
É buscar a Perfeição."

Para que a evolução dos seres faça o seu caminhar através da transformação de seres bissexuados em andróginos perfeitos, as Instituições criadas pelo *Bijam dos Avataras* admitem em suas fileiras homens e mulheres, formando uma árvore genealógica especial a fim de agir em conformidade com a Evolução geral, e por isso falamos muitas vezes na Família Espiritual JHS, juntando casais afins, unindo-os através do matrimônio (matriz única), em essência, verdadeiras uniões místicas para a Eternidade.

A transformação ou evolução do Ser, e este através da Obra, está expressa neste Símbolo de *Pushkara* que contém toda a Alquimia do Homem e do Universo. Um Símbolo Magno que veio ter ao Professor Henrique José de Souza como forma de transformar o estado de consciência do Mundo, levando à transformação de *Jivas* em *Jivatmãs*, ou a *Metástase Avatárica*.

Conquistar a *Chave de Pushkara* é vencer a ilusão dos sentidos, assim se sobrepondo ao Dragão do Umbral. Aquele que a conquista tem direito a adentrar a Oitava Cidade, a Mansão dos Deuses, por ter despertado os oito Dons ou "Poderes Místicos da Yoga" contidos no "Pêndulo Cardíaco" ou *Chakra Vibhuti*, cujas oito "pétalas" se ligam ao Chakra do Coração, logo também despertando a este, tornando-se o Homem à imagem de Deus ou da própria *Chave de Pushkara*, com isso adquirindo o direito de abrir todos os Portais dos seus Planos de Consciência, por sua Unidade para sempre ininterrupta à sua Mônada, Santa Partícula da Divindade Absoluta com qual passa a ser Um, logo adquirindo o direito de proferir com toda a legitimidade: *Tat Twan Asi*, "Eu sou Um"!

Temos então que aquele que por direito obtém a *Chave de Pushkara*, terá para sempre a Chave dos Reinos Internos, tanto a de Agharta e de Shamballah como também, e antes de tudo o mais, a dos seus próprios Mundos Interiores, que deve descobrir em si para que por si entenda o que sejam aqueles de que, afinal, o seu Ser faz parte, qual *Vitriol* que deixa de o ser por a Porta da Visita aos mesmos Reinos Internos ter sido deslapidada e a Pedra Filosofal deixado de estar oculta ou latente, ficando para sempre patente na manifestação do *Jivatmã*, do *Homem Pushkarino* ou a mesma Mônada *Divina*, o Único e Verdadeiro Ser Imortal.

OBRAS CONSULTADAS

Monografias do *Grau Munindra* da Comunidade Teúrgica Portuguesa.

Professor Henrique José de Souza. *Livro Síntese* ou *O Livro Síntese da Missão dos Sete Raios de Luz*. Obra não editável, 1951-52-53.

Luís Weber Salvi e Vítor Manuel Adrião. *Diálogos Agarthinos – Volume II* Alto Paraíso de Goiás: Edições Agartha, 2008.

DVD com palestra de Otávio Boin, no Salão da Vila Helena, em São Lourenço, no ano 2003, sob o título de *A Chave de Pushkara*. Há o pormenor interessante do palestrante ter mostrado ao auditório a peça original do *Livro Sarcófago* que todos puderam ver, tocar e folhear, acontecendo no momento exato da sua apresentação pública o súbito e furioso ribombar de trovões desferidos tempestuosamente sobre São Lourenço. Interprete esse fato quem quiser e como souber...

Marcelo Maceo. "A Chave de Pushkara (Transformação – Superação – Metástase".Revista *Dhâranâ*, nº 78, edição 241, agosto 2002.

Sebastião Vieira Vidal. *Revolução Francesa – Ciclos da Obra*. Edição privada da Sociedade Teosófica Brasileira.

Jorge Adoum. *As Chaves do Reino Interno*. São Paulo: Editora Pensamento, 1985.

Capítulo XXVI
Tomar – Sintra – Sagres
(O "THEOTRIM" GEOGRÁFICO PORTUGUÊS)

Texto de Paulo Andrade – 2007

    Portugal, terra de mistérios com uma riquíssima História confirmada por fartíssimo patrimônio cultural, desde sempre está associado a lendas e a lugares mágicos por excelência. Muito se tem escrito e falado sobre esses locais especiais, que no fundo irradiam na superfície da Terra a energia vivificante de *Agharta*, sendo por isso considerados *Lugares Jinas*, onde o mágico e o sublime se tornam realidade para todos aqueles ligados à Obra do Eterno na Face da Terra.

    Bem sabemos que várias associações místicas têm conjecturado e propalado diversas teorias sobre esses "locais especiais", indo desde manifestações angélicas a marianas e a ovniológicas, com os respectivos extraterrestres, quando não se perdem em plágios e conjecturas de erudição "emprestada" do que outros já escreveram e disseram sobre o assunto. Assim, parece-nos que a visão que iremos expor – alicerçada na Sabedoria Iniciática, cuja origem perde-se na Noite dos Tempos, e conformada aos ensinamentos teosóficos do insigne *Professor Henrique José de Souza,* que em Portugal vêm sendo transmitidos pela *Comunidade Teúrgica Portuguesa* – será a mais profilática e consensual, com as suas bases "bem assentes na terra", evitando as fantasias e delírios de uma filosofia muito "new age" e muito "tradicionalista" muitíssimo em voga nos dias de hoje, contudo absolutamente carente de sustentação, por exatamente lhe faltar aquele sustento Iniciático e Primordial, esse sim, verdadeiramente Tradicional, que referimos atrás.

Para percebermos as razões da existência desses *Lugares Jinas* existentes em todo o Mundo, muito particularmente em Portugal, temos que perceber a dinâmica evolutiva dos Sistemas Geográficos ao longo dos tempos, com particular incidência no nosso país e, por associação, no Brasil, como "fermento ou argamassa espiritual" do *V Império*, muito profetizado no Passado mas que já se sente no Presente e se manifestará no Futuro, assim que a Humanidade reconheça e abrace incondicionalmente o *Avatara Maitreya* em seu âmago profundo, dando seguimento feliz à Era Aquariana que já iniciou às 15 horas de 28 setembro de 2005.

Acerca da origem e formação de um Sistema de Evolução Universal moldado na Terra como um Sistema Geográfico, proferiu o Professor Henrique José de Souza: "O Tempo, o Espaço e a Causalidade são as três características de um Universo em manifestação. No seio do Infinito onde reina a Eternidade, a Imutabilidade, não existe Espaço, nem Tempo, nem a relação entre Causa e Efeito. Existe, sim, a cristalização do Perfeito, a Imobilidade, um Sistema Estático onde não há Energia em ação mas o Equilíbrio, portanto, nada existe, existindo tudo".

Esse Sistema Estático ou *Causa das Causas*, é o Plano Substancial de onde tudo emana e para onde tudo volve. É um Sistema Neutro, sem forma. Quando é quebrado o equilíbrio desse Sistema, as forças ou energias que lhe são inerentes entram em movimento, produzindo então, ao longo da manifestação do Todo no Tudo, Sistemas específicos, ou seja, os Sistemas de Evolução.

A Lei da Evolução, a principal das Leis Universais no Mundo das Formas, tem por meta fundamental a transformação da Vida-Energia em Vida-Consciência. De maneira que é do Oitavo Sistema Original de Deus Pai-Mãe que surgem os sete Sistemas de Evolução, os quais desenvolvem um trabalho de concretização, isto é, do geral para o particular, da Energia para a Consciência, do Abstrato para o Concreto.

A Evolução atual está se processando no quarto Sistema de Evolução Universal (com três Sistemas já realizados, que formaram os três primeiros Reinos da Natureza Universal, similares aos Reinos Mineral, Vegetal e Animal, sem o que não seria possível a Evolução Hominal neste quarto Sistema), e foi assim que ela chegou ao máximo do Concretismo, ao ponto axial da Manifestação do Todo no Tudo.

O Conhecimento Teúrgico mostra-nos que a Evolução nos Planos da Forma faz-se de forma septenária, e, de acordo com a Cosmogênese e a Antropogênese, a Mônada (o Espírito de Deus no Homem, a Centelha Divina, a Unidade da Consciência) deve peregrinar por sete Sistemas Geográficos Planetários a fim de desenvolver sete estados de Consciência, que se refletem em sete Raças-Mães, a cada uma delas correspondendo determinado tipo de apercepção a ser desenvolvido pela Humanidade.

O caminhar da Mônada faz-se obedecendo ao chamado *Itinerário de IO* (de Oriente para Ocidente no conspecto racial, de Norte para Sul na manifestação monádica), fixando-se periodicamente em locais predeterminados pela Lei do Eterno, os quais podemos reconhecer objetivamente como centros de florescimento de civilizações, com os seus períodos de ascensão, apogeu e declínio final. Ora o lugar que irá servir de berço a uma nova civilização é em si mesmo um Sistema Planetário em miniatura, isto é, corresponde ao conjunto de sete pontos ou lugares, considerados sagrados pela sua função, em torno de um oitavo lugar, este agindo como poder coordenador. Ao conjunto dos sete locais em redor do oitavo na face da Terra, escolhido pela Lei (entenda-se esta como a *Lei Divina* ou "Lei que a tudo e a todos rege") para o desenvolvimento da consciência da Raça respectiva, dá-se o nome de *Sistema Geográfico*. Assim, toda a vez que um novo estado de Consciência é exigido por Lei, um novo Sistema Geográfico é criado, como Núcleo irradiador desse estado de Consciência para o Mundo.

Os Sistemas Geográficos funcionam como acionadores da Evolução em todos os Ciclos da Raça atual (pois na Atlântida não existiam, e sim um Sistema Geográfico Geral composto exclusivamente pelos seus sete cantões ao longo de toda a sua duração), com grande destaque no Presente. Para tanto, cada cidade consignada de um Sistema Geográfico está ligada a um ramo da Ciência a ser desenvolvido pela Humanidade, o que representa um novo estado de Consciência a ser conquistado. Pelos Sistemas Geográficos fluem as energias espirituais do Centro da Terra para a superfície, espargindo-se harmônica e ordenadamente, assim, impregnando a Humanidade com a Tônica da Verdade do Ciclo. Portanto, os Sistemas Geográficos são pontos de intersecção entre o Divino e o Terreno, pontos de irradiação de Cultura e Espiritualidade. Isso ocorre pela ligação das cidades consignadas da face da Terra com as suas respectivas e verdadeiras contrapartes nos Mundos Internos ou Subterrâneos de Badagas,

Duat e Agharta. Esse é um assunto de extrema transcendência que, por sua complexidade, deixamo-lo nesta simples citação. Diremos, apenas, que as cidades do Mundo Subterrâneo de Agharta correspondem aos chakras da Terra; as de Duat, aos seus plexos; as de Badagas, às suas glândulas; e, por fim, os Sistemas Geográficos, ao sistema neurossanguíneo do Globo em que todos vivemos.

1 – Sol (Laranja)	Alquimia e Química
2 – Lua (Violeta)	Música, Poesia e Prosa, Artes em geral
3 – Marte (Vermelho)	Ética e Estética Política e Militar
4 – Mercúrio (Amarelo)	Mecânica, Matemática e Física
5 – Júpiter (Púrpura)	Literatura, Linguística e História
6 – Vênus (Azul)	Filosofia, Línguas e Religiões
7 – Saturno (Verde)	Teurgia e Taumaturgia como Medicina
8 – Sol Oculto (Arco-Íris)	Ciência Iniciática das Idades

A Humanidade ao longo da História da sua Evolução, que não se limita ao que a ciência "oficial" conhece, teve inúmeros Sistemas Geográficos. No decorrer do desenvolvimento desta quinta Raça-Mãe Ariana, existiram muitos Sistemas Geográficos em diversas partes consignadas do Globo Terrestre. Citamos só alguns exemplos: no Brasil, houve o desenvolvimento do Sistema Geográfico de Teresópolis (Niterói – Rio de Janeiro), ponto de interligação entre as Raças Atlante finando e Ariana nascendo, por via dos Fenícios, o "Povo Vermelho". Houve também o Sistema Geográfico de Jerusalém, que foi preparado para a vinda do Avatara (manifestação do Espírito de Verdade) de *Piscis* (ou Peixes), Jeffersus ou Jesus, o Cristo. Outro Sistema Geográfico foi o Tibetano, cujo governo era exercido por uma Tríade de Seres Superiores em representação do Rei do Mundo e suas duas Colunas Vivas: o Budha-Vivo da Mongólia, em Urga, cidade desse país, o Traixu-Lama e o Dalai-Lama, estes últimos em Shingatsé e em Lhassa, no Tibete.

Já vimos que toda a vez que um novo estado de Consciência, um novo impulso evolucional para um novo Ciclo é exigido por Lei, um novo Sistema Geográfico é criado, como Núcleo irradiador desse mesmo estado de Consciência para o Mundo. Todo o aproveitamento evolutivo recolhido através dos ciclos e dos tempos, passa por *Portugal* e se fixa no *Brasil*, como "oitava coisa em formação" dentro do *Sistema Geográfico Internacional*. Por essa razão, aos 23 graus de Latitude Sul no Trópico de Capricórnio foi formado e está sendo preparado o Sistema Geográfico Sul-Mineiro, como lugar por Lei determinado para a irradiação desse novo estado de Consciência e também para dar as condições indispensáveis para nessa parte do Mundo poder um dia manifestar-se, visível e tangivelmente, *Chenrazi Aktalaya Maitreya*, o Avatara do Ciclo de *Aquarius*, do ano 2005 da nossa Era em diante.

O pivô do nosso trabalho humano ao serviço do Espírito, na hora presente, é a preparação do Sistema Geográfico Português e, consequentemente, do Sul-Mineiro, por ser ali o Núcleo Central ou oitavo Chakra Planetário dentre os sete principais que animam o nosso Globo Terrestre, por isso mesmo por Lei escolhido para Núcleo irradiador do novo estado de Consciência para o Mundo, graças, mais uma vez, aos incansáveis esforços espirituais determinantes da Raça dos Lusos, a ver exclusivamente com o mais que atualizadíssimo quinto Centro Vital do nosso Planeta, ele mesmo justificando em pleno a prerrogativa "Terra de Luz", ou seja, a *Lux-Citânia* (Lusitânia).

Para a realização desse trabalho é importante que frequentemos o Sistema Geográfico Português (assim também o Brasileiro) de forma consciente e constante, a fim de mantermos viva a semente do novo estado de Consciência exigido por Lei. Ora, mesmo não tendo recursos para construirmos materialmente nessas cidades tudo quanto respeite a prover as necessidades futuras respeitantes ao advento do Avatara, contudo temos a responsabilidade e o dever de preparar psíquica e mentalmente o nosso Sistema Geográfico. A nossa frequência física a este vai permitindo a troca de informações com os indivíduos que habitam essas regiões e a vibração dos nossos corpos preparados e das nossas mentes conscientes darão condições, através da Ritualística, para que o potencial dos Mundos Internos vibre na Face da Terra através de cada um de nós. Dessa forma estaremos criando um ambiente favorável à Lei que ali se manifesta.

Posto assim, podemos continuar dizendo, em um reitero mais geral, que a Evolução é toda ela dinâmica, estando sempre em movimento impulsionada pela Lei Justa e Perfeita. Essa Evolução nos

Planos manifestados faz-se de forma septenária, pois a Mônada Divina deve peregrinar por sete Sistemas Planetários e desenvolver sete estados de Consciência que se refletem nas sete Raças-Mães, cada uma correspondendo a um estado de Consciência a desenvolver pela Humanidade, até que alcance a potência máxima da sua evolução, ou seja, passar de Mônada inconsciente ou "virginal" a Mônada supraconsciente amadurecida ao longo de Rondas e Rondas no Mundo das Formas, até possuir Consciência similar à do Logos Planetário, de quem é "célula" ou partícula.

Esse peregrinar monádico faz-se prosseguindo o *Itinerário de IO* (de Oriente para Ocidente e de Norte para Sul), como já se disse, fixando-se periodicamente em lugares predeterminados pela Lei. O local escolhido para ser o berço de uma nova civilização é um Sistema Planetário em miniatura, ou seja, corresponde a um conjunto de sete locais, considerados sagrados pela sua função, em torno de um oitavo que representa o Sol Central, o Sol de 32 Raios, síntese dos sete Sóis menores que o rodeiam. Como analogia anatômica, podemos relacionar o nosso "oitavo Chakra", o *Vibhuti*, como síntese do trabalho operado pelos outros sete Chakras.

Ao conjunto de sete locais em volta de um oitavo na face da Terra, escolhido pela Lei para o desenvolvimento do estado de Consciência afim com o Ciclo planetário em função, chama-se então de *Sistema Geográfico*. Assim, cada vez que é exigido um novo estado de consciência pela Lei Divina, um novo Sistema Geográfico é criado, como Núcleo irradiador desse novo estado de Consciência para o Mundo. Quem prepara esse Sistema é o *Manu* cíclico, à dianteira do seu povo que constituirá a raça que o habitará.

A posição do Sistema Geográfico é determinada no *Mundo de Duat*. Ao contrário das sete Cidades de Agharta em redor do seu Núcleo Central, *Shamballah*, que são fixas, as de Duat são móveis, logo, acompanham a dinâmica da marcha cíclica da Mônada Humana através das raças e respectivos continentes, o que confere mobilidade aos Sistemas Geográficos.

Atualmente, as energias vitais dos sete Sistemas Geográficos do Globo confluem em conjunto para o oitavo Sistema Geográfico Brasileiro, o "Vibhuti" do Mundo em atividade, ou seja, o Sistema Geográfico Sul-Mineiro, formado pela oitava cidade de São Lourenço com as outras sete em volta: Pouso Alto, Itanhandú, Carmo de Minas, Maria da Fé, São Tomé das Letras, Conceição do Rio Verde e Aiuruoca. Esse Sistema Geográfico será a "Shamballah" futura ou

Sol da Terra no futuro quinto Sistema de Evolução Universal. Eis a meta suprema no ideal do V Império!

Apesar de o Professor Agostinho da Silva não ter escrito sobre São Lourenço, todavia escreveu sobre o Estado de Minas Gerais, sobre o qual disse no seu livro *Dispersos*: "Minas Gerais não é, como nas estrelas gregas, a doce e melancólica jovem que adormece para sempre na morte, irmã do sono e do amor; é como no conto nosso, a Bela Adormecida que espera no Palácio encantado a vinda do Príncipe seu mago".

Tal Príncipe será Portugal que desperta a Brasílica Alma Adormecida ao sopro diáfano do Futuro que ora é e se retrata na *Tradição do Santo Graal*, cujo assento ou o mesmo *Porto do Graal* é, afinal, *Portugal*.

De maneira que os Sistemas Geográficos também servem como suporte à manifestação dos Avataras na Face da Terra, preparando o ambiente vibratório correspondente (gerando energia *Sátvica*, Espiritual), assim permitindo a sua manifestação no seio da Humanidade.

Ao longo das eras e devido ao livre arbítrio da Humanidade, muitos falhanços têm ocorrido quanto à objetivação na Face da Terra, na Humanidade, do quinto estado de Consciência, o Mental Superior, Abstrato ou Causal, apesar da manifestação já ocorrida de vários Avataras ou "Espíritos de Verdade", mas a ligação exclusiva à matéria e ao psiquismo por parte da maioria dos homens tem prejudicado o seu Trabalho Redentor.

Bem sabemos que a Evolução não dá saltos, portanto, enquanto não se der o pleno desenvolvimento do quinto Princípio *Manas Arrupa* em toda a Humanidade, fica adiada a objetivação dos sexto e sétimo Princípios Espirituais, *Budhi* e *Atma*, relativos às sexta e sétima Raças--Mães, prejudicando o seu desenrolar natural já hoje, tarefa hercúlea que assim passa a pertencer exclusivamente a um reduzido escol de bravos obreiros da Evolução!

Participando no desenvolvimento da atual quinta Raça-Mãe, a Ariana, houveram Sistemas Geográficos ativos em várias partes do Globo Terrestre, ficando para sempre esses locais dotados de características especiais. Eles são *Lugares Jinas*, e embora pese no momento atual os Mundos Subterrâneos não estarem em evidência destacada neles, por a Marcha da Evolução ter prosseguido avante, contudo não deixam de continuar sendo "lugares especiais", ficando o maior destaque para o Sistema Geográfico vigente no momento presente.

Depois dos falhanços ocorridos entre os homens comuns e os Adeptos Perfeitos nos Sistemas Geográficos de Jerusalém, de Roma, do Tibete e mais recentemente em El Moro, nos Estados Unidos da América, a Lei Suprema fez com que Portugal (não é por acaso que Lisboa, tal como Jerusalém e Roma, estão sobre sete colinas ou outeiros, como se elas próprias fossem uma oitava!), no momento atual, se assumisse como o quinto Centro Planetário, o paradigma de eleição do quinto Princípio Causal, atraindo a si as energias sinergéticas de toda a Europa e começando a irradiá-las para o Novo Continente, para o Novo Mundo...

Caberia à América do Norte, a partir de El Moro, ser o centro de eclosão da sexta Raça-Mãe Bimânica, a qual seria complementada pela sétima Raça-Mãe Atabimânica na América do Sul, no Brasil. Mas, como já foi referido, tal projeto falhou, de maneira que, ante o desenrolar da presente quarta Ronda de Evolução Planetária a caminho acelerado da quinta, deixou de haver possibilidades de adiamentos e remendos de qualquer espécie. Sendo assim, foi provocado pela Lei Divina um aceleramento evolucional, o chamado "colapso da velocidade", transferindo desde Portugal para o Brasil a tremenda responsabilidade de desenvolvimento dos quinto, sexto e sétimo Princípios Espirituais, isto é, da realização integral da Mônada ou Centelha Divina no Homem.

Ora, se o desenvolvimento de cada Princípio exige o desenvolvimento de um Sistema Geográfico que lhe possibilite suporte, então as Forças Ocultas de Portugal (*Ordem de Mariz*) conferiram ao Brasil o privilégio de, pela primeira vez na História, apresentar em um só país três grandes Sistemas Geográficos, compostos cada um de sete cidades com mais uma central ou capital espiritual, pois que a capital política virá com o tempo. Daí, termos o seguinte esquema de correspondências ou de transferência de poderes:

Portugal	Brasil	Shamballah
Tomar (*Prana*)	São Lourenço – Minas Gerais (Moreb)	7.º Princípio Átmico – *Satva* – Pai
Sintra (*Fohat*)	Itaparica – Bahia (Airu)	6.º Princípio Búdhico – *Rajas* – Mãe
Sagres (*Kundalini*)	Nova Xavantina – Roncador (Ararat)	5.º Princípio Manas Arrupa – *Tamas* – Filho

O Sistema Geográfico Português triparte-se, tal qual o tríplice Sistema Geográfico Brasileiro, em três Sistemas, como se fosse o *Theotrim* ou "Deus Trino em Ação" (isto é, as três Hipóstases do Logos Único como manifestação do *Atmã Universal*: Pai, Mãe e Filho, ou primeiro, segundo e terceiro Logos), sendo um o fundamental ou básico (o de *Sintra*, correspondendo ao quinto Chakra Planetário), e os dois restantes os subsidiários, o de *Tomar* e o de *Sagres*, os três juntos formando o *Delta Geográfico Teúrgico*.

Em concordância com o que acabamos de dizer, iniciamos esta dissertação sobre o *"Theotrim" Geográfico Português* por *Sintra*, seguindo-se *Tomar* e *Sagres*.

Perto da capital de Portugal, Lisboa, situa-se aquela que é considerada a mais bela Serra do nosso País, Sintra, tendo-se feito dela o oásis do romantismo nos séculos XVIII-XIX. Sendo hoje Patrimônio da Humanidade, porta consigo historial vastíssimo recuando aos alvores da mesma Humanidade e onde a utopia desejada se confunde facilmente com o imediatismo historiográfico, antropológico, etnológico e etimológico. E, etimologicamente, podemos encontrar a designação moçárabe *Xentra*, ou ainda antes, recuando ao período celta, *Cynthia* ou *Cyntia*, vulgarizando-se no século XVII a grafia *Cintra*, persistindo até hoje, mas fixando-se, a partir dos anos 1930-1940, o topônimo *Sintra*. A presença do *S*, esotericamente falando, poderá ter muito a ver com o

"Caminho da Serpente" ou da Sabedoria Oculta, Críptica, como Via de Realização da Grande Obra Alquímica, segundo Fernando Pessoa, réptil e respectivo significado esotérico bem patenteado no promontório sintriano mais ocidental da Europa: o *Cabo da Roca*, ou melhor, o *Promontório de Ofiússa* ("Serpente"). *Sintra* ou *Cyntia* é, pois, o nome da *deusa Lua* em seu tríplice aspecto: *Helena*, a Lua Espiritual, acima de *Selene*, a Lua Psíquica, e esta sobre *Perséfona* ou *Hécate*, a Lua Física, infernal, inferior, interior ou subterrânea.

Com efeito, *Cyntia* era o nome grego da deusa *Artemis* ou *Artemísia,* a quem os romanos chamaram de *Diana*, a mais pura e casta das deusas, irmã gêmea de *Apolo*, o Sol, filhos de Zeus e Latona, mas cuja origem mitológica está na *Kinthya* celta, vulgarizada *Cyntia*. É a divindade lunar protetora da Natureza, musa inesgotável dos artistas e a primeira das ninfas sua rainha.

Quando se deu o último cataclismo da Atlântida, a Montanha de *Kurat*, por extenso *Kurat-Avarat*, hoje *Sintra*, distendeu-se como uma lomba indo desde o atual Algueirão até ao Cabo da Roca. Já nesse continente atlante, o de *Kusha*, ela era a quinta Montanha Sagrada, segundo as escrituras orientais, porque por causalidade sabia-se estar aí o quinto Chakra da Terra. Por essa Montanha de *Kurat*, bem diversa do que é hoje, refletiam-se ao exterior, através das suas enormes e imensas anfractuosidades escancaradas a céu aberto, os diáfanos raios purpurinos do "Centro Vital" interior, em cujo final da Raça eram prenúncio fatal do "Crepúsculo dos Deuses".

Foi a partir dessa lomba serrana que se propagou universalmente o tema celto-arábico-cristão da *Demanda do Graal*, e só podia ser assim, atendendo à fisionomia geográfica de Portugal onde *Sintra* aparece localizada como o "nariz" ou canal respiratório da Nação, centro motor do alento vital etérico, isto é, *Prana* impregnando inteiramente o *Akasha*, o quinto elemento como quintessência da Natureza Universal, cuja dinâmica ativa a biorrítmica do país e por este, em anexo, a Europa inteira. Também nisso se encontra a justificativa à prerrogativa da sua profecia milenar: "Quem nasce em Portugal é por missão ou castigo".

Sintra foi tida por *Mons Salvat* (Monte Salvífico, da Salvação) pela tradição poético- musical Wagneriana, bem alicerçada na Tradição Iniciática do Santo Graal que D. Fernando II de Saxe Coburgo-Gotha, baseado na mesma Tradição, no século XIX deixou patente nos jardins circundantes do Palácio da Pena (o "Palácio do Santo Graal", como lhe chamou Richard Strauss quando visitou Sintra), englobando na mesma circunscrição geográfica o Castelo dos Mouros, o que sugere um desígnio secreto do Rei Iluminado em unir os dois hemisférios, físico e ideal, da Tradição, o do Oriente com o Ocidente... "Quando o Oriente se unir ao Ocidente, será coisa pasmosa de ver", já dizia a profecia da Sibila da Serra. D. Fernando II não era estranho a todos esses mistérios, pois além de ter assumido várias outras filiações de cariz esotérico e iniciático, a começar pela Maçonaria Escocesa, informa a Tradição que perfilava nas fileiras secretas dessa soberana e misteriosa *Ordem de Mariz*, e quiçá sob a inspiração direta desta o ter pretendido e encetado fazer de *Sintra*, de certa forma fê-lo, *Capital Espiritual da Europa e do V Império Lusitano*. Assim, temos agora *Sintra como Capital Espiritual* do continente e Lisboa como Capital Temporal do país, expressivas da Boa Lei ou Boa Lis, isto é, L.isboa Y S.intra.

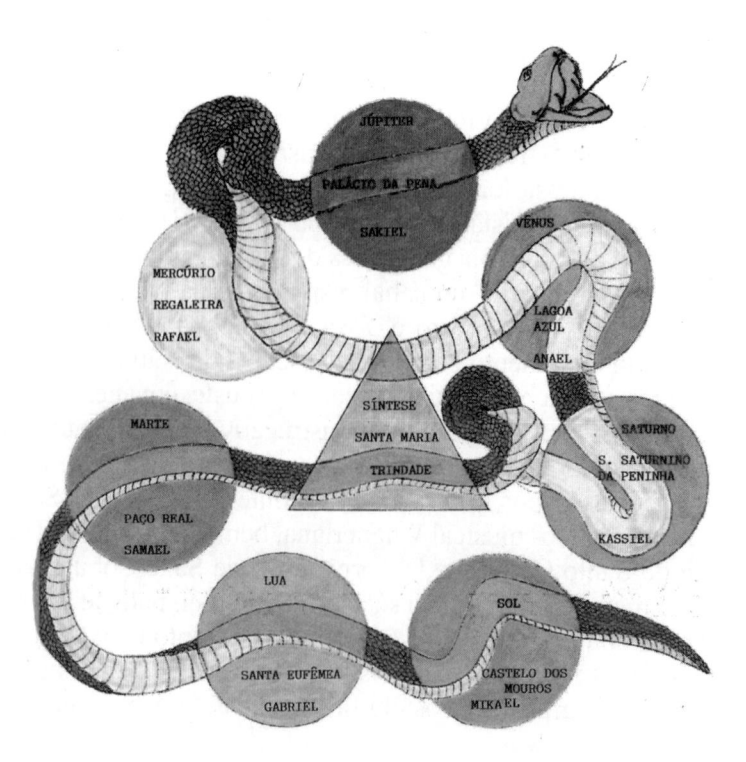

Além do Palácio da Pena e do seu circundante jardim iniciático, muitos outros lugares da Serra requerem respeitosa demanda, nos quais se faz sentir não só a harmonia paisagística, momumental e artística mas, sobretudo, a intensa e sagrada presença mística, iniciática ou espiritual. Encetando o verdadeiro itinerário iniciático da Serra, pode-se seguir, tendo por centro da Quinta da Trindade, "serpenteando" pelo Castelo dos Mouros, Santa Eufêmia, São Martinho e o Paço Real, Seteais e a Regaleira, Palácio da Pena, Lagoa Azul e desfechar em Nossa Senhora da Peninha, todos esses lugares do Sistema Geográfico Sintriano com funções semelhantes aos do Sistema Geográfico Sul-Mineiro.

A tomada de consciência do Espírito Sintriano é feita em simultâneo com a tomada de consciência individual, no ato de transformar a vida-energia em vida-consciência, ou partindo do homem comum, *Jiva*, ao incomum Homem Real, *Jivatmã*.

Tendo por ponto de partida esses 7+1 *Lugares Jinas* sintrianos e tendo por oitavo central a própria Serra, eles projetam-se em sete cidades que vão constituir o *Sistema Geográfico de Sintra* expressivo do *Amor-Sabedoria* da *Mãe*. Nele encontramos as seguintes correspondências em consonância com os atributos espirituais dos sete Raios de Luz do Novo Pramantha a Luzir (*Novis Palux*), assim mesmo continuando a ser o *Cruzeiro Mágico dos Marizes*:

1 – Serra de São Mamede	Sol – Saber
2 – Évora	Lua – Beleza
3 – Santarém	Marte – Bondade
4 – Nazaré	Mercúrio – Pureza
5 – Leiria	Júpiter – Riqueza
6 – Lisboa	Vênus – Ventura
7 – Setúbal	Saturno – Sublimação
8 – Sintra	Sol Oculto – Conhecimento Universal

Passando a *Tomar*, podemos dizer que reúne todos os requisitos necessários para ser tomada como *cidade sagrada*. À semelhança de outras cidades como Lisboa, Jerusalém ou Roma ela dispõe-se sobre sete colinas bem retratadas na *mata dos sete montes*, estando desde há muito associada ao sentido esotérico dos enclaves iniciáticos dos Templários.

Fazendo na Terra a viagem estelar do "Caminho de Santiago" ou a Via Láctea, tendo por guia a estrela Sirius alfa da constelação do Cão Maior, os Templários encetaram diáspora do Oriente para o Ocidente vindo fixar-se no centro de Portugal, *Tomar*, onde é instituída a sua Casa-Mãe para toda a Península Ibérica. *Tomar*, provindo filologicamente do assírio *Atumar*, "Senhor Pai", como os primitivos nabantinos lhe chamavam, a sua etimologia também pode ser decomposta em *Tat Maris*, "Oceano Universal", em referência ao Aspecto Feminino do Logos Criador; desde cedo, como dissemos, quis-se fazer dela (e fez-se!) um enclave sagrado ou solar sob a chancela secreta da Soberana *Ordem de Mariz*. Justificando a pretensão de fazer de Tomar a expressão mais perfeita possível da Jerusalém Celeste, a mesma Shamballah encoberta, podemos referir o fato da própria Charola do Convento de Cristo, mandada levantar cerca de 1170, por Gualdim Pais, Mestre Provincial dos Templários portugueses, ser uma réplica exata dessa outra também octogonal: a Cúpula do Rochedo, em Jerusalém, ocupando o espaço do desaparecido Templo de Salomão. Ali, no esconso da Charola tomarense, foram ocultados, criptados os segredos iniciáticos templários, sentido dado logo ao início pelo próprio formato octogonal da construção, sabendo-se do significado sagrado que os Templários davam ao valor 8, algarismo solar elevado à sua máxima potência e, por isso mesmo, inserto no número cabalístico do Cristo, 608, o qual reúne em si a potência da Idade do Pai – Ciclo de Jerusalém – e a essência da Idade do Espírito Santo – Ciclo da Lusitânia.

É na igreja de Santa Maria do Olival, primitiva Primaz de todos os Santuários Marianos portugueses, que está sepultado Gualdim Pais, o Sexto Grão-Mestre da Província de Portugal da Ordem dos Cavaleiros Pobres de Cristo e do Templo de Salomão, a qual ostenta no seu frontal, dentre muitas outras curiosidades e mistérios, um pentagrama, nesse caso, indicativo tanto do quinto Sistema Geográfico Português como da manifestação do Homem Cósmico ou Primordial, *Adam Kadmon*, nele.

Volvendo ao Convento de Cristo, além da Charola já citada é de referir a existência nele de uma possível Sala de Iniciação, posteriormente convertida em adega, onde existe uma laje enorme tapando um pressuposto poço que, diz-se, passa sob a Charola e leva até Santa Maria do Olival.

É igualmente curioso que o próprio castelo dos Templários configure geometricamente a constelação do Boieiro, que é a "antecâmara" estelar dessa outra e mais importante Ursa Maior, a constelação dos *Rishis* ou dos "sete Reis Divinos de Édon", cuja estrela alfa do mesmo Boieiro, Arcturus, é assumida esotericamente como o "portal" de acesso à Grande Ursa. Terá tudo isso algo a ver com as iniciações crípticas ocorridas no Passado tomarense? Estamos em crer que sim.

Há a destacar também a igreja de São João Baptista – cuja evocação foi caríssima aos Templários – situada no centro de um espaço que podemos considerar instituído como cosmograma, com o convento de Cristo a poente, o convento de Santa Iria a nascente, a igreja de São Gregório ao norte e a igreja da Misericórdia ao Sul, cada qual direcionada a um ponto cardeal, plantada sobre um nódulo telúrico, assim organizando os eixos de entrada na cidade cujos foros de sagrada a isso mesmo se deve.

A cidade de Tomar, como capital templária da Hispânia, foi na altura considerada, pelas três religiões monoteístas do Livro (judaica, cristã, islâmica), como expressão fidedigna do Centro do Mundo, principalmente por sua associação simbólica à Jerusalém Celeste, o que ficou bem assinalado na roda do rio Nabão, assim assumida representação axial desse mesmo Centro do Mundo.

Temos, pois, Tomar como a manifestação do *Pai*, Princípio Hipostático de onde tudo provém e onde tudo há de voltar, o que se contém no *Poder da Vontade Divina* que é o Criador da Ordem e da Harmonia Universal, a tudo e a todos regendo, sendo ao mesmo tempo a Criação pelo Amor da Mãe e o Criado pela Inteligência do Filho.

O *Sistema Geográfico de Tomar* compõe-se das seguintes localidades ou *Lugares Jinas*, em correspondência com os respectivos atributos espirituais dos sete Raios de Luz do Novo Pramantha:

1 – Santiago de Compostela	Sol – Saber
2 – Rio de Onor	Lua – Beleza
3 – Porto	Marte – Bondade
4 – Coimbra	Mercúrio – Pureza
5 – Braga	Júpiter – Riqueza
6 – Serra da Estrela	Vênus – Ventura
7 – Portela do Homem (Serra do Gerês)	Saturno – Sublimação
8 – Tomar	Sol Oculto – Conhecimento Universal

Finalmente *Sagres*, a quem podemos considerar como sendo o lugar mais significativo e igualmente expressivo da Portugalidade, *Finis Terrae* ao mesmo tempo que *Initio Gesta Dei ad Mareum Portucalensis*, lugar privilegiado de intercomunicação com o Além, com o Outro Mundo, o Mundo Jina.

O monumento mais enigmático de Sagres, sem dúvida, é aquele constituído por uma forma geométrica circular tendo dentro raios configurados por fiadas de pedras toscas desiguais, e o qual é vulgarmente chamado de "rosa dos ventos". Do centro dessa composição, com um diâmetro de 43 metros, divergem 49 raios ou linhas retas, o que assim faz ruir a hipótese de "rosa dos ventos", pois não se conhecem disposições dessa natureza com mais de 32 rumos. Em uma relação sutil como esse monumento, podemos referir que o nome árabe do Promontório é *Chak-Rak*, "Lugar das Pedras", fonema soando muito próximo ao hindustânico *Chakra*, "Roda de Vida", nesse caso sendo o *Sacro* ou *Sacral* (de onde *Sagrado* e *Sagres*) situado na base da coluna espinhal tanto do Homem como do país, cujas sinergias tipificando-os de maneira singular advêm aí do Sol Oculto do Mundo, de *Shamballah* representada pela Cruz Flamígera de Cristo, ou o mesmo quadrante solar operado por aquela que fez de Sagres o Santuário privilegiado do Infante D. Henrique e dos homens-deuses que o acompanharam – a Soberana *Ordem de Mariz* (cujo nome está literalmente inscrito em uma tela na igreja de Santa Maria de Lagos), constituída de 49 Adeptos Independentes principais dentre um conjunto de 111, mesmo sendo 888 no total, como Seres Representativos desse mesmo Sol Espiritual ou Oculto da Terra.

Sendo assim, Sagres é o Centro Sacro ou Chakra Raiz do Corpo que é Portugal (ficando Sintra para o Centro Coracional e a Alma, ao passo que Tomar assinala o Centro Coronal e o Espírito), segundo a Tradição Iniciática, é aí que se concentra a Força Flogística do Divino Espírito Santo, do "Laboratório de *Kundalini*", esta bem assinalada na Virgem Negra cujo culto se fazia nas proximidades do Promontório, na ermida de Santa Maria de Guadalupe (ou *Guapa-Lupe*, a "Lua faceira" ou luminosa, ainda assim, sinal vitriólico e lapidar da Noite ou o Oculto, logo, designando a "Guardiã dos Mistérios" – *Guadalupe*), patrimônio do Infante D. Henrique na aldeia da Raposeira (ou da *raposa*, esta, só por "acaso", o animal zoomórfico do Quinto Dhyani-Buda Eduardo José Brasil de Souza, o do quinto Posto Representativo Português).

De maneira que o Infante Ínclito dos Mares tinha a sua Confraria Espiritual em Sagres, e a respectiva secular ou temporal Escola de Navegação em Lagos, havendo residido entre ambas, precisamente na "Vila do Infante" sita na mesma Raposeira. Essa academia de navegadores congregou os maiores especialistas da época, independentemente de raças e religiões, os quais iriam inaugurar um período de Renascença, principalmente em termos de avanços tecnológicos e culturais para o mundo de então. Por Sagres, através do Infante, Portugal projetou-se no mundo e cuja diáspora, caracterizada sobretudo pelo intercâmbio entre as mais variadas culturas e pela mais ampla concórdia entre raças diversas, faz-se sentir ainda hoje e sempre que a presença Portuguesa seja reclamada em qualquer parte da Terra.

Realmente, Sagres revela-se "Laboratório do Espírito Santo" ou "de *Kundalini*", ele o cóccix da coluna espinhal do país, a base de toda a estrutura orgânica e psicomental da Nação, e nisso, como curiosidade suprema, a imagem aérea geral do Promontório apresenta-o com a forma de um falo com os escrotos laterais, assim se aparentando ao formato da flor-de-lis, para todos os efeitos, representação da *Chave de Pushkara* – a sétima Cidade Aghartina – que abre a Porta Santa de *Shamballah* sendo o seu possuidor o próprio *Akdorge,* o Filho, o Rei do Mundo.

Foi em Sagres que se realizaram os mais vetustos e antigos cultos ao Fogo Criador, Ctônico ou Subterrâneo, por isso mesmo também chamado de "Sol da Meia-Noite", celebrações ctônicas e psicopompas vindas desde os atlantes, passando os fenícios, os celtas, os romanos e chegando aos árabes e cristãos, etc. Ainda lá está, bem patente em pleno promontório, a ruína do primitivo santuário circular de Cronos – Saturno, que deu o nome e a fama ao sítio como sagrado ou *Sagres*. Sobre essa sagrada ruína destelhada, com quatro entradas cardiais, refulge à noite a misteriosa estrela de Orion e a constelação do Bode, Cabra, Caprino ou *Kumara*, ligando-se sobremaneira ao culto ctônico das almas veladas e alumiadas, alentadas pelo Fogo Subterrâneo, o do Sol Central da Terra como Usina de *Kundalini*. É nesse sentido que se falava, desde os tempos mais remotos, em ser o promontório uma entrada ou "boca do inferno" para esse mesmo Mundo Subterrâneo onde o Rei do Mundo, conforme a lenda local, está vigiando os destinos da Humanidade e de onde haverá de dar à luz uma Nova Raça. A verdade, para além brumas sãs da lenda, é que o Promontório de Sagres é todo ele oco havendo várias embocaduras levando ao seu interior, uma delas a do Monte Francês próximo, onde se rasga rés do chão uma chaminé por onde se desce a caverna profunda e extensa.

A Iniciação que caracteriza a natureza humana e a espiritualidade de todo o Adepto "Lusitano", é incontestavelmente a da "Navegação Hermética", a "Marinha" ou *Mariz*, geograficamente iniciada em Sagres e desfechada em Lisboa, ou, mais propriamente, em Sintra, indo do Corpo (Filho) à Alma (Mãe) da Nação para que em ambos o Pai se manifeste.

O *Sistema Geográfico de Sagres*, sob a égide do Augusto *Filho*, compõe-se dos seguintes lugares, em correspondência direta com os respectivos atributos espirituais dos sete Raios de Luz do Novo Pramantha:

1 – Silves	Sol – Saber
2 – Castro Marim	Lua – Beleza
3 – Ourique	Marte – Bondade
4 – Lagos	Mercúrio – Pureza
5 – Faro	Júpiter – Riqueza
6 – Tavira	Vênus – Ventura
7 – Serra do Caldeirão (Mu)	Saturno – Sublimação
8 – Sagres	Sol Oculto – Conhecimento Universal

O nosso trabalho parte então do Sistema Geográfico Português, já formado, preparando as consciências e os corpos para a integração futura no Sistema Geográfico Sul-Mineiro, em formação, visto ser esse o Núcleo Irradiador do novo estado de Consciência Mânica, Bimânica e Atabimânica (*Atmã-Budhi-Manas*), o que significa já um trabalho para a construção dos quinto, sexto e sétimo Sistemas de Evolução Universal. Sendo assim, o trabalho avatárico deste para esse Sistema Geográfico é uma obrigação de todos nós, discípulos luso-brasileiros de JHS, envolvidos que estamos com a Obra Divina, conscientes das nossas responsabilidades de garantir o Futuro da Marcha da Evolução nesta quinta Raça-Mãe onde já transcorreu mais de metade da quarta Ronda.

Permitindo a realização dinâmica (a *Realização de Deus*) desse Trabalho Avatárico, para que melhor nos inteiremos da sua grandeza sem igual, é também necessário que se viva o mais próximo ou dentro dos lugares componentes do Sistema Geográfico Português (o mesmo valendo para os de São Lourenço, Itaparica e Xavantina, no Brasil), muito especialmente o *Sintriano*, ou então que se o visite regularmente, de maneira respeitosa e consciente dos seus mais altos valores, como o de por eles escoar diretamente ao exterior a Onipotência de *Shamballah*, facilitando assim a preparação dos nossos corpos a ficarem aptos a receber as mais poderosas e elevadas vibrações dos

Mundos Internos, o que é feito através da Ritualística e das Yogas legadas pelo Venerável Mestre JHS (Professor Henrique José de Souza) à *Ordem do Santo Graal*, tudo isso para que o potencial de Agharta vibre na face da Terra através de nós. Se não realizarmos esse nosso trabalho avatárico de preparação através dos valores transcendentes dos Sistemas Geográficos, Português e Brasileiro em simultâneo, inevitavelmente muito teremos que sofrer em um futuro próximo, por não estarmos habilitados, logo despreparados, para acompanhar os passos agigantados da Evolução, já então como membros da *Família Espiritual JHS* integrados à *Família Espiritual Maitreya*, ou fazendo parte efetiva da Corte do Avatara, sendo assim o seu Povo Eleito, já com novos corpos físicos adaptados e preparados para o Reinado de 10 mil anos do Divino Senhor dos Três Mundos.

Verifica-se que *Sintra*, como o Princípio Causal ou quinto Estado de Consciência (*Sura-Loka*), é o Centro de Projeção e Irradiação das Vidas e da "Personalidade" do Logos Planetário, enquanto *São Lourenço*, por seu turno, é o Centro de Convergência e Atração das Consciências e da "Individualidade" do mesmo Logos, assim mesmo em formação como "oitava Coisa a Ser". Eis o porquê da importância suprema para o Mundo inteiro e o seu Futuro imediato de Portugal e o Brasil, Pátrias Gêmeas, aliás, alfa e ômega dessa mesma *Obra do Eterno na Face da Terra*, que é dizer, *Teurgia*.

Voltamos a reiterar que a explanação feita neste estudo não é mero exercício autodidata de mistificação de alguns lugares do país, pois muitos poderão muito bem objetar que qualquer um poderá inventar "triângulos místicos" no mapa de Portugal, ou de qualquer parte do Globo, para isso bastando ser fantasista criativo. Não, tal não é a nossa linha condutora, muito pelo contrário, pois, como afirmamos no início, as premissas em que nos baseamos estão fundamentadas na Sabedoria Iniciática das Idades, bem delineadas pelo Professor Henrique José de Souza, para nós o maior dos decanos contemporâneos da Humanidade, tendo-nos deixado um legado vastíssimo esclarecedor deste e de outros inúmeros temas, como elementos indispensáveis ao nosso aprimoramento moral, intelectual e, sobretudo, espiritual, pois que a evolução verdadeira depende exclusivamente dos nossos próprios esforços. O Mestre é o Caminho, resta ao discípulo percorrê-lo.

Para poder comprovar o que vimos dizendo, resta convidar a modo de conselho, o estimado leitor destas linhas a visitar os lugares referidos, seja em Portugal, seja no Brasil, não como mero turista de ocasião, com preconceitos e ideias feitas, mas despido de si mesmo, virgem como uma criança inocente, verdadeiro Peregrino da Vida intuindo estar onde deve estar: simplesmente presente.

OBRAS CONSULTADAS

Monografias da Comunidade Teúrgica Portuguesa.

Vitor Manuel Adrião. *Sintra, Serra Sagrada* por Lisboa: Editora Dinalivro, 2007.

Vitor Manuel Adrião. *Mistérios Iniciáticos do Rei do Mundo – História Oculta de Portugal*, por São Paulo: Madras Editora, 2002.

Gabriel Arantes Zanin. "Sistemas Geográficos". Boletim *"Sol no Ocidente"*, nº 19, Curitiba, agosto e setembro de 2005.

Paulo Pereira. *Lugares Mágicos de Portugal*. Rio de Mouro: Edição Círculo de Leitores, 2004.

Portugal Misterioso, por vários autores. Lisboa: Edições Riders Digest, 1998.

Capítulo XXVII

Os Descobrimentos Portugueses como Precursores do Quinto Império

Texto de Paulo Andrade – 2007

    Falar da verdadeira Missão dos Descobrimentos, diretamente implicada à verdadeira Missão de Portugal, é algo que não é tarefa fácil, pois desde sempre nos ensinaram nas escolas que tal epopeia foi mero fruto do acaso, ou então mero fruto de devaneios afortunados de quem na altura liderava as nossas hostes. Mas terá sido realmente assim? Não nos parece, pois na nossa visão da História não existem casualidades, e sim causalidades definidas por quem de direito e com objetivos superiores, na maioria das vezes ocultos aos olhares profanos, como infelizmente ainda hoje acontece, conforme se repara pela maneira como se ensina a História nos meios convencionais. Parece-nos também evidente que tal Missão dos Descobrimentos ainda não terminou, pois no Presente e no Futuro há muito mais a descobrir segundo a perspectiva do *Advento do Espírito Santo* ou o seu *Reinado* como *Quinto Império*, que já se manifesta, mas que só o sentiremos quando o descobrirmos em nós, como *Portugueses* em particular, melhor dito, *Luso-Brasileiros* semente da futura Raça Dourada, e no geral, como potenciais *Jivatmãs* (Homens Universais).

Para se entender o sentido mais profundo de "Império", obrigatório se torna recorrer à resposta de Vitor Manuel Adrião a Luís Augusto Salvi (in *Diálogos Aghartinos*, volume I. Edições Agartha, Alto Paraíso de Goiás, 2008), alusiva a esse mesmo assunto:

A História Universal reparte-se por cinco Tempos ou Impérios, correspondentes aos grandes Períodos ou Idades Planetárias por que passou, passa e passará o Mundo. Assim:

I IMPÉRIO (PERSA) – SATYA-YUGA (IDADE DO OURO)
II IMPÉRIO (ASSÍRIO) – TETRA-YUGA (IDADE DA PRATA)
III IMPÉRIO (GREGO) – DWAPARA-YUGA (IDADE DO BRONZE)
IV IMPÉRIO (ROMANO) – KALI-YUGA (IDADE DO FERRO)
V IMPÉRIO (PORTUGUÊS) – KRITA-YUGA (IDADE DO OURO)

Essa última Idade do Ouro (*Aquarius*), que zodiacalmente iniciou às 15 horas de 28 de setembro de 2005 e que consciencialmente vai nascendo ou desenvolvendo-se cada vez mais marcando os 10 mil anos do Ciclo Avatárico de Maitreya, tem início em Lisboa-Sintra (Portugal) e desfecho em São Lourenço-Minas Gerais (Brasil), a "Nova Lusitânia" como a consignava Pedro de Mariz no século XVII.

Portanto, tais Impérios terão mais a ver com Idades Planetárias e respectivos estados de consciência adquiridos ao longo das mesmas, do que propriamente com impérios geográficos político-econômicos nascidos da força das armas, e que pelas armas foram derribados, reduzidos a escombros… valendo o que valeram.

Correspondendo a estados de consciência e respectivos níveis de coexistência, então esses Impérios falados, cantados, prosados e escritos pelos Maiores da Raça Humana, também podem ser expostos na seguinte tabela de correlações:

I IMPÉRIO – CONSCIÊNCIA FÍSICA – PLANO FÍSICO (*PRITIVI*)
II IMPÉRIO – CONSCIÊNCIA VITAL – PLANO ETÉRICO (*APAS*)
III IMPÉRIO – CONSCIÊNCIA EMOCIONAL – PLANO ASTRAL (*TEJAS*)
IV IMPÉRIO – CONSCIÊNCIA MENTAL – PLANO MENTAL (*VAYU*)
V IMPÉRIO – CONSCIÊNCIA ESPIRITUAL – PLANO CAUSAL (*AKASHA*)

Mas para percebermos um pouco da *Missão de Portugal*, logo a de todos nós enquanto Povo, temos que falar um pouco daquela que a explica: a *História Iniciática*, esta que por ser desconhecida dos historiadores profanos não deixa de ser bem real, provavelmente até mais que a usual vulgarizada nas carteiras de escola, e muitíssimo mais pensada e sentida por todos aqueles efetivamente ligados à Obra do Eterno na Face da Terra (*Teurgia*). Sendo assim, podemos adiantar que no território que hoje se chama *Portugal* havia uma montanha que era a mais elevada da quinta região ou cantão do continente da Atlântida, e que levava o nome da mesma: *Kurat*. Ora, no cataclismo que marcou o final do Período Quaternário essa Montanha de *Kurat*, por causa dos estertores sísmicos, roncando trepidamente fazendo coro com as dantescas vagas oceânicas como grito de agonia de uma Raça em estertor final, distendeu-se como uma lomba, deslizando parte para o interior da Terra através das gigantescas fendas ou feridas abertas na crosta, e uma outra parte deslizou adentrando o Mar Atlântico que a submergiu até onde estão, aproximadamente, as ilhas Canárias e de Cabo Verde. Outra parte ficou a descoberto, geologicamente interrompida subitamente onde é hoje o Cabo da Roca, este o ponto mais ocidental da Europa, também chamado da Pedra e da Serpente (*Capum Serpens*, dos antigos latinistas), portanto, a "Pedra da Serpente" ou o "Lugar Pétreo das Serpentes", melhor dito, *Hipogeo de Iniciados*, velado nas entranhas vitriólicas da Terra, bem se sabendo que a serpente é símbolo representativo do Iniciado (*Oestremya* e *Ofiusa*, termos gregos significando "serpente", como, igualmente, *Naga*, em sânscrito e *Naha*, em hebraico), do que possui desperto o Fogo Criador do Espírito Santo que o alumia física e espiritualmente para sempre.

Desse período longínquo em cuja época áurea houve uma Idade de Ouro, cuja memória subjaz ao inconsciente coletivo da Humanidade, particularmente do português como estado abstrato de *saudade*, ainda há muitos vestígios geológicos e arqueológicos dispersos por toda essa zona que foi lomba e hoje é a *Serra de Sintra*. Tal como essa Montanha atlante "espraiou-se", também o restante cantão separou-se do resto do continente ficando só uma camada ligando-o ao mesmo e que são hoje os cumes gelados da cordilheira dos Pireneus... e assim se formou a Península Ibérica, ou seja, a povoada pelos Iberos como povo remanescente ou sobrevivente do Dilúvio Universal, portanto, atlante. *Ibero* provém de *I-brah* ou "o primeiro", que como raça foi a primeira a existir aqui, e como *Brah* tem a ver com o "Primeiro

Deus", ou o Primeiro Aspecto da Divindade: *Brahma* ou o *Pai*, mais tarde identificado por Lígures e Celtas ao Povoador ou *Manu Lug* de quem, diz-se, viriam a descender os *Lusitanos*.

Com o surgimento dos *Lusitanos* ou *Lugsignan*, a parte da Península Ibérica que ocuparam veio a ser chamada pelos Romanos, que os absorveriam, mas não os dominariam nem tampouco exterminariam, de *Lux-Citânia*, "Lugar da Luz", por duas razões, uma exotérica e outra esotérica: a primeira, por haverem aqui os maiores filões de ouro e de outros metais preciosos de toda a Europa; a segunda, sendo a principal, por no centro da região litoral da Península estar situado um "Centro de Luz Vital" (*Chakra*) que atraía (e atrai) todos os povos e culturas para aí, criando um novo tipo de civilização, heterogênea nos elementos atraídos, homogênea nos elementos agregados.

Da ligação dos Celtas do norte do território com os primitivos Iberos, nasceram os *Celtíberos* que viriam a estar na gênese dos primitivos Portugueses, logo se fundindo no restante da população Lusitana do centro e parte do sul do que hoje é Portugal.

Todos nós sabemos mais ou menos dos acontecimentos que levaram à fundação de Portugal, nomeadamente o da batalha de São Mamede em que *Afonso Henriques* deu combate a sua mãe vencendo-a, e por isso não vamos adiantar-nos muito mais sobre tais fatos históricos, pois tal não é o objetivo deste estudo. Contudo, não podemos deixar de afirmar que *Afonso Henriques* mais não era que *El Rike*, o "Rei (*Rike, Rishi*) e Guerreiro Divino (*El*)", indo fundar a nação primeira de todas da Europa: *Porto-Graal*, posteriormente *Portugal*, atribuindo a sua fundação e proteção a uma Confraria Secreta Supra iniciática de quem ele era o próprio Grão-Mestre – sobre todas as outras, a Soberana *Ordem de Mariz* –, a qual manteve e mantém o ancoramento da Energia Crística configurada na Excelsa Mãe Divina nesta nossa Pátria Privilegiada daqui irradiando a todo o Continente e o Mundo, cujo "omphalo" é o próprio Templo de Cristo e Maria no Mundo dos Deuses, e cuja abóbada externa é a própria *Montanha Sagrada de Sintra*.

Sendo uma Projeção Divina como todas as outras verdadeiras Ordens da *Obra do Eterno Melkitsedek*, o *Rei do Mundo*, a *Ordem de Mariz* não está exteriorizada no plano físico profano, secular, por este estar sob a influência funesta da *Kali-Yuga* ou "Idade Sombria", afligindo todos os seres viventes sobre a Terra, mas, ainda assim, é a Mentora Secreta de quantos raros mas de nomeados Movimentos Ocultos e Iniciáticos que agiram ou agem no solo nacional e internacional. O seu Pendão de borlas douradas e brancas (cores indicativas de Cristo e Maria), ou melhor, essa última azul suave quase branco, possui no pano as duas cores básicas verde e vermelha, as quais representam respectivamente as duas Energias Cósmicas fundamentais, *Fohat* e *Kundalini*, pomo de uma Yoga muito secreta levada a efeito pelos seus Preclaros Membros mas também realizada (por ser a *Realização de Deus*) pelos Munindras da C.T.P., e, por ordem causal e não de casualidade, tais cores além de serem as da atual Bandeira Pátria, foram também as de duas Instituições exteriores que lhe montaram "Círculo de Resistência": a *Ordem de Avis* e a *Ordem de Cristo*.

Essa proteção da *Mãe Divina* à Nação Eleita por seu *Divino Filho* confirmada quando do Milagre Patrocristológico ocorrido no Campo de Ourique com o insigne Afonso Henriques (*El Rike*), tem-se feito sentir ao longo de toda a sua História; sendo que *Mariz* é *Maris* e *Maria*, será então a sua Ordem Representativa, inspiradora da fundação daquelas citadas atrás, quem posteriormente protagonizará a Missão Lusa dos Portadores da Luz de Deus "por mares nunca antes navegados", encabeçando a expansão universalista de Portugal na sua Missão de "dar novos mundos ao mundo" na realização concreta da Vontade Divina – "Deus quer, o Homem sonha, a Obra nasce"...

Portugal, como Cabeça Eleita do *Quinto Império* (o *Império do Espírito Santo* ou da *Era do Aquário*), ostenta na sua bandeira mais que sagrada as cinco quinas indicadoras do Quinto Centro Universal ou Chakra Planetário, sendo também as cinco chagas por onde correu o Sangue Real (de onde *Sang Greal*, *Saint Grial* e *Santo Graal*) de Cristo que desceu pelos veios tortuosos da Terra desde Jerusalém, espiritualmente perdida, a Sintra, divinamente achada! Por isso e muito mais ainda, este só podia ser o País do *Porto-Graal*, cujo Povo singular agrega em si, em uma miscigenação racial singular, as mais diversas etnias (celtas, lusitanos, romanos, godos, germanos, judeus, árabes, etc.) que o tornam efetivamente o *Lusus Populi* ou Povo da Luz... de Deus nesse seu Trono ou Terra Eleita – *Lux-Citânia* ou *Porto-Graal*, tanto vale.

Foi *El Rike* o Fundador da Nação, e é *El Rike,* o Navegador, o *Infante Dom Henrique*, quem estrutura e consolida as bases que levarão à expansão de Portugal, com a missão de aproximar e até fundir culturas opostas mas não antagônicas. *Unir o Oriente ao Ocidente*, eis a meta. Tendo começado tudo com os Mauritanos ou Mouros – que vão bem com a Quinta Linha *Maru*, *Maura*, *Moura* ou *Mória* subjacente aos destinos maiores da Nação – em que após a conquista de

Ceuta e buscando os sábios do Islã em uma postura verdadeiramente eclética que o levou a receber e assimilar os conhecimentos superiores árabes – matemática, astrologia, medicina, alquimia... – fundindo-os aos princípios sapienciais do Cristianismo, ele, Dom Henrique, como oitavo Mestre e Governador Geral da Ordem de Cristo, soube assumir bem a universalidade do saber oriental e ocidental e logo o aplicar no seu projeto marítimo. Portugal, ao iniciar a expansão do seu Império Temporal, traçou um entendimento amplo entre as raças, criou a miscigenação entre as raças, deu origem a novos bióticos humanos e iniciou a função para a qual todas as raças foram criadas: a de se fundirem harmonicamente originando uma só Raça Humana. Isso é a Fraternidade ou Concórdia Universal dos Povos, tanto valendo por *Sinarquia*, paradigma subjacente a toda a Gesta Henriquina e que prossegue até hoje no escol dos Maiores da Portugalidade... vazada nos Maiores da Brasilidade.

Não é por acaso que o Infante Ínclito é denominado genericamente não pelo nome próprio, *Henrique de Borgonha e Lencastre* ou *Lancaster* (*Henry de Borgogne et Lancaster*), mas unicamente *Infante Henrique de Sagres*, não só por se referir a ter criado a Escola Náutica de Sagres, onde se deu a gênese dos Descobrimentos Marítimos que de forma sublime congeminou, mas sobretudo porque as suas iniciais formam a sigla avatárica ou messiânica *I* ou *JHS*, o que suscita algumas reflexões. A sigla *JHS*, com efeito, assinala o *Governo Espiritual do Mundo*. A letra *H* ao centro representa o *Rei do Mundo*, ladeado pelas suas Colunas Vivas *J* e *S*, expressando assim a manifestação das três Energias Primordiais – *Prana – Fohat – Kundalini*, "fixadas" ou "materializadas" nas formas das três "qualidades sutis da matéria", *Satva – Rajas – Tamas*. Essa sigla é, pois, atribuída a alguns Grandes Seres que na Terra colaboraram e colaboram estreitamente com o Trabalho específico dessas Altíssimas Entidades Espirituais.

Aquela que foi a divisa do Infante Ínclito, *Talant de Bien Faire* ("Talento de Bem Criar ou Fazer"), pode então ser interpretada de forma iniciática mais objetiva, referindo-se *Talant* à Vontade de Deus, ligada ao primeiro Raio Primordial, enquanto *Bien* é o Bem, no sentido da Harmonia e do Amor ou, como diria o Professor Henrique José de Souza, "o Bem, o Bom e o Belo", estando ligado ao segundo Raio Primordial, o do Amor-Sabedoria de Deus, e finalmente *Faire*, o Fazer, a Atividade Inteligente de Deus pelo terceiro Raio Primordial. Desse modo, subentende-se a manifestação da Tríade Superior ou as três Hipóstases Divinas (*Pai, Mãe* e *Filho*) manifestadas em uma só

Pessoa: o próprio *Infante Henrique de Sagres*, o que "tem o Globo do Mundo em uma mão (*Autoritate*) e o Cetro na outra (*Potens*)", segundo Fernando Pessoa, ou seja, representando no Mundo da Manifestação o próprio Rei do Mundo. Só por "acaso", ele era na época o Grão Dirigente da Soberana *Ordem de Mariz...*

O *Infante Dom Henrique* também foi, como já se disse, Governador Geral da *Ordem de Cristo*, esta a herdeira universal dos antigos *Templários* e, consequentemente, de todos os seus segredos e também riquezas, não só materiais mas sobretudo espirituais, que iriam possibilitar a fixação das bases psicossociais da excelsa empresa dos Descobrimentos. Foi efetivamente um homem de "visão" que sabia, de fato, de onde vínhamos e para onde íamos, enquanto Nação.

Os historiadores profanos normalmente apontam várias mas simples razões para a conjectura e realização da empresa das Descobertas Marítimas: a evangelização, o comércio das especiarias e o ouro, os escravos como "mão de obra" gratuita e o poder ou domínio militar do mundo conhecido. No entanto, de uma forma simples Diogo Gomes, navegador ao serviço do Infante D. Henrique, retrata as verdadeiras razões de "desejar o Infante conhecer as regiões mais afastadas do oceano ocidental, enviando caravelas para procurar terras"... do *Preste João*, isto é, do *Rei do Mundo*.

Cinco razões mais uma são apontadas no sétimo capítulo da *Crónica dos Descobrimentos e Conquista da Guiné*, de Diogo Gomes Eanes de Zurara. São elas, resumidamente:

1ª – A vontade de saber sobre a terra que estaria para além das ilhas Canárias e do cabo Bojador, pois falava-se que para lá delas existiria uma ilha por onde já passara São Brandão, de onde o Infante ter mandado nessa direção as caravelas.

2ª – Pensando que pudessem haver povoações e portos cristãos que estivessem isolados, teria interesse em desenvolver trocas comerciais com eles, beneficiando ambas as partes.

3ª – O desejo de saber qual o verdadeiro alcance do poder dos mouros em África.

4ª – Embora há 31 anos combatesse contra os mouros e nunca tivesse encontrado rei cristão em plagas africanas, desejava saber se nessas paragens haveria príncipes cristãos que o ajudassem na conquista.

5ª – O desejo de propagar "a Fé de Nosso Senhor Jesus Cristo, e trazer a ela todas as almas que se quisessem salvar", enfim, o espírito missionário.

Os historiadores clássicos favorecem sempre uma ou outra dessas razões mas esquecendo ou ostracizando uma sexta, para nós a mais importante, nunca a referenciando na continuação do capítulo da *Crónica* onde Zurara as aponta, dizendo:

"Mas sobre essas cinco razões tenho eu a sexta, que parece que é a raiz de onde todas as outras procedem, isto é, a *inclinação das rodas celestiais*."

Esse considerando leva-nos a uma outra linha de raciocínio que pensamos ser fundamental para o entendimento da Missão dos Descobrimentos e, logo, de Portugal. A "inclinação das rodas celestiais", isto é, o posicionamento dos astros na esfera celeste, é que é sem dúvida o indicador dos acontecimentos concretos que se operam à face da Terra, pois segundo o axioma hermético da *Tábua Esmeraldina*, de Hermes Trimegisto, "o que está em cima é como o que está em baixo". Existe então uma razão astrológica, fundamento de todas as outras, esclarecendo melhor as razões do Infante que foram ditadas pelo próprio a Zurara. Nos textos que compõem a *Crónica*, são transmitidos dois segredos fundamentais: o primeiro, consubstancia um tratado de Astrologia transmitido através do relato das viagens efetuadas, associando cada um dos 12 signos do Zodíaco aos 12 trabalhos de Hércules; o segundo, o fundamental, prende-se com a intenção real que motivou o Infante a impulsionar a Gesta Lusitana pelo vasto Oceano resgatado para Portugal – *Maris Nostrum*.

Falando de Astrologia, obrigatoriamente temos de referir a misteriosa conjunção planetária de *Júpiter e Saturno*, de cujo movimento se originou a *Swástika*, simbolizando a Divindade em Ação e que esteve patente durante a manifestação, do *Infante Dom Henrique*. Essa conjunção do primeiro e sétimo planetas do nosso Sistema de Evolução Planetária (Saturno e Júpiter), tem o nome aghartino de *Asga Laxa*, o "Esplendor do Céu", cujo símbolo representa o movimento sobre e sob a Terra, ou seja, a ação do *Pramantha* no Segundo e Terceiro Tronos, no Céu e na Terra, conjugados pelo impulso do Imanifestado, o Primeiro Trono. Quando se dá essa conjunção avatárica, está presente a ação da Hierarquia Celeste (*Matra-Devas*) e da Hierarquia Terrestre (*Manasa-Putras*) junto da Humanidade, em particular juntos dos "Filhos da Luz", os *Lusos*, os *Assuras* humanos que tiveram por Grão-Mestre o próprio *Infante Henrique de Sagres*, na época, repetimos, o Supremo Dirigente da Soberana *Ordem de Mariz*.

Júpiter expressa então a Geração relativa ao Segundo Trono, ou o *Tetragramaton* como expressão ideoplástica do Homem Cósmico que é *Jehovah, Jeove, Jove* ou *Júpiter*, e *Saturno* expressa tudo quanto tem a ver com o Seio da Terra, o Terceiro Trono, advindo daí as expressões *Sabaoth, Sabath, Sábado, Saturno*, deste derivando *Saturnino*. Juntando *Júpiter e Saturno* tem-se, como foi dito, a palavra *Asga Laxa*, igualmente designando o "Senhor do Governo dos dois Mundos", o Celeste e o Terrestre, o que vale por *Melki-Tsedek* ou *Chakra-Varti*, mas que na conjunção referida é *AKBEL*, o Sexto Luzeiro em que se apoia o Quinto. Como se observa, então Júpiter domina a haste superior e Saturno a inferior da Cruz Mundanal. Pelo *Asga Laxa* tem-se também a Força Centrípeta (*Tamas – Saturno*) e a Força Centrífuga (*Satva – Júpiter*) do Universo, sendo que essas duas Energias e Consciências tomaram forma una na figura magistral do *Infante Henrique de Sagres*, a qual se bifurcou ou tornou dual por meio dos seus dois Ministros ou Colunas Vivas: *Cristóvão Colombo* (Coluna J), para a Luz Celeste (*Fohat*), e *Pedro Álvares Cabral* (Coluna B), para o Fogo Terrestre (*Kundalini*).

Conforme sabemos, a marcha das civilizações vem do Oriente para o Ocidente, acompanhando a trajetória do Sol e caracterizando o Itinerário de IO ou YO, que, em outras palavras, representa o "caminho percorrido pelo Sol", o que também é símbolo da Mônada Peregrina ou o Peregrino da Vida. Em obediência a esse trâmite, o Infante D. Henrique fundou em Sagres a sua famosa Escola de Navegação, de onde saíram bravos marujos que descobriram para o mundo as terras até então ignoradas – apesar dos Iniciados as conhecerem de há muito. Por volta do ano 1500, começaram a tomar maior vulto as grandes navegações visando à descoberta de novas terras: buscava-se o Novo Mundo, a Terra do Futuro, que o *Infante Henrique de Sagres* (*IHS*) sabia muito bem existir. Foi quando apareceram no cenário humano das grandes navegações aqueles dois nomes que se imortalizaram pelos seus feitos: *Colombo* e *Cabral*. Sendo ambos membros efetivos da Escola de Sagres, Colombo, cujo verdadeiro nome era *Salvador Gonçalves Zarco*, antecipou-se a Cabral, tocando primeiramente as terras da América do Norte com a sua esquadra. Em seguida Cabral navegou para a América do Sul, indo oficialmente redescobrir o Brasil. *Christoferens Columbus*, o "Cristo" Navegador, e *Pedro Álvares Cabral*, o "Kumara" Investigador, foram os dois grandes luminares dessa nova era, inaugurando uma época de modernismos em termos de avanços tecnológicos para o mundo de então.

Três fatos interessam-nos de perto para podermos compreender melhor a nossa História. São eles:

1º – A Ordem de Mariz, cujo Chefe era o Infante Henrique de Sagres.

2º – A Escola de Navegação de Sagres, cujo Líder era o Infante D. Henrique.

3º – A América inteiramente preparada para receber os descobridores em 1500.

É interessante notar que são sempre os mesmos Seres que tecem a trama da História: primeiro foram aparecendo em diversas épocas nas terras da América, a fim de preparar os povos autóctones para receber os descobridores e colonizadores. Em seguida, após desencarnarem tendo cumprido aí as suas missões, foram para a Europa onde tornaram a reencarnar, com a missão de fortalecer os impérios, fomentar as ciências e criar escolas de conhecimento e navegação, instigando às grandes navegações a fim de promover a descoberta das terras por eles já preparadas. Depois, revestiram-se das figuras dos descobridores: Infante Henrique de Sagres (o mesmo Quetzal-Coatl), Cristóvão Colombo e Pedro Álvares Cabral, suas Colunas ou Ministros. Após a "descoberta" de novas terras, novos continentes, aqueles Seres trataram de provocar, na Europa, revoluções e perseguições político-religiosas, a fim de, se assim se pode dizer, expulsar os elementos espúrios da mesma Europa com o intuito de irem povoar as novas terras. Povoadas estas, estabelecidos os centros indispensáveis para o seu progresso, tornava-se necessário libertar as colônias do jugo das metrópoles que as sugavam. Para isso acontecer, as Ordens Iniciáticas Secretas, sob a direção do Governo Oculto do Mundo, fomentaram, ou melhor, urdiram os planos para a decadência dos grandes impérios colonialistas e prepotentes dominando o mapa geopolítico do mundo. Assim, um, dois, três e tantos mais impérios caíram, desapareceram na sombra da História.

De maneira que, com os meios necessários para a empresa dos Descobrimentos, bastava apenas que os principais atores entrassem em cena para que se completasse o sentido último da *Missão dos Templários* e se compreendesse o verdadeiro significado do seu Tesouro. No final do século XV e no início do século XVI (assinalando as presenças augustas dos quinto e sexto Luzeiros), *Cristóvão Colombo* e *Pedro Álvares Cabral* descobriram esse Tesouro, como executores do plano secreto do Infante *Dom Henrique*, eles que eram filhos espirituais da Escola de Sagres e da Ordem Militar de Nosso Senhor Jesus

Cristo. Com a Cruz de Cristo, mas então sob a égide da Santíssima Trindade gravada nas velas das suas naus, *Cristóvão Colombo* pisou o solo de uma ilha no fim do mar ocidental e deu-lhe o nome de uma modesta vila alentejana: *Cuba*.

O tesouro material, o dinheiro, o ouro, a prata e as joias da Ordem de Cristo esgotaram-se com o tempo, mas o Tesouro espiritual, esse deposta na *Arca da Aliança*, que é dizer Taça do *Santo Graal*, manteve-se inesgotável, e encheu das maiores riquezas aqueles que o guardavam e transportavam aonde o Espírito Lusitano fosse plantar novas sementes de Civilização. O verdadeiro *Tesouro dos Templários* estava assim bem conservado, e por ele Portugal alcançou um dos objetivos principais, se não o fundamental, para a realização da sua Missão Planetária. Isso por realmente sabermos que será no continente americano que irão surgir (já estão surgindo) os biótipos humanos das futuras sexta e sétima sub-raças da presente grande quinta Raça-Mãe, a Ariana. Sendo assim, torna-se facilmente compreensível que o objetivo último dos Descobrimentos, motivo da Diáspora dos Lusos, foi o de conseguir efetivamente a convergência dos vários tipos humanos em um único espaço geográfico, falando a mesma língua, e que pelo processo de caldeação ou miscigenação racial, pudessem alcançar novas formas humanas condizentes com o futuro nível consciencial ou espiritual dum novo ciclo planetário, cujo prenúncio começou com a Gesta Henriquina e cuja consumação plena acontece agora com o Ciclo Aquariano.

Entretanto, diversas circunstâncias decorrentes da evolução do nosso Globo e do livre-arbítrio dos homens, algumas delas relativamente recentes, conduziram à necessidade daqueles dois biótipos humanos (sexta e sétima sub-raças) virem a manifestar-se no continente sul-americano, mais propriamente no Brasil, ficando a semente da sexta sub-raça na região de Mato Grosso – Roncador, norte do Brasil, ligado à América do Norte – e a semente da sétima sub-raça na região de Minas Gerais – São Lourenço, no Sul –, assim mesmo, ambas inteiramente ligadas ao próprio Brasil, ao seu Futuro imediato, seguindo uma rota iniciática que o insigne Professor *Henrique José de Souza* (o *Mestre JHS* dos Teúrgicos e Teósofos) apelidou de *Missão Y*. *Missão Y* é assim designada por ter a ver com a marcha da Civilização Humana, desde os seus primórdios, do Extremo Oriente ao Extremo Ocidente, apesar de no seu início Ariano ter se bifurcado como as duas hastes do *Y*, sendo que a haste lunar indica a transmigração do melhor da Raça Atlante para a Ariana, indo fixar-se na Meseta do Pamir, daí se deslocando para o norte da Índia e a seguir povoar toda a Ásia Maior, conduzida pelo Manu *Vaisvasvata*, enquanto a haste solar é representada por aquela Leva Humana guiada pelo Manu *Osíris*, que apareceu junto ao Eufrates, no Vale do Nilo, e se propagou seguidamente pela bacia mediterrânea (ponto axial do *Y*) juntando-se aos povos da Ásia Menor, aqui já sob a ação condutora do Manu *Ram*. A partir daí e sob a direção do Legislador *Ur-Gardan*, deu-se a Grande Marcha da Raça para o Extremo Ocidente da Europa, rumo aonde é hoje *Portugal*, e logo, durante a Proto-História, por via dos Fenícios, Cartagineses, etc., seguiram-se as Navegações Manúsicas para o Extremo Ocidente do Mundo, as Américas, indo preparar os autóctones sobreviventes ao Dilúvio Universal para receberem mais tarde os navegadores ibéricos e constituírem, todos juntos, a singular condição racial *Ibero-Ameríndia* (haste andrógina do *Y* que suporta as duas anteriores, sendo essa a inferior, ou melhor, *Aghartina*).

Posto tudo, podemos então afirmar que o *Infante Dom Henrique* encarnava um Ser de grandeza espiritual ímpar possuído do único e definido propósito de dar início às condições objetivas que possibilitassem, séculos depois, a aparição de novos tipos humanos nas Américas do Norte e do Sul. Na verdade, o Infante foi, no final da Idade Média, o primeiro Iniciador e Arauto do advento da *Era do Aquário*, da *Idade de Ouro*, do *Império do Espírito Santo*, de *Siva* ou *Avis*, anagramaticamente, e que haveria de ter na Tradição Portuguesa outros continuadores da sua Obra, como o Poeta *Luís de Camões*, o Padre *António Vieira* e ainda *Fernando Pessoa*, dentre muitos outros Arautos da mesma Tradição e Obra. O Infante também acabou por assumir uma função Manúsica, pois atuou como um *Manu*, o Iniciador de uma nova expressão física e consciencial da Família Humana, ao promover a fusão das Mônadas ibéricas, essencialmente lusitanas, com as ameríndias brasileiras.

Quanto a *Cristóvão Colombo*, "aquele que transporta a Pomba de Cristo", tão somente é o nome sacramental e não batismal, portanto simbólico, do Iniciado que foi, de vínculo profundo à Secreta e Iniciática *Ordem de Mariz*. O seu nome provém de *Columba*, a "Pomba" de todas as Iniciações, o Espírito Santo das homenagens divinas. Na verdade, *Colombo* era de origem *Aghartina* no que diz respeito à sua maternidade, pouco importando que o seu pai tivesse sido um nobre de sangue tanto português quanto castelhano, para fazer jus à "descida das Mônadas ibéricas" que deveriam formar uma Nova Civilização

Ameríndia, cuja Missão seria completada por outro personagem misterioso, também de estirpe *Aghartina*, de nome *Pedro Álvares Cabral*.

A devoção e o culto ao Divino Espírito Santo, a Maria, Mãe Divina, ou melhor, a obediência que devia à *Ordem de Mariz*, levou Colombo a conduzir a sua esquadra chefiada pela nau Santa Maria em vez de diretamente às Canárias, como previsto, ao arquipélago dos Açores, que era nem mais nem menos que o último reduto lusitano da Atlântida ibérica, aí onde estava um Posto da Milícia Mariz, às vistas de todos sem que todos suspeitassem sequer de ser esse um "formigueiro de Adeptos". Feitos os relatórios à *Ordem de Cristo* da qual ele era membro e fora "emprestado" pela mesma à corte de Aragão e Castela, abonada de provisões de novo a esquadra se fez ao largo, em uma rota só conhecida dele e dos oficiais superiores da Ordem. Após a passagem por Cabo Verde, entraram nas correntes marítimas suscitadas pelos ventos do Noroeste até que chegaram, inevitavelmente, às costas das "Índias Ocidentais", isto é, chegaram à América do Norte, em 1492. Processo idêntico aplicou Pedro Álvares Cabral para alcançar a América do Sul, navegando um pouco mais transversalmente e indo assim aportar junto ao areal de Porto Seguro, na costa brasileira da Bahia de Todos os Santos, em 1500.

O mundo ideal, espiritual, de ambos os insignes personagens incompreendidos e compensados com a ingratidão cruel do comum das gentes, o seu valor profético e teúrgico, granjearam-lhes uma feição supra-humana, pois que eles não foram somente homens audazes e navegadores intrépidos, mas sobretudo os *Jinas* ou Gênios da Inspiração da Raça em seu tempo provindos da mais que lendária impenetrável *Agharta*, por ser *Terra Santa* proibida a profanos de toda a espécie (incluindo intelectuais de simpatia espiritualista como escol social mas também, talvez pelos preconceitos envergonhados assim não se assumindo inteiramente, como "escolho espiritual"), logo estando inteiramente apartados da Obra dos Deuses, essa que é a Terra Modelo ou Paraíso Terreal, inspiradora da famosa lenda do "Ovo de Colombo".

Cristóvão Colombo e *Pedro Álvares Cabral*, ambos saídos da Escola Naval do *Infante Henrique de Sagres*, complementaram-se entre si na complementaridade da Missão única que estavam destinados a realizar. Ambos deviam as cartas e os planos que lhes permitiram ir ao Novo Mundo, aos *Templários*, ou melhor, aos seus sucessores, os *Cavaleiros de Cristo* da Escola de Sagres, mas ficando sujeitos à lei do sigilo, pelo que deveriam guardar silêncio sobre tão valiosa documentação.

Sendo assim, a Missão de *Pedro Álvares Cabral* não foi mais que um codicilo para o espiritual Testamento de Cristóvão Colombo, sendo por isso a pedra fundamental, ao raiar do século XVI (1500), do futuro e grandioso Edifício Humano. Tanto o brasão de *Colombo* como o de *Cabral* são cercados de ramos partidos do mesmo tronco, este o Tronco Divino e não Humano, *Aghartino* por excelência, por ser o "Tronco da Árvore Genealógica dos Deuses, Kabires ou Kumaras"! O fato de alguém se chamar *Pedro Álvares Cabral*, logo tomando a analogia filológica de *Cabral* com *Capris* ou *Capricórnio* e *Cumara*, e adotar por brasão vários ramos de uma árvore (a mesma "Árvore Genealógica dos Deuses") tendo abaixo, no escudo, dois cabritos, e em cima, na cúspide, um outro um pouco menor, justificando a *Trindade Kumárica* de *Pai, Mãe* e *Filho*, denota superiores conhecimentos iniciáticos, que nunca poderão chegar às mãos dos homens vulgares, por mais ilustres que sejam.

Podemos então concluir que a Missão de Portugal está assim completamente ligada, desde o seu início, ao Advento do *Império do Espírito Santo*, com o estabelecimento de justas e fraternas relações entre todos os povos e a exteriorização do Reino de Deus à Face da Terra, à manifestação entre os homens do Excelsa Entidade toda Amor e Sabedoria designada no Oriente como o Budha *Maitreya*, no Médio Oriente como *Emmanuel*, e entre nós como o *Encoberto Desejado*, o *Quinto Senhor*, o *Cristo Universal* que encabeçará a exteriorização da Hierarquia de Mestres e Iniciados sobre a Terra provinda de *Shamballah* e *Agharta*, desse Mundo Subterrâneo que, de forma mais familiar, é conhecido como o *Reino do Preste João*.

Em consonância com o que temos vindo a dizer, só podemos concluir que temos *Portugal* como Passado e Presente, e o *Brasil* como Futuro, assim justificando a apoteose da Epopeia das Descobertas em solo sul-americano. Pois se o Brasil se perfila no horizonte próximo da Humanidade como a futura Capital Espiritual do Mundo, só o virá a ser à medida que a ação catalisadora dos Portugueses promova e irradie o *Quinto Império*, para que o *Quinto Reino do Espírito Santo*, o do *Preste João* ou *Rei do Mundo*, o seja. Portugal e o Brasil são as duas conchas da Balança Mística do Segundo Logos equilibrando a *Nova Era do Aquário* que já despontou na alvorada de um Novo Mundo... falta só florescer.

A promoção desse *Quinto Império*, tão augurado e profetizado desde há longo tempo, deve então começar por cada um de nós, membros dessa Obra Divina na Face da Terra, pela "descoberta" e desenvolvimento apurado de *Budhi*, a *Intuição* como Inteligência Divina, o nosso *Cristo Interno*, através de um conhecimento pautado pelo Mental Superior e de uma devoção marcada pelo mais puro Amor. Coração e Mente unidos abrindo passagem à Voz do Silêncio, a *Filia Vocis* ou *Senzar*. Só por meio de *Budhi* conseguiremos alcançar o estado de equilíbrio permanente característico dos Homens Perfeitos, dos que fazem parte do *Novo Pramantha* ou Ciclo Universal a luzir com o Advento do *Império do Espírito Santo*, tão sábia e devotamente prognosticado por Grandes Portugueses da estirpe singular de *Agostinho da Silva*, *Fernando Pessoa*, *Padre António Vieira* e outros mais já aqui referidos que foram os seus precursores.

Que sejamos, então, a manifestação do que esses Grandes Iluminados do nosso *Porto Graal* profetizaram, e que enchamos até a borda a *Taça do Santo Graal*, para podermos saciar-nos nela e por ela nos transfigurarmos no verdadeiro Homem Universal, *Jivatmã*, assim alcançando a derradeira *Metástase Avatárica* que será a meta de todos nos Tempos vindouros já se fazendo sentir, pois esse é o nosso natural destino.

OBRAS CONSULTADAS

Monografias da Comunidade Teúrgica Portuguesa.

Vitor Manuel Adrião. *História Secreta do Brasil (Flos Sanctorum Brasiliae)*. São Paulo: Madras Editora, 2004.

Vitor Manuel Adrião, *As Forças Secretas da Civilização (Portugal, Mitos e Deuses)*. São Paulo: Madras Editora, 2003.

Henrique José de Souza. "Colombo e Cabral". Revista *Dhâranâ*, nº 110.

Alberto Pinto Gouveia. "Simbolismo dos Descobrimentos", Revista *Dhâranâ*, nº 9, Série Superação.

Roncador – Mistério que se vai dissipando, António Carlos Boin, Revista *Aquarius*, nº 22.

António Tavares "A Missão de Portugal", Revista *Graal*. António Tavares e Manuel Garrido. *O Infante Henrique de Sagres e o "Desígnio Lusíada"*. Revista *Graal*.

Capítulo XXVIII
A Sinarquia

Lisboa, 1984

Inicio este estudo, tendo estado presentes vários dirigentes políticos na hora da sua alocução pública (Lisboa, 1984), recuando ao Período Quaternário que marcou a Civilização Atlante mãe da atual, no momento em que os olhares da Humanidade enviesaram cobiçosos dos valores e posses de uns pelos outros, começando assim a perda gradual – cada vez tomando mais velocidade à medida que se precipitava na degradação psicossocial da Raça – da noção de intercomunhão das criaturas e intercâmbio de relações justas até no completo esquecimento do que fora o primitivo e universal sentido prático de *Comunidade* (de "comum+unidade", a unidade comum ou universal equivalente ao lema aghartino *At Niat Niatat*, "Um por Todos e Todos por Um"), começando assim as guerras feudais, depressa tornadas nacionais até afligir todo o continente da Atlântida, que a ferro e fogo acabou afogando-se nas fúrias atlânticas do Oceano implacável.

Não vai bem esse retrato com o panorama psicossocial dos dias atuais de um Ciclo podre e gasto, onde o vício é uma virtude e a virtude, um preconceito, cada vez mais campeando a injustiça, a ignorância e todos os males à solta dos "quatro Cavaleiros" do Apocalipse? Mas, certamente, e a História o prova abundantemente, melhores dias haverão de vir para o Mundo...

Desde então, da Queda Atlante correspondendo ao Dilúvio Universal, a atual Raça-Mãe Ária ou Ariana que lhe sobreveio tem – através dos seus mais preclaros Filhos todos pertencentes ao mais que excelso Panteão dos Deuses ou Avataras, não importa se maiores ou menores, pois que todos têm subscrito a mesma mensagem de *Con-*

córdia Universal e assim impulsionado o progresso sócio-espiritual da Humanidade – se esforçado por fazer renascer a primitiva *Comunidade ou Concórdia Universal dos Povos*, que é dizer, a *Sinarquia* que brilhou na antiga "Arcádia dos Deuses" ou Idade de Ouro (*Satya-Yuga*), sob a égide da mais ampla *Igualdade* (dos corpos, em proposição), *Fraternidade* (das almas, em tese) e *Liberdade* (dos espíritos, em princípio), esse que, aliás, foi o lema social da Maçonaria em França, no século XVIII.

Já há seis mil anos *Fo-Hi*, criador da tese da imutabilidade *Yin-Yang* pela qual explicava o Equilíbrio Universal dos Opostos (Feminino e Masculino, Matéria e Espírito, Lua e Sol, etc.), juntava e guiava o povo chinês, até então disperso em tribos e clãs, para as planícies férteis junto do Rio Amarelo, ensinando-o, baseado nessa sua tese filosófica, a viver em harmonia com a Natureza e, consequentemente, consigo mesmo, o que ele chamava de *Tao*.

Por sua vez *Orfeu*, "Aquele que cura pela Luz", iniciou a Grécia, em um período de grande instabilidade social e religiosa, no culto a Apolo, o Verbo Solar, portanto, de cariz absolutamente evolutivo, ao mesmo tempo que estabelecia os fundamentos do Tribunal dos Anfitriões a quem a Grécia deve a sua unidade nacional até hoje.

Zarathustra ("Estrela de Ouro" ou "Esplendor do Sol", nascido em Bactriana ou em Rhagés, não se tem a certeza, perto da atual capital do Irã, Teerã, talvez 1000 a.C.), na Pérsia, Fundador e Legislador (de onde, *Manu*) da doutrina monoteísta do Fogo Primordial ou Mazdeísmo (também conhecida por Magismo, Parsismo, Zoroastrismo ou "Culto do Fogo de Ormuz" ou Ahura Mazda, "A Luz das Luzes"), inculcou fundo na mente do seu povo Arya a noção importantíssima de "a união fazer a força", conseguindo criar a unidade nacional de características *sinárquicas*. Desenvolveu a agricultura das terras ensinando o método tradicional de melhor as trabalhar para que dessem colheitas fartas, pelo que inventou novas alfaias agrícolas. Aos sábios do seu Colégio dos Magos revelou a doutrina astrosófica dos Espíritos Planetários (*Kabires*, sendo os mesmos *Kumaras* hindustânicos) e os segredos da Agricultura Celeste (*Alquimia*).

Todos seguiram e reconheceram a superioridade incontestável de *Zarathustra* ou *Zoroastro* ("Zero-Astro" indicativo do próprio *Sol Central*, o oitavo Espiritual do Sistema de Evolução). Isso em conformidade com o que já afirmava há 5 mil anos *Krishna* a Arjuna: "Quando um homem nobre faz alguma coisa, os outros o imitam; o exemplo que ele dá, é seguido pelo povo" (*Bhagavad-Gïta*, cap. 3, vers. 21).

Em concordância com Krishna, *Lao-Tsé*, "Velho Mestre" da China milenar, expôs na sua obra *Tao-Te-King*, o "Livro da Via e da Virtude", no versículo 58: "Quando o governante é indulgente, o povo permanece puro. Quando o governante é intransigente, o povo torna-se transgressor". Foi essa a razão que levou *Confúcio* (551-479 a.C.) a opor-se à exploração socioeconômica exercida despoticamente pelos senhores feudais da China do seu tempo e a procurar instituir um modelo de governação justa em moldes *sinárquicos*.

Voltando ainda à Grécia, no século IV a.C., *Pitágoras*, "Espírito Vidente", fundou na colina de Crotona a sua "Escola Pitagórica", admitindo indistintamente alunos de todas as classes sociais e raciais como exemplo vivo do que lhes pretendia incutir: o princípio da *fraternidade universal*. De maneira semelhante procedeu o Iluminado *Platão* na sua Academia de Atenas, resumindo-se nesta frase capital toda a sua política sinárquica: "Eu sou cidadão do Universo e procuro viver como bom cidadão universal".

Na Idade Média europeia, o espírito de entrega do *Franciscanismo* cristão identificava-se pleno com o espírito de adoração do *Sufismo* islâmico, e já a *Ordem dos Cavaleiros Pobres de Cristo e do Templo de Salomão* (vulgo *Ordem dos Templários*) tentara fundar a *Sinarquia Europeia*, ou melhor, *Transeuropeia* unindo os dois hemisférios do Mundo em uma verdadeira Conquista Espiritual, apesar da tentativa ter gorado no plano das realizações imediatas.

Esse pequeno e muitíssimo resumido historial destina-se a provar aos atuais e céticos filodoxos, "amigos da opinião", que a extraordinária *República* de Platão não é um caso literário utópico isolado, antes um fato efetivado e comprovado em numerosos períodos da História e que foi a alavanca charneira do progresso avante da Civilização Humana.

E, acaso, teriam sido os Grandes Pensadores da Humanidade simples e vácuos utopistas visionários? Se assim é, então por que os seus ensinamentos são ministrados nas cadeiras de filosofia e sociologia do sistema acadêmico vigente? Será que é este um sistema vácuo, utopista e visionário? Talvez... E mesmo os maiores nomes da ciência positivista – antes, da pedante por "motus próprio" ciência dialética – como Galileu, Descartes, Einstein, etc., que acreditaram a seu modo na *Sinarquia*, também seriam eles utopistas visionários?

Ademais, quem acaso nunca sonhou é porque acaso estará morto. A utopia de hoje poderá muito ser a realidade vivida por todos amanhã, como já aconteceu no passado. Sobre isso, Koot Hoomi Lal Sing, um dos Preclaros Adeptos Vivos da Grande Fraternidade Branca, deixou escrito no final do século XIX: "A 'Fraternidade Universal' não é uma expressão vazia. A Humanidade, no seu todo, tem sobre nós direitos supremos. É o único fundamento sólido da moralidade universal. Se é um sonho, pelo menos é um nobre sonho para o Gênero Humano e é a aspiração do *verdadeiro Adepto*".

Tem-se ainda obras literárias de alto e meritoso valor sobre o tema, decerto utópico no presente mas não se torná-lo realidade no futuro próximo pelo trabalho esforçado de um e de todos, como sejam, dentre muitíssimas outras nas quais figuram Hipódamo, contemporâneo de Aristóteles, Saint-Yves d'Alveydre, Rudolf Steiner, René Guénon e mesmo Gerard Encausse, o famoso Papus: *A Utopia*, de Thomas Morus, *A Cidade do Sol*, de Campanella, *A Nova Atlântida*, de Francis Bacon, e até a *Raça Futura*, de Bulwer Lytton, não esquecendo a obra monumental de Henrique José de Souza, *A Verdadeira Iniciação*.

Falo de *Sinarquia* definindo-a como fundamentada em princípios universais em que se inscreve o Homem, considerado não nesse ou naquele aspecto particular, não nessa ou naquela dimensão parcial, como a dimensão socioeconômica, por exemplo, mas na sua totalidade, como um ser integral, expressão e síntese da Lei Orgânica da Vida em uma Coletividade ou Sociedade justa e perfeita, harmonizada ou conformada a essa mesma Lei da Vida.

É aqui, pois, que o ideal da Utopia se concretiza, o de uma *República* governada por Filósofos. Convém entender o termo *filósofo* no seu sentido original, não como "amigo do saber", dos vários saberes, mas como *Filho da Sabedoria*, em uma palavra, do Conhecimento Supremo, dirigindo, conformado aos ritmos da Lei da Natureza, o Homem individual como microcosmos da Sociedade grupal, o seu macrocosmos, o que se revela da maneira seguinte:

O HOMEM	A SOCIEDADE	A NATUREZA
O Homem em si mesmo	A Sociedade em si mesma	A Natureza em si mesma
O Homem na Sociedade	A Sociedade no Homem	A Natureza no Homem
O Homem na Natureza	A Sociedade na Natureza	A Natureza na Sociedade

Ou

O Bom no Bom	O Bem no Bem	O Belo no Belo
O Bom no Bem	O Bem no Bom	O Belo no Bom
O Bom no Belo	O Bem no Belo	O Belo no Bem

Esses princípios estão interligados porque existe uma inter-relação permanente entre eles, pois onde um aspecto predomina os outros também existem como subsidiários, indo demonstrar que um povo, sendo uma coletividade, é um ser coletivo vivo, dotado de auto-consciência, cuja ação política do governo sobre ele não pode permanecer abstrata sem o perigo de dissolução. Na medida em que os sistemas político-sociais não souberam, até hoje, firmar-se em uma filosofia científica conformada às estruturas biológicas das sinergias grupais, mas tão só em concepções arbitrárias, fragmentadas e fragmentárias, afirmam-se, por consequência, como sistemas políticos de constituição anárquica, onde a injustiça e a imperfeição encontram campo livre para se impor. À ordem social orgânica do Reino de Agharta impõe-se a desordem sistemática dos regimes da face da Terra. No fundo, trata-se da problemática do binômio Autoridade Espiritual – Poder Temporal por não se saber quais os espaços da sua exclusividade para que, efetivamente, sejam legítimos e não se corra o risco de cair em qualquer espécie de prepotência ditatorial, seja religiosa, seja laica, seja, o que é o mais comum, religiosa e laica ao mesmo tempo.

Exposta dessa maneira, repara-se de imediato que a ideia político-social de *Sinarquia* absolutamente nada tem a ver com quaisquer expressões partidárias, pois que é um estado de consciência social, coletivo, eubiótico ou conformado ao "bem viver" com o Todo e o Tudo autointegrados harmonicamente um no outro, sob a égide de um governo único eleito pelo reconhecimento unânime da sua superioridade interior e capacidade exterior, capacitado a manter a ordem e a harmonia universal com justiça e perfeição. Por isso a palavra *sinarquia* tem a sua raiz nos fonemas gregos *sun+arkhe*, isto é, "com princípio" ou ordem justa e perfeita, o que vale por *Concórdia Universal*.

Consequentemente, todas as tentativas espúrias de fundar "partidos sinárquicos" (a "Sinarquia do Império", francesa; o "Verdeamarelismo", brasileiro; o "Imperialismo Lusitano", português, etc.), iniciativa começada nos finais do século XIX (1872), geralmente com posteriores influências xenófobas e nacionalistas tanto fascistas como nazistas, falangistas, vichyistas ou salazaristas só puderam redundar em fracasso absoluto, como é um absoluto logro interpretar *sinarquia* como derivado do grego *sun+arkhein*, ou seja, "com comando", autoridade absoluta exercida por um único indivíduo, "com comando" ou "braço de ferro" implacável, por dedicação ao poder pelo poder, que é a argamassa de qualquer ditador, grande ou pequeno, pouco importa.

Como tudo o que existe exteriorizado ao Homem está igualmente interiorizado nele, assim também o seu *Theotrim*, o seu "Deus Trino", se manifesta no Mundo das Formas por meio do Pensamento, do Sentimento e da Vontade. De fato, como diz com muita propriedade o Professor Adhemar Ramos, o *Pensar*, o *Sentir* e o *Querer* são as três forças que a Humanidade utiliza constantemente, mas que no comum das gentes estão completamente baralhadas, de tal forma que se conclui:

Quando *pensamos* que *sentimos* estamos *querendo*.
Quando *sentimos* que *queremos* estamos *pensando*.
Quando *queremos* que *pensamos* estamos *sentindo*.

Dessa maneira, tais forças psicomotoras do Homem coletivo que é a Sociedade se autoenfraquecem. Para a aplicação correta da inteligência emocional ou psicomental, o primeiro trabalho a ser feito será separar tais forças para que sejam controladas e potencializadas. Sim, porque ao manifestarem Deus na Terra ou Corpo têm a sua origem no mesmo Deus no Céu ou Espírito, sendo a Alma o cabalístico *Vau*, Vale ou Palco cênico da Evolução, singular e plural. De onde se tem:

Espírito	Inteligência	Pensar	Cultura.. Metástase e Templo.
Alma	Emoção	Sentir	Caráter.. Superação e Teatro.
Corpo	Vontade	Querer	Trabalho..Transformação e Escola.

Isso está em conformidade com Projeto Sinárquico do Professor Henrique José de Souza sintetizado nestas suas poucas palavras:

A Teosofia é um plano universal de Evolução que segue três caminhos, desenvolvendo:
– A Inteligência pela Instrução;
– A Emoção pela Educação;
– E a Vontade pelo Trabalho.
Reconstruir! É o brado que nos compete!
Sim, reconstruir o Homem, o pensamento, a moral, os costumes; reconstruir o lar, a escola, o caráter, para que o cérebro se transmude ao lado do coração. Só assim a Humanidade se tornará digna do estado de consciência que é exigido pela Nova Civilização.

O Discípulo verdadeiro só realizará integralmente a sua "Sinarquia Interior", individual, atingindo positivamente a exterior, social, coletiva, quando unir o Céu com a Terra em si mesmo e assim se iluminar espiritualmente, por via da dinâmica positiva ou evolucional do

Pensar e *sentir* é *querer*... o *Bem*.
Sentir e *querer* é *pensar*... o *Bom*.
Querer e *pensar* é *sentir*... o *Belo*.

A *Sinarquia* resulta do melhor da *Monarquia* e do melhor da *República*, esta que, como *Respública*, "Coisa ou Causa Pública", já é uma "Sinarquia exotérica", no dizer do Professor Henrique José de Souza, e como "Respública Cristianíssima" consignava-se a Monarquia Lusitana no seu auge (séculos XII-XV), diferenciando a *Autoritas* da *Potens*, antecipando assim em centenas de anos o republicanismo jacobino francês. Por seu lado, Montesquieu afirmou que o princípio da Monarquia era a Honra, enquanto o da República seria a Virtude.

A Monarquia oferece várias formas de governo, como seja:

MONARQUIA:
- Absoluta
  - Teocrática
  - Aristocrática
  - Constitucional
- Liberal

A República com a sua dinâmica política, trepidação ao ritmo sociológico, constante mudança de valores e maiores oportunidades para muitos participarem do governo, embala melhor as esperanças de todos em dias mais prósperos e venturosos. Tudo isso é também consentâneo com a época agitada que se vive, a indocilidade geral das gerações atuais, a mudança de ciclo e os avanços da ciência.

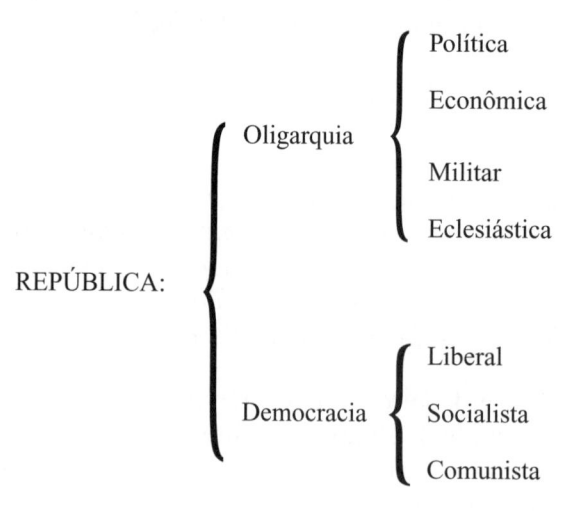

REPÚBLICA:
- Oligarquia
  - Política
  - Econômica
  - Militar
  - Eclesiástica
- Democracia
  - Liberal
  - Socialista
  - Comunista

Tanto a Monarquia como a República exprimem em seu *corpus* o Poder Nacional característico da independência e autogestão de qualquer país, estando organizado da maneira seguinte:

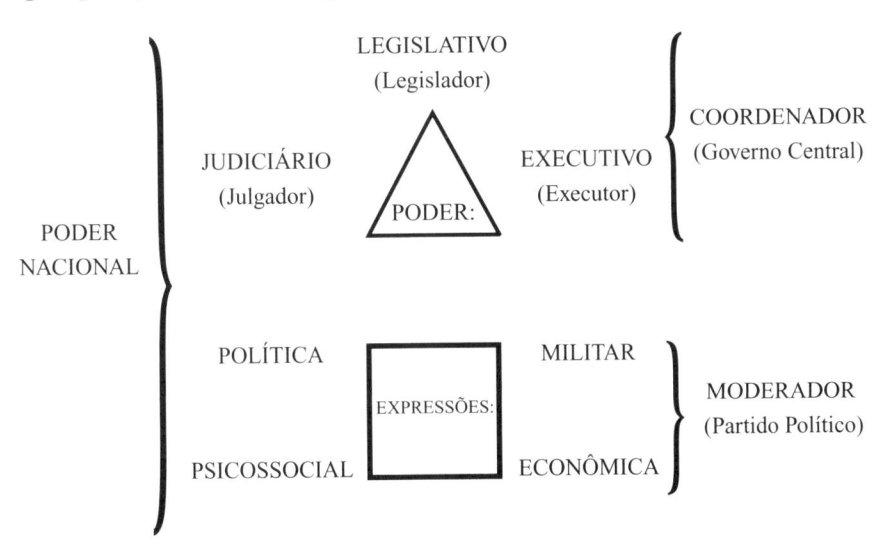

PODER NACIONAL
- PODER:
  - LEGISLATIVO (Legislador)
  - JUDICIÁRIO (Julgador)
  - EXECUTIVO (Executor)
  - COORDENADOR (Governo Central)
- EXPRESSÕES:
  - POLÍTICA
  - MILITAR
  - PSICOSSOCIAL
  - ECONÔMICA
  - MODERADOR (Partido Político)

Poder Nacional cujo ideal é a sua elevação global, por reconhecimento unânime de todos os povos para que se crie uma Sociedade Humana Justa e Perfeita, a:

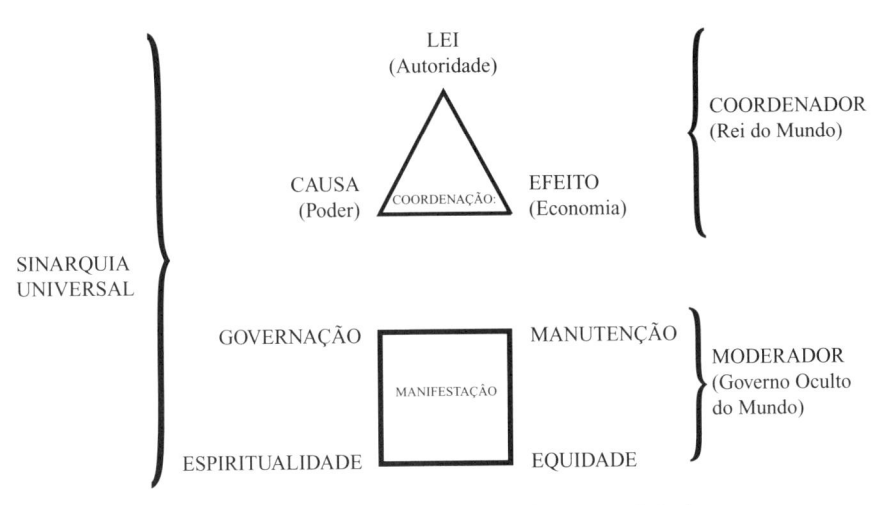

SINARQUIA UNIVERSAL
- COORDENAÇÃO:
  - LEI (Autoridade)
  - CAUSA (Poder)
  - EFEITO (Economia)
  - COORDENADOR (Rei do Mundo)
- MANIFESTAÇÃO:
  - GOVERNAÇÃO
  - MANUTENÇÃO
  - ESPIRITUALIDADE
  - EQUIDADE
  - MODERADOR (Governo Oculto do Mundo)

A Sinarquia funciona com os três poderes sociais juntos, em uma simbiose harmónica que não se tem revelado nos sistemas monárquico e republicano. Tais poderes são a Economia, o Poder e a Autoridade.

Reúna-se toda a riqueza de um povo com todos os seus meios de ação (agricultura, pesca, comércio, indústria, etc.) e obter-se-á o *ventre* desse país, constituindo a fonte da sua *economia*.

Reúna-se em um povo todo o exército, todos os magistrados, e ter-se-á o *peito* desse país, constituindo a fonte do seu *poder*.

Reúna-se em um povo todos os professores, todos os sábios, todos os membros de todos os cultos, todos os escritores e artistas, e obter-se-á a *cabeça* desse país, constituindo a fonte da sua *autoridade*.

Pois bem, relacionando esses três poderes sociais com as funções do organismo humano, que acontece quando o cérebro recusa dar satisfação às reclamações do estômago? O estômago fará sofrer o cérebro e o organismo acabará por morrer. O mesmo acontece em um país: os governados farão sofrer os governadores e a nação perecerá.

De maneira que qualquer sistema social que não siga analogamente a evolução natural não passa de uma desilusão constante. Tanto assim é que na fisiologia da Sociedade coletiva como na do Homem individual, existe uma corrente dupla que a anima:

1ª – Corrente dos governantes para os governados, análoga à corrente do sistema nervoso ganglionário para os órgãos viscerais;

2ª – Corrente reacional dos governados para os governantes, análoga à corrente das funções viscerais para as funções nervosas.

Os poderes *Docente, Jurídico* e *Econômico* constituem a segunda corrente. A primeira é formada pelos poderes *Legislativo, Judiciário* e *Executivo*. Tais são os dois pólos, os dois pratos da Balança Sinárquica.

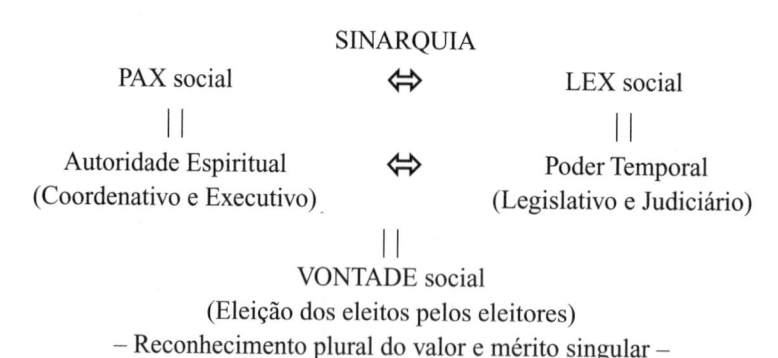

SINARQUIA

PAX social ⇔ LEX social

|| ||

Autoridade Espiritual ⇔ Poder Temporal
(Coordenativo e Executivo) (Legislativo e Judiciário)

||

VONTADE social
(Eleição dos eleitos pelos eleitores)
– Reconhecimento plural do valor e mérito singular –

Essa expressão orgânica da Política Universal na sua pureza máxima, posta ao serviço da Lei e da Grei dos homens por Deus, a caminho da integração na Harmonia Universal, tem a sua origem no próprio Governo Oculto do Mundo, conforme o esquema seguinte:

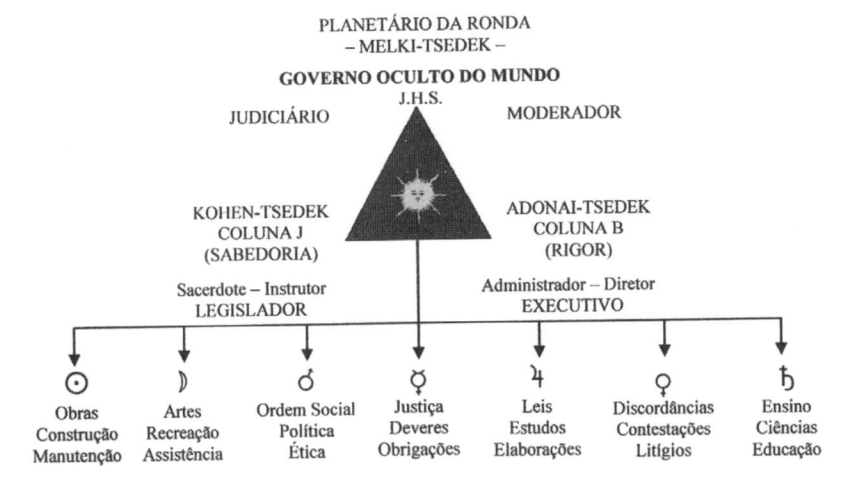

```
                PLANETÁRIO DA RONDA
                   – MELKI-TSEDEK –
               GOVERNO OCULTO DO MUNDO
                         J.H.S.
      JUDICIÁRIO                        MODERADOR


         KOHEN-TSEDEK              ADONAI-TSEDEK
           COLUNA J                   COLUNA B
          (SABEDORIA)                  (RIGOR)

       Sacerdote – Instrutor      Administrador – Diretor
           LEGISLADOR                  EXECUTIVO
```

☉	☽	♂	☿	♃	♀	♄
Obras	Artes	Ordem Social	Justiça	Leis	Discordâncias	Ensino
Construção	Recreação	Política	Deveres	Estudos	Contestações	Ciências
Manutenção	Assistência	Ética	Obrigações	Elaborações	Litígios	Educação

Enquanto esse primado não for fundado, a Humanidade exterior prosseguirá criando utopias enquanto persegue os seus ideais. Mas em Agharta os Filósofos, os Grandes Iniciados, de há muito que vêm realizando objetivamente a Utopia. E à medida que a Utopia transcende a contingência das instituições humanas exteriores, em mutação permanente, ela opõe a Sinarquia à Anarquia.

Como já foi dito, desde o início desta *quinta Raça-Mãe Ariana* que a sua implantação à escala planetária foi tentada várias vezes. Falando de *Ariana*, não estou referindo um biótipo particular germanista, não, antes a todas as sub-raças que compõem esta Raça-Mãe e que são:

1ª – A ÁRIA-HINDU, que atravessou em vagas sucessivas a cordilheira dos Himalaias, instalando-se no norte da Índia. O Legislador ou *Manu* dessa sub-raça foi RAM ou RAMA, o "Inspirado da Paz".

2ª – A BABILÔNICA-ASSÍRIO-CALDAICA, que se estabeleceu na Arábia, no Egito e no sul da África, tendo por *Manu* MOISÉS.

3ª – A PARSE ou IRANIANA, a qual acabou fundando o grande Império Persa que abarcou a Mesopotâmia chegando a dominar toda a Ásia Ocidental, sob a Legislação de ZOROASTRO.

4ª – A CÉLTICA-GRECO-LATINA, guiada por ORFEU, em sua marcha para o Oeste; fixou-se durante muito tempo nas montanhas do Cáucaso, das quais depois desceu para o Sul, para formar os povos Bretão, Grego e Latino em geral.

5ª – A TEUTÔNICA (TEUTO-ANGLO-SAXÔNICA). ODIN faz descer os anglo-saxões, depois de se terem detido com a sub-raça anterior nas montanhas do Cáucaso, as encostas destas estabelecendo-se na

Europa Central, dando origem aos Eslavos, Polacos, Teutões, Escandinavos e demais povos nórdicos.

Uma sub-raça aparece estando as anteriores ainda em função e o seu destaque deve-se ao seu maior desenvolvimento consciencial, logo, predominando sobre as demais. Pois essas descritas são as sub-raças arianas já manifestadas e formadas. Para que a atual Raça-Mãe fique completa, restam ainda formar-se as sexta e sétima sub-raças, portadoras das consciências Intuicional e Espiritual que se manifestam juntas, de onde esses tipos raciais futuros serem também conhecidos como *Raça-Gêmea*, tal qual a natureza *Luso-Brasileira* que já hoje concorre para a sua eclosão plena, dando início à *Raça Cristina*, *Crística* ou *Dourada*.

"Dourada" por causa do tom da pele, de branca se tornando cor de bronze, dourada, e não com qualquer sentido xenófobo mais ou menos encapotado. Foi isso mesmo que ouvi do Professor Henrique José de Souza, em uma gravação oral sua datada de 1962.

Portanto, *Sinarquia* é a harmonia social disciplinada, hierárquica de todos os poderes sinergéticos da sociedade, de todas as forças sociais construtivas tendo por meta um fim comum por meio de uma orientação previamente definida: a *Felicidade Humana*. A sua forma de governação política rege-se e funciona em conformidade com os ritmos naturais da Lei Orgânica da Vida, não parcial mas integralmente, como já acontece no *Império Universal de Agharta* sob a coordenação do Supremo Pontífice Soberano: *Melkitsedek*, o Imperador do Mundo.

O mecanismo do metabolismo sinergético das linhas de forças da estrutura psíquica da Terra, a sua Alma, emotivada por ações e reações de todos os Reinos da Natureza com potência conformada ao seu grau de evolução, individualização e auto-determinação, principalmente do Gênero Humano e Supra-Humano, predetermina, predispõe e até dá o sentido de presciência e premonição subconsciente aos dirigentes dos grupos humanos e, directa ou indirectamente, aos respectivos governos, daquilo que mais convém à predestinação dos seus povos, no conjunto, toda a Humanidade.

O anseio de um Governo Único do Mundo que faça prevalecer para sempre a Felicidade no seio dos seres viventes, é o caso típico dessa aspiração comum ao exterior já antes inspirada ao interior de um e de todos.

O altruísmo gera o Amor Universal, e com ele, a confraternização dos povos, a compreensão e a tolerância mútuas, a unidade da Ordem, e com Sabedoria – a Sabedoria Iniciática das Idades – a Humanidade terá sobre a Terra um estado de permanente Felicidade.

As sínteses sociológicas, as sínteses políticas, as sínteses idiomáticas e culturais geram e fortalecem as sínteses religiosas, as sínteses teológicas, diga-se assim, a Síntese Evolutiva Iniciática de toda a Humanidade. Essa foi a previsão de JHS, Mestre Vivo em toda a sua existência sendo intimorato paladino da *Pax Universal*.

Com isso

Um por Todos e Todos por Um!
Tudo pela Sinarquia, nada pela Anarquia!

OBRAS CONSULTADAS

Comunidade Teúrgica Portuguesa, apostilas dos Graus *Karuna* (Judiciário) e *Astaroth* (Coordenador).

Carlos Lucas de Souza. *O Raiar de um Novo Mundo*. Brasília, junho de 1968.

Lupércio Gonçalves e Aulus Ronald Cirillo. *A Doutrina da Escola Superior de Guerra à luz das Leis e Princípios Universais*. São Paulo: Edição dos autores, 1978.

Vários autores. *Os Grandes Iluminados*. 2ª edição, Rio de Janeiro: Aquarius Fundo Editorial, s/d.

Roberto Lucíola. "Sinarquia". Caderno *Fiat Lux,* nº 22, São Lourenço (MG), fevereiro 2000.

Paulo Albernaz. *A Grande Maiá – A Realização*. Prefácio e um poema na contracapa por Vitor Manuel Adrião. São Paulo, 2003.

Wladimir Ballesteros. *Missão Terra – Revelações*. São Paulo: Princípio Editora, 2007.

Papus. *O Ocultismo*. Lisboa: Edições 70, 1986.

René Guénon. *Autorité Spirituelle et Pouvoir Temporel*. Guy Trédaniel. Paris: Éditions Véga, 1984.

Saint Yves d´Alveydre. *Missão dos Judeus*, dois tomos. Paris: Edições Tradicionais, 1985.

Capítulo XXIX

Encruzilhada do Momento Atual: El Rike ou *Herr* Hitler?

Lisboa, Maio de 2005

Em maio de 2005, passaram 60 anos sobre a queda do regime nazista. Em homenagem a todas as vítimas desse momento tenebroso do século XX – sempre teimando na tentativa aqui e acolá de repetir-se – dedico este estudo que vai bem com o momento atual.

Na altura de 2005, fazia um ano exato que estava eu folheando um livro na Avenida Angélica, em São Paulo, Brasil, e o conteúdo do mesmo, assaz perturbador e atual, impeliu-me então (2004) a escrever este estudo, que me parece ir bem com o momento atual porque passa a Humanidade em plena encruzilhada da sua existência, tendo dois caminhos ante si: o da Evolução e o da Involução.

Como não acredito no retrocesso do Gênero Humano à animalidade pura e simples, logo não perfilho, como partidário da Evolução, dos ideais sinistros das Forças da Involução, bem preferindo o esclarecimento e a concórdia a quaisquer tipos de conflitos e derramamentos de sangue, desde já, dou por ponto assente a minha posição de Sinarquista e Teósofo, consequentemente, Teúrgico. Muito mais porque sei de perto o quanto a presença do Mal pode influenciar as mentes e os corações com os argumentos mais argutos em que a Verdade se parece, mas não é. Já agora, o livro era o seguinte: *Sol Negro (Cultos Arianos, Nazismo Esotérico e Políticas de Identidade)*, por Nicholas Goodrick-Clarke.

Como a Madras Editora, que lançou esse livro, teve a prudência editorial de antecipar o aviso ao leitor de que se distanciava de "quaisquer práticas racistas e movimentos de segregação", e como o seu autor é um escritor britânico que investigou esse campo, mas isentando-se dos ideais do mesmo, essas são razões exclusivas para dar aqui o título da obra. Em contrário, nunca o faria.

Assim como há uma Grande Loja Branca igualmente há uma Grande Loja Negra, ambas com ramificações estendendo-se a todo o planeta, aquela inspirando um Ocultismo Branco e esta infundindo um Ocultismo Negro. Ambas acreditando nos mesmos princípios, mas de formas diferentes, e logo lhes dando sentidos opostos. Também ambas têm uma influência tremenda sobre a Humanidade, como se a dividissem em duas partes iguais nessa Hora Intercíclica (Maio de 2005). Qual delas vencerá, eis a questão!

De há muito que conheço as políticas segregacionistas de identidade, justificadas por "o meu país é o melhor em todo e qualquer sentido, logo não precisa de ninguém, antes todos precisam dele para que os governe". Isso vale por imposição xenófoba e isolacionista do patrioteiro "orgulhosamente sós" de que Portugal ainda arrasta as consequências de quase meio século de absolutismo dentro de si e isolacionismo fora de si, ou seja, politicamente *tamásico* ou "centrípeto" tanto interior como exteriormente. Foi essa "autossuficiência" ultraprovinciana que fez o país regredir socialmente, apesar de sonhar-se superior aos demais, por vezes usando, para justificar os atos políticos, da mística imperialista do Sebastianismo "Vermelho" ou reacionário, destoando largamente do Sebastianismo "Branco" ou Iniciático, este mesmo o de Vieira e de Pessoa, infelizmente tão mal lidos e pior interpretados hoje em dia em certos setores da sociedade, nomeadamente os mais jovens sonhando e desejando o antigo "eldorado" do Estado Novo que, verdade se diga, nunca souberam o que realmente foi, porque nunca o viveram. Assim, inconscientes, atiram-se nos braços de uma política ultradireitista, sonhada "monárquica ou templária", mas que nada mais é que a política social eclesiástica encapotada, essa mesma "jesuítica que estende o capacho para, logo após, puxá-lo debaixo dos pés", como vi fazer algumas vezes com a maior desfaçatez e, pior ainda, quando se acreditava "estar fazendo um bem".

Pois sim, graças a Deus que as gerações mais jovens de hoje desconhecem o que foi viver em tal período no qual, por exemplo, ser apanhado a ler um simples livro teosófico valia um "sarilho dos diabos" com as autoridades policiais. Mas e a liberdade de expressão? Não havia. E a igualdade de direitos? Impensável. E o respeito religioso? Só o único e exclusivo católico apostólico romano. Tudo o mais, segregado, reprimido, presidiado... Enfim, graças a Deus que as gerações novas, mais evoluídas social e economicamente, em que a muitos hoje seria impensável alguma vez faltar o pão na mesa ou não receber a mesada semanal mesmo nada tendo produzido para usufruírem desses merecimentos, dizia, graças a Deus que não conheceram esses tempos difíceis até para um simples teósofo, que, após denunciado, teria o destino certo das prisões políticas de Caxias, de Peniche ou do Tarrafal, como aconteceu em Portugal com vários dos primeiros discípulos coevos do Professor Henrique José de Souza. Os que não foram presos, foi porque conseguiram fugir para o desterro de longos anos longe da Pátria amada. E são esses jovens de classe média, nada sabendo da vida real senão teorias e preconceitos próprios de quem nunca sofreu privações, os frutos apetecidos pelas forças sinistras que lhes invadem a alma e corrompem os sentidos.

Assim os vejo nos desvairos que vez por outra ainda praticam em Sintra, falando de coisas que ouviram da minha boca ou leram da minha pena mas que usam como patrimônio intelectual exclusivamente seu, assim desfavorecendo a Verdade, mas certamente esquecendo ou ignorando que tudo quanto eu profira de doutrina iniciática só tem sentido à luz da Obra Divina do Excelso Akbel (Sintra e os seus lugares consignados pela nossa Tradição desde a primeira hora, Graal, Mariz, Retiros Privados dos Adeptos, etc.). Não sendo dessa mesma Obra nunca se saberá mais que aquilo que eu possa promanar publicamente, e assim se comportam como aquele que usa o emblema do Benfica mas é adepto do Sporting, mesmo torcendo pelo Porto, ou seja, não são coisa alguma, e o mais que fazem é plagiar com maior ou menor arte, consoante as oportunidades lhes apareçam, sempre ao sabor da fantasia e decerto com interesses só os próprios sabendo quais! Antanho, em minha infância, brincava com os meninos da minha rua de "cowboys"; hoje, vejo os meninos sem casa nem rua brincarem aos magos e ocultistas, impelidos por adultos bem sinistros. Também os vejo nos partidos políticos, extremistas e segregacionistas, indo atrás de líderes os mais radicais possíveis apregoando os *slogans* satânicos do "dividir para reinar" e "não importam os meios desde que se alcancem os fins".

Nada disso é Espiritualidade, nada disso é Verdade, nada disso é EL RIKE! Mas tudo isso é... *HERR* HITLER!

Vez por outra e em conformidade ao acúmulo do Karma Grupal (ou seja, a Lei de Ação e Reação, ou Causa e Efeito da Coletividade), manifesta-se na face da Terra um conjunto ou "enxame" de Mônadas destinadas a consumarem esse mesmo Karma da forma mais dolorosa. Tratam-se de almas no limiar da perdição absoluta dotadas de grande poder e carisma mas destituídas de algum amor e piedade ao seu próximo, à Humanidade. Em pouco tempo tornam-se "tulkus" ou expressões imediatas dos tenebrosos *Nirmanakayas Negros*, e à sua volta reúnem vasta plêiade de intelectuais cuja característica maior é a sua larga dialética e retórica... fria e impiedosa. São a guarda avançada das Forças do Mal sobre a Terra. O penúltimo "enxame" Monádico desse gênero que a Terra testemunhou e sofreu teve à dianteira Adolf Hitler, Josef Stalin, Benito Mussolini, Franco e Salazar, etc. Hoje, no término do Interregno Cíclico, temos novo enxame de fúrias opressoras e segregacionistas estrategicamente colocadas à frente dos principais países do Mundo. A sua missão é levar ao esgotamento definitivo do Karma Planetário e, acredito, com esse esgotamento irá desaparecer para sempre da face da Terra a presença das Forças do Mal. Portanto e como dizia Jesus, "o escândalo é preciso, mas... ai por quem ele vier". Quero com isso dizer que nenhum dos atuais líderes mundiais favoráveis à divisão e opressão do Gênero Humano irá terminar bem... o Futuro imediato provará as minhas palavras.

Na "Política de Identidade", Portugal e o Brasil inserem-se em um Plano Sinárquico estabelecido pela Grande Fraternidade Branca em conformidade ao Desígnio do Logos Planetário para esse Novo Ciclo de Evolução ou, por outras palavras, *Novus Phalux* ou *Novo Pramantha a Luzir*. Esse mesmo Projeto Sinárquico, que já em seu tempo a Ordem dos Templários executou, apesar do fracasso final, não visa a dissolução das fronteiras geopolíticas, o que é impossível a curto e médio prazo pelos fatores da língua e cultura que caracterizam cada povo, mas antes a união, a *Concórdia Universal dos Povos*. Isso é *Sinarquia*. O seu lema: "Unir para Reinar"!

Portanto, mesmo que Portugal–Brasil ocupem a cumeeira dos interesses imediatos da Grande Fraternidade Branca por estarem conformados ao atual estágio evolutivo por que passa o Gênero Humano

(Portugal para o quinto estado de Consciência, o Mental Superior, e o Brasil para o oitavo, *Vibhuti* ou o despertar da Consciência Divina), igualmente todos os países do Mundo, todos os povos, são do interesse supremo dos Irmãos Maiores da Humanidade que a protegem e dirigem, contrariando sempre os projetos das forças sinistras apostadas na sua exterminação, não sem antes a reduzir à escravidão nabalesca.

Exemplo flagrante disso está naquelas palavras escritas em 1987 pelo ultrarracista e nazista, porque adepto do ideal hitleriano, Ben Klassen (1919-1993), ucraniano naturalizado norte-americano, fundador de um movimento de segregação racial nesse país: "Neste mundo único (...) nós nos preparamos para a guerra total contra os judeus e o resto das malditas raças de lama no mundo – política, militar, financeira, moral e religiosamente... Consideramos isso uma guerra santa até ao fim – uma guerra santa racial. É INEVITÁVEL. É a Solução Final e Única. Agora, somos nós ou eles. Este planeta é, de hoje em diante, todo nosso e será o único *habitat* de nossa futura progênie para todo o sempre".

Quão longe e opostas são essas palavras, inspiradas no *Mein Kampf,* de Hitler, daquelas outras da sublime Helena Petrovna Blavatsky e que constituem o primeiro objetivo da Sociedade Teosófica: "Formar um núcleo de Fraternidade Universal na Humanidade, sem distinção de raça, credo, sexo, casta ou cor".

Essas palavras viriam a estar presentes no Programa Sinárquico da *Comunidade Teúrgica Portuguesa* e, já antes, da *Sociedade Teosófica Brasileira*. A mais-valia da Política, para os Teúrgicos e Teósofos, tal como a mais-valia da Religião para os mesmos, estão no sentido de trabalharem por uma Nova Renascença Sinárquica ou de Concórdia Universal dos Povos, tal como pela Religião Universal, a Religião-Sabedoria, a mesma *Teosofia* cuja prática sempre foi e é *Teurgia*, e se o lema social desta é "Querer, Saber, Ousar, Calar", também poderia ser aquela do Iniciado de Benares, Índia: "Satya Nasti Paro Dharma", ou seja: *Não há religião superior à Verdade*! Por seu turno, o Professor Henrique José de Souza proclamou "RECONSTRUIR! É o brado que nos compete!

Sim, reconstruir o homem, o lar, a escola, o caráter, para que o cérebro se transmude ao lado do coração. No mais, um só idioma, um só padrão monetário e uma só Verdade, que é a Teosofia, como Sabedoria Iniciática das Idades. Só assim a Humanidade se tornará digna do estado de consciência que é exigido pela Nova Civilização."

Em oposição a JHS levantou-se a tríade "Flagelo de Deus" como reencarnação de outros e antigos flageladores da Humanidade, irmãos infiéis da Lei Suprema que a tudo e a todos rege: Hitler (Átila), Mussolini (Tamerlão), Stalin (Gengis Khan). Com os seus sistemas totalitários de governo, eles dividiram o Mundo em socialismo e capitalismo e desencadearam a Segunda Guerra Mundial, como prolongamento da Primeira. Esses três "Flagelos de Deus", segundo o Professor Henrique J. Souza, usaram e abusaram do direito de destruição do Ciclo a favor do que agora urge, como aconteceu com Átila, Tamerlão e Genghis Khan. Hitler perdeu a guerra na Rússia, quando da quarta Cidade Aghartina subiram 777 Seres com a missão de pôr fim a um conflito que já extravasava largamente os limites impostos pela Lei Kármica.

Sobre o assunto, proferiu o Engenheiro António Castaño Ferreira em 1º de setembro de1948:

"Há três Egrégoras que têm papel cíclico de destruição, ligadas a manifestações do quarto Logos (Planetário) em etapas da História em que a Lei exige destruições. São mantidas em certas regiões para esses ciclos. Tamerlão, Átila e Gengis Khan são manifestações dessas Egrégoras que tomaram forma humana. Os três foram profundamente cultos. Essas manifestações somente agem dentro da Lei do Equilíbrio Universal, pois à menor ação corresponde sempre uma reação. A última manifestação de Tamerlão foi Mussolini, a de Átila foi Hitler e de Gengis Khan foi Stalin. Os três deveriam implantar regimes diferentes e se manterem unidos e harmônicos para em 1956 (data do Julgamento Cíclico da Humanidade) combaterem, unidos, o Mundo inteiro (dando consumação ao Karma Planetário, e logo depois serem resgatados ou retirados do palco terreno pelas Forças Serápicas de Agharta). As forças da Magia Negra, porém, que sempre interferem, arrastaram Mussolini e Hitler. Mussolini tinha um sósia que o substituía sempre: era um Adepto Negro. Somente Edda Mussolini sabia disso. Na Baviera, adormecido em um caixão, estava um ser pavoroso: era o quarto Nirmanakaya Negro que governava Hitler. Stalin tinha um sósia: um médico tibetano. Foi este que conseguiu fazer com que ele se mantivesse no caminho (isto é, não continuasse o projeto de Hitler em conquistar o Mundo). Mussolini fez um avatara em Molotov, e não se admirem se Hitler (antes, o seu Nirmanakaya Negro) também estiver na Rússia! O que está no Plano da Lei é realizado. As três Egrégoras são Látegos da Lei. Virão como cumprimento da Lei. Ódios, paixões, ambições dão vida à Egrégora do Mal. O Adepto (da

Boa Lei) não cria nem Bem nem Mal: é cumpridor da Lei transcendente, acima do transitório. A Egrégora da Obra está em Shamballah."

Falando sobre os três irmãos malditos e amaldiçoados, afirmou o Venerável Mestre JHS: "Todos os três caíram, mas outros se levantarão em pedaços. Uma Obra restará no Mundo: a nossa". É o que acontece hoje: os "pedaços corruptos" levando à solução final do esgotamento kármico planetário e a consequente instauração do Reinado do Espírito Santo sobre a Terra, e isso com a vinda para as ocidentais plagas, em 1963 (como antecipadamente anunciara o mesmo JHS), das três "Bênçãos de Deus": Akdorge – Akadir – Kadir, os Três Reis do Oriente finalmente entronizados no Ocidente.

"... E os Três Cavaleiros, montados nos seus lindos cavalos alados, um branco, o de Akdorge, um castanho, o de Akadir, e outro negro, o de Kadir, eles contemplarão as angústias do Mundo, como o Quinto (Luzeiro) contemplou, vendo os destroços de uma Civilização que deveria ser a sua... e em má hora sonegou."

Temos aí os Três Cavaleiros Alados (porque etéreos, como expressões de ainda mais altas Potências) representantes das três grandes naturezas objetivadas – as anteriores três Raças-Mães – e das três grandes naturezas por objetivar – as posteriores Raças-Mães. O cavalo negro representa a Raça Lemuriana e está para a Raça Ariana; o castanho, a Raça Atlante (castanho aproxima-se do marrom avermelhado, e "vermelhos" eram os Atlantes) cuja "oitava superior" é a sexta Raça-Mãe Bimânica (*Budhi+Manas*); e o branco, a Raça Ariana (composta de sete Sub-Raças, onde se inclui a SEMITA, que assim é também Ariana ou "Pura", completamente fora da conscientemente tendenciosa má tradução nazista, sim, porque Ariano significa "Filho de Áries ou Marte", o Sol da Terra, logo, toda a Raça Humana atual é Ariana, e não só um tipo eslavo específico como pretenderam os hediondos idealistas do *Reich* do Mal) cujo modelo é a sétima Raça-Mãe Atabimânica (*Atma+Budhi+Manas*), quando a Tríade Superior ou Mônada Divina estará manifestada integralmente no Homem.

"Mas (diz ainda JHS) aí estão os Três Reis Magos do Oriente em busca do Ocidente, para renovar as consciências e firmar os alicerces da Nova Era. E então, novamente se diz, embora que em sentido mais amplo: "Em verdade, em verdade vos digo que amanhã (um futuro próximo) estaremos todos juntos ao redor do Trono Celeste. Esse Trono não é senão o do Avatara, o do Redentor do Mundo no presente Ciclo. Até lá, muitas coisas terão acontecido. Os homens enlouquecerão e morrerão, agarrados às suas religiões, aos seus credos políticos, à sua ciência materialista, aos seus próprios destinos kármicos..."

Esses "Três Reis solicitadores do Ciclo" vieram acionar o Karma Planetário pela afirmação da Lei Justa e Perfeita, *Dharma,* a fim de efetivar a limpeza do Ciclo para a implantação final da Sinarquia Universal, pois que todos os sistemas de governação, como todos veem, mostram-se completamente falidos ante o problema magno da Felicidade Humana. A limpeza ou purificação kármica vem sendo realizada através da guerra, da fome, da miséria, da doença e logo da Natureza revoltada. Se o Homem não quis evoluir pelo Amor, resta-lhe evoluir pela Dor! Os "Reis solicitadores do Ciclo" projetam a sua influência em vários seres na face da Terra: religiosos, políticos, militares, autoridades em geral e qualquer outra entidade que a Lei exija servi-La. Eles se incumbem de realizar a necessária depuração kármica dos seus respectivos povos, afetando os vizinhos, mas sendo, muitas vezes, quando abusam dos poderes que lhes foram confiados, eles mesmos aniquilados. Previne JHS: "Não esquecer que a Lei, na sua origem, é uma, mas os homens a podem fazer outra".

"Porta aberta aos Três Reis pelo Arcano 16", canta a estrofe da *Exaltação ao Graal.* O Arcano 16 é a "Rebeldia Celeste" que desfecha na "Ruína do Trono", nesse caso, o trono de todos os dirigentes humanos, de todos os sistemas político-religiosos vigentes. Os Três Reis vieram por causa da Ira de Deus (*Dies Irae*), por imperar entre os homens *Adharma*, a Lei injusta e imperfeita, e *Avidhya*, a Ignorância das coisas divinas. Nesse Arcano Aghartino, um Deva gesticula com uma espada e faz apagar todo o quadro à sua frente. É a ideia do *Destruens et Construens*, a preparação do terreno social para a Nova Semeadura, a Nova Era, a Nova Jerusalém... no Ocidente.

Dessa maneira, encontra-se a dicotomia EL RIKE–HERR HITLER nas Tríades Luminosa e Sombria primordiais ante os destinos imediatos do Mundo, em plena encruzilhada do Passado – Futuro na Hora Presente:

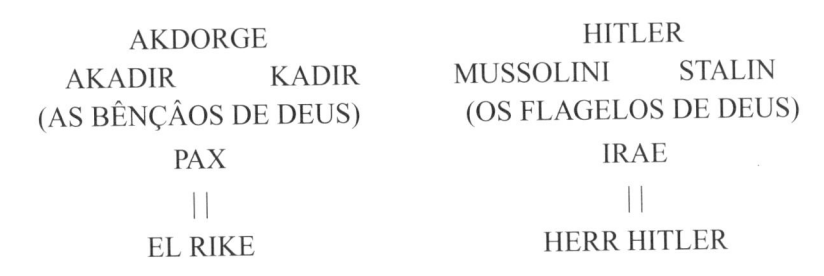

AKDORGE		HITLER	
AKADIR	KADIR	MUSSOLINI	STALIN
(AS BÊNÇÂOS DE DEUS)		(OS FLAGELOS DE DEUS)	
PAX		IRAE	
||		||	
EL RIKE		HERR HITLER	

Como se não bastasse, a dita "Arianosofia", integrada ao Ocultismo Negro, foi toda ela copiada e completamente pervertida dos maiores paradigmas do Pensamento Tradicional dos séculos XIX-XX, que ficaram com os seus nomes injustamente associados aos horrores de um *Reich* ou Reino de Trevas. Refiro-me a Helena P. Blavatsky, Richard Wagner, Rudolf Steiner, René Guénon e outros nomes mais usurpados e vilipendiados pela vilania das Forças das Trevas.

O Ocultismo Negro postula exatamente o mesmo que o Ocultismo Branco. Só os motivos e as direções é que são opostos. Por exemplo, enquanto nós afirmamos a existência de um Reino Interno sob a Terra, eles acreditam no mesmo Reino Interno (sob os nomes, usurpados aos *Eddas* nórdicos, de *Valhala* – SHAMBALLAH – e *Asgardi* – AGHARTA) mas sobre a Terra, o mesmo que os nazis procuraram adentrar em vários pontos do Globo (Antártida, Tibete, Montségur, etc.), inclusive em Portugal, tentando arrombar debalde, à força de dinamite, uma pretensa "porta jina" nas cercanias da cidade de Tomar, antiga Casa-Mãe ibérica da Ordem dos Templários.

Isso leva-me a afirmar, com conhecimento direto de causa, que a Fraternidade Negra conhece e muito bem as entradas para os Mundos Jinas. Só não sabe como franqueá-las e, não sabendo, usa de mil e um artifícios sempre redundando em tragédias de que a História é farta. Adentrar os Mundos Jinas não é tão fácil como andar de "metropolitano". Exige muito mais... responsabilidade, conscientização, pureza de atos, emoções e pensamentos de maneira a ser novamente "criança", saber calar contra tudo e todos, mesmo que sofra os maiores e mais injustos vilipêndios e, até, acaso lhe possa custar a vida. Quantos há assim? Raríssimos. E fantasistas mais ou menos carismáticos? Campeiam. Serei eu também um "guru" ou "adepto jina"? Farei parte do rol desses últimos? A resposta é simples e direta: não tenho tempo nem saúde para brincadeiras tipo *"new age bien rose"*. Faço o que tenho a fazer em prol da Obra do Eterno na Face da Terra, e é quanto me basta nesta vida. Ponto assente.

Os esoteristas negros, antes, satânicos hitlerianos, até uma Ordem Negra fundaram, decalcando o seu *corpus* da antiga Instituição Teutônica de Santa Maria dos Alemães, mas aqui, em vez de venerarem a Mãe Divina, prestavam culto ao Chefe máximo da Loja Negra: *Baal-Babu*.

Antes de dizer alguma coisa mais, devo esclarecer como se ordenam e manifestam hierarquicamente as Linhas Branca e Negra, neste momento crítico por que atravessa o Gênero Humano e as nóveis gerações entendam que a feitura do seu destino, bom ou mau, depende inteiramente delas mesmas.

A Linha Branca constitui-se de sete *Nirmanakayas Brancos* principais, *Choans*, cujo Chefe máximo é BAAL-BEY (aspecto superior de *Júpiter*), e cada um deles com sete Discípulos principais, os *Ashekas*, por sua vez cada um destes com 12 Subaspectos ou *Arhats*, os quais se manifestam por multivariadas formas humanas e sociais a favor da Evolução verdadeira dos Povos, logo, impondo a Sinarquia à Anarquia.

A Linha Negra dispõe-se de sete *Nirmanakayas Negros* principais, Adeptos das Trevas, cujo Chefe máximo é BAAL-BABU (aspecto inferior de *Saturno*), cada um com sete Discípulos sinistros, os *Rakshasas* ou verdadeiros Magos Negros, e cada um destes com 12 Subaspectos ou *Dad-Dugpas*, como feiticeiros e animistas, os quais se manifestam por multivariadas formas humanas e sociais, todas elas inversas da Evolução verdadeira, logo, a favor da Anarquia contra a Sinarquia.

Devo dizer alguma coisa sobre a questão controversa e melindrosa *Ordem Teutônica – Herr Hitler – III Reich*. Começo por citar um trecho, que a muitos passou desapercebido, do livro *Hitler m'a dit* ("Hitler ditou-me"), e que na edição portuguesa se encontra na página 232, capítulo XXXVI, intitulado "Magia Negra e Magia Branca":

"Um dia em que o *Führer* estava bem disposto, certa senhora espiritualista (e não *espirituosa*, da má tradução que se fez para o português, o que não seria possível... diante dos seus próprios conselhos) das suas relações, arriscou-se a dar-lhe um conselho: – Meu *Führer*, *não se entregue à Magia Negra. Hoje ainda pode escolher entre a Magia Branca e a Magia Negra.* Mas se acaso o *Führer* se decidir pela Magia Negra, *nunca mais sairá do seu destino*. Não escolha a perigosa via do sucesso rápido e fácil. *Ainda pode seguir o caminho que leva ao império dos espíritos puros. Não se deixe desviar desse bom caminho por criaturas do lodo*, que lhe roubam a força criadora."

Tal senhora (desconfio que tenha sido Cosima, a viúva do compositor Richard Wagner, falecida três anos antes dos nazis tomarem o poder na Alemanha), procurando a sua amizade, insinuando-se quanto lhe foi possível até chegar ao precioso momento de dizer ao *Führer* semelhantes palavras, verdadeiros conselhos de um Adepto Real (se é que ela aí estava, por sua vez, a conselho de algum... de quem era, talvez, discípula), nada adiantaram. Responde, com a maior clareza, o próprio símbolo por ele já adotado, antes, roubado e pervertido de sua posição original, tal qual se faz nas *missas negras* que são perversões ou inversões das *missas brancas*, desde as palavras às posturas e aos símbolos: a *Sovástica* (ou *Sowástika*, em pali) e não a *Suástica* (ou *Swástika*, em pali), esta a Cruz Solar de *Ram* simbólica do Fogo

Celeste, *Fohat*, e da Evolução. A outra, feita símbolo nefasto do Fogo Terrestre ou *Kundalini* desperto precoce e caoticamente, logo signo de Involução, como desde sempre afirmaram Jainos e Budistas no Oriente, e Teúrgicos e Teósofos no Ocidente, a par de Rosacruzes e Maçons esclarecidos. Não sei mesmo porque razão muitas pessoas ilustradas, a própria imprensa, continuam teimando em não distinguir uma cruz da outra, isto é, a *Swástika* da *Sowástika*. Sirva isso, ao menos, de um protesto em nome da Razão, ou da Cultura, se se o quiser, a quem faz jus a tão privilegiado Povo como é o *Luso-Brasileiro*.

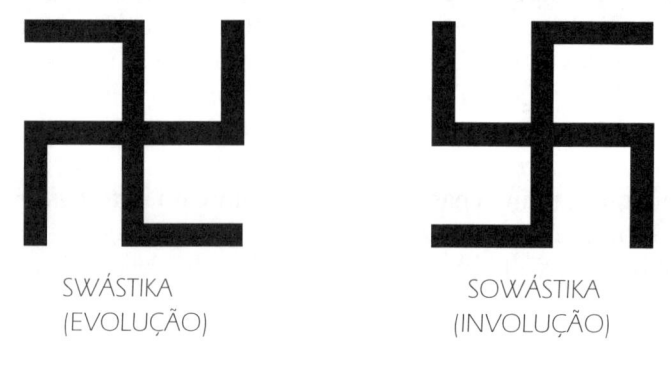

SWÁSTIKA (EVOLUÇÃO)   SOWÁSTIKA (INVOLUÇÃO)

Muita razão tinha Helena Petrovna Blavatsky em afirmar que "entre a mão direita e a mão esquerda, separa-as um tênue fio de teia de aranha". Sim, entre uma e outra Magias... De certo modo, pode agora compreender-se o motivo pelo qual os privilégios humanos e espirituais se passaram, bruscamente, de um país para outro em relação ao Movimento Espiritual que se processa no Extremo Ocidente da Europa, *Portugal*, e no Extremo Ocidente do Mundo, o *Brasil*.

Ademais, não era com aleijões e neuropatas de toda a espécie, prejudicados pela guerra, com famintos e pobres seres esqueléticos que perambulavam pelas ruas das cidades devastadas pelos combates, a começar pela Alemanha, que se "poderia firmar uma nova raça, fosse em que parte fosse da Terra". Fala bem alto a nova decisão desesperada do *Reich*, já com a chancelaria de Berlim cercada pelas forças aliadas, em relação às mulheres alemãs, inclusive as casadas, "de se entregarem aos soldados" (isto é, aos "degenerados da mesma guerra"), para que a tal "nova raça" não desaparecesse. Mas, respeitável leitor, de que valem os filhos, os rebentos, os produtos de semelhante união ilícita e mais que imoral? Respondam os simpáticos à guerra e às suas consequências funestas, seja ela em que tempo for...

Algo que vem confirmar o que disse anteriormente é a seguinte passagem do mesmo livro citado, encontrada no capítulo "A criação do super-homem", na página 225 e seguinte:

"O homem novo vive a nosso lado. Está ali! – exclamou Hitler triunfalmente – Não lhe basta isso? *Vou dizer-lhe um segredo. Vi o homem novo. É intrépido e cruel. Senti medo diante dele.*

Ao pronunciar essas palavras singulares, *Hitler vibrava e tremia de êxase ardente* (todo o mago negro, sabe-se, é um *epilético*... e de epilepsia, juntamente com a "doença de Parkinson", Hitler sofria). Recordei-me de uma passagem do nosso poeta alemão Stefan George – *A visão de Maximin*. Acaso Hitler teria tido também a sua visão?..."

Razão porque muito antes da II Guerra Mundial (1939-1945) lhe dedicou um templo, em *Berchesgaden*, onde procurava, além do mais, ouvir os seus conselhos, nesse castelo possuidor de tal templo improvisado (com todas as regras da Baixa Magia). Em plena Guerra, quantas vezes ele partia de repente, para só voltar um ou dois dias depois? Ia ouvir o seu amo ou senhor... um títere, um boneco maquinado, uma espécie de *Frankenstein* por sua vez criado por um *Nirmanakaya Negro*: *Baal-Babu*, o quarto sendo o primeiro por ter a ver com a chefia de todo o Mal nesta quarta Ronda Terrestre, fruto maldito das almas perdidas da quarta Raça-Mãe Atlante.

Quem apoiava externamente as avatarizações sinistras de *Baal-Babu a Hitler*? O próprio "grão-sacerdote" Dietrich Eckhart, iniciador externo do *Führer* como o decano principal do Ocultismo Negro do Reich ou "Império" das Trevas em plena zona gástrica do "corpo" da Europa, a Alemanha. Curioso e significativo, do ponto de vista oculto, as avatarizações sinistras darem-se pelo plexo solar, na região gástrica do corpo humano, como acontece com quaisquer tipos de "incorporações" mediúnicas, umas e outras inteiramente desfavoráveis à evolução verdadeira do Ser e da Raça.

Hitler é, pois, a síntese perfeita do final dum ciclo racial, como Átila também o foi. Ele mesmo, o tal "super-homem" – como *eunuco* da Guerra anterior (1914-1918) assinalado pelos estilhaços de uma granada, e por isso carecia insaciável da presença próxima do sexo feminino, cujo olhar mas não contato físico o alimentava vitalmente, "mau-olhado" esse que levou quase todas as "mulheres de Hitler" ao suicídio, com destaque para Eva Braun, que como falsa Eva incorporou a antítese completa da verdadeira Eva, ADAMITA como "Primeira Mãe" do Gênero Humano – das suas visões macabras, era formado com os pedaços desses pobres aleijões da guerra que provocou e dos milhões de vítimas que a mesma espalhou por quase todo o Globo. Por isso mesmo, forma caótica do verdadeiro Super-Homem ou Adepto Espiritual que já então se desenvolvia ou processava em plagas Luso-Brasileiras, mesmo que secretamente nesses "Formigueiros de Adeptos" que constituem a *Maçonaria Universal Construtiva dos Três Mundos*, ou seja a dos *Traixus-Marutas*, a verdadeira por ser a original de *Agharta*. Mas não podia deixar de ser assim, pois onde está a Luz, está a Sombra; onde se encontra o Bem, manifesta-se o Mal, a Mentira para a Verdade e assim por diante, na dicotomia das coisas irreais e reais como decerto é fácil observar por qualquer um.

Esse Super-Homem ou Homem Perfeito como Adepto Verdadeiro todo ele composto – matematicamente a medida divina – "Vida-Consciência" (em hindustânico, *Jivatmã* ou *Jivamukta*), assim o configura Fernando Pessoa, em palavras completamente opostas às de Hitler, no seu *Ultimatum* pelo heterônimo Álvaro de Campos (in *Portugal Futurista*, Lisboa, 1917):

Proclamo a vinda de uma Humanidade matemática e perfeita!

O Super-Homem será, não o mais forte, mas o mais completo.

O Super-Homem será, não o mais duro, mas o mais complexo.

O Super-Homem será, não o mais livre, mas o mais harmônico.

Proclamo isto bem alto e bem no auge, na barra do Tejo, de costas para a Europa, braços erguidos, fitando o Atlântico e saudando abstratamente o Infinito!

O mesmo Fernando Pessoa ("Associações Secretas, "*Diário de Lisboa*", 4 de fevereiro de 1935) ao sair a terreno em defesa da Maçonaria Tradicional contra o projeto de lei proposto pelo deputado conservador José Cabral, não deixou passar a oportunidade de se referir às perseguições implacáveis à mesma Maçonaria por Mussolini e Hitler (assim como por Primo de Rivera em Espanha e Oliveira Salazar em Portugal) por ela ser completamente avessa, pelo seu cimento ou princípio e normas (*landmarks*), a quaisquer formas absolutistas de ditadura:

"Mussolini procedeu contra a Maçonaria, isto é, contra o Grande Oriente de Itália mais ou menos nos termos pagãos do sr. José Cabral. Não sei se perseguiu muita gente, nem me importa saber. O que sei, de ciência certa, é que o Grande Oriente de Itália é um daqueles mortos que continuam de perfeita saúde. Mantém-se, concentra-se, tem-se depurado, e lá está à espera. O camartelo do *Duce* pode destruir o edifício do comunismo italiano; não tem força para abater colunas simbólicas, vazadas em um metal que procede da Alquimia.

Hitler, depois de se ter apoiado nas três Grandes Lojas cristãs da Prússia, procedeu segundo o seu admirável costume ariano de morder a mão de quem lhe dera de comer. Deixou em paz as outras Grandes Lojas – as que não o tinham apoiado nem eram cristãs – e, por intermédio de um tal Goering, intimou aquelas três a dissolverem-se. Elas disseram que sim – aos Goerings diz-se sempre que sim – e continuaram a existir. Por coincidência, foi depois de se tomar essa medida que começaram a surgir cisões e outras dificuldades dentro do partido nazista. A história, como o sr. José Cabral deve saber, tem muitas dessas coincidências."

A saga dessa triste herança hitleriana deixada há mais de meio século arrasta-se até hoje, pois bem se vê atualmente não faltarem por todo o Globo prosélitos ou simpatizantes de tais ideias completamente avessas ao Progresso verdadeiro do Gênero Humano, além do mais, por o número de ignorantes no Mundo ser bem maior que o dos verdadeiros sábios... e ademais porque tais doutrinas são tentadoras, nem todos sabem recusá-las, mesmo que depois tenham de chorar lágrimas de sangue, como já vem chorando número vultuoso de criaturas! Pobres criaturas, enganadas por promessas vãs de liberdade, de fartura e domínio sobre os seus semelhantes em Humanidade por uns quaisquer ditadores sanguinários, autossuficientes, exclusivistas e xenófobos, como se veem, e com fartura libertina, hoje em dia! O Caminho da Verdadeira Iniciação, o da *Sabedoria Divina*, jamais promete coisas impossíveis de realizar, enganadoras, mas antes as régias ou reais por terem a ver com a *Realização* verdadeira do próprio Homem através dos seus próprios esforços e méritos, e por provirem do Rei dos Reis – *Melki-Tsedek* – ou o *Imperador Universal*.

Sim, é a Hora de um Novo Ciclo, de uma Nova Era portadora de melhores dias para o Mundo, à medida que todos nós contribuirmos para isso. Desgraçadamente, bem se sabe pela vivência e consequente experiência diária, tal Obra Magna – *Opus Magnus* – exige sacrifícios de toda a espécie, e assim – de acordo com o "faz por ti que Eu te ajudarei" – bem poucos a têm querido seguir, muito menos se esforçado em cumprir... sim, além do mais porque "muitos serão os chamados e poucos os escolhidos". Fazer parte destes últimos é a nossa meta suprema nesta vida transitória, em que só valem os valores que nos acompanharão além-túmulo, o nosso destino último e fatalmente certo: os do *Bem*, do *Bom* e do *Belo*.

E que ele, Hitler, por sua vez desejava formar uma "*Ordem universal* de origem germânica" *com todos os mentecaptos desse ciclo agonizante*, servindo-se dos *mitos nórdicos*, isto é, do Passado remoto, Involução portanto, aos quais tão bem e também se ajustaram e ajustam os fanáticos autistas, por muita cultura teórica que possuam mas nenhuma experiência de Vida que se traduz em Sabedoria vivida, conquistada ou arrancada com sangue, suor e lágrimas ao *athanor* enrubescido das experiências diárias, que são a maior *Riqueza*, sejam ou não dolorosas... e, na sua sandice, geralmente nem se apercebem das suas contradições palmares, não raro em menos de uma ou duas horas, quando não de uma frase para a outra, dizia, está visto por meio de um "novo segredo" que ele, Hitler, tinha para Hermann Rausohning, autor de *Hitler m'a dit* ("Hitler ditou-me", na página 261 e seguinte desse livro, no capítulo intitulado "Revelações sobre a doutrina secreta"):

"– Vou confiar-lhe um segredo: *fundo uma Ordem*.

Essa ideia de Hitler *já era minha conhecida*. O seu autor era (Alfred) Rosenberg (sobre essa 'novidade', de fato – direi agora eu, em consonância com o que dizia o Professor Henrique José de Souza – na época atual a originalidade desapareceu: não se faz outra coisa senão copiar as ideias alheias e, ainda por cima, não raro, denegrir e tentar arremessar ao ostracismo o autor original vitimado, sendo os que agem dessa maneira espúria, cruel e desonesta algo assim como folhas secas arrastadas pela impetuosidade de uma cachoeira: a cachoeira desse mesmo ciclo em franca decadência prestes a desaparecer). Pelo menos, da boca de Rosenberg a ouvi pela primeira vez. Rosenberg pronunciara, para número restrito de assistentes, uma conferência no salão de Marienburg, no antigo *Castelo dos Cavaleiros Teutônicos*. Recordando os acontecimentos históricos da grande época dos Cavaleiros, traçava um paralelo entre a sua ação na Prússia e o programa do Nacional-Socialismo, e sugeria que a *Ordem poderia ser reconstituída*. Um escol de valentes, que seriam ao mesmo tempo administradores hábeis (viu-se) e sacerdotes, que *resguardassem ciosamente uma doutrina secreta* oculta ao mundo profano (poderiam ser todas menos a da Verdadeira Sabedoria Iniciática das Idades, direi eu absolutamente convicto face às atitudes que se viram... e se veem ainda, desgraçadamente, tanto em Portugal como no Brasil e demais pontos 'quentes' do Globo); a hierarquia daqueles monges-soldados, os seus métodos de governo, a sua disciplina – *tudo isso poderia ser restaurado* e servir de exemplo".

Quando o mesmo Hitler se manifestou a respeito da nova religião (nova para ele, mas velhíssima, ultrapassada para a História da Evolução Humana) que desejava instituir no mundo, diversas e enormes rochas começaram a despenhar-se na Floresta Negra (da personalidade, desencontrada com a individualidade espiritual no Homem), o *Junfrau* dos *Eddas* ou escrituras sagradas nórdicas. Algo assim como se os deuses estivessem revoltados contra ele, apedrejando-o!

Nem todos podem manusear livros de Cavalaria antiga, pois tomam as coisas ao vivo e começam a matar, a destruir a torto e a direito, para um dia, eles mesmos, compreenderem que tudo não passava de um sonho, ou antes, de terem criado um maldito pesadelo.

Decerto nós, teúrgicos, teósofos e demais espiritualistas e humanistas de escol, não seremos desses criadores de pesadelos malditos, mas criadores de *realidades diáfanas* que se fazem dos sonhos benditos. Assim, benditos seremos nos pensamentos e vozes dos nossos futuros em conformidade à boa Sementeira que lançamos agora à Terra inteira para que a Colheita seja rica em frutos... sim, os Frutos benéficos de uma Nova Era plena de Paz e Prosperidade para o Mundo! Pois, *Lutemos pelo Dever*!

Um correspondente carioca, portanto brasileiro, pressuposto confrade nessa Obra Divina, escreveu-me há dias colocando várias e inquietantes questões que, todas elas, estão inteiramente relacionadas ao tema agora em estudo. Estão resumidas no trecho seguinte da sua carta: "Sobre Hitler. Sabemos que ele foi um *Nirmanakaya Negro* e que veio com a função ceifadora de mão de *Yama*, mas como ficamos quando a derrocada do Nacional-Socialismo alemão permitiu a ascensão e o domínio judaico do Sionismo Internacional? Não é essa situação de domínio econômico (e perversão dos sistemas de comunicação), perversão mundial pior do que seria a condição econômica e social com a vitória de Hitler? Os famosos "sete dias" em que JHS determinou (na sua função de Akbel) o afastamento de Hitler do seu "mestre" não foram perniciosos para o Mundo, a contar com essa ascensão judaica e consequente consecução dos 'Protocolos dos Sábios de Sião'?"

Ao ilustre e pressuposto confrade do Rio de Janeiro, parecendo-me preocupado com algum e íntimo "problema existencialista" que não fica bem com a sua pressuposta condição de médico, respondi nos termos seguintes:

"Postas as suas questões pertinentes, bem melindrosas pela controvérsia que geram na turbulência dos dias que vivemos, dou-lhe as devidas respostas.

O Venerável Mestre JHS previu no *Livro do Akasha* que compõe a ambiência do *Mundo de Duat*, qual seja uma *Biblioteca Planetária*, o que viria a ser o Mundo atual, neste Interregno Cíclico que irá um pouco mais além de 2005, digamos, até aos inícios de 2017, quando inicia o ciclo da Lua. Previu, interferiu e pouco depois estacou diante das investidas das Hostes Negras chefiadas na altura pelo saturnino ou satânico chefe dos *Nirmanakayas Negros – Baal-Babu*, maioral de todas as desgraças e dores na maior das *Talas, Maha-Tala* – de quem *Adolf Hitler* era um 'médium de incorporação', em termos espíritas, ou um seu 'avatara sombrio', em termos bem nossos, teosóficos.

Quando digo 'JHS estacou', a assertiva importa justificação com o seguinte episódio muito pouco conhecido nos anais da História da Obra do Eterno. Pois bem, pelos idos dos anos 40 do século passado, em plena Segunda Guerra Mundial, com Hitler conquistando toda a Europa, preparando-se para avançar na Ásia e investir contra o continente americano, exterminando implacavelmente tudo quanto fosse judeu ou similar, ante isso o Venerável Mestre JHS, como Avatara de AKBEL, Senhor Absoluto do AMOR e da SABEDORIA, detentor de todos os tálamos do PODER Divino, tomado de revolta e compaixão pelo que estava acontecendo à Humanidade, decidiu intervir por iniciativa própria.

JHS chamou para junto de si um vasto número de Irmãos Maiores da Obra, agregados pelo saudoso dr. Eugénio MARINS (o nome vai bem com MAR, MARE, MARIS...), e dispô-los em sete grupos de sete pessoas em sete pontos diferentes do Rio de Janeiro, tendo por centro a Baía de Guanabara. Penso que esses Irmãos ocuparam os pontos estratégicos do Sistema Geográfico Atlante de TERESÓPOLIS, a partir do Rio de Janeiro, a Terra CARIOCA, CÁRIA, MA-KÁRIA, tendo por 'Vigilante Silencioso' pétreo a METARACANGA, ou seja a Pedra da Gávea, do Gaveiro dos Céus plantado na Terra: EL RIKE, o antigo príncipe fenício YET-BAAL-BEY.

Então, deu-se início ao Ritual de obstaculizar o Karma Atlante da Humanidade e travar os avanços sangrentos do antigo Átila (Hitler). Como foi feito? Visualizando jatos de luz irradiados da Terra para a estrela do 'Saco de Carvão' (ALGOL) passando pelo Portal Celeste que é a constelação do 'Cruzeiro do Sul' (ALLAMIRAH). As energias astrais roubadas ao terceiro Senhor LUZBEL pela Loja Negra, foram assim impedidas de descer à Terra em forma de jatos sombrios e, consequentemente, Hitler começou a sofrer os primeiros revezes na sua pretensão de conquista militar do Mundo (os acordos com o Japão fracassaram, a conquista da Inglaterra falhou, a Rússia criou uma tenaz implacável às forças ocupantes, sofreu um atentado feito pelos seus próximos de que escapou por pouco, etc.). Esse Ritual demorou sete dias e deveria prolongar-se por 49 dias. Durante esse tempo, e isso é significativo, a América do Norte entrou na Guerra, logo também o Brasil, que é igualmente América. De súbito, a Grande Fraternidade Branca dos 49 Adeptos Independentes ordenou que esse Ritual cessasse imediatamente, pela simples razão de que a Humanidade tinha de pagar e bem caro o seu Karma Racial e que, quando dois terços da mesma Humanidade estivessem contra Hitler, este seria derrotado, com a 'sombra astral' de LUZBEL, ou seja BAAL-BABU, sendo fortemente chicoteada ou castigada pelo quinto Senhor ARABEL, este que é a 'INDIVIDUALIDADE' da 'PERSONALIDADE' do mesmo LUZBEL. Assim foi feito e assim aconteceu.

Quem ordenou a cessação imediata desse Ritual exorcizante? O próprio sétimo DHYANI-*JIVA*, como 'oitavo Choan da sétima Linha Saturnina', o dr. ISRAEL GORDON SCHMIDT (hoje, desde 1949, o sétimo DHYANI-BUDA GODOFREDO). Ora o dr. ISRAEL GORDON SCHMIDT é quem dirige a Raça JUDAICO-ALEMÃ, saída da quinta Sub-Raça Ariana, a TEUTÔNICA, ou melhor, TEUTO-ANGLO-SAXÔNICA.

E quem mandou o dr Schmidt ordenar a cessação do Ritual através do Templo-Túmulo da Pedra da Gávea, para cujo topo tem de se passar antes pelo 'Pico do Papagaio' e tendo em baixo, na encruzilhada dos trilhos do Horto Florestal, a capela MARIZ? O próprio jupiteriano ou divino BAAL-BEY, Senhor Supremo de todas as Regiões Celestes plantadas no Seio da Terra, ou sejam as *Lokas* constituintes do Mundo de Agharta.

JÚPITER e SATURNO em oposição ou fricção de maneira a formar a conjunção astral ASGA-LAXA. Quando ela acontece e por muito poderoso que seja, não há Mal que resista.

Sobretudo, tal cessação Ritualística implicou respeitar o LIVRE-ARBÍTRIO de cada um e de todos conforme o seu KARMA. A LIBERDADE de expressão ou manifestação, por muito dolorosa e revoltante que seja aparentemente, é o paradigma mais caro e respeitado por todo e qualquer Adepto da Evolução. Para este não há Deus maior do que a própria LEI, manifeste-se como se manifestar.

Portanto, em última análise, não foi JHS quem derrubou Hitler, mas a própria Humanidade foi quem o recusou, e só após recusá-lo é que a Grande Fraternidade Branca interveio, não antes.

Na grande batalha planetária entre TEURGIA e GOÉCIA, LUZ e TREVA, SINARQUIA e ANARQUIA arrastando-se aos dias de hoje, acaba sobressaindo a tabela dos opostos "EL RIKE – HERR HITLER", que assim considero:

AKBEL	LUZBEL
JEFFERSUS (CRISTO)	ASHAVERUS (JUDAS)
EL RIKE	HERR HITLER
TERRA OCA:	TERRA OCA:
Buscamos o interior da Terra.	Vivemos no interior da Terra.
QUE ESTÁ ALÉM DE:	QUE ESTÁ ALÉM DE:
Massa ígnea (Magma) eletromagnética.	Da camada gelada atmosférica.
INICIAÇÃO (DIRITTA):	INICIAÇÃO (SMIRITTA):
TEURGIA	GOÉCIA
Buscar conhecer-se interiormente.	Buscar afirmar-se exteriormente.
Proposição.	Imposição.
FORÇAS OCULTAS EM AÇÃO:	FORÇAS OCULTAS EM AÇÃO:
Nirmanakayas Brancos.	Nirmanakayas Negros.
Arhats.	Rakshasas.
Manasa-Devas.	Kamasa-Devas.
ORDEM INICIÁTICA EXTERNA:	ORDEM INICIÁTICA EXTERNA:
ORDEM DO SANTO GRAAL	ORDEM TEUTÕES DE THULE
CENTROS INICIÁTICOS OCULTOS:	CENTROS INICIÁTICOS OCULTOS:
AMÉRICA DO NORTE	ALEMANHA

INGLATERRA	ÁUSTRIA
ALTO TIBETE – NORTE DA ÍNDIA	BAIXO TIBETE – BUTÃO
(Maha-Yana, "Grande Barca")	(Hina-Yana, "Pequena Barca")
SHAMBALLAH	ATALA
(Sol Luminoso – Tubo Cósmico)	(Sol Negro – Cone da Lua)
ORDEM SOCIAL:	ORDEM SOCIAL:
SINARQUIA	ANARQUIA
UNIFICAÇÃO	SEGREGAÇÃO
TRANSFORMAÇÃO PACÍFICA	DESTRUIÇÃO BÉLICA
UNIVERSALISMO	NACIONALISMO
PAN-RACIAL	ULTRARRACIAL
SOLUÇÃO	DISSOLUÇÃO
PRESENTE-FUTURO	PRESENTE-PASSADO
CENTROS OCULTOS ATUAIS:	CENTROS OCULTOS ATUAIS:
PORTUGAL	INGLATERRA
BRASIL	AMÉRICA DO NORTE
MÉTODOS:	MÉTODOS:
TEURGIA	SATANISMO
TEOSOFIA	ANIMISMO
PROPAGAÇÃO:	PROPAGAÇÃO:
Movimentos alternativos pacifistas.	Movimentos opositivos violentos.
NOVA ORDEM MUNDIAL:	NOVA ORDEM MUNDIAL:
EXPANSÃO SÓCIO-ESPIRITUAL	CONTRAÇÃO SÓCIO-ECONÔMICA
(Harmonia ou progressão social)	(Desarmonia ou repressão social)
SATVA (ESPÍRITO) – EVOLUÇÃO	TAMAS (MATÉRIA) – INVOLUÇÃO
LÍDERES ATUAIS:	LÍDERES ATUAIS:
Todos quantos trabalham pela	Todos quantos trabalham pela
IGUALDADE ESPIRITUAL	DESIGUALDADE RACIAL
(Ativarnas, "acima das castas")	(Varnas, "nas castas")
FRATERNIDADE UNIVERSAL	SEGREGAÇÃO NACIONAL
LIBERDADE SOCIAL	REPRESSÃO SOCIAL

META IDEAL:	META IDEAL:
V IMPÉRIO ESPIRITUAL = SINARQUIA AGHARTINA.	V IMPÉRIO RACIAL = QUARTO REICH.
SEGUIDORES ATUAIS: NOVAS GERAÇÕES INSPIRADAS POR LIVRES-PENSADORES PAN RACIAIS E ABOLICIONISTAS.	SEGUIDORES ATUAIS: NOVAS GERAÇÕES INSPIRADAS POR IDEALISTAS XENÓFOBOS E ESCRAVAGISTAS.

Concluiu-se: '*SPES MESSIS IN SEMINE!*' ou '*SPES MESSIS IN SEMINE?*'. Eis a questão. Compete a todos nós, os que nos consideramos espiritualistas de escol adeptos da Evolução e amigos verdadeiros da Humanidade, na parte que nos cabe no grande plano universal delineado pela Excelsa Fraternidade Branca para o momento atual ante o Futuro imediato do Mundo, dar a resposta e resolução a esse magno problema que é, afinal e tão só, o da FELICIDADE HUMANA.

Ainda assim tudo está bem e vai bem com o momento crítico por que passa o Mundo, em plena 'encruzilhada de caminhos', ou seja, o INTERREGNO INTERCÍCLICO onde não se é Peixe nem Aquário, mas uma mistura de ambas as coisas. Com o tempo tudo se encarreirará no decurso normal da Marcha Evolutiva da Civilização. Antes de andar a criança gatinha, e antes de gatinhar, esbraceja. A Humanidade está esbracejando agora... deixemos o Tempo cumprir a sua função.

Ainda assim, meu muito respeitável senhor, sabe quem fez 'Hitler assumir-se messias e salvador da antiga Germânia e conquistador do Mundo'? O próprio sionismo judaico, apesar de maneira absolutamente indireta e involuntária. Foi neste que a mística ocultista racial alemã se inspirou para manifestar-se através do partido nacional-socialista, que era um 'socialismo nacional' ou uma *manifestação invertida da Sinarquia*, tal como esse ocultismo, assumindo-se negro por *os princípios universais do verdadeiro Ocultismo terem sido pervertidos*, decepados para adaptação a conceitos estritamente pessoais e nacionalistas, abertamente xenófobos. Consequentemente, o nacional-socialismo alemão é fruto e igual do modernamente inventado sionismo judaico no seu pior, politicamente falando e levando as coisas para a segregação imposta pela força armada, mesmo assim o seu fundador sendo também um judeu alemão, Theodor Herzi (1860-1904).

A diáspora Judaica na Europa, desde o ano 400 d.C., pontificando o Papa Adriano I, cedo se dividiu em duas facções: ao sul, os judeus *Sefarditas* (a Península Ibérica é chamada 'Terra de Sefarad', por eles, inclusive associando o onomástico *Ibero* a 'Hebreu'), de tendência mística e solar, inclusive tendo sido quem deu origem à *Kaballah Profética*, vulgo *Hispânica*; ao norte, os judeus *Ashkenazim*, de tendência materialista e lunar, os quais, sendo práticos no mundo das finanças, depressa se assenhorearam de boa parte da economia do centro e norte da Europa. Foi para resgatar o poder fiduciário aos judeus que se iniciou a perseguição e o seu consequente holocausto por parte dos 'arianos puros'. Também nisso há um erro crasso: não havia nem há 'ariano puro', porque a maioria dos alemães, desde o século V, são *ashkenazim*, isto é, *germano-judaicos*.

De maneira que indo às origens filológicas do termo, buscando apoio em Helena Blavatsky e René Guénon, *askenazi* ou *ashkenazim* de maneira alguma é um pejorativo, antes, o nome eslavo da comunidade sinagogal norte-europeia, mormente alemã. *Nazir* ou *nazar* é o seu diminutivo e a origem provém do aramaico *nazireth*, *nazireu* ou *nazareno*; na época de Cristo, não uma cidade perfeitamente sedentarizada, mas uma comunidade móvel de pastores e negociantes que acabou fixando-se nas proximidades do Mar Morto, antes de encetar diáspora para o Ocidente no tempo do imperador romano Tito, 60 d.C., sob o pretexto de estabelecimento comercial com outros povos. De maneira que o Ramo *Nazireu* da Raça de *Judah* nada tem de pejorativo no nome. O perjúrio veio muito depois de certos hodiernos dos séculos XIX-XX, tomando esse designativo para, em uma habilidade filológica, alterar *nazir* para *nazi*, como contração da expressão "national sozialismus" (NS).

Cedo a diáspora Judaica misturou o seu sangue com o de outras etnias, contrariando os princípios étnicos seculares vigentes em Jerusalém, pois se não o fizesse não poderia sobreviver em terras estranhas à sua raça, cultura e religião. Por isso vemos a maior parte das melhores famílias europeias terem herança consanguínea judaica. Não há mal nenhum nisso, tampouco 'impureza de sangue', este o princípio básico de qualquer crença racial, que é sempre xenófoba e atlante, consequentemente, retrógrada ante a evolução para a *Fraternidade Universal dos Povos*, e isso é *Sinarquia*, sim, a mesma *Concórdia Universal*.

Quanto aos famosos *Protocolos dos Sábios de Sião*, eles são uma invenção redigida em 1897 pela *Okhrana* (a polícia secreta russa do czar

Nicolau II), tornada pública em 1905. Ainda assim, essa redação também ela é copiada de uma novela do século XIX (Biarritz, 1868), escrita por um novelista alemão antissemita chamado Hermann Goedsche, sob o pseudônimo de *sir* John Ratcliffe. Por sua vez, ele havia roubado a ideia de outro escritor, Maurice Joly, cujos *Diálogos no Inferno entre Maquiavel e Montesquieu* (1864) envolviam uma conspiração do Inferno contra Napoleão III.

Portanto, os tais *Protocolos* foram escritos por xenófobos europeus 'puros' e não pelos próprios judeus alemães que, mesmo assim e de há muito, pretendiam fundar uma "Nova Sião" ou "Nova Israel", não na Palestina, mas na própria Europa (tentativa feita várias vezes, inclusive em Portugal), o que foi pretexto mais que bem vindo para se incorporar essa redação ao ocultismo nazista e à sua propaganda antissemita. Esse livro é uma verdadeira patranha da primeira à última página, um mal-entendido completo do grito de desespero pela Israel perdida que se queria (re)fundar em alguma parte do mundo, mesmo que se diga que as emigrações maciças dos judeus europeus para a Palestina começaram no final do século XIX sob a influência dos ideais geopolíticos do Sionismo que, em boa verdade, não existia formado senão no pensamento de Theodor Herzi, inconformado em ser judeu e só querer ser alemão... Por fim, em 14 de maio de 1948, os britânicos cederam o seu protetorado palestino, com sede em Jerusalém, aos judeus da diáspora (*aliayah*) para aí, que de imediato fundaram o Estado de Israel.

Israel (ISIS-RA-ELLI, 'Os da Realeza de Ísis') era o nome primitivo desse iniciático 'Colégio dos Patriarcas do Tabernáculo do Deserto', em torno do qual as 12 Tribos se reuniram e acabaram fundando o país com o nome do mesmo. Depois perderam-no para outros povos, encetaram diáspora e quiseram (re)fundar Israel em Portugal, nos Açores, também em África, e logicamente no norte da Europa, na Alemanha. Por isso se assenhorearam dos poderes vitais dessa última: a força econômica, eles próprios eram o poder econômico da Alemanha. Os idealistas germânicos 'puros', ainda que todos eles com sangue judaico (inclusive Hitler, por parte paterna), revoltaram-se contra isso e foi o que se viu: o burguês judeu-alemão Karl Marx vendo o seu livro *O Capital* elevado a paradigma místico do doutrinário socialista germânico, que, anacronicamente, afirmava-se anticomunista. Todos os outros, contrários a tamanha e insensata aberração racista (Gothe, Rudolf Steiner, Wagner, etc.), viram as suas obras desapropriadas ou destruídas e eles mesmos perseguidos. Foi o caso do supradito Richard Wagner, desapropriado das suas músicas pelo movimento nazi que as tocou à exaustão, escondendo de todos que os maiores amigos de toda a vida do grande compositor foram judeus, por exemplo: o maestro judeu Hermann Levi (o primeiro a reger a ópera *Parsifal*), o pianista judeu Joseph Rubinstein (assistente musical de Wagner desde 1872) e o pintor judeu Paul Jukovsky.

Wagner, para ser mitólogo e ocultista, teve de ir formar-se nas fontes tradicionais da época, e assim tomou contato com a Antroposofia do austríaco Rudolph Steiner (1861-1925) através do seu amigo Theodor Reuss (1855-1923), que chegara a conhecer Helena P. Blavatsky, fundadora da Sociedade Teosófica. Em Bayreuth, o grande compositor aprofundou os seus conhecimentos da mitologia germânica em uma outra organização esotérica, a *Thulle Geselschft*, com a qual antipatizou profundamente por ela perfilhar ideias xenófobas estranhas ao seu projeto artístico.

A maioria das obras de Wagner, notadamente *Parsifal* e *Lohengrin*, são parábolas ilustrativas dos mistérios esotéricos do Cristianismo sem pretensões antissemitas. No *Parsifal*, por exemplo, o rei maléfico Klingsor e o seu jardim mágico representam a natureza inferior do homem contra a qual Parsifal, o protagonista 'inocente casto', deve lutar. Já a tentadora e sensual Kundry, ora servindo ao ideal superior do Santo Graal, ora servindo ao desejo inferior de Klingsor, expressa a luta entre as Magias Branca e Negra e a indefinição da alma humana, tanto pendendo para o bem como para o mal. Quando Parsifal cai em tentação, beija Kundry e depois sente as feridas causadas no rei bom Amfortas pelo rei mau Klingsor, representa o homem perdendo a inocência mas ganhando a virtude, alcançada após vencer a tentação e passar a discernir o bem do mal. No *Lohengrin*, filho de Parsifal e um dos seus cavaleiros, é retomado o tema da demanda do Santo Graal, o da conquista espiritual da Perfeição Humana. O *Anel do Nibelungo*, embora a sua ação não esteja ligada ao Cristianismo, ilustra a evolução passada, presente e futura da Humanidade, usando elementos da mitologia nórdica mas traçando paralelos com os livros da Bíblia, como o *Gênesis* (equivalente à ópera *O Ouro do Reno*) e o *Apocalipse* (equivalente à ópera *O Crepúsculo dos Deuses*).

Em resumo, a *Sinarquia* não se faz com apetências xenófobas e centrípetas de coisas velhas (dessas só ficando a experiência, que é quem dá consciência), mas e só, por ser centrífuga, com coisas novas, novíssimas; então, aí temos a Terra Virgem (até no signo), a 'Nova Lusitânia' de Pedro de Mariz no século XVII, enfim, o *Brasil*, este sim, a *Nova Israel* ou 'Terra da Virgem Mãe'... Aparecida, o

que vai bem com a *Era do Espírito Santo* que já iniciou em 24 de fevereiro de 1954, cada vez mais fazendo-se sentir em toda a Terra."
Foi essa a minha resposta. No mais, repito:
"SPES MESSIS IN SEMINE!" ou *"SPES MESSIS IN SEMINE?"*
("A Esperança da Colheita está na Semente")
EIS A QUESTÃO!
Compete a nós, Teúrgicos e Teósofos, na parte que nos cabe no grande plano universal delineado pela Excelsa Fraternidade Branca para o momento atual ante o Futuro imediato do Mundo, dar a resposta e resolução a tamanho problema magno que é, uma vez mais, o da *Felicidade Humana*.

No que temos a dar, para tanto estamos prontos, como demonstra este estudo começado em São Paulo e desfechado em Lisboa, separando, vez por todas, o Trigo do joio, a Verdade da mentira, a Luz das trevas neste momento crítico que tudo e todos atravessam.

À Humanidade:
– UNAMO-NOS PARA REINAR! NADA PELA ANARQUIA! TUDO PELA SINARQUIA!
Aos Tributários:
– LUTAI PELO DEVER (DA HUMANA REDENÇÃO)!
Aos Templários:
– QUE ADVENHA O VOSSO (DIVINO) REINO!
A Todos, com a destra espalmada no peito:
– PAX!

Capítulo XXX
Scalae Coeli
("Escada do Céu")

Sintra, 2007

> *Vi uma escada de ouro que fulgia*
> *e que se elevava tanto que os meus olhos*
> *não podiam segui-la.*
> *Vi descerem pelos degraus tantos esplendores*
> *que pensei que todas as luzes do céu*
> *se tivessem juntado ali.*

(Dante, Paraíso, canto 21, 28-34)

Apelativo de assunção e conceição, sábio e terno, patrístico e matrístico, de leitura e interpretação tanto teologal quanto teosófica, esta que não é um "delírio mental" ao buscar simbologia em tudo, mas sobretudo de *transcendência intuicional*, cujas bases formais, estas sim, poderão ser símbolos concretos plenamente identificados a uma Tradição Primordial. O "delírio" só o é para alguns, acaso pretendendo discorrer sobre a transcendência vertical da Sabedoria Divina mas, anacronicamente, ficando-se pela horizontalidade da catequese teologal, acaso humanista, certamente religiosa, descaso iniciática e raramente espiritualista.

Muito sonhei com a Escada do Céu e o Cristo em minha infância, quando vivi com os meus pais no Restelo – topônimo indo bem com o tema, pois que é corruptela de "Estrela" –, e isso enchia-me de terror, uma das vezes tendo ficado completamente cego durante algumas horas. Outras vezes, adoecia subitamente e os meus pais comigo no seu regaço corriam aflitos ao hospital... e não foram poucas as vezes que os aconselharam a encomenda de um caixão, pois "esta criança é demasiado débil, doente por tudo e nada, não vejo como possa sobreviver. Se sobreviver, será um milagre..." – palavras do conceituado e bondoso médico Sá Chaves, já falecido, na época com consultório no final da Calçada da Ajuda, junto ao Palácio de Belém, hoje sede da Presidência da República mas que pertenceu aos Condes de São Lourenço.

Conto isso em público pela primeira vez, sendo coisa do foro estritamente pessoal, por na última Lua Cheia dos Gêmeos do ano de 2007, correspondendo à *Festa da Humanidade* que a Igreja celebra como *Corpo de Deus* e a Loja Planetária como o *Ritual do Vale de Asala* (situado entre o norte da Índia e o oeste do Tibete), o que vai corresponder à celebração do Terceiro Trono ou Espírito Santo, Divino Logos cujo Corpo é o próprio Homem e todos os seres viventes, celebração maior esta regularmente dirigida pelo Excelso *Mahachoan* VIRAJ ou TAKURA BEY, o "Supremo Dirigente da Grande Hierarquia Branca dos Bhante-Jaul", dizia, por nesse Plenilúnio ter se realizado o Ritual do *Odissonai* no Santuário *Akdorge* de Portugal, em comunhão plena com a "Mansão dos Deuses" ou *Shamballah*, que é o Céu na Terra, no seio desta alimentando-a tanto física como espiritualmente, logo, a todos e a tudo quanto nela vive em plena evolução, e após o qual dirigi-me à janela e vi sobre a abóbada do Templo um imenso cruzeiro formado pelas nuvens do céu. Chamei outros para testemunharem o fenômeno, tendo havido quem reclamasse: "Não há quem tenha uma máquina fotográfica?". De fato não havia, mas ficou o registro visual na mente de todos.

Se não ficou um comprovativo fotográfico desse fenômeno celeste, ficaram de outros e quase todos a ver com a *Escada do Céu*, a *Mãe Divina* e o *Espírito Santo,* o qual, um entre muitos acontecimentos transcendentes, na forma alada de *Pomba* vinda do *Mundo Jina,* adentrou o Santuário da nossa Obra e ficou pairando sobre o Altar, docemente deixando que a pegassem. Após libertada, volveu para donde tinha vindo, levando consigo as doces fragrâncias do *Odissonai* em que se integra a *Yoga Universal*, possuída do significativo título *Laus Perennis Dei*, "Louvores perenes a Deus".

Flagrante da Senhora e a Pomba no Santuário Akdorge de Portugal

Olhando nessa hora para o cruzeiro celeste traçado pelo Dedo de Deus (*Aca-Bangu*), acudiu-me à memória o Hino Triunfal Santuário do Brasil (Prefixo do Cruzeiro do Sul), onde a dado passo é cantado:

Um jato de luz
Projetado do Céu,
A Terra vem beijar, feliz,
Terra de Santa Cruz bem diz,
Desenhando em um Céu de anil
O teu símbolo: Cruzeiro do Sul.

Cruzeiro, *Cruziat* ou *Ziat* é tão só o ponto delicado do assento do Segundo Logos que sendo Mãe Divina projetada do Céu à Terra, também é o Divino Filho soerguido da Terra ao Céu. Eis a Parelha Primordial *Adam-Kadmon*, o Andrógino Divino como *Cristo-Maria*. Assim se revela o *Mistério do Espírito Santo*, assim se abre o Céu e pela Escala ou Escada da Evolução Universal os seus cerúleos *Devas* ou *Anjos*, Mensageiros do mesmo Céu, vêm beijar a Terra feliz com a sua presença; eles, os intermediários entre o Divino e o Terreno, garantem da Aliança de Deus com o Homem nesta Terra Prometida do

III Milênio, da *Satya-Yuga* ou Idade de Ouro que já começou, faz dois anos, só faltando o pleno da sua frutificação!

A relação da Escada com os metais das Idades do Mundo é referida na Bíblia, em *Daniel*, 2, 32-36, e já no *Talmude de Jerusalém* faz-se alusão a duas escadas: uma curta, que é a de Tiro da Fenícia; e outra longa, que é a escada egípcia assim associada ao simbolismo ascensional da *pirâmide*. A escada que liga o alto ao baixo possui o sentido da oitava musical, pois a cada degrau corresponde um outro nível. Por sua vez, o mosteiro também é uma escada de introvivência, pois no interior do claustro é que o monge realizará a sua escalada ao Céu. Por isso há mosteiros cistercienses e cartuxos com os nomes de *Scalæ Coeli* e *Scalæ Dei*. A palavra hebraica *sullam*, que o latim traduz por *scalæ*, aparece frequentemente no Antigo Testamento, onde além da Escada de Jacob aparecem outros exemplos significativos: os três andares da Arca de Noé (*Gênesis*, 6, 16), os degraus do trono de Salomão (*I Reis*, 10, 19) e os degraus do Templo de Ezequiel (*Ezequiel*, 40, 26, 31), enquanto o *Salmo 84, 6* menciona "as peregrinações no coração", sendo os 15 Salmos *graduais* denominados *Cânticos das subidas*.

A Escada, já o disse, é a figura principal do simbolismo da assunção. No lugar onde o Alto e o Baixo, o Céu e a Terra podem unir-se, ela ergue-se como uma unidade. Estabelece uma *ponte* ou *vau*, no sentido a que Jâmblico (m. 330 d.C.) se refere, ao convidar "os homens a se elevarem às Alturas" como que "ao longo de uma ponte ou escada". Toda a vida espiritual exprime-se em um ato de elevação que é, igualmente, um estado de introvivência profunda. É por isso que Santo Ambrósio dizia que "a alma do batizado sobe ao Céu". Aos olhos de Santa Perpétua, no momento do seu martírio, a assunção aparece sob a forma de uma escada, e Santo Agostinho comentará essa visão dizendo "que a cabeça do dragão (impudico) forma o primeiro degrau da escada" (*Sermão*, 180, I). Não se pode iniciar a ascensão sem primeiro esmagar aos pés o dragão.

Na concepção matrística, *Scalæ Coeli* é uma alusão a Maria, Mãe do Salvador, do Avatara ou *Messiah* destinado a através da Raça Hebraica inaugurar um novo ciclo de Consciência no Mundo. Na sua forma latina *Scalæ Coeli*, em português *Escada do Céu*, o que esse nome de imediato mais evoca é a Mãe de Jesus, pela qual a Divindade desceu à Terra, e pela qual a Humanidade, por sua intermediação privilegiada, ascende à imersão no Todo Divino, que é a Trindade, Una e Trina, diferente nas Hipóstases mas igual na sua Trinitária Unidade, a Essência.

Os elogios a Nossa Senhora, como começou a chamá-la tão familiarmente São Bernardo de Claraval, constituem um mundo e encontram-se compilados e ordenados em textos litúrgicos e para-litúrgicos, as laudes pequenas, ladainhas ou litanias, panegíricos de ternura e de singelas declarações de amor à Mãe. Singelas, mas quase sempre plenas de grande doutrinal, porque essas litanias, jaculatórias ou advocações, foram criadas em embebência contemplativa, e porque as glosas escolásticas e doutrinais ampliaram e enriqueceram de simbólica, de anagogia e de analogia, simples díades vocabulares: Orvalho do Céu, *Rorat Coeli*, como se rezava em Quarta-Feira de Advento, ou *Splendor Coeli*, esses nomes são predicados, atributos, e cada um tem margem para glosas doutrinais da melhor e mais inesperada glosa, ou do mais sugestivo comento.

Scalæ Coeli tem origem bizantina, acha-se no *Hino em Honra da Virgem, Mãe de Deus*, chamado *Akathistos* (assim intitulado por ser um cântico que a tradição litúrgica manda entoar em pé), composto nos meados do século V após o Concílio de Calcedônia. O cântico narra a vida de Maria segundo os Evangelhos e interpola, entre cada episódio, uma litania, *Klimax oúranoú*, a expressão surgindo logo na segunda estrofe da segunda litania – *Escada do Céu*, ou, como os músicos por vezes traduzem, por uma questão melódica, *Escada Celeste* – "por onde desce o Senhor". Afinal, Escada do Céu por ser propriedade divina significa o mesmo que Escada de Deus, *Scalæ Dei*.

Scalæ Coeli remete ainda para o episódio bíblico da *Escada de Jacob*, como lhe foi revelada no seu sonho – uma escada que unia a Terra ao Céu e por onde desciam e subiam os Anjos (*Gênesis.* 28:10-22). A concepção patrística interpretou por via da hermenêutica esse sonho como sendo uma figura prefigurativa do Mistério da Encarnação, partindo da perícopa joanina: "Vereis o Céu aberto e os Anjos de Deus subindo e descendo por meio do Filho do Homem" (*Jo.*, 1, 51). A ampliação exegética e hermenêutica levou a considerar que Deus desceu ao lugar do sonho, aí instituindo a *Betel*, a Casa de Deus, *Domus Dei*, título que se atribui ainda a Maria, porque o seu ventre bendito foi a primeira Casa de Deus no mundo encarnado, e o seu ventre fecundo o primeiro Altar, o primeiro Sacrário, onde o Senhor se expôs, real e presente à adoração da Humanidade – *Belém* ou *Beithlehm*, a Casa do Pão, do Maná ou Manu, dando o alimento espiritual da Sabedoria Divina por sua Boca perfumada, sim, porque a palavra constitui-se daquelas duas hebraicas *beth* e *alephe*, indo designar a "Casa ou Boca da Verdade", do Verbo Divino como Pão da

Vida incarnado no Cristo, este assim transformado de Pedra ou Templo Divino em Pão no escrínio do mesmo como Verbo Solar ou *Avatara* incarnado, sendo a manifestação deifica do próprio Eterno entre os homens. *Man'hu?* "O que vem a ser isso?" – interroga o povo comum pasmado. Isso é o Pão da Vida, respondo eu, o alimento espiritual da Imortalidade para um e todos que o aceitem, e não tanto esse *maná* ou alimento físico como hoje em dia é interpretado por alguns abusadores e muitos abusados, ambas as partes iguais no desconhecimento dos Mistérios da Iniciação, logo, nos Arcanos da Vida.

A cada etapa do Caminho da Fé, para judeus e cristãos, corresponde um livro da Escritura. No início são os *Provérbios*, depois o *Eclesiastes* e, no ponto culminante, o *Cântico dos Cânticos*. Guillaume de Saint-Thierry, ao descrever os sete degraus da alma, diz que ela faz o seu *anabathmon*, a sua assunção, e atravessa os degraus do seu coração a fim de alcançar a vida celeste. Por sua parte, Dionísio, o Aeropagita, compara as três vias – purgativa, iluminativa e unitiva – às tríades da hierarquia eclesiástica. Como os degraus da Escada estabelecem a ligação entre a Terra e o Céu, eles são constantemente usados pelos padres da Igreja e pelos místicos da Idade Média sob a sua forma simbólica: é sempre por degraus sucessivos que a alma realiza a sua própria assunção. Os três degraus ou graus de noviço, professo e perfeito, ou de carnal, psíquico e espiritual, ou de vias purgativa, iluminativa e unitiva, são divisões originárias do Cristianismo dos primeiros séculos que, sob nomes diversos, viriam a tornar-se tradicionais. Posteriormente, Tiago de Sarug (m. 521 d.C.) alude à "cruz levantada qual escada maravilhosa entre o Terreno e o Divino", associando a Escada à pessoa salvífica do Cristo.

Orígenes, nas suas *Homílias sobre o Cântico dos Cânticos*, descreve as sete etapas que a alma humana deve transpor a fim de poder celebrar as suas núpcias douradas com o Verbo, o Espírito Divino, o que vai bem com o sentido último do termo *Raja-Yoga*, por significar a "União Real da Alma (*Psique*) com o Espírito (*Eros*)". Nessa conquista espiritual de si mesmo, do aspecto celeste ou imortal, a escada comporta dez degraus para Cassiano e 12 para São Bento, que os cita na capítulo 7 da sua *Regra*. João Clímaco, no seu tratado intitulado *Escada*, fala de 30 degraus, em lembrança dos 30 anos da vida oculta do Cristo, e como símbolo ascensional (*ascensus*) de uma hierarquia tradicional em movimento da condição humana ou terrena à angélica ou espiritual, cuja Luz após obtida muitos optam pelo movimento descensional (*descensus*) para a vir dar aos "cegos de espírito", aos "pobres pelo espírito" (Jesus conclamaria sobre esses Compassivos descidos do Céu: "Bem-Aventurados os Pobres pelo Espírito", e não "*de* espírito", que são os tresloucados. Mais um erro crasso na tradução bíblica... agora retificado).

Não sendo de bomtom e para não parecer exclusivista ou limitado ao domínio judaico-cristão, devo indicar que no Islã também aparece o simbolismo da Escada para designar o êxtase espiritual ou subida às Alturas do Profeta Maometh. E quando o Anjo *Jibraîl* (Gabriel) o arrebatou aos Céus, no momento da sua ascensão noturna, uma Escada (*Mi'radj*) soberba apareceu: era aquela em direção à qual os moribundos volvem o olhar, e que é usada pelas almas dos homens para subirem ao Céu. Para os Sufis, assim como para os Jainos budistas, tomando como exemplo o ascenso e descenso de Budha do Monte Meru, a assunção é a representação da subida da alma, que escapa aos vínculos do mundo sensível e chega à Sabedoria de Deus, assunção essa também assinalada pelo *arco-íris* ou "escada dupla" do simbolismo cosmogônico caldaico, ou pela *estrela* mais brilhante, na curta visão que se tem do empório – *Vênus*, a *Stella Maris* tanto do Profeta Elias quanto dos contemplativos Carmelitas.

Finalmente, volvendo ao Antigo Testamento, a Escada de Jacob serviu de tema fundamental a numerosos escritores cristãos medievais, entre eles Gregório Magno e Isidoro de Sevilha. Seria a partir desse acervo rico e harmonioso que os autores da Idade Média iriam construir as suas diversas interpretações da Escada Mística, a unir Terra e Céu, que a alma humana é convidada a subir na medida da sua vontade, do seu amor e da sua sabedoria, não raro cada degrau associado a um portal celeste até chegar ao topo, à absorção no Absoluto. De maneira que assim se lê naquela parte já citada do Antigo Testamento, referente ao *sonho jina* de Jacob, sendo minhas as anotações entre colchetes:

Portanto, tendo saído Jacob de Bersabé, ia para Haran. E como tivesse chegado a um certo lugar, e quisesse nele descansar depois do solposto, tomou uma das pedras que ali estavam, e pondo-a debaixo de sua cabeça, dormiu nesse lugar [pedra e crânio = Mente "petrificada" ou expressando a primeira Manifestação Divina, a Mineral projetada pelo Mental]. *E viu em sonhos* [desdobramento psicomental] *uma Escada posta sobre a Terra, e a sua sumidade tocava no Céu; e também os Anjos de Deus* [Mensageiros divinos] *subindo e descendo por ela* [*Manasaputras* ascendendo, *Matradevas* descendendo, tal qual acontece ao nível imediato quando se realiza a *Yoga Akbel*: "subir escandas (skandhas) e descer escandas"], *e o Senhor* [Eterno Logos] *firmado na Escada* [no topo da Escada ou Escala Evolucional, composta de sete Degraus ou Planos de Vida, Energia e Consciência], *que lhe dizia: Eu sou* [Yahvé, Aheieh ou Eheieh, por extenso: Aheieh Ashr Eheieh, "Eu sou o que sou", igual a Aham Ashmin] *o Senhor Deus de Abraão* [Ab-Ram igual a Ram, ou Ba-Ram igual a Brahma, o Eterno] *teu pai, e Deus de Isaac: Eu te darei a ti e à tua descendência a terra em que dormes. E a tua posteridade será como o pó da terra: tu te dilatarás para o Ocidente e Oriente, e para o Setentrião e Meio-Dia; e serão abençoadas em ti e na tua geração todas as tribos* [raças] *da Terra. E serei teu guarda* [Proteção Divina à Raça Eleita] *para onde quer que fores, e te reconduzirei para essa terra; não te desampararei sem cumprir tudo o que disse* [Promessa Divina à Raça Eleita, representada em Jacob ou Yakub]. *E como Jacob tivesse despertado do sono, disse: Na verdade o Senhor está neste lugar, e eu o não sabia. E cheio de pavor* [temor, respeito ante o Superior Absoluto] *disse: Quão terrível* [transcendente, expressão da pequenez humana de quem está subjugado pelo temor divino, *temencia dei*] *é este lugar! Não há aqui outra coisa senão a Casa de Deus* [Betel, de *Beithel*, constituída das duas palavras hebraicas *beth* e *alephe*, as mesmas ao inverso para *Beithlehem*, de forma a que a Casa de Deus seja repleta pela presença do mesmo como Pão da Vida] *e a Porta do Céu* [Embocadura Sagrada, *Portæ Coeli*]. *Levantou-se pois Jacob logo ao amanhecer, tirou a pedra que tinha debaixo da sua cabeça, e a erigiu em padrão, derramando óleo sobre ela* [crismando-a, benzendo-a ou santificando-a, tornada assim *bétilo* ou "pedra animada", conforme Sanchoniaton e Filon de Biblos, igual ao que os hindus shivaítas chamam às suas pedras sagradas: *shivalingas*. Isso equivale também à construção de um Templo, assim e também ao estabelecimento ou fundação de um Colégio Iniciático, esotérico]. *E pôs o nome de Betel* [Casa de Deus] *à cidade* [equivalente do estabelecimento de um culto público, exotérico] *que antes se chamava Lusa* [Casa da Luz, esta projetada do próprio Deus que depois encarnaria na mesma, assim prefigurando o Mistério da Auto geração em que a nossa *Lusitânia* está profundamente envolvida por motivos iniciáticos ligados ao Terceiro e Quinto Luzeiros e em que, segundo o relato bíblico, se originaria Betel]. *Também fez voto, dizendo: Se Deus for comigo e me guardar no caminho* [da retidão ou da Lei Justa e Perfeita, evocando assim a Sua guarda ou proteção inspiradora], *por que ando, e me der pão para comer, e vestido para me cobrir* [as forças vitais necessárias para a conquista do "pão nosso de cada dia", visando já a futura *Belém* ou Casa do Pão], *e eu voltar felizmente para casa de meu pai, o Senhor será o meu Deus. E esta pedra que erigi em padrão se chamará Casa de Deus e de todas as coisas que Tu me deres Te oferecerei o dízimo* [a décima parte dos esforços físicos e psicomentais realizados pessoalmente, como resgate kármico, e não só como simples tributo fiduciário conforme pretendem hoje muitos "lobos disfarçados com peles de ovelhas"].

A transliteração simbológica é sempre lícita, porque parabólica envolvente de um duplo sentido, o dito em volta do que realmente quer dizer. A escada, de modo a permitir que alguém suba ou desça por ela, tem necessariamente de estar em posição de total estabilidade, ou seja, bem assentada na Terra e bem segurada no Céu. Não pode oscilar, nem abanar, nem inclinar, tal qual a Cruz de Cristo permanece bem fixa no Monte do Gólgota mas com Ele dirigindo a sua última evocação ao Céu, clamando por seu Pai a quem se entrega no derradeiro suspiro. Nesse caso, a Cruz toma a feição da verdadeira Escada Celeste: por ela se ascende ao Céu – "Toma a tua cruz e segue-me" (*Mt.*, 10, 38), quer dizer, segue-me para o Céu, para a Suprema Libertação Espiritual, o que se integra no apelo evocatório do Hino *Exaltação ao Graal*: "Se tua mente é pura de Luz, / Teu coração transbordante de Amor, / Carrega contigo a Cruz, / Peregrino da Vida, / Esta Lei que seduz...". Permita-se-me, neste caso, que proponha esta ambivalência: *Scalæ Coeli* evoca Maria, a Natureza Divina revestida de Humanidade ao fazer recurso a essa Matéria Primordial ou *Prakriti* (fundo da Escada), mas também à Plenitude Divina do Cristo expressando a Humanidade revestida da Natureza de Deus como Espírito Supremo ou *Purusha* (cimo da Escada). Permeio, os Anjos em circulação vaivém, o que se representa no *Munindra* que se faz de Anjo em Homem e após volta ao *Céu*, *Devakan*, *Bardo* ou *Plano Mental*, transformado de Homem em Anjo ou Ser Espiritual. De maneira que o Cristo Universal, animando a Partícula Crística palpitando no peito de cada *Munindra*, é Ele mesmo a Escada para o Céu, ou *Scalæ Paradisi*, no dizer de Anjo Guigo II (*fal.* 1189). A Senhora que está junto da Escada é, direi, Nossa Senhora da Cruz, ou Nossa Senhora da Escada, a mesma Cruz. A forma genitiva *Scalæ Coeli* pode ler-se: *Da Escada do Céu*.

É sempre em um lugar elevado, monte distinto que se fixa a escada, e assim foi com a Escada de Jacob assente no "Lugar da Luz", a *Lusa* ou *Lusitânia* bíblica a qual, nessas partes ocidentais, é a cabeça ou parte mais elevada do corpo ou continente da Europa. Também o Cristo foi crucificado em um monte, o Gólgota ou "Caveira", o crânio como repositório da Mente então se desprendendo do cérebro por ela iluminado. É na Casa elevada que Maria e os Apóstolos recebem a Graça do Espírito Santo, no Dia de Pentecostes, descendo das Alturas sobre as suas Mentes como Chamas púrpuras de *Kundalini* que neles ascendeu e, qual cachoeira de Fogo Divino, voltou a descender. Foi assim que os antigos Profetas e os novos Apóstolos reuniram em si uma condição única doravante assumida e proclamada universalmente: Profetas Apóstolos.

Ainda sobre o simbolismo da Pomba associada à Anunciação, ao Batismo e ao Pentecostes, ela representa assim a Virtude Virginal, a Eleição Primordial e a Pureza Original, o que a transfere à ideoplasmação da Mãe Divina manifestada na Terra como Divino Espírito Santo, ou seja, o Filho que Ela dá à luz do Mundo. É assim que, iconograficamente, a Pomba ao irradiar Sete Raios de Luz (os Raios de *Prakriti* ou a Matéria, o que é expressado pelos Sete Espíritos Planetários manifestados) quer dizer que manifesta a Atividade Inteligente dos Sete Dons do Divino Espírito Santo: Sabedoria, Ciência, Entendimento, Conselho, Força, Piedade e Amor. Esses são os sete degraus canônicos da *Scalae Potens ab Homnibus et Mundi in Spiritus Sanctus.*

A Escada do Céu assume dessa maneira a feição de Monte Santo, *Mons Sanctus*, ou Montanha Sagrada, *Mons Sacræ*. Com mais ou menos verdade, com mais ou menos fábula e lenda, a verdade é que às *Montanhas Sagradas* foi sempre atribuído o privilégio raro de Moradas dos Deuses, dos *Jinas* ou Seres Superiores aí habitando invisível ou ocultamente, tendo o próprio Cristianismo dos primeiros séculos feito o seu culto por intermédio dos ermitãos e anacoretas reservando a sua vida à reclusão espiritual em covas e grutas, culto *Jaino* ou *Jina* no fundo, semelhante ao que os romanos faziam, por sua vez, no *Jaino* Templo de *Jano* ou *Janus*. A esses Santos *Jinas* em seus Montes ou Retiros Privados recorre ainda hoje a mesma Igreja Cristã, nos supremos momentos de angústia ou de calamidade geral, além de aí celebrar a sua inevitável e culminante festa anual, conformada ao calendário litúrgico.

De fato, as montanhas ocupavam um lugar destacado no simbolismo das antigas religiões, sendo veneradas pelos povos fitando reverentes o horizonte onde se elevavam as suas massas gigantescas. Os seus cumes ocultos entre nuvens, frequentemente, pareciam chegar aos céus; nas suas encostas irrompiam mananciais de ribeiras férteis ou torrentes impetuosas. Enquanto isso, os seus picos coroados de nuvens tempestuosas, tornavam-se o manadeiro de relâmpagos e raios. As montanhas, motivo de prazer e de terror, de temor e de esperança, como não haviam de reconhecer os homens primitivos um poder sobrenatural, uma divindade em todas elas? Foi assim que as montanhas se converteram em deuses, tendo recebido a homenagem de quase todos os povos da Terra.

Máximo de Tiro afirmou que no seu século acreditava-se que os primeiros mortais adoravam as montanhas como símbolos de divindades, e os que vieram depois persuadiram-se de que não havia montanha que não servisse de morada a algum deus. Essa adoração, já filha da ignorância espúria do vulgo beato e que foi mantida por força do hábito, tendo o *costume* sobrepujado a *Tradição*, chegou até os séculos cultos e manteve-se entre os povos mais civilizados da Antiguidade. O mítico *Monte Meru* é uma suposta montanha erguida no centro do *Svarga* – o *Olimpo* dos hindus. Supõe-se mesmo que está situado ao norte dos Himalaias, em boa verdade, "de 45 para 50 graus de latitude oeste no País de Shamballah". Segundo a tradição hindu, o *Meru* era a Região da Bem-Aventurança dos primitivos tempos védicos, e designado com vários nomes, como: *Ratnâsanu* (Cume da Pedra Preciosa), *Hemâdri* (Montanha de Ouro), *Karnikâchala* (Montanha de Luz) e *Amarâdri* (Montanha dos Deuses). É indicado, ainda, no centro do Polo Norte (magnético), lugar do primeiro continente da nossa Terra, mas que sendo transposto para a Terra Ariana estaria no centro da Índia, rodeado de outros Montes secundários. Simbolicamente, o cume desse Monte Místico está no Céu, a sua parte média na Terra e a sua base nos Infernos, e no seu cume se acha a Cidade de Brahma, *Brahmapura – Zyaus, Zeus, Deus* ou *Pater Aeternus*. Interpretando esotericamente, faz supor que se refira aos limites que separam a atmosfera terrestre do éter puro, ou melhor, que o *Meru* é o círculo que limita a vitalidade terrestre.

Nos mais formosos tempos da Grécia, também se rendeu culto às montanhas. Os deuses moravam quase sempre no Monte *Cásio*, no *Ida* da Ilha de Creta e no *Atabyris* da Ilha de Rodes. Ainda hoje os gregos conservam os atributos de Júpiter reveladores da origem e afinidade desse deus com as montanhas. A águia, que acompanha a representação de tal deus, é uma ave dos cumes elevados, que por sua pestana dupla pode fitar o Sol de frente sem cegar, o que a identifica tanto ao clarividente superior como àquele que detém tal faculdade: o Iniciado Solar ou Iluminado conscientemente pela Luz Espiritual do Logos Único; a forma de raio de que está armada a mão do mesmo deus (ou nas garras da águia), faz lembrar o poder ziguezagueante de *Kundalini* manifestado como relâmpagos e trovões que, segundo parece, partem quase sempre das montanhas.

Os Montes da Ásia Menor *Ida, Dindimo, Pesinuto* e *Berecinto* eram consagrados a *Cibele*, a mãe dos deuses. A esses tem de se acrescentar o do mesmo nome, *Cibele*, que obviamente foi consagrado a tal deusa, ou melhor, que era a própria deusa, pois a palavra *Cibele* significa, ao mesmo tempo, a *deusa* e a *montanha* desse nome, o que prova a identidade existente entre ambas. *Saturno*, pai de Júpiter, é o nome de uma montanha existente nas cercanias de Atenas, e também do Orago *São Saturnino* em Sintra, em cujo monte foi celebrada a abertura do *Ciclo de Aquarius*, às 15 horas de 28 de setembro de 2005. Segundo Justino e Rufo Festa Avieno, a montanha onde os romanos construíram o *Capitólio* também se chamava *Saturno*. De maneira que *Saturno* não era senão uma montanha antes dos lácios a confundirem com o *Cronos* dos gregos, o deus do Tempo. Os mitólogos alegoristas não tardaram em dar uma mulher a esse deus, a quem chamaram de *Rhea*, a própria Terra, mas cujo nome tão celebrado pelos poetas era igualmente o de uma montanha situada próxima de Lampsaco. Foi conveniente que ambos os deuses fossem de natureza semelhante.

Os antigos julgavam que o Monte *Atlas* e os Montes de *Argea*, de *Anazarbia*, o *Brotis*, o *Quemis*, o *Hipo*, o *Gauro*, o *Líbano*, o *Antilíbano*, o *Panion* (palavra que faz lembrar a vulgar *panteon*, ou lugar consagrado, pelos gregos e romanos, a todos os deuses ao mesmo tempo, como em nossos dias à memória dos homens ilustres, e onde se recolhem as suas cinzas), o *Peloria*, o *Ródepe*, o *Sipilo*, o *Taurus* e o *Viario* fossem montanhas divinas. Os getos adoravam a uma montanha onde residia o seu soberano pontífice, cuja altura a tornava o santuário mais venerado do país e lhe dava a consignação de *montanha santa*. Também os trácios, seus vizinhos, tiveram a sua montanha sagrada, a qual foi conquistada por Filipe, rei da Macedônia. Os gauleses rendiam culto às montanhas e sobre os Alpes edificaram os seus santuários. Veneravam a São *Gotardo* como uma das suas divindades. Nos Pirineus existiam muitas montanhas sagradas, de cujo culto se aproveitou o Catolicismo, como esse do *Caillou de l'Aragé*, situado sobre a montanha vizinha de *Heas*, célebre pelas fábulas religiosas e pelo culto supersticioso de que era objeto. Uma inscrição encontrada perto de Bagnères de Luchon e outra achada em Bakdan, nas proximidades de Bagnères de Bigorres, descrevem a oferenda de votos às montanhas, o que demonstra a existência desse culto pirenaico na Cordilheira Alpina. Os italianos adoravam ao Monte *Soracto*.

As montanhas, principalmente as limítrofes, eram preferidas para se fazer sacrifícios aos deuses: levar-lhes oferendas, dirigir-lhes orações e erigir templos e altares em sua honra. Tácito diz que, como as montanhas estão próximas ao céu, os deuses se acham em melhores condições de ouvir as preces que daí lhes dirigem os mortais. Nas montanhas é onde nascem, educam-se e manifestam-se os deuses aos homens.

Jesus pregou o Sermão mais transcendente da moral cristã em uma montanha, e a sua morte teve lugar no Monte Calvário. Encontram-se na Bíblia numerosos exemplos de altares erguidos em lugares elevados. Os altares de Betel, do Monte Galaad, de Sichem e outros mais são provas bastantes. Deus entregou a Lei a Moisés em um monte: o Sinai. Agathias exprobra, no século VI d.C., aos alemães, súditos dos francos, de adorar aos rios, às montanhas e às árvores. No século VII, Santo Eloi, bispo de Noyon, e São Gregório, papa, fazem o mesmo aos franceses. Tal fato pode ser ainda apontado noutros países possuidores das suas "montanhas místicas".

Com certeza, inspirado em todas essas coisas e em algo mais foi que o genial mitólogo e músico compositor Richard Wagner desenvolveu o seu grande drama sacro apologético *Parsifal* no *Mons Salvat*, o *Monte da Salvação*, logo, *Montanha Sagrada* que ele instala nos confins ocidentais da Europa, ou seja, SINTRA, esta a *Lusa* e *Betel* padronizada *Escada do Céu* desde a mais remota Noite dos Tempos e que os Teúrgicos e Teósofos de Portugal, sob o timão seguro de Henrique José de Souza (EL RIKE), desde há muito têm a primazia na sua conclamação, culto e defesa privada e pública, jogando nela três datas decisivas cujos acontecimentos ocorridos nelas só são conhecidos dos Irmãos Maiores ou os partícipes da Câmara Interna da *Comunidade Teúrgica Portuguesa*: 1800 – 1900 – 2005.

O termo *montanha* pode ser dividido em dois:

MON ou MONAS – com o mesmo sentido da palavra *Mônada*: *Una, Uno, Unidade*. No sistema pitagórico é a Dualidade emanada de *Monas* (Unidade), se não o *Monas* Superior e Único, como seja o Mistério da Causa Primeira que é o *Caijah*, o Espírito ou *Atmã* Universal do *Mundo de Duat*, indo assim associar *Betel* ao *Omphalo* ou Umbigo do Mundo e à própria presença nela, sob os degraus enterrados no chão da Terra Santa por Deus prometida aos homens da sua eleição, da *Shekinah* ou "Presença Real da Divindade", Morada ou Tabernáculo do mesmo Deus e seus Anjos elevado do mais profundo ao pico da mesma e edênica Montanha Sagrada, a *Har Qadim* em árabe, a qual junta a outros Montes Santos da Herança constituem-se "Presépios de Belém" destinados à natividade de uma Nova Raça Dourada ou Bimânica (*Budhi-Manas*), Crística ou Cristina por excelência destinada a povoar toda a Terra desta Nova Era de Promissão sob a égide do Rei do Mundo – AKDORGE, veste deífica de ARDHA-NARISHA-KUMARA, "O Andrógino Primordial no Meio da Riqueza" (Segundo Céu, Trono ou Logos – o CRISTO UNIVERSAL).

TANHA – "sede de viver", "apego à vida". Esse apego à vida é a causa do renascimento ou reencarnação. Pois bem, são atraídos para as Montanhas Sagradas e para os Montes Santos os que têm necessidade, sede de evoluir, perquirindo a Verdade através da dor *kármica* e do saber *dhármico*. Ora, para se subir a Montanha exige-se muito esforço e muita dor, pois não raro as quedas sucedem-se, mas também os levantares, sob o ânimo de uma vontade inquebrantável em chegar ao Pico. Sim, dor – Doutrina do Coração. Sim, ir sabendo o caminho – Doutrina do Olho.

É assim que a *Montanha* se torna símbolo de tudo quanto representa algo de positivo, solar, elevado. O simples fato de estar nela é já estar em consonância com o estado propício à elevação espiritual. Por essa razão primaz é que todas as Ordens e Movimentos de natureza Evolucional tiveram as suas fundações em uma montanha, monte, outeiro ou quaisquer outras elevações. Eis o porquê de se fazer referências respeitosas aos Montes Serrat, Tabor, Gólgota, Líbano, Meru, Moreb, Ararat, Parimã, Sintra, etc., dentre muitos outros de natureza *Jina* ou *Aghartina*, Divina.

Nesses lugares elevados escolhidos por sua biorrítmica de elevado padrão psicomental, nota-se a função da Lei da Polaridade em todos os eventos avatáricos: tudo aquilo que é da natureza do Mito Solar (Iniciação) é realizado nas Montanhas, e tudo o que é da natureza do Mito Lunar (Religião) é concretizado nas Planícies. Por essa razão a Obra Divina de JHS foi fundada na Montanha Moreb, em São Lourenço de Minas Gerais, Brasil, relacionando-se aos Mundos Interiores, *Jinas*, e só depois na planície à beira-mar, em Niterói, como Instituição de porta aberta aos *Jivas*, aos homens da face da Terra. O contrário aconteceu em Portugal com a *Comunidade Teúrgica Portuguesa*, entre 1978-1982: primeiro no espaço plano do Promontório de Sagres, e depois no espaço elevado da Serra de Sintra. Significado: fundação *Jina* de Instituição *Jiva*, e fundação *Jiva* de Obra *Jina*... Mistérios da Obra, mistérios contidos no *quem nasce em Portugal é por missão ou castigo*.

Inclusive nas proximidades da cidade do *Porto* – importante por estar em primeiro lugar no nome *Portugal* e ter sido aí que se estabeleceu pela primeira vez os contatos diretos de um escol de Portugueses com o Professor Henrique José de Souza e a Sociedade Teosófica Brasileira, de maneira esporádica nos idos de 1948-1949, passando a regular desde 1956-1957 – tem-se Gondomar e a sua Serra, e nas proximidades desta São Pedro da Cova junto a NOVA CINTRA, em alinhamento perpendicular com a aldeia de BELOI à cabeça de um aro geognoseológico cuja toponímia das localidades é deveras significativa para os entendidos nos Mistérios Sagrados dessa Obra Divina. Assim, por exemplo, aparecem povoações dotadas dos nomes seguintes: Fonte Arcada, Anho Bom, Gens (Jinas), Covelo (Cova, Embocadura), Ordins, SOUSA, Compostela, Sante, Oliveira do Arda (Ardes, Hades ou Agharta), São Miguel, São Lourenço, Serpente, Marinha (a Santa, origem de progênie lendária antediluviana, portanto, atlante), Madalena, MARIZ, São Tiago, Marmorial e JOVIM (Júpiter, Raio Espiritual do mesmo como "Jehovah Júnior"). A interpretação iniciática desses nomes bastaria para encher um livro, não de "delírio mental" ou "divagação poética" mas de *iluminação intuicional*, usando das chaves da *Teosofia* e de seu *substractum*, a TEURGIA.

Não haja dúvida de que todos os Montes, sejam ou não Santos, todos os lugares, assim como cada corpo ou objeto, possuem determinadas frequências vibratórias. Há uns com menor potencial e há outros com maior. Os de maior potencial são denominados de Sagrados, muito mais quando transmitem exteriormente as suas energias interiores como *Chakras* e *Subchakras* do Globo. Tudo o que representa valor nobre, elevado, é considerado Sagrado. O ser humano e os objetos têm maior valor pelo mais nobre e elevado que são capazes de representar e realizar.

A maioria da Humanidade e a maioria dos Discípulos ou *Munindras* estão na face da Terra mas sem deterem a posse efetiva dos seus Princípios Superiores, em formação, consequentemente, despossuem algum sentido superior permanente que lhes permita saber e constatar diretamente o que se passa nos seus Mundos Interiores e nos do Globo, dos quais aqueles são a expressão. De modo que isso conduziu à necessidade do uso de posições geográficas – dando origem à chamada *Geografia Sagrada* – para que por meio delas se saiba o que se está processando dentro de si e no interior do Globo. Por exemplo: quando se refere à Montanha Moreb tem-se em mira o que está em baixo, e não as pedras e elevações da superfície de São Lourenço. Quando se fala na Serra de Sintra, o intuito é indicar, chamar a atenção não para os seus penedos e arvoredos mas para o que existe em baixo, onde a Tradição afirma viver o verdadeiro Mistério do Santo Graal, juntamente com o da Atlântida e do Gólgota.

Isso permite afirmar que a estrutura completa de uma Montanha Sagrada, de que só se avista a metade ou a sobre a Terra, penetra o seio mesmo da Terra e tem a sua raiz no *Mundo de Duat*, no respectivo *Chakra* e *Loka* de onde o *Kumara* presidente à mesma envia à superfície o seu Raio de Vida, Energia e Consciência. Esse *Kumara* ou *Espírito Planetário*, para nós, Lusos, é *Sakiel*, apercebido como um pôr de sol purpurino detrás de uma Montanha, nesse caso, *Sintra*. Essa é a *Voz do Mundo* e *do Homem*, o seu *Chakra Laríngeo*, canal ou *vau* por onde *Kundalini* se escoa.

Assim, em relação ao *Caijah* e exprimindo o *Chakra* Laríngeo (*Vishuda*) da Terra e do Homem, *Sintra*, como *Sura-Loka*, exprime realmente a "medida perpendicular do Sol (Purpurino do Interior) à Terra (ou a sua Face)", isto é, *Metraton*.

Por essa forma, o simbolismo da *Montanha*, do *Obelisco* e da *Pirâmide* se identificam. A palavra *pirâmide*, posso revelar, deriva daquela outra aghartina *purimidah*, significativa de "medir a luz", tanto a dos Astros como a da Sabedoria, o que aliás acontece com a função das pirâmides, as quais procedem filologicamente daquele termo mas que derivou no egípcio cóptico *per* ou *pir-em-us*. Essa expressão quer dizer: "medida do fogo, do Sol para a Terra", tal qual aquele *Metraton* hebraico a que o nosso Venerável Mestre JHS deu o significado de "medida entre o Sol e a Terra".

De maneira que são idênticos os significados da *Montanha*, do *Obelisco* e da *Pirâmide*. Com efeito, se *Montanha tem o sentido de elevação*, eis o porque da TEURGIA usar essa expressão real para avaliar o estágio evolutivo da criatura humana, pois que *Montanha* é símbolo da *Evolução* do ser humano. Realmente, quando se ouve a expressão "subir a montanha", isso equivale a dizer: "ascender na Escala da Evolução", nessa mesma *Escada de Jacob*, cujos primeiros degraus se encontram enterrados nas trevas bem trevosas da Terra, do Terceiro Logos, e os últimos encobertos no esplendor do Céu, do Segundo Logos.

De passagem, em consonância com os dois últimos parágrafos, adianto ainda que em todo o Templo e Santuário consagrados, o seu ZIMBÓRIO expressa o *Cume da Montanha dentro do Templo*, ou melhor, o Templo assumido Montanha Mística, em cujo Cume ou Pico está a LUZ DE DEUS.

Consoante à Sabedoria Iniciática das Idades, já se sabe que a estrutura humana é constituída de sete Princípios de Vida, Energia e Consciência, e é pela tomada paulatina da consciência de cada um deles, determinados por um Atributo do Eterno, que se aprende, através dos sete métodos da Iniciação, os sete lances para a assunção da "Montanha Sagrada" ou "Iniciática" rumo à integração ou absorção no mesmo Eterno, Deus Único e Verdadeiro.

SCALAE DEI IN TERRAE ET COELI

LUZ DE DEUS	– ESPÍRITO	– PENTECOSTES DO ESPÍRITO NA ALMA
NOME DE DEUS	– INTUIÇÃO	– ASSUNÇÃO ESPIRITUAL DA ALMA
SENTENÇA DE DEUS	– MENTE SUPERIOR	– RESSURREIÇÃO ESPIRITUAL DA ALMA
VONTADE DE DEUS	– MENTE INFERIOR	– CRUCIFICAÇÃO PSICOMENTAL NO CORPO
REALIZAÇÃO DE DEUS	– EMOCIONAL	– TRANSFIGURAÇÃO DA ALMA NO CORPO
EXPANSÃO DE DEUS	– VITAL	– BATISMO PROBATÓRIO DA ALMA NO CORPO
TRONO DE DEUS	– FÍSICO	– NASCIMENTO DA CONSCIÊNCIA ESPIRITUAL

O método cristológico onde se encontra a noção da "Escada Mística" que leva à Iluminação Espiritual, chamado em grego de *clímax*, encontra-se nos Padres Apostólicos da Igreja, discípulos nomeados pelos próprios 12 Apóstolos do Cristo, assim mantendo a Sucessão Apostólica ao mesmo tempo que a perpetuidade do método de Iluminação, principalmente em São João Clímaco, a quem deve o sobrenome. Para ele, trata-se de uma cuidadosa gradação dos exercícios espirituais, galgados degrau por degrau. "Desse modo se chegará – diz São Simeão, o Novo Teólogo – a deixar a Terra para subir ao Céu". E Santo Isaac, o Sírio, desfeche: "A escada desse reino está escondida dentro de ti, na tua alma. Lava-te, pois, do pecado, e descobrirás os degraus por onde subir".

Esse último trecho identifica-se com justa inteireza ao que Helena Petrovna Blavatsky escreveu na *Voz do Silêncio* ou *Livro dos Preceitos Áureos*: "Que tua Alma dê ouvidos a todo o grito de dor como a flor de lótus abre o seu seio para beber o sol matutino. Que o sol feroz não seque uma única lágrima de dor antes que a tenhas secado dos olhos de quem sofre. Que cada lágrima humana escaldante caia no teu coração, e aí fique; nem nunca a tires enquanto durar a dor que a provocou. Essas lágrimas, ó tu de coração tão compassivo, são os rios que irrigam os campos da caridade imortal. É a semente da libertação do renascer. A escada pela qual o candidato sobe é formada por degraus de sofrimento e dor; estes só podem ser calados pela voz da virtude. Ai de ti, pois, discípulo, se há um único vício que não abandonaste, porque então a escada abaterá e far-te-á cair; a sua base assenta no lodo profundo dos teus pecados e defeitos, e antes que possas tentar atravessar esse largo abismo da matéria, tens que lavar os teus pés nas águas da renúncia. Longa e fatigante é a senda ante ti, ó discípulo. Um único pensamento a respeito do passado que abandonaste puxar-te-á para baixo, e terás novamente de começar a ascensão. A Luz do único Mestre, a única, eterna Luz dourada do Espírito, derrama os seus raios fulgurantes sobre o discípulo desde o princípio. Os seus raios atravessam as nuvens espessas e pesadas da matéria".

Para que o discípulo fosse conquistando paulatinamente a consciência plena do seu Eu Superior de maneira a tornar-se autônomo, independente como Adepto, o seu Mestre aplicava o crivo apertado e austero do método universal de Iniciação Real: de uma primeira fase cordial passava a uma outra fase aparentemente desdenhosa, crítica de preceitos e usos incorretos até aí questão de "fé inquestionável" para o discípulo, assim se tornando para ele o período desinteressante, mas assaz perigoso por o poder levar a desistir antes de verdadeiramente começar a trilhar o Caminho da Verdadeira Iniciação... Apenas os que estão na Verdade ou muito próximos dela possuem amplitude suficiente para apresentar as pistas falsas na vereda para Ela, entremescladas às verdadeiras, de maneira que o discípulo aprenda a separar "o irreal do real, a mentira da verdade, o falso do verdadeiro", e assim, o discípulo incauto se confronte com o seu próprio erro, que é, antes do mais, triplo como tudo na vida: em primeiro lugar, a vaidade, o querer-se superior aos demais, pretensão inglória que o Mestre lhe demonstrará não raro por dolorosas desilusões; em segundo, a pressa de chegar a algum lado, o querer saber tudo para tudo saber e egoisticamente impor aos demais como um "sábio da Grécia", intenção que também lhe será esboroada pelo mestre ou professor, e a qual também implica, não raro, o colecionar de troféus, distintivos, insígnias e outros objetos ostensivos de vaidade entremesclada à superstição, demonstrativos da sua pouca maturidade interior; e, em terceiro, o hábito de não pensar por si mesmo, deixando aos outros a destreza de manipulá-lo e, também não raro, confundi-lo e arrastá-lo à perdição definitiva no imenso limbo do erro em desfavor completo da Verdade, esta que implica sempre trabalho de autoaperfeiçoamento pela Vontade, Sabedoria e Atividade, visto ninguém poder evoluir por alguém. Essa é a fase em que o discípulo, curioso e incauto, já tendo obtido muito mas ainda assim sempre insatisfeito, decerto por não ter assimilado e integrado em sua consciência e viver esse mesmo obtido, deseja, exige mais do Mestre, e na qual este não só exerce uma crítica construtiva cerrada sobre tudo e todos como também se recusa a avançar mais, permanecendo em uma rotina aparente, monótona e cinzenta... própria para desistentes... os que, de Deus Interior adormecido, mantêm-se na observação de defeitos em tudo e em todos mas nada fazendo para transformar os seus próprios, na mais sublime prática da *Teurgia*, que começa justamente pelo aperfeiçoamento pessoal, nas kumáricas palavras do misterioso Lorenzo Paolo Domiciani.

Vencidos esses obstáculos – quando vencidos... – o Mestre começa a mostrar a sua face mais íntima, não antes do discípulo habituar-se a respeitá-lo e reconhecê-lo. Irá encontrar nele uma inteligência vivíssima a par de um coração compassivo, um Ser adorável e belo. E é assim que *o verdadeiro discípulo se faz à semelhança do Mestre.*

Nisso consiste a Iniciação Avatárica, a Metástase da própria Iniciação Teúrgica, esta intimamente ligada à Nova Civilização do Ciclo de Aquarius, aquela relacionada com a intemporalidade dos Supremos Mistérios dos Oitavos Seres, os *Avataras*... expressando a Suprema Neutralidade! No Mestre Verdadeiro vibram sempre, nítidas e alternadamente, essas duas faces do indivisível Oitavo: uma como Quinto ou Sábio, o Senhor da Civilização, do Conhecimento Humano que se aprofunda e se transforma dentro da Mente Universal; outra como Sexto ou Amoroso, como Sopro Incessante emanado da Cidade Eterna, *Shamballah*. Todo o Mestre Verdadeiro cultiva e vivencia essas duas faces e as ministra aos que dele se acercam, consoante às suas potencialidades e realizações, transformações, ou Iniciação Real.

Sem esse método universal de Iniciação e levando as coisas para a Obra Divina do Excelso EL RIKE, acontece, como se diz na gíria popular brasileira, resvalar inevitavelmente para a condição improdutiva – egoísta, fanática e beata mas sempre *cega* ou vazia de consciência superior – de "puxa-sacos" e "vaquinhas de presépio". Por isso dizia o saudoso Sebastião Vieira Vidal: "Sim, muitos falam Dele, mas nem todos possuem o sinete JHS gravado na fronte!", dando prosseguimento às palavras anteriores do mesmo EL RIKE (JHS): "Nem todos os que aqui estão [na Instituição] são [da Obra], e muitos dos que não estão, são!".

Ante tudo isso e para que os seus afiliados também pudessem ascender na Escala da Evolução Universal, e esse foi o propósito principal da sua fundação em 1717, igualmente a Maçonaria Escocesa comporta no seu *corpus* simbólico a *Escada*, esta que está logo ao início do seu compósito hierárquico, ou seja, no painel do Primeiro Grau de Aprendiz. É aqui que a Escada representa as três virtudes cardeais ou graças a que o Maçom deve ir subindo, paulatinamente tomando posse inteira das mesmas, assumindo-as em sua consciência como estados gratíficos que o farão, em boa verdade, um genuíno Construtor de Templos da Alma: a *Fé*, representada pela *Cruz*, no Segundo Grau de Companheiro; a *Esperança*, assinalada pela *Âncora*, no Oitavo Grau de Intendente das Construções; e a *Caridade*, apontada pela *Taça*, no 14º Grau de Grande Eleito da Abóbada Sagrada.

A Fé não é crença, pois quem crê também descrê, é antes de tudo tomada da Consciência Verdadeira e entrega incondicional à mesma, sendo assim produto de anos, e até vidas, de amadurecimento interior pela sabedoria do sofrimento e pelo amor da entrega. Com Fé nunca se perde a Esperança, e havendo Esperança há sempre Caridade ou Amor incondicional.

Há nesses três Graus citados a referência numérica à *Torre* do Arcano 16, quando se soma e reduz os seus valores: $1 + 4 = 5 + 8 + 2 + 1 = 16$. Tal como na *Escada* também na *Torre* se sobe e desce, em uma espiral de demanda que vai bem com a "Rebeldia Celeste", aqui sendo o esforço do próprio Homem na conquista da Divindade, possuído de Fé na Esperança da Sua Caridade ou Amor tornar a ele também Divino. Essa Torre, idealmente, tal qual o ideal de sete graus para a Escada, deverá ter sete lances, e assim o $1 + 6 = 7$ finda determinando o "Vencedor"... do Ciclo de Necessidade.

Símbolo precioso de ascensão e descensão, evolução e involução, a Escada de Jacob indica maçonicamente o "Caminho da Perfeição", conceito integrado e completado por esse outro litúrgico: o "Caminho Sagrado para Deus". Ambos os designativos significam o mesmo: o Caminho da Verdadeira Iniciação, que cada um deve palmilhar por seus próprios esforços, e todos quantos no mesmo estão, subindo degrau a degrau, comutando as carências uns dos outros no espírito permanente e fraternal de entreajuda.

Na Maçonaria Escocesa há três tipos de Escada: a já assinalada *Escada de Jacob*, figurando emblematicamente no painel de

Aprendiz, de maneira a lembrar as sete virtudes fundamentais que todo o Maçom deve cultivar logo desde o início: Temperança (Tolerância), Prudência (Descrição), Justiça, Fortaleza da Alma, Fé, Esperança e Caridade.

Segue-se a *Escada de Mestres*, possuída de dois lances de cinco degraus, cada um representando cinco virtudes como desenvolvimento daquelas outras iniciais: Temperança, Discrição, Franqueza (Sinceridade), Clemência (Piedade) e Candura (Doçura d´ Alma). Os dois lances de cinco degraus significam as virtudes da Alma (lance superior) transformando as faculdades do Corpo (lance inferior), cada uma a ver com um dos cinco "elementos sutis da matéria" (*tatvas*), afligido positivamente por ela e que torna o Peregrino da Vida um Homem Sábio, aqui, um verdadeiro Mestre Maçom.

⬇ÉTER (AKASHA)   – AUDIÇÃO   – CANDURA
   AR (VAYU)   – OLFATO   – CLEMÊNCIA
   FOGO (TEJAS)   – VISÃO   – FRANQUEZA
   ÁGUA (APAS)   – PALADAR   – DISCRIÇÃO
   TERRA (PRITIVI) –TATO   – TEMPERANÇA⬆

Por fim vem a *Escada Misteriosa* do 30º Grau *Kadosh*, a do "Consagrado" ou Grande Eleito, a qual expressa a Assunção da Alma Eleita graças às *skandhas* ou virtudes desenvolvidas servindo-lhe de aeróstato espiritual para chegar ao Mundo do Deus Vivo, Único e Verdadeiro. Aí, em seu imo profundo após ter desenvolvido o caráter pela mais dilatada moral – não a castrante e puritana que faz do homem escravo de si mesmo, mas essa nascida da compreensão das causas suscitadoras dos efeitos e que, naturalmente, sem imposição de espécie alguma, faz a criatura casta e pura –, torna-se ciente da Sabedoria Divina, e, qual Bodhisattva Compassivo ou verdadeiro Cristo (assim deve ser o *Kadosh*), volta a descer ao mundo dos homens portador da mais vasta cultura que lhes revela através de sete ciências tradicionais em que se compõe o *trivium* e o *quadrivium*, indispensáveis para compassar e esquadrar com justeza e perfeição o *cardus* e o *decumanus* do Novo Edifício Humano nesta Nova *Betel*, Casa de Deus, que é esta Terra Aquariana em que tudo e todos vivem, na dinâmica permanente da Marcha da Evolução sempre avante.

```
                CORAGEM      ASTRONOMIA
              SINCERIDADE      MÚSICA
            PRUDÊNCIA         GEOMETRIA
          TRABALHO            ARITMÉTICA
        DOÇURA                 LÓGICA
      PUREZA                   RETÓRICA
    JUSTIÇA                    GRAMÁTICA

   (CARÁTER – EMOÇÃO)        (CULTURA – MENTE)
   JUSTUS                     PERFECTUS
```

Para se tomar posse efetiva e integral da *Escada da Verdadeira Iniciação*, aliás iconografada tanto em Igreja quanto em Loja – jamais devendo esquecer-se que sobretudo O TEMPLO É LUGAR DE REALIZAÇÃO, NÃO DE RELIGIÃO –, ou seja, para unir o Celeste ao Terrestre, o Superior ao Inferior, o Segundo Trono ao Terceiro Trono ou Logos, a Alma ao Corpo, para que se manifeste o Primeiro Trono como Espírito do Homem e do Mundo, o ser humano em evolução precisa escalar, atravessar os sete estados de consciência afins à sua natureza inteira. Esses sete estados mais os cinco atributos em pleno funcionamento (equivalentes aos cinco sentidos e os cinco *tatvas*) formam o grupo de *12 skandhas*, as virtudes cardeais ou tendências superiores, positivas gravadas na "Flor de Ouro", mais duas ocultas (representadas nos 14 degraus da *Escada Kadosh*), formando na realidade as 14 "pétalas" do Centro Vital Cardíaco (*Anahata Chakra*).

Segundo a Tradição Iniciática, esses cinco atributos são:

RUPA: Forma.
VIDÂNA: Percepção.
SANJNÂ: Consciência.
SANSKARA: Ação.
VIDYÂNA: Conhecimento.

Os sete estágios ou estados de consciência, são:
1º ESTÁGIO – SHUBAICHA – MENTAL CONCRETO:
– Quando se adquire um Mental capaz de investigar.

2º ESTÁGIO – VISHRANA – MENTAL CONCRETO-Abstrato (MANAS TAIJASI):
– Quando se estabelece a ruptura com o Passado.

3º ESTÁGIO – TANU-MÂNASI – MENTAL ABSTRATO:
– Quando se perde a "muleta" do Mental Concreto e se adquire o Mental Abstrato. Nesse estado, a Mente fica mais livre e pode dominar os seus *vrittis* ("turbilhões *kama-manásicos* ou psicomentais") e pensamentos, apercebendo a Onipresença do Eterno.

4º ESTÁGIO – SATTVÂPATTI (GRAU DO ARHAT OU CHRESTUS) – MENTAL ABSTRATO-BÚDHICO (BUDHI TAIJASI):
– Quando *Budhi* (Intuição) está atuando e se alcança a Onisciência de Deus. É o grau mais elevado que o Homem pode alcançar nesse Ciclo de Evolução. A seguir corta todos os liames kármicos à Cadeia Planetária ou Manifestação Terrestre, podendo ou não, conforme queira, passar a auxiliá-la em sua Evolução, já como Adepto Real ou *Mahatma*.

5º ESTÁGIO – ASSANSHAKTI BUMIKA – BUDHI-ATMÃ:
– Quando a Consciência Búdhica está focada no Plano Átmico (Espiritual), tomando noção da Onipotência do Eterno, logo tornando-se senhora dos Três Aspectos Divinos.

6º ESTÁGIO – PADÂRTHA BHÂVÂNA – ATMÃ:
– Quando se descobre ou revela a Palavra Perdida, o Nome de Deus, logo o seu próprio Nome, porque Dele é partícula individualizada (*Jivatmã*, "Vida-Consciência") – os três primeiros sons que deram origem ao Universo e ao Homem.

7º ESTÁGIO – TURYAGA-BUMI – ANUPADAKA:
– Quando o discípulo já é Adepto, estando integrado em sua Mônada Divina (*Anupadaka*), consequentemente, na Mente Universal (*Mahat*). Daqui em diante o Adepto pode desaparecer no Espaço Sem Limites ou prosseguir no Espaço Com Limites em qualquer dos sete caminhos operáticos tradicionais, um deles o de ajudar os seus irmãos em Humanidade no impulso da Evolução.

Tudo o dito revela-se claro no trecho seguinte, respigado na obra literária depositada na Biblioteca do *Mundo de Duat*:

"LIVRO *SUTRA DHARMA* –... Os dois existem: um como Espírito e outro como Matéria... Nenhum dos dois se entende, porque um anda em busca do outro! O que está em baixo, nunca sobe... o que está em cima, desce sempre para salvar a sua sombra, sob a tutela do Divino... A um sobra esta parte; ao outro, esta falta. O Mundo caminhará às tontas, até que Deus se faça uno com ele!..."

Resta fazer o bom voto que um e todos iniciem em si mesmos, quanto antes, seja o descobrir ou o assumir da sua *Scalæ Coeli*, começando a escalada da sua assunção a fim de resolver-se de vez o problema magno até ao momento afligindo aos mesmos um e todos: o da FELICIDADE HUMANA.

OBRAS CONSULTADAS

Bíblia Sagrada, traduzida em português segundo a Vulgata Latina pelo Padre António Pereira de Figueiredo. Da edição aprovada em 1842, pela Rainha D. Maria II com a consulta do Patriarca Arcebispo Eleito de Lisboa. Depósito das Escrituras Sagradas, R. das Janelas Verdes, 32, Lisboa, 1911.

J. Pinharanda Gomes. "Génese e percurso da Cartuxa de Évora". In: Separata de *Eborensia*, revista do Instituto Superior de Teologia de Évora, Ano XV, nº 29, 2002.

Jorge Adoum. *A Magia do Verbo ou o Poder das Palavras*. Porto Alegre: Edição Fundação Educacional e Editorial Universalista (FEEU), 1975.

_____. *A Gênese reconstruída*. Porto Alegre: Edição FEEU, 1980.

René Guénon. *O Rei do Mundo*. 2. ed. Lisboa: Editorial Minerva, 2ª edição, 1978.

Jean Chevalier e Alain Gheerbrant. *Dicionário de Símbolos*. Rio de Janeiro: José Olympio Editora, 1990.

J. M. Ragon. *La Misa y sus Misterios (comparados con los Misterios Antiguos)*. Sevilla: Muñoz Moya y Montraveta Editores, 1984.

H. P. Blavatsky. *As Origens do Ritual na Igreja e na Maçonaria*. São Paulo: Editora Pensamento, 1972.

_____. *A Voz do Silêncio (e outros fragmentos extraídos do Livro dos Preceitos Áureos)*. Versão portuguesa de Fernando Pessoa. Rio de Janeiro: Editora Civilização Brasileira 1969.

Mário Roso de Luna. "O Tibete e a Teosofia – Os Shamanos do Gobi e de outras partes". Revista *Dhâranâ*, ano VIII nº 7, julho a setembro de 1933,

Henrique José de Souza. *Interpretação Teosófica Marajoara*. Revista *Dhâranâ,* ano XI, nº 91-94, janeiro a julho de 1937.

Livro de Hinos da Ordem do Santo Graal. São Lourenço (MG): Edição Interna, 1986.

Os Atributos da Alma Humana – I, apostila nº 16 do Grau Astaroth da Comunidade Teúrgica Portuguesa.

Da Montanha ao Caijah, apostila nº 89 do Grau Munindra da Comunidade Teúrgica Portuguesa.

Vitor Manuel Adrião *Dogma e Ritual da Igreja e da Maçonaria*. Lisboa: Editora Dinapress, setembro de 2002.

Vitor Manuel Adrião. *A Ordem de Mariz, Portugal e o Futuro*. Carcavelos: Editorial Angelorum, 2006.

Capítulo XXXI
O Mistério da Merkabah

Sintra, 28 de setembro de 2008

A Graça Gloriosa de Deus faz-se efetiva Presença Real na Terra (*Shekinah*) por meio da Obra do Eterno (*Teurgia*) que é a mesma *Merkabah*.

"Carro de Apolo, Helius ou Elias", figuração de SURYA o Logos Solar manifestado no seu Universo, tanto neste como na sua parcela sideral, a Terra, a OBRA DO ETERNO, a MERKABAH, não para nunca o seu rodar na Roda ou Ronda da Evolução Planetária, mesmo com os desaires acontecidos nesta *Magnus Opus* do Deus AKBEL, expressão direta do mesmo ETERNO ou oitavo Logos na Terra. Ela não parou há dois mil anos com a Tragédia do Gólgota, mesmo tendo recuado do Médio para o Extremo Oriente, para em seguida, no ano 989 d.C., ter se impulsionado para o Extremo Ocidente da Europa (*Portugal*) e após para o Extremo Ocidente do Mundo (*Brasil*).

Sim, a MERKABAH locomoveu-se do Oriente para o Ocidente, inaugurando em 1924 o Ciclo do EX OCCIDENS LUX, com a transladação da Grande Loja Branca dos BHANTE-JAULS dos recônditos reservados do norte da Índia e do Tibete para essas partes ocidentais do Mundo indo intensificar o tear da Raça Futura, *Ibero-Ameríndia*.

Esse termo caldeu, *Merkabah*, *Mercabah* ou *Merkavah*, significa literalmente "carro", ou seja, expressivo de mobilidade. É o nome de uma das escolas mais antigas do povo de Israel, desenvolvendo-se pelas narrações do primeiro capítulo do *Livro de Ezequiel*. A literatura da *Merkabah* não é das mais vastas, e além desse Livro também é representada pelas *Hekhalot*, Grande e Pequena, encontrando-se também alguma coisa, de grande valor esotérico, na literatura apócrifa, principalmente no *Livro de Enoch*.

Efetivamente, a *Merkabah* é a primeira mística judaica, a primeira série religiosa secular, mas não trata da contemplação concentrada sobre a verdadeira natureza de Deus, antes, da sua aparição sobre o Trono, tal como é descrita pelo Profeta Ezequiel, sendo o tema predileto das suas divagações o conhecimento dos Mistérios do Mundo Celeste. O Trono representa para o místico judeu o mesmo que a Esfera ou *Sephiroth* fulgurante da Divindade (IHVH, *Iod-He-Vau-He* ou *Jehovah*, expresso pelo *Totreossyah* ou TETRAGRAMATON), cercada pelos Éons, Arcontes, Dominações, etc. (Hierarquias Criadoras), significava para os antigos gnósticos e hermetistas. O Trono preexistente de Deus, que contém e ilustra todas as formas da Criação, é o tema e o fim da visão mística.

Por isso os rabinos iniciados na Tradição velada ou *Kaballah* (que também significa "Livro cerrado") afirmam que o Ser Supremo, o Logos Criador do Mundo, após ter estabelecido os dez *Sephiroths*, Esferas ou Planos de Evolução da Vida e da Consciência (que na sua totalidade perfazem *Adam-Kadmon*, o segundo Logos Planetário como Homem Arquetipal ou Celeste) utilizou-os como "Carro" ou "Trono de Glória", para descer com ele sobre as almas dos homens. Para que a sua série religiosa secular alcançasse o fim místico proposto, deram-lhe o nome de *Merkavah*, isto é, o corpo exterior, o "veículo" ou a coberta que encerra a Alma oculta, ou seja, a sua Ciência secreta mais elevada.

A figura dominante da MERKABAH é METRATON (de *Meta* ou *Metra+Aton*, a "Medida Perpendicular do Sol à Terra"), associado a MIRRAÏL ou MIKAEL, o mesmo Arcanjo MIGUEL na sua função medianeira, psicopompa entre o Espaço Sem Limites e o Espaço Com Limites, o que vai identificá-lo ao mesmo Deus, Logos ou *Ishvara* de Mercúrio, AKBEL, possuído de funções idênticas às de MIKAEL ou METRATON. Com efeito, este antecede YAHOEL, que é dizer, o próprio JEHOVAH ou SANDALPHON como "Anjo" ou Logos da Terra iluminada por Ele mesmo cuja Luz Vital recebe, por seu turno, do Homem Cósmico ou Solar, o ETERNO. É assim que entre os Logos Solar e Terrestre está METRATON na função de medianeiro, à guisa de "Tubo Cósmico" veiculador da Energia Celeste (*FOHAT*) a animar a Terra, e a Energia Planetária (*Kundalini*) volver ao Alto pelo mesmo "Tubo".

METRATON, o cabalístico "Príncipe das Duas Faces" (uma risonha voltada para o Céu, e outra tristonha contemplando a Terra, estando de permeio entre os dois Mundos por estar no segundo Trono), é a Inteligência Cósmica (MAHAT) da primeira *Sephiroth* ("Kether", a "Coroa" associada na geografia mística do Homem ao *Chakra Coronal*), Plano do Pai, e o pressuposto Guia de Moisés tendo se manifestado protetor ao povo hebreu, nas margens do Mar Vermelho, como uma *Coluna de Fogo*. O seu número cabalístico é o 314 e cabe-lhe o mesmo título de *Todo-Poderoso*, isto é, SHADAI, por ser o mais próximo da Divindade, como o próprio nome grego *Metathronon* o diz: "junto ao Trono".

METRATON é quem dá a luz da visão da MERKABAH, "Carro de Ouro, Solar" ou Trono da Glória, à alma do homem iluminado, o de consciência expandida até ao Plano do Espírito Puro (ÁTMICO), onde toma acesso às Revelações ou Ciência Divina do Logos para o momento cíclico em que está. Com tal Sabedoria Secreta os cabalistas judeus retratam os seus cânones ou aspectos magisteriais e doutrinais sob a forma simbólica de "Medidas do Corpo de Deus" (SHIUR KOMA).

Afastado o Véu de SHOMA (o do *Éter Universal*, *Akasha Superior* ou *Além-Akasha*) que esconde o TRONO DE DEUS, finalmente o Iluminado pode contemplar face a Face a própria Divindade que lhe revelará os Mistérios do Universo, dos Deuses, da Terra, do Homem e de todas as criaturas viventes, assim igualmente passando a saber a história verdadeira de todos os Santos e Sábios (Adeptos Perfeitos de todos os Graus), e como tudo isso irá nortear a sua vida futura.

A tradição mística da MERKABAH acabou dando azo à aparição do Messianismo, tão caro à religião judaica, mormente nessa parte da Península Ibérica através dos solares *Sefarditas*, opostos dos *Askenazis* lunares, estes de Jehovah, aqueles de Adonai.

Um ponto de diferenciação da mística da MERKABAH e da ciência da KABALLAH, encontra-se na concepção da Criação. A MERKABAH não se preocupa com a explicação metafísica, apenas se fixa na descrição do fato. A KABALLAH tem finalidades teóricas, para ela a metafísica é fundamental. Todavia, a encontrar alguma tentativa de explicação metafísica é sempre na MERKABAH, pois que esta é o "Veículo da Inteligência Superior", ou seja, da "Ciência Iniciática mais elevada"... e profunda, por estar no próprio Logos no Centro da Terra, como Quarto dentre os Sete Luzeiros (*Elohins*, *Ishvaras*, *Dhyan-Choans*, enfim, *Logos Planetários*) das sete Cadeias Planetárias (simbolicamente, "Rodas" do "Carro" ou Dinâmica da Evolução Celeste, Humana e Terrestre) que o Universo tem, e todos em volta do Oitavo Logos Solar.

A ver com tudo isso, diz a obra secreta reservada na Biblioteca do *Mundo de Duat (*a *Cidade Luz, Azul*, da Kaballah Sefardita, cor que por causalidade veio a dominar o pano da atual bandeira de Israel, o que vai bem com o *Duat* e a projeção de *Rajas* ou *segundo Trono* nele através do *sexto Luzeiro*, de onde o sentido oculto da presença central do *hexalfa* na mesma bandeira), o *LIVRO DA RODA*:

"Três Rodas giram em torno da Quarta, que está na penumbra do Espaço. Elas, ao todo, são Sete. Quando a Roda da Vida parar diante do ponto em que ficou no Espaço, a Quinta Roda virá juntar-se ao Mistério, auxiliada pelas outras Duas. O Hálito continuará a soprar não mais sobre Três ou Quatro mas Cinco, com as sombras das outras Duas."

Que é dizer, quando a atual quarta Cadeia terminar o seu ciclo, a quinta Cadeia iniciará o seu período, trazendo consigo o auxílio superior das restantes duas Cadeias de Mercúrio e de Júpiter. Hoje mesmo e nesse sentido, já a nossa Cadeia Terrestre igualmente recebe a influência superior da imediata Cadeia de Vênus, por isso que esse planeta é o *alter ego* da Terra.

Assim, nesse QUADRADO ou *CARRÉ* que é a TERRA ou a sua QUADRATURA manifestada com o seu LOGOS ao Centro (*Sol Central*, *Salém* ou *Shamballah*), só podia ser o "compasso quaternário" a marcar toda a Vida no Globo, dos seres ínfimos aos maiores. Estando o Divino Logos ao Centro, então se eleva da Terra ao Céu, ao Sol Espiritual (*Surya*, *Helius* ou *Elion*, de onde deriva o nome *Elias*, também este arrebatado ao Céu em um "Carro de Fogo", isto é, Iluminado na Sabedoria Divina passando a ter acesso pleno aos Mistérios Espirituais mais elevados) como uma Quinta Coisa figurada "piramidal" mas, em verdade, sendo o TUBO CÓSMICO (assinalado pelo eixo terrestre) prefigurado pelo METRATON, com o segundo Trono em Cima e o terceiro Trono em Baixo, penetrando pelo Polo Norte (*FOHAT*, Fogo Frio Elétrico) e saindo pelo Polo Sul (*Kundalini*, Fogo Quente Eletromagnético) do Corpo do Homem Primordial da Terra (ADAM-KADMON), assim se desvelando as suas três principais medidas (SHIUR): Polo Norte = Cabeça; Equador = Coração; Polo Sul = Ventre.

A MERKABAH ou "Ciência Iniciática das Idades" em sua mobilidade cíclica animando o ITINERÁRIO DE IO, a Mônada Peregrina, é assim descrita com a maior clareza possível pelo Professor Henrique José de Souza (JHS) nas suas *Cartas-Revelações* de 7 e 8 de julho de 1941, dando a confirmação que faltava à assertiva *EX OCCIDENS LUX*:

"KABALLAH, KAB-ALLAH ou a 'Voz de Allah', etc, MERKABAH ou MER-KA-BAH, o Carro Alado, o Carro de Fogo, a 'Voz de Mercúrio', etc., Carro, Carré ou Quadrado. A *Merkabah* na face da Terra é o nosso próprio Apta, a Obra. No meio da Terra, o Sistema Geográfico, ao mesmo Apta subordinado, e no debaixo, a terceira *Merkabah* ou Shamballah, cuja expressão externa é a sétima Cidade ou o Governo Geral Aghartino, em mão de Akdorge."

Tudo isso está interligado, como uma só MERKABAH em essência e três na manifestação: Shamballah (primeira Merkabah) projeta-se, por intermédio da sétima Cidade de Agharta, em Duat (segunda Merkabah), onde está a Raiz do Tronco do Sistema Geográfico Internacional, por seu turno fixada e florescida sobre a Terra pela Obra de JHS (terceira Merkabah), sim, a expressão humana do Anjo da Palavra AKBEL, o Deus Mercúrio Intérprete da Voz de Deus.

Eis aí a *Sabedoria da Arca* ou *Agharta* (MERKABAH) para esse Novo Ciclo, *Novus Phalux* ou o próprio PRAMANTHA, para que a Humanidade Eleita – por seus próprios méritos – possa contemplar as "novas" Glórias reveladas do Criador, "assentado" (quadrado) no Centro do Globo Mundi (círculo), sim, Ele em seu TRONO DE DEUS.

Corroborando o assinalado nos dois últimos parágrafos, tem-se as palavras misteriosas mas cuja sabedoria cala fundo nas mentes e nos peitos dos verdadeiros *Kadosh* ou *Munindras*, respigadas do Livro *Estrela Flamejante*, do Insigne Adepto Fra Diávolo, pertencente aos acervos reservados da Biblioteca do Mundo de Duat:

"Quando o Pentalfa se transforma em Hexágono no Peito do Amoroso e é visto pelos Seres privilegiados, é sinal certo do término de um Ciclo. E todos os presentes ficam como Ele, iluminados no peito. Em cima, no meio e em baixo tudo se transforma, por ser a mesma coisa, tal como acontecerá no fim. Tudo isso indica que os Tempos são chegados. A Pomba do Espírito Santo já se terá manifestado antes.

Nesse dia santificado pelos Deuses, a própria Merkabah tomará outra forma. A Palavra Sagrada estará por baixo do Hexágono do Grande Espelho do Supremo Arquiteto e vibrando no Peito do Pai e do Filho (AKBEL e AKDORGE). Em um, a Luz Divina será verde; no outro, vermelha... como a do Sangue do Cristo, jorrando do seu Coração.

A Coroa de Espinhos, solar, será mais ampla e mais luminosa, vibrando, entretanto, no Trono Celeste. O Sol de 32 Raios se confundirá com o outro de cima. Os mortos desse dia, como dizem as tradições do Ciclo, serão salvos, mesmo que criminosos, do mesmo modo que os seus assassinos. No entanto, nessa Hora, que é a da aproximação do Julgamento (Universal), Ele próprio, o Senhor dos Berços e dos Sepulcros, ficará entre a Vida e a Morte. E todos ouvirão os Anjos entoando os Cânticos Celestes."

Falando de *Merkabah* contida na *Tebah* ou *Arca da Aliança* de Deus com o Homem, através da Assembleia dos Santos e Sábios assistentes de *Israel* (os da "Realeza de Ísis") que é símbolo da *Nova Terra*, como sejam os *Kadosh* ou "Consagrados" *Bhante-Jauls*, "Irmãos de Pureza" constituintes da Confraria Branca, temos de imediato o simbolismo da Arca bíblica transposto para a atual orgânica ritualística dos *Munindras* ("Pequenos Sábios" ou *Munis de Indra*, por conseguinte, discípulos dos *Bhante-Jauls*) da Obra do Eterno, correlacionada à própria *Agharta*, como a maior de todas as Barcas, Arcas, etc.

TRONOS
(SENHORES DO PODER)
ATIVIDADE UNIVERSAL

SERAFINS
(SENHORES DO AMOR)
TRIBUTÁRIOS

QUERUBINS
(SENHORES DA SABEDORIA)
TEMPLÁRIOS

Quem manifesta a MERKABAH na Terra? A SHEKINAH! Quem é SHEKINAH? O próprio ASPECTO FEMININO DA DIVINDADE!

É aqui que entra o Aspeto Atividade Universal do Logos Eterno no ato de Criação, que por sua função similar à da Mulher em gestação foi pelos antigos Iniciados ligado ao Aspecto Maternal de Deus, à *Mãe de Deus* assumida *Espírito Santo* no ato de se mover sobre as "águas etéricas" do *Além-Akasha* antes da Criação, para logo "soprar" ou "alentar" a mesma como o Espírito de Deus portador do *Hálito Divino* (o que todo o Sacerdote da *Ordem do Santo Graal* repete ao soprar sobre o Fogo Sagrado), ato primordial, de gênese universal que leva o nome hebreu *Meracha Phath*.

A doutrina oculta da *Shekinah* para os hebreus, ou *Sakinah* para os árabes, tem o seu principal ponto de referência no Antigo Testamento nas passagens onde se trata da instituição de um centro religioso e espiritual: a construção do Tabernáculo, a edificação dos Templos de Salomão e de Zorobabel. Tal centro, constituído em condições regularmente definidas, devia ser efetivamente o lugar da Manifestação Divina, da "Presença Real de Deus", *Shekinah*, sempre representada como "Luz" (*Domus Lucis, Portae Lucis, Portus Lux*). É curioso observar que a expressão "mais iluminada e mais regular" que a Maçonaria tem conservado parece ser a memória da antiga Ciência Sacerdotal que presidia à construção dos Templos, o que, de resto, não era exclusividade particular da Raça de Judah. Na *Shekinah* está a causa da *Influência Espiritual* presidindo a todas as modalidades de Iniciação e Iluminação. Ainda que a Igreja Cristã lhe chame *Bênção*, o sentido exato é *Influência Espiritual*, como se traduz no termo hebraico original, *berakoth*, e no árabe *barakah*.

Mas é o *Sepher-Ha-Zohar*, obra do rabino ibérico Moisés de Leon (século XIII), quem aprofunda e explana mais a doutrina oculta da *Shekinah*. Toda ela se inscreve em uma *Fede de Amor* em referência ao amor do Homem por Deus e ao sentimento recíproco da Divindade. Aí postula-se a identidade entre o temor de Deus e o amor mais puro, traduzido como fé. O *Zohar*, na descrição da longa viagem que a alma executa ao deixar o corpo, fala na assunção da mesma na sua peregrinação até ao "Palácio do Amor", onde a alma deixa cair o último véu ao apresentar-se diante do seu Mestre, ou seja, atinge o derradeiro e supremo estado de Consciência Espiritual. Para Moisés de Leon, só houve um que enquanto vivo na Terra mostrou-se ligado à Presença Real de Deus, à *Shekinah*: o Patriarca Moisés. Deste, e unicamente deste, é dita a sentença: "Esteve unido intimamente com Shekinah". Pela primeira vez, a união mística entre o mortal e o imortal foi representada em termos de casamento terreno.

É por isso que o mistério do sexo desempenha um papel importantíssimo na Kaballah. O mistério da existência humana, para a Kaballah, é um símbolo do amor entre o "EU" Divino e o "TU" Divino, o Santo… bendita seja a sua *Shekinah*! A união do Rei e da Rainha, do Esposo e da Esposa Celestes, para empregar apenas alguns símbolos, é o ponto crucial da cadeia de Manifestações Divinas desde o Mundo

Oculto. Em Deus há uma união entre o ativo e o passivo, uma fecundação e uma concepção, da qual derivou a vida e a beatitude.

Em todas as correntes místicas encontra-se a imagem sexual para descrever o ato criador. Na Kaballah, encontra-se que o desenvolvimento das *Sephiroths* é o fruto da procriação mística na qual o primeiro Raio de Luz Divina é também a primeira Semente da Criação; o Raio promanado do Tudo-Nada, a Substância Absoluta, semeia o ventre fecundo da Mãe Celeste, ou seja, a Mente Divina, e do seu Seio surgem as *Sephiroths*. É por isso que o sinal sagrado da circuncisão é uma prova para o cabalista judeu de que as forças vitais estão plenamente ativas.

Com efeito, do ponto de vista sexual a doutrina kabalista é ideal. A mística não judia, que glorificava o ascetismo, acabava por transplantar o erotismo entre as uniões do Homem com Deus. A Kaballah, por outro lado, procurou descobrir em Deus, Nele mesmo, o mistério do sexo, e finalmente rejeitou o ascetismo indo conceber o casamento não como uma concessão à fragilidade da carne, mas como um dos mistérios mais sagrados.

O papel da S*hekinah*, tão largamente discutido, interpretado ocultamente é fácil de se compreender: *Shekinah é o Aspecto Feminino da Divindade*. Na doutrina hindu, mormente no *Shaktismo*, encontra-se que cada deus apresenta a sua contraparte ou *shakti*. *Shakti* e *Shekinah* se confundem, se identificam. A União de Deus e *Shekinah* constitui a verdadeira Unidade Divina (*Yihud*, em hebreu), que se acha além da multiplicidade dos diversos aspectos manifestados no Mundo das Formas.

A mística mais elevada do *Sepher-Ha-Zohar* é a de *Devekuth*. Por esta entende-se a União do Homem com Deus, a adesão entre o Divino e o Humano. Essa união traduz-se em valor social, pois o verdadeiro *Devekuth* deve ser realizado no seio da comunidade (*alfama* ou *aljama*). Todos os outros valores éticos da Kaballah – amor de Deus, temor de Deus, pureza de pensamento, castidade, caridade, estudo da *Torah*, penitência e oração – derivam de *Devekuth*. A Kaballah prega a Pobreza espiritual, no sentido de desposse do mundo profano, pois como *Shekinah* é pobre, nada tem de seu, e o que tem veio a receber dos *Sephiroths*.

A psicologia do *Zohar* apresenta ainda o Homem dotado de uma Alma Tríplice e que, quando Deus organizou o Mundo, chamou as almas e deu-lhes uma missão: animar os corpos ou os moldes (*Kuf*) e buscar a Perfeição, e como esta geralmente não se conquista em uma vida só, logo tal psicologia esotérica é acompanhada da doutrina da reencarnação ou renascimento sucessivo das almas, a que chama *Gilgul*.

A *Shekinah* apresenta-se sob múltiplos aspectos, dos quais dois são os principais: o *interno* e o *externo*, assinalados tão claramente quanto possível na tradição cristã pelas frases *Gloria in excelsis Deo* e *in terra Pax hominis bonae voluntatis*. A palavra *Gloria* refere-se ao aspecto interno em relação ao Princípio Espiritual, ao *Espírito Santo* promanando, por intermédio dos sete *Anjos Diante do Trono* (*Malakim*), os sete Influxos ou Raios Espirituais no aspecto externo ou Mundo manifestado pela mesma *Shekinah*, cabendo-lhe a palavra *Pax*.

Pax et Gloria são os atributos da *Shekinah* como Terceiro Trono manifestado e manifestando ao Eterno representado em cima por *Metraton*, no Plano do Segundo Trono, logo, só por Aquela o *Pai* e o *Filho* se tornam possíveis de idealizar e alcançar pelas criaturas humanas da Terra.

A *Shekinah* contém-se, pois, na tríplice fórmula de *Lux – Gloria – Pax*, Divina, Celeste e Humana, e para a sua pré-anunciação a iconologia judaico-cristã destinou-lhe o símbolo alvo da *Pomba* que, expressando o *Espírito Divino de Santidade*, traz consigo a Boa-Nova do *Pai* na forma avatárica do *Messiah*, do *Filho* Incarnado ou dado à Luz do Mundo pela Divina *Mãe*, para Glória das Almas e Paz dos Povos.

No simbolismo tradicional, a *Luz da Shekinah*, que é *Kundalini*, representa-se pela *amendoeira florida*, expressando a Pureza e a Virtude, enquanto a sua antítese é a *figueira seca*, exprimindo a Heresia e o Pecado. Sobre isso, ouvi há poucos dias, em um programa radiofônico, certo autor português atribuir de maneira fantástica, muito imprecisa, o símbolo do figo à Primeira Pessoa da Santíssima Trindade, ao Pai que se manifesta misteriosa e subitamente tal qual a figueira que dá os frutos sem serem anunciados pela flor. Algo tenho a dizer sobre o assunto, pois na leitura simbólica de uma única peça não costuma haver espaço para duas interpretações distintas... a não ser que se queira tombar na impuberdade psíquica das "fantasias e falas poéticas", como alguns, acaso muito líteros mas por certo completamente profanos, logo à margem dos Mistérios Sagrados dessa Obra Divina, em vez de atribuírem a si mesmos tais epítetos desgraciosos preferem propagá-los e atribuí-los à minha pessoa, o que não me incomoda minimamente, sabendo-os partidos da mortal inveja maledicente.

Ao contrário do que se diz, a figueira dá flor, sim senhor, pois que nos finais de julho as figueiras apresentam um bolbo que floresce e logo se contrai para daí nascer o figo. Ao suco leitoso, *látex*, desse bolbo costuma-se chamar "leite", que se mantém na protuberância superior do fruto mas já adoçicado, chamando-se então "mel". Por volta dos finais de setembro as figueiras já estão secas, tal qual os frutos, e então costumava-se varejá-las para recolher os figos secos que, recheados com amêndoas, são especialidade da doçaria algarvia. Foi assim que vi e fiz durante os anos da minha infância e parte da adolescência nos campos do Algarve, junto aos familiares da minha mãe adotiva.

A *figueira* chama-se em árabe *kurma*, termo associado ao hindustânico *karma*. O seu simbolismo apresenta dois aspectos distintos: como *figueira viçosa* representa a Ciência Espiritual, tanto Iniciática como Religiosa, consequentemente, a Abundância do Saber da Fé, e foi à sombra da *ficus religiosa*, a *Árvore Bodhi* do Budismo, que o Príncipe Sidarta Gautama Sakia Muni alcançou a Consciência Iluminada de Budha. Como *figueira seca* representa a heresia e a negação do Pai, e é assim que aparece no Novo Testamento com Jesus Cristo amaldiçoando a figueira (*Mateus*, 21:19; *Marcos*, 2:12 s.). Também foi em uma figueira seca que Judas se enforcou após ter traído o seu Mestre. Deve-se notar que Jesus dirige-se à figueira como símbolo da Ciência Espiritual que representa, mas que apresentando-se seca equivalia à sua corrupção moral e intelectual pela perversão dos saduceus e levitas. Por isso Ele disse a Natanael: "Eu te vi, quando estavas sob a figueira" (*João*, I, 48-49). Natanael era um intelectual ainda não alheado do jugo imoral do pecado; faltava-lhe provar o suco meloso da figueira que ao início apresenta-se como látex leitoso, que é dizer, faltava-lhe deixar de ser simbólico para se assumir verdadeiro Iniciado na Ciência Sacerdotal.

A ver com a Pureza da *Shekinah*, a Sabedoria da *Merkabah* e o Poder do *Metraton* está a Montanha Sagrada de *Sintra*, ela mesma a *Merkabah* sobre a Terra para todo o continente europeu, por ser Arca da Sabedoria Iniciática das Idades em posse de dois legados humanos, um interiorizado e outro exteriorizado: a Soberana Ordem de MARIZ, alumiada pela Santidade da *Shekinah* manifestada sobre o Altar central do Templo Maior no escrínio de *Sintra*, e a Augusta Ordem do SANTO GRAAL que sobre *Sintra* recebe a *Luz* daquela.

Se os *Bhante-Jauls* interiorizados são os verdadeiros *Kadosh* ou "Consagrados" Sacerdotes do Altíssimo, também os *Munindras* exteriorizados aparentam-se ao mesmo Sacerdócio de Melkitsedek, e é assim que estão organizados em duas alas principais, uma operativa e outra defensiva, como sejam, *Templários* e *Tributários*.

Os Templários estão para a *Shekinah* (representada pela Pomba Branca do Espírito Santo), enquanto os Tributários estão para o *Metraton* (representado pela Espada da Lei); ambos juntos, sob o mando do sexto Senhor *Akbel* e do quinto Senhor *Arabel*, respectivamente, dentro e fora do *Sanctum-Sanctorum* onde está a *Tebah* ou Arca da Aliança do Eterno com o Homem (o que se representa igualmente na Taça do Santo Graal).

Espada e Taça vem a ser, na antiga hagiografia cabalística, o símbolo dos *Kadosh*, mas para a *Teurgia* a *Espada* está para os 777 Assuras (Tributários e Instrutores) e a *Taça* para os 111 Makaras (Templários e Sacerdotes), ao todo, 888 Munindras como Corte de *Akbel* ao serviço de *Arabel*, como Obreiros do Eterno no crisol da Evolução do Espírito na Matéria e da Matéria no Espírito.

A descida do Hálito Divino na Terra representa-se tradicionalmente por *Mizia*, isto é, a "Espada Flamejante". A *Espada*, expressando objetivamente a *Lex*, é o Cruzeiro Celeste empunhado pelas mãos vigorosas do Cavaleiro Andante semeador da Palavra do Novo Ciclo de Evolução Universal, manejando com destreza o *Tetragramaton* que essa alfaia expressa, assim expressando aos Quatro Anjos Coroados da Terra (*Devas-Lipikas*) como projeções deíficas dos Quatro Arcanjos Soberanos do Céu (*Maha-Rajas*):

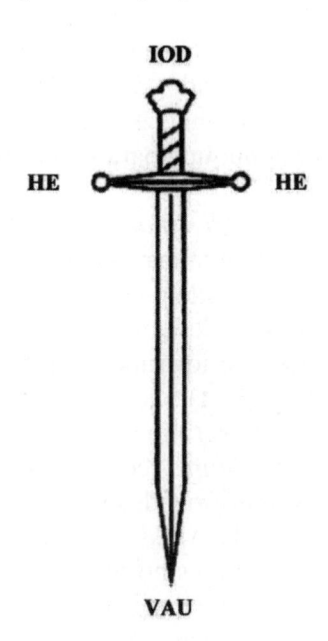

IOD

HE   HE

VAU

Espada encravada no topo da Serra qual novel *Excalibur* ou *Caliburna* configurando o símbolo astrológico da própria Terra em que Marte se encerrou, qual "Prometeu Encadeado no Cáucaso" ou "cárcere carnal", mas já hoje "liberto por seu Irmão Epimeteu", pode-se enquadrá-la no simbolismo da *Cruz Alta*, finalmente reposta, iniciativa mais que feliz, indispensável, no ponto mais alto da alcantilada *Sintra* (530 metros de altura).

Essa Cruz, cuja original se deve ao rei D. Fernando II de Saxe Coburgo-Gotha, havia sido destruída há alguns anos por um raio que a trespassou despedaçando como *Ira de Deus*, ao ver a *Magia Negra* mais nauseabunda ser praticada aos pés do seu Cruzeiro e por toda a Serra Sagrada, o que, felizmente, já cessou. O conjunto da *Cruz Alta* tem 3,5 metros de altura, 1,5 metro de largura e pesa cerca de 1700 quilos.

Sendo a *Cruz Alta* o *Pico do Graal* ela é assim a figuração da Pátena da Taça Sagrada que gnoseologicamente é toda a Serra, e igualmente como que o Zimbório do Templo Interno do Cristo Universal plantado no seio desse Monte Santo.

Devo também chamar a atenção para a redução teosófica dos valores da altitude da Serra e da altura da Cruz e o seu peso, vindo a dar o mais que significativo número 8, assinalando o oitavo Sistema de Evolução Universal que nessa Lusitana Terra desde há muito se vem construindo através da preclara Corte de 888 Munindras em suas vidas sucessivas pelo *Itinerário de IO* até aqui chegarem, vindos do Oriente ao Ocidente no rumo certo do Extremo Ocidente.

Nesse sentido, fazendo ainda recurso do kabalismo gnoseológico sintriano, tem-se essa Serra como a mais ocidental da Europa e assim mesmo o seu Cabo da Roca (140 metros acima do nível do mar), cujas latitude e longitude podem ser associadas – por via da Lei dos Arquétipos contidos no Plano Mental Superior que é o dos *Assuras* Primordiais, justificando a prerrogativa do "Tudo estar no Todo", e vice-versa – aos simbolismos da *Espada* e da *Taça* da forma seguinte:

ESPADA

LATITUDE NORTE
(38° 47 m)

TAÇA

LONGITUDE OESTE
(9° 30 m)

SUDOESTE
(5050)

    Da união dos dois Triângulos de Manifestação (Escola – Teatro – Templo) e de Realização (Transformação – Superação – Metástase) resulta o Hexalfa ou *Exagonon*, como "oitava maior" do próprio *Tetragramaton* assinalado pela Estrela Flamejante a cujas pontas, tramos ou raios se acresce uma sexta como coisa nova. Eis aqui o novo Movimento da *Merkabah* (a Obra do Eterno) iluminada pela Vida da *Shekinah* (o próprio Eterno como Mãe Soberana na forma alada de *Espírito Santo*).

    É assim que a Ala Feminina da *Ordem do Santo Graal* se chama de *Filhas de Allamirah*, que ao nível humano vem a encarnar a própria *Shekinah*, enquanto eles, a *Merkabah* e todos sob a chancela onipotente do *Metraton* (*Mikael* em *Akbel* como *Cristo Universal*).

É assim que a Ordem do Santo Graal e, consequentemente, a sua Guarda, foram criadas para manter a Taça das Taças, a Mente sempre Viva, Fonte de Luz e Sabedoria, enfim, para servir aos dois Seres, aos dois *Deva-Pis* ou *Gêmeos Espirituais* em seus vários patamares de existência, seja como *Akbel-Allamirah*, seja como *Cristo-Maria*, seja ainda como *Henrique-Helena*...

A Taça Sagrada é uma expressão cósmica, refere-se à Taça Divina do Segundo Trono, pelo que é o Viático da Consciência de Deus para os Planos da Matéria. Como expressão do Segundo Trono necessita, para a sua manifestação, dos aspectos polares masculino e feminino. Assim, simbolicamente Ela é expressa pelos *Irmãos do Santo Graal*, enquanto a Pomba do Espírito Santo representa as *Filhas de Allamirah*.

JHS elevando o Santo Graal

A *Taça* e a *Espada* são representações da Autoridade Espiritual e do Poder Temporal animadas por *Purusha* e *Prakriti*, *Espírito* e *Matéria*, nas respectivas pessoas do Sacerdote (*Brahmane*) e do Cavaleiro (*Kshatriya*). A Taça (ou Cálice) expressa efetivamente a Autoridade Espiritual, a Redenção da Humanidade. A Espada (ou Lança) representa legitimamente o Poder Temporal, a luta, o caminho para se encontrar com a Espiritualidade expressa na Taça. Dessa forma, vê-se que o poder material deve ser utilizado exclusivamente como ferramenta, como meio para se chegar ao espiritual, pois é na vivência dos problemas do dia a dia, encarados de forma objetiva mas com noção espiritual, que cada um pode desenvolver os seus Princípios Superiores. Quem está e encara a vida pelos limites estreitos do egoísmo e materialismo, não pode perceber o Sublime expresso em tudo, do mais elaborado ao mais simples, e logo propende sempre para a agonia da rotina. *Trabalha, trabalha e nada realiza...* O trabalho realizador é aquele que engloba dois fatores: a produção material, gerando bens e serviços que favoreçam a vida humana, ao mesmo tempo que possibilita o aperfeiçoamento do Ser, conduzindo-o à Paz Interior e à Glória do seu Deus Interno.

Bem se ajustando à ação profícua dos Obreiros do Eterno no Quinto Posto Representativo de *Sintra*, *Kala-Sishita*, iluminado pela *Shekinah* e onde a *Merkabah* aportou, tem-se o texto de *Merkabah* na *Canção de Massada* para o "Holocausto de Sábado" (4Q405 23 ii):

"Nos seus maravilhosos Postos estão Espíritos, multicoloridos como a Obra de um Tecelão (Supremo Arquiteto), esplêndidas figuras gravadas (entronizadas). No meio de uma gloriosa aparição de escarlate (púrpura), cor de Santíssima Luz Espiritual, eles agarram-se (mantêm-se) aos seus Postos Santos ante o Rei (Melkitsedek), Espíritos de cores puras no meio de uma aparição de brancura. A semelhança com o Espírito Glorioso é como uma obra de arte de resplandecente ouro fino. Todos os seus padrões estão claramente misturados (unificados harmonicamente, de onde o "Um por Todos e Todos por Um" – *At Niat Niatat*) como a obra de arte de um tecelão. Esses são os Príncipes daqueles maravilhosamente vestidos (preparados mental e moralmente) para o serviço, os Príncipes do Reino, o Reino dos Santos do Rei de Santidade em todas as alturas dos Santuários do Seu glorioso Reino (Agharta). Os Príncipes encarregues das oferendas (tributos espirituais e materiais) têm línguas de conhecimento (detêm a Sabedoria Iniciática), e bendizem (cultuam) o Deus do Conhecimento em todas as Suas gloriosas obras."

Resta dizer

YAMPADAX – LADACK – KAB-ALLAH!
BIJAM

OBRAS CONSULTADAS

António Castaño Ferreira. *Egipto – Grécia – Bíblia*. Aulas reservadas do autor, cerca de 1950. Edição privada da Sociedade Teosófica Brasileira.

Geza Vermes. *Manuscritos do Mar Morto*. Lisboa: Ésquilo edições e multimédia, 2006.

Helena P. Blavatsky. *Glossário Teosófico*. São Paulo: Editora Ground Ltda., s/d.

René Guénon. *O Rei do Mundo*. Lisboa: Editorial Minerva, 1978.

Vitor Manuel Adrião e Luís A. W. Salvi. *Diálogos Agarthinos – III*. Alto Paraíso de Goiás: Edições Agartha, 2008.

Capítulo XXXII
O Milagre da Rosa na Cruz

Sintra, 1982

No Mistério da Rosa se oculta o Espírito da Vida.

O seu simbolismo no mundo esotérico, mormente ocidental, elevou-a ao panteão dos diversos simbolismos mais ou menos crípticos de que usufruem hermetistas e alquimistas, sufis e gnósticos e tantos, mais Iluminados na Sabedoria Iniciáticas das Idades cujas traves-mestras – Ciência, Arte e Filosofia – se encontram na única *Teosofia*, ou *Religião-Sabedoria*. Desde os tempos mais remotos a Rosa é, pois e por excelência, a Flor Perfeita.

Rosa vermelha púrpura, esta cor recebe de Júpiter, mas a fragrância suave é de Vênus, e com isso associada de imediato à Mãe Divina, a *Rosa Mística* da ladainha mariana, e aos atributos da Pureza, do Amor...

Os romanos a tinham como símbolo dos enamorados, havendo o costume dos casais jovens, na procura de um futuro nupcial feliz, oferecerem rosas a Afrodite, deusa do amor. Hábito igual tinham os gregos. Igualmente os católicos orientais e ocidentais fazem uso do simbolismo da rosa, atribuindo-lhe as virtudes da Pureza e da Inocência, e, para manter viva a tradição ancestral ligada a ela, todos os anos o papa, em Roma, diante da multidão benze uma Rosa de Ouro traçando sobre ela o sinal da Cruz. Isto vale por *Rosa+Cruz*, sibilino contudo magno emblema da Realização Verdadeira no Mundo, o que a Natureza aponta sendo a Pedra Filosofal como solução final da Quadratura do Círculo. Redimir coagulando a Prata da Terra e libertar solvendo o Ouro do Céu, sim, a Quadratura da Terra no Círculo do Céu (◉), na maior Alquimia mediante a qual se obtém o Elixir da Vida Eterna – a Imortalidade espiritual.

Terá sido essa a razão dos antigos hermetistas chamarem a todo o verdadeiro tratado de Alquimia de *Roseiral Mariano*, essa a Ciência das Transformações e Sublimações cujo Orago é Shiva, o Espírito Santo representado tanto por Fátima como por Maria… *Rosa Mística* ela é.

Lá está ela, envolta nos éteres do Mistério, coroando o Zimbório do Segundo Trono ou Cristo Universal, em todo o Templo consagrado da Muito Nobre *Ordem do Santo Graal*, Rosa no Cruzeiro ou *Pramantha* evolucional levando em seus palos o *Tetragramaton*, assim, como Círculo Celeste, traçando com o Nome do Eterno a Quadratura Terrestre – a Expressão Ideoplástica do Homem Cósmico (*Jehovah*), de quem o Templo é a forma estática.

Com efeito, o Templo é um espaço onde cada elemento se encontra disposto de acordo com os cânones sagrados que fundamentam a Harmonia Universal. Nas suas formas, dimensões, cores e símbolos, se encontram plasmados os princípios arquetípicos que permitem a ligação com outras realidades de ordem transcendental. De todos os símbolos presentes no Templo, sem dúvida que se consigna como dos mais importantes aquele da *Rosa+Cruz* refulgindo encrostado no centro do zimbório. O privilégio dessa posição destacada remete igualmente para o simbolismo da *Scalae Coeli*. Com efeito, se considerar-se, do ponto de vista simbólico, que o Templo é a Montanha a cujo topo todo o Iniciado deve subir, então só no seu cume se poderá encontrar esse poderoso foco irradiante, mu
ito bem conformado à expressão "assumptio" *Pico do Graal*.

O "Pico do Graal" – Serra Sagrada de Sintra

A *Rosa+Cruz* constitui-se, em verdade, como vértice ou coroamento do Templo. Ponto de convergência efetivo das energias templárias no seu duplo movimento, ascendente e descendente, como seja *Kundalini* e *Fohat*, "Fogo Quente" e "Luz Fria". É através desse ponto focal que as energias flamejantes afluindo do Seio da Terra e trabalhadas no Templo são dispensadas para a Humanidade e enviadas para o Alto, no sentido ascensional, na direção do Cristo Cósmico, o segundo Trono representado pelos Mestres Perfeitos e Anjos Alados que, com a sua Vontade, irão colocá-las ao serviço do Desígnio de Deus, o Eterno.

Mas é também através da *Rosa+Cruz* no zimbório representando o Mundo Celeste no espaço sagrado do Templo, que neste confluem as energias luminosas desse mesmo Mundo e que aos templários compete trabalhar e reelaborar. Portanto, compreender esse augusto Símbolo Sagrado é entender de que forma o Templo se liga à tessitura espiritual na qual ele se integra.

Colocada no ápice, no cume do Templo, a *Rosa+Cruz* é a oposição polar do ponto central virtual colocado ao nível do solo marcado pelo *Trípode* ou *Braseiro* onde ardem as chamas do Fogo Sagrado (*Agni*). O Polo Celeste e o Polo Terrestre estão assim em perfeito equilíbrio.

Um é o "omphalo", o umbigo do Templo, através do qual flui a Energia Eletromagnética do Seio da Terra, dos Mundos Internos – *Kundalini*. Representa o Aspecto Feminino da Manifestação, a Vontade de Criar e trazer para a Vida. É o Polo irradiante que transporta das Trevas para a Luz, do Imanifestado para o Manifestado. Dele aflui a Energia Planetária do *Laboratório do Espírito Santo*, que é *Shamballah*. Representa, pois, o interior da Montanha, cuja porta, fechada a sete chaves, pode ser aberta pelo Iniciado verdadeiro, puro de coração e límpido de mente, pela entoação das sete sílabas sagradas qual "Abre-te Sésamo", e assim manifestar o Reino do Divino Espírito Santo à Face da Terra.

Logo acima, no cume da Montanha, está a *Rosa+Cruz*. Ponto focal superior representando o Masculino da Manifestação, dele flui a Luz do Cristo Universal ou segundo Logos que inunda, qual cachoeira luminosa, o Templo. Cruzando esse pilar de manifestação da Obra do Eterno está o espaço do Templo materializando, dessa forma, a Cruz Divina onde os Iniciados são simbolicamente "crucificados", no seu trabalho Templário quando dão a sua vida, as suas "energias", sacrificando-se pelo desenvolvimento espiritual da Humanidade.

ZIMBÓRIO

2º TRONO
FOHAT

KUNDALINI
3º TRONO

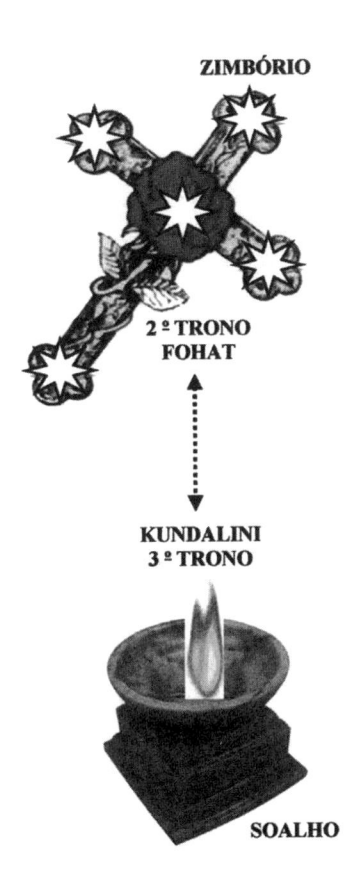

SOALHO

Postado no centro do Templo, voltado para Norte, elevando os olhos o Iniciado contempla esse Símbolo Sagrado. Verifica que ele é constituído por uma Cruz amarela em cujos palos se inscrevem, em ouro velho, as quatro letras hebraicas constituintes do *Tetragramaton* Sagrado (YOD-HE-VAU-HE, cujos sons, concatenados, teriam originado *Jehovah*, o Deus Supremo das escrituras hebraicas). No centro da Cruz, uma Rosa vermelha purpurada com um botão central constituído por três pétalas. A envolver esse botão encontram-se três coroas concêntricas, constituídas por cinco pétalas cada. Perfazem-se, desse modo, 18 pétalas.

O botão central com três pétalas corresponde à Trindade Divina manifestada através das sete Hierarquias do Raio Divino e das sete Hierarquias do Raio Primordial, ou sejam as de *Purusha* (Espírito) e as de *Prakriti* (Matéria), aquelas para o segundo Trono Celeste e estas para o terceiro Trono Terrestre. Considerando ainda o Ponto Central de Irradiação (o Eterno), a Trindade de Manifestação (as Hipóstases) e os 14 Raios de Expressão, ter-se-á os 18 elementos que correspondem às 18 pétalas da Rosa na Cruz, igualmente ao valor indicativo do 18º Grau de *Cavaleiro do Pelicano* ou *Príncipe Rosacruz* na Maçonaria Escocesa, que como Arcano 18 é *A Lua* receptiva às transubstanciações operadas no Arcano 13, *A Grande Mãe*, por igual *A Morte*, antes, a Transformação da Vida-Energia em Vida-Consciência, o qual efetivamente é o verdadeiro *Arcano Rosa-cruz*.

Falando das Hierarquias dos Raios Divino e Primordial, a Tradição Iniciática das Idades consigna-as como sendo:

RAIO DIVINO (PURUSHA)	RAIO PRIMORDIAL (PRAKRITI)
CÉU (*FOHAT*) – CRISTO	TERRA (*Kundalini*) – MARIA
1 – LOGOS SOLARES	1 – LEÕES DE FOGO
2 – RAIOS DO PRAMANTHA	2 – OLHOS E OUVIDOS ALERTA
3 – ENERGIAS ou SHAKTIS	3 – VIRGENS DA VIDA
4 – DHYAN-CHOANS SUPERIORES	4 – ASSURAS
5 – CONSTRUTORES MAIORES	5 – AGNISVATTAS
6 – ESPÍRITOS DIANTE DO TRONO	6 – BARISHADS
7 – ANJOS DA PRESENÇA ou DA FACE	7 – *JIVA*S

Tem-se aí as grandes Potestades conclamadas sob nomes diversos pelo Judaísmo e o Cristianismo com papel importantíssimo nos Ritos Místicos dos antigos Rosacruzes, usando os apelativos das mesmas como são conhecidas teologicamente. *Potestade* significa "poder, potência, majestade". Para a tradição judaico-cristã, esse termo refere-se sobretudo às *Potestades Celestes* que criaram o Universo, a Terra e o Homem, estando organizadas em nove Coros chamados de *Exército Celestial*, composto de Arqueus, Arcanjos, Anjos, Santos e Sábios, todos liderados pelo Arcanjo São Miguel ou *Mikael*, o mais próximo do Trono de Deus.

Existem várias versões relativas às Ordens ou Coros Celestes. Entre as autoridades eclesiásticas que apresentaram as suas versões relativas a este assunto, destacam-se Santo Ambrósio, São Jerônimo, o Papa Gregório I, o Magno, e a própria *Constituição Apostólica*. Entre as autoridades hebraicas igualmente abordando o tema, sobressaem Moisés de Leon e Moisés Maimónides, e as obras teológicas *Sepher-Ha-Zohar*, *Maseket-Atziluth* e *Berith-Menusha*.

Contudo, a versão mais aceite universalmente é a do *Pseudo-Dionísio*, datada do século VI e adjudicada à Escola fundada por Dionísio, o Aeropagita, que viveu no século I d.C. Diz-se que foi o primeiro bispo de Atenas e que foi martirizado pelos romanos durante o reinado do imperador Domiciano. São-lhe adjudicadas as obras *A Hierarquia Celestial* e a *Hierarquia Eclesiástica*, mas na realidade foram escritas muito depois por um grupo anônimo de neoplatônicos seus seguidores, tendo por isso adotado o seu nome, batizando a sua composição literária de *Pseudo-Dionísio*.

Segundo a obra dionisiana, aprovada por São Tomás de Aquino na sua *Summa Theológica*, existem três Ordens de *Potestades Celestes*, cada uma composta de três Coros, totalizando nove Coros, como sejam pela ordem correta:

Primeira Ordem (PAI) – Com os seus três Coros está na gênese do Universo, mantém a sua Harmonia e manifesta a Vontade de Deus, que eles executam.

1. Tronos
2. Querubins
3. Serafins

Segunda Ordem (FILHO) – Com os seus três Coros representa o Poder de Deus e está na gênese dos Planetas, os quais eles governam, particularmente a Terra. Executam as ordens das *Potestades* da Primeira Ordem e dirigem as da Terceira Ordem.

4. Potestades
5. Dominações
6. Virtudes

Terceira Ordem (ESPÍRITO SANTO) – Com os seus três Coros está na gênese do Homem, protegendo e guiando a Humanidade, e elevando os pensamentos de sabedoria e as preces de amor do Homem a Deus.

7. Principados (Arqueus)
8. Arcanjos
9. Anjos

Essa Terceira Ordem reúne em si as qualidades das anteriores e, por ser a mais próxima da Humanidade, é geralmente a ela que esta se dirige e mesmo reproduz nas suas obras artísticas.

A representar cada uma dessas Hierarquias há os Sete Arcanjos diante do Trono de Deus, aos quais a tradição cabalística hebraica chama de Mikael, Gabriel, Rafael, Anael, Samael, Zadkiel e Oriphiel. Os gnósticos cristãos chamaram os quatro últimos de Uriel, Baraquiel, Sealtiel e Jehudiel. A tradição judaico-cristã acabou atribuindo a essas *Potestades* o governo dos sete Planetas tradicionais, cuja ordem correta é a seguinte:

Sol – Mikael
Lua – Gabriel
Marte – Samael (Baraquiel)
Mercúrio – Rafael
Júpiter – Sakiel (Sealtiel)
Vênus – Anael (Uriel)
Saturno – Kassiel (Jehudiel)

Os Anjos e Arcanjos, como as demais *Potestades*, participam do Mundo Espiritual e são intermediários entre o Divino e o Terreno, como se destaca no significado do termo latino *angelorum*, "angélico", que quer dizer "mensageiro" e "enviado do Logos" ou Deus Supremo.

Anjo, do latim *angelus* e do grego *ággelos*, "mensageiro", segundo a tradição judaico-cristã, a mais divulgada no Ocidente, é uma criatura celestial acreditada como sendo superior aos homens e que serve como auxiliar ou mensageiro de Deus junto à Humanidade e a toda a Criação. Na iconografia comum, os Anjos geralmente têm asas de pássaro e uma auréola. São donos de uma beleza delicada e de um forte brilho, por serem constituídos de energia divina, e por vezes são representados como uma criança, por terem inocência e virtude. Os relatos bíblicos e a hagiografia cristã contam que os Anjos muitas vezes foram autores de fenômenos miraculosos, e a crença corrente nessa tradição é que uma das suas missões é ajudar a Humanidade em sua evolução.

Os Anjos são ainda figuras importantes em outras tradições religiosas, como a muçulmana, a hindu e a budista, chamando-lhes *Djins* e *Devas*, mas, para todos os efeitos, "seres sobrenaturais" superiores ao homem comum, dotados de características e funções diversas, algumas delas bastante diferentes das apontadas pela tradição judaico-cristã. Além disso, a cultura popular dos vários países do mundo deu origem a um copioso folclore sobre os Anjos, o qual muitas vezes afasta-se bastante da descrição mantida pelos credos institucionalizados dessas regiões.

Mais afim à mentalidade religiosa ocidental, o Cristianismo e o Judaísmo esotéricos, ou gnóstico e cabalístico, chamam de Anjos aos Espíritos em um grau de evolução imediatamente superior ao do Homem e imediatamente inferior ao dos Arcanjos, termo significando "anjo principal". Na Bíblia encontram-se apenas duas referências à palavra "arcanjo", uma em *1 Tessalonicenses 4:16*, e outra em *Judas 9*.

Se bem que a *Bíblia* apenas refira os nomes de três Arcanjos (Miguel, Gabriel e Rafael), todavia os escritos gnósticos e cabalísticos, como *o Livro de Enoque*, por exemplo, descrevem sete com os seus nomes, consideram-nos chefes de legiões de Anjos, a cada qual cabendo um planeta e respectivo dia da semana. Além disso, é atribuída a cada um deles uma figura geométrica e são evocados por determinados salmos do Antigo Testamento, por estes serem considerados detentores de propriedades teúrgicas ou de "magia divina".

A autoria dos salmos é atribuída ao rei David, o qual teria escrito cerca de 73 poemas. Asafe é considerado autor de 12 salmos. Os filhos de Corá escreveram nove e o rei Salomão ao menos dois. Heman, com os filhos de Corá, bem como Etan e Moisés, escreveram no mínimo um cada um. Todavia, dos 150 salmos há 51 cuja autoria permanece anônima, mas dando-se David, por razões convencionais, como o seu autor.

Os *salmos* ou *tehilim*, "louvores" em hebraico, são os 150 cânticos e poemas utilizados pelo antigo Israel como hinário no Templo de Salomão, e hoje são utilizados como orações ou louvores, recitados ou cantados, no Judaísmo, no Cristianismo e no Islamismo (o *Corão* refere os salmos como "um bálsamo"). Pelos salmos comunica-se com os Sete Arcanjos diante do Trono de Deus, como sejam:

Mikael ("Quem é Deus", em hebreu, *Quis ut Deus*, em latim)

Mikael ou Miguel é o Príncipe dos Arcanjos e o mais próximo de Deus. É invocado para a coragem, a defesa forte e a proteção divina. Mikael é revestido de couraça e capacete, e armado de espada flamejante e escudo luminoso. É o destruidor da idolatria. Disputou com Satã o corpo de Moisés no Monte Sinai. É o Arcanjo que proclama a Unidade de Deus.

Planeta: Sol (na Terra)
Dia: Domingo (*Dominicus*, *Soledie*)
Cor: Laranja
Forma: Quadrado e hexaedro
Salmo: 111 ("Bem-aventurado o homem que teme o Senhor…")

Gabriel ("Homem forte de Deus", em aramaico)

Gabriel é o Príncipe dos Anjos. O Profeta Daniel viu esse Príncipe caminhando sobre as águas celestes que temperam os ardores da serpente ígnea. É o Arcanjo da Natividade, da Esperança e da Anunciação. É Ele quem anuncia a Maria, mãe de Jesus, que "o seu ventre é bendito". No *Corão* aparece como *Jibrail*, o Anjo da Guarda do Profeta Maomé.

Planeta: Lua
Dia: Segunda-feira (*Lunes*)
Cor: Violeta
Forma: Meia-lua deitada e icosaedro
Salmo: 18 ("Os céus narram a Glória de Deus...")

Samael ("Força de Deus", em hebraico)

Samael é o Príncipe dos Principados ou Arqueus. Interfere nas relações interpessoais e disciplinadoras, e recebe as influências da Força de Deus para transmiti-la tanto aos deuses como aos homens.

Planeta: Marte
Dia: Terça-feira (*Martes*)
Cor: Vermelha
Forma: Triângulo vertido e tetraedro
Salmo: 65 ("Em exclamações de alegria, invoquemos a Deus...")

Rafael ("Deus cura", em hebraico)

Rafael é o Príncipe das Virtudes. Na Bíblia acompanha e protege Tobias, e é o Arcanjo auxiliador da Medicina, assim auxiliando a remediar os males da Humanidade. Por isso, iconograficamente, traz em uma mão uma espada ou flecha afiada e na outra um frasco dourado contendo bálsamo. Quando aparece representado com um bastão, significa que também é o fiel guardião conservador dos segredos do Templo e o paraninfo intermediário do casamento legítimo.

Planeta: Mercúrio
Dia: Quarta-feira (*Miércoles*)
Cor: Amarela
Forma: Meia-lua vertical virada para a direita
Salmo: 8 ("Senhor, nosso Senhor, como vosso Nome é admirável!...")

Sakiel ("Fogo de Deus", em hebraico)

Sakiel é o Príncipe das Dominações. É invocado para a resolução favorável nos atos de justiça. Como Príncipe da profecia e da inspiração, de onde carregar um pergaminho, é ligado ao sacerdócio, às artes e ao ensino. Inspira ideias renovadoras às pessoas fracas e desanimadas, para que realizem os seus objetivos.

Planeta: Júpiter
Dia: Quinta-feira (*Jueves*)
Cor: Púrpura
Forma: Losango
Salmo: 34 ("Julgai, Senhor, aqueles que me prejudicam e ofendem...")

Anael ("Graça de Deus", em hebraico)
Anael é o Príncipe das Potestades e é invocado contra as forças do mal. Era o Mestre de David, segundo o *Zohar*. É também o Arcanjo do Amor e favorece a resolução dos problemas de amor e matrimoniais.

Planeta: Vênus
Dia: Sexta-feira (*Viernes*)
Cor: Azul
Forma: Meia-lua vertical virada para a esquerda e dodecaedro
Salmo: 13 ("O insensato nega, em seu coração, a existência de Deus...")

Kassiel ("Contemplação de Deus", em hebraico)
É o Príncipe dos Tronos, ladeado dos Querubins e Serafins. Expressa as forças criadoras da Natureza em ação e ajuda o homem a percepcionar o futuro.

Planeta: Saturno
Dia: Sábado (*Sabath*)
Cor: Verde
Forma: Hexágono e octaedro
Salmo: 15 ("Conservai-me, Senhor, porque eu tenho fé em Vós...")

Essas eram as Potências Espirituais dirigentes da Antiga *Rosa+Cruz,* a qual, como emblema autêntico que é, pode ser vista e decifrada em diferentes níveis e de vários modos. É assim que as diversas coroas de pétalas que se dispõem em torno do botão central também representam os três círculos de Iniciados (Sacerdotes – Instrutores – Arautos) dispostos em torno do Rei do Mundo (*Melkitsedek*), tal qual se dispõem os vários cavaleiros, nos seus graus e dignidades, em torno do Grão-Mestre em uma Ordem de Cavalaria – Cavaleiro, Escudeiro, Pajem.

As três primeiras contêm 13 pétalas, o que se relaciona ao Arcano 13, "A Grande Mãe", exatamente assinalada no Cruzeiro do Sul, dando-se a Manifestação através do Filho, o Cristo, como ponto central e os seus 12 Apóstolos, nisso também remetendo a 13 elementos. A última coroa, com cinco pétalas, estará relacionada com todo o simbolismo atribuído ao número cinco e correspondente Arcano, "A Inteligência". Número esse estando intimamente ligado aos Mistérios de Portugal, como Ponto Focal de onde irradiam as Energias do Quinto Chakra da Terra, *Sintra*.

Quinto Chakra que, por sua vez, é animado pela Quinto Elemento ou Quintessência da Matéria como "estado sutil etérico", AKASHA-TATVA, sendo o Reservatório Cósmico dos CINCO TATVAS a Constelação de CRUZIAT, ZIAT ou o CRUZEIRO DO SUL, expressão sideral do SEGUNDO LOGOS cuja Estrela constelar é essa QUINTA chamada "Intrometida", mas que melhor poderia ser chamada de ENTRONIZADA ou CENTRALIZADA abençoando o Mundo e o BRASIL em particular, assim se unindo em sua função oculta – quinto Elemento *versus* quinto Chakra – a PORTUGAL, Pátria Gêmea em uma só MISSÃO AVATÁRICA. Quatro Estrelas em redor de uma Quinta, ou quatro MAHARAJAS para um quinto MAHARAJA EM FORMAÇÃO, também vale pela ROSA+CRUZ SIDERAL e, igualmente, por RAJA-SIDHI, isto é, o "Poder do Segundo Trono", KRIS-RAM-PA em aghartino, ou seja, o "Fogo Místico de Cristo", o CRISTO UNIVERSAL representado na Terra pelo *Grão-Imperator Rosa+Cruz* até os finais do século XVII. Razão mais que suficiente para o Professor Henrique José de Souza, o *Venerável Mestre JHS* dos Teúrgicos e Teósofos, ter escrito e musicado o significativo Hino *Santuário do Brasil (Prefixo do Cruzeiro do Sul)*, como "um jato de Luz projetado do Céu a Terra vem beijar"... como uma cachoeira de luz azul repleta de estrelas douradas.

Na ORDEM DO SANTO GRAAL os 12 Sacerdotes ou *Goros* do Rei do Mundo portam em suas capas douradas o Emblema *Rosa+Cruz*. Sendo a Cruz um símbolo da própria Terra no conspecto dos seus Mundos Internos, acrescida pela Rosa central vem a expressar o Espírito Divino que habita em seu Seio, *Spiritus et Pax,* o qual não configura uma representação exclusivamente alegórica mas, pelo contrário, uma Vida-Energia bem definida e animada pela correspondente Vida-Consciência, de profunda dimensão espiritual. Torna-se assim o Emblema dos Filhos de Agharta. Dele dimana, como sua Hipóstase, a Cruz com a Rosa. Nesse sentido, o seu significado torna-se claro: a *Rosa+Cruz* expressa a manifestação do Espírito de Deus sobre a Terra.

Sendo uma representação do próprio Cristo junto a Maria, a Rosa é assim o símbolo de todos os Seres autossuperados que conquistaram, por seus próprios esforços, o estatuto Divino. Para todos os Iniciados verdadeiros a Rosa+Cruz é uma representação da Harmonia da Criação. Albert Pike, em *Dogma e Moral*, referia: "Unir a Rosa à Cruz, eis o problema que se coloca aos mais altos Iniciados". Por outro lado, Joseph Campbell, em *Mitologia Criativa*, refere a seguinte analogia: "A visão beatífica, tida por Dante, da Rosa do Paraíso, e aquela outra de Galahad face ao Santo Graal, são idênticas". Na verdade, Dante acaba por ser um dos primeiros a falar explicitamente do emblema da Rosa+Cruz e a explicá-lo de maneira categórica. Na sua *Divina Comédia*, o seu Céu é composto por uma série de círculos cabalísticos dividido por uma Cruz (tal qual a *Roda de Ezequiel*), em cujo centro desabrocha e floresce uma Rosa.

Os *Rosa+Cruzes Andróginos*, tanto valendo por *Adeptos Perfeitos*, dos sete significados do simbolismo da Rosa e da Cruz desvelaram aos seus discípulos Rosacrucianos os quatro primeiros, que são:

1º) A Rosa que coroa a Cruz é o símbolo da Divindade, que só poderá ser alcançada por um profundo sofrimento na vida mortal, o que está simbolizado pela Cruz.

2º) A Espada que cobre a Rosa é o Espírito, que sempre se deve manter disposto na batalha da vida, com o qual se chegará a ganhar o prêmio da Rosa. Lembra os tempos da Cavalaria nos quais, em magníficas lides, com valor e elegância o cavaleiro devia ganhar a rosa da mão da rainha.

3º) A Cruz encimada pela Coroa significa que, se o fiel discípulo souber superar com total estoicismo os sofrimentos que a vida mortal lhe reserva, conseguirá o cetro do Magistério, de acordo com os antigos aforismos que dizem: "Toda a Coroa tem antes a sua Cruz", ou então: "Para alcançar a Coroa é preciso subir à Cruz".

4º) A Cruz Fálica significa o duplo sentido sexual que se manifesta no Universo, isto é: a união do Masculino com o Feminino, fonte de procriação do Mundo Físico e da Ideia, de onde se deduz imediatamente não existir nenhuma semelhança com a simbologia grosseira dos cultos fálicos primitivos. A sua base primordial é a ação que leva ao pensamento, já que sem o movimento ativo do Homem a ideia estanca e o Espírito não conseguirá dar os frutos que conduzem à Verdade, para Felicidade eterna da Humanidade.

Com efeito, como se vê, por si só o simbolismo da Rosa pode conduzir a imensas conexões ao nível iniciático. No círculo mais interno da verdadeira *Ordem Rosa+Cruz dos Andróginos* (hoje recolhida ao Mundo dos Sedotes ou Badagas), é conhecido o fato de antanho, quando exteriorizada sobre a Terra, os seus membros, sempre que lhes era possível, providenciarem a existência, junto à entrada das suas casas, de canteiros com rosas brancas e vermelhas, de ambos os lados. E "aqueles que sabem" conhecem o fato de nos túmulos dos verdadeiros *Rosa+Cruzes* deverem sempre figurar, de cada lado, um conjunto de rosas brancas (direita) e outro de rosas vermelhas (esquerda).

Passando de largo a dilucidação do significado de ambas as cores, refira-se na Inglaterra, nos finais da Idade Média, a conhecida *Guerra das Rosas* (1455-1485), que haveria de ensanguentar grande parte da nobreza britânica nessa luta dinástica pelo trono real travada entre as Casas de York e Lancaster. Cada uma delas representada por uma rosa: vermelha (York) e branca (Lancaster). E haveria de ser desta última Casa que surgiria essa figura extraordinária da História Portuguesa: Filipa de Lencastre, a quem Fernando Pessoa chamou, com a maior das propriedades, de "Princesa do Santo Graal", predestinada a mãe privilegiada do maior dos Infantes – o Infante Henrique de Sagres, de quem a lenda conta ter recebido do navegador Gil Eanes uma braçada de rosas brancas como prova de haver dobrado o Cabo Bojador. Mas essa já é outra história, mesmo assim não menos dotada de maravilhosos e sagrados foros, tanto como esse outro fato da cor vermelha ser a mor do *Rito de York* da Maçonaria e, inclusive, preencher os listéis da bandeira dos Estados Unidos da América, cuja Carta de Direitos se deve à redação maçônica.

Os cristãos quando traçam sobre si o sinal da Cruz, o seu "santo e senha", raros imaginam sequer que com esse *mudra* ou "gesto místico" evocam a si os afluxos de poderosas Energias Universais e qual seja, pois, o sentido profundo desse mesmo *mudra*, tanto místico como mágico e cabalístico. Com o dedo polegar, que é o de *Vênus*, da mão direita, levam-no ao centro da fronte (sobre o *Chakra Frontal* – Sede da Sabedoria), dizendo: "Em Nome do Pai", de quem atraem a Energia Vital: *Prana*. O dedo desce depois até ao centro do peito (sobre o *Chakra Cardíaco* – Sede do Amor), afirmando-se: "Do Filho", evocando-se a sua Luz: *Fohat*. Logo sobe ao ombro esquerdo prolongando-se a linha horizontal até ao ombro direito, desfechando a evocação: "E do Espírito Santo", atraindo-se a sua Força: *Kundalini* (que se manifesta como Verbo pelo *Chakra Laríngeo*).

Observa-se assim os Chakras superiores serem acionados da esquerda para a direita, em rotação destrocêntrica ou solar e configurando no corpo humano, de maneira soberba, o *Pramantha Flogístico*, estando a Rosa ideal ao centro, na região laríngea.

Para o Teúrgico isso vale pelos Atributos superiores do *Odissonai*. Assim, também se poderia dizer: EM NOME DOS TRÊS IRMÃOS INSEPARÁVEIS, AS TRÊS "TROMBETAS DO ETERNO": A LUZ DE DEUS – O NOME DE DEUS – A SENTENÇA DE DEUS!

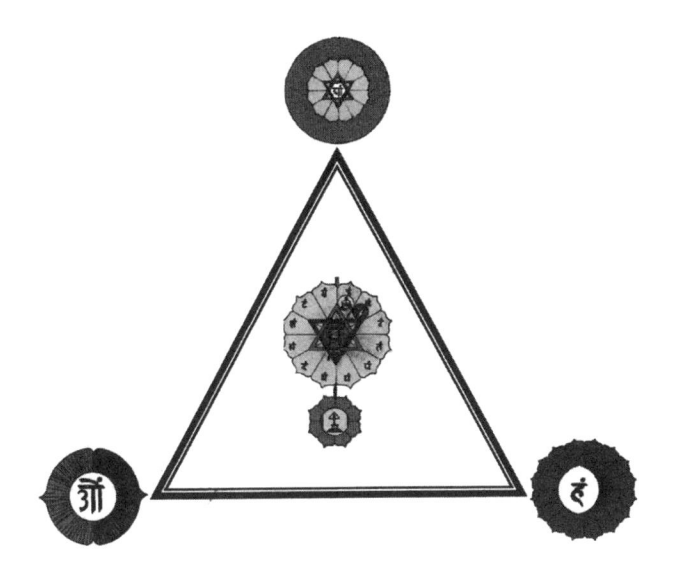

Para os Irmãos Místicos ou *Frates Rosea+Crucis*, Ordem Iniciática que brilhou sobre a Terra entre os séculos XIV e XVII, esse era o emblema perfeito da Imortalidade e da Iluminação, sendo tradicionalmente representado por uma cruz dourada tendo ao centro uma rosa vermelha. Já era utilizado no Antigo Egito durante a XVIII Dinastia, no reinado do Faraó Amemhotep IV, cerca de 1350 a.C., durante as celebrações luni-solares dos *Mistérios Andróginos de Ísis e Osíris*, este para o Cruzeiro Mágico, aquela para a Flor Mística, juntos expressando a Sabedoria e o Amor fixados na Vontade do Hierofante dirigindo os celebrantes.

O Iniciado que alcançava a Iluminação Integral (*Budhi Taijasi*) transformava-se em um Ser Crístico, em um Adepto Perfeito, de fato e direito, um *Rosa+Cruz*. O candidato a esse estado supremo, evoluindo por seus próprios esforços e méritos, tanto mais que ninguém evolui por alguém, consignava-se *Rosacruciano* ou *Rosacruzista*, ainda assim, na sua fase mais adiantada, já detentor do Mental Iluminado (*Manas Taijasi*). E foi assim até aos finais do século XVII. Hoje, os multivariados movimentos usando de tão digníssimo título ou serão rosacrucianos ou... nem isso serão, sabendo-se de tal pelos frutos dados por tão digna ou indigna árvore.

Devo declarar, segundo as informações disponibilizadas pela Excelsa Loja Branca, que a verdadeira *Ordem da Rosa+Cruz Andrógina* já não está na Europa, tampouco na face da Terra, pois se terá transferido para certa região subterrânea sob o Novo México, em *El Moro*, próximo a Cimarron, na América do Norte, sob a égide de Marte, sim, mas principalmente de Vênus e dos divinos Kumaras, de onde ter por totem o YAK, símbolo característico dos celestiais Caprinos, e por sigla iniciática YOVE AMOLTZ KAPRUM, isto é, "JEHOVAH QUASE CAPRINO". Decifre quem puder...

Mesmo assim, não devo deixar passar em claro a presença do YAK e a sua correlação filológica imediata ao nome hebreu de JESUS, *Jeoshua*, *Yeoshua* ou *Yeshua*. Não existindo o jota em hebraico, nessa língua o radical *yes* ou *yas* significa "um bode". E o termo *yahshua* ou *yeshua* significa literalmente "o bode salvará", em hebraico antigo. Ora o *Bode de Mendes* ou *Memphis* é simbólico da Cabra ou Caprino cuja consciência comparticipa diretamente do *Mental*. Mental Universal (*Mahat*) é, afinal de contas, a Consciência do Kumara ou Espírito Planetário da Ronda tomando forma naquele Adormecido chamado *Jefer-Sus* (*Jeoshua, Jesus*...) destinado a despertar neste Novo Ciclo e dirigir os destinos da América do Norte, mas cujo Propósito Divino os homens goraram obrigando aos Homens Perfeitos a retirar às pressas do escrínio de El Moro o Avatara para a América do Sul... no rumo certo mas oculto da Serra do Roncador, destinada a Presépio ou *Apta* desta Nova Era de Promissão onde se forja o próximo quinto Sistema de Evolução Universal, profundamente conectado à presente Missão Oculta de Portugal.

Sim, porque após a Tragédia do Gólgota o CRISTO é trasladado para SINTRA, onde fica por largos séculos até ir para EL MORO, e finalmente ser deslocado para o escrínio do RONCADOR.

El Moro (EUA) visto por fora e por dentro

Por detrás dessa Hierarquia de Homens Perfeitos, há Alguém muitíssimo mais elevado que todos Eles juntos – o Divino P. R., siglas do *Pater Rotan*, o *Maximus Imperator* ou o mesmíssimo *Rei do Mundo* como *Chakra-Varti*, pois que é "Aquele que faz mover a Roda ou Pramantha". Ele é a própria Rosa no centro da Cruz, dando-lhe Vida e Forma como Consciência Universal nutridora de tudo e de todos! Ainda no plano do simbolismo, a Rosa e a Cruz possuem os seus equivalentes no *Coração Flamejante*, designativo do Amor Divino, tão bem expresso na insígnia das *Filhas de Allamirah* e na Taça do Graal, a Taça da Suprema Eucaristia ou Eu-Crístico.

Nas escrituras orientais existe um outro termo que o define de modo mais sintético: *Krivatza*, "Aquele que traz o peito chagado" ou com ferida, a sangrar. Não deixa de ser referência ao Sangue Real de todo o Mártir que, ao serviço do Rei dos Reis, logo, do Imperador Universal ou *Melki-Tsedek* junto da Humanidade, por esta derrama o seu precioso Sangue a favor da Evolução verdadeira da mesma. Do mesmo étimo ou origem, a própria *Swástika*, como Cruz Jaina, antes, *Jina*, em movimento destrocêntrico, tal qual se traça no sinal da Cruz, e a qual não se deve confundir, de maneira alguma, com a sinistra e nefanda *Sowástika*, de que tanto já falei em seguimento do que o Professor Henrique José de Souza proferiu sobre o assunto.

Quem não se lembra, ainda, desse famoso e alquímico "Milagre das Rosas transformadas de Pães" pela excelente *Budhai de Sintra* e antes Rainha Santa Isabel de Portugal? Momento prodigioso, diz a lenda piedosa, realizado da "Páscoa Rosada" em que o esposo D. Dinis a surpreendeu indo com o regaço cheio de pães a distribuí-los aos pobres deste mundo, dando consumação à virtude capital da *Caridade* ou *Amor Universal*... Pães de Vida miraculados em Rosas de Luz, de Afeto sublime e Mistério divinal, tais quais as Rosas de Santa Maria que, de além Bojador dobrado ou vencido, o argonauta Gil Eanes trouxe a seu Mestre presenteando-o, o Infante Henrique de Sagres, hoje mesmo *Budha de Sintra* e, já na sua época, representação deifica do Budha Terreno, *Mitra-Deva*, aportando consigo a Onipresença do Terceiro Trono, Deus Espírito Santo.

A ver com esse ato miraculoso da Rainha Santa está o seu outro, também ocorrido em Alenquer, a "Vila Presépio", quando pagou a jorna aos construtores do convento de São Francisco com rosas vermelhas, e quando eles chegaram a suas casas viram, com suma admiração, que as flores haviam se transformado em moedas de ouro.

Consequentemente, *Rosa de Ouro*, símbolo de *Iluminação* que é a maior paga ou conquista que um Construtor-Livre ou Iniciado Verdadeiro pode ter no final da sua Obra de Espírito Santo, de Maçonaria Original, Operativa e Iniciática, de verdadeiro *Príncipe Rosa+Cruz* ou *Cavaleiro do Pelicano* que vai bem no Grau 18 da Maçonaria Escocesa, pois que expressa na Terra a criação do Céu, do Mundo da Mãe Divina manifestada na pessoa sublime de *Ísis-Bel*, a nossa Santa Rainha de Portugal, garante da Paz de Deus entre os homens.

A flor da Rosa possui a tríplice conotação de Amor, Segredo e Fragrância, ao passo que a Cruz também comporta o tríplice significado de Autossacrifício, Imortalidade e Santidade. Quando se tomam em conjunto estes dois símbolos, como sempre o estão no nome *Rosa+Cruz*, indicam o Amor do Autossacrifício, o Segredo da Imortalidade e a doce Fragrância de uma vida Santa. Esse é o significado da Floração Rosa+Cruz Redentora, tão bem expressa pelas cinco estrelas do Cruzeiro do Sul na Terra sendo as cinco quinas de Portugal, prerrogativa da REALIZAÇÃO DE DEUS.

Fernando Pessoa, vate e arrebate da Língua Portuguesa, "sua Pátria", não deixa de a cantar na poesia de sua magistral *Mensagem*, no quinto Poema "O Encoberto", Parte III – *Pax In Excelsis*, decerto apontando sibilina ou encobertamente o Novo Amanhecer dessa Humanidade do Cristo Universal, o mesmo Encoberto Maitreya ou El-Manuel, tanto vale.

Que símbolo fecundo
Vem na aurora ansiosa?
Na Cruz Morta do Mundo
A Vida, que é a Rosa.

Que símbolo divino
Traz o dia já visto?
Na Cruz, que é o Destino,
A Rosa, que é o Cristo.

Que símbolo final
Mostra o sol já desperto?
Na Cruz morta e fatal
A Rosa do Encoberto.

Capítulo XXXIII
Flor-de-Lis *Versus* Realeza de Deus

Sintra, 2005

Desde a primeira hora que na nossa Obra Divina a Flor-de-Lis ou Liz a prefigura como símbolo principal, indo assim figurar nas Armas brasonadas da *Comunidade Teúrgica Portuguesa*. Mas muito antes da aparição desse Instituto, em 1978, já a mesma Flor de Realeza Divina distinguia a Obra do Insigne Professor Henrique José de Souza, desde, no mínimo, 1916, por meio do Movimento *Comunhão Esotérica Samyâma*, ponto de partida para a fundação de *Dhâranâ – Sociedade Cultural-Espiritualista*, em 1924, e da *Sociedade Teosófica Brasileira*, em 1928.

Ainda cheguei a conhecer alguns membros da antiga Sociedade "Dhâranâ"... Mas falarei antes do significado da *Flor-de-Lis*, Flor de Mistério e de Realeza Divina. Para o entendimento mais completo possível dessa planta privilegiada, irei fazer uma abordagem botânica, histórica e teosófica ou iniciática sobre a mesma, cuja importância vai muito além de ser o símbolo universal do Escotismo, como quis o seu fundador, Baden-Powell, um maçom que teria recolhido no seio da Maçonaria Simbólica a figura dessa flor real, com todos os arcanos e significados que carrega.

A *Flor-de-Lis* é simbolicamente identificada à *Íris* e ao *Lírio*, como o fez Mirande Bruce-Mitford no seu livro *Signos e Símbolos*, informando que Luís VII, o Jovem (1147), teria sido o primeiro dos reis de França a adotar a íris como seu emblema e a servir-se da mesma para selar as suas cartas-patentes, e como o nome *Luís* se escrevia na época *Loys* ou *Louis*, esse nome teria evoluído de "fleur--de-louis" para "fleur-de-lis" (flor-de-lis), representando com as três pétalas a Fé, a Sabedoria e o Valor. A verdade, mesmo observando a grande semelhança entre os perfis da íris e da flor-de-lis, é que o monarca francês apenas adotou o símbolo de grande antiguidade na heráldica de França, pois que ele já aparece em 496 d.C., quando um Anjo apareceu a Clotilde, mulher de Clóvis, rei dos Francos, e lhe ofereceu um lírio, acontecimento que concorreu para a sua conversão ao Cristianismo (repercussão hagiográfica daquele episódio primaz ocorrido com a Virgem Maria, quando o Anjo da Natividade, Gabriel, lhe apareceu empunhando um lírio fazendo a anunciação de estar predestinada a Mãe do Salvador, e depois o pai terreno deste, José, também vir a ser iconografado com a flor do lírio, assinalando-o como patriarca de novel dinastia sagrada, portadora de Realeza Divina). No ano 1125, a bandeira de França apresentava o seu campo semeado de flores-de-lis, o mesmo acontecendo com o seu brasão de armas até ao reinado de Carlos V (1364), quando passaram a figurar apenas três. Conta-se que esse rei teria adotado oficialmente o símbolo para, por ele, honrar a Santíssima Trindade.

Mas o lírio estilizado flor-de-lis é planta bíblica, anda associada ao pendão do rei David e igualmente à pessoa de Jesus Cristo ("olhai os lírios do campo..."); também aparece no Egito associado à flor de lótus, e igualmente entre os assírios e os muçulmanos. Cedo se tornou símbolo de poder e soberania, de Realeza que se faz por investidura Divina o que leva a também simbolizar a pureza do corpo e da alma. Por isso, os antigos reis europeus eram divinos por sagração direta da Divindade na pessoa da Autoridade Sacerdotal, e para o serem teriam, em princípio, que ser justos e perfeitos ou puros, como o foi a Virgem Maria, "Lírio da Anunciação e Submissão" (*Ecce Ancila Domine*), dessa maneira Orago efetivo de todo o Poder Real.

É assim que o lírio ocupa o lugar da íris, o que leva os espanhóis a traduzir "fleur-de-lis" como "flor del lírio" (flor do lírio), e é este que mais se associa simbolicamente à mesma lis. Mas na botânica a flor-de-lis não é a íris nem o lírio. A íris (*Iris germanica*) é uma planta da família das Iridáceas, originária do norte da Europa. Já as espécies mais conhecidas de lírio (*Lilium pumilum, Lilium speciosum, Lilium candidum*) são plantas da família das

Liliáceas, originárias da Ásia Menor e Central. A verdadeira flor-de-lis não pertence à família das Iridáceas nem das Liliáceas: trata-se da *Sprekelia formosissima*, uma representante da família das Amarilidáceas, originária do México e da Guatemala. Conhecida em outros idiomas como lírio asteca, lírio de São Tiago, lírio de Saint James (*St. James lily*), lírio de Saint Jacques (*lis de Saint Jaques*), a *Sprekelia formosissima* é a única espécie do gênero. Esse nome foi-lhe dado pelo botânico Linaeus (Lineu), quando recebeu alguns bolbos de J. H. Van Sprekelsen, um advogado alemão. Os espanhóis introduziram a planta na Europa, trazendo bolbos do México no final do século XVI.

Mas esse símbolo já era conhecido desde muito antes pelos monarcas e príncipes de Portugal, pois que praticamente a partir de D. Afonso Henriques, e principalmente a partir dos finais do século XIII, o lírio convertido ou estilizado flor-de-lis aparece em pleno nas Armas portuguesas, com todo o simbolismo imediato e substrato inerente.

Planta solar de afinidade a Vênus, ela é uma bulbosa produtora de flores de cor vermelha brilhante e folhas laminares verde azuláceas que aparecem depois das flores. A sua reprodução faz-se pela divisão de bolbos, durante o período de repouso, enquanto a luz vital que lhe é propícia é o Sol pleno. Para o seu cultivo em vasos e canteiros, a mistura de solo ideal é a arenosa – uma parte de terra vegetal, uma parte de terra comum de jardim e duas partes de areia. As regas devem ser espaçadas no início do período vegetativo, intensificando para dias alternados até depois da floração, quando se deve voltar a espaçar as regas. Recomenda-se evitar o excesso de água, pois pode provocar o apodrecimento dos bolbos e o surgimento de doenças fúngicas.

É essa mesma flor de pétalas róseas purpuradas que se encontra no antigo jardim real cerceando o Palácio da Pena, em Sintra, mandada plantar aí por D. Fernando II de Saxe Coburgo-Gotha, no século XIX, certamente dando continuidade à Tradição afirmando que a *Flor-de-Lis* é tanto o símbolo de *Sintra* como de *Lisboa* ("Lis Boa" ou "Boa Lis", expressando a *Lei Divina* encarnada na pessoa do Monarca e Pontífice Universal, *Melki-Tsedek*).

Mesmo antes de lhe ser atribuído valor simbólico, o lírio era muito apreciado e difundido como motivo artístico e ornamental no Egito, na Grécia minoica e em Micenas. Na arte poética, a voz das *cigarras* e das *musas* é chamada de "lírica" (delicada). Segundo o mito grego, os *lírios* teriam nascido do *leite* de Hera, que gotejava sobre a Terra no momento em que surgiu a Via Láctea. Afrodite (*Vênus*), deusa do amor, ora odiava ora se encantava com essa flor de aspecto puro e inocente, e por esse motivo lhe inseriu o pistilo, que lembra o falo de um asno, animal simbólico da *Paz* (o *Anho Pacis*, de certa maneira associado ao *Agnus Dei*) dessa maneira se associando à *Pureza* do lírio. Foi assim que Apolo ou o Sol deu-lhe o brilho e Vênus o poder de procriar, e logo Jacinto, favorito do mesmo Apolo, o evocaria como expressivo do amor procriador, sob a forma do lírio martagão (lírio vermelho). Foi colhendo um lírio (ou um jacinto) que Perséfone foi arrastada por Hades, enamorado dela, através de uma abertura repentina no solo para o seu reino subterrâneo: nesse sentido, o lírio ou lis simbolizará a Porta e o Reino dos Infernos, Inferiores ou Interiores Lugares... a *Agharta* mesma, simultaneamente a Consciência Superior necessária para possuir tão alto galardão simbólico ao mesmo tempo que real.

Essa é a razão do Professor Henrique José de Souza considerar "a Flor-de-Lis o Lótus Sagrado de Agharta e símbolo precioso da Consciência Universal".

Quando no século XVIII a flor-de-lis dos Bourbons de França, encabeçados por Luís XVI, quis imperar no que tem de mais inferior e caótico sobre a Flor-de-Lis Aghartina, o Governo Oculto do Mundo encarregou-se de a decepar nas pessoas de São Germano e Cagliostro, representando as duas Faces Espiritual e Temporal do Imperador Universal... acabando o rei de França sem cabeça, cumprindo-se assim a *Profecia* de Paracelso (*Prognosticatio eximil doctoris Paracelsi*, v. I, 1536, in 4º, fig. 11):

"Aquele cujo poder faz sair do Seio da Terra a mais ilustre de todas as Flores a tornará, dentro em breve, flor mirrada em terreno árido e podre, um simples "lírio do campo"! Amanhã, como disse o Cristo, tu serás lançada ao fogo, porque uma outra te virá substituir. Sim, porque aqueles que te tomaram por símbolo, sem direito para tanto, emigrarão, serão levados ao exílio, à prisão e à ruína. E sob tamanho aviltamento universal e sem exemplo, serás humilhada no decorrer dos anos que sucederem. Pela prudência e temor do Senhor, poderias ter concorrido para que prósperos, estáveis fossem os teus dias; mas a tua própria astúcia causou a tua ruína, obrigando uma outra a surgir do Lugar onde sempre estiveste."

Flor de Eleição e Realeza Divina promanada do Seio da Terra à Face da mesma, incorruptível e insubstituível, ela derruba qualquer outra sua sombra adversária coadunada com a Lua, os amores proibidos e as injustiças sociais (esta a razão principal de, após Luís XVI de França, a flor-de-lis dos Bourbons ter se tornado o símbolo das prostitutas e ladrões; e quando algum malfeitor era preso, marcavam-no a fogo com esse símbolo, memória maldita de uma realeza decadente, ladra do povo e prostituta da sua condição real), por isso mesmo, por seu sentido mais alto e puro, a Lis ou o Lírio faz-se símbolo da eleição, da escolha do ser amado, como diz o *Cântico dos Cânticos* (1, 2): "Como o lírio entre os cardos, assim a minha bem-amada entre as jovens mulheres".

A "bem-amada" é a Alma Universal, Amor puro, virginal ou imaculado, cuja tomada de posse foi privilégio de Israel na pessoa do rei David, logo adotando a Flor-de-Lis dourada para figurar sobre o fundo azul do seu Pendão; esse foi o privilégio de Maria entre as mulheres de Israel e, logo, como Mãe Soberana, entre as mulheres do Mundo.

Foi assim que essa planta se tornou, no Cristianismo, o símbolo do amor puro e virginal. Gabriel, o Anjo da Anunciação, repito, é representado iconograficamente com um lírio na mão, o mesmo acontecendo com o esposo José e os progenitores de Maria, Joaquim e Ana. O lírio simboliza também a entrega à Vontade de Deus, isto é, à Providência, que cuida das necessidades dos seus Eleitos, como assegura Jesus no Sermão da Montanha: "Vede os lírios do campo, como eles crescem; não trabalham nem fiam" (*Mt.* 6, 28). Assim, entregue sem condições entre as mãos do Eterno, o lírio está melhor protegido ou vestido que Salomão em toda a sua glória. De maneira que simboliza o abandono místico à Providência e Graça de Deus.

Ao ser-lhe acrescentado o pistilo, falo ou três pétalas inferiores, cedo o lírio, retratando a lis, se associou ao simbolismo das águas inferiores, logo, da Lua e dos sonhos, fazendo dele a flor de um amor intenso, carnal, mas que, na sua ambiguidade, pode ficar irrealizado, reprimido ou não sublimado. Mas se for realizado, sublimado como amor espiritual, penetra o sentido de Vênus e das Águas Superiores (o *Akasha* ou Éter), e assim o lírio ou lis se faz a Flor da Glória.

Nisso reside a equivalência entre o *lírio*, a *lis* e a *flor de lótus* que se eleva acima das águas lamacentas da concupiscência e do pecado. Por seu sentido de Eleição, dessa forma irá marcar uma Raça Eleita, de Príncipes ou Principais, sem mancha de pecado, que inaugurará um novo Ciclo de Humanidade, como se deduz das palavras premonitórias de Virgílio sobre o destino de uma Raça maravilhosa, quando é feita a oferenda de lírios à memória do jovem Marcelo, no momento da descida de Enéias aos Mundos Subterrâneos, ao Inferno – a resgatar uma Raça Divina ou Aghartina que hoje, fazendo jus ao *Ex Occidens Lux*, só poderá aparecer em duas bandas do Mundo como Duas Faces do mesmo Rosto do Imperador Universal, *Melki-Tsedek*, na pessoa do Excelso *Akdorge*: *Portugal* e *Brasil*, Tronos de Eleição dos Poderes Temporal e Espiritual do Mundo!

Escreve Virgílio (*Eneida*, 6, 884): "Tu serás Marcelo [de Marte, regente deste quarto Globo terrestre]. Dá lírios às mãos cheias, para que eu espalhe [semeie] flores [mônadas] deslumbrantes".

Essas "flores deslumbrantes" oferecidas ao filho adotivo de Augusto, contribuem para reanimar o amor à sua glória futura. Valor ao mesmo tempo fúnebre e sublime do símbolo, o que integra a lis e o lírio no simbolismo popular da "pálida morte", fazendo-a flor mortuária, por isso dizendo-se que o misterioso aparecer de um lírio anuncia a morte de um frade. Também a canção popular bretã dos "três lírios" semeados sobre o túmulo alude a esse simbolismo fúnebre, portanto, a ver com o aspecto feminino, lunar da mesma flor.

Acaso ela poderá ser prenúncio de morte iminente, mas certamente será o "santo e senha" de abertura dos Portais do Céu do *Cristo Universal* (segundo Logos) àquele que a visualiza na hora da morte, pois adentrará o mesmo Céu em inocência e pureza de Virgem sem pecado, liberto de Karma por seus próprios esforços, assim assumido na Corte da Realeza Divina, pois como a Flor-de-Lis também o Lírio é flor real, sobretudo por sua forma se assemelhar à de um cetro, ou porque "as serpentes [larvas e outros miasmas astrais] fogem dos lírios, que emanam um perfume revigorante" (in G. A. Böckler, 1688, Bibl. 10).

Em relação a isso, escreveu W. H. Frh, em *Hohberg*, 1675, Bibl. 23: "O lírio branco com esplendor e majestade supera muitas flores, mas é de pouca duração. Assim como ele, deve envelhecer e morrer também o homem onde não se conserva a Graça e a Proteção de Deus".

No Santoral cristão vê-se a flor-de-lis como atributo de vários santos reais, principalmente São Luís de França, mas também em outros, dentre eles: António de Lisboa e Pádua, Domingos de Gusmão, Felipe Neri, Vicente Ferrer, Catarina de Siena, Filomena, etc. Quando o símbolo não aparece formando parte dos signos de realeza do santo, resta associar a flor-de-lis com a estilização da pata de ganso (símbolo de *Lusina*, *Lys-Ina*, e dos Construtores Livres medievais que foram, afinal de contas, os constituintes da *Maçonaria Operativa*, também chamada de *Arte Real*), com a vieira do peregrino e, em geral, com o Sol Nascente ou Logos Único que expande os Três Raios de Vida, antes, Três Hipóstases como Vida, Energia e Consciência.

Quando aparece a Cruz dourada com a Rosa rubra tendo gravada no palo superior a Flor de Lis, o conjunto associa-se de imediato ao simbolismo do *Pramantha Mágico a Luzir* sob a direção do Rei dos Reis, Sua Majestade *Melki-Tsedek*, na Terra representando o segundo Logos no Céu, pelo que tal símbolo se converte em um dos mais preciosos do Governo Oculto do Mundo.

Acerca disso, escreveu o Professor Henrique José de Souza (in revista *Dhâranâ*, nº17 e 18, março a setembro de 1961):

"Um mundo de revelações está contido nessas palavras, inclusive em relação à nossa Obra. Basta dizer que 'ela veio do Oriente como uma Rama extensa florescer as mentes dos filhos deste País', etc. E o seu nome, no início, tendo sido *Dhâranâ*, completa o que, outrora tendo sido mistério, hoje se aclara diante dos olhos dos homens mais dignos e cultos, que para Ela foram e continuam sendo atraídos, prova da sua indiscutível evolução na 'estreita ou angustiosa Vereda da Vida', em cujo final tremeluz o mágico Triângulo da Iniciação, que é o da própria Mônada redimida. Sim, *Dhâranâ*, no começo, representando o Oriente; *S.T.B.*, depois, representando o Ocidente.

Antes, porém, devemos dizer que, naquele momento da História, a *Swástika* se defronta com a *Sowástika*, que muitos até hoje não souberam distinguir uma da outra. Quanto à Flor-de-Lis, ao Candelabro das três Velas, à Vina (ou Lira) de Shiva (a de três cordas de Apolo e de Orfeu, para estar de acordo com os três acordes da Criação: Dó-Mi-Sol), à letra hebraica Shin, representam uma só e mesma coisa, digamos... a Tríplice Manifestação do Logos Criador, tanto no Universo quanto no Homem. Finalmente, a sua expressão terrena: o *Governo Espiritual* (e *Oculto*) *do Mundo*."

Por seu turno, Paulo Machado Albernaz escreveu na sua *A Grande Maiá – A Realização* (edição particular, São Paulo, 2003):

"É bem verdade que o sofrimento, a angústia, é um atributo humano, mas o Homem-Deus, o Verbo Encarnado, o Avatara da Divindade na Terra, também tem o seu lado humano, que é a face voltada para baixo, e como tal está sujeito às vicissitudes humanas, embora participe, igualmente, do que se cumpre nas alturas celestes. Essa estranha situação deu origem ao símbolo da chamada 'Flor-de-Lis', cujo desenho estilizado mostra três pétalas maiores voltadas para o alto, e três pétalas (à guisa de pedúnculo) menores voltadas para baixo.

O número três é ressaltado duas vezes, representando a tríplice manifestação tanto do lado Divino (que é maior) como do lado Humano (que é menor). Tal símbolo tem sido usado largamente pelos homens, não só no campo político, como o foi pela monarquia francesa, como no social. Neste último podemos citar a organização mundial do escotismo, cujo símbolo é muito usado até hoje.

Os Três Sóis ou Logos também agem na estrutura interna do Homem, a grosso modo classificado como Corpo, Alma e Espírito, nos quais agem os astros que mais influenciam a nossa vida: o Sol agindo em nosso Espírito; a Lua, em nossa Alma; e a Terra, em nosso Corpo físico. Essa constituição interna é igualmente bafejada pelas Três Hipóstases do Logos, que são: Vontade, Sabedoria e Atividade, como já vimos. No entanto, já se vê que o Espírito pode abrigar, além da Vontade, a Sabedoria, se o homem a ela fizer jus. Além da Sabedoria, a Vontade poderá se abrigar na Alma que tenha condições de a sentir. Finalmente, o Corpo terá que exercer uma Atividade, um Trabalho digno de um Homem com H maiúsculo.

Quem está, justamente, nessas condições poderá entender com facilidade as diversas manifestações avatáricas dos Seres que comandam a Terra e, consequentemente, toda a evolução do nosso Planeta. Dessa forma poderemos compreender, em toda a sua plenitude, o porquê da identidade da maioria dos ensinamentos que nos foram legados pelos Grandes Mestres que pontilharam com grandezas espirituais a História da Humanidade.

Quem busca apenas a erudição, para satisfazer o seu diletantismo, quer saber quem escreveu isso ou aquilo, em que livro está citado um preceito famoso, de que escola ou organização surgiu uma determinada doutrina. Uns chegam até a discutir em que raça surgiu ou se gerou um determinado Ser que propôs uma nova filosofia. Se atentarmos para uma certa passagem de Krishna, como uma das manifestações do Espírito de Verdade, aliás, o Avatara que a História registou sob o nome de Yeseus Krishna e que era de rara beleza, diz Ele no *Bhagavad-Gïta*, versículo 25, em um dos discursos dedicados ao seu discípulo Arjuna:

... quem adora os Bhutas (espíritos da Natureza)*, vai aos Bhutas! Quem adora os Pitris* (Construtores da Humanidade)*, vai aos Pitris! Porém, os verdadeiros adoradores vêm a Mim* (o Eu Divino)!*...*

Por essas palavras notamos que existe uma Fonte Única da Verdadeira Sabedoria que é o Planetário da Ronda, avatarizado no Sexto Senhor, como Dirigente absoluto da nossa Terra. Tudo o que existe de Bom, de Belo e de Bem emana desse Ser Único, através dos seus múltiplos Avataras que são os seus fiéis Porta-Vozes no decorrer das Idades, dos Ciclos.

A sua Sabedoria infinita sai da Boca dos 'Anjos da Palavra' e entram pelos ouvidos humanos nos mais variados timbres e tonalidades e se aninham nos seus cérebros".

Pois bem, graças à inserção do pedúnculo no lírio heráldico (*lis*) ele tomou a forma de seis pétalas, as quais podem ser identificadas com os seis raios da Roda da Vida, cuja circunferência é divisível pelos seis raios do Sol sendo este o sétimo; assim, ela torna-se Flor de Glória e Fonte de Fecundidade, indo incorporar-se ao simbolismo do *Hexalfa* ou estrela de seis pontas, insígnia do Sexto Senhor *Akbel* – criando já o sexto Sistema de Evolução, englobando o quinto e o sétimo – que norteia os destinos evolucionais do Gênero Humano através da Corte Eleita dos Mestres Justos e Perfeitos da Excelsa Fraternidade Branca, mediando entre o Luzeiro e Eles o Grande *Kumara Melki-Tsedek*, seja *Ardha-Narisha*, seja *Akdorge*.

Mesmo sendo a Flor-de-Lis símbolo do Governo Supremo de Agharta imperando sobre todos os governos da face da Terra, a verdade é que o nome da Cidade Santa do Mundo de Badagas sob o território português, com jurisdição espiritual e temporal totais sobre toda a Europa, não se chama – como alguns têm inventado – "Lis" nem tampouco se insere em um qualquer e pressuposto "triângulo místico de Fátima". Isso é apenas uma invenção caseira, ainda assim já popularizada, de quem viu ser-lhe recusado o acesso aos Mistérios Maiores dessa Obra do Eterno na Face da Terra.

Estou autorizado superiormente a revelar alguns dos símbolos do Grande Senhor *Akbel*, aliás assinalado na pétala central (maior) da mesma *Flor-de-Lis*:

AKBEL – Flor de LIX (Aghartino); em português, Angélica Branca.
ÁGUIA
TOURO
Significado: PUREZA – SABEDORIA – VONTADE.

De maneira que se tem:

FLOR-DE-LIS
SÍMBOLO DO GOVERNO OCULTO DO MUNDO
EXERCIDO PELO SEGUNDO TRONO CELESTE
NO TERCEIRO TRONO TERRESTRE
REPRESENTADO POR MELKI-TSEDEK

A REALEZA DIVINA NA TERRA

Quando se fala da nobreza portadora de "sangue azul" não tem tanto a ver com o aspecto físico, pois o seu sangue se mantêm *vermelho* de *Tamas* ou a cor da Terra, mas sim com o aspecto psicofísico e iniciático da sua ligação ao Segundo Logos, cujo tom é *Rajas* e a cor *azul* do Céu, brilhando internamente o *amarelo ouro* de *Satva* como Espírito Iluminado.

Quem tem o verdadeiro "sangue azul" da Nobreza Divina é só o Iniciado Verdadeiro que se integrou no Quinto Reino Espiritual, chame-se-lhe "Angélico", chame-se-lhe das "Almas Salvas" ou, ainda, do "Akasha Celeste", para todos os efeitos, o do *Cristo Universal* que também é, por se tratar do Segundo Trono como *Andrógino Primordial*, a Excelsa *Mãe Divina* – Rainha dos Anjos, Mãe dos Eleitos, "Lírio Santificado de Shamballah".

Portanto, em terminologia humana, a verdadeira *Monarquia de Melkitsedek* é essa *Divina* do *Segundo Trono* que emancipa os Corpos, distingue as Almas e enobrece os Espíritos.

Falando de *Monarquia* estou referindo-me exclusivamente a "Uma Hierarquia" original de valores humanos e espirituais, ou seja, a Grande Loja Branca dos Mestres Justos e Perfeitos, como os Príncipes ou Principais da Obra Divina do Imperador do Mundo, *Melkitsedek*, impondo a dignidade dessa condição diáfana e doce de *Amor-Sabedoria* no distinto do Discípulo verdadeiro, também ele candidato sincero e dedicado ao estado de Mestre Real, de possuidor da verdadeira *Flor-de-Lis*, isto é, da *Consciência Universal*.

Ave, Lillium Sanctificatum in Terris descendiat Coelis!
Ave, Maria, Lillium, Rosa mistica in Crucis sideris,
Matrem Nostram, Mariz Nostra!

BIJAM!

Capítulo XXXIV
O Visconde de Figanière

Lisboa, 1995 e 2001

O RAMO TEOSÓFICO "FIGANIÈRE"

Nos finais dos anos 1970 da centúria transata frequentei, com alguma assiduidade, um Ramo da Sociedade Teosófica de Portugal: o Ramo *Alvorada*. Apesar de visível o parco conhecimento teosófico dos seus comparticipantes, era notória a sua vontade em aprender, conhecer e progredir espiritualmente. Em uma altura em que se discutia calorosamente se "a dor fazia ou não parte da evolução dos seres" e ninguém chegando a consenso algum mas havendo muito mal-estar no ambiente, comecei então a desviar as atenções para o Cristianismo Esotérico, ou seja, para a faceta ocidental da mesma Teosofia, tanto mais que entre 1972 e 1975-77 eu já havia congregado estudiosos e escritores do tema no Instituto *Círculo Esotérico Cristão*. Foi quando se fundou a revista *PAX*, destinada a ser posteriormente o órgão oficial da *Comunidade Teúrgica Portuguesa*. Certamente os mais antigos ainda se lembrarão do trabalho pioneiro iniciado com o C.E.C. Pois bem, ao cabo de algum tempo da minha chegada à S.T.P., o diretor desse Ramo acusou publicamente o seu parco conhecimento nas profundezas da Teosofia e demitiu-se, tendo-o abandonado e à S.T., indo de imediato afiliar-se (já então era filiado) a uma seita bizarra onde podia "brilhar à vontade", a qual, graças aos Deuses, hoje já não existe.

Tendo o diretor ou pastor de almas abandonado o rebanho que se lhe confiara, deliberou-se extinguir o Ramo e os membros se dispersarem. Mas nenhum deles queria isso. Foi então que fui nomeado, por unanimidade, diretor do Ramo *Alvorada*, cargo que aceitei contrafeito, confesso, por já nesse ido de 1977-78 estar vinculado a um outro Colégio Teosófico sob a direção ministerial do Professor *Henrique José de Souza*, além de que nunca simpatizei com misturas doutrinais tipo "nouvèlle mode esotérique"! Ainda assim, durante algum tempo até a chegada de novo diretor, encarreguei-me da direção espiritual do Ramo, como já fizera, na mesma época, em um outro Instituto cujo dirigente me solicitara: o *Centro Rosacruciano de Lisboa*, neste tendo eu fundado o seu "Círculo Interno", inteiramente Ritualístico, e alimentado a sua revista *Excalibur* com vários textos da minha lavra. Deste, mal o pus a funcionar no sentido verdadeiramente iniciático – e o que humanamente lhe sobreveio depois, talvez originado pelo próprio dirigente, não me interessa –, afastei-me. Como os meus deveres diários humanos e espirituais não me permitiam muito tempo de sobra, decidi despedir-me do supradito Ramo teosófico e, para minha grande surpresa, a maioria dos seus membros acompanhou-me, para vir a ingressar nas fileiras dos primitivos afiliados da Primeira Loja Teúrgica de Portugal, então sita temporariamente no Cais do Sodré (Santo André), em Lisboa: a Loja *Akdorge*, ativa durante nove meses para depois, um ano após o seu abatimento, ser a alavanca de levantamento da *Comunidade Teúrgica Portuguesa*, oficializada em 1982.

Laços profundos unem, portanto, a TEURGIA à TEOSOFIA, esta o clarim da espiritual ALVORADA daquela.

Nos primeiros anos da década de 1980 ainda voltei, mas esporadicamente, à S.T.P., tendo assistido a várias reuniões no Ramo *Visconde de Figanière*, então dirigido pelo arquiteto Jorge Baptista, migrado do Porto para Lisboa e que, vim a saber pelo próprio, fora membro da *Sociedade Teosófica Brasileira* e um dos primeiros representantes em Portugal do Professor *Henrique José de Souza*.

O nome de Figanière ligava-se assim ao de HJS por intermédio de um seu condiscípulo português – HJS, o Homem que ao assumir o seu Deus se tornara JHS e o Arauto mais próximo de *Maitreya*, o *Cristo Universal*.

Respeitante à Sociedade Teosófica de Portugal, esta fora reconhecida pela dra. Annie Besant, então presidente mundial da S.T. sediada em Adyar, Estado de Madras, Índia, em carta credencial de 5 de setembro de 1921, tendo o Artigo 1º da Lei do Código Civil de 14 de fevereiro de 1907 servido de argumento, em 28 de novembro de 1921, para o Governo Português dar a oficialização à S.T.P., por despacho emitido pelo Governo Civil de Lisboa.

Mas já em janeiro de 1920 havia em Lisboa um Ramo teosófico, que foi o primeiro em Portugal e levava o nome de *Ísis*. O seu presidente era o arquiteto António Rodrigues da Silva Júnior (1868-1937), um dos fundadores da S.T.P., amigo e condiscípulo do dr. Mário Roso de Luna (considerado o sétimo Membro da Obra Avatárica de JHS), fundador do "Ateneu Teosófico de Madrid", ao qual teceu elogios rasgados no seu estudo *A Atlântida (Subsídio para a sua reconstituição histórica, geográfica, etnológica e política)*, publicado, em Lisboa, na revista *A Arquitectura Portuguesa* de janeiro de 1930 a maio de 1933.

No ano da oficialização da Sociedade Teosófica de Portugal (1921), aparece nesta, em simultâneo, o Ramo *Visconde de Figanière*, sendo o seu presidente António Chaves Cruz. Entre 1927-29, o capitão Artur do Nascimento Nunes encontra-se à dianteira do Ramo, que, com mais ou menos intensidade, nunca deixou de funcionar. Em 1980 é sua presidente a dra.Maria da Glória Pires Firmino, sendo sucedida, nos meados de 1981, pelo supracitado arquiteto Jorge Baptista, tendo-o dirigido até as vésperas da sua morte, no início de 2010.

A Sociedade Teosófica de Portugal aparece quase em simultâneo com a Sociedade Teosófica Brasileira, esta liderada por Henrique José de Souza e aquela tendo como um dos seus inspiradores o talvez mais dileto dos Filhos Espirituais de JHS: *Mário Roso de Luna*.

Incontestavelmente, profundíssimos elos causais ligam os primórdios da Teosofia Portuguesa à Teosofia Brasileira, de Helena Petrovna Blavatsky a Henrique José de Souza, e talvez tenha sido essa a razão para, certa vez, o arq. Baptista dizer-me: "HPB foi a Anunciadora e JHS o Anunciado".

VIDA E OBRA DO VISCONDE DE FIGANIÈRE

Recuando além do ano da fundação do Ramo *Ísis* (1920), tem-se o primeiro eco importante da existência do Movimento Teosófico em Portugal, em 1889, um ano após a publicação de *A Doutrina Secreta*, de H. P. Blavatsky. Com efeito, nessa data a Livraria Internacional de Ernesto Chardron, Casa Editora Lugan & Genelioux, sediada no Porto, editava um livro oitavado volumoso, com 744 páginas, do Visconde de Figanière, que o terminara no ano anterior em Leça da Palmeira, próxima da capital do Norte: *Estudos Esotéricos – Submundo, Mundo, Supramundo*.

O livro fora redigido antes de publicada *A Doutrina Secreta*, a partir dos conhecimentos teosóficos do autor ordenados da forma que lhe pareceu mais lógica. Quando a Casa Editora o mandou imprimir, por sinal na Suíça, o Visconde tomou conhecimento da saída, em Londres, de *A Doutrina Secreta*, que imediatamente leu com todo o interesse. Daí resultou uma advertência ao leitor, apresentada logo após um glossário de termos teosóficos ao início do livro, redigida nos seguintes e curtos termos:

A QUEM LER

Estando este livro no prelo, publicou-se em Londres THE SECRET DOCTRINE, by H. P. Blavatsky, em dois tomos, contendo recentes e importantes elucidações ministradas no Índice. Do essencial dá-se um sumário no Capítulo Suplementar no fim do presente volume, e será útil consultá-lo em conexão com os caps. III, VI, VIII e XIX [...]. Os novos subsídios modificam o apreço de certos aspectos, rectificando a versão aceite até hoje nos círculos teosóficos do Ocidente, a respeito de dois tópicos relevantes.

O nome dado ao Capítulo Suplementar – *Novíssima Luz* – é sintomático. Mas o livro é um trabalho de muito mérito e valor histórico incontestáveis, tendo sido bastante apreciado pela própria Madame Blavatsky.

Segundo Pinharanda Gomes (in *Pensamento Português, IV – Gnose e Liberdade [Notas à Obra do Visconde de Figanière]*. Biblioteca da Filosofia Portuguesa, Edições do Templo, Lisboa, 1979), Frederico Francisco Stuart de Figanière e Morão, o Visconde de Figanière (1827-1908), nova-iorquino de nascimento, era filho do conselheiro Joaquim César de Figanière e Morão e da sua segunda mulher, Catherine Stuart Gilfillan, de ascendência escocesa, e sobrinho do polígrafo Jorge César de Figanière (1813-1889), que trabalhou com Alexandre Herculano e Inocêncio Francisco da Silva. Jorge Figanière, bibliógrafo notável, autor da *Bibliografia Histórica Portuguesa* (1850), teria contribuído para que o sobrinho se interessasse também pela bibliografia. Este casou, em 1848, com Josephine Hunt, filha do general do exército dos Estados Unidos, James Hunt.

A sua vida profissional foi preenchida pela carreira diplomática, e os seus interesses diplomáticos e filosóficos deixou-os expressos em uma obra que não é reduzida, nem na extensão nem no interesse.

Em Paris, tirou vários cursos universitários: licenciaturas em Letras, Físico-Químicas e Ciências Morais e Políticas, tendo-se afirmado como autor de numerosos trabalhos literários de teor histórico de muito mérito. Deles destaco:

- *Memórias das Rainhas de Portugal – de D. Teresa até Santa Isabel*; com documentos, *fac-símiles* e retratos. Lisboa, Tip. Univers., 1859.
- *Vasco Peres, the Cooper of Alcobaça*, 1861. Romance fundado em incidentes da batalha de Aljubarrota, constando de 18 capítulos.
- *Elva*. Londres, 1878. Poema em cinco cantos, fundado nas lendas biscainhas do "Conde D. Moninho" e da "Dama Pé de Cabra" constantes do *Nobiliário* do Conde D. Pedro.

Foi sócio correspondente da Academia Real das Ciências de Lisboa e sócio efetivo da Real Associação dos Arquitetos e Arqueólogos Portugueses, sócio honorário do Instituto de Coimbra e de várias Agremiações científicas e literárias estrangeiras, dentre as quais sócio e professor correspondente da Academia de Jurisprudência e Legislação de Madri, e membro do Instituto Histórico, Geográfico e Etnográfico do Rio de Janeiro, Brasil. Foi nesse país, onde então o Visconde residia, que recebeu a notícia de ter sido aceito sócio correspondente da Academia Real das Ciência de Lisboa, graças à intercessão pessoal de Latino Coelho a quem escreveu a carta seguinte de agradecimento, a qual faz parte do espólio do Processo da mesma Academia:

Ilmo. e Exmo. Sr.

Tenho a honra de accusar recebido o Offício que V. Exa. se serviu dirigir-me com a data de 27 de novembro último, participando-me que a Academia Real das Sciencias de Lisboa me havia eleito sócio correspondente nacional da mesma Academia, na classe de Ciências Moraes, Políticas e Belas Letras.

Agradecendo a V. Exa. tão grata notícia, rogo a V. Exa. queira fazer constar à Academia o quanto aprecio a subida honra que me fez, admitindo-me no seu gremio. Ao passo que me confesso por extremo lisongeado com tão ambicionado privilégio, medindo as limitadas forças de que disponho, não é sem receio que me vejo elevado a Consócio dos maiores talentos do nosso Paiz, de aqueles que tanta fama adquiriram e gozam nas Letras e nas Ciências. Anima-me porem a esperança de encontrar neles a necessaria indulgência, que por intermédio de V. Exa. ora peço, e com que desde já ouso contar.

Se durante a minha residência no Brasil eu puder aqui de qualquer modo ser util à Academia Real das Sciencias, levarei nisto sumo gosto; e não menos terei oferecendo-se-me occasiões de me ocupar no serviço particular de V. Exa.
    Deus guarde a V. Exa. Rio de Janeiro em 24 de Janeiro de 1864.
    Ilmo. e Exmo. sr. José Maria Latino Coelho.
    F. F. de Figanière.

Desempenhou o alto cargo de enviado especial e ministro plenipotenciário de Portugal nos Estados Unidos e na Corte da Rússia, entre 1870 e 1876. Foi Fidalgo-Cavaleiro da Casa Real Portuguesa, Cavaleiro da Ordem de Nossa Senhora de Vila Viçosa e possuiu a Grã-Cruz da Ordem de Santa Ana da Rússia.

Em 1877, afastou-se da vida diplomática que iniciara por volta de 1870, ano em que fora agraciado com o título de *Visconde de Figanière* por el-rei D. Luís I.

Em 1882, fixou residência em França, tendo leiloado a sua biblioteca de Lisboa por motivo da retirada. O *Catálogo* dessa biblioteca decerto foi elaborado pelo próprio Visconde, e por ele se verifica que o proprietário possuía cerca de um milhar de obras, além de gravuras. O leilão foi efetuado por A. O. Guimarães, em 10 de dezembro de 1882, na Rua do Monte de Santa Catarina, 48, em Lisboa.

Do *Catálogo* constam as seções de Teologia, Política, Filosofia, Literatura, História, etc., havendo a incluir um considerável número de obras teosóficas e ocultistas, dentre elas a tradução por um Anônimo das *Noites de S. Petersburgo*, de Joseph de Maistre.

ESTUDOS ESOTÉRICOS

Afastado das lides políticas, o Visconde de Figanière ficará com o tempo livre para se dedicar inteiramente ao Ideal Teosófico. O seu livro *Estudos Esotéricos – Submundo, Mundo, Supramundo –* pensado na França, na cidade de Pau, onde residia na altura (na Ville Mondego, à Rue Marca), e que terminou em Leça da Palmeira em 30 de maio de 1888, data constando na dedicatória que faz aí ao seu primo coirmão, Gustavo Adolfo Serpa Pinto, o célebre explorador da savana africana, que vivamente o impeliu a escrever a obra depois de tê-lo movido ao interesse pela Teosofia, o que levou-o a filiar-se na Sociedade Teosófica em Loja de Londres – incontestavelmente é a mais rica joia teosófica do legado literário português, primaz sobre todas as que se seguiram.

De maneira que *Estudos Esotéricos – Submundo, Mundo, Supramundo* poderá ser considerado a primeira versão por um português de *A Doutrina Secreta*. E apesar da obra não ter tido um grande impacto no meio cultural português da época, ainda assim não deixou de influenciar vultos de renome como Antero de Quental, Oliveira Martins e Teófilo Braga, dentre outros.

Admirador e amigo chegado de Helena Petrovna Blavatsky, "ele o discípulo e ela a Mestra", como me confidenciou o inestimável amigo Pinharanda Gomes, certamente Figanière a terá seguido por toda a Europa e América do Norte. Por sua vez Blavatsky retribuiu a amizade, aprovou e até citou as teses do português em vários passos da sua *The Secret Doctrine*, nomeadamente em nota de rodapé no tomo II (p. 289, Pasadena, 1974), na qual recomenda a leitura de um artigo de Figanière intitulado *Esoteric Studies*, publicado no número de agosto de 1887 da revista *The Theosophist*.

Também na sua "Biblioteca das Maravilhas", em vários volumes publicados em Madri entre 1916 e 1920, o dr. Mário Roso de Luna faz diversas observações, citações e comparações do pensamento teosófico do Visconde de Figanière. A supracitada obra-prima deste recebe análise cuidada em uma longa anotação nas páginas 303-305 das *Paginas Ocultistas y Cuentos Macabros,* de H. P. Blavatsky, anotados e comentados pelo mesmo Roso de Luna (Editorial Eyras, Madrid, 1982), trabalho que este começou em 11 de novembro de 1918 e terminou em 10 de setembro de 1919. A dado passo dessa nota, o anotador atribui importância ao fato de *A Doutrina Secreta* ter sido editada quando os *Estudos Esotéricos* ainda estavam para sair à luz: "Isto é importante, porque demonstra que a obra de Figanière não está inspirada na última de Blavatsky, mas sim que, para honra da nossa Raça Ibérica, representa, em fundo e forma, uma felicíssima coincidência com a mais fundamental de quantas produções saíram da pena da Mestra".

Estudos Esotéricos é hoje obra rara de incontestável valor bibliográfico, cujo texto integral, ilustrado por inúmeras tabelas, nunca foi reeditado. Todavia, é sabido haver uma sua reedição brasileira pela Editora Três, de São Paulo, mas, na realidade, tratam-se apenas de fragmentos do texto original e sem quaisquer tabelas, pelo que essa pretendida reedição vale o que vale.

Graças à oferta generosa do saudoso e valoroso Amigo José Blanc de Portugal, antigo Cônsul do nosso país em Brasília, possuo uma cópia completa da edição original, de 1889, dos *Estudos Esotéricos – Submundo, Mundo, Supramundo*. A obra compreende as partes seguintes:

1ª Parte – Evolução em geral:
Metafísica, Ontologia, Cosmogonia.

2ª Parte – Evolução humana:
Fragmentos Pré-históricos, Ética, Psicomaquia.

Apêndice – Notas, Extratos, Elucidações.

Capítulo Suplementar – Novíssima Luz.

Ainda no mesmo ano de 1889, o Visconde edita na França (Pau) um folheto de dez páginas, intitulado *Adiantamento aos Estudos Esotéricos – Submundo, Mundo, Supramundo*, no qual reforma parte da nota E, *bis*, do *Apêndice*.

Essa obra-mor do teósofo português bebe a inspiração em duas linhas de pensamento, uma filosófica e outra teosófica, ambas padronizadas no *Evolucionismo gnóstico* ou do entendimento das coisas segundo o Espírito. Na primeira, Figanière perfilou o Pensamento Evolucionista português, de caráter gnóstico ou teosófico, indo descobrir e valorizar a aproximação entre a Sabedoria do Oriente e a do Ocidente, tendência muito significativa na segunda metade do século XIX entre vários autores portugueses. É assim que no ciclo do Positivismo do Curso Superior de Letras, António José Enes defendeu uma tese acerca da *Filosofia Religiosa do Egipto* (1868), no mesmo ano em que o escritor da Índia portuguesa, José Gerson da Cunha, publicou o ensaio *Introdução ao Estudo da Ciência e da Vida*. O estudo de G. Vasconcelos Abreu, *Sentimento Indiano* (1871), insere-se nessa linha orientalista vigente em pleno transformismo que, à volta de 1870, solicitava a atenção de autores como Pedro Gastão Mesnier, Bento Nasica, José Gonçalves da Cruz Viva, Augusto Eduardo Nunes e Ernesto Cabrita. No ano de 1881, o já citado Vasconcelos Abreu publicou umas *Notas para a História das Relações entre o Oriente e o Ocidente na Antiguidade*, em que definia os aspectos comuns à Filosofia Grega e ao Budismo – duas das fontes que o Visconde de Figanière utilizou no seu livro –, enquanto João Bernardo de Ataíde examinara os temas do *Animismo e Vitalismo* (1805).

Exceção feita a Vasconcelos Abreu, a Teosofia tinha menor relevo naquelas obras, mas Figanière, beneficiando de um clima favorável a esse gênero de estudos em Portugal, teve a vantagem de, por meio das ligações com as Lojas teosóficas europeias, como a londrina, levar até mais longe a aliança do Evolucionismo e da Teosofia gnóstica.

Na segunda linha de pensamento, o Visconde de Figanière transpõe a Filosofia à Teosofia e bebe, com toda a clareza, a sua inspiração em dois autores renomeados: H. P. Blavatsky (in *Ísis Sem Véu*, 1876) e A. P. Sinnett (in *Budismo Esotérico*, 1883). O discurso destes apresenta-se claramente no livro do Visconde, inclusive exposições retiradas das *Lettres des Mahamas M. et K.H.*, recebidas por Sinnett de 1880 a 1884. Figanière dá o seu próprio testemunho da existência e veracidade dessas Cartas na página 609 da sua obra em apreço:

"Nos começos de 1884, vi e tive nas mãos uma carta dirigida a certa pessoa em Paris, afiliada à Sociedade Teosófica, a qual a achara na sua mesa pela manhã ao despertar, carta que, datada da véspera, vinha assinada pelo Mahatma Kut-Hum [Koot ou Kut Humi] residente nos Himalaias. Constava de meia folha de papel, de um fabrico desconhecido na Europa; estava escrita a lápis azul em belo caráter e na língua inglesa, sendo resposta a uma comunicação que a dita pessoa lhe havia dirigido pela mala [posta, portanto, no correio normal], cerca de um mês antes. A essas cartas dá-se o nome de *precipitadas*; são a bem dizer os telegramas dos Adeptos, com a vantagem de trazerem todos os ff e rr sem erro possível."

Portanto, não poderia ser melhor a Musa inspiradora de Figanière, visto que se tratava da própria Grande Loja Branca dos *Bhante-Jauls*, "Irmãos de Pureza", assim chamados no Tibete reunidos em Fraternidade Soberana que na Índia é conhecida como *Sudha-Dharma-Mandalam*, a "Excelsa Assembleia da Justiça e Perfeição", o que se identifica ao apelativo dado pela Igreja Cristã à *Comunhão Invisível dos Santos e Sábios*.

Mas o que diferencia essa sua obra literária de todas as outras do gênero é a profunda e intensa análise filosófica e matemática que faz do Homem e do Universo espiritual e material à luz da ciência dos *tatvas* ("vibrações ondulatórias" dos átomos da Natureza) e das *gunas* ("qualidades sutis" da Matéria). Nisso, em seu tempo, ele foi inédito dentro do Mundo Teosófico e Ocultista.

São os seguintes os *tatvas*, como "substractum" dos respectivos elementos naturais e consequentes sentidos humanos que por eles são formados:

Adi Tatva   – Atômico   – Êxtase
Anupadaka Tatva – Subatômico – Intuição   = NÃO ATIVOS
....

Akasha Tatva   – Éter   – Audição
Vayu Tatva   – Ar   – Olfato
Tejas Tatva   – Fogo   – Visão   = ATIVOS
Apas Tatva   – Água   – Paladar
Pritivi Tatva   – Terra   – Tato

E as gunas:

Satva – Energia Centrífuga – Espírito – Mental
Rajas – Energia Rítmica   – Alma   – Emocional
Tamas – Energia Centrípeta – Corpo   – Físico

    Esses estados vibratórios do Universo e do Homem ele dispôs em três Planos, Mundos ou Globos a que chamou *Submundo*, *Mundo* e *Supramundo*, interpenetrados e todavia distintos pelas características energéticas que os animam.

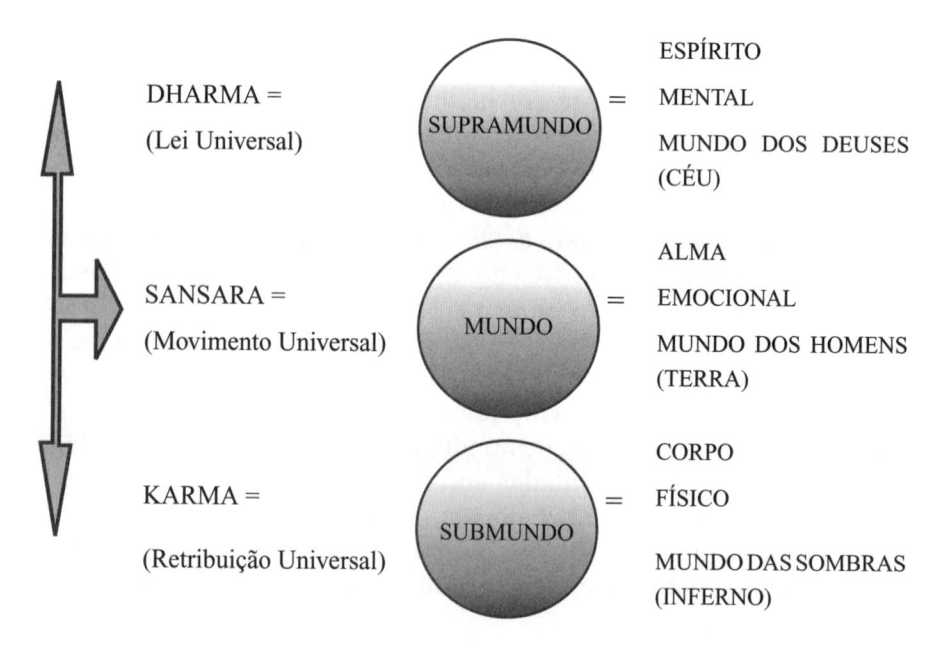

DHARMA =   SUPRAMUNDO   =   ESPÍRITO
(Lei Universal)   MENTAL
                                            MUNDO DOS DEUSES
                                            (CÉU)

SANSARA =   MUNDO   =   ALMA
(Movimento Universal)   EMOCIONAL
                                            MUNDO DOS HOMENS
                                            (TERRA)

KARMA =   SUBMUNDO   =   CORPO
(Retribuição Universal)   FÍSICO
                                            MUNDO DAS SOMBRAS
                                            (INFERNO)

Para sintetizar e simplificar o mais possível o intrincado pensamento cosmogônico e antropogônico de Figanière, socorro-me de alguns excertos de textos reservados do acervo dos Graus Iniciáticos da *Comunidade Teúrgica Portuguesa*.

Assim, fazendo apelo à elasticidade mental e inclusive intuicional do respeitável leitor, começarei por falar dos *tan-mâttras* ("vibrações íntimas" dos átomos da Natureza), que são o aspecto interno dos *tatvas* e que estão na causa dos sentidos físicos por ação de *Satva-Guna* acionada por *Prakriti*, a Matéria Universal. Esta, por sua vez, é impelida por *Jiva*, a Energia Universal, que ao particularizar-se constitui o Homem, a "Vida-Energia" e, ao encarnar-se, cria a consciência física divisória do "Eu" e do "não Eu", o que se chama tradicionalmente de *Ahamkara*, ou seja, o que percebe e o que é percebido, se assim se quiser. Os *tan-mâttras* são cinco:

Sabda – Audição
Gandha – Olfato
Rupa – Visão   = TAN-MÂTTRAS ⇨ *SATVA*-GUNA
Rasa – Paladar
Sparsha – Tato

Por sua vez, esses elementos sutis das formas sutis da Matéria (ou seja, *Jiva* acionando *Prakriti*), pelo impulso dado à latente *Satva-Guna* pondo-a em atividade, processo original chamado *Vaikarika*, impuseram a sua vibração a *Tamas-Guna* que, por agregação dos elementos substanciais *tan-mâttricos*, originou os *Mahabhutãs* ("elementos sensoriais agregados") ou *Tatvas*, que, como se viu, são cinco patentes e dois latentes (só ativos nos Grandes Iniciados).

Akasha – Éter (Sonoro)
Vayu – Ar (Cheiroso)
Tejas – Fogo (Visual)   = TATVAS ⇨ *TAMAS*-GUNA
Apas – Água (Palatável)
Pritivi – Terra (Tocada)

É da conjunção de *Satva* com *Tamas* que surge uma terceira qualidade da Matéria: *Rajas-Guna*, a qual irá originar e seriar os "órgãos receptores" (*Jnanindriyas*) e os "órgãos motores" (*Karmindriyas*). Da conjunção da atividade de *Satva* com a vibração de *Tamas*, surge permeio o ritmo luminoso de *Rajas*, ao qual a Tradição Iniciática chama

Taijasi, precisamente a "Luz" promanada de *Mahat* ou o *Mental Cósmico*, o Supremo Arquétipo do Universo e do Homem, e que é o originador dos *Indriyas* pela união das *Três Gunas* ou *Triguna*.

JNANINDRIYA:

	Shrota	– Orelhas
	Ghrana	– Nariz
	Chakshus	– Olhos
	Rasan	– Língua
	Twach	– Pele

KARMINDRIYA: = INDRIYAS ⇨ *RAJAS*-GUNA

	Vache	– Laringe
	Pani	– Mãos
	Pada	– Pés
	Payu	– Órgãos excretores
	Uphastha	– Órgão procriador

Assim, tem-se:

VAIKARIKA	TAIJASI	ADIBHUTÃ
(Impulso Original)	(Luz Original)	(1º Elemento Original)
PRANA	*FOHAT*	*Kundalini*
SATVA	*RAJAS*	*TAMAS*
⇓	⇓	⇓
5 TAN-MÂTTRAS	5 INDRIYAS	5 TATVAS

O conceito teosófico de Figanière, para o Macro e Microcosmos, fica resumido na exposição que fiz e tentei simplificar o mais possível, por ser tema muito complexo que só é desenvolvido nos Graus avançados do Colégio Teúrgico Português, após os seus membros terem adquirido o necessário traquejo mental levando à manifestação do sentido intuicional.

Quanto tinha a dizer sobre o Visconde de Figanière, está dito. Mas será grande injustiça não lembrar ainda aqui o célebre Félix Bermudes (Porto, 1874 – Lisboa, 1980), desportista, teatrólogo, poeta, escritor e, sobretudo, teósofo, autor da trilogia *A Conquista do Eterno – O Homem condenado a ser Deus*, *Buda instruindo aos seus Discípulos* e *Aos meus irmãos comunistas*. Possuo exemplares das edições originais dessas obras, inclusive a primeira estando rubricada pelo punho do autor com o seu nome. Certa vez, no final de uma sessão esotérica da Comunidade Teúrgica Portuguesa, foi-me denunciado que a casa de Félix Bermudes na Rua dos Goivos, em Birre, Cascais, estava abandonada e sendo alvo de saques constantes. Dirigimo-nos de imediato ao local e deparei com uma cena deveras constrangedora: tudo destruído, a biblioteca fabulosa do autor completamente arrasada, nada sobrava inteiro. Ainda assim, no meio dos destroços consegui recuperar alguma coisa, inclusive os diplomas olímpicos de Félix Bermudes. Aguardo o momento certo para encetar conversações com as autoridades desportivas quanto ao destino a dar a esses documentos preciosos, talvez quando estiverem menos preocupadas com a corrupção no desporto e amainarem os receios da detenção policial de alguns dirigentes desportivos. Sabe-se lá por quê... Fiz denúncia pública do caso, exclusivamente por respeito à memória venerável de Félix Bermudes que tanto prestigiou o Desporto nacional, as Artes e as Letras portuguesas e, principalmente, deu indiscutível contributo precioso à Teosofia em Portugal. Essa denúncia foi publicada pelo jornalista Victor Mendanha no jornal diário *Correio da Manhã*, de 4 de junho de 1997, sob o título *Saqueada a Quinta do fundador do Benfica – onde viveu o escritor e desportista Félix Bermudes. Vândalos desfazem vivendas em Cascais.*

Lembro também o saudoso amigo Ângelo Maria Guimarães da Costa Cabral, com quem mantive longas e repetidas cavaqueiras amenas em sua vivenda na Rua de Fanares, no Algueirão. Nascido em Timor no dia 19 de outubro de 1903 e falecido em hospital de Lisboa no início da década de 1990, salvo erro, em 1927 fundou o Ramo *Olcott* na Sociedade Teosófica de Portugal, e manteve-se fiel ao Ideal Teosófico até o final da sua vida. Foi escritor e conferencista profícuo, fazendo várias vezes circuitos de palestras por todo o Portugal e Brasil, divulgando o Naturismo e a Teosofia, esta principalmente na sua vertente Ocidental, ou seja, aquela que desenvolve o Cristianismo Esotérico. Nesse sentido, fundou, em 22 de novembro de 1930, a Ordem Esotérica Iniciática, que mesmo assim não deixava de ser uma Rama do Ramo *Olcott*, a qual durou enquanto ele viveu. Pouco antes de morrer, Costa Cabral lavrou no testamento que a sua biblioteca, aliás muito rica e com títulos raros de obras sobre Magia e Ocultismo, principalmente em língua inglesa, seria doada à Biblioteca Municipal de Sintra. Assim fez. Mas, por que Sintra? Sim, visto não haverem acasos para teósofos e ocultistas... Pois bem, das muitas conversas que mantivemos na sua residência, houve uma que me ficou gravada na memória: Ângelo Cabral disse-me que Sintra era uma Montanha "muito especial" e haver "um Templo não só etérico no seu interior"... Quem saiba somar e extrair, certamente perceberá o sentido velado da sua intenção em legar o seu espólio espiritual e literário à sempre bela e mourisca Vila de Sintra, hoje Patrimônio da Humanidade.

Igualmente recordo o inestimável amigo coronel João Miguel Rocha de Abreu, tendo passado juntos longos e agradáveis serões na sua residência em Lagos. Em 1927, fundou o Ramo *Leadbeater* da Sociedade Teosófica de Portugal e, em 1962, o Ramo *Amor, Verdade e Beleza*, que dirigiu até o seu falecimento, em 8 de maio de 1995, às 10h20, fitando o céu do Algarve e partindo com um sorriso de espiritual felicidade no rosto. O nome desse último Ramo, repartido entre Lagos e Setúbal (cidade onde, em 1979-1980, dirigi vários Ritos e Iniciações em Casa Capitular dos *Templários de Kurat*, consagrada ao *Apavana-Deva*, o "Buda Aquático" – *Apas-Vaham-Deva*), inspira-se em uma significativa sentença gravada em um quadro da extinta Delegação Teosófica de Lagos, sentença preciosa com a qual encerro este estudo dedicado à memória venerável de Francisco Stuart e Morão, o Visconde de Figanière, "pai" da contemporânea Teosofia Portuguesa:

> *Espiritualistas de todos os Credos,*
> *Idealistas de todos os Campos,*
> *Uni-vos!*
> *Para criar na Terra*
> *O Mundo Ideal do Espírito,*
> *Onde para sempre imperem*
> *O Amor, a Verdade e a Beleza.*

Capítulo XXXV
O "Caso Clínico" de Fernando Pessoa

Lisboa, 2007

Fernando a Pessoa de andar saltitante e nervoso dobra em três passos incertos e velozes a esquina do Chiado e sibilino desaparece algures na cidade, talvez a caminho do Martinho da Arcada, talvez para as bandas da Gare Central, aquela onde está o D. Sebastião à entrada, para tomar o comboio, o trem que o leve ao xadrez serrano e paradisíaco de Sintra! A maneira de deslocar-se, entre o calmo e o inquieto, o devagar e o veloz, em uma mudança súbita de humor interior, revela o psíquico potencial, o que lida mais com as coisas do Espírito para maior desprazer das coisas da matéria, para ele simples objetos de prazer e de ilusão efêmeros. Os seus olhos, brilhando inquietos, falam do que lhe vai dentro, do ardor de gênio que o consome sem parar. O seu corpo alto e delgado, quase seco mas tendendo a engordar nos últimos anos de vida, as suas mãos de intuitivo potencial, de dedos finos e longos, o trejeito tímido e desajeitado, que nunca olhava as pessoas de frente, tudo isso revela psicologicamente os traços do Homem Psicomental em potência e integralidade, ou seja, o *Jina*, o escritor iluminado pela barda e profética *Voz da Intuição*, tendo feito da pena uma espada sacramental e do papel um campo de lide, onde a Verdade impressa se oculta sob o véu diáfano da aparente "fantasia" do Poeta.

Todo ele [re]velava a discreta compostura de quem vive plenamente a intensidade da disciplina interior, esotérica, autoimposta por necessidade de Perfeição e não por casual e fútil imposição religiosa.

Foi esse esoterismo que refletiu na sua vasta obra feita além, muito além, das posteriores catalogações intelectualmente preconceituosas, subversivas e surrealistas dos autoassumidos "especialistas pessoanos", indo complicar o que não era complicado, indo interpretar e firmar tese aquilo que, afinal, foi inteiramente estranho ao Poeta e à sua intenção. Esses líteros e intelectuais, cheios de manias e preconceitos, envergonhados de assumir a vida simples de Pessoa e que nela o mistério é constante e fala a Lisboa dos pregões, das tabernas de má fama, de quem passou fome e só não morreu dela porque os amigos não deixaram, acabam dando a perceber que a fama pública de que gozam como "inteligências pessoanas", de barriguinha cheia e bem vestidos, saltitando de festa para festa de *jet-set* e achando piroso que os menos favorecidos pela vida andem de saco de plástico na mão por ser sinal de mediocridade – esquecendo que talvez ou certamente eles não tenham posses para adquirir sacos ou maletas mais condignas às marcas da moda do momento –, revela-os, ao contrário das aparências, "os maiores inimigos de Fernando Pessoa", como desabafava na minha presença, há alguns anos atrás em sua casa de Estremoz, o Professor António Telmo, acabado de falecer em 21 de agosto de 2010.

Enquanto esse tipo de crítico se autossatisfaz com a sua "intelectualidade superior", os demais observam-nos sem perceber patavina do que pretendem dizer e onde afinal pretendem chegar, tal o uso e abuso de um vocabulário forçado e inventado no momento, dando ares surrealistas e abstratos ao que é bem real e concreto, simples em si mesmo, e por isso considero tais atitudes anacrônicas tão só "marketing" de autopromoção pessoal à custa do nome e obra de Fernando Pessoa.

De maneira que "o Pessoa como moda é uma característica desse tipo de sociedade e desse tipo de informação", disse Pedro Teixeira da Mota ao semanário *Expresso* (sábado, 4 de junho de 1988), adiantando Yvette Centeno na mesma reportagem: "Fala-se hoje de usar óculos 'à Pessoa', mas também há 'cintos à Elvis'. Quando alguém de repente cai na moda e os 'media' tomam conta desse alguém, a dita figura automaticamente se banaliza e comercializa. É óbvio que agora, por altura do centenário, se alguém resolver produzir *t-shirts* ou camisas com a figura do Pessoa elas se venderão às centenas, mas se as fizerem com o carimbo do Eusébio vendem-se na mesma. São fenômenos que têm a ver com o típico da vida moderna, que é o de facilmente banalizar e comercializar as suas estrelas. Mas isso nada tem a ver com a profundidade ou a genialidade da obra".

Fernando António Nogueira Pessoa
(Lisboa, 13/6/1888 – Lisboa, 30/11/1935)

Deve-se ao moderno fenômeno psicossocial do *consumismo* e *uso fácil* para que após utilizado seja *facilmente esquecido*, a visão anacrônica, se não mesmo falaz, dada ao Poeta, à sua vida e obra, de quem a maioria desses "especialistas" revela-se completamente ausente de veracidade ou realidade da mesma, e isso tanto para Fernando Pessoa como para outros personagens da nossa História (Afonso Henriques, Luís de Camões, D. Manuel I, etc.). Falta-lhes o Espírito, que é tudo. Foi por isso que em um recente concurso televisivo todos os personagens da História de Portugal – que hoje em dia cada vez se sabe menos, mas se sabe cada vez mais de ficções novelísticas e de concursos medíocres impostos pelos meios audiovisuais brutalizando, petrificando ou estupidificando a mente coletiva, mantendo-a arredada da reflexão sobre o sentido verdadeiro do por que existe – perderam a favor da vitória do dr. António Oliveira Salazar, que lhe foi dada pelos votos públicos de alguns milhares de cidadãos. Seriam todos salazaristas? Não creio. Mas creio que todos exerceram o *voto de protesto* ao estado caótico em que está a sociedade portuguesa, em que os dirigentes políticos e todos os partidos políticos, em nome da democracia mas constantemente exercida como "bur(r)ocracia" e "abusocracia", desprezam o povo, arrogantes atiram-no no desemprego, condenando-o à fome e à miséria, ameaçam com o despedimento os que ainda têm emprego e crivam-nos de impostos sobre impostos à boa maneira feudal, parecendo mesmo querer reduzi-los à condição de escravos sem quaisquer direitos, ao acharem um abuso que tenham férias e até recebam salário, como transparece nos seus subentendidos, ou seja, roubam-lhes da boca o pão nosso de cada dia para encherem as suas e as dos seus, sempre insaciáveis, sempre querendo mais e mais; fecham hospitais e maternidades, obrigam os pobres a pagar o que não têm quando têm a infelicidade de adoecer; cobram impostos absurdos e desumanos à velhice nos seus últimos dias, aos pais que oferecem prendas aos filhos, acirram os filhos a denunciar os pais; os alunos contra os professores, roubam a autoridade aos adultos e dão-na aos meninos, não raro soltando criminosos e condenando quem os prendeu; condenam o fumo do tabaco e promovem as drogas "leves" dando subsídios a quem prove ser toxicodependente, assim alimentando a perpetuidade do seu vício; e nesse caos satânico, anarquia campeando, sonham sempre com empreendimentos megalómanos, para que por eles os seus nomes fiquem imortalizados no meio da miséria geral que semearam. Até quando esse estado caótico das coisas? Realmente é bem verdade que "quem nasce em Portugal é por missão ou castigo", mas, Senhor, não bastará já de tanto castigo? Até quando permitirás, Senhor, que os lobos assassinos continuem a devorar os cordeiros inocentes? Onde está o Pastor, guia e protetor do seu rebanho? Que liberdade podre é essa?!

Moderno "problema socrático" insolúvel? Não, antes questão de Vida e Morte: carece-se da mudança de mentalidade, de uma verdadeira revolução mental a favor de novos e mais amplos valores e hábitos que façam o Homem mais Homem e Deus mais Deus, acabando-se de vez com tudo quanto tenha a ver com um ciclo velho, podre e gasto. Em suma e para afastar de vez algum desses tipos de catalogação política, useira e vezeira, que sintam ser necessário atribuir-me para justificar a indignidade dos seus atos desumanos, seja à "esquerda" ou à "direita", logo parcelares e não totais: TUDO PELA SINARQUIA, NADA PELA ANARQUIA!

Liberdade também para taxar Fernando Pessoa com as maiores displicências mas que só podem caber a quem as emite. Repete-se, mais uma vez, a história de *São Germano* e *Cagliostro*. Depois de desaparecidos, urge raivosa a torrente difamatória de conteúdo muitíssimo abaixo da crítica, o que leva a exclamar: – *Aprés moi le déluge*!

A obra escrita de Fernando Pessoa assenta toda ela em bases *ocultistas*, que não foram um interesse lúdico e passageiro na sua vida, antes permanentemente assumido em toda a sua existência. Esse equívoco deve-se à carência atroz de informação e formação dos "media" e "especialistas pessoanos" sobre o que seja o Ocultismo – que não é, nem aproximadamente, ciências divinatórias de feirantes que "volta sim e volta sim" aparecem nos jornais e nas televisões contribuindo para o aumento da ignorância, da superstição e do autismo espiritual, como se observa no flagrante do fenômeno social urbano de "new age", antes e em termos clínicos, "paranóia mística" mista de ingenuidade, superstição e irracionalidade, sempre teimando em "construir a casa pelo telhado", com cujos simpatizantes, isso confirmei imensas vezes, é quase ou mesmo impossível dialogar, tal o estado de alucinação psicomental de quem prefere o facilitismo do que já se publicou e é público, ao esforço nobre da conquista, mas nada sabendo de Ordens Iniciáticas, das suas Egrégoras e dos Mistérios Divinos que encerram e resguardam dos desatentos e despreparados física e psicomentalmente, para que não profanem o Sagrado com a sua ingenuidade não raro deprimente ante a verdadeira Espiritualidade, ao pretenderem saltar degraus na Evolução avante e, não raro com vaidade, encapotada ou desvelada, ainda por cima julgarem sábias e perfeitas as suas ideias. Os que andaram na escola primária ou no liceu, acaso também terão e sem mais passado subitamente da primeira para a quarta classe, assimilando tudo sem qualquer disciplina mental e física? É, de fato, muito constrangedor, mas a Lei Suprema se encarregará de ir refreando tais precipitações indisciplinadas que, de momento, nem sequer é possível apontar fraternalmente a quem delas é acometido. Também nisso o caos e a anarquia campeiam, e também nisso repito o lema de Henrique José de Souza (JHS) que adoto como meu: TUDO PELA SINARQUIA, NADA PELA ANARQUIA!

Foi assim que certo senhor "especialista pessoano" apareceu na praça pública, há uns anos atrás, com a pretensão de ter feito o levantamento psiquiátrico desse mais alto baluarte contemporâneo da Literatura Portuguesa e, inclusive, do Ocultismo Nacional, que foi Fernando Pessoa. O pasquim que escreveu *O caso clínico de Fernando Pessoa* anda hoje quase esquecido mas não o seu conteúdo, aceite e defendido por muitos "especialistas", que sempre temeram um confronto televisivo comigo, vá-se lá saber por quê...

Para um materialista convicto, amigo crônico da boemia e da má fama, mistura de psiquiatra com tauromáquico, mistura de várias outras coisas, mas, sem dúvida, oportunista, antes de tudo tenho a declarar o seguinte: *é completamente impossível a um profano fazer o diagnóstico clínico de um Iniciado*!

O caráter do Iniciado é algo muito distinto e profundo que só a *Psicologia Esotérica* – ou seja, aquela manipulada por alguém conhecedor dos mistérios ocultos da natureza humana – pode dar resposta satisfatória, e isso porque ele move-se nas camadas superiores do Pensamento e obedece às regras de uma conduta que poderei chamar de Dever Universal, ou o *Dharma* no seu sentido mais lato, para com a evolução da Vida e da Consciência. Disciplina que constrói o Espírito, eleva a Alma e faz sábio o Corpo (os sentidos) através das experiências colhidas nas agruras quotidianas que são as provas *kármicas*, os "escolhos" no Caminho da Verdadeira Iniciação, onde a criatura que o cursa busca cada vez mais a Perfeição de Ser, e cada vez mais o é.

O esforço é grande e o homem é pequeno.
A alma é divina e a obra é imperfeita.
"Padrão", *Mensagem*

O fato de taxar Fernando Pessoa de "mórbido, paranoico, homossexual, etc.", o senhor psiquiatra parece transmitir por fenômeno mórbido e inconsciente os seus próprios males, isso por o seu "quod" refletir a quantidade no "quid" essencial mas desconhecido do analisado ausente, assim supondo e pressupondo, mas nunca certeiro e com certeza.

De maneira que há uma consciência física (*quod*) e outra psíquica (*quid*), uma de vigília e outra de sonho. Como geralmente as duas consciências estão desarmonizadas ou desencontradas entre si, é raro ter-se a lembrança nítida do sonho vivido. Apenas se sabe que sonhou. Mas o que se sonhou? Há uma ideia nebulosa dos acontecimentos que se passaram em sonho ou que foram vivenciados na consciência psíquica. O subconsciente fica como um ecrã de televisão descontrolado. O desajuste desses dois tipos de consciência traz à criatura humana muita angústia. Ela vive psiquicamente torturada, cheia de problemas. Faz de todo o ato "bicho de sete cabeças", coisas monstruosas, vive imaginando dificuldades que não existem. Antes de tomar uma atitude positiva, vê na sua frente muitas muralhas que imagina estarem ali para a dificultar. De uma coisa simples promove uma tempestade.

Está sempre desanimada, é depressiva e neurótica, o intelecto não lhe dá a satisfação completa, e vem a neurastenia e a paranoia. Eis o retrato, evidentemente com as devidas e honrosas exceções, da maioria dos "intelectuais pessoanos".

O corpo físico humano não é perfeito: possui lesões, deficiências, carências, intolerâncias, cicatrizes, atrofias e hipertrofias de órgãos, má circulação, enfim, uma série de anomalias causadoras de distúrbios psicossomáticos, de grandes desequilíbrios orgânicos. Os médicos indicam os medicamentos que vão ajustar as disfunções orgânicas, e, de modo análogo, acontece o mesmo às almas imperfeitas com as suas consciências física e psíquica desajustadas, cabendo aos psicólogos e aos psiquiatras, com conhecimento verdadeiro do mecanismo oculto da Alma, Anima ou Vida, fazerem as funções dos medicamentos nesse ajuste consciencial. Com efeito, esse é um estudo importante para compreender, isentado dos erros oriundos dos preconceitos da personalidade, a vida dos Iniciados.

A consciência psíquica do ser humano começa a ser deformada, ferida, triturada logo na infância, mantendo-se a infecção psicomental pela vida afora. Muitas vezes torna-se doença crônica e acontecem as neuroses. Recorre-se ao psicólogo, ao psiquiatra ou ao psicanalista, mas como por norma este não é Iniciado, age sobre o cérebro e não sobre o mental, cura o efeito, com o efeito e como a causa se mantém, a doença mental também. De maneira que o paciente melhora mas não fica sanado, e vez por outra sobrevém nova crise, e assim até à morte, doente toda a vida, do berço ao túmulo, sem que a cura seja descoberta por se desprezar o Espírito e confundir o mecanismo físico cerebral com o mental sutil que por ele age.

Essa foi a razão mais que suficiente para René Guénon (in *Formas Tradicionais e Ciclos Cósmicos*) afirmar com muitíssima propriedade: "[...] a psicanálise inverte as relações normais do 'consciente' e do "subconsciente", como também se apresenta, em muitos aspectos, como uma espécie de 'religião invertida', o que demonstra em que fonte pode estar inspirada, e a função pedagógica que pretende desempenhar e a sua infiltração nos diversos métodos chamados de 'nova educação', também são algo bastante significativo...".

Nesse sentido, uma Escola Iniciática verdadeira, com verdadeiros dirigentes espirituais à sua dianteira colocando os interesses da Humanidade acima dos seus, assim não correndo o risco de se tornar uma Escola

Negra ambicionando o poder do mundo e a soberania sobre as mentes humanas, dizia, nesse sentido uma Escola Iniciática poderá ser comparada a um "Hospital Psiquiátrico" onde se cura a enfermidade da alma humana.

Todas as Escolas Iniciáticas verdadeiras, credenciadas pela Tradição Iniciática das Idades de quem são fiéis depositárias, têm por finalidade precípua curar a enfermidade psicomental dos que a elas chegam e se tornam discípulos evoluindo através dos seus Graus, dos seus diversos tipos de Iniciação e pelos vários modos que os conduzem diante do Altar de Deus.

De maneira que não há Colégio de Iniciação que não advogue junto dos seus afiliados o exercício de práticas de cariz psicomental e espiritual, de maneira a realinharem as diversas expressões da consciência indo conhecer-se a si mesmos e, gradualmente, despertando sentidos e sensações que jamais pensaram haver neles. Esse é o objetivo da meditação e de toda a *praxes* estipulada ao *Sanctum* privado de um e de todos esses afiliados. A inibição do exercício regular do mesmo inevitavelmente arrastará à dúvida e à suspeição face ao imediatismo das coisas; nem poderia acontecer doutra maneira, posto tratar-se da descoberta última de si mesmo e consequentemente dos Mistérios da Natureza. E isso é a VERDADEIRA INICIAÇÃO.

A constituição física comum possui os micróbios orgânicos, enquanto a alma tem os seus miasmas psíquicos, de natureza análoga à dos micróbios, os quais devoram e destroem essa mesma alma psico-mental, ou seja, a personalidade tanto dos discípulos como de qualquer outra criatura humana.

O desajuste da personalidade, a neurose, a hidrofobia e a hipocondria – pode-se dizer sem receio de errar – são contagiosas e não raro carecem de isolamento. De onde o provérbio popular dizer: "Uma má ovelha perde todo o rebanho". Assim também quando em uma coletividade há uma ou mais pessoas desajustadas, toda ela não vive em paz. Por isso disse Aurobindo: "A infelicidade humana é uma questão de desequilíbrio".

Henrique José de Souza (JHS), afirmou: "Cada um nasce na família com a qual tem afinidades ou qualquer ligação kármica". Se o discípulo desequilibrar a sua vida cometendo atos contrários à Lei da Evolução, ao Perfeito Equilíbrio, tem necessariamente de nascer em uma família desajustada, para que pela Iniciação possa ajustar-se e igualmente ajustá-la. Nesses casos a Lei do Karma, ou da Causa e Efeito, é severa.

Qual a terapêutica usada por JHS a fim de ajustar os seus discípulos? Utilizou o método natural ou eubiótico de simbiose harmônica do Homem consigo mesmo e o seu semelhante, da Humanidade com a Terra, e da Terra com o Universo. Para auxiliar nesse trabalho de Iniciação Verdadeira outorgou aos seus discípulos Mantrans, Visualizações, Formas-Pensamento, Yogas especiais, Rituais, Revelações (Conhecimentos do Futuro) e, não raro, aconselhando-os a trabalhar sempre pelo Mundo, e sempre recomendando a autocrítica. Por Lei ou por efeito da Lei é que se diz comumente: "os semelhantes atraem os semelhantes", logo, os desajustados atraem os desajustados e os ajustados atraem os ajustados. Por via de regra, os desajustados se unem para dar combate aos ajustados. Desse desajuste universal é que surgiu a eterna luta entre magos brancos e magos negros, a qual vem atravessando os milênios feitos de séculos infindos.

Sem dúvida que os desajustados temem a Verdade, por terem pavor de A contemplar face a face. O que é o mago negro? É o mago branco desajustado. Quando a sua estrutura psíquica é invadida por grande quantidade de miasmas, acontece a doença da *neurose* e até a *loucura*. Esta pode ser encapotada por sanidade aparente, mas as palavras e atos de quem a carrega acabam denunciando a sua presença. É assim que se veem "canalizadores cósmicos", "reikis siderais", "conspiradores extraterrestres" e outras coisas mais e más do gênero à solta por não haver, afinal de contas, quem tenha mão nesses pobres de espírito e piedosamente os conduza ao internato clínico a fim de serem tratados, visto a alucinação mística em tempo algum ser sinônimo de Iluminação Espiritual. Ademais, a maioria dessa literatura notoriamente esquizofrênica e paranoica, delirante, insere-se em um dos tratamentos psiquiátricos advogados aos doentes neurodepressivos: que escrevam ou pintem, para assim desenvolverem, exteriorizarem as suas capacidades psico--mentais e psicomotoras e superarem os estados de neurose depressiva. Faz parte do tratamento, não têm outra valia nem utilidade senão essa. Jamais um médico irá pensar que o seu doente é um escritor ou um pintor... e jamais um escritor ou um pintor de fato pensarão estar a lidar com os seus pares sempre que deparam com redações grotescas e desenhos infantis vazados no moderno meio de comunicação virtual chamado internet.

É necessário compreender o porque das fantasias delirantes assumidas realidades extraordinárias por certas pessoas que, umas mais que as outras, fazem fé piamente nelas, no produto do seu subconsciente. É por isso que se torna necessário entender o mecanismo daconsciência física a qual, nesses casos, está em choque ou atrito com a consciência psíquica, sendo que no homem comum a inteligência imediata é o produto resultante das suas emoções e pensamentos, o que se chama consciência *psicomental* ou, em bom sânscrito, *kama-manásica*. Por essa razão é que o cérebro, com a sua semiconsciência orgânica, só age após estimulado por imagens provindas do veículo emocional nascidas de ideias suscitadas pelo corpo mental. Os três interagem quase em simultâneo. A consciência física dota-se de algumas propriedades específicas, as quais passo descrever:

1ª – Dispõe de grande autonomia.

2ª – Parece incapaz de apanhar uma ideia exceto sob a forma em que ela mesma seja a autora, de onde resulta que todos os estímulos que provenham do exterior ou do interior sejam imediatamente traduzidos em imagens. É incapaz de apanhar as ideias abstratas, as quais ela transforma logo em percepções imaginárias.

3ª – Todo o pensamento dirigido para qualquer lugar afastado torna-se para ela um deslocamento para esse lugar. Por exemplo, um pensamento sobre a Grécia transporta imediatamente a consciência em imaginação para a Grécia.

4ª – Não tem nenhum poder de julgar a sequência, o valor ou a realidade objetiva das imagens que lhe aparecem. Ela aceita-as como se apresentam e jamais se surpreende com o que lhe acontece, por mais absurdo que seja.

5ª – Acha-se submetida à associação de ideias, e por isso uma série de imagens sem outro laço que a sua associação no tempo, pode baralhá-las dando como resultado a mais espantosa confusão.

6ª – É singularmente sensível às mais fracas influências exteriores, tais como os sons e os contatos.

7ª – Tem a propensão para aumentar e deformar as ideias, em proporções enormes.

É assim, pois, que o cérebro físico é capaz de levar à confusão, ao exagero tanto no estado de vigília como no de sono com sonhos. Quando em estado de vigília o cérebro é afetado por todo o tipo de pensamentos provindos do exterior, mas quando se dorme essa influência é ainda maior, pois a parte etérica do cérebro é muito mais sensível que o órgão físico em si mesmo, e assim dominando o cérebro "paralisado" ou "desligado" do estado imediato. Todo o pensamento errante que se acha no cérebro do adormecido, qualquer coisa que esteja em harmonia ou simpatia com ele, com as suas apetências pessoais, aloja-se no cérebro e põe em movimento toda uma série de ideias e de imagens não raro desencontradas, logo desconexas, e por isso um homem de cérebro não controlado está sujeito, quando dorme, a todo o tipo de influências que não o atingiriam se o Espírito controlasse o cérebro.

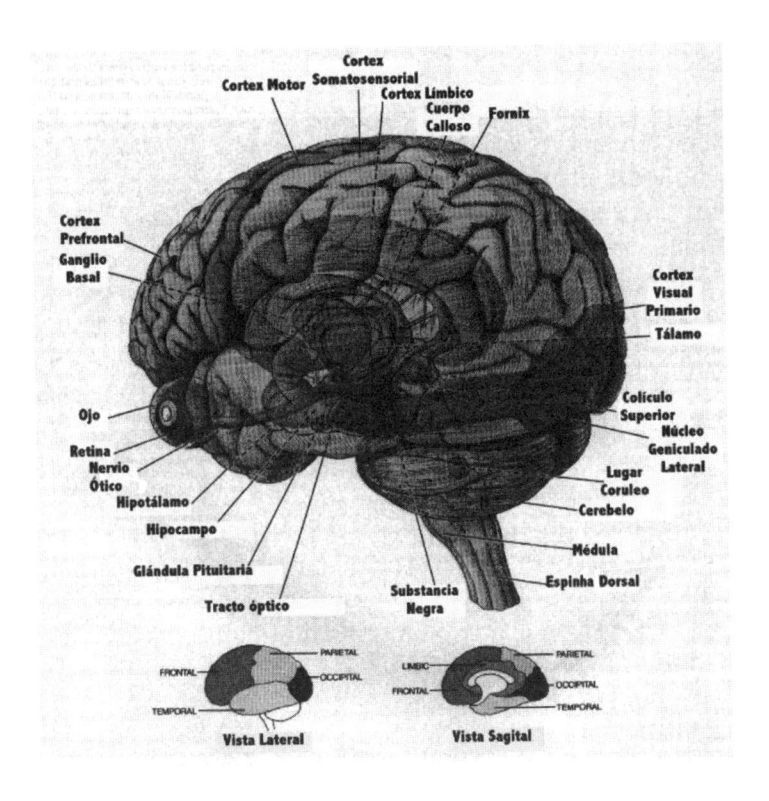

Composição geral do cérebro humano

A enfermidade psíquica – onde o foro psiquiátrico deve agir com conhecimento exato das causas provocadoras dos efeitos – traduz-se por conflito interior, dor de consciência, sofrimentos morais, sentimento de culpa, o martelar constante da consciência inquieta. A cura dela será evidentemente o ajuste, o equilíbrio das duas consciências física e psíquica que irá promover a paz interior e a consequente cura psicomental, não esquecendo a física. Nesse ponto do equilíbrio consciencial começa então a funcionar a razão pura, a ponderação, a madureza e a maturidade psicofísica.

Voltando ao fato de quão tenebrosos são certos movimentos psicanalistas de cunho e alcunha "trilógica, dianética, etc.", muito aparentados a hodiernas seitas carismáticas ditas "igrejas universais", lembro que os seus métodos são muito semelhantes aos que foram utilizados contra Helena P. Blavatsky na América do Norte e na Índia pelos missionários evangélicos, os metodistas e os jesuítas, visto os modelos metodológicos destes servirem agora ao *modus operandi* desses modernos movimentos psicanalíticos convertidos em novas "religiões", mexendo diretamente com aquilo que é mais sensível à criatura humana: o sistema endócrino-cerebral, a ponto de destruírem-lhe completamente as defesas psicossomáticas, e isso é pura *magia negra* aberta e descarada. Sim, porque dominando a mente humana, dominam o mundo!

A psicanálise sem qualquer base verdadeiramente espiritual acaba sendo, sob o encapotado de cura clínica ou médica, vampirizadora da psique individual e coletiva, tema que remeto à consideração avalizada de René Guénon, no capítulo 34 do seu livro *O Reino da Quantidade e os Sinais dos Tempos*:

"(...) Fazendo apelo ao 'subconsciente', a psicologia, tal como a 'filosofia nova', tende cada vez mais a juntar-se à 'metapsíquica'; e, na mesma medida, aproxima-se inevitavelmente (...) do espiritismo e de outras coisas mais ou menos semelhantes, todas apoiadas nos mesmos elementos obscuros do psiquismo inferior.

(...) Os psicanalistas podem naturalmente, na maior parte dos casos, estar tão inconscientes como os espíritas sobre aquilo que se encontra por detrás disso tudo; (...) uns e outros são 'levados' por uma vontade subversiva (...) e corresponde às intenções, sem dúvida diferentes, de tudo o que podem imaginar aqueles que são os instrumentos inconscientes pelos quais se exerce a sua ação.

Nessas condições (...) o (...) uso da psicanálise (...) é extremamente perigoso para aqueles que a ela se submetem, e até para os que a exercem, porque essas coisas são daquelas que nunca se manipulam impunemente; não seria exagerado ver nela um dos meios especialmente utilizados para aumentar o mais possível o desequilíbrio do mundo moderno.

Falamos em "falsificação"; essa impressão é grandemente reforçada por outras constatações, como a desnaturação do simbolismo (...), desnaturação que tende, aliás, a estender-se a tudo o que comporta essencialmente elementos 'supra-humanos', tal como mostra a atitude a respeito da religião, e até de doutrinas de ordem metafísica e iniciática (...), que não escapam também a esse gênero de interpretação, a tal ponto que alguns chegam mesmo a assimilar os seus métodos de 'realização' espiritual aos processos (...) da psicanálise."

A desnaturação do simbolismo sagrado trata de levar para estados psicológicos imediatos, misto de oníricos e lúdicos, assim como para a adulteração ou perversão da condição vivente puramente espiritual de santos, sábios e até de preceitos de ordem estritamente iniciática, logo espiritual, reduzindo-a a "fantasia poética" que encontra justificação nos mesmos estados oníricos e lúdicos, a despeito de tal simbolismo sagrado e vivência espiritual serem completamente estranhos a quaisquer controversas análises neurológicas com presunção de diagnosticar o comportamento da coletividade, do indivíduo e das coisas, a começar pelas sagradas (a psicanálise resume-se a isso); indivíduo que ela, psicanálise manceba da psiquiatria, considera um doente contínuo cingido a traumas sexuais ocorridos na infância arrastando-se pela vida afora (sendo os seus sonhos e ambições a chave da interpretação do "estado imediato" do mesmo), e por isso, ainda para ela, a psicanálise, ele, o "doente contínuo", não raro procura a "solução para seu estado mórbido" na "cura pela religião", logo assumindo a novel e retumbante "paranoia erótico-religiosa", ficando ainda "mais doente" do que já estava. É assim, dizia, que a Tradição Universal, Divina, e até mesmo qualquer tradição religiosa local, popular, são disformadas em uma crença francamente subversiva, satânica. Portanto, caríssimo leitor, sugiro acautelar-se ante o que lhe oferecem, porque "quando a esmola é grande o pobre desconfia": as trevas são mais insinuantes que a Luz!

Voltando a Fernando Pessoa, pois que tudo o dito anda à volta dele, a sua natureza tímida e reservada abstinha-o do plano imediato das multidões e dos convívios de salão entre distintos e famosos (hoje chamar-se-ia *jet-set*), mas para todos quantos o conheceram na "Brasileira do Chiado", no "Nicola", no "Martinho da Arcada", em Cascais ou em Sintra, ele era um *Mestre de Pensamento*, um homem lúcido, ponderado, calmo, entendedor da natureza humana e, sobretudo, o *Iniciado* por excelência. A comprovar isso tem-se os testemunhos diretos dos que com ele conviveram, dentre muitos outros João Gaspar Simões, Costa Brochado, Almada Negreiros e Agostinho da Silva, mas também os testemunhos fidedignos de Carlos Blanc Portugal, Josué Pinharanda Gomes, Leonardo Coimbra, António Telmo e António Quadros, entre tantos mais, boa parte deles do meu convívio pessoal.

Quanto à homossexualidade do Poeta – que hoje é coisa que fica bem em qualquer artista ou intelectual e se deve aplaudir... – a sua relação com Ofélia Queiróz (a sua "menina Ofelinha") desmente categoricamente tal, além de nunca ter se mostrado avesso ao belo sexo, muito pelo contrário, e se rompeu com Ofélia, a sedentária e casadoira jovem secretária de escritório, cujos interesses não passavam do comum e vulgar indo chocar e destoar inteiramente daqueles muitíssimo mais elevados de Pessoa, que não compreendia e até a aterrorizava, razões mais altas se levantaram. Estão claramente expostas na carta do Poeta a Ofélia, datada de 29 de novembro de 1929:

Que isto de "outras afeições" e de "outros caminhos" é consigo, Ofelinha, e não comigo. O meu destino pertence a outra Lei de cuja existência a Ofelinha nem sabe, e está subordinado cada vez mais à obediência a Mestres que não permitem nem perdoam.

Esse vínculo secreto e muito pessoal aos Adeptos da Boa Lei, os Superiores Incógnitos da Humanidade com Posto Representativo em *Sintra* (Serra Sagrada a quem dedicou alguns dos seus poemas), já antes Fernando Pessoa o expressara em carta dirigida a Corte Real, escrita em 19 de novembro de 1915:

[...] De modo que, à minha sensibilidade cada vez mais profunda, e à minha consciência cada vez maior da terrível e religiosa missão que todo o homem de génio recebe de Deus com o seu génio, tudo quanto é futilidade literária, mera-arte, vai gradualmente soando cada vez mais a oco e a repugnante. Pouco a pouco, mas seguramente, no divino cumprimento íntimo de uma evolução cujos fins me são ocultos, tenho vindo erguendo os meus propósitos e as minhas ambições cada

vez mais à altura daquelas qualidades que recebi. [...]Ter uma ação *sobre a Humanidade, contribuir com todo o poder do meu esforço para a Civilização vêm-se-me tornando os graves e pesados fins da minha vida.*

Quanto ao pretexto de carência afetiva maternal e depois conjugal terem sido o motivo do seu desajuste psicofísico revelado como ânsia permanente e abstrata ou de alguma coisa indefinida por adquirir, que o deixava em um estado constante de insatisfação e reclusão hipocondríaca quase maníaca, a verdade é bem diferente dessa análise supérflua e equivocada. A "carência afetiva", bem vistas as coisas, foi apenas a alavanca psíquica e sofrível para projetar Fernando Pessoa a esse outro Amor encoberto, Amor espiritual retratado idealmente na *Dama desejada* (a sua "Bebé"), afinal não sendo Ofélia nem sua mãe, mas unicamente, como o compreendeu na carne pelo desejo inexplicável de uma sexualidade superlibídica, rarefeita e mental, a sua *Alma encoberta*, o seu *Outro*, o Eu Superior assinalado no "Guardador de Rebanhos" (os vários "eus" insublimados, o mesmo que *nidanas* ou "vícios" para os orientais) do heterônimo Alberto Caeiro, o Mestre, de maneira que *Ofélia*, como feminino de *Orfeu*, tão só representava a *Divina Mãe Sabedoria*.

Essa sublimação da libido, fator caríssimo à psicanálise mas mantendo-se no limite estreito das imagens sexuais contidas no sub consciente e que, por se as considerar indicativas de fatores imediatos não resolvidos, oprimem o consciente presente, o que é uma interpretação completamente profana, por conseguinte, naturalmente errada, por mais uma vez querer sanar os efeitos com os efeitos. Será sobretudo não a sublimação psicanalítica mas a superação da consciência pelo despertar interior, pela sutilização dos sentidos grosseiros imediatos, dessa Energia Ígnea que os orientais chamam *Kundalini* e os ocidentais de *Fogo Criador do Espírito Santo*, discorrendo da base da coluna vertebral ao alto da cabeça e daí volvendo abaixo, em um eterno sobe e desce (de que o episódio bíblico do sonho de Jacob, com os Anjos subindo e descendo a Escada do Céu, é uma alegoria das mais significativas), e com o qual o *líquido encéfalo-radiquiano* tem ligação profunda, por nele se encontrar a explicação médica e científica, e mesmo iniciática, tanto do fator sexual como da atividade mental e da ligação entre ambos.

Esse processo alquímico de transcendência interior, e como diz José Amaro Dioníso em "Os passos da morte" (semanário *Expresso*, sábado, 4 de junho de 1988), levou o Poeta a desabafar: "A solidão desola-me, a companhia oprime-me".

Confrontando o Amor Ideal com o amor passional, que ele sabia distinguir, confessa-se em tom de desabafo à casta e casadoira Ofélia Queiróz – que ora se deixava seduzir, ora lhe fazia as cruzes – em carta de 29 de setembro de 1929:

Resta saber se o casamento, o lar (ou o que quer que lhe queiram chamar) são cousas que se coadunem com a minha vida de pensamento. Duvido.

Se por isso ele procurou a "prata da casa", o conforto nos braços de um homem preferido à mulher, como sugere o psiquiatra autor do pasquim em questão, então valerá dizer que "o intestino delgado da formiga está onde o senhor doutor devia ter a massa encefálica". Considero que o próprio Fernando Pessoa lhe responde neste outro excerto da carta citada por último:

É preciso que todos, que lidam comigo, se convençam de que sou assim, e que exigir-me os sentimentos (...) de um homem vulgar e banal, é como exigir-me que tenha os olhos azuis e cabelo louro. E estar a tratar-me como se eu fosse outra pessoa não é a melhor maneira de manter a minha afeição.

Isso mesmo é testemunhado pelo seu companheiro de tertúlias no Café Montanha, Francisco Peixoto de Bourbon, quando afirma com a certeza de quem sabe, porque o conheceu em vida (in semanário *Expresso*, sábado, 4 de junho de 1988): "Há muitas ideias feitas à sua volta que não correspondem à verdade, e insinuam-se coisas, como um pretenso homossexualismo, que não passam de calúnias. No que respeita à sua maneira de ser e de estar na vida, o Fernando Pessoa era a antítese de tudo o que se tem dito dele".

Quanto às alegações prescritas no dito pasquim candidato a raridade literária (e de fato é uma raridade, mas no mau sentido): "1ª) morbidez psíquica, 2ª) alucinações, 3ª) fobias, 4ª) obsessões", na realidade são:

1ª – O homem triste por estar no mundo não sentindo apetência a participar na vida comum do mesmo, das suas alegrias e gozos mundanos, sentindo-se morrer diariamente para viver mais eternamente, isto é, cada vez mais se sentindo morrer mundanamente e renascer espiritualmente. Esse é o estado psicomental de quem transcendeu os interesses useiros do vulgo e comum, estando com a sua consciência em plena travessia da ponte ou condição interior que separa um mundo do outro. Consequentemente, o epíteto "morbidez psíquica" não corresponde à realidade por Fernando Pessoa não se ter mostrado neurótico nem hidrofóbico em momento algum, razão por que não necessitou, em toda a sua vida, de espécie nenhuma (seja receituário, seja internato) de tratamento em alguma Casa de Saúde Mental. Angústia existencial certamente a teve, como todos quantos estão no Caminho da Verdadeira Iniciação a têm vez por outra, mas isso é muito diferente da morbidez d'alma.

2ª – As "alucinações" de Fernando Pessoa são as mesmas de todos os psíquicos potenciais, e isso nada tem a ver com estados alterados de consciência física misturados caoticamente aos da consciência psíquica, como acontece com a maioria dos doentes mentais incapazes de distinguir o real do irreal. Nestes últimos casos, é costume recorrer-se à intervenção medicamentosa com base opiácea, os psicotrópicos, o que deixa o doente em um estado alterado de sonolência induzida ausente de vontade própria. Também se recorre à hipnose clínica e, em casos extremos, aos choques elétricos e aos banhos de água fria. É desnecessário dizer que esses métodos são desumanos e completamente impróprios no tratamento eficaz de qualquer doente, pois o deixam em um estado semivegetal não raro para sempre. Felizmente a Medicina tem evoluído, além de haver outros métodos muito mais eficazes e... eubióticos, para restaurar a saúde psicomental perdida.

Como Buda, Cristo, Maomé e outros mais Grandes Iluminados que têm feito avançar o Progresso da Humanidade, seguidos pelos melhores desta, sustentando uma moral impeditiva da queda do Homem no selvagismo puro e simples, não passam de "paranoicos religiosos" e "místicos alucinados" para a maioria dos psicanalistas, então é "natural" que esses mesmos se alucinem nas suas próprias taras psicossomáticas e desdenhem o básico das "alucinações" espirituais serem, tão só, a visão suprassensorial das várias camadas dimensionais de Espaço e Tempo, de que a ciência Físico-Química só conhece três – comprimento, largura e altura/passado, presente e futuro, mas faltando a *profundidade* e a *intemporalidade*. No entanto, hoje mesmo a ciência experimental já conclui, com êxito, haver outros espaços e energias dotadas de automatismo e consciência próprias além do clássico espaço tridimensional a que o Homem está limitado. Desde logo se fala em quarta e mais dimensões, na curvatura do Tempo e do Espaço e na avenção experimental comprovativa de outros sentidos latentes além dos cinco comuns ao mesmo Homem, que o poderão transportar a esse Espaço/Tempo ultradimensional e aí vivenciar estados de consciência impossíveis de outro modo. As experiências parapsicológicas realizadas nas universidades soviéticas e norte-americanas, por exemplo, provaram cabalmente que o Pensamento influi sobre a Matéria e esta pode ser alterada profundamente por ele. Concluíram vários e reputados cientistas desses países que os fenômenos paranormais, ou parapsicológicos, por eles observados após levarem à sua provocação experimental (o que está muitíssimo documentado), assemelhavam-se (e não que fossem idênticos, que é coisa diversa de semelhantes) em tudo aos dos Santos da Igreja Cristã, aos dos Yoguis da Índia, aos dos Hierofantes do Antigo Egipto ou aos dos Teurgos e Taumaturgos celebrizados nos anais da História e em todos os textos sagrados.

Chegado a esse ponto, é notório e risível que a pessoa em questão se assumiu "psiquiatra do Além", pois fez o diagnóstico clínico de quem faleceu há mais de 50 anos. E que Fernando Pessoa era *clarividente*, bem o prova na sua carta à Tia Anica (D. Ana Luísa Pinheiro Nogueira), redigida em Lisboa a 24 de junho de 1916, de que extraio alguns excertos deveras elucidativos para uma clara compreensão do seu verdadeiro perfil psicológico:

Há momentos, por exemplo, em que tenho perfeitamente alvoradas de "visão etérica" – em que vejo a "aura magnética" de algumas pessoas, e, sobretudo, a minha ao espelho, e, no escuro, irradiando-me das mãos. Não é alucinação *porque o que eu vejo outros vêem-no, pelo menos, um outro, com qualidades destas mais desenvolvidas. Cheguei, em um momento feliz de visão etérica, a ver, na Brasileira do Rossio, de manhã,* as costelas de um indivíduo através do fato e da pele. *Isto é que é a* visão etérica *no seu pleno grau.*

(...) Às vezes, de noite, fecho os olhos e há uma sucessão de pequenos quadros, muito rápidos, muito nítidos (tão nítidos como qualquer cousa no mundo exterior). Há figuras estranhas, desenhos, sinais simbólicos, números (também tenho visto números), etc.

(...) Há mais curiosidade do que susto, ainda que haja às vezes cousas que metem um certo respeito, como quando, várias vezes olhando para o espelho, a minha cara desaparece e me surge um fácies de homem de barbas, ou um outro qualquer (são quatro, ao todo, os que assim me aparecem).

Segue-se, nessa mesma carta, o fundamental quanto ao despertar interior de Fernando Pessoa, vindo a desfechar com a sua aceitação no seio da Fraternidade dos Mestres Ocultos:

O que me incomoda um pouco é que eu sei um pouco mais ou menos o que isto significa. Não julgue que é a loucura. Não é: *dá-se até o fato curioso de, em matéria de equilíbrio mental, eu estar bem como nunca estive. É que tudo isto não é o vulgar desenvolvimento de qualidades de médium. Já sei o bastante das ciências ocultas para reconhecer que estão sendo acordados em mim os sentidos chamados superiores para um fim qualquer que o Mestre desconhecido, que assim me vai iniciando, ao impor-me essa existência superior, me vai dar um sofrimento muito maior do que até aqui tenho tido, e aquele desgosto profundo de tudo que vem com a aquisição destas altas faculdades. Além disso, já o próprio alvorecer dessas faculdades é acompanhado de uma misteriosa sensação de isolamento e de abandono que enche de amargura até ao fundo da alma.*

Enfim, será o que tiver de ser.

Eu não digo tudo, *porque nem tudo se pode dizer. (...) Estas cousas são* anormais *sim, mas* não antinaturais.

Ainda sobre a Tia Anica, médium afamada de Lisboa, ela realizava em sua casa sessões de espiritismo, tendo Fernando Pessoa assistido a algumas, as quais eram muito mal vistas pela vizinhança. Levantaram-se boatos: ali faziam-se orgias de todo o tipo e consumia-se cocaína e ópio a rodos. O boato pegou até hoje: vem daí a ideia abstrusa de que Fernando Pessoa além de "homossexual" foi também um "drogado em cocaína e ópio". O próprio Poeta pegou nessa invenção da má-língua e, como bom "blagueur", gozou com ela pondo-a no papel, mas que em boa verdade não passou disso mesmo: pura e simples "blague". Agora, pergunto eu: como é possível a alguém que se tenha por pessoa de bons princípios, fazer um levantamento biográfico e psicológico minimamente credível só baseado em boatos populares, nascidos da ignorância e da superstição temerosa?

3ª – As "fobias" de Fernando Pessoa já as expliquei, e ele próprio foi suficientemente claro na sua carta citada por último, pelo que é desnecessário repetir-me. Ainda assim, algo mais tenho a acrescentar em continuação da alínea 2ª: antes de tudo, convém não ignorar que a

Humanidade se reparte por vários escalões de consciência de acordo com o temperamento e apetência individual afetando o coletivo – bem conformado ao estado evolucional já alcançado, o que é comprovável, visível e tangivelmente, em cada pessoa, pela sua inteligência e pelo seu sentimento, maiores ou menores, mais ou menos grosseiros, com estes ou aqueles interesses; sim, porque o interesse imediato não deixa de ser a causa de um efeito produzido anteriormente e que é subjacente à sua "psique" ou "ego" (Freud chamar-lhe-ia "super-ego").

É nesse mesmo "ego" que a hodierna análise e diagnóstico clínico (psicologia, psiquiatria, psicanálise, etc.) procura as respostas para o comportamento humano, individual e coletivo. Como a ação mental leva à reação corporal, logo se conclui que o cérebro é a "alma" das religiões e a "libido", o motor provocativo do fenômeno da exteriorização dos interesses humanos, sendo esta, sucintamente, a explicação clínica para os fenômenos do comportamento humano (sejam quais forem, mas sempre realçando a fenomenologia religiosa como "inimigo adversário" a destruir); e como o cérebro se secciona em multivariadas "especialidades" mentais, quando uma dessas seções está mais ativa o interesse correspondente impõe-se aos restantes. Se a coisa for levada ao extremo em detrimento da restante atividade cerebral, então apelida-se de *paranoia*, sem mais delongas clínicas, não separando o fator *interesse místico*, resultante da atividade cerebral normal afim a esse interesse, o que é sinal de boa saúde mental, da *alteração cerebral* provocada por enfermidade de um ou de todos os sentidos, gerando alucinação psicomental que induz, esta sim, a *paranoia*, ou seja literalmente, "fora de "Si", do normal", e assim fica praticamente explicado todo o fenômeno religioso ou místico. De maneira que, para esses clínicos, todos os religiosos e místicos são "visionários e paranoicos". Por quê? Clinicamente por uma ou mais seções cerebrais falharem ou embotarem, provocando as anomalias dos sentidos e consequentemente do comportamento. A psicanálise pretende explicar isso muito bem (???) ao querer esventrar os comportamentos psicológicos do Cristo, de Buda ou de Krishna, por exemplo, por meio da sua interpretação profana, antitradicional e contrainiciática dos textos sagrados das respectivas religiões. Mas, estarão a psicanálise e a sua associada, a psiquiatria, corretas? Estará assim tão certo e tão redutivo, tão niilista e tão deprimente esse levantamento clínico do comportamento humano, em que a "alma" não passa de um pedaço de carne animada por sangue e nervos? Duvido, e muito.

De maneira que é assim que se explicam clinicamente os fenômenos místicos e religiosos, pelo que as religiões não passam de criações humanas produtos de simples devaneios lúdicos dos sentidos, consequentemente, por esse seu positivismo o mais pedante possível, e que é realmente negativismo por manifestar neles o estado alterado de negação e culpabilização contínuas, acabamos induzidos a diagnosticar o grave fator paranoia em muitos clínicos de neurologia e psiquiatria. Por que "pedantismo clínico"?

Por ser de antemão conhecido que o pensamento não é um objeto físico e que as correntes elétricas que percorrem, se chocam e animam o cérebro e o cerebelo não podem ser provocadas pelo sistema neuroespinhal, por ser este quem é animado por aquelas, facilmente comprovável em um bebê que já manifesta guturalmente os seus interesses mas não tem qualquer domínio sobre o corpo tenro, isso leva a deduzir que a mente ou pensamento é distinta do cérebro, seu veículo, e que as correntes e descargas elétricas deste só poderão ter uma causa originadora: aquele, o pensamento. Tanto assim é que hoje até um clínico medíocre sabe que o pensamento antecede o impulso eletrocerebral. Mesmo na morte clínica ou parada cardíaca, sabe-se que ainda não aconteceu a morte cerebral ou, como se diz em psicanálise, *o desligar da mente* (grande verdade, apesar de aos que proferem desconhecerem o seu verdadeiro sentido). É assim que quando há a morte cerebral ou apartamento mental e mantém-se a restante vida orgânica, o corpo não responde, fica em um estado vegetativo, mesmo com o sistema neurossanguíneo mantendo-se vivo, mas não ativo por lhe faltar o impulsor neurocerebral, tal como a este falta o pensamento ou inteligência por estar incapaz de manifestar-se no órgão danificado.

O mesmo se pode dizer das emoções em relação ao coração. Será o órgão nobre que as provoca após a reação química provocada por um qualquer reconhecimento simpático ou antipático dos sentidos, principalmente da visão que é o sentido da luz refletora, sabendo-se que nem todos veem da mesma maneira e que há espécimes animais que veem o que o Homem não consegue ver, mas que nem por isso deixa de ser real? Ou serão corpos distintos para os quais os sentidos não passam de agentes em vez de princípios?

Tanto mais que, em Medicina Legal, hoje aplica-se ao cadáver o designativo de "casco", no sentido de "casca vazia". Logo, significa que o seu "morador" original já não está lá. De maneira que a princípio pressupõe-se a existência de duas entidades distintas: o "casco" e o "morador"… que partiu. Para onde? Só a *Teosofia*, "Mãe de todos os saberes" por ter saber e experiência armazenados desde há milhares de anos, poderá responder com maior amplidão e lógica.

Também não se deverá exigir da vasta e diversificada Humanidade que acompanhe de maneira igual os passos avante dos mais adiantados do seu Gênero. Isso nunca poderá resultar positivo, pois o que acaso sejam imperfeições para o discípulo poderão ser perfeições para o restante comum. Mesmo assim, deverá saber separar o estado normal dos menos adiantados espiritualmente do estado anormal dos que humanamente estão doentes. Isto é fundamental. É dever soberano do discípulo respeitar e até aceitar como normais as crenças e atos dos seus irmãos em Humanidade menos adiantados, não se imiscuindo no *livre-arbítrio* alheio, pois todos têm as suas experiências e vivências a fazer, o que leva a concluir que todas as verdades humanas são relativas! Se acaso um discípulo se presume com um pouco mais de consciência (eis uma outra palavra complicada, mas que resulta da essência do pensamento e do sentimento), então é seu dever ante a mesma Humanidade, na medida das suas possibilidades e oportunidades, colaborar de maneira *não ostensiva* e *não impositiva* na sua evolução ou desenvolvimento consciencial. Foi sempre assim a ação de todas as Escolas de Psicologia Esotérica em todos os tempos e, igualmente, de todos os verdadeiros Iniciados.

Uns mais depressa e outros mais devagar todos evoluem no seu espécime, o Hominal, e todos chegarão ao objetivo último, este aparentemente uma melhor condição humana e desde logo social, ainda que não seja tão somente isso! A experiência que cria maior consciência, esta sim é tão diversificada quanto é o Homem no individual e no coletivo. É muito natural que seja assim, visto ele ser a *soma* de toda a Natureza manifestada.

Dos últimos 500 anos para cá, assistiu-se a um grande avanço intelectual e tecnológico por parte da Humanidade. Falta-lhe só equilibrar o intelecto com a moral. Por isso apareceu, no século XIX, o grande surto espiritualista para dar resposta ao maior mistério, ao gigantesco dilema do Homem: conhecer-se a si mesmo, encontrando a solução final para o magno problema da Vida, o da Felicidade Humana.

4ª – A "obsessão" de Fernando Pessoa terá a ver com a "fobia" e a "paranoia" constantes que mostrava por um supranacionalismo e por um sebastianismo com que entendia Portugal, mas que não passava de quimera obsessiva; pois, não era mais do que dar realidade a uma expressão literária imaginativa dos antigos. Isso, é claro, no considerando do tal psiquiatra, que também é pedante ao pretender ter domínio da História e do que realmente pensavam os antigos cronistas. Postas as coisas assim, fico com o demonstrativo cabal da senilidade desse senhor e posso, assim, diagnosticar-lhe fortes indícios de paranoia obsessiva apercebida por uma escrita esquizofrênica, pelo que à sua paranoia mito-psiquiátrica é muitíssimo mais saudável a mítica-espiritual de Pessoa, que bem preferia o seu patrono Padre António Vieira a um Freud esquizofrênico de paixão solapada pelas sobrinhas, dotado de taras pedófilas como se denota em muitas passagens da sua biografia.

O V Império Lusitano de Fernando Pessoa e de todos os adeptos do *Sebastianismo Branco*, teosófico, esclarecido, o bem definiu o seu amigo e companheiro do *Orfeu*, Raul Leal, como o cita António Quadros em "Fernando Pessoa e o 'Império da Cultura'" (no semanário *Tempo*, 28 de abril de 1983): "A aliança de D. Sebastião, Imperador do Mundo, e do papa Angélico, figura essa íntima aliança, essa fusão do material e do espiritual. É o próprio Segundo Advento ou nova encarnação do mesmo Adepto em que outrora Deus projetou o seu Símbolo, ou Filho, que não faz senão figurar d'outro modo essa mesma aliança suprema. Não é pois para uma absorção mística que avançamos, sendo para a conjunção clara dos dois poderes da Força, dos dois lados do Conhecimento. Far-se-á a aparente conquista da inteligência material pela espiritual e da espiritual pela material. De aí ser o Império Português ao mesmo tempo um Império da Cultura e o mesmo Império Universal, que é outra coisa".

O psiquiatra que me serve de mote à defesa cultural e espiritual de Fernando Pessoa, consequentemente da Tradição Iniciática Portuguesa, para não dizer Universal, agiu como um *mago negro* ao desrespeitar completamente as três coisas com que um espírito nobre nunca brinca, muito mais sendo ele médico, logo atraiçoando o Juramento de Hipócrates que fez para ter direito ao diploma de Medicina, como muito adequadamente ao presente, em palavras lembradas por José Amaro Dioníso (*op. cit.*), o Poeta diz: "Há três coisas com que um espírito nobre nunca brinca: os deuses, a morte e a loucura".

Usando de *instrumentos mentais desconexos*, o supracitado psiquiatra vale-se de uma carta escrita por Fernando Pessoa mas assinada com o nome feminino *Maria José*, endereçada a um *António* que nunca existiu a não ser ele próprio. É nesse documento que baseia toda a sua teoria anacrônica sobre o "homossexual paranoico" que considera ter sido o Vate e Poeta. Duas impressões saltam-me desde logo à vista:

1ª – Maria – José – António, este provindo do radical filológico *Aton*, o *Sol Espiritual*, o *Filius*. De maneira que Fernando Pessoa evoca poeticamente a Santíssima Trindade (estando José para o *Pai* e Maria para a *Mãe*) na sua maneira peculiar de escrever.

2ª – Faz a sua confissão ou autocrítica lançando no papel as suas *nidanas*, as suas vicissitudes ou defeitos, livrando-se, desse modo muito seu, delas. Daí a dureza dos termos "hipocondríaco, esquizofrênico, paranoico, etc." que emprega na carta em relação a si mesmo.

Tenho vontade de vomitar, e de me vomitar a mim mesmo...
Álvaro de Campos em *Obras Completas*

É uma forma de desabafar, de lançar para fora o peso enorme das inquietações e agruras quotidianas sem que, necessariamente, tenha de ser tudo de quanto se acusa. No fundo, trata-se do queixume íntimo de Pessoa à sua Individualidade Fernando, procurando o lenitivo interior, o estímulo superior, e fê-lo através da escrita que era a sua maneira de combater o "stress" psicossomático.

Ademais muitos, a maioria dos escritos contidos na pessoana "arca" são rascunhos, anotações e ideias do momento que o Poeta anotou, decerto para não se esquecer depois, umas suas e outras que ouviu de outros. É assim que se chafurda nas coisas mais íntimas e impublicáveis de um homem falecido, com o único objetivo interesseiro de conseguir-se prestígio social e regalias econômicas à custa de quem tão nobre, anônima e pobremente em seu tempo serviu a Língua Portuguesa, sua Pátria, acabando por morrer só, abandonado na cama fria do Hospital de S. Luís dos Franceses, em Lisboa, na manhã triste de 30 de novembro de 1935, depois de anos, dias e noites seguidas, intermináveis de solidão e angústia pela feitura de uma *Obra* que se quer *Divina*.

Sepultado no Cemitério dos Prazeres, o féretro de Fernando Pessoa foi depois, em 1985, trasladado para o claustro do Mosteiro dos Jerónimos, e na altura verificou-se que o corpo mantinha-se incorrupto, estava como quando falecera, ele que proclamara nas vésperas da sua morte: "Neófito, não há morte!" e "nunca te deixes vencer pelos incompetentes".

Será por tudo isso que o Pensamento de Pessoa "está deteriorado pelo seu perturbado estado mental", o que "lhe impossibilitou possuir uma personalidade íntegra"? Realmente, é preciso ser-se muito mau e infinitamente ignorante para se afirmar e imprimir calúnias dessa monta que só podem provir de um espírito doente, obsedado. A *integridade* de Fernando Pessoa como homem, escritor ensaísta e poeta, e sobretudo Iniciado, nada tem que se lhe aponte. Pode-se discordar da sua maneira de estar e agir, é natural; mas querer destruir insanamente só por não se gostar dessa maneira de estar e agir, isso já não é natural.

Recordo as palavras de um Mestre Vivo (*Morya*), escritas na segunda metade do século XIX, acerca de uma outra incompreendida e injustiçada, Helena Petrovna Fadeef Hahan Blavatsky, as quais se adaptam bem ao caso presente de Fernando António Nogueira Pessoa:

Nós, pelo contrário, descobrimos diariamente em sua natureza interior traços muito delicados e refinados, que um psicólogo não Iniciado nunca conseguirá descobrir nas profundezas desse mistério tão sutil – o mental humano – e um dos mecanismos mais complexos – o mental de H.P.B. – senão após muitos anos de observação constante e penetrante, acompanhada pelos esforços de análises cerradas; tal trabalho permitiria a esse psicólogo aprender a conhecer o verdadeiro Ser Interior *de H.P.B.*

É claro que, no caso do Poeta, o "ilustre" psiquiatra não o fez, nem jamais o poderia fazer, porque Fernando Pessoa já não existe entre nós. De maneira que enxovalhou a memória universal do Homem e demonstrou incapacidade até em respeitar os mortos, pelo que lhe diagnostico traumas de um passado infeliz e a necessidade premente do seu inconsciente confessar publicamente a sua natureza doentia, como que pedindo desculpa por a ter!

Quanto à "ciclotimia" de que acusa Fernando Pessoa, ela se desdiz e desfaz perante o fato comprovado, pelos testemunhos dos que com ele conviveram, da sua tranquilidade e lucidez, como pessoa pouco excitável ou deprimível conforme as impressões emocionais do momento, visto a característica da sua natureza ser sobretudo mental. Seja como for e levando a coisa para o nível da psique humana, isso terá a ver com os estados de busca, de angústia e de anseio mental pelo encontro de soluções para problemas de índole metafísica, esta que foi o timão e norte de toda a vida do Poeta. De maneira que, ainda que todos os Iniciados não sejam "ciclotímicos", serão *ciclotímidos*, se assim posso dizer, porque *sabem* e *calam*.

É assim que a "paranoia mítica" do Poeta é largamente superada pela paranoia psiquiátrica de quem, certamente, pouco ou nada sabia sobre a verdadeira personalidade de Fernando Pessoa.

Não termino sem assinalar um outro ponto controverso que tem servido atualmente para denegrir o Poeta por alguns dotados de um moralismo primário, puritano e castrante como se fossem "a perfeição em pessoa": o uso excessivo que fazia das bebidas alcoólicas.

Seja como for e mesmo nisso, não deixa de haver sabor a "blague" no alcoolismo excessivo de Fernando Pessoa. Lá que ele bebia, bebia: "Bebo como uma esponja, não. Como uma loja de esponjas, e com armazém anexo!", gracejava confessando a Luis Moitinho de Almeida, filho do dono da firma comercial onde trabalhava. Que pretendia ele com afirmações degradantes desse gênero? Será que já não distinguia a realidade lúcida da alucinação alcoólica por estar em fase adiantada de *delirium tremens*? Não creio. A resposta flagrante dá-a um seu parente afastado que com ele conviveu, o Professor Calvet de Magalhães, um dos fundadores da Cooperativa de Ensino Árvore, no Porto: "Unanimidade há apenas em torno do fato de que 'nunca ninguém o viu bêbado', (...) não bebia tanto assim, cultivava era essa fama, para chocar as pessoas, 'blagueur' como sempre foi". E remata o seu velho companheiro de tertúlias nos cafés da Baixa de Lisboa, Francisco Peixoto de Bourbon, definindo em uma só frase concisa o perfil de Fernando Pessoa: "Um aristocrata no verdadeiro sentido da palavra, um puritano, um estóico e um espartano".

Contudo, como causa da morte do Poeta foi diagnosticada uma cólica hepática em adiantado estado crítico, originada pelo álcool consumido. Se bem que do ponto de vista clínico o diagnóstico esteja correto, todavia deve-se também observar o *diagnóstico oculto*, e este só poderá ser feito à luz da ciência dos *chakras* ou "centros vitais" sutis do corpo humano, manifestando-se pelos plexos e as glândulas.

Sendo a cólica hepática doença de fígado, logo ligada ao aparelho intestinal e ao correspondente plexo solar, gástrico, além do álcool consumido talvez e principalmente ela tenha sido originada em Pessoa pela sua procura, intensa e permanente, em transmutar as energias do centro gástrico de maneira a elevá-las ao centro cardíaco. O seu adiantado estado psíquico motivado por uma vivência psicomental constante, conduzia o seu chakra gástrico, relacionado ao sistema emocional, a estados de congestionamento que ele procurava desbloquear através de uma descarga ou catarse pela escrita, funcionando assim como método de "higienização psíquica", o que lhe possibilitava um alívio temporário. Daí a razão e causa ocultas das suas *confissões* referidas mais atrás.

Portanto, *transmutava* as suas emoções de fatalismo e angústia em ideais estéticos e místicos aportados dos níveis superiores do corpo emocional, este exprimindo-se por imagens, enquanto o corpo mental se exprime por ideias, o que também já foi dito. Quanto à *sublimação* da emoção em sentimento puro de Amor, tanto valendo por elevação do psíquico ao intuicional sito no centro cardíaco, tal processo pode ser extremamente doloroso para a alma que se vê despojada, desnudada, de todas as suas *nidanas* ou "desejos" inferiores, passionais, provocando uma verdadeira "dor de parto" místico que o Poeta procurava atenuar através da bebida e recuperar parte da consciência orgânica, de fato já totalmente perdida e, anacronicamente, substituída por uma maior lucidez mental.

"Deem-me de beber, que não tenho sede!" – dizia nas vésperas da sua morte.

Terá Fernando Pessoa conseguido essa transmutação alquímica interior e consequente elevação redentora da energia inferior da *Anima* ao *Animus* espiritual? Os seus sinais psicológicos dizem que sim: a sua serenidade face ao inevitável, os momentos lúcidos antecedendo o seu passamento, assumindo a tranquilidade de um Sábio, do seu "Outro" Alberto Caeiro, com o qual, finalmente, partia.

Tanto a sua vida como a sua obra, assinalam que conseguiu a tríplice elevação dos "centros vitais" inferiores aos superiores, a despeito do sofrimento e solidão constantes na sua vida de Adepto que junto aos homens se pode gabar apenas de ser também ele homem, logo sujeito como qualquer um às angústias e incertezas podendo surgir inesperadas em uma esquina qualquer da vida.

Essa tríplice elevação, é:

1ª – A elevação das energias do centro gástrico ao centro cardíaco, ou seja, a sublimação da emoção passional em Amor Espiritual.

2ª – A elevação das energias do centro esplênico ao centro laríngeo, ou seja, a sublimação da sexualidade em Criatividade Espiritual.

3ª – A elevação das energias do centro sacral ao centro cranial, ou seja, a sublimação da autoafirmação em Vontade Espiritual.

Nessa transformação de Pessoa pela superação de Fernando e consequente metástase com o "Outro", nessa derradeira e sublime vitória, muitíssimo mais importante que todas as vitórias de povos em guerra ou triunfos sociais por atropelos ao próximo, remata ele, o "Supra Camões", o Vencedor do Adamastor como matador da própria morte:

> *Gosto que tudo seja real e que tudo esteja certo;*
> *Por isso, se morrer agora, morro contente,*
> *Porque tudo é real e tudo está certo.*
> Alberto Caeiro em *Obras Completas*

Para fechar, com texto recolhido por Pedro Teixeira da Mota, endereço a todos os detratores presentes e futuros de Fernando Pessoa estas suas próprias palavras magistrais:

> *Deseja ardentemente a Luz, conhecendo-te*
> *a ti próprio nela.*
> *Priva-te do Egoísmo, Vaidade e Orgulho.*
> *Pensa fraternalmente, não alojes pensamentos maus*
> *E tem o menos possível de pensamentos materiais.*
> *CONHECE-TE A TI PRÓPRIO*

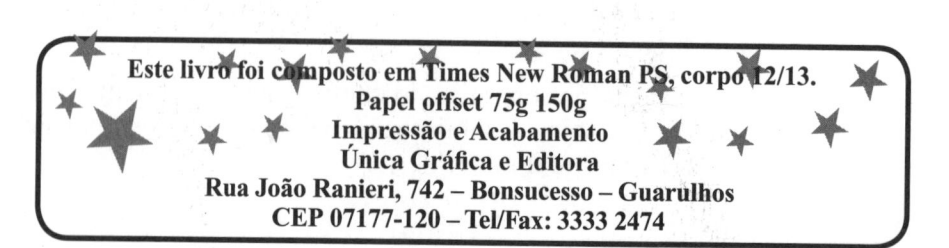

Este livro foi composto em Times New Roman PS, corpo 12/13.
Papel offset 75g 150g
Impressão e Acabamento
Única Gráfica e Editora
Rua João Ranieri, 742 – Bonsucesso – Guarulhos
CEP 07177-120 – Tel/Fax: 3333 2474